★ ★ ★ ★ ★

LES VOIX DE LA LIBERTÉ

Michel Winock

Les Écrivains Engagés
au XIXe Siècle

自由的声音

[法]
米歇尔·维诺克
著

吕一民 沈衡 顾杭
译

大革命后的
法国知识分子

文匯出版社

新经典文化股份有限公司
www.readinglife.com
出 品

译者序

在当今社会，知识分子这一特殊社会群体的地位与作用日渐彰显，“知识分子”亦成了一个在传媒中出现频率极高的术语。虽然对知识分子这一社会群体的界定，至今仍众说纷纭，莫衷一是，但对知识分子的研究，自20世纪中叶以来，始终是国外人文社会科学领域的热点之一。其中，不少外国史学家亦纷纷涉足这方面的研究。尤其是在知识分子曾在本国社会文化与政治舞台上扮演重要角色的法国，在20世纪晚期社会文化史研究日趋升温与一度备受冷落的政治史重新焕发生机的大背景下，甚至诞生了一门逐渐成为当今法国史坛显学的史学新分支——知识分子史。

在20世纪晚期法国知识分子史研究逐渐成为法国史坛显学的过程中，最有力的推动者当属两位先后执教于法国著名学府巴黎政治学院的著名历史学家，他们分别是曾任教于里尔第三大学、现任巴黎政治学院教授和20世纪欧洲史研究中心主任的让－弗朗索瓦·西里奈利（Jean-François Sirinelli，1949— ），以及曾长期担任巴黎政治学院历史学教授、现已从该校退休的本书作者米歇尔·维诺克（Michel Winock，1937— ）。

1986年初，西里奈利在《20世纪》（*Vingtième Siècle*）上发表长

篇论文《偶然还是必然？一种正在建构中的史学：知识分子史》[1]，引人瞩目地打出知识分子史的旗号，并初步阐释了这一史学新分支的研究对象及其研究方法与特征。两年后，他又在法国当代著名政治史学家勒内·雷蒙（René Rémond）主编的《为了一种政治史》（一译《捍卫政治史》）中，以《知识分子》一文继续阐发知识分子史的特征及其研究方法。西里奈利在文中反复强调，知识分子史的研究领域由政治史、社会史和文化史交叉而成，因而在其研究过程中，有三种研究路径最值得倚重：其一是对知识分子发展历程的梳理，其二是对知识分子社交性（sociabilité）结构的考察，其三是从"代际"角度对知识分子进行审视。[2] 难能可贵的是，西里奈利不仅撰文倡导同道研究知识分子史，他本人也始终身体力行，佳作迭出。如1986年，他与另一位年富力强的史学家帕斯卡尔·奥里（Pascal Ory）联袂出版《法国知识分子：从德雷福斯事件至当代》[3]。该书出版后好评如潮，并分别在1992、1996、2002、2004年多次再版。1988年，他在国家博士论文的基础上整理出版《一代知识分子——两次大战之间的高等师范文科预备班和巴黎高师的学员》。该书出版后曾荣获法兰西学院奖并在90年代中期再版。1990年，他又出版《知识分子与法兰西激情：20世纪的声明和请愿书》。该书一问世，即引起法国文化界的广泛关注，报刊、电视等传媒更是争相介绍与评论。1995年，西里奈利又推出力作《20世纪的两位知识分子：萨特与阿隆》。由于该书生动描述并深刻分析了战后法国左翼知识分子领衔人物萨特与法国自由派知识分子旗手雷蒙·阿隆之间的关系，尤其是两人在战后"辉

---

[1] 让－弗朗索瓦·西里奈利：《偶然还是必然？一种正在建构中的史学：知识分子史》（«Le hasard ou la necessite? Une histoire en chantier: l'histoire des intellectuel»），载《20世纪》，1986年1—3月号，第97—108页。

[2] 参见勒内·雷蒙主编《为了一种政治史》（*Pour une histoire politique*），巴黎，1988年版，第199—231页。

[3] 奥里、西里奈利：《法国知识分子：从德雷福斯事件至当代》（*Les intellectuels en France: de l'affaire Dreyfus à nos jours*），巴黎，1986年第一版。

煌的三十年”（1945—1975）期间展开的“三十年战争”，出版后再次受到传媒与读者的广泛关注。[1] 凭借这些成果的影响与学术地位的大幅提高，西里奈利不仅得以从外省的大学来到巴黎名牌大学执掌教鞭，还担任了法国著名史学刊物《历史评论》(*Revue historique*)和法国历史科学委员会的负责人。

如果说西里奈利是此一时期法国知识分子史研究勃兴的首功之臣，那么本书作者米歇尔·维诺克则堪称第二号功臣。维诺克的成名作是他在 1970 年 33 岁时与年龄相仿的让－皮埃尔·阿泽马（Jean-Pierre Azéma）合著的《法兰西第三共和国》。该书在由他撰写的部分，尤其是涉及 20 世纪 30 年代的篇章中，就已经对两次大战之间的法国知识分子做了很有见地的分析。1975 年，他在《〈精神〉杂志的政治史（1930—1950）》一书中对以埃马纽埃尔·穆尼埃为首、以《精神》杂志为阵地的知识分子群体，展开了扎实的研究和透彻的分析。该书后来被视为法国知识分子史研究的代表性著作（1996 年的最新版本已易名为“《精神》：城市中的知识分子 [1930—1950]”）。此后，他不仅在多家著名杂志上撰文呼吁加强知识分子史的研究，还在其主编的法国著名史学杂志《历史》（*L'Histoire*）中频频发表涉及法国知识分子史的文章。1997 年，维诺克又出版了全面梳理与审视 20 世纪法国知识分子史的新作《法国知识分子的世纪》。[2] 该书出版后大受欢迎，颇为畅销，很快就荣获该年度法国图书大奖——美第奇奖。1999 年，为便于广大读者购买阅读，该书又以袖珍本的形式修订再版。

要而言之，正是在西里奈利、维诺克等法国史学家的推动下，法国知识分子史的研究在 20 世纪晚期逐渐进入勃兴阶段。具体表现是：一方面，史学杂志中涉及法国知识分子史研究的专题论文比例持续升

[1] 西里奈利后两部著作的中文版均在 2001 年由江苏人民出版社收入“知识分子译丛”出版。

[2] 米歇尔·维诺克：《法国知识分子的世纪》(*Le siècle des intellectuels*)，巴黎，1997、1999 年版。

高；另一方面，涉及法国知识分子史的专著不断涌现。与此同时，一些与此相关的工具书也不时问世。如在 1996 年，本书作者与法国另一位著名的现当代史专家雅克·朱利亚尔（Jacques Julliard）联袂主编了《法国知识分子辞典》。[1] 此外，在一定程度上也颇能说明问题的是，1995 年两位作者在合著的《20 世纪法国文化与知识史》一书的导论中明确主张，正如文化史并非艺术史，知识史（l'histoire intellectuelle，我国学者以前大多将其译为思想史或心智史）亦不是贯穿于某一特定时期的各种政治、哲学与宗教观念的编年史。知识史应当是知识分子史（l'histoire des intellectuels），研究对象是知识分子的“介入”、“代际”现象以及他们在法国占有的独特地位。[2] 2001 年 11 月，在西里奈利等人的主持下，一群法国学者在巴黎召开知识分子史研究的学术讨论会，并在 2003 年出版了该学术讨论会的论文集《知识分子史之现状》[3]，此会的召开与论文集的出版，无疑进一步推动了法国知识分子史研究的深入发展。

需要指出的是，鉴于法文中“知识分子”一词“诞生”于 19 与 20 世纪之交的德雷福斯事件期间，而曾让不少法国人感叹不已的法国知识分子的“终结”亦发生于 20 世纪晚期，因此，严格地说，一部法国知识分子史或许也可以浓缩为 20 世纪的法国知识分子史。也正因此，在 20 世纪晚期，研究法国知识分子史的法国史家基本上把自己研究的人与事限定在 20 世纪内。换言之，堪称 20 世纪晚期法国史坛显学之一的法国知识分子史，实际上一度主要是 20 世纪法国

[1]　雅克·朱利亚尔、米歇尔·维诺克主编：《法国知识分子辞典》（*Dictionnaire des intellectuels français*），巴黎，1996 年版。

[2]　帕斯卡·哥兹歇尔、埃马纽埃尔·洛瓦耶：《20 世纪法国文化与知识史》（*Histoire culturelle et intellectuelle de la France au XXe siècle*），巴黎，1995 年版，第 5 页。

[3]　米歇尔·莱玛丽、让－弗朗索瓦·西里奈利主编：《知识分子史之现状》（*L'histoire des intellectuals aujourd'hui*），巴黎，2003 年版。

知识分子史。[1] 然而，虽然“知识分子”一词出现得较晚，但实际上亦可称为知识分子的人，或曰与20世纪的知识分子有诸多相同之处的人即便在法国亦早已有之。远的暂且不论，在18与19世纪的法国，就至少有可分别以伏尔泰和雨果为代表的“哲人”和“作家”群体。显然，一部完整的法国知识分子史，必须包括20世纪之前历史时期的相关内容，或者说，必须要有“知识分子史”的“史前史”——此处的“史前”主要针对“知识分子”一词的出现而言。正是出于这一考虑，本书作者在以20世纪的法国知识分子为研究对象的《法国知识分子的世纪》之后，非常自然地推出这部篇幅巨大的著作，以具有社会关怀、勇于“介入”的19世纪法国作家（由书中的内容可见，此处的作家显然是广义的）为研究对象，系统梳理相关历史。

大凡对法国当代史坛以及法国历史著作的出版情况有所了解的人都知道，本书作者是当今法国名列前茅的既高产又高质的历史学家。维诺克的著作数量之多，取材范围之广，已经让人钦佩之至，但更让人折服的地方是其作品每每能既叫好又叫座，既能得到行家的充分好评，又在图书市场上有不俗表现——颇能说明问题的是，他的绝大多数著作都出过袖珍本。之所以能做到这一点，想必与这位训练有素的历史学家在任教于巴黎政治学院之前，曾在《世界报》《星期四事件》等著名报刊从事记者、编辑工作有很大关系——关于这一点，人们不妨联想到同样有过新闻工作经历的威廉·夏伊勒的《第三帝国的兴亡》和威廉·曼彻斯特的《光荣与梦想》取得的巨大成功。维诺克撰写的这本著作在2001年出版后，即在同年荣获2001年度法兰西学院罗兰·儒弗内尔奖（le prix Roland Jouvenelle de l'Académie française）。此外，他在2004年出版的《法国与犹太人：从1789年到当代》、2010年出版的《斯塔尔夫人》还曾分别在2005年、2010年

[1] 关于这方面的详细情况，可参看拙文《法国学者对法国知识分子史的研究述评》，载《世界历史》，2001年第2期。

荣获蒙田奖与龚古尔传记奖。

读者在翻阅本书后将不难发现，诚如作者在导言中所表达的那样，本书在很大程度上是一部19世纪的自由史。在本书中被“自由”这条主线串在一起的两类人物，分别是一些比其他人更需要表达自由，亦比其他人更愿意为表达自由而斗争的作家、政论家与记者，以及将自己的才华用于颂扬以服从权力和教条为基础的传统秩序的文人骚客。如果说1815年的“百日”、1848年二月革命以及1870至1871年间的“凶年”为19世纪的法国作家、文人、艺术家等提供了非同寻常的集体契机，那么他们之间围绕“自由”之类的重大主题不时发生的热闹混战，构成了本书的主要内容。笔者以为，中国读者在阅读本书的过程中似乎至少应当注意以下三点：

其一，在本书当中，相关作家是否入选、“出场”时机乃至篇幅分配，所依从的主要是政治标准，而不是（纯）文学标准——作者在书中更关注积极投身于政治的贡斯当或左拉，而不是在法国文学史上地位或许要高一些的维尼或奈瓦尔，而且作者没有让巴尔扎克在发表《幻灭》或《高老头》时登台，而是让他在创办虽没甚名气但直接显示其正统主义倾向的杂志《巴黎评论》时出场，这些都充分反映了作者的标准。

其二，作者颇有见地地指出，若从政治观点视之，19世纪的法国作家显示出一种有别于18世纪哲人与20世纪知识分子的特点。就此而言，作者在导言中写的这段文字不容忽视：

> 在《旧制度与大革命》的某一著名段落中，托克维尔写到18世纪的哲人：“在英国，研究治国之道的作家与统治国家的人是一起的，一些人将新思想引进实践，另一些人借助事实来纠正和限定理论。然而在法国，政界仿佛始终被划分为两个互不往来、彼此分割的区域。在前一个区域，人们治国理民；在后一个区域，人们制定抽象原则，任何政府均应以此为基础。”由

此导致了这一后果：“人们对现实状况毫无兴趣，他们想的是将来可能如何，他们最终在精神上生活在作家建造起来的那个理想国里。”这一关于18世纪的诊断同样可应用于20世纪伟大的介入时代的知识分子。19世纪的作家同样也在“介入”——这也正是我们叙述的主题。他们是为了捍卫或反对自由、捍卫或反对君主制或共和制、捍卫或反对社会主义而“介入”。然而，即使他们当中有不少人还在西班牙建有城堡，但其中大多数人给自己确定了参与行动的职责。他们尽力去获得议席，有的成为大臣或部长，甚至担任政府首脑。在这个缴纳选举税以及个人才能至关重要的社会里（甚至在确立普选制之后依然如故），他们意欲承担他们的责任，秉持他们的信念。无论是门第贵族还是知识与才能的“贵族”，他们均认为，如果他们在思考与评论政治，那么他们也应该从政。

其三，作者力图让那些男作家与女作家在书中能够有血有肉地得到表现，而不是仅仅写一部干巴巴的思想史。为此，他颇注重描述这些作家的财产状况、生活方式、男女之情、个人抱负，甚至还有他们的虚荣、缺陷等等，并通过这一切使他们思想的产生与演变变得可以理解。作者在这方面的努力使主题实际上颇为沉重的本书具有极强的可读性。而且，对于中国读者来说，阅读此书不仅能了解到曾以为很熟悉的人物，如夏多布里昂、雨果、司汤达等人许多鲜为人知的情况，更重要的是，能了解许多知之甚少、甚至几乎闻所未闻、但实际上在19世纪的法国社会生活中活跃一时的人物，如拉默内、比歇、弗约、特里斯坦等。

最后要指出的是，虽然作者承认19世纪确实在很大程度上是一个“紧张、矛盾有时甚至绝望的世纪”，但却强烈反对“法兰西行动”的思想大师莱昂·都德等人做出的“愚蠢的19世纪”的断言。他还在强调19世纪的思想成果依然是后人不可剥夺的遗产的同时，在本书的结尾部分语重心长地提醒广大读者：

> 我们如今更喜欢嘲笑崇高，将自由视为理所当然，有时甚至喜欢挖苦19世纪的文学和政治，认为那些浮夸的言辞同当今的审美观和相对主义理论格格不入。浪漫主义、乌托邦主义和进步主义之类的词汇，只是为了嘲笑它们的天真，有时是为了嘲笑它们的宗教感情而被汇集在一起。然而，我们这些忘恩负义的继承者尤其要感激它们留下的遗产——我们还需要自由原则来奠定未来，某种自由的激情也将继续引领我们。

毋庸讳言，这一提醒绝非仅仅对法国读者具有必要性，对中国读者亦同样有用。

吕一民

2005年5月于浙江大学

目 录

第三部分　从普法战争到雨果逝世

导 言

“啊，自由！多少罪恶假汝之名而行！”罗兰夫人在 1793 年 11 月 7
8 日面对断头台发出的呼喊，直至今日仍在回响。大革命使自由“居于人权之首”（饶勒斯语），然而却未能赋予自由一种制度性的基础，未能使自由扎根于习俗之中，最终只能在波拿巴的刀剑那里觅得别的出路。波拿巴以某种方式继续着在 1789 年着手进行的事业，因为他只能从人民那里获得合法性：日后将宣告其失败的维也纳会议足以表明，欧洲的君主们把这位“篡位者”归到了哪一边。但是，尽管拿破仑在欧洲内使大革命永存，他同样践踏了大革命：自由不再被列入纲领。即使是革命者所痛恨的旧制度，也从来没有像帝国那样专制。

1815 年的法国，已被波拿巴主义压制了 15 年，并业已听任欧洲列强支配，却仍然存有一种希望，因为自由派在法国仍然幸存。这一没有首领、没有政治局、没有常委会的运动若有似无，但又无法根除。它的组成人员一般说来不是专职政治家，但有时亦可能成为专职政治家。这些人是作家、政论家和记者。他们比其他人更需要表达自由，
亦比其他人更愿意为表达自由而斗争。当然，并非所有文人骚客均 8
在此相会：他们中的某些人的才华用于颂扬以服从权力和教条为基础的传统秩序。他们之间有时不无喧闹的混战，构成了本书的内容。

第一帝国[1]是发生重大事件之前的紧张准备之夜。在这些文人中，为数不少的人或多或少地满足于此，因为专制者并不缺乏那些讨人喜欢但毫无价值的玩意，用以确保文人俯首帖耳。然而，他们中的某些人却发出一种不和谐的声音，如弗朗索瓦·德·夏多布里昂之类的人采取一种被视为审慎的方式，而热尔曼娜·德·斯塔尔与邦雅曼·贡斯当之类的人物则为此被迫流亡……自由的捍卫者在这样一种时刻，如同在战场上运气出现逆转，在拿破仑的历程行将结束之际恢复了力量。我们的叙述即从“雄鹰王的翱翔”[2]，也就是拿破仑从厄尔巴岛返回，以及在滑铁卢“令人沮丧的搁浅”前重新令欧洲颤抖的“百日”开始。

众所周知，复辟王朝[3]是一个反动的政府。作为“复仇”化身的极端保皇派使人们清楚认识到了这一点，他们还要求补发被迫流亡期间的年金。但是，路易十八的登基并非旧制度的简单恢复。法国人不会允许这样做：他们不愿意看到某些基本原则，尤其是民事平等重新受到质疑。绝对君主制的时代已经结束。对王权的限制，已作为宪政标志写入由路易十八“赐予”人民的宪章之中。该宪章保障法国人在法律面前的平等、个人自由、宗教自由（即便天主教重新成为国教）以及表达自由（“只要不违反必须对滥用这一自由予以制止的法律，凡法国人均有权利发表和出版他们的见解”）。此外，《宪章》允诺国民的代表制，虽然这种代表制是一种极为受限的纳税选举制——根据这一严格的纳税选举制，只有几万名最富有的法国人可以在更为有限的够格者当中选定议员——但它依然是与旧制度相

[1] 法兰西第一帝国（1804—1814），由波拿巴·拿破仑所建立。1814 年，欧洲反法联军攻入巴黎，拿破仑被流放至厄尔巴岛，第一帝国瓦解。——编者注

[2] le vol de l’Aigle，此处的“雄鹰王”是拿破仑一世的称号之一。——译者注（以下如无说明，均为译者注。）

[3] 此处指拿破仑“百日王朝”（1815.3—1815.6）瓦解之后复辟的波旁王朝，先后由路易十八和查理十世掌权，于 1830 年被路易－菲利普的七月王朝取而代之。——编者注

异的重要区别。从此以后，选举将使公共生活具有节律。一个由国王任命的贵族院把一种英国特色添加到了整体之中，并维持了一种与得到确认的平等相抗衡的贵族制习俗，但是，贵族院仍是另一个任由人们提出抗议的论坛。

尽管制度安排很好地做出妥协，复辟王朝却未能维持必不可少的对自由主义的让步和在王朝秩序、自由与强制之间的平衡。数年之后，复辟王朝变得强硬。1824 年，继承路易十八王位的查理十世 9
成了"王位与祭坛结盟"制度的化身。自由主义运动在很晚的时候才形成，并与极端保皇派政府唇枪舌剑。邦雅曼·贡斯当、弗朗索瓦·基佐，甚至夏多布里昂，皆用自己的方式充当了《宪章》所允诺的言论自由的代言人，对于他们而言，新闻自由是保障言论自由的标志。由自由派记者和作家发起的反对政府企图控制报刊的斗争，不久即有摆脱了天主教和王权主义起源束缚的浪漫派作家加入，并在持续不断地进行。正是在这一无法阻挡的请愿的基础上，查理十世的统治趋于崩溃：由"邪恶的敕令"诱发的 1830 年革命，首先显得像是旨在反对当局对表达自由的审查。被废黜的查理十世的出逃，使"自由之神"这座稍后时期出自奥古斯特·杜蒙之手，并被安放在巴士底广场七月革命纪念柱顶端的不朽之作臻于完善。

1830 年 7 月那些有历史意义的日子——"光荣三日"当然并非仅仅是记者和作家的杰作。德拉克洛瓦在其涉及 1830 年革命的著名画作《自由引导人民》中，以一个街垒向我们展示了种种阶级的融合。目不识丁者有力支持了以写作为职业的人。但是，这些最为缺乏自由的人曾为之而奋斗的自由，势必有助于而不是有悖于他们对平等的向往。正是在七月王朝为期 18 年的统治期间，社会主义获得了它的名字和封册：大量学说、抨击性短文、乌托邦以及某些组织的雏形，向自由派人士提出新的挑战。后者直至那时还在为反对"旧的蒙昧观念"（雨果语）而斗争；自那以后，他们将被一股因正在进行的工业革命而壮大的年轻力量所否定。不过，社会主义以它的方式恢复了权威原则：为了改变生活，给弱者以希望，解放被压迫者，它要求限制、组织和镇压。直至那时，仍作为进步媒介的自由主义变得令人生疑。共和派枉费心机地调和自由、平等、博爱，蒲鲁东的著作则在徒劳地宣示自由与社会主义重归于好：从此以后，在文学界与政界居于中心位置的是矛盾。

1848年革命似乎在“抒情诗般的幻觉”的最初时光，通过建立共和国解决问题。起义者在街垒上讴歌阶级调和的美德，神职人员为遍布全国的“自由之树”祈福，临时政府的首脑拉马丁让那些赞成使用红旗的人接受三色旗，普遍选举得到确立，人们宣布劳动权，解放殖民地的奴隶……唉！6月国家工场（Ateliers Nationaux）工人的造反与当局对他们的镇压，使得幻觉最终灰飞烟灭，自由与博爱的婚礼被无限期推迟。维克多·雨果在1848年11月失望地写道：“不，你没有伟大神圣的共和国！亦即人们所期待、福音书所展现的共和国。”

11月极为令人失望！但最为糟糕的事情发生于12月。1851年12月2日，亲王－总统[1]公开以武力埋葬共和主义最后的自由。时隔一年，他又重建帝国。凡此种种，皆以人民的名义进行，并有普遍选举的保障。人们对此所进行的抵抗虚弱乏力，经常采用的形式是流亡，这对于仍然不肯妥协的维克多·雨果和埃德加·基内来说尤其如此。拿破仑三世把他的专制制度根植于新型的王位和祭坛的结盟之上。波拿巴主义政权知道法国天主教会的力量和天主教徒选票的分量，以及从古老信仰中得到明显保护的好处。自由派天主教徒在这个教会内部几乎无足轻重，该教会用教会法中宣判、禁止宗教活动的命令以及对自由主义和近代世界的绝对谴责来回应每一次威胁。但是，杜伊勒里宫和圣彼得大教堂之间订立的协约由于民族运动而

[1] 此处指拿破仑三世（拿破仑一世的侄子）。他于1851年12月2日发动政变，解散议会，并以公民投票的方式使政变合法化。——编者注

中止，该运动使得皇帝支持的意大利人不惜冒最大的风险与教皇国统一。这一取消协约的行为导致正在寻求新的拥护和支持的第二帝国实行自由化。

于是，在 19 世纪 60 年代一种面向精神与政治生活的内部变革开始了。虽然欧内斯特 · 勒南还因一部具有异端思想的《耶稣传》引起纷纷议论，但是，报刊检查的钳制在松动，报刊在逐渐变得自由，以至于工人也无视司法追究组织运动。自由的声音在加强。这种声音既来自雨果和基内等流亡者，亦来自法国国内从低调的普雷沃－帕拉多尔到富有煽动性的罗什福尔等人物。

1870 年，普法战争突然中断了波拿巴主义在某些人看来不可逆地转向自由主义的倾向。帝国倾覆、巴黎受到围困、宣布共和之后 11
法国军队失败、君主派在 1871 年 2 月 8 日选举中获胜，凡此种种，最终导致巴黎这座以“自由之城”自居的城市相继与偏安于波尔多、凡尔赛的“乡村”国民议会分庭抗礼，爆发起义。昙花一现的巴黎公社，由狂热的希望、牺牲的行为与杂乱的狂欢组成的 72 天，本身即贯穿着自由或专制进退两难的困境。它以蒲鲁东式的腔调向法国各个市镇发出的公告，被打上联邦制与自治的标记。但是，实际上，雅各宾主义的遗产、恐怖统治的迷惑力、人质法令的通过，乃至救国委员会的追随者以及“反对专制”的战士，共同在凡尔赛军队的枪炮之下死于非命。在这一“凶年”期间，作家统统活跃在第一线，突发的爱国主义展露无遗。他们有的对巴黎公社社员表示愤慨，有的充当起义者（如儒勒 · 瓦莱斯），或向失败者敞开家门（如雨果）。理想的社会与普世主义的共和国，在成为“公爵们的共和国”之前，让位给了“梯也尔先生的共和国”。

旧制度的幽灵再一次萦绕国民议会与整个国家。共和国通过一次又一次投票和战斗，把人口中占多数的农民争取到自己这边之后，才在 19 世纪 70 年代末被人们接受。这一真正得到确立的共和制在当时堪称最为先进的自由民主制度，他们投票批准针对被判刑的巴黎公社社员的大赦法，以及新闻自由、集会自由、组织工会的权利和离婚的法律，等等。法国为法治和自由的国家树立了榜样，然而，法兰西社会自身并未得到和解。自由主义的共和国不得不面对两大敌人，即过去的敌人与未来的敌人。的确，拥护反革命的人已被打败，但是，他们对长久以来信奉天主教的国家的影响力还不容小视。风格显著的反动分子巴尔贝·道尔维利在此表现得比年老的弗约更有才华。新政权不得不考虑教士及其追随者对自己长期的敌视。下述双方之间的内战并没有结束：一方是梦想以天主教信条统一法国的“基督教十字军的参加者”；另一方是希望把共和国建立在将天国个人化（la privatization du Ciel）基础上的信仰新教的共和派、自由思想
12 家和实证主义者。

在 19 世纪，宗教问题在所有冲突以及所有哲学和政治方面的问题中皆处于中心位置。作为“上帝已死的世纪”和“科学的世纪”，19 世纪仍对神性抱有未被满足的怀念（这种怀念刚一产生就被对理性的期盼耗尽）。宗教不仅仅是对世界及其终结的一种解答、对受到死神召唤者的一种慰藉，也是集体认同与统一准则最为坚实的基础。启蒙运动与大革命已经破坏了基督教的种种基础，但没用一种能使法国这一历史共同体（la communauté historique）黏合起来的信条（对于精神）和虔诚（对于心灵）的基础来取代它们。无论何时，19 世纪的作家皆面临这一问题。也许，没有哪个时期在宗教上有如此丰富的设计：如圣西门的新基督教、勒鲁或孔德的人道教（religion de l' Humanité）、乔治·桑的新基督教、拉马丁的新天主教、最初的社会主义含蓄的宗教感情（包括被耶稣形象所纠缠的反对有神论的蒲鲁东），更遑论对秘术（l' occultisme）毫不掩饰的传播——维克多·雨果等人一边痛斥教权派，一边却也热衷于秘术。

我们把这一叙述的终点确定在维克多·雨果的葬礼举行之际。实际上，正是这一压轴戏象征着自由的实现。作为共和派大事年表中最重要的时期，这场为第二帝国的流放者、共和国的颂扬者以及“人

类的诗人”举行的国葬，是使人们意识到他们有共同生活愿望的非同寻常的世俗仪式之一。送葬行列的目的地——先贤祠使人想到法国人的宗教解放：雨果此前曾明确坚持要举行非宗教的葬仪。人们可能把这一事件解读为大革命在爆发近一个世纪之后大功告成。诚然，后来还应当对这一幻觉稍作纠正，但在当时，雨果似乎可以安息：这位年迈的斗士已被奉为“共和国之父”。

19世纪的自由史可以用不同方式、多种情节来构思，借用保罗·
韦纳的表述“与小说一样，历史得挑选、简化、组织……”，这本书 13
选定的历史是由文人、作家（écrivains）与写作者（écrivant）——后两者依据罗兰·巴特的区别——为了自由，与当局和其他为反动权威或乌托邦主义权威效劳的文人斗争的历史。这并不是一种文学史：本书的内容与政治相关，这亦说明某种选择始终会有争议。其他人可能会更重视维尼或奈瓦尔，我们则更关注投身于政治的贡斯当或左拉。因而，文学上的等级丝毫不会左右我们的叙述：如果说贝朗瑞的作品是“死后声名大跌”（朱利安·格拉克语）的经典之作，比缪塞得到了更好的对待，那得归功于他对舆论的影响力，而不是写作才能。

反正这些主要以写作为生的人中，大多数是那些被称为“大作家”的人，他们的作品经得起时间与潮流的考验。不过，他们究竟是大作家还是小作家并不重要，重要的是从政治观点视之，这些人均显示出一种有别于18世纪哲人与20世纪知识分子的特点。在《旧制度与大革命》的某一著名段落中，托克维尔写到18世纪的哲人：“在英国，研究治国之道的作家与统治国家的人是一起的，一些人将新思想引进实践，另一些人借助事实来纠正和限定理论。然而在法国，政界仿佛始终被划分为两个互不往来、彼此分割的区域。在前一个区域，人们治国理民；在后一个区域，人们制定抽象原则，任何政府均应以此为基础。”由此导致了这一后果：“人们对现实状况毫无兴趣，他们想的是将来可能如何，他们最终在精神上生活在作家建造起来的那个理想国里。”这一关于18世纪的论断亦可应用于20世纪伟大的介入时代的知识分子。19世纪的作家同样也在“介入”——这也正是我们叙述的主题。他们是为了捍卫或反对自由、捍卫或反对君
14 主制或共和制、捍卫或反对社会主义而“介入”。然而，即使他们当中有不少人还在西班牙建有城堡，但其中大多数人给自己确定了参与行动的职责。他们尽力去获得议席，有的成为大臣或部长，甚至担任政府首脑。在这个缴纳选举税以及个人才能至关重要的社会里（甚至在确立普选制之后依然如故），他们意欲承担他们的责任，秉持他们的信念。无论是门第贵族还是知识与才能的“贵族”，他们均认为，如果他们在思考与评论政治，那么他们也应该从政。

下述人士或多或少成功践行了同一原则：贡斯当、夏多布里昂、基佐、博纳尔、库里埃、巴尔扎克、拉马丁、贝朗瑞、勃朗、比歇、卡贝、雨果、基内、托克维尔、拉默内、拉科代尔、米什莱、圣勃夫、梅里美、勒南、蒲鲁东、勒鲁、巴师夏、欧仁·苏、普雷沃－帕拉多尔、罗什福尔、瓦莱斯，等等。他们昭示信仰，进行宣传，参加宴会运动，彰显其在选票箱面前裁决的尊严，占据议席，质询与加入政府，藐视大众：推动他们更为努力的不是抱负（就此而言，他们更多的是失意而非得意），而是一种内在的声音、服务的意愿，以及拟态的（mimétique）引导、领导与指导愿望。

妇女当时仍无法期望得到选举权。她们在政治生活中的出现更加令人惊讶，或许远甚于20世纪。热尔曼娜·德·斯塔尔、乔治·桑、弗洛拉·特里斯坦、玛丽·达古尔（达尼埃尔·斯特恩）、让尼·埃里库尔、波利娜·罗兰、路易丝·米歇尔、塞维里娜，等等，诸多妇女无视法律约束、社会谴责及讽刺或其挚友要她们谨慎行事的忠告，毫不犹豫地投身于政治斗争。当然，利害关系（并不仅仅是时间上的不同）将自由主义者斯塔尔夫人——启蒙运动和内克男爵的女儿，与积极的女革命家路易丝·米歇尔这位巴黎公社社员和无政府主义者区分开来。但是，这种女性的出场依然在讨论公共事务的

场所中时时可见。

这些男人、女人、作家、哲学家、政论作者或讽刺歌谣作者曾三次直奔广场，参与事件并试图对事件施加影响。由此，划分情节的三大交叉口依次是“百日”（1815）、“二月革命”（1848）和“凶年”（1870—1871）。19 世纪的这三大政治危机也是非同寻常的集体时刻。作家、文人、艺术家在这期间，在议会讲坛或市政厅这些巴黎长久 15
的革命圣殿的窗台上起了积极和中心的作用。通过始终从政治叙事角度出发，我们业已在我们看来最有意义的环节展现他们。这也向那些对我们做法感到惊讶的人说明了，何以未让巴尔扎克在发表《幻灭》或《高老头》时登台，而是让他在创办没什么名气的《巴黎评论》时出场——该杂志直接显示了他的正统主义倾向。

我们希望能让这些男男女女活生生地展现在读者面前，而不仅仅写一部他们的思想史。而且，结合他们的财产、生活方式、爱情、庸俗的抱负、虚荣、弱点，等等，他们的思想也变得可以理解。窃以为讲述上面的一切并不会贬低他们，否则，我们该如何理解心思不定、优柔寡断的生活态度与严谨的思想、大气的文笔形成鲜明反差的邦雅曼 · 贡斯当等人的大变身呢？或者又该如何理解奥古斯特 · 孔德的著作呢？这位实证主义的创始人出于对克洛蒂尔德 · 德 · 沃神秘的爱，最终发明了一种狂热的宗教。

1922 年，莱昂 · 都德——阿尔方斯 · 都德的儿子、夏尔 · 莫拉斯的战友、“法兰西行动”的思想大师撰写了一本小册子，并借用昂斯卡夫人对巴尔扎克说过但后者不予认同的一句话，即“愚蠢的 19 世纪”作为标题。他的抨击被莫拉斯纳入已被付诸实践的反革命思想的基本方针。数目不下于 22 条的起诉要点使 19 世纪不堪重负，此外还有同样多他意欲表明的老生常谈和已被接受的观念。某些法国右派，即始终准备充满激情地反对宗教改革和大革命的人，为这些指责喝彩。他们认为，由于与天主教和君主制传统、古典文化、秩序和良知一刀两断，这一“愚蠢的世纪”（而且对于反犹主义分子来说还是个“犹太人的世纪”）已经使法国陷入衰颓。所有的论证均旨在重复马蒂格的老师反复唠叨的事情，即彻头彻尾的民族主义者反复谈论的事情：必不可少的复辟（“在 10 年内，也许是在 5 年内，法国要么实行君主制，要么完蛋……”）。

如今，19 世纪成了其他指控的枪靶，同时被讥笑为“郝麦[1]先生
16 的世纪”（进步主义的蠢事）以及（迷信的招魂术使用的）“灵桌的世纪”。一个死板的、夸张的、蒲鲁东式的、“黄道的－社会主义的”（菲利普 · 缪莱语）、沙文主义、幼稚、“唉！雨果的”[1]（安德烈 · 纪德语）……世纪。人们时下称之为后现代主义的东西已经掩盖了集体期待的制度、启蒙思想家的遗产、救世主降临说的乌托邦、美妙之城的允诺、必要的出逃路线和历史感。确实，19 世纪充斥着上述一切。然而，对人类本性并不抱有夸大幻想的本书作者却无意掩饰自己对书中涉及的男男女女的敬佩，他们坚信以自由原则为基石的个人与集体终会到来。从夏多布里昂、贡斯当的抨击性文章到举行起义的里昂丝绸工人的口号“要么劳动而生，要么战斗而死”，从里昂丝绸工人的歌声到根西岛流放者雨果的《惩罚集》，从雨果到瓦莱斯（两人均逝世于 1885 年），当思想似乎不再与历史亦步亦趋之际，那对自由的热爱便具有与日常生硬言辞——此种言辞是为了使日常事务运转流畅——不同的声音。

这并非一部依照某人提议来感化人，主角们作为和平天使将圣火代代相传的史诗。我们将穿越到一个紧张、矛盾，有时甚至是绝望的世纪，但这一世纪的思想成果依然是我们不可被剥夺的遗产。

---

[1] 郝麦（Homais），福楼拜小说《包法利夫人》中的无证药剂师，医术不精，但通过投机取巧、巴结权贵等手段使自己的药店生意红火。——编者注

第一部分

从“百日”到七月王朝的倾覆

第一章

三位历史的追寻者：夏多布里昂、贡斯当与基佐

1815 年 3 月 1 日，拿破仑在朱安湾登陆。

1815 年 6 月 18 日，滑铁卢之战爆发。

巴黎流传着一个消息：他回来了！ 1815 年 3 月 1 日，已被对手流放到厄尔巴岛的拿破仑，在贝特朗、康布罗纳与德鲁奥将军的陪伴下，率领 600 名亲兵抵达邻近戛纳的朱安湾。为了重新征服法国并向欧洲发起挑战，善于操纵舆论的拿破仑同时宣称要为他的军队复仇，并恢复通过大革命获取的自由。国民为之激动不已，而不安之感却在侵袭维也纳会议，在这一会议上，君主与大臣正致力在令他们颤抖了 23 年的战争之后重建欧洲的王朝统治。

为了到达首都，皇帝没有重新登上罗讷河谷——因为在 1814 年 4 月由此出发前往厄尔巴岛时，他已经感受到了它的敌意——而是取道阿尔卑斯山区的崎岖小路。途经的每一个市镇都对他报以热烈欢迎。1814 年被反法联盟扶上法国王位的路易十八力图以大军对付拿破仑，结果却白费力气，因为这些部队已同拿破仑近卫队的老兵和好，军官们也已弃战。格拉斯、巴尔雷姆、迪涅、加普、格勒诺布尔，在这些城市中，人们的热情达到顶点——“从一座教堂的钟飞到另

一座教堂的钟上，直至巴黎圣母院的塔楼”，“雄鹰王的翱翔”制服了众人。司汤达如是写道：“在从格勒诺布尔到里昂的路上，拿破仑在无法看到身边有任何士兵的情况下，行进了一大段路程。他的小型敞篷四轮马车经常被迫缓缓前行，农民们堵塞了道路，所有的人都想和他说话、触摸他，或至少看看他。他们登上他的车，骑上拉
20 他的马，并从四面八方向他抛掷成束的紫罗兰或报春花。一言以蔽之，拿破仑不断消失在人民的怀抱之中。”[1] 作为复辟王朝为巴黎设置的最后一道屏障，内伊元帅夸口要把“篡位者”送回“铁笼子”里，之后却在奥克塞尔市重投旧主。3 月 20 日，拿破仑就寝于当天早晨已逃往根特的路易十八抛下的杜伊勒里宫。

与往常一样，由于多种预测皆有可能，每位占有权势或具有影响力的人都必须谨慎行事，掂量一番拿破仑或国内外的对手各有多少胜算。舆论众说纷纭，欧洲的君主们决心要抵抗厄尔巴岛逃犯。这一由难以置信的东山再起构成的著名插曲，将给浪漫主义的想象留下历史性的一笔，它持续了百来天（精确地说是 110 天），即从 3 月 1 日在普罗旺斯登陆开始，终止于 1815 年 6 月 18 日的滑铁卢之败。

纵观自由在 19 世纪走过的漫长历程，拿破仑具有雅努斯[1]的双重面目。一方面，他是所有自由之士注定会反抗的专制君主；另一方面，对于联合起来反对他的旧制度欧洲来说，他却是大革命的产儿。这种两重性由于 1814 年复辟的波旁王朝本身亦具有两重性而显得更加强烈，后者是由路易十八庄严地“赐予”法国人的《宪章》所确定的宪政体制，但是以国王弟弟阿图瓦伯爵为首的最虔诚的保皇主义者却坚持恢复旧制度。

对威武的偏爱、对荣耀的狂热、对伟人的膜拜，在这一时期的法国遏制了对自由的热爱。一个有限的精英集团共享着对自由的热

---

[1]　雅努斯（Janus），古罗马神话中的门神及一切开端之神，有两张面孔，一张回顾过去，另一张展望未来。——编者注

爱，居于前列的是渴望在没有审查的刀斧以及无须害怕官司缠身的情况下写作的人。其中的三人打算在一连串事件中，以各自的方式对待他们所处的时代，其中两人为作家（邦雅曼·贡斯当与勒内·德·夏多布里昂），一人为历史学家（弗朗索瓦·基佐）。他们都仇视专制体制，偏爱自由的社会制度，但在故事开头的境遇却对比鲜明。

邦雅曼·贡斯当的“百日”

邦雅曼·贡斯当极具政治头脑，他于3月19日在忠于路易十八 21
的《辩论报》中以他的方式欢迎拿破仑光荣归来。他写道：“我曾以各种方式希冀自由，现在我已经看到它在君主制下是可能的，我看到国王站在国民一边。我不会当一名可耻的变节者，任由自己背弃一个政权投靠另一个政权，以诡辩掩盖无耻行径，为换取荣华富贵结结巴巴地说些亵渎之语。”尽管有这番值得以大理石竖碑立像的决心，意识到自己因发表过激言辞而身处险境的贡斯当，于3月18日在秘不示人的日记中写道：“如果他（此指拿破仑）获胜并把我给抓起来，我将性命难保。”[2]于是，他预先采取对策。21日，他在美国驻法国公使威廉·哈里斯·克劳福德的府邸避难，接着取道通向旺代的驿站离开巴黎。25日，觉察到波拿巴主义者在南特地区势力强大，他只得返回巴黎。27日早晨5时抵达首都城门，但他决定暂不入城，留在色佛尔静观局势。28日，他遇到皇帝的亲信塞巴斯蒂亚尼将军。知晓有人摇摆不定的将军，对贡斯当在《辩论报》上发表的文章闭口不谈，而是建议他给拿破仑写一封“公开的”信。这是一种合乎程序的归顺。贡斯当行动起来，于4月4日在《巴黎日报》上发表一篇关于维也纳会议的匿名文章，但人们很快便识破了作者身份。贡斯当在这篇文章中断言，从此以后将由拿破仑体现国民的意志（“正是为反对国民的意志，列强才行动起来进犯法国”）。

日子一天天过去，贡斯当等着拿破仑的反应。他在城里进餐，还与塞巴斯蒂亚尼甚至是富歇、约瑟夫·波拿巴[1]碰面。他心烦意乱，在对皇帝的畏惧以及激励着他的对朱丽叶·雷卡米埃的爱情（始于去年夏天的一见钟情）之间踌躇。拿破仑终于在4月14日接见他。他知道邦雅曼·贡斯当，丝毫没有无视后者已发表的那些反对他的
22 言论，以及他于1814年在《论征服精神》中对“僭主”的痛斥。他也知道此人准备为了“达到目的”（arriver）——此乃贡斯当所用之词——而“出卖”自己。然而，为了对付路易十八以及聚集在维也纳的那些反动派，拿破仑需要以自由主义的资产阶级盟友和保护者的面貌出现。因为邦雅曼·贡斯当是自由主义精神的化身，他的归顺不亚于获得千军万马，他的那支笔抵得上一支加农炮炮兵中队。此外，在里昂时，拿破仑许诺过一部宪法吗？贡斯当没有受骗上当，在3月31日与约瑟夫·波拿巴会晤后，他即在日记中写道：“意图是自由主义的，而实践将是专制的。”但这没有关系。4月15日，他为成为“自由主义意图”的笔杆子而感到高兴。皇帝请他拟定一份宪法草案，贡斯当接受了。他坦率地表露出自己的不择手段：“我最终会达到目的吗？”

接见后的第二天，贡斯当带来了草案。这一草案未被认可！于是，他修改草案，并在4月18日向拿破仑进呈了一份新的。结果还是需要进行某些修改。19日，在第三次会面当中，他高兴地看到自己的许多“宪政观念”被“采纳”。让其幸福至极的是，在同一天，他获悉自己在行政法院得到任命，该项任命在20日正式得到确认。自1795年陪伴热尔曼娜·德·斯塔尔夫人到巴黎以来，他终于得到一个自己渴望的职位。

贡斯当和斯塔尔夫人相识于瑞士，对于银行家内克这个光彩照

---

[1] 约瑟夫·波拿巴（1768—1844），拿破仑一世的长兄，曾任法兰西第一共和国外交官，在拿破仑称帝后被先后封为那不勒斯国王和西班牙国王，最后在滑铁卢战役后流亡美国。——编者注

人的女儿和雄心勃勃的青年男子来说，瑞士可谓是被搞得一团糟的祖国。贡斯当出生于洛桑，其祖上是来自法国的胡格诺派教徒。作为瑞士卫队上校之子（他的母亲在生他时去世），他辗转游学于欧洲多所大学，直至 1788 年父亲在不伦瑞克公爵那里为他谋得一个侍从的差事。在这个小小的德意志宫廷里，他遇到了年长 9 岁的米娜·冯·格拉姆。他虽然娶了她，但对她并没有什么感情：他们之间的不和导致两人于 1794 年分手。他写道："也许这一切都是我的过错所致。"这是他一生当中经常谈起的一件事情，类似于交代自己犯的错误。

在一次造访热尔曼娜·德·斯塔尔在日内瓦附近的科佩城堡住所期间，贡斯当坠入了情网。她的言谈令他着迷。在其去世后才出版的小说《赛希尔》中，贡斯当借玛尔贝夫人这一人物对热尔曼娜做出了如下描述："当我遇到玛尔贝夫人时，后者时年 27 岁（斯塔尔夫人时年 29 岁）。她个子不高，身材谈不上苗条，脸部轮廓不甚匀称， 23
且过于分明，脸色也不怎么讨人喜爱，但她有世界上最美丽的眼睛、非常漂亮的双臂。她的手略大，但白皙得非同寻常。她的嗓音极美，动作甚快，姿态有点男性化，声调极为柔和，这种声调在激动时以一种极为动人的方式时断时续。这一切构成了一个初看时绝不会留下好感的整体，但当玛尔贝夫人说话并振奋起来时，即变成一种不可抗拒的诱惑。"[3] 其他不少人亦证明了这种造就一位沙龙王后的"魔力"。

热尔曼娜·德·斯塔尔是银行家内克之女。这位曾在 1789 年获得无上荣光的路易十六旧臣，深得女儿的敬重。热尔曼娜在巴黎并非初涉社交活动的少女。她的母亲在巴黎操办着一个最有头脑的人经常光顾的沙龙。也是在巴黎，她在 20 岁时与瑞典派驻法国宫廷的大使斯塔尔－荷尔斯泰因男爵结婚，由此轮到她来主持设在巴克街的沙龙。她在这一沙龙中捍卫立宪君主制的事业，反对共和派与旧制度的贵族。1792 年 9 月发生的大屠杀迫使她与自己丈夫前往瑞典，接着又来到她父亲在科佩的城堡。从那时开始，她与自己从未爱过的男爵保持距离，花天酒地的后者挥霍妻子的嫁妆，耗费岳父的财产。斯塔尔夫人喜欢与有思想的人在一起，她本人亦自得于自己的智力、风趣、修养与活泼。对于她那位甚少出入沙龙的丈夫，她曾经这样说道："你不喜欢我的朋友，而我没有他们就无法生活。活跃的谈话实属必不可少。"

贡斯当与热尔曼娜于5月抵达法国首都时并非无人关注。虽然他还无甚名气，但斯塔尔夫人不然。除了是前财政总监之女，热尔曼娜还通过前一年发表于瑞士的《对皮特先生和法国人提出的关于和平的思考》崭露头角，此文使她在英国议会得到辉格党资深政治家查尔斯·福克斯的赞赏。当然，事情并不仅限于此，她甚至于
24 1793年就已经发表《对王后的审判之思考》。虽然听任父亲内克嘲笑她的文学抱负，将她戏称为"圣文具盒夫人"，但热尔曼娜不愿忍受她那个时代妇女的共同命运。她写道："仔细观察社会秩序，你们将立即看到，面对一位意欲与男子平起平坐的妇女，社会秩序会全副武装，起而反对她。"因为在报刊上受到攻击，她立即在《涉外政治新闻报道》中用共和主义信仰回击道："我真诚希望法兰西共和国建立在正义和人道的神圣基础之上，因为它向我显示出，在目前的局势下，唯有共和政府能为法国提供安宁与自由。"[4] 很快地，她重新开办巴克街的沙龙，贡斯当则在一些报刊上开设专栏。当国民公会让位于督政府时，后者不断在雅各宾派与反革命派之间左右摇摆。在这种每个人都是怀疑对象的动荡时期，斯塔尔夫人被请求离开巴黎。贡斯当跟着她来到瑞士科佩。

对社会经常抱着一种讽刺态度的贡斯当被看作轻率之人，他总是抱有怀疑态度，及时行乐，但具有一颗敏感的心，这经常掩盖了他对思考的狂热。时年28岁的他（比女友小1岁）与斯塔尔夫人拥有共同的自由主义原则。两人均是启蒙运动的产儿，他们不推崇过去，而是信仰进步。他们的关键词不是"革命"——虽然他们对此

怀有某种兴趣——而是“可完善性”（la perfectibilité）。对雅各宾主义、恐怖统治持敌视态度的贡斯当，同样是拥护旧制度者的敌人。在 1796 年冬天，他编写了一本支持督政府的小册子。在这本小册子中，斯塔尔夫人提供了一篇于 1796 年 4 月在瑞士发表的《论当前法国政府的力量与赞同该政府的必要性》。这是一件大事。巴黎的《箴言报》重印这本小册子。所有的人都在议论它，这本小册子还被译成德语。它的重要性在于对“正直之士”、尊重秩序者发出呼吁，这些人面对当时的社会动荡，可能被恢复君主制所诱惑。

对贡斯当来说，似乎一切都变得越来越好。在那个 4 月，斯塔尔夫人对他倾注爱意。他欢乐地重新前往巴黎。不幸的是，在那里他无法获得法国公民的身份（这种“外国人”的身份将对其整个生涯产生影响）。尽管受到此事以及不可避免的敌视的困扰，贡斯当有段时期很走运。在内克的帮助下，通过投资国有财产，他在 1796 年 25
11 月获得一笔财产——邻近法国吕扎什的埃里沃的花园住宅，并使热尔曼娜重返法国。两人同心协力地写作，在贡斯当的乡间住宅接待来客，沉浸在女儿阿尔贝蒂娜·德·斯塔尔诞生带来的喜悦之中……1797 年 3 月，《论政治反动》问世。贡斯当在这一论著中为大革命这一人类进步不可逆转的阶段辩护：“启蒙运动应当延续，人类应当受到平等待遇，接受教育，相继被死神吞没的每一代人都至少在其身后留下了标示真理之路的明显痕迹。”[5] 至于热尔曼娜·德·斯塔尔，她一方面致力于撰写其最重要的著作之一《论文学》，同时也没有失去对时事的兴趣，针对这些事件，她写了一本在生前未曾发表的著作《论可能终结大革命的当前局势》。两人都有同样的信念：应当确立一个建立在进步、自由和所有权基础之上的稳定的共和国，一个必然是代议制的（我们不是处在一个瑞士的市镇之中）、根植于人民主权的共和国，还应当调整共和三年宪法，亦即督政府的宪法，尤其是要赋予行政系统更多的权力。

当“雾月十八日（1799 年 11 月 9 日）政变”终结督政府统治并

使人接受执政府之际，邦雅曼·贡斯当与热尔曼娜·德·斯塔尔站到铁腕人物一边。难道这是自由精神的一时衰弱？确实，督政府无法再维持下去。它的内部出现分裂，受到左右两翼敌人的骚扰，靠反复进行政变苟延残喘，最终垮台。因为自意大利战役以来对波拿巴不乏好感，热尔曼娜与贡斯当几乎自愿地接受雾月的刀剑，他们希望“金字塔的征服者”成为“法国的华盛顿”，确立他们所期待的自由制度。机会终于来到他们面前！热尔曼娜重新敞开沙龙的大门。在情妇的支持下，贡斯当向督政府的成员之一、“雾月政变”的组织者西哀耶斯申请一个职位，但这一申请用的是自由的名义：

26 督政官公民：

在解脱的消息最初唤起我的喜悦之情以后，其他思考出现在我的面前。也许，我过度重视这些问题，但我恳请您读一下：我相信，这一时刻对于自由来说是决定性的。人们谈到各种议院（元老院、五百人院构成了督政府的立法机构）的延期。在我看来，这一措施在当今是灾难性的，因为它摧毁了用以抵挡这样一个人的唯一屏障，你们将此人与昨天那个具有特定历史意义的日子联系在一起，但他对共和国更具威胁。他那份仅仅谈到个人及其归来的声明，使人期待由他来终结法国之不幸，这更令我确信，他在所做的一切当中只看到了个人地位的提高。然而，支持他的有将军、士兵、贵族阶级的群氓，以及所有热情地贡献力量的人。共和国拥有你们，这的确很重要。代议制不管是好是坏，都将始终为某个个人的方案设置一道限制——后者在试图篡位时，只能宣读这些必不可少的法令。

由于斯塔尔夫人懂得如何让贡斯当得到负责招揽人才的约瑟夫·波拿巴和西耶斯的支持，“来自莱芒湖的文人”邦雅曼·贡斯当得以进入立法机构之一，设立在罗亚尔宫里的法案评议委员会。热尔曼娜以此提携了邦雅曼一把。

这一任命在报刊上激起些许令人不快的评论：贡斯当不是一个外国人、一个世界主义的沃州[1]人吗？这无关紧要。他在接受议会政治方面的基础训练。贡斯当并非缺少勇气。自 1800 年 1 月 5 日就法律的形成发表首次演说以来，他明确站在反对当局的立场上。那一天，斯塔尔夫人在家中等待几位朋友。她叙述道："我在 5 点钟收到 10 份解释为何没来赴约的便条。"对当局大献殷勤的报纸把贡斯当说成一个渴求荣耀之人，而某些人则（并非没有理由地）暗示，激励他发表这一演说的是斯塔尔夫人。波拿巴不会原谅他的行为。

这一插曲很好地刻画出邦雅曼·贡斯当这个人物。因为他公开表明所坚持的观念，所以纵然他是一名手段高明的钻营者，亦白费心机。人们可以说他已经具有毫不妥协的精神且能屈能伸，但在成为保民院成员后，他以紧张的工作为代价，并且冒着法国新主人及其奉承者敌视他的危险，捍卫他所珍视的事业——自由的事业：反对权与请愿权、新闻自由、司法形式的必要性。这种独立性最终导致波拿巴对这名忘恩负义者勃然大怒。1802 年 1 月 17 日，20 名保民院成员抽签决定他们的去留。第一执政促使参议院无视这一程序，在反对派当中选择该换下来的人，贡斯当就在这些被撤换者之中，与他一起下来的还有多努[6]、卡巴尼斯[7]和让－巴蒂斯特·萨伊[8]。

与此同时，他刚刚与安娜·林赛——另一名女崇拜者朱丽叶·塔尔玛介绍给他的爱尔兰女子——断绝关系。作为一个有很多女人呵护的男人，贡斯当一直与热尔曼娜·德·斯塔尔维持关系，但后者却因可怕的脾气变得难以相处。1800 年岁末，贡斯当在安娜的爱情当中获得慰藉。但是，身为两个孩子母亲的安娜渴望立即结婚，但贡斯当并不想与热尔曼娜一刀两断。热情之火缓缓熄灭。贡斯当回到工作中。他的财务状况处于可悲的境地，他卖掉埃里沃的地产，

[1]　沃州是瑞士西南部的一个州，贡斯当出生于该州首府洛桑。

以便购置显然更为低廉的府邸——“牧场”。

斯塔尔夫人在波拿巴那里并未得到更多的好感：因为表达了对第一执政自由主义意图的失望，她的著作让上层感到不快。在波拿巴保留路易十四时期文学与政治的关系模式之际，她发表于 1800 年的《论文学》显示出一位思想家要求文字独立的想法。在宗教领域，她反对签订于 1801 年的《教务专约》，因为该条约为天主教重新赋
28 予力量，而在她这位新教徒看来，天主教与进步自由原则水火不容。贡斯当被清除出保民院一事，最终促使她投向反对派。她立即发出离开的信号，并于 1802 年 4 月底在病魔缠身的丈夫陪同下离开巴黎。在途中，斯塔尔男爵于 5 月 9 日死于波利尼的一家客栈。贡斯当与热尔曼娜在瑞士重新相聚。

10 月，热尔曼娜接到最终的驱逐令。她的沙龙被第一执政的警察盯上，他们还怀疑她父亲内克的著作《关于政治与财政的最终看法》中注入了她的敌意，还有她与贡斯当的关系本身，统统使得她在当局眼中变得不受欢迎。她出版于 1802 年 12 月的成功小说《黛尔菲娜》，暴露了她的自由主义观念以及对因循守旧的社会不加预判的对抗。波拿巴发布政令道：“内克之女永远不得返回巴黎。”然而，热尔曼娜却试图哄骗波拿巴。她甚至向波拿巴的兄弟约瑟夫承认：“由于很想取悦他，我在他面前成了动物。”第一执政并不喜欢才女，但关心如何操纵舆论的他也害怕不向自己看齐的人才。在 12 年的时间里，贡斯当与热尔曼娜生活在半流放的状态之中：他们或聚或离，流亡于德国与瑞士之间，其间还曾匆忙进出于法国。1804 年 5 月 18 日，元老院的决议在法国确立帝制，进一步扩大了贡斯当、热尔曼娜与已成为拿破仑一世的波拿巴之间的鸿沟。贡斯当曾参加的保民院在 1807 年被解散，拿破仑的自由决定权得到确立，并通过帝国军队对欧洲反法同盟国家取得的胜利获得巩固。

在父亲于 1804 年 4 月去世之后，斯塔尔夫人将科佩变成拿破仑反对者聚会的中心之一。除了贡斯当，她在此先后接待了奥古斯特·

威廉·施莱格尔及其兄弟弗里德里希，两人都是文献校勘家、文学批评家、《雅典娜》与后来的《欧罗巴》杂志以及德国耶拿浪漫主义团体的创办人。此外还有瑞士经济学家西蒙德·德·西斯蒙第、自由派历史学家普罗斯珀·德·巴朗特（她与此人从此开始了持续5年之久的交往）、朱利耶特·雷卡米埃与倾慕她的普鲁士奥古斯特王子……世界主义的、欧洲的科佩社交界成了帝国知识界的反对派最引人注目的发源地。贡斯当和热尔曼娜两人致力于创作，他们互相争执，分开又重新聚首。圣勃夫写道，在协会里，他们才气焕发地互相比试，“这两人至少在精神上意气相投，他们肯定由此而相互理 29
解。按照一些知情者的说法，没有任何东西比他们在这个特定圈子里的谈话更高傲和令人着迷。在数小时里，这两人手持谈话的神奇‘球拍’，你来我往，在各种思想交锋中从未失过球”。

贡斯当曾经很想娶热尔曼娜，但是他的姓氏足以换取斯塔尔的“男爵夫人”称号吗？她曾经让这一称号大放光彩，难道愿意把它换成一个新贵的姓氏？于是，贡斯当尽其所能地逃离，相继在日内瓦、巴黎、洛桑等城市生活。他在10月26日的日记里写道：“我再也不能忍受10年来强硬束缚着我的男女之情，再也不能忍受一个真正有女人味的女人使我陶醉着迷。”热尔曼娜在支配他生活的同时却没能控制住他的心，他这次移情别恋的对象是10年前在不伦瑞克遇到的夏洛特·德·哈登伯格。他想结婚：“与夏洛特一起，我可以体面平静地生活在法国。她有迷人的个性和足够多的风趣。更让我没想到的是，她出身名门，财产颇丰。我若与之结婚，就不会再像现在这样贫穷，而且将获得10年来我从未拥有且一直淡漠视之的依恋。”（1805年5月4日）夏洛特并非自由之身，但她的丈夫亚历山大·泰尔特已同意在1807年5月离婚。然而，斯塔尔夫人想在科佩夺回这个不忠之人。于是，贡斯当向她提出，要么结婚，要么分手，但她既不愿结婚也拒绝分手，不断大发雷霆。最后，贡斯当做了无法挽回的事：他在1808年6月悄悄与夏洛特结婚。斯塔尔夫人在近一年之后才从夏洛特口中知道这件事。

这位在夏洛特与继续让他心烦意乱的热尔曼娜之间左右为难的“情感的优柔寡断者”迷上了赌博，输掉一大笔钱，不得不卖掉“牧场”。斯塔尔夫人在1807年出版了在国际上获得成功的小说《高丽娜》。接着，扛鼎之作《论德意志》最终确立了她的名望，该书因支持德意志反对拿破仑而在1810年被皇帝下令没收。1811年4月，她邀请贡斯当一起吃夜宵，并让新情人约翰·罗卡，一位来自日内瓦的轻骑兵军官作陪。
30 这是一个错误，两个男人意欲决斗。所幸找到了友好协商的解决方式，决斗并没有发生。1811年5月8日贡斯当在洛桑告别了他的女友，在夏洛特的陪伴下前往德国。在这期间他毫无节制地赌博，且一无所获，夫妻两人于11月初在哥廷根安家落户。他在那里工作，十分烦恼，身患疾病，与妻子吵架……在他不准备公布的简明扼要的日记中，他放肆地抱怨指责：“天啊，我多么悲伤！”“我的进展多么微不足道啊！”“我的妻子只会让人讨厌。”“生活是多么凄惨，而我又是何等愚蠢啊！”“啊，婚姻！”“我不满于自己和别人。”“筋疲力尽！”……

在这些思考、流亡与悲哀的岁月里，邦雅曼·贡斯当致力于两大著作，其一写的是“政治”，其二写的是“宗教”。它们未在他生前出版，但他的观点不断确立、发展并获得力量。至于斯塔尔夫人，她在1812年5月23日离开科佩前往德国。经过难以忍受的旅行，她在8月2日抵达莫斯科，此时距这座受到拿破仑大军入侵的城市被烧毁还有6个星期。8月13日，她到达圣彼得堡。在拿破仑军队于莫斯科附近地区进行的战役中获胜、通向莫斯科的门户被打开之际，她到达斯德哥尔摩，在那里受到瑞典王储贝尔纳多特的盛情款待，后者是自瓦格拉姆会战以来与拿破仑不和的帝国元帅以及沙皇亚历山大一世的同盟。热尔曼娜在1812年9月至1813年5月待在斯德哥尔摩，接着与家人定居伦敦。她有自己的想法：顽强地与那个科西嘉人斗争，并在途经欧洲各地时致力于此。她同样反对复辟受人鄙视的旧制度，因此不信任波旁家族。她将贝尔纳多特视为唯一能够取代拿破仑的共和派将领，并且是唯一能使“共和制骑士与君主制骑士结成联盟”的人。

拿破仑从1813年开始的失败使邦雅曼·贡斯当精神大振。他情不自禁地在12月31日写道：“莫斯科的大火是世界自由的曙光。”贡斯当从用功与忧郁的退隐中摆脱出来，回应贝尔纳多特的邀请，称出生于法国波城的后者为“贝亚恩人”(le Béarnais)。同热尔曼娜一样，他也认为贝尔纳多特能够继承从俄国撤回后受到严重威胁的拿破仑自由主义。贡斯当在一份发表于1814年11月底的小册子《论处在 31
与欧洲文明关系之中的征服精神与僭主政治》中表明了反拿破仑的情感。他在小册子中描绘的法国在被反法联盟军队入侵之际的景象并不令人满意：“我们在此看到凯旋的僭主政治，这种僭主政治伴随着一切令人恐怖的回忆，继承了一切罪恶的理论，而那些在这种环境中成长的人，拥有种种暴行与过去的错误，表达出对人的蔑视和对理性的鄙弃，并认为这是正当的。在这种僭主政治周围的是一切无耻的愿望、灵巧的算计和对文雅的破坏。”

贡斯当提到恐惧、虚荣和占有欲的摧残：“宗教是当局的喉舌，而论证是力量的注解。各个时代的偏见、所有国家的不公正汇集成新社会秩序的材料。人们回溯遥远过去，放眼边远地区，以便将许多分散的表现汇集起来，将人所遭受的奴役很好地构成一种模型。这些名誉扫地的话语很快就传了开来，它既没有真实的来源，也不具有任何可信之处，而是令人厌烦、毫无意义和滑稽可笑的杂音，只会使所有形式的真理与正义受到玷污。”这些道德的发言最后呼吁人们行动起来：“一个民族绝不能远离真正的自由。”

与此同时，他为贝尔纳多特写了一份反对拿破仑和支持解放法国的声明。一些德国报纸在1814年2月转载这一声明。贡斯当重申他愿为瑞典王储效劳，称赞后者对反法联盟的干预会有助于让法国获得“一种确保永恒的财产权、个人自由与宗教自由、国民代表制、司法独立以及发展启蒙思想的宪法”。[9]王储殿下顺从贡斯当，并邀

32 请他到自己的大本营会合。贡斯当接受了邀请。但他与贝尔纳多特的合作只维持了很短时间。因为王储不敢为取得法国的摄政权而冒险失去瑞典王位，所以在南锡止步不前。

斯塔尔夫人在法国遭受入侵之际体会到一种强烈的亲法情感。她既希望波拿巴垮台，又希望他的军队打败入侵者。1814 年 3 月 22 日，她对贡斯当写道：“我憎恨此人，但我指责这些此时迫使我希望他获得成功的事件。难道您愿意法国遭人践踏吗？……我不会做任何对法国不利的事情。我不会在法国不幸时背叛她，既非因为我把自己的名望归结于她，也不是因为她曾经眷顾我父亲。沿途皆是被烧毁的村庄，妇女就跪在路边目睹这一切的发生。邦雅曼，您不是法国人，您童年的回忆都未与这片土地联系在一起,而你我之间的区别就在于此。但是，您果真能够忍受哥萨克人出现在拉辛街吗？”[10]

4 月 6 日，在元老院宣布将其废黜之后，拿破仑退位，他的对手把他发配到厄尔巴岛担任总督。路易十八在反法联盟刺刀的保护下复辟，而在维也纳，一场势必对新欧洲起决定作用的大会正在召开。

邦雅曼 · 贡斯当与热尔曼娜 · 德 · 斯塔尔在分离 3 年之后在巴黎重逢。路易十八允诺钦赐一部宪章，支持他的热尔曼娜在克里希安了家，并在那里重新创办一个国际性的社交沙龙。而邦雅曼则在处理他时常操心的两件事：其一是获得一个职位；其二是与热尔曼娜 · 德 · 斯塔尔一样去促成一种自由的社会制度。对于该实行何种政体，在他看来并不重要。他曾经是君主主义者、共和主义者，甚至是波拿巴主义者，但不管其是否在性情方面具有种种弱点，他都不间断地捍卫了他的自由主义观念。在放弃贝尔纳多特这张牌之后，他又打起波旁家族的牌。4 月 15 日，他返回巴黎，并立即四处拜访。他在 4 月 16 日写道：“又见到许多人。完美的安排。据说塔列朗不错。”下述话语概括了他的活动：“我们为美好的事业服务，并为我们自己服务。”他恢复了在报刊上的专栏,并致力于写作《关于宪法的思考》，
33 这一论著将发表于 5 月 24 日，即路易十八的《宪章》颁布前 12 天。

贡斯当在四处奔波，见各种各样的人，撰写一本新闻自由的小册子，他把这种自由描述为“权利之权利”：“一种对所有人的保障……没有新闻自由，被废黜的内阁就无法回应继承者的指责；没有新闻自由，更不清楚实情的法国人在反对不公正时就无所依靠，除非人们相信，在反对一个权力极大的内阁时，不会有任何不公正。”[11] 人们在议论他，赞扬他的作品——足够多的“没有结果的赞美”。他甚至与斯塔尔夫人发生冲突，后者正专注于为他们的女儿阿尔贝蒂娜准备与维克多·德·布罗伊结婚的嫁资，但她没有获得国家本该兑现给内克的公债——这一公债年息的支付在1793年被废止。她要求贡斯当偿还借给他的钱，但他却避而不还。不过，贡斯当也有自己的焦虑。他在7月17日写道：“从现在起的6个星期内，我应当有所作为。”当他的一些小册子在舆论界获得真正的成功之际，他却在8月19日沮丧地写道：“令人难以忍受的是，我在此没有任何我爱的人。我没遇到我的女人。生活过于乏味。”这种心灵的孤独也许说明了31日的一见钟情，他以惯常的简洁概述道：“雷卡米埃夫人。啊！我会发疯吗？”

对朱丽叶·雷卡米埃这个如此擅长把男人搞得晕头转向的女人，贡斯当显然不是一见钟情，他在1814年才迷上她，那时他认识她已有15个年头。比贡斯当年轻10岁的她（时年37岁）主持着巴黎最引人注目的反拿破仑沙龙。精心打扮过的她具有一种媚态，混合着漫不经心的诱惑力和令人生畏的冷漠。贡斯当绝望了：“朱丽叶具有一颗自天堂或地狱形成以来最无情的心灵。至于斯塔尔夫人，她是一条极度虚荣的蛇。她实际上恨我，是我使她变成这样。我们要让我的财产远离她凶恶利爪的控制。”（11月14日）他在职业道路上亦没有进展：“我在这三个半月中虚度了光阴。”（12月13日）

1815年最初的几个星期，贡斯当始终被他所谓的自己的“极期”(paroxysme) 纠缠不休：“我脑子里除了政治，其他什么都有。”即便 34
他斥责朱丽叶（“她的媚态无法消除”或“难以诱惑这个该死的女人”），

但还是帮她写作，为这个女人撰写《回忆录》。当时，正是在3月6日，即他准备再次离开巴黎之际，贡斯当震惊地得知拿破仑东山再起。他期望波旁王朝政府需要他。他大胆地冒险写了一篇“使其生命处在危险状态”的文章：“这些想把我描述为政府之敌的纯粹保皇派多么胆怯。他们在颤抖，而敢于抵抗的人非我莫属。”作为组织抵抗的拥护者，他抨击议员的怯懦。19日，《辩论报》发表了他这篇著名的文章，而当时拿破仑再过几个钟头就将抵达巴黎。

为了朱丽叶的秋波而硬充好汉的他，毫不犹豫地把拿破仑当作匈人领袖“阿提拉”、“成吉思汗”。然而，一个月后，他竟然成了令人生畏的暴君的行政法院成员。他的个人形象由于此类出尔反尔大受损害。邦雅曼·贡斯当的错误在于，这个积习成性的赌徒在几个月内分别把赌注压在三个人身上，他们是贝尔纳多特、路易十八和拿破仑。诚然，他三次皆输，但他的思想一如既往，即不管统治者是谁，实行何种政体，他都应当捍卫自由。他成功说服皇帝接受1815年4月18日的《帝国宪法补充条款》。这部在很大程度上归功于他、并使他被人称为“本杰明”[1]的新宪法证实了他的信念。他在《适用于所有代议制政府的政治原则》中重申了这些信念。这部于5月29日出版的著述是他在政治领域最重要的作品，他构思了很长时间，至少草拟了两遍。这部著作造就了19世纪最重要的政治作家之一，是一部反对专权的自由主义圣经，新闻自由、宗教自由、个人自由、司法保障，均显得绝对必要，并有着如此多的话题：“这一自由实际上是人类共同的目标：公共与个人的道德有赖于它，产业方面的考虑取决于它。没有它，人们就不会有安宁、尊严与幸福。”[12]

35 热尔曼娜·德·斯塔尔不赞同他在观点上的大转变，但他还在夸耀下述结果：“在已经提出的宪法当中（此处暗指第61条：在法律规定范围之外，任何人不得被追踪、逮捕、监禁和流放），当今政府

[1] 此语出自蒙洛西耶，本杰明即美国的本杰明·富兰克林。

在所有法国政府中首次正式废止了这种可怕的特权（逮捕、任意监禁、流放）。只有使一切权利和自由成为惯例，才能向国民保证其在1789年要求的一切，向国民保证他们如今还想要的一切，以及25年来持续坚定要求的一切，国民才能始终有权让人听从自己；只有这样，这个政府才能每天把更根本的根基置于法国人心中。”[13]

新的帝国要么是自由主义的，要么什么都不是。

法国人并没有时间对此做出评判。一个反对拿破仑统治的新联盟、欧洲的君主们终结了贡斯当的梦。1815年6月18日，在滑铁卢获得胜利的人们将拿破仑放逐到圣赫勒拿岛，为自己被搞得惊恐不安一事报复。拿破仑在1821年死于圣赫勒拿岛。波旁王朝再度复辟。

7月19日，邦雅曼·贡斯当收到驱逐令。他还在巴黎待了几天，抱怨他对朱丽叶·雷卡米埃“荒唐的爱情”：“我所需要以及向上帝祈求的乃是瑞士以及我的妻子。”后来，他得知他的名字已从流放名单中被剔除，尽管如此，他还是在10月31日离开巴黎。他先后来到桑利斯、佩罗讷、蒙斯、布鲁塞尔，并且在布鲁塞尔等待夏洛特，但最终无果。他在1816年1月27日抵达伦敦，夏洛特在伦敦与他会合。他很快就对她的出现感到厌烦：“我的妻子束缚着我，让我讨厌。”他出版了《阿道夫》这部分析小说与心理小说，并把他那些轰轰烈烈的爱情移植到这部小说之中：“为了生活的幸福就不应当开始这种男女私情：若误入此途，那就只有一个坏的选择……”夏尔·迪博斯可以这样说：这部小说力求更多地去再现缺陷，并沉默地——这一点也受到指责——尽量少地表现优点。一如以往，人们立即接受他的话，并在一个世纪里仅以《阿道夫》评价贡斯当。贡斯当徒劳地反复说，他“并未赋予这部小说价值”，而正是这部小说使他的名字载入文学史。1820年，他竭力在一部标题为“关于百日的回忆录” 36
的“辩护性回忆录”里解释自己的政治行为，但这位赌徒再次输得精光。

夏多布里昂的“百日”

比贡斯当小一岁的夏多布里昂（生于1768年）在同样年纪经历了同样的事件，但出发的角度不同。作为法国布列塔尼一个古老的小贵族家庭中最年幼的孩子，他在大革命爆发前两年被推荐到宫廷。因为丝毫不会阿谀奉承，他没能出人头地。大革命开始时，他在巴黎待了近两年，之后，他在父亲去世时受到兄长伤害，未能在旧大陆找到自己的位置，遂在1791年4月从圣马洛出发前往新大陆。他在美国这一希望之乡待了五个月，在那里花光了所有积蓄，背上债务，最终隐姓埋名地返回法国。为了表现得像是个听话的孩子，他于1792年加入一支旨在终结大革命和恢复路易十六所有特权的勤王军前不久，听从姐姐们的劝告，几乎心不在焉地与一位名为塞莱斯特·比伊松·德·拉维涅的女子结为伉俪。

夏多布里昂于是成了流亡者中的一员。他们的步兵甚至在1792年9月包围了蒂翁维尔。负伤的他走上漫长的流亡之路，这一流亡之路引导他在始终没有妻子陪伴的情况下，经由布鲁塞尔、泽西等地，最终来到伦敦。他在伦敦度过了贫困潦倒的七年，这一遭遇虽难以令人羡慕，但也强过他的兄长与嫂子死在断头台上的遭遇。他以写作度日，等待着更好时机的到来。1797年，他的《论古今革命》并没有使他脱离物质上的匮乏。这是一部关于历史上所有革命的论著，但由于缺乏文献资料和灵感，并没有达到他预想的水准。不过，这位流亡者至少不无深刻地显露出保皇主义倾向、天主教信仰、对普遍观念的爱好以及对自由的热爱。

在此后的几年时间里，他的思想尤其在路易·德·丰塔纳的影响下发生演变，后者是另一位与保皇党有联系的流放者，夏多布里昂与他在伦敦结成持久的友谊。在他们这一方的，是与其他许多由启蒙思想培育出来的贵族一样，意识到宗教对于社会制度尤为重要的
37 18世纪人士。共和国的非基督教化政策刺激他去颂扬祭坛。他将

其观点凝集于一本题为“与道德和诗歌相关的基督教”的小册子之中，这本小册子是《基督教真谛》[1] 的雏形。

夏多布里昂在闻悉雾月十八日的政变时即决定重返法国。1800年5月6日，他在加莱上岸，在那之前，普鲁士驻伦敦公使签发了他以瑞士纳沙泰尔公民拉萨涅的名义申领的护照。他在巴黎安顿于勒泰尔纳（les Ternes）一家小旅馆之中。他的巴黎生活由此开始。有人把他介绍给波利娜·德·博蒙，她在卢森堡新街经营的沙龙名噪一时。她在1794年奇迹般地从断头台上被解救下来，与丈夫分开但却未与男人分开，在夏多布里昂发表《阿达拉》之前就迷上了他。在一段时间里，原先的旅行者取得了一种令人羡慕的地位。由于他的朋友，尤其是由于丰塔纳介绍给他的第一执政的妹妹埃利莎，夏多布里昂从流亡者的名单中被除名，得以自由地生活。在1801年4月问世的《阿达拉》成功从诸多重要书籍中脱颖而出，轰动一时，一年后发表的《基督教真谛》也取得巨大成功。

这也是一次机遇的奇迹。实际上，第一执政波拿巴因为意欲重新调和被世俗战争与宗教战争分裂的法国人，在1801年与教皇签署了一项《教务专约》，由此，天主教在没有重新成为国教的情况下被确认为“大多数法国人的”宗教。因而，夏多布里昂的著作似乎出色地阐明了执政府回归到信仰的政策。在神学方面丝毫没有抱负的他详尽描述了天主教作为艺术与文学之母的种种美妙之处，同时提出将纠缠19世纪的一切政治哲学问题，即该如何在没有宗教支持的情况下建立社会联系。这一成功堪称巨大。夏多布里昂很快被封为重要作家。在这些热情的篇章里，除了为罗马教进行的辩护和阐明，还有对一种将被称为浪漫主义的新情感充满激情的表述。

在第一版的《勒内》一章里，作者引入了一位人物（此人巧合地被命名为勒内，即作者的第二个名字）的忏悔。因为作者认为他的故

[1]　一译《基督教的精髓》。

38 事有助于鼓励人们转向宗教，而且他的结论合乎道德（“幸福只存在于共同的途径之中”）。实际上，读者尤其关注的是勒内病态的性格，关注他的忧郁、无所事事，以及他从一个大陆到另一个大陆忍受的烦闷。先于贡斯当笔下的阿道夫，夏多布里昂塑造的勒内开创了浪漫主义的主人公形象：孤独，沉迷于空想，受社会排斥并且以诅咒为乐。他的呼喊在持久地回响：“快来吧，期待已久的狂风暴雨……”

夏多布里昂赋予了勒内某些他自己的性格特征：他从孩提时代就感受到的烦闷、对生活的厌倦，以及同时对无限的向往、情欲和与死亡的交易。他以华丽的语言表达这种宗教情感、诗性与痛苦内心的交集。鉴于此书有助于与罗马重新和解，波拿巴对夏多布里昂表示感谢。以他光临沙龙为荣的女士都只经由他发誓请愿，把他淹没在“一大堆洒过香水的便笺”之中。

文学方面的荣耀并未让他心满意足。一如邦雅曼·贡斯当，他意欲思考政治，甚至是冲到行动第一线。人们对此有颇多指责：难道他不应当仅限于做一个作家吗？布瓦涅夫人在其《回忆录》中写道：“但是，做一名国务活动家的抱负把他拖入其他领域，而在这些领域里，他那些未得到善待的要求导致他出现大量的不良情绪……”[14] 也是在 1803 年，得益于著作的大获成功，他在友人尤其是向他敞开大门的路易·德·丰塔纳的宝贵援助和波拿巴的支持下，被任命为驻罗马的全权公使，亦即第一执政的叔父费斯奇枢机主教的秘书。

这个任职于罗马的插曲将对他的艺术有所裨益，使他在与女性关系方面大为出名。无拘无束的他同时请三位女性与自己相会。首先是他的结发妻子——但她没有随他前往罗马，使他在这方面极为自由。其次是他当时心仪的德尔菲娜·德·库尔蒂纳，他曾给她写信：“对与妻子相聚产生的恐惧再次把我抛到异邦。”再次是他更早时的情妇
39 波利娜·德·博蒙，而且只有她赴约前往，并于 1803 年 11 月 4 日在那里结束生命。夏多布里昂在罗马几乎未获成功，因为他独立不羁的态度惹恼了上司，后者遂向上面抱怨了他。

在 1804 年 2 月返回巴黎后，他即将获得新职位：法国驻锡永公使。锡永位于极小的瓦莱共和国中，这一毫不起眼的职务简直是对他抱负的侮辱。在获悉当甘公爵[1]被处决之后，夏多布里昂致函外交大臣塔列朗表示，鉴于妻子的健康状况，他无法赴锡永履行职责。他没有发作，而是谨慎地拉开距离。他的热忱和波拿巴主义时期一同终结了：就在拿破仑称帝之前，他与波拿巴决裂，从此没再离开反对派阵营。不过，他同样与塔列朗这种为政治罪行出谋划策者保持着关系。

他于是继续待在巴黎，并在米罗梅尼街一家特殊的小旅馆里过起了迟到的夫妻生活。他同时保持着与德尔菲娜·德·库尔蒂纳夫人的联系。他不仅经常去里厄斯附近的菲尔瓦哥城堡，还更多地光顾德尔菲娜距他家仅两步之遥的沙龙。她是另一个从断头台上死里逃生的迷人女子，曾在狱中遇到拿破仑首任皇后约瑟芬·德·博阿尔内，夏多布里昂后来通过她结识令人畏惧的警务大臣富歇。这是一个前贵族与弑君者得以结成友谊的诡异时期……库尔蒂纳夫人与夏多布里昂之间的爱情进展迅速（尽管这位人称大作家的魅惑者伤感的性格并非始终令人激动），直至后者决定开始东方之行——塔列朗的办公室为此替他安排了保护措施。雅典、君士坦丁堡、耶路撒冷、亚历山大、开罗、突尼斯、迦太基、格林纳达……他由此写成的《从巴黎到耶路撒冷》在 4 年后出版。

在返回法国后没几个星期，夏多布里昂再次以一篇发表在 1807 年 7 月 4 日《信使报》的文章成为人们谈论的对象——此文评论了亚历山大·德·拉博德一本关于西班牙的书。该书作者是夏多布里昂正在关注的对象娜塔莉·德·诺阿耶的兄弟，为了得到娜塔莉的赞赏，夏多布里昂影射地向当时处于荣耀巅峰的皇帝发出挑战：“当

[1] 当甘公爵（Enghien, Louis-Antoine-Henri de Bourbon-Condé，1772—1804），属于波旁家族中的一支。在大革命期间民众处死路易十六之后，当甘公爵是王党叛乱军队的首领之一。在拿破仑刚建立第一帝国之后，他以参与刺杀拿破仑阴谋的罪名被判死刑。——编者注

人们对丑行保持沉默而无意再记住奴役的锁链与告密者的声音，当
40 所有的人在暴君面前发抖，并且蒙受他的宠信与遭到他的冷遇同样危险之际，历史学家显然负有为民众复仇的责任。尼禄的成功纯属徒劳，因为塔西佗已经诞生于帝国之中。塔西佗相信的是日耳曼人的遗骸里的无名氏，而已经和他融为一体的神意，则把主宰万物者的光荣交付给了一个卑贱的孩子。”

有理由觉得自己是攻击对象的拿破仑有可能对厚颜无耻者予以惩罚。在短暂的愤怒之后，皇帝仅处罚了《信使报》。几个月后，轮到夏多布里昂去找拿破仑。当他得知堂兄弟阿尔芒·德·夏多布里昂被逮捕，并因间谍罪被判死刑时，他刚在自己的花园住宅中完成《殉道者》，这一花园住宅位于巴黎沙特奈的狼谷。由于德·库尔蒂纳的帮助，他在富歇家中受到接见，后者告诉他，只有皇帝才能决定。夏多布里昂强迫自己给皇帝写了一份请求书。难道是请求书写得不够卑微吗？他没有得到他想要的裁决，阿尔芒被枪决。

然而，拿破仑却意欲赢得夏多布里昂的好感，他向法兰西学院成员建议，将夏多布里昂选入法兰西学院。1811 年，夏多布里昂入选，但制造了不少麻烦。他所接替的是曾在国民公会中居于弑君者之列的玛丽－约瑟夫·谢尼埃，他利用这一因素在入院演说中影射那些只会对他感到不舒服的同僚。他在给友人国务秘书达律的信中写道："对谢尼埃先生的回忆对我而言并非弥足珍贵，因为我决不会牺牲我的原则，以政治考虑为代价换取安宁。"处心积虑想得到众人赞同的拿破仑划掉了夏多布里昂的演说文本。法兰西学院要求夏多布里昂修改演说稿。由于拒绝改动哪怕一个逗号，夏多布里昂不得不放弃参加入院仪式。这一演说稿有好几份在反对派当中传播。德·库尔蒂纳夫人将其中一份交给儿子阿斯托尔弗，后者又将它带给斯塔尔夫人，夏多布里昂由此在反拿破仑的文学圈子里像个英雄。

拿破仑的吉星已不再高照。1813 年 10 月，他的军队败于莱比锡。当时，夏多布里昂正致力于撰写一本题为“论波拿巴与波旁家族”的

小册子。该小册子在 1814 年 4 月 5 日，即在元老院宣布废黜拿破仑后不久出版。同时，邦雅曼 · 贡斯当发表《征服精神与僭主政治》。这 41
两人对帝国抱有同样深具敌意的判断。但是，在贡斯当拟写一部抽象的政治哲学论著时，夏多布里昂进行的却是猛烈的抨击："这个在行政管理上荒唐，在政治方面有罪的外国人（此言会令科西嘉人不快）究竟以什么来吸引法国人？他在军事上的光荣？嗯！他已被剥夺此类光荣。"此外，他这种军事上的光荣是窃取来的："在文明的民族当中，军事艺术的杰作显然是以一支人数不多的军队去捍卫一个大国……一个法国人不会去描绘战场上的恐怖……波拿巴是个伪伟人……"

夏多布里昂呼吁波旁家族卷土重来。

"让我们想想我们共同的祖国的幸福，认清我们的命运掌握在自己的手里，一言既可以使我们恢复光荣、和平与世界的尊重，也可以使我们陷入如同最令人作呕的奴役那样最可怕的境地。让我们恢复克洛维的君主制、圣路易和亨利四世的遗产。当今唯有波旁家族能帮助我们摆脱不幸处境，他们是唯一能够治愈我们创伤的良医。其稳重、性情中父亲般的情感以及他们的不幸，均适用于一个衰竭不堪、对动乱和不幸感到厌倦的王国。有了他们，一切将变得合法，没有他们，则将截然不同。"[15]

对于拿破仑，夏多布里昂也改变了看法。他在《基督教真谛》中献给"第一执政公民"的题词，在该书于 1803 年出第二版时还不是出自一个反抗者之手："在您的命运中，人们不由自主地辨认出了为实现神奇的计划而从远方向您昭示的神之手。民众注视着您，自从您将国家和您的成功筑基于宗教之上，通过您的胜利而得到壮大的法国已经把希望寄托在您的身上。"当甘公爵之死显然使得这位子爵转而拒斥拿破仑，这使他获得世人的称赞。然而，他仍能接受塔列朗的好意与皇帝的庇护，后者始终敬重他的才华并厚待他的文学生涯。入选法兰西学院与在《信使报》上发表文章的插曲，揭示了夏多布里昂 42
的独立精神，但它还不是一种执拗的不妥协。此类执拗的不妥协要到相当晚的时候——到1814年法兰西战役展开之际——才以《论波拿巴与波旁家族》呈现出来。此外，这本小册子在很大程度上被《墓畔回忆录》所平衡。是时，夏多布里昂的笔已变得更加公道，不再回避拿破仑持久不衰的诱惑力。拿破仑成了一个生动的人物："一名行动的诗人，一位战争方面的惊人天才，一个不知疲倦、在行政上能干与明智的人，一个勤勉与公道的立法者，但作为政治家，他在国务活动家的眼里始终是一个有缺陷的人。"我们此时看到的夏多布里昂的笔调，与其在写《论波拿巴与波旁家族》时的腔调可谓相去甚远。布瓦涅夫人从她的角度出发，记录了这位作家的演变："作者以他曾比任何人均要严厉予以评判的圣赫勒拿祭坛供奉的香火，如此彻底地对那篇带有偏见的抨击性文章提出控诉。我不得不承认我与他的错误有牵连，因此我没有理由将他当作一个做错事的人。"[16]

1814年4月6日，帝国元老院出于务实的态度，召请路易十八归国即位。5月2日，路易十六的弟弟、一位肥胖的六旬老人在圣多昂允诺一项宪法：法国将不会恢复绝对君主制。翌日，已赶至贡比涅觐见路易十八的夏多布里昂目击国王进入巴黎。6月4日，国王钦赐复辟王朝的宪章。

夏多布里昂当时显得像是保皇党引人注目的领头人之一。他吹嘘自己小册子的价值对于路易十八而言超过千军万马。这不过是文人的幻想。虽然他曾加入勤王军，而且他自当甘公爵被杀以来对拿破仑的反对并非自相矛盾，但他几乎未被新君主喜欢过。新君主觉得这位作家故作高傲、令人生厌，而夏多布里昂则从未在取悦人（如果说讨好女人不在此列的话）方面有长进。曾向恢复秩序和宗教的第一执政妥协的他果真是保皇派吗？不管怎样，他披上了恪守忠诚与传统的外衣：在他眼里，在历经20多年的动乱和专制之后，复辟王朝在可能实行的政治制度中危害最小，而且或许也最适合他施展
43 政治才华、实现抱负。

并不总是其崇拜者的布瓦涅夫人说道："在联军进入（巴黎）的

第二天，他因身穿一套花哨的服装而显得怪里怪气。他在肩上斜挂着一条宽大的红色丝质绶带，腰上佩戴着一把拖到地上时发出可怕声音的土耳其军刀。他看上去肯定更像一名海盗的首领，而不是一位作家，这套装束使他即使在那些最忠心耿耿的女崇拜者眼中亦显得滑稽可笑。”[17]他曾有机会受到沙皇亚历山大接见，但后者几乎没怎么关注他。那么，路易十八又如何呢？

他应当等待。这是他与邦雅曼·贡斯当的另一个共同点。他形容憔悴，而他的妻子感到愤慨。不过，他可以指望另一个完全忠诚于他的女人——迪拉斯公爵夫人帮助他，他称这女人为“亲爱的姐姐”，并与她维持着一种柏拉图式的友谊。迪拉斯公爵夫人多处奔波，终于获得有“不倒翁”之称的外交大臣塔列朗的接见。夏多布里昂不是想当大使吗？君士坦丁堡和斯德哥尔摩的大使职位还空着。但由于他在《从巴黎到耶路撒冷》当中曾对土耳其人出言不恭，夏多布里昂不可能去君士坦丁堡就职。那么，就去斯德哥尔摩吧！7月，夏多布里昂被任命为驻瑞典大使。他没有急着赴任，这是他的习惯：当被任命到远方赴任时，他不能忍受任何匆忙的出发，好像他在希望取得更好的职位。难道从来没有人知道这一点？在等待瑞典王储贝尔纳多特同意期间，他接受了一些勋章，如圣路易骑士十字勋章、百合花徽勋章，人们甚至让他当上骑兵上校。这一切令他厌烦。离开他所钟爱的巴黎狼谷前往瑞典，也不适合他。就在这时，他幸运地等到他所期待的重新发挥作用的机会。10月初，国民公会统治时期的前大臣拉扎尔·卡诺向国王递交了一份报告书，激烈地为共和派与弑君者辩护。夏多布里昂以一篇发表于《辩论报》中的文章，就“法国的现状”做了回应，此文是名副其实的吹捧复辟王朝之作，在他看来，这一制度的宽容已经产生奇迹：

“如果人们曾经相信那些有理由传播‘法国将随着波旁家族的复辟成为反动与报复的舞台’这种警告的人，这些人今天还有何话可 44
说？他们竟然没有遭受任何处决、监禁与流放！……不管现在抱有或者曾经抱有何种看法，人们普遍承认，法国从未像君主制重新建立以来这 4 个月那么幸运。”[18]

数星期后，他在界定其保皇主义原则的《政治方面的思考》当中，继续称颂复辟王朝。他为旧制度被大革命推翻感到遗憾，但他写道：“但是，在生活中，应当从人们已经到达的地点出发。事实就是事实。无论被摧毁的政府是好还是坏，它已被摧毁……”对于他来说，问题并不在于复归专制主义。他的保皇主义被打上贵族自由主义的烙印，亦即费奈隆、圣西门和孟德斯鸠等人的自由主义。他奉英国为楷模吗？严格地说并非如此。通过在 1688 年革命中重新考虑原有的各种君主制，其中也包括在无继承者之前依靠三级会议的法国君主制，他认为“英国在总体上已经领先一百余年”。他想要的是一种“在没有损害君主的条件下保障民众权利的政治秩序”。因而，应当将新的枝权移植到已有上百年历史的君主政体上去。夏多布里昂知道，人们不可能像其极端保皇派的友人希望的那样，抹去大革命的痕迹。平等观念、“合法与正当的”独立精神已在社会各个阶层中得到加强，而宪章亦已经在考虑这种演变，关注对自由的向往。

夏多布里昂劝告以荣誉名义谴责宪章的贵族要站在宪章一边。实际上，贵族院将捍卫他们的权利，而众议院则将捍卫所有法国人的权利。因而，在他看来，复辟的君主制并非旧制度的君主制，而是自由的君主制。

在此有必要与邦雅曼·贡斯当作一比较：在几乎同时谴责拿破仑暴政后，两人（他们彼此有点认识，因为夏多布里昂曾路过科佩）
45 当时均忙于思考世界，在拟定和评论立宪君主制的重大原则。然而，在这个决定性的春天，他们却分道扬镳。夏多布里昂从此有了定位：他将忠诚于波旁王朝，尽管他已有所领悟，但仍奉这种忠诚为不可触犯的政治原则。他与贡斯当一样，没有局限于一种特定的政体形式：他知道在其中起支配作用的是局势。使他们彼此接近的是对自由的眷恋。但是，依据夏多布里昂的看法，自由与贵族式的社会观分不开：他的血统、交际、他自身及其家庭形成的荣誉观决定了这一点，这种自由确切地说并非贡斯当或斯塔尔夫人等人心目中的自由，后者与旧制度并没有个人的联系，而且因为他们是新教徒，与旧制度也没有宗教方面的联系。

当拿破仑于1815年3月1日在朱安湾登陆时，贡斯当和夏多布里昂反应相同，都感到抵触。夏多布里昂呼吁进行抵抗，反对新国王再度流亡，结果惨败：所有人要么溜之大吉，要么站在了“雄鹰王”一边。当邦雅曼·贡斯当在4月4日发表对皇帝的新效忠书之际，夏多布里昂却决定到根特与流亡的路易十八会合。始终对夏多布里昂关怀备至的迪拉斯夫人在他动身前夕通过克劳塞尔·德·库塞尔盖转交给他12000法郎，这笔款项被认为是其担任大使的部分薪金。

3月20日的晚上，夏多布里昂偕同妻子塞莱斯特动身前往里尔。但因为城门关闭，他没有在里尔停留，而是先后到达布鲁塞尔与根特，根特亦是流亡的路易十八的宫廷所在地。夏多布里昂夫妇在该城一位资产者的家里获得安身之地。由于内政大臣、修道院院长孟德斯鸠已逃往伦敦，这位作家遂代理内政大臣一职，出席国王参政院。5月12日，在没有事务可管理的情况下，他向路易十八递交一份《呈国王赐教的关于法国状况的报告》。他在这一报告中一边为宪章辩护，一边指责邦雅曼·贡斯当的《帝国宪法补充条款》，丝毫不相信拿破仑对自由主义哪怕有一丁点的渴望：“他将抛掉假面具，嘲笑他将对之宣誓的宪法，并同时恢复他的特性和他的帝国。”这一近似于小册子的报告深得国王的欢心，后者让人在《总汇报》这一流亡朝廷的“通 46
报”转载该报告。该文本秘密地在巴黎的勒诺尔芒的厂里重印。这一报告取得了成功，但是，它也招来路易十八的廷臣对作者的嫉妒：夏多布里昂时常受邀与国王进餐，但也从未接近过国王。

拿破仑6月18日在滑铁卢的失败，向夏多布里昂开启了政治荣耀之门。但对于他来说不幸的是，他把赌注压在了从维也纳会议赶来与国王在蒙斯会合的塔列朗亲王身上，亲王被认为将在国王的第二次复辟中担任不可缺少的调停人。但是，夏多布里昂不得不在没有任何职业生涯保障的情况下返回巴黎。由于惠灵顿的支持，富歇成为当时的铁腕人物，后者摇身一变，成为新的过渡时期不可或缺的成员。夏多布里昂憎恨富歇，但他无法阻止此人重新担任大臣。他后来在《墓畔回忆录》里写道："人们到处喊：没有富歇，就没有国王的安全；没有富歇，就没有法国的安全；唯有他能拯救祖国，唯有他能够担此重任。"[19]

因为没能觉察到国王的意愿，夏多布里昂不再得宠。他的代理大臣职位已成为过去。聊以自慰的是，他得到了不管部国务大臣[1]的头衔，至少拥有一份金额可观的薪俸。人们还任命他为卢瓦雷选举团的团长。最后，他在远离巴黎的地方获知自流亡以来对他来说最好的消息：他被任命为世袭的法兰西贵族院成员。

复辟王朝实行纳税选举制。在等待选举法、即所谓的莱内法颁布期间，人们应急地依照第一帝国的法律，赋予大约 72000 名法国人投票权，这些人将在两级选举中选定众议院。贵族院则属于国王的管辖范围，由国王根据自己的意愿无限制地任命成员。卢瓦雷的选举团约有 500 名选举人，要选出 4 名众议员。夏多布里昂对他们做了一个精彩演说，鼓动他们好好投票。卢瓦雷与其他地方一样，1815 年 8 月的选举把保皇派议员送到巴黎，这些议员与其他地方的
47 保皇派议员一起，组成路易十八所称的"无双议会"，保皇派议员人数之多出乎右翼的意料。在同样的背景下，夏多布里昂，这位法兰西贵族院成员，从此以大作家自居并被公认是波旁家族的雄辩支持者，期望重新开始新的职业生涯。

[1] 别称"无任所相""无任所大臣"，指专管其他部长不管辖的特殊重要事务的部长，通常是内阁或部长会议成员，参与决策。——编者注

弗朗索瓦·基佐的“百日”

在拿破仑疯狂行动之际，我们的第三个人物——尚无甚名气的弗朗索瓦·基佐年仅27岁。尽管如此，他已是内政大臣、修道院院长孟德斯鸠的秘书长，头上戴有历史学家、哲学家、政治实践的理论家等多顶桂冠，在被当作重要智囊之一的同时，亦被人认定将成为19世纪重要的国务活动家。但人们将发现这一判断亦可能失误……

基佐与邦雅曼·贡斯当一样信仰新教，但来自信仰加尔文派的南方——他出生于尼姆，熟悉瑞士的莱曼湖畔，当年在当律师的父亲被恐怖统治送上断头台时，母亲为逃避恐怖统治带着他来到此地。基佐从母亲那里接受的教育永远武装着这个瘦削、苍白、看起来耸肩缩颈的小个子男人，他的庄严朴素与贡斯当和夏多布里昂散发出的魅力形成鲜明对比。为了学习法律，他于1805年在巴黎安身。此时年轻的基佐虽然在智力上有点早熟，但如好友夏尔·德·雷米扎在《回忆录》中记载的那样，他看上去不会在巴黎开创一番事业："一名在日内瓦学习过的南方新教徒，懂德语，知晓史学、博学（érudition）、哲学、文学，还对日耳曼习语略知一二。他不把任何人当作上司对待，从不赞成忽视似乎该被忽视的事物，也不会对任何事物感到惊讶。此外，他还没有任何氏族或豪门的支持，在1812年前后，这样的人注定不会在巴黎社交界中受欢迎。"[20]

基佐在20岁时发表第一篇文章，此后著述甚丰，其中一些著述在今天可被形容为"为了维持生计"，如为《同义词辞典》《传记大全》撰稿，多项译事（包括翻译英国历史学家吉本的名著《罗马帝国衰亡史》），以及艺术方面的评论（这些评论已经显示出他力求系统的精神，这一点既是他的长处，也是他的弱点）。1809年，在他22岁时，他的朋友、时任巴黎大学哲学史教授与文学院院长的鲁瓦耶-科拉尔建议他去教授历史。"教历史？可我不懂历史。""那您就边教边学！"基佐于是首先在大学重要的主宰者丰塔纳的庇护下开始大 48

学教书生涯。他在1812年被任命为由法兰西学院院士夏尔·德·拉克雷泰勒在文学院中占据的历史学教席的助理教师，接着，他几乎是立即被调配到丰塔纳为他而设置的近代史教席。

“当我在1812年12月开始授课时，丰塔纳谈到我的开课演说，暗示我应当在演说中放上几句赞颂皇帝的话。他对我说，这是惯例，尤其是在创设一个新教席时，而皇帝有时亦会让人向他报告相关情况。我辩解了一番，不顾礼节地对他说，我并不关心这一切，我要做的只是向大学生讲授科学，无法被迫在里面掺杂政治，更何况是与我看法相左的政治。丰塔纳先生以一种显然是尊重与不知所措兼而有之的口吻对我说：‘那就照您所想的去做吧！如果有人抱怨，他们会来责怪我的，我会尽我所能为我们即您和我辩护。’”[21]

同年，基佐与曾和他一起为《教育年鉴》撰稿的波利娜·德·默兰结为伉俪。波利娜比基佐大12岁，是她把基佐带入“观念学派”的圈子。这一圈子的成员有德斯蒂·德·特拉西[22]、多努、卡巴尼斯、玛丽-约瑟夫·谢尼埃[23]等等，这些人在帝制时期的法国维持着启蒙运动的精神，并占据着部分机构。众所周知，在这些机构里，
49 天主教色彩过浓的夏多布里昂等人曾是被攻击的目标。基佐为他们的报纸撰写稿子，但不像他们那样反对教权。当受到激烈攻击的《殉道者》在1809年出版之际，他在《政论家》中以钦佩之情为夏多布里昂辩护，此举使他获得后者的热忱感谢。

基佐的政治观念毕竟尚未成形。他既不拥护也不反对拿破仑，而且既不拥护也不反对王权。把这名年轻的胡格诺派教徒拖入政治领域的是一次偶然。他后来在《回忆录》里写道：“出生于资产者和新教徒家庭的我无比忠于信仰自由、法律面前的平等以及我们在社会方面业已取得的一切重要成果。但是，我对这些成果的信任是完全冷静的，我不认为要为这些事业效忠就必须迫使自己把波旁王室、法国贵族和天主教教士视为敌人。”[24]在拿破仑于1814年4月首次退位之后，波旁复辟王朝在寻觅人才。由于内政大臣、修道院院长孟

德斯鸠请求鲁瓦耶－科拉尔为他找一名秘书长，后者向他推荐了基佐。作为一位在智力方面拥有上佳表现以及被保皇党人热情推荐的新人，基佐被孟德斯鸠这位大贵人兼神职人员接受。在“百日”发生之前，孟德斯鸠身边的基佐很快成了不可缺少的人物。

就这样，虽然宪章上没有基佐的名字，但他也参与了起草工作。1814 年 6 月，他拟订了一份长达 30 页关于“法国公共精神的状况”的文书，由孟德斯鸠呈给国王。人们从中发现了一种政策的开端，即一种为需要与君主制和解的国民（君主制也需要与国民和解）设置的名副其实的教育纲领的开端。他解释说，为此，君主制若要避免引起国民的非难，重要的是拒绝恢复任何旧制度的“贵族特权”。为了更好地把国民与国王紧密连接起来，基佐为“自由主义的体制”辩护。在他为孟德斯鸠所写的演说提纲里，他强调一种确保大革命的民事平等的遗产以及使拥有国有财产者安心的议会君主制。

基佐虽然是公共道德和宗教的捍卫者，但却因为其坚持君主制 50
与大革命之间的妥协，未能在极端保皇派那里得到好评。作为孟德斯鸠的幕后顾问（孟德斯鸠对他已越来越信任），他使孟德斯鸠表现得十分务实，这种态度使后者成了真正的内阁首脑：他提出，复辟王朝不仅必须消除一切复仇精神，而且若想长治久安，还必须建成一个“国民的”和“现代的”王朝。

基佐总结了自己在内政部和轻率的孟德斯鸠身边的经历，也在其《回忆录》中追忆了他在“紧急关头”中所起的另外两次作用。首先是 1814 年 7 月 5 日提交的关于新闻的法案，该法案经过两院的激烈辩论，于 10 月 21 日成为法律。他对此这样解释：“就其首要和根本的思想而言，该法案……的目的是，通过立法，认可作为国民普遍和永久权利的新闻自由，同时在一场巨大革命和长时期专制统治刚刚过去、自由主义政府刚刚执政的情况下，对它加以某些有限和暂时的限制。”在 19 世纪初，新闻自由——如基佐所说的“这一近代文明争论激烈的保障”——处在一切辩论的中心。左翼阵营要求新闻自由，右翼则害怕新闻自由。1814年以来，基佐证明了他这种被称为“中庸”的稳重：新闻自由，可以有，但它并非没有界限，因为与一切自由一样，应当进行最初的尝试。

基佐着手采取的第三项措施是公共教育的全面改革：它规定，用分布在王国最大城市中的17个教育团（universités）取代帝国唯一的总教育团。这一有点早熟的教育团的分散布局（基佐后来承认，当时有5到6个外省的教育团就足够了），因为“百日”而没来得及实现。在孟德斯鸠身边的9个月时间里，基佐结束了他的“学业”。他的抽象能力在政治领域得到了检验。他不再是一个普通的“知识分子”，他在进行充当执政者的训练。

在3月5日的晴天霹雳（宣布拿破仑已登陆）过后，王室大臣德·维特洛莱男爵这位孔代亲王的前军官，意欲撤退到卢瓦尔河对岸发动
51 一场游击战，亦即制造一个新的旺代。孟德斯鸠拒绝了这一想法：“旺代的国王绝不会重新成为法国的国王——只有一位朱安党人的大臣向国王提出过这种冒险的想法。”但是，在基佐的推动下，内政大臣给省长们发出大量信函，要他们以受到威胁的自由的名义组织人们捍卫君主制：“在您所在的省里行使最严厉的治安保卫规章，除了国王军官指挥下的部队聚结，不得容忍任何聚结；召集国民自卫军，它将有助于你们监视敌人，拦截各种往来，牵制和制止试图支援反君主制者的犯罪意图……最后，先生，请您保证您所在省在和平时期的安宁以及在危急情况下的忠诚。”

孟德斯鸠在基佐鼓动下写的最后一封信落款于3月16日：“请您散发公告告知人民，有人想从他们那里夺走善，带来恶。某些部队的叛变不可能征服法国。伴随着威严，高尚的事业会获得胜利。”3天后，国王的政府解体。孟德斯鸠确信波旁王朝的失败不可逆转，没有跟随国王到根特，而是动身前往英国。而基佐只是回到文学院：“决定置身于一切密谋和徒劳的煽动之外，重操开始撰写历史著作与授课的旧业，但也对刚向他敞开却又突然关闭的政治生活感到不无

强烈的遗憾。”[25]为了回到文学院，他应当宣誓效忠与服从复辟的帝制。文学院院长鲁瓦耶－科拉尔作为保皇派分子，亦进行了这样的宣誓，还鼓励同事效仿他：“这纯粹是个形式！”基佐顺从了。

与鲁瓦耶－科拉尔以及其他立宪君主主义者一样，基佐不相信东山再起的拿破仑会长久：“那个人刚刚以胜利者的姿态出现，并且到处一呼百应，出现在不论是敌是友的你们面前，他在穿越法国之后夜间重返巴黎，因为路易十八已经离开那里。他的车被骑兵簇拥，他经过时碰到的只是为数不多、死气沉沉的人。他在来路上充满斗志， 52
但最终遇到人们的冷漠、怀疑、谨慎的回避、自由派的不信任和深深不安的法国以及不可逆转地与他为敌的欧洲。”[26]维也纳会议上的反法联盟，事实上已经向皇帝宣布进行殊死之战。

为了组织一个以根特为根据地的情报机构，好向流亡的国王说明情况，基佐在鲁瓦耶－科拉尔家中重新见到了他的朋友：贝盖[27]、若尔当[28]、巴朗特[29]、图尔农[30]、波塔利[31]。在拿破仑组织的全民投票以及随后举行的选举中弃权者数量可观，使他们深受鼓舞。基佐写道：“我们很快就确信，拿破仑将倒台，而路易十八将重新即位。”对“科西嘉的吃人魔鬼”的害怕，只可能有利于那些捍卫自由主义观念的保皇党人，直至那时仍敌视兄长钦赐宪章的阿图瓦伯爵（未来的查理十世）公开地站在了这些保皇党人一边。但是，主张宪政的保皇党人始终不得不重视“反动或宫廷的专制主义者”。鲁瓦耶－科拉尔集团意欲告知国王，新的复辟王朝应当提防国王亲信和私人顾问德·布拉加伯爵等极端保皇党人所鼓吹的旧制度的思想观念，应当摆脱那些什么也没学会、什么也没忘记，把失败归咎于宪章的人所具有的科布伦茨精神。路易十八应当通过一项毫不含糊的宣言，使舆论对宪政事业放心，并准备一个能够完美确保过渡的人，即塔列朗亲王掌控下的政府。基佐被指定为信使。

这一使命并非没有危险。基佐希望证明自己有勇气和责任感。 53
他也希望能配得上妻子波利娜慷慨献给他的敬重。他后来从根特给她写信："我的朋友，你知道是什么使我下定决心吗？使我下此决心的是这样一种愿望，即我必须使你不缺少任何幸福，履行一切你对我的期待及为我规定的义务。我的行动与抱负取决于你，正是因为你，我不愿忽略任何使我从所有男人中脱颖而出的机会。"[32]

基佐于5月23日离开巴黎：他毫不困难地躲过帝国当局的监视，到达布鲁塞尔，在这里，根据已获悉基佐此行使命的德·布拉加的要求，站岗的塞马雷伯爵把基佐扣留了一段时间。基佐在5月28日才到达根特。他一开始就觉察到极端保皇派的优势："科布伦茨的党派从未如此疯狂与活跃过，主张宪政的派别却无所事事地等待。德·布拉加先生仍然深受信任。"他发现了反动分子狂热的纲领，这是一份只会使人想到苦役和清洗的报告书，它甚至期望从沙皇亚历山大那里得到一小块西伯利亚的土地，以便把国有财产获得者[1]流放到那里！

6月1日，基佐受到路易十八的接见。

"4点钟，我从国王那里离开，人们初次与国王面对面在一起时会感到多么窘迫！他在接见我时的亲切，比他可能会表现出来的生硬与傲慢更令我不知所措，我本想说出可能令人不快的实情，但一看到这位被废黜的君主慈父般的脸，我的勇气就消失了……"

尽管如此，基佐力图转达他的想法，肢体不灵活的国王彬彬有礼地听着。一个小时过后，他向来访者示意会见结束。信使对自己大为恼火，他写道："我现在明白，并非向国王说出实情有多难，而是听任自己不对国王说出实情有多简单。"在此期间，极端保皇派的控制并未动摇。

54 基佐无法重返法国。他在根特等待着，那里已被惠灵顿统帅军队中的比利时与英国的新兵侵占。在等待风向转变期间，他身穿黑

[1] 国有财产获得者（les acquéreus de biens nationaux），大革命后不久，为缓解新政权的财政危机，议会决定将教会和王室的财产国有化，并通过变卖该财产获得资金来源，此处的"国有财产的获得者"即指变卖中购得这些国有财产的买家。——编者注

色燕尾服在那里散步，帽子上缀着白色的帽徽。他宁愿远离流亡的重犯者的陪伴，在旅馆的房间里独处。他在旅馆的房间里给波利娜写信："当我再也不能忍受孤身一人时，我会下一盘十五子棋，或在一个有人认识我的俱乐部里打一盘台球。我更喜欢这样做，而不是去挨门逐户地把我的烦闷与所有游手好闲者的烦闷密切联系在一起，因为其他人的烦闷比我自己的更让我厌烦。"

虽然如此，他有时也听任自己逃避正事，或去野餐，在一个乡间小屋里一边品尝"水手鱼"[1]，谈论艺术，喝着卢汶产的啤酒，一边等待太阳落山。

这既是孤独的时期，也是思考的时期。在此期间，基佐树立了信念，并因廷臣的平庸、盲目和对现实的无知痛心疾首。"如果他们知道当今法国与他们眷恋的法国相似之处何其少，如果他们了解新国民的利益、看法、情感、习惯与他们过去所见以及还在设想的毫无关系，如果他们能够全面理解这种我们均参与其间的政治变化，我相信，他们会避免已经陷入以及还将陷入的绝大多数错误。"

拿破仑的胜利引起的恐慌过去以及突如其来的滑铁卢之败，均完全无法使仇视拿破仑且爱国的基佐与极端保皇派共享欢乐。他的想法已经成形："如果不建立一种合理的、符合时代需要的政府体系，如果人们继续像去年那样在没有计划、远见和力量的情况下盲目行动，我将不会让自己与这样一种无能紧密联系在一起……"

基佐从此知道他所要做的是什么，他已经具有政务方面的可靠经验，而且见解日臻成熟。他成了保皇主义者，但亦是与极端保皇派所期待的政府相悖的"现代和国民的政府"的拥护者："因为理智经验业已表明，在 1789 年所发生的一切过后，专制主义对波旁王室的君主来说是不可能的，一种难以逾越的必然性迫使他们妥协和掌握分 55
寸……"[33]

---

[1]　一种加酒与洋葱烹调的鱼。

贡斯当、夏多布里昂、基佐，以不同方式经历“百日”的这三个人堪称复辟王朝时期思想政治方面的三个主要人物。他们不属于同一政治派别：夏多布里昂是极端保皇派，贡斯当是自由派，而基佐是主张宪政者。然而，这三个人在整个复辟王朝期间均受命为捍卫自由做出贡献，捍卫自由是他们的激情或合理信念中的关键词。前两位已经具有一定经历，有需要了断恩怨的老账和有待让人忘记的行为，第三位则是一名从大学的能者居高位体制（la méritocratie）中出来的新人。在我们的政治语言当中，贡斯当是左派；基佐是中间派，居于“中庸”；夏多布里昂则是右派。虽然分属不同营垒，且出身各异，但他们不仅将把才能用于实现抱负——天晓得他们有多少抱负！——还拿它服务于法国，使法国最终转向自由原则。他们彼此相斗，但有时又站在一起反对共同的敌人。这三个人都厌恶拿破仑的专制政体，反对以希望之名向拿破仑让步。他们之所以是保皇主义者，或者是出于信念，或者是出于理智，出于具有务实态度的担忧。在我们看来，他们捍卫的君主制彼此并非如此对立。不管怎样，在特定时刻他们的愤恨将让位于社会的一致意见，而现有政治体制将因此遭殃。

第二章

一位不屈服的保皇分子

1816年，夏多布里昂发表《论依据宪章治理的君主制》。

在二度复辟的法国，夏多布里昂堪称是极端保皇派最受推崇但又不甚顺从的首领之一，尤其是笔杆子之一。这一派别拥有自己的教条主义者，其中最突出的是享有盛誉的约瑟夫·德·迈斯特尔与路易·德·博纳尔。前者作为隐居都灵的“萨伏依的保皇主义者”，以1797年出版的影响巨大的《关于法兰西的思考》而闻名，该书有如一部激动人心的反革命圣经。[1]约瑟夫·德·迈斯特尔以一种诅咒、预言甚至是启示录式的笔调，把大革命展现为上帝就弑君、亵渎宗教、对君权犯有“民族之罪”的法兰西民族施以的“惩罚”。他对大革命的谴责是绝对的、没有通融余地和贯彻始终的：“使法国大革命与众不同、并使其成为历史上绝无仅有的事件的，是它彻底的恶，没有任何善的成分可解除观察者眼睛的痛苦：这是已知的最高程度的败坏，是纯粹的堕落。”天哪！在约瑟夫·德·迈斯特尔看来，政治与宗教，并且是一种意味着服从的宗教之间绝不可有任何分离！这促使他深入研究因自由内省原则奠定个人主义基础的新教。 56

他继续写道，不过，如同教士中那些拒斥世俗宪法的教士态度所证明的那样，不幸支配着救赎。“带给教会的第一个打击是对其财产的侵占，第二个打击是要对宪法宣誓：而这两项暴虐的行为将使再
57 生开始。”

在政治领域，约瑟夫·德·迈斯特尔的这种神学辩证法加强了对复辟的渴望：“大革命产生的所有怪物只为王权效力。”时下，一种巨大的对抗占据着历史舞台：“基督教与伪哲学在决一死战。这一竞技场是开放的，两个对手交锋，世人则在观看。”大势已定，既然所有革命派别都想摧毁基督教与君主制，“所有的努力只会导致对基督教与君主制的赞美”。

1802 年，约瑟夫·德·迈斯特尔被其君主即撒丁国王查理－埃玛纽埃尔四世派往俄国担任大使（他是在萨伏依遭到法国军队入侵后投靠这位君主的）。在拿破仑垮台后回到都灵的他被任命为国务大臣。在这一时期，他与法国的极端保皇党人，尤其是与路易·德·博纳尔和年轻的拉默内教士过从甚密。在他眼里自由主义色彩过浓的复辟王朝，促使他在 1819 年发表描写其俄国经历的著述之一《论教皇》。作为一本以赞成教皇绝对权威与国王的神授权力——与人的权利相对的神的权力——为特色的小册子，《论教皇》为神权政治思想与教皇绝对权力主义（l'ultramontanisme），即服从教皇的权威、罗马教会的最高权位，颁发了特许状。在他于 1821 年去世之后出版的《彼得堡之夜》，是一部对神意予以长期哲学思考后写成的作品，它使约瑟夫·德·迈斯特尔居于重要的反动作家以及王位与祭坛不可毁灭的联盟捍卫者的最前列。

约瑟夫·德·迈斯特尔似乎并不讨夏多布里昂喜欢，后者在《墓畔回忆录》中一次也没有提及前者。另一位反革命的哲学家，也就是夏多布里昂流亡回来后于 1801 年在巴黎遇到的路易·德·博纳尔子爵则不然。年长德·迈斯特尔 9 岁的博纳尔出生于法国米约，当过火枪手与流亡分子。他以政治哲学著作而闻名，其中最著名的当推 1802 年出版的《在最后时刻通过唯一的理性智慧得到思考的早期

法制》。这些著作旨在反对 18 世纪的思想遗产、卢梭、理性主义精神、大革命时期出现的个人主义。跟德·迈斯特尔一样，他认为，“宗教是整个社会的理由，因为在宗教之外，人们既不可能获得任何权力的理由，也不可能获得任何义务的理由。宗教处在整个社会状态的基本构成之中”。人若脱离他必须服从的社会，那就什么也不是。正是这一点，在大革命把人看作孤立的个体之际，宗教与根植于社会的人（l'homme social）这一概念之上的君主制完美地一体化。“在共和政体中，社会不再是一个整体，而只是个体的汇集，因为普遍意志仅仅是个人意志的总和，它要普遍维护的仅仅是个人幸福，而实际上人们看到，在共和政体中，人在物质上的满足有时抵消了在精神上的堕落及其社会自由（权）的牺牲。在此，一切在个体化，一切在变得狭窄，人们只全神贯注于眼前的生活。对于他们而言，没有未来，现在就是一切。”[2] 乐于迎接王政复辟的博纳尔属于拒绝接受路易十八钦赐宪章的极端保皇派，但这并没有妨碍路易十八在 1823 年任命他为国务大臣与法兰西贵族院成员。 58

夏多布里昂以其发表在《信使报》上的两篇赞颂文章来欢迎博纳尔最早的两部著作。他在 1802 年写道：“法国文学将改变面貌，有了大革命，就将产生其他的思想和对事物与人的其他看法。不难预见，作家们将会分裂。一些作家力图摆脱旧路径，另一些则努力遵循古老模式，但始终以新言辞来表达。后者极有可能最终战胜对手，因为依靠伟大的传统和人物，他们将拥有更可靠的向导和更丰富的文献。”[3]

在就“新闻自由和审查”这一明确主题对博纳尔展开抨击之前，夏多布里昂还把他视为友人。由于夏多布里昂是个特立独行的极端保皇派，那么——如果可以这样说的话——他在某种程度上亦是个像约瑟夫·德·迈斯特尔和路易·德·博纳尔等人无法想象的自由主义的极端保皇派。他因为过于信仰天主教和忠于王朝而没有成为真正的自由派，更因为深刻意识到大革命已将时代截然分开，并孕 59

育了一个无法废除的新社会，从而不是一个纯粹的保皇派。

在 1815 年，夏多布里昂一度渴望得到比他在贵族院更好的职位。他对加入贵族院这样一个由多少有点名气的人组成的群体并不高兴。他期待成为大臣，有别于在根特时担任过的傀儡大臣。家世显赫的黎塞留公爵负责领导内阁，夏多布里昂立刻就占领了公爵的姐妹蒙卡尔姆夫人的沙龙，并在公爵本人身边充当政治顾问，但这一切仍属徒劳。

在等待机遇的日子里，他站在由博纳尔、拉布尔多纳耶和维莱尔带领的“极端保皇派”行列里，参与贵族院中的辩论。在这个清洗时期，制定管辖对象名单的就是富歇这名前弑君者。根据这一名单，在反对大革命和波拿巴的省份，尤其是在南方，保皇派实行了“白色恐怖”统治。其间，布吕内元帅与其他人成了受害者，他在阿维尼翁被一伙人处死。必须执行合法清洗的黎塞留希望缓和事态。在 29 名成员被除名的贵族院中，夏多布里昂属于反而要求加强白色恐怖的一派。他投票赞成关于个人自由和处死曾在“百日”期间站在皇帝一边的内伊元帅的特别法案，他以一种复仇心态开始了在法兰西贵族院的生涯。

这些贵族院成员和众议院议员的狂热超出了国王的意愿。他的警务大臣德卡兹[4]让人查封极端保皇派的报纸。反常的是，正是这些认为对帝国旧臣的政策过于宽大而感到失望的极端保皇派，在他们
60 与黎塞留和德卡兹的斗争中着手捍卫新闻自由。这是一场战线颠倒的斗争。起初敌视宪章的极端保皇派捍卫着与王室特权相对的议会权利，判定黎塞留内阁太过温和。因对贵族院的质询而越来越瞩目的夏多布里昂，在 1816 年期间勇敢投身于撰写他最著名的政治著述之一《论依据宪章治理的君主制》。

诚然，这篇讽刺性的文字有策略上的必要性（它以该政策赖以建立的原则本身的名义抨击这一政策），但是，它以更雄心勃勃的方式确立了夏多布里昂的政治哲学。通过赞颂《1814 年宪章》，他肯定

自由和正统的必要性。他大体上写道：抵制“世纪精神”纯属徒劳：大革命的遗产已然成为事实，人们不可能梦想倒退回去。此外，自由是一项神圣原则，它“来自向人传达这一原则但并未附加上条件的上帝”。与此同时，这种自由只可能通过正统的君主制才能存续，这种君主制在面对派别对立时确保了国家的延续性。由此产生了他的下述名言：“依我之见，宪政的正统王权，始终是通向完整自由最为温和且可靠的途径。”他特立独行：与极端保皇派一起时，他参加保皇主义的反革命；与自由派一起时，他将自由作为政治社会的道德基础。[5] 人们由此看到夏多布里昂与约瑟夫·德·迈斯特尔和路易·德·博纳尔的不同，对于后两人来说，自由是一个圈套，而夏多布里昂实际上依照孟德斯鸠的传统，即实现了民事平等的革命事件所开启的贵族传统，拒绝绝对君主制。

当夏多布里昂在 1816 年 9 月初获悉国王在德卡兹的推动下同意解散无双议会时，该书已经付印。他于是写了一篇反对国王滥用宪章第 14 条的后记。[6] 国王差人让夏多布里昂知晓他的不悦，但未果，因为法兰西贵族院成员可以在未经批准的情况下印刷出版自己想印的东西。然而，警务大臣埃利·德卡兹，这位打算出任内阁首 61
脑的前帝国官员、国王的密友和顾问，毫不犹豫地派人到印刷厂查扣这本著作。接到警告的夏多布里昂赶了过去，在排字工的欢呼下斥责正让人在书上贴封条的稽查员。宪兵来到现场，作家提出了抗议。国王立即予以惩罚：将夏多布里昂从国务大臣的名单中除名，此外，他险些被驱逐出贵族院，之所以能保住在贵族院的位置，全靠黎塞留在路易十八面前求情。

就收入来说，夏多布里昂失去了作为国务大臣每年 24000 法郎的薪俸，但是，他却赢得了额外的荣誉，在巴黎与外省拥有数不胜数的崇拜者。在这种尊敬的激励下，他增加了对内阁提出法案的干预。1817 年 2 月，他旗帜鲜明地捍卫他喜爱的话题——新闻自由。3 月，他反对预算中一项不利于被大革命掠夺的有产者、旨在使国有财产的获得者安心的条款。他始终处于两条战线上：其一是原则上的自由，其二是对旧制度的忠贞。他对当局构成了威胁。他的女友迪拉斯夫人试图从中斡旋，调和他与内阁的关系，结果也是白费力气。

夏多布里昂通过致力于创办一份高品位的报纸《保守者》而变得更令人生畏，他在1818年10月到1820年3月期间积极地投身于此。亲王殿下、国王的弟弟提供资金表示支持。该报的撰稿人中甚至有博纳尔、拉默内[7]教士——后者刚刚完成《论在宗教方面的冷淡》——以及来自上加龙省的众议员维莱尔子爵。为了大肆宣传这份新报纸，夏多布里昂写了一篇大获成功的才华横溢的宣言：面对贡斯当引人瞩目的自由派喉舌《密涅瓦报》，以及基佐和鲁瓦耶－科拉尔等"空论派"的阵地《哲学档案》，《保守者》要成为王权复辟时期的重要报纸之一。

62 但是，这份报纸没有幸免于改变了夏多布里昂和部分其他人命运的事件。1820年2月13日，亲王殿下的次子贝里公爵在巴黎歌剧院门前被一个名叫卢维尔的工人刺死。由于阿尔图瓦伯爵的长子昂古莱姆公爵没有子嗣，波旁家族的未来显然受到了损害。人们当时还不知道贝里公爵夫人已经怀孕（她后来生了一个男孩，这个男孩后来获得了波尔多公爵的封号）。人们顿时变得惊恐不安。夏多布里昂在急急忙忙赶到歌剧院抒发情感之后，便利用这一机会在1820年2月18日的《保守者》上发表了一篇文章，毫不留情地反对内阁首相兼内政大臣德卡兹，认为德卡兹得为这起行刺事件负责，因为他以妥协政策激起了革命精神。夏多布里昂写出了下述名言："我们的眼泪、呻吟和哭泣令一位恬不知耻的大臣惊奇，他一脚滑入血泊，摔倒了。"

这篇文章激怒了路易十八，他认为此文针对的是他的宠臣德卡兹。但是，严重的后果已经产生：保皇派的报纸都在猛烈抨击德卡兹，以至于国王不得不与他保持距离。不过，国王给德卡兹提供了一条极好的退路：封他为公爵与贵族院成员，并任命他为驻伦敦大使。显然更为右倾的黎塞留内阁接替了德卡兹内阁。

想重新博得王室好感的夏多布里昂接受了为贝里公爵立传的任务，这是一项来自宫廷的委托，尤其暂时填补了他因《保守者》停刊造成的收入损失——该报之所以停刊，是因为夏多布里昂拒绝让它接受 1820 年 3 月 30 日的法律恢复了的预审查。11 月的选举加强了右翼的势力（6 月 29 日的“双重投票”法允许纳税最多者投两次票），没有成为大臣的夏多布里昂（国王没有原谅他对德卡兹的猛烈抨击）遂支持包括维莱尔在内的友人获选。聊以自慰的是，他获得了法国驻柏林全权公使的职务。

这一任命很大程度上得归功于雷卡米埃夫人。拜倒在雷卡米埃夫人石榴裙下的人众多，她对那些尚未得逞又仍未气馁的追求者有 63
着巨大影响力。在巴黎出现了这样的传言，说她在 1819 年初无法抵挡夏多布里昂的追求，首次屈服于她的追求者。夏多布里昂子爵本人注定得在下述女人之间周旋：妻子塞莱斯特，女崇拜者、昔日情妇迪拉斯夫人——那位忠实、热情但时常怨恨、嫉妒的“亲爱的姐姐”。此外，他有机会还会去菲尔代克城堡造访德·库尔蒂纳夫人，他在那拨弄他们之间已经覆灭的爱情灰烬，并恢复与德尔菲娜的儿子阿斯托尔弗的友好联系，后者展现出的绝望的诗体作品显示出未得到确认的同性恋倾向。

夏多布里昂抱着不逗留过久的念头接受了在柏林的职务。在 1821 年 1 月 1 日出发的他只在柏林待了冷清而空闲的 3 个月。他通过给外交大臣帕基耶拟订公文打发时间，但觉得对方善于拿上方的意见纠缠不休。4 月，他在“奇迹之子”波尔多公爵受洗之际获得了可返回巴黎的假期。他高兴地得知自己国务大臣的称号得到恢复，他作为贵族院成员的收入也提高了 3 倍，而且还不影响他作为外交官的待遇。回到贵族院，始终拥护新闻自由的他找到了机会批评博纳尔要求所有定期出版著述（包括非政治性著述）交付审查的提案。内阁重组，黎塞留在 1821 年 12 月挂冠而去。极端保皇派的首领维莱尔接替了他。作为维莱尔的朋友，夏多布里昂终于盼来他的机会。然而，他只获得公共教育委员会主席一职，这一职务并不足以使他加入枢密院。让他感到欣慰的是，再次由于迪拉斯夫人和雷卡米埃夫人的帮助，他获得对头德卡兹的驻伦敦大使一职。这一职务的薪俸高达 24 万法郎，而他在柏林的薪俸仅为 8 万法郎。为何要拒绝呢？

1822 年 4 月 1 日，新任大使动身前往伦敦，先于他到达的有装着葡萄酒、绘画作品以及准备用来在英国首都展现法国魅力的装饰品。对于这位爱挥霍的大使，再好的东西也不会显得过分。幸运的是，他的开销得到首席秘书夏尔 · 德 · 马塞卢的监管，这位秘书与他的友谊和对他的忠诚堪称典范。有野史称，他的厨师长蒙米雷尔发明了一种名为“夏多布里昂”的烤牛排，以及一种后来被人们称为“外交官”的糕点。

64 夏多布里昂在伦敦待了短暂而平淡无奇的 6 个月，直至维罗纳会议于 1822 年 10 月召开。打败了拿破仑的反法联盟诸国始终关注着维也纳会议以来的欧洲秩序。由此，奥地利人于 1820 和 1821 年干涉那不勒斯王国和皮埃蒙特，以便平息那里的秘密会社和自由主义者的骚动。这一次，轮到西班牙使神圣同盟感到不安。斐迪南七世，波旁家族平庸而卑劣的后代，当拉斐尔 · 德尔里埃戈在集中于卡蒂克斯的西班牙军队内部发出起义信号时，正通过王党松散地进行统治。形势变得令已向外国君主求援的国王无法控制。1822 年 7 月，在卫队部分成员遭到屠杀之后，斐迪南七世和家人被非法监禁。维罗纳会议不得不就干预事宜进行讨论。

夏多布里昂抓住了这一时机。他请求待在巴黎的两位红颜知己，即雷卡米埃夫人和迪拉斯夫人（这两个女人愤慨地赞同这位杰出人物在书信中表现的热忱）助他一臂之力，使他能够代表法国出席维罗纳会议。维莱尔不同意这样做，反对军事干涉西班牙的他尤其担心自己会成为“朋友”夏多布里昂的配角，但是夏多布里昂达到了目的。8 月，迪拉斯夫人向他宣告她取得的非同寻常的成功：“成功了！成功了！您刚得到枢密院的任命。马塞卢会给您带去消息。维莱尔非常迷人，您必须永远爱他。他在整个过程中坚定、纯朴，您的朋友做了力所能及的一切。那就去吧，但切勿慌张，切勿有得意洋洋的神情！成功时应当谦逊。您比任何人都更明白这一点。”[8]

维罗纳之行由此开始。法国代表团团长是外交大臣马迪厄·德·蒙特莫朗西，操纵会议者仍为奥地利人梅特涅。但是，事情毫无进展，夏多布里昂感到厌烦。然而，好运降临：蒙特莫朗西离开维罗纳，他成了法国代表团的正式发言人。与维莱尔相反，子爵坚持武装干涉的原则。在向马德里叛乱者发出最后通牒之后，与西班牙毗邻的法国受命组织武装干涉。

自以为受到反对的维莱尔提出了辞呈。路易十八拒绝他的辞职， 65
最后是蒙特莫朗西丢掉大臣职务，但后者极为自然地归罪于负责贯彻维罗纳会议决议的夏多布里昂。之前缠住维莱尔不放的迪拉斯夫人也再次与这项任命扯上关系。1822 年 12 月 28 日，在与国王进行长时间会面后，夏多布里昂成了外交大臣。他终于如愿以偿！

“出类拔萃的作家”被擢升为法国政府中最具威望的大臣，这绝非小事。整个欧洲都议论纷纷。在维罗纳曾与之晤谈的俄国沙皇亚历山大一世对他予以鼓励。与之相反，英国人并不赞成法国的干涉。新任大臣不得不竭力使英国首相坎宁放心。

1823 年 2 月 25 日，夏多布里昂分别在两院发表重要演说，他在演说中恭维值得尊敬的两院成员的民族自尊心。然而，左翼议员和前弑君者马尼埃尔翌日以煽动和激怒右翼议员的言辞，回应夏多布里昂。3 月 3 日，议会投票将马尼埃尔驱逐出众议院。但是，因为拒绝服从，马尼埃尔在第二天坐回了自己的位置。宪兵应当前来干涉，因为由梅西埃中士率领的负责驱逐马尼埃尔的国民自卫军小分队在反对派的喝彩声中放弃了行动。被宪兵揪住衣领的马尼埃尔身后跟随着 60 多名自由派议员。这一场面后来在自由派和共和派的传说中以埃皮纳尔版画的形式给人留下深刻印象。

远征西班牙的任务交给了亲王殿下的长子昂古莱姆公爵，后者有基耶米诺将军的陪同，拥有 10 万人马。为了确保军需供应，人们不得不以昂贵的价格求助于唯利是图的富翁乌夫拉尔。随后进行的战争有如一场悠闲的军事散步：马德里在 5 月 24 日就被攻占，在这之后，西班牙议会带着人质斐迪南七世逃跑，以便在卡迪克斯继续坚持。夏多布里昂双眼紧盯地图、作战计划和地图册，作为真正的军事首领在远处下达指令。抵抗着轰击的卡迪克斯在特罗卡代罗要塞被攻陷后最终失守，斐迪南七世获释。

夏多布里昂要操心的事情还没有完。他以为在西班牙恢复了正
66 统，实际上重新恢复的是专制统治：斐迪南七世在马德里重新确立了无情的压迫。法国大臣提醒驻西班牙大使塔拉卢，让他劝阻意欲复仇的国王。

夏多布里昂当时将承担在爱情上朝三暮四以及撰写政治著述的产生的后果。这位作家从未专情，动辄给自己非同寻常的爱情添加一些略失纯洁的激情。从伦敦回来后，他就狂热地迷恋着一位 27 岁的美女。此人名叫科黛利阿 · 德 · 卡斯特拉纳，出生于荷兰共和国一个富裕的家庭，由于不够慎重，成了波尼法斯 · 德 · 卡斯特拉纳的妻子以及海军和殖民前大臣马迪厄 · 莫莱的情妇。夏多布里昂那始终淡而无味、无聊并只求实利的书信——甚至与女性通信亦是如此——甚至变得活泼起来（“请接受我的一切好意，并请记住你是我所崇拜的女主人。我来吻你的双脚和你的头发。”）。[9] 由于在巴黎什么事情都会被人所知，雷卡米埃夫人获悉了这份温柔纯朴的爱情。受到伤害并感到愤慨的她痛斥这位负心汉，并悲伤地前往罗马。她与侄女和那位永远在追求她的巴朗什 [10] 在罗马安顿下来。勒内在悲叹，而朱丽叶在赌气。

第二件令人沮丧之事转变成了一种侮辱。对于他在西班牙赢得的胜利，无论是国王还是维莱尔均毫无谢意。路易十八因夏多布里昂写了《论依据宪章治理的君主制》，并且毁了他昔日宠臣德卡兹的前程，仍保留着对夏多布里昂的怨恨。维莱尔对夏多布里昂在政治

方面具有的重要作用心怀嫉妒，力求清除这个对手。然而，这位外交大臣却产生了自己以后都不会被撤换的幻觉。而且，他过于明显地让人知道了这一点。1824 年 6 月，维莱尔在议会和贵族院提出要调整年金。由于良好的经济状况，以及受惠于大量的剩余价值，年金利率竟被定为 5%。法案规定，将利率降低一个百分点：14.5 万靠年金生活的人要么立即清偿有价证券（以 100 法郎取代 70 法郎），要么以至少 20% 的利息进行折换。此举旨在为财产在大革命中被没 67 收的有产者予以补偿提供资金，并使这些始终提心吊胆的财产拥有者安心，随之而来的将是“补偿亡命贵族 10 亿法郎”的年份。众议员毫无热情地投票通过该法案。在贵族院，夏多布里昂出于政府内部团结的考虑投了赞成票，但一言不发（他后来写道，自己“被束缚于一种有如赌气的呆滞沉默之中”），最后他政治上的朋友使这一法案功亏一篑。维莱尔怒气冲冲，觉得外交大臣意欲取代他，遂要求路易十八解除夏多布里昂的职务。这是缓和自西班牙事件以来两人激烈对立的机会。对夏多布里昂充满不信任和怨恨的国王毫不犹豫地将此付诸实施。

夏多布里昂永远不会忘记被赶走时遭受的侮辱——此言出自他本人。亲王殿下，即国王的弟弟觉得，“人们把他像一名仆役那样扫地出门，令他完全丧失了颜面”。当时是一位执达员通过一封附有国王敕令的维莱尔的信，给夏多布里昂带去了这一不幸的消息。任由情感支配理智的维莱尔需要如此凌辱他在《保守者》的旧友和一位令人生畏的作家吗？难道没有更好的办法吗？夏多布里昂的免职在巴黎引起一片震惊。以维克多 · 雨果为首的年轻浪漫主义卫士对夏多布里昂大加赞扬，有时甚至以诗相颂。

1824 年 6 月 6 日，就像一名表现欠佳的仆人，在没有一丁点的赔偿金、没有最起码补偿的情况下被打发走的夏多布里昂，发展到了可以说是带有反对派色彩的地步。3 个月后，1824 年 9 月 16 日，国王驾崩。他的弟弟阿图瓦伯爵以查理十世的称号继位，继而向夏多布里昂提议，恢复他国务大臣的待遇。满怀自尊的他拒绝了。维莱尔只好靠自己了。

在这一时期，某些事件将改变他的个人生活。鉴于他与德·卡斯特拉纳夫人之间的爱情已经告终，他高兴地看到朱丽叶·雷卡米埃重新定居于“林间修道院”，这是一座位于色佛尔街的西都会修女的旧修道院。她在此与“魅惑者”重修旧好。她每天下午接待他——这成了一种不可有例外的仪式。也正是在这一时期，他定居于昂菲尔街，妻子塞莱斯特在这里领头创办了一家专为年老教士教徒服务
68 的养老院——玛丽－泰雷兹诊疗所，玛丽－泰雷兹是昂古莱姆公爵夫人的名字。购买地皮和工程建设耗尽了他们的家产。为了使这一机构得以运行，这个干瘦的小个子女人使所有与子爵有来往的人感到厌烦，甚至包括女性。因为已没有其他主意，塞莱斯特遂通过销售她让人生产的巧克力获取捐赠：让每个前来昂菲尔街拜访作家的人必须购买一盒价格昂贵的巧克力。雨果记叙道：“当时，客人成了制作巧克力的子爵夫人高价勒索的对象。我那时用 800 法郎维持 15 个月生活，而天主教的巧克力和夏多布里昂子爵夫人的微笑竟让我破费 15 法郎，也就是 20 天的伙食费……这是有生以来向我索价最高的女人的微笑。”[11] 最后，这一时期亦是夏多布里昂哀悼逝世爱人的时期：迪拉斯夫人与库尔蒂纳夫人相继被病魔夺去生命。

夏多布里昂在从政方面从未像在笔战中表现得那样出色。直至维莱尔内阁倒台，夏多布里昂对当局的攻击越来越令人生畏。他的事业是什么？他正在捍卫以及还将以雄辩继续捍卫的新闻自由。他的阵地何在？贵族院和《辩论报》。《辩论报》的经理贝尔坦曾为其行为辩护：“至于我们，我们带着巨大遗憾再次战斗，我们希望通过保皇派的联合永远摆脱这种战斗；但是，荣誉、政治忠诚、法兰西的利益不允许我们在必须采取的立场上有所犹豫。”[12]

夏多布里昂具有历史意义是他在 1826 和 1827 年反对了关于新闻自由的法律——这项法律被司法大臣不当地称为“正义与仁爱法”，

粗鲁地意欲对非定期出版的著述、小册子和报纸一样课税并进行事先的审查。夏多布里昂写道:“人们感到,这一法律的支持者可能会毁灭印刷厂,摧毁新闻行业,为作家设置绞刑架,堆起火刑用的柴堆。因为无法恢复人的专制统治,他们衷心呼唤法律的专制统治。”众议 69
员投票通过了这项法案,但夏多布里昂在贵族院表示反对。他在一篇经过补充并引起轰动的长篇演说中宣称:“法兰西共和国为何没有建立?那是因为它背叛了总的革命原则——自由。帝国为何会被推翻?那是因为它本身不愿有这种自由。正统的君主制为何会得到恢复?那是因为它继承了伴随着其他一切权利的自由。”他在结束前说道:“我投票……反对整个使宗教受到威胁的法案,因为它使人恶意地曲解宗教;我投票反对摧毁知识以及侵害人在智力方面的一切权利的法案;我投票反对攻击宪章和受人尊敬的作者的作品以动摇波旁家族王位的法案。如果我有一千张票可用来反对这项大逆不道的法案,我会把它们统统投出去,因为我相信这是在履行对文明、宗教和正统性的首要义务。”[13] 面对贵族院成员的反对,维莱尔政府不得不放弃这项法案。

决定报复的维莱尔在 1827 年 6 月 24 日恢复从未生效的审查,并任命博纳尔为新闻监管委员会主席。夏多布里昂显然不再与《保守者》昔日的合作者唱同一个调子。当时新闻自由之友协会成立,获得自由派和倾向于浪漫主义的青年的拥戴。他在《回忆录》中写道:“年轻的法兰西整个站到了我这一边,并且从此没有离开过我。”

维莱尔自此处于守势。为了抑制被夏多布里昂鼓动起来的贵族院中的反对派,他让一群新的反动分子进入贵族院,接着又解散了众议院。唉!随之在 1827 年 11 月进行的选举,表明自由主义反对派势力在增强,而在此之外,又多了一个保皇主义的反 - 反对派:政府成了少数派,维莱尔再次提出辞职。国王于是着手组建马蒂尼亚克内阁。对此,夏多布里昂以为抓住了报仇的机会。

大臣!还是大臣!在 1824 年一句话都没说就被辞退之后,夏多

70 布里昂再次梦想担任大臣。1828 年 1 月 5 日，马蒂尼亚克内阁正式成立，但获得外交大臣职位的并非夏多布里昂，而是德 · 拉菲隆纳耶伯爵。布瓦涅夫人毫不留情地写道：“他曾经积极致力于推翻维莱尔先生，以为通过发泄自己的仇恨，可同时铺平重返这座外交部大楼的道路。他曾被粗暴地逐出这座楼，现在他声称将通过征服的权利重新进入这里。”[14] 他的气恼显而易见，但是，他没有过多表现出来，因为他需要一个可改善其一塌糊涂的财政状况的职务，大使的职务刚好合适。

完全忠诚于他的朱丽叶 · 雷卡米埃进行了斡旋。她甚至说服在罗马担任大使的蒙特莫朗西到维也纳任职，以便把他的位置让给子爵。这个主意很好，但是，在巴黎的教廷大使兰布鲁斯基尼大人，一位主张教皇权力绝对性的保守派高级神职人员，拥戴的是专制主义。为提防自由派法国大使夏多布里昂的任命（其将在 1828 年 6 月 2 日被正式任命），教廷大使向教皇国政府建议，劝导这位贪慕虚荣的作家“必须要有德行”。此外，夏多布里昂不会在罗马滞留，因为他意图加入内阁。接着，兰布鲁斯基尼以为知道了该如何约束这个男人：通过他的妻子，即那位子爵所热爱、“几乎像孩子依赖母亲那样依赖的”女人。当人们知晓“勒内”这位始终被一群女崇拜者包围的寻花问柳者的放荡行径，就会觉得这个方法简直可笑。但是这一回，他确实是在妻子的陪同下动身的，他无法与她分开。

他与罗马的重逢因为在上流社会引起轰动而给人留下深刻印象。他无时无刻不在活动，不管在屋里还是在屋外，无论是在当时安顿于西蒙内蒂宫的法国大使馆——他力图使之成为罗马外交界最享有盛誉的地方——还是在美第奇的豪华别墅。新任大使的首次正式外出以圣路易－德－弗朗塞教堂为背景。11 月 4 日，一年一度对查理十世表示敬意的庆典在此举行。夏多布里昂接待了教皇，并面向博蒙夫人的墓拜倒在教皇面前，此墓是他本人在 1803 年修建的，当时
71 这位情妇前来罗马安息于他的身边。他由此可以向朱丽叶 · 雷卡米

埃写道：“我这一生经历了多么奇异的事情啊！”

作为一个俨然对开销毫不在意、把事务均留给别人料理的大老爷，夏多布里昂以豪华的节庆活动和没有节制的慷慨大方展示其诱惑的艺术，迫使受邀者，尤其是那些被这位大作家无微不至的呵护所迷倒的贵妇对他崇拜至极。懂得使用间接肯定的他给朱丽叶写道：“社交界发现夏多布里昂夫人彬彬有礼以及我的晚宴值得称道。”大家纷纷恳求他，他成了台伯（Tibérine）学院的成员。他开始厌烦得以各种各样的挥霍回报鲜花和恭维。摆脱大使的职务，竟然亦同样美好！

绯闻接踵而至。正是在罗马，年已六旬的夏多布里昂遇到他最出乎意料的女友之一，圣勃夫笔下的奥尔唐斯·阿拉尔，一个极其专注和敏感的“无拘无束的女人”。借助圣勃夫的文字，我们认识了一个摘掉傲慢面具的夏多布里昂，这张面具几个世纪来紧贴在一张永远让人感到腻烦、自私自利的自负者脸上。15 这段纯朴温柔的爱情经久不息，没有妨碍西蒙内蒂宫的临时主人同时与多个女人保持情话绵绵的书信往来，也没有妨碍他让德尔德拉戈伯爵夫人淹没在他送的花束之中——这位伯爵夫人的魅力比情书更为确实。

夏多布里昂以另一种方式在罗马彰显他的存在。因为考古成为时尚，在距罗马一古里[1]的泰拉·维尔加塔（Terra Vergata），他认真地在挖掘现场负责人的身边忙碌着，他卷起袖子，以便在没有完整雕像可挖时下去挖罗马帝国时期的银币、大理石雕像的残部、古代的石棺、“三个美丽的头像”以及“一个蒙面纱的女人的胸像”。

当要更换美第奇豪华别墅的经理、画家皮埃尔·盖兰时，夏多布里昂致力于让贺拉斯·韦尔内获选。他再一次需要对付教廷大使兰布鲁斯基尼，后者对于把这座豪华别墅的管理权交给一个自由派

---

[1] lieue，长度单位，各国各地区表示的距离不同，在法国约为 4 公里，在加拿大约为 3 公里；用于表示水上或陆地时亦有差别。

人士、忠于波拿巴的画家（憎恨该画家的波德莱尔称其为“一名作画的军人”）表示不安。实际上，如果说韦尔内是自由派，那只是因
72 为他的画作于王政复辟时期在美术展览馆遭禁。夏多布里昂安抚枢机主教，保证自己会看好韦尔内，并允诺让后者随叫随到。这位擅长描绘战役的画家力图使自己的装扮与正在会客的大使阁下的排场相媲美，使之在人们的记忆中比继任者安格尔更为气派，但他最终在几年后仍表现得十分吝啬。

抵达罗马不久，对自己可能在这座城市留下的踪迹十分在意的夏多布里昂根据雷卡米埃夫人的建议，决定以墓碑对普桑表示敬意。他在 1828 年 12 月 18 日给雷卡米埃夫人写道：“您曾希望我给自己的罗马之行留下痕迹，我已经做了：普桑的墓将存留在那。”这一想法不错，因为普桑曾长期生活在罗马，在罗马创作了主要画作，并在罗马辞世。他的遗骸安放在卢西那的圣洛伦佐堂区教堂。大使当时曾求助于三位艺术家。他们中的两位是雕塑家，其中一位是获得罗马大奖的路易·德普雷，他将根据一幅题为“阿卡迪的牧羊人”的画制作一块浮雕；另一位名叫保罗·勒穆瓦纳的雕塑家负责制作普桑的半身像；第三位是名叫沃杜瓦耶的建筑师。“这里只需要法国人的手。”1829 年 1 月，该工程中断。为了使工程复工，必须“让人移走告解室”，而“这不是一件小事”。夏多布里昂是个固执的人。他在一封致雷卡米埃夫人的信中明确指出，这座墓将刻上这样的墓志铭：“F.-A. 德·Ch. 尼古拉·普桑，为了艺术的荣光与法国的荣誉。”[16] 夏多布里昂最终未实现他最初的设想。这座墓碑于 1831 年完工，人们将在碑上读到夏多布里昂的全名。他至少以自己的费用建成了这座墓碑，而这又加剧了挥霍造成的亏空。

这位“著名作家”作为外交官所留下的功绩相对逊色。自抵达罗马以来，他为能够解决一起发生在法国和教皇之间的争端而感到高兴，这起争端是 1828 年 6 月 16 日的两项敕令造成的。这两项敕令禁止未获批准的修道会成员任教，并将与公立教育机构竞争的小

神学院的学员人数限制在2万人之内。在与利奥十二世的一次会晤后，夏多布里昂以为已说服教皇认可这些敕令。的确，他肯定已经马到成功，但这一点并未阻止夏多布里昂声称“对罗马政府极其满意”， 73
乐于见到教皇“值得钦佩的温和”。

然而，这位重要人物有可能甚感无聊。幸运的是，利奥十二世在1829年2月10日的去世，使他突然停止游手好闲。确定教皇继任者，是外交角逐中的一件大事：选出有利于法国人的教皇，而不是听命于另一个天主教大国奥地利的教皇，成了大使的当务之急。

这个在一座不足20万居民的城市里组织的重大竞赛，邀请每个个体和所有相关派别为了候选人展开斗争，而主要列强的外交使团则努力让将更好为其国家利益服务的候选人当选。不过，尽管王政复辟，但法国人享有的仍是一种宪政体制（宪章的体制），而他们的对手奥地利在梅特涅的领导下，仍然是专制主义的捍卫者。这一竞争因为夏多布里昂的马蒂尼亚克政府被认为代表自由主义而更趋激烈。反对“撒丁岛（即保守派高级神职人员）、奥地利和耶稣会士的派别”的他，打算努力维持“利奥十二世的温和与妥协的体制”。如此行事的他将自己的期望向雷卡米埃夫人和盘托出：“如果我有一位温和的教皇，人们极有可能将外交大臣的职位还给我。”——鉴于拥有这一职务的拉菲隆纳耶患病，这一职务当时正由波塔利代理。

为了达到目的，夏多布里昂可以依靠枢机主教团中的5位法国主教。但是，他有一些疑虑。人们看到他在期待着他们“长期留在塞尼斯（Cenis）山上”；他尤其对图鲁兹大主教克莱蒙－托内尔公爵——一位“只是心不在焉地信仰上帝的年老而狂热的放纵者”，曾对小神学院的敕令提出抗议——采用激将法。巴黎的报刊把托内尔公爵当作夏多布里昂的死对头。大使运用了一样合法的武器：排斥权，即一种在三大天主教强国法国、奥地利和西班牙中被认可的否决权。除此之外，如他呈给主管大臣的急件（后收入《墓畔回忆录》）所表明的那样，因为“没有钱财可给，没有职位可许诺”，他必须施展手 74

腕和进行诱惑——他在这方面称得上是高手。局势颇为困难，而大使并未放弃使自己在巴黎得到称赞的希望："我一方面得与愚蠢斗争，另一方面得与对本世纪的无知斗争。在这里是狂热，在那里是奸诈，在其他地方是口是心非，而在几乎所有地方，则是野心、利益、政治仇恨……"

在法国人眼里，最大的危险在于奥尔巴尼枢机主教，此人听命于梅特涅，其机灵与虔诚成反比。大使于是在未经主管大臣批准的情况下自行发起倡议：通过委托一位法国主教——确切地说至少是自由派——挡住奥尔巴尼的路。这看起来很机智，于是，图鲁兹的枢机大主教克莱蒙－托内尔写了一封排斥奥尔巴尼的信。与此同时，他通过多次会晤，致力于挫败对所谓"奥地利人"有利的诡计。

克莱蒙－托内尔最终没有动用否决权，因为当选并采用庇护八世称号的人是夏多布里昂喜欢的人之一：卡斯蒂廖尼枢机主教。法国大使因自己的完美操作获得巨大满足。他给雷卡米埃夫人写道："终于胜利了！在许多斗争之后，我有了一位站在我这边的教皇。"4月18日，他明确地指出："庇护八世……比利奥十二世更主张宪政。他清楚地对我说，他应当服从依据宪章治理的君主制。"

这是一场"皮洛士式的胜利"[1]，因为新教皇明确指定奥尔巴尼枢机主教作为圣座国务卿，即教皇国政府的首脑。夏多布里昂尝试着逆来顺受。他遇到了奥尔巴尼，后者向他保证不与他为敌，并试图向主管他的代理外交大臣波塔利解释，让波塔利丝毫不用害怕"一位将为博取法国好感而努力的八旬老人"。但是，波塔利严重曲解了奥尔巴尼的意思。夏多布里昂决定返回法国，以便补救他无法阻止的这一任命造成的灾难性后果。然而，1829年5月15日的一封急件

[1]　伊庇鲁斯，生卒年约为公元前318至公元前272年，曾在公元前298至公元前272年担任伊庇鲁斯国王。"皮洛士式的胜利"指其于公元前280年夏以惨重代价战胜罗马，得不偿失。

向他宣布，波塔利正式成为外交大臣。“著名作家”回到巴黎，于波利尼亚克取代马蒂尼亚克之际、自己辞职之前做了无谓的努力。他由此落入左翼，受到自由派的赞扬和极端保皇派报纸的羞辱。

第三章

邦雅曼·贡斯当与自由主义反对派

1819 年，贡斯当发表《古代人的自由与现代人的自由》演说。

75 1816 年 9 月，在从英国前往比利时的路上，邦雅曼·贡斯当得悉无双议会解散。巴黎又能够令人自由呼吸了吗？在些许犹豫之后，他决定重返巴黎。他在途中路过布鲁塞尔，读到《论依据宪章治理的君主制》。并非全然赞同此文的他在这篇文章中发现了“某些不错的东西”——尤其是对议会制的辩护，但是，他同时认为此文所辩护的“依旧是卑鄙的手段，依旧是专制”。

在巴黎，贡斯当在 12 月发表了对夏多布里昂的回应《论能够汇集法国各派的政治学说》，并将此文寄给德卡兹大臣。他在文中写道：“像这样的著作不该题为‘论依据宪章治理的君主制’，而应当被称为‘论依据贵族制制定的宪章’。”事实上，如果说夏多布里昂被人当作王政复辟时期贵族自由主义的发言人，那么，贡斯当将是极为短暂的自由主义（人们也许更喜欢称之为资产阶级自由主义）的发言人。

这是一种再生与出发的开始。的确，他不再束缚于对雷卡米埃夫人的激情，他已经“对她产生幻灭（décristallisation）”——此词不久将由司汤达发明。在等待时机到来的过程中，他在1817年7月14日获悉斯塔尔夫人在巴黎去世。

热尔曼娜·德·斯塔尔在“百日”期间曾再次悄悄进入首都。滑铁卢之战过后，她推迟了重返巴黎的时间，尽管她欣慰地看到，路易十八终于偿还了她父亲曾同意借贷给法国的款项。她在阿尔贝蒂娜、罗卡和其他朋友的陪伴下，逗留于意大利的一些城市。6月，76
她回到科佩，此地重新成了欧洲知识界的中心和“修道会本部修院”(maison mère)。司汤达在《罗马、那不勒斯和佛罗伦萨》中写道：“作家们为在科佩的沙龙中得到好评而写作。伏尔泰也从未有过如此大的影响。在湖畔云集着600位欧洲最出类拔萃的人士。拥有思想、财富、最显赫头衔的人，均来这位法国正为之悲痛的杰出女性的沙龙之中寻求快乐。”

她在1816年10月与罗卡秘密结婚后回到巴黎。在巴黎，她在随之来临的冬季患上重病。自2月份起已经瘫痪的她，在漫长的垂危期之后，于1817年7月14日清晨去世。她留下的两部未竟之作《流放的十年》和《关于法国大革命主要事件的思考》，在1818年由子女协助出版。

14日到15日，彻夜未眠的邦雅曼·贡斯当写了两篇纪念她的文章，并向朱丽叶·雷卡米埃吐露他因大量涌现的回忆产生的痛苦。这对已经很长时间不在一起的情人，被彻底拆开了；两位有思想的人组成了非同寻常的组合，在各自性格表现不甚强烈时，曾令人钦佩地和谐相处：一位是女主人，她的重要性也许因对方的反女性主义而被降低；另一位是脆弱的男子，他因出尔反尔长期得不到信任。但是，这两位水平一流的政治作家都提出了恢复启蒙思想和1789年思想的原则，这些原则属于那个世纪的激情，推动着自由的发展。

作为法国自由事业的杰出人物，贡斯当遵循着一句他未再抛弃的口号：“实施宪章，捍卫宪章。”他谨慎克制且立场鲜明地为《法兰西信使报》撰稿：宪章，是的，这一宪章在不利于极端保皇派的情况下确立了宪政体制。1817年年底，《信使报》遭禁。没有关系！在随之而来的2月，一份新的出版物《法兰西密涅瓦报》取代了它。这一回，为了躲过审查，它的负责人没让报纸在固定日期出版，而是
77 不定期地出版，避开政府对定期出版物实行的有力约束。《法兰西密涅瓦报》在1818到1820年期间被人当作“左派”的喉舌。自由派的出版物不仅在专科学校、（被新政体贬低的）军队的年轻人以及新教徒和知识分子（虽然当时还不存在这个词）当中流传，也在工业家、银行家、店员、旅行推销员当中获得更多读者。整个社会重新回到阅读室、共济会成员集合处、各种思想协会以及模仿意大利烧炭党人的秘密团体兴盛的状态。[1]

自由主义有其政治定义。它反对专制、专制主义、各种形式的自由裁量权，但是，它也符合仇视土地贵族的社会阶层的利益。由此，邦雅曼·贡斯当在《法兰西密涅瓦报》中捍卫了与封建所有制相对的工业所有制：“工业所有制改善了整个社会，人们可称其为人类的立法者和庇护者。政府之所以受益于学校，是因为工业本质上需要安全与保障；整个欧洲之所以从工业中得到好处，是因为取代了征服精神的商业精神把仇恨变成竞争心，把对立变成竞争。”

这就是自由派的重要观念。人们改变了文明。一个商业与工业将创造其他生活方式与思想方式的自由社会——人们可称之为资产阶级社会——应当接替以土地的收益和战争的实践作为基础的贵族制文明。这个根植于自由的工业社会将不取决于无产者或贵族，而取决于带来繁荣的“中间阶级”。孕育国家财富的不再是土地，而是工业。

在自由派内部，一位名叫让-巴蒂斯特·萨伊的经济学家把这些想法写成了文字。萨伊与邦雅曼·贡斯当年龄相同，同样出身新教徒家庭，他沿着亚当·斯密的路线，主张与国家约束相对的经济自由，赞美“伟大的工业企业家阶级”，坚信这最终将清除贫困，创
78 造一个更平等的机械化社会。在与贡斯当和多努被保民院除名之后，他在1803年完成并发表了在日后多次再版的《论政治经济学》，接

着又在法国北部建立了一家棉纺厂——他在帝国末期不得不放弃这家工厂。他在王政复辟时期成了国立工艺博物馆的教师。

促进资本主义——人们当时还没有说出“资本主义”这个词——在王政复辟时期即属于左派。其反对者仍为拥有土地的人，这些在君主制国家机构中占主导地位的反动派拘泥于传统，为王位与祭坛的联盟大唱赞歌，在这当中，博纳尔，这位既是保皇派又是反对工业发展的人，堪称法国在反对工业方面的最佳理论家。在整个欧洲范围内，神圣同盟让各个王朝结成联盟，捍卫其与革命狂热相对立的特权，自由派则自称为“各国人民的神圣同盟”。

他们有一种历史观，在他们眼里，君主制绝非必然都得予以谴责。国王有好有坏，但是大革命已经最终废除门第特权。诚然，自由派并没有认可大革命的所有插曲：他们是 1789 年而不是 1793 年的继承人。尽管如此，他们还是倾向于通过流亡贵族的行动和煽动，通过反革命的挑衅来解释恐怖统治和国民公会的过激行为。至于拿破仑，他们虽然也谴责他的方式，却承认他在用军队在整个欧洲传播他的启蒙思想，是大革命原则的继承者。自由派是潜在的共和派，他们只是在君主制符合下述条件时才暂时顺应君主制：它要实行宪政，即要有限制，避免专制，受规章限定，而且如果可能的话，还应该是“三色的”。白旗会让他们感到惊愕。自由派是“民族主义的”：君主制不得脱离民族主权。他们对持续到 1818 年的外国占领感到愤慨，并且不会忘记，波旁王朝的复辟并非源自人民的意志，而是“外国人”的决定。

这些人们称为“独立者”的自由派是些什么人呢？在宫廷的敌视和民众运动之间受到夹击之前、1791 年马尔斯校场枪击事件[1]发

[1]　1791 年 6 月，法国人民在发现国王路易十六乔装出逃之后，要求制宪议会废黜国王。但掌权的君主立宪派宣布路易十六仍是一国之君，甚至谎称国王是被人挟持，而非出逃。愤恨难解的群众在马尔斯校场集会，却被拉法耶特率领的国民自卫军镇压，50 多人被枪杀。——编者注

生之后，他们的重要人物无疑当推拉法耶特这位美国独立战争时的
79 老战士、具有先进思想的贵族与将领兼共济会成员。他在 1790 年期间曾经历一个新的光荣时刻，7 月 14 日的国庆节把他作为祖国的英雄加以尊崇。拉法耶特在路易十六倒台后投靠了奥地利人，以避免被法国人逮捕。获得自由的他一度被人遗忘，直至其在“百日”期间的选举中当选为众议员。自那以后，拉法耶特在 1818 年再度当选为萨尔特省的众议员，成了王政复辟时期自由主义反对派的化身。

在《利己主义的回忆》中，同情自由派的司汤达对拉法耶特的描绘相当不留情面。这一场景在 1821 年发生于司汤达经常到访的导师特拉西家中。拉法耶特本人因为“异乎寻常的颊髯”显得怪里怪气，如他自己承认的那样,这一颊髯使他有了一颗“意大利肉店老板似的”脑袋。在司汤达笔下，拉法耶特“个子很高，在这个硕大身躯上方有一张如家藏旧画像般沉着、冷漠和平淡无奇的脸……拉法耶特先生完全是普鲁塔克笔下的那种英雄。他有规律地生活着，没有过多的思想，如同伊巴密浓达那样非常简单地进行着看似重大的行动。在此期间，尽管他年事已高（他出生于 1757 年，时年与他打网球时的球友查理十世一样已经 74 岁），仍只对从后面紧紧抓住漂亮女孩的衬裙（用粗俗的话说就是去摸屁股）感兴趣，这对他来说是常事，而且他并不怎么对此感到害臊”。[2]

拉法耶特，这位“两个大陆的英雄”，更多与他充当的象征而不是他传播的思想有关联。通过在他位于巴黎东部的拉格朗热城堡里接见来访者，以及受到那些梦想与他孙女结婚的有教养的年轻人的奉承，年老的自由派侯爵成了 1789 年爱国贵族的化身。

自由主义的另一位杰出人物是瓦耶 · 达尚松。此人是布罗伊公爵夫人的第二任丈夫，这位夫人的首任丈夫在恐怖统治时期命丧断头台。他的社会环境非同寻常。他赞同社会主义，甚至在家中接待了一位资深音乐指挥、共产主义者巴贝夫的门徒邦纳罗蒂。但他的家庭圈子极为封闭：瓦耶 · 达尚松的继子，即维克多 · 德 · 布罗伊，

后来与斯塔尔夫人的女儿阿尔贝蒂娜结婚。大富人达尚松本人也是议员，他在众议院的发言经常引起公愤。因议长不准他说话，人们 80
在其他时候可能会叫这位红色公爵自费发表受到谴责的发言。

除了这些旧贵族，自由派也包括银行和工业领域的新富，尤其是卡西米尔·佩里埃这位多菲内工业家的儿子、昂赞矿山的拥有者以及法兰西银行的创办人之一。他是一位以巴黎为目标的银行家，还是众议员。由于他有着即兴的才能、天生的活泼，以及令财政大臣畏惧的能力，这位议员的威望从 1824 年起不断提高。雅克·拉菲特出生于贝荣纳，拥有梅松城堡，并最终获得“梅松－拉菲特”的绰号，在巴黎的银行业也举足轻重。

自由派在军人当中最为著名的当推富瓦将军。这位大革命和帝国时期的军官、有 14 处负伤并精神独立的勇士，在 1819 年众议院每年以 1/5 比例进行的更换选举中获选。在 6 年的时间里，在讲坛上热情洋溢地朗诵演说的他，在众议院被归入左派最出色的演说家之列。他 50 岁时因动脉瘤破裂去世，于 1825 年 11 月 30 日安葬在巴黎。在场的人目睹了复辟王朝时期规模最大的民众示威之一。从逝者位于肖塞－唐丹街的寓所到拉雪兹神甫墓地，经过洛雷特圣母院，近 10 万人在暴风雨中布满商店关门、小铺挂起黑纱的首都大街。在墓地，8 名抬灵柩的年轻人因为现场的人太密集而难以前进。卡西米尔·佩里埃在火炬的微光下，发表了热情洋溢的演说。他在结束演说时请在场者跟着他重复：“致敬！永远向富瓦将军致敬！”

富瓦将军的葬礼并未转变为骚动，但是，民众的示威使维莱尔内阁惊恐不安。自由派抓住了这一机会来协调由不到 10 万名选举人组成的“法定国民”与法国人民这一刚刚在巴黎街头显示出其力量且仍然没有政治权利的“真正的国民”之间的不一致。

这种表达方式得到了认可，从此以后，死亡贯穿、聚集、充斥在巴黎街头。由此，1826 年 10 月 21 日，演员弗朗索瓦·塔尔马的世俗葬礼使伏尔泰派和“教士派”的支持者对着干。下述自由派的首领 81

们跟在了喜剧演员们的后面：拉菲特、马尼埃尔、贝朗瑞、瓦耶·达尚松、卡西米尔·佩里埃……极端保皇派的报刊因法国的非天主教化事业勃然大怒。几个月后，1827 年 3 月 27 日，举行的是拉罗什福科－利昂库尔公爵的葬礼。此人是 1789 年三级会议中自由派贵族的代表、大慈善家和复辟王朝时期的贵族院成员，他在贵族院里始终与极端保皇派进行斗争。在举行葬仪的玛德莱纳教堂的出口，人们在争着抬灵柩。一名警察分局局长要求由公爵创办的夏龙（Châlons）工艺学校学生把灵柩让给殡仪馆的抬棺人。在随后的骚乱中，灵柩落到地上摔破了，遗体滚到泥浆当中。这一消息传遍了法国。媒体痛斥“耶稣会士的内阁”“破坏灵柩者”“以钳制言论自由来回应国民哀悼之情的耶稣会士”，抨击性短文与歌曲随之出现。在贵族院，布罗伊公爵提出抗议；在众议院，邦雅曼·贡斯当痛斥“丝毫不尊重神圣之事的警方……他们似乎注定天天导致混乱，以便更好地同时剥夺经由内阁具体密谋所获得的一切自由”。

左翼还有可用于动员的遗体。1827 年 8 月 24 日，举行律师雅克·马尼埃尔的葬礼。人们记得，此人在 4 年前曾因反对夏多布里昂和远征西班牙被逐出众议院。他逝世于友人拉菲特在梅松的寓所。送葬队伍在上午 9 时从梅松动身，临近正午到达鲁勒（Roule）关卡，在此得到焦急等待的人群的迎接。尽管报纸被禁止刊载任何关于落葬时间与地点的消息，这些人仍事先得到了通知。灵柩通过外围的大道被运往拉雪兹神甫墓地，年轻人在示威，宪兵把剑拔了出来。拉菲特、贝朗瑞、拉法耶特再一次出现在那里……人们喊道：“向马尼埃尔致敬！向拉菲特、拉法耶特、贝朗瑞致敬！”骚动随着警察的出现加剧。
82 拉菲特一度不得不登上灵柩车，呼吁大家平静下来。送葬队伍快 4 点才抵达拉雪兹神甫墓地，在那里，等待着的人群或在墓地通道上穿来穿去，或在一些墓前原地踏步。在随后的几天里，出现了新的论战：自由派一份关于马尼埃尔葬礼的小册子招来司法追究，自由派为此辩护。[3]

在自由派首领的背后，有些雄心勃勃的年轻人做好了战斗的最初准备。他们当中的最佳代表当推阿道夫·梯也尔。出身贫寒的他靠自己的聪慧和能力获得奖学金，在马赛完成了帝国公学的学业。这位出生于1797年的私生子在拿破仑的星光下度过孩提时代："我感受到了这位不朽之人的荣耀，我想起了他给我的国家带来的大量利益，我没有为他效劳过，因为我的年龄尚不允许……"[4]这位自由派分子是个波拿巴主义者，对他来说，1789年与帝国之间的延续性毋庸置疑。他在普罗旺斯的艾克斯完成法律方面的学业——在这一过程中与奥古斯特·米涅结下牢不可破的友谊——之后，他在1821年追随好友的步伐，动身前往巴黎去征服这座城市。因为放弃了律师生涯，两人均做了记者：米涅与马尼埃尔一起效力于《法兰西邮报》；梯也尔则效力于《立宪主义者报》，该报是独立派的机关报。很快，梯也尔的才能为他提供了地位和关系，为他打开拉菲特的大门。这一成功令他有点飘飘然。他十分健谈，自命不凡，照一些人的说法还有点庸俗，但是，他同样通过对工作的热情、坚忍不拔和对成功的渴望而获得活力。两年里，他成了自由派的名人之一。塔列朗后来对此如是说道："他不是发迹，他是成功。"虽然他作为记者已如此出色，但做一名记者并不能让他得到满足。他想当一名历史学家，投身于对法国大革命的一项大规模研究之中，该项研究成果共计10卷，在1827年最终完成。通过1823年出版的最初几卷的内容，其实极为谨慎的他在为大革命辩护。圣勃夫后来说道："他给人的印象有如振奋人心的《马赛曲》。"这一成功令人震惊。他的好友米涅也没有裹足不前，出版了向极端保皇派挑战的《法国大革命史》。通过拒绝憎恨1793年和恐怖统治，自由派的年轻人勇敢地使自由派中的 83
年长者向左转。"集团"（bloc）的概念（乔治·克列孟梭后来说道："大革命是一个集团。"）由此形成：即使不去赞颂，也要捍卫大革命，至少要解释它的起因，显示大革命的成果，反对极端保皇派把大革命史作为自我辩护的基础与厌恶的对象，并借此要求恢复特权。

梯也尔的机会在一小段时间之后才会到来。在这个自由派的大本营里，从他在1819年当选开始直至1830年革命（这一年贡斯当去世），占据幕前的是邦雅曼·贡斯当。除了某些不动产交易和其他俗事，贡斯当把时间都花在政治上：他一篇接一篇地为《信使报》《密涅瓦报》（在《信使报》遭禁之后）撰写文章，并为日报《舆论》撰写小册子。这使得他不仅是议院的重要演说家，还是一流的政治作家。

贡斯当同样懂得以伏尔泰的方式用才能服务于受到不公正判决的人。由此，他在1818年将全部精力集中于震动新闻界的威尔弗里德·勒尼奥事件。勒尼奥曾因谋杀罪在诺曼底被判死刑，但鉴于程序中存在使控告变得令人生疑的缺陷（被告参加革命的经历显然对法官产生了影响），贡斯当审查了案卷，并将结果汇总成小册子，这本小册子最终促使司法大臣帕基耶在从国王那里获得减刑许可前，推迟行刑。邦雅曼也有属于他自己的“卡拉斯事件”。

也是在1818年，贡斯当于6月24日在朋友位于默东的花园住宅里散步时摔倒。著名外科医生迪皮伦特受命立即赶到现场，给他的右膝盖做了手术。邦雅曼虽然避免了截肢，但从此以后不得不借助拐杖行走。阿梅莉·西沃斯特，雷卡米埃夫人的侄女，给我们描绘了贡斯当事故之后的样貌：“对于邦雅曼，我极为震惊的是，他的残疾、长发、装出来的微笑以及那猫一样的眼睛，形成了一种受人尊敬与滑稽可笑、令人感动与爱挖苦人的混合。”[5]

84 作为政治上的补偿，众议院在每年一度的更新选举时出现了让他满意的机遇。由于他的崇拜者、重要选举人夏尔·戈耶的热心关照，他终于在萨尔特省当选为议员。他成了一位有责任心、有激情、对所有主题均予以发言的众议员。有人统计，截至1821年，他的发言达到265次。

邦雅曼·贡斯当也在众议院之外表现自己。他在巴黎皇家学术协会——前身是拉阿尔普公立中学，是一个传播自由主义观念的协会——上发表的演讲都极为引人注目，尤其是他在1819年2月所作的“古代人的自由与现代人的自由”的演讲，演讲的文本被视为法国政治自由主义的基础之一。[6]

在这一文本当中，贡斯当明确区分了两类自由：其一是斯巴达人和罗马人让公民参与政治决策的古代人的自由，其二是通过个人权利限定每个人想在法律框架内所做的一切的现代人的自由。古代的人一边在公共广场议事，一边承认“个人对社群权威的完全服从”：“一切私人的行动都将受到严密监视。个人的独立性相对于舆论、行业（也就是经济活动），特别是宗教而言未得到丝毫重视。”

这一切源自这一事实，即古代人的国家规模不大，这种国家的独立需要以几乎是持久战争状态为代价。所有这些国家都有奴隶。在这个疆域狭小的国家里，在奴隶让公民有充裕时间去讨论政治和进行战争的范围内，每个公民都是统治者。“如果没有雅典的奴隶人口，2 万雅典人绝不可能每日在公共广场上议事。”

贡斯当说，这就是为什么我们的自由并非指“积极持久地参与集体统治”。宽广的国家领土和缺少忙于日常工作的奴隶，使得“我们的自由必须由和平地享有私人的独立组成”。处在人群之中的现代个人对国家行为产生的影响几乎看不到。“行使政治权利为我们提供 85
的乐趣仅仅是古代人的一小部分。但是，与此同时，文明的进步、时代的商业趋势，以及不同民族之间的沟通却无限扩展并丰富了个人幸福的手段。”

大革命的错误在于混淆了两种类型的自由，想牺牲现代人所渴望得到的自由，复活古代人的自由。有两位作者鼓励了这方面的革命行动，他们是卢梭及其弟子马布利。马布利“误将社会机构的权威当作自由。对马布利而言，只要能扩展他对人的存在中最倔强部分的控制权，似乎任何手段都是好的。他谴责人的独立性”。贡斯当在马布利及其效仿者身上揭示出后来所谓极权主义制度的东西，虽然这一词语尚未问世：“他在所有著作中都对法律只能控制行动感到遗憾，他希望法律管制瞬息万变的思想与意见，严密地监视所有人，不留下任何可以逃避其权力的避难所。”马布利厌恶个人自由。

由古代文化培养出来的大革命的人“相信所有事情都必须屈从于集体意志，对个人权利的所有限制都会因参与社会权力而得到充分补偿”。这是致命的错误。社会也期待和赞美别的事物，拒绝为确立政治自由而牺牲个人自由。

邦雅曼·贡斯当并非贬低政治自由：政治自由对于个人自由绝对必要，它是个人自由的保障。但是，这种必要的政治自由意味着一种新的组织：在古代自由中，“人们将越多的时间与精力贡献于行使政治权利，就越感到自由；与之相反，就我们可以享有的那类自由而言，政治权利的行使为私人利益留下的时间越多，自由对我们就越珍贵”。

这些理由导出了一种完全符合逻辑的结论：唯一能够协调（并不
86 是混淆）两种自由的制度乃是代议制，即委托一定数量的人作为代表的制度。这并非一种胡乱授予的行动自由：代表不仅得经受委托人“积极而持久的监视”，而且可能隔一段时间就被排除、撤职和更换。

在这方面，邦雅曼·贡斯当先于阿列克西·德·托克维尔，提醒同胞警惕政治弃权。过于沉湎于追求个人的利益，会让权利的受委托人随心所欲，不能让他们更好地听从公民的要求。我们已经说过，政治自由是个人自由的保障。因而我们也被邀请参与政治辩论——虽然并非是直接的，但仍要保持警惕。

演讲的结尾，演说者提高了声调，为政治自由的尊严辩护。他大体上说到幸福不可能是人类的唯一目标：“不，先生们，我可以证明，我们的本能中有更好的部分，那就是驱使并折磨我们的那种高尚的忧虑，也就是希望拓宽知识及发展能力的欲望。我们的使命要求我们不仅要快乐，还要自我发展，而政治自由是上帝赋予我们的最有力、最有效的自我发展的手段。”

“假如立法者仅仅给人民带来和平，那还不够。即使人民感到满意，仍有许多未竟之业。制度必须实现公民的道德教育。一方面，制度必须尊重公民的个人权利，保障他们的独立，避免干扰他们的工作；另一方面，制度又必须尊重公民影响公共事务的神圣权利，号召公民以投票的方式参与政治统治，赋予他们表达意见的权利，并实行控制与监督。这样，通过宣传这些职责的高尚，公民就会既有欲望又有权利来履行这些职责。”

在另一部著作中，贡斯当完善了这一声明。所有政治作者均面临主权问题。在这一问题上，他原则上与革命者保持一致：“普遍意志对个人意志的支配权必不可少。”在他看来，主权并非不受限制。对于像他这样的自由主义思想家，限制问题是基本的问题，应当确 87
定社会对个人控制力的界限。“人类生活的一部分内容必然仍是属于个人和独立的，有权置身于任何社会权能的控制之外。主权仅仅以有限和相对的方式存在。”[7] 自由主义思想的奠基石如下：“世上没有不受限制的权力，不管是人民的权利，还是那些自称为人民代表的人的权力，不管是拥有什么称号的国王的权力，还是法律的权力……”因为法律本身必须受到限制：不可以把法律的权能扩展到所有对象，否则将构成专制政治。贡斯当列举了权利不可侵犯的领域：“个人自由、宗教自由和言论自由，包括公开表达自己的自由（新闻自由），以及享有财产和免受一切专横权力侵害的保障。”[8]

这一财产问题始终给邦雅曼·贡斯当的著作招来社会主义者的批评。他所捍卫的自由难道不是有产者的自由吗？他本人难道不是拥护把投票权限定在有产者的纳税选举吗？实际上，相信人的可完善性的邦雅曼·贡斯当并未一直认为，大多数公民仍是人们在大革命时期所称的“消极公民”。但是，在目前的社会状态中，他确实继承了1789年制宪会议成员的观念，从选民必须是一个有相当“知识”的独立公民的观念出发，主张纳税选举。他写道，“唯有财产能确保这种闲暇，唯有财产使人们有能力行使政治权利”，而且把选举权赋予穷人会产生三种危险：通过革命摧毁社会，通过煽动群众产生专制政治，派别使用煽动手段竭力争夺支持。但是，何为有产者呢？“因

而，只有那些拥有足够收入以维持不受外力干预独立生存的人能够行使公民权利。”那些如同我们当今所言拥有“知识资本”的人，甚
88 至那些被大众承认以及其产品被购买的人可以成为有产者。需要补充的是，为了避免野心勃勃，贡斯当拒绝给议员发津贴：议员并非一种职业。

他身上更多的是一种激情。埃米尔·法盖对其有如此描述：“他在议院、在议席上好奇地看着一切，写了 20 封信，修订着校样，打断演说者，一个又一个地叫来议院的庶务人员，开导某位同僚，最终要求做一次简洁明快、令人张皇失措的演说；一切都是为了他喜欢说的‘制造效果’。我很了解他，但这也是因为他被活动所消耗以及持续存在的狂热。”[9]

一如夏多布里昂，他在众议院的主要演说致力于自由，尤其是新闻自由。但是，人们也看到他多次起来反对贩卖黑人——尽管已颁布皇家敕令，但此类活动仍在继续。[10]由此，他在 1821 年 6 月发表演说道：“这种贩卖还在发生，仍不受惩罚。人们知道奴隶出发、贩卖抵达的日期，他们为邀请他人加入这种贩卖活动而印发广告，假装只是在非洲海岸购买骡子。这种贩卖的残忍程度前所未有，因为贩卖黑奴的船长为逃避检查，会使用残忍的手段让被俘获者消失。”[11]

在 1822 年 10 月的选举中，他遭到了失败，但他在 1824 年 3 月重新被选入众议院，而这回是在巴黎当选的。直至 1830 年革命，他依旧是自由主义反对派的主要喉舌，在舆论、专科学校的青年中越来越深孚众望。相反，法兰西学院却多次把他拒之门外。

在他第二次担任议员期间在议院所做的最重要发言中，人们记住的有：反对所谓“关于补偿流亡贵族 10 亿法郎”法律的演说，他
89 在 1825 年说道，该项法律是和平当盛时期名副其实的战争法令；1825 年 4 月反对亵渎圣物法案的演说；1827 年 2 月反对对报刊予以治安管理的法案，即所谓“仁爱与正义法”的演说，他与夏多布里

昂一起致力于撤销这一法案。

关于亵渎圣物的法案，根据王位与祭坛结盟的原则，增强了反宗教的倾向，尤其加强了对亵渎圣体者的惩罚。对于当时发表《论在起源、形成和发展中被思考的宗教》的贡斯当来说，这是他明确表达对宗教和政治关系的理解的时机。当然，他为宗教自由原则——一种没有限制的信仰自由原则进行了辩护。如同他那个时代的大部分人所想的那样，他赋予宗教一种社会方面的有用性，即让人们摆脱“利益的狭隘圈子”。但是，他与1789年以来的某些人一样，丝毫不相信宗教可以维持秩序，更不相信宗教对穷人因而也对社会有好处：“如果宗教必不可少，那么它对不同教育程度的人都一样。”简而言之，他并未把宗教看作“绞刑与车轮刑的补充”。在这一领域里，国家必须冷静地对所有信仰保持中立，显示宽容仁慈，以及提供公共补助。如果某一种宗教团体起了应受谴责的作用，国家将对这种应受谴责的行为——“不是作为宗教行为，而是作为应受谴责的行为”——予以严厉对待。[12]

人们看到邦雅曼·贡斯当在人生的最后10年中坚持不懈地涉及所有领域。看破红尘、闷闷不乐、感到无聊的“阿道夫”已离我们远去。贡斯当以智慧、劳作以及能够概观当时问题的才能获得荣耀——我们将这种才能称为“使之概念化”，如果这个词不会使人误会他独特的文笔（他文笔的清晰向一切费解的语言提出了挑战）。如果说还应当记住他在政治自由主义理论建构中提出的具有影响力的观念之一，那么人们将提到他对形式的关注。批评“形式上的自由”在20世纪曾经风行一时。贡斯当提前对此予以蔑视：“能防止专横统治的，正 90
是对形式的遵守。形式是人类的组合的保护神，形式是无辜的唯一保护者，形式是人与人之间的唯一联系……是被压迫者可以依赖的唯一形式。”在德雷福斯事件前很久，邦雅曼·贡斯当就已经阐明这种值得记忆的法则：“每当我在一个民族那里看到一位被专横监禁的公民，每当我看到对这种形式的违反没有迅速得到惩罚，我就要说：

这个民族可能希望自由，它可能值得自由，但它还不知道自由的首要因素。”[13]

作为自由派在众议院中的主心骨，邦雅曼·贡斯当更多地在报纸上发表文章，致力于撰写《论宗教》的后数卷，并发表一份要求信仰基督教国家支持希腊独立的呼吁书，再次质疑黑奴贸易。他终于在1827年前后成为年轻人的偶像，但是，他始终未能成为法兰西学院的偶像——1828年，法兰西学院仍然只选了普罗斯珀·德·巴朗特而没有选他。1830年革命前夕，邦雅曼·贡斯当上了年纪。这位老者虽已疲惫不堪，疾病缠身，并对自己的人生经历与作品抱怀疑态度，但他仍坚持出场，表现活跃。对于右派来说，他是名副其实的毒药。右派不断怀疑他的法国国籍，并将他视为一位危险的革命者。这一判断并非真的站得住脚，因为在他为自由进行的战斗中，贡斯当要求恢复与王朝原则并行不悖的符合宪法的自由。但是，这一判断亦道出了部分实情：在波旁王朝与自由背道而驰的情况下，邦雅曼·贡斯当在1830年3月15日让人投票通过《221人致辞》，而这一致词是最终推翻波旁王朝统治的革命进程的起点。

第四章

人民的自由派：库里埃与贝朗瑞

1821 年 8 月 28 日，保尔－路易·库里埃因其抨击性短文《唯一的演说》被判处 2 个月监禁和 200 法郎罚款。

1821 年 12 月 8 日，贝朗瑞因其歌曲集被判处 3 个月监禁。

对于邦雅曼·贡斯当，新闻自由是政治自由和个人自由的试金石：因为有了新闻自由，权力的滥用得以纠正；因为有了新闻自由，普通个人得以亲身感受到对自己的保护——一种人身保护法。这种新闻自由为 1789 年革命所确立，并被写入《人权与公民权利宣言》。但是，雅各宾共和国与第一帝国再次引入了对出版物的审查和惩治制度。虽然由路易十八钦赐宪章的第 8 条肯定了表达与出版自由，但这种原则上的自由主义远未通过法律得到贯彻。每当王权面临威胁，每当选举上的受挫对现行政府提出了问题，立法者就对著述进行审查、监视、束缚和惩罚。但是，由于对舆论表达的过度严惩，当局可能会为更具有危险性的反对派、私下里对现状不满的秘密会社推波助澜。由此导致君主制在实行纳税选举的整个历史中，在自由与专制之间摆动。 91

新政体最初几年在这些方面显得很犹豫。1814 年 6 月 4 日宪章所宣布的自由原则，几乎立即因随之而来的10月21日法律而受挫，该项法律强行规定，20页以上的著述均须获得国王许可，印刷厂主必须申报印刷计划，等等。这些措施在百日之后得到加强，直到1819年极为自由主义的塞尔法。贝里公爵在1820年遇刺，导致批准
92 和审查制度恢复——这种制度通过1822年3月18日的法律被重新废除。与此同时，该项法律设立了一种允许所有专横行为的“意图罪”(un délit de tendance)。审查在1824年曾恢复实行了几个星期……新闻和印刷业的地位一直在变化。

王权不信任舆论，它害怕这些自由主义出版物的影响(在1824年，反对派的报纸占报纸发行总量的3/4)，比如《密涅瓦报》《立宪主义者报》《欧洲批评家》……而保皇派的出版物，如夏多布里昂的《保守者》也不总是顺从王权。当在1822年3月的法律中读到皇家法庭可以中止和取缔被认为“伤害公共安宁、对国教的尊重、国王的权威、宪政制度的稳定、国家财产买卖的不可侵犯性的”报纸或期刊，人们不可避免地想到费加罗的大段独白：我们什么都可以写，除了可以读到的东西。[1]

当时报纸还只是一种通过订阅销售的奢侈品。但是，除了自己订阅，人们亦可在阅览室里得到报纸。在大城市，尤其是巴黎的阅览室(据统计，巴黎约有500家阅览室)，会同时向一部分公众提供书籍、报纸、小册子、抨击性短文，而且往往无视管制与审查。巴黎警察局局长德拉沃在1826年写道：“我们不得不承认，革命派的著作与报纸在此（即阅览室）深受欢迎和喜爱，而这些处在政府敌人之手的机构，还是自由派对公众精神施加影响的实验室之一，他们以这些实验室为基础建立起了巨大的期望。”[2] 保尔－路易·库里埃的抨击性短文和贝朗瑞的歌曲就应当重新放置在这种语境之中理解。

保尔－路易·库里埃并非早就有政治方面的志向。出生于1772的他最初秉承其父的意愿当了炮兵军官。作为精明的学识渊博者和
93 杰出的古希腊文化研究者，他把更多时间花在翻译色诺芬的作品（《古

希腊骑兵师师长》和《论骑术》于1809年在巴黎出版），而不是军人职业上。瓦格拉姆战役后不久，他最终放弃军人职业。在都兰，他在维尔茨的夏冯尼埃尔继续着他的博学者生涯。尽管他是个爱诉讼的有产者、那个时代的葡萄酒酿造者（而且他以此为骄傲）、对政治动荡无动于衷者、被套牢于翻译事宜者，却在1816年发表了第一篇抨击性短文《给两院的请愿书》，以抗议专横的逮捕和传统学说的虔诚维护者。当时，库里埃还没有成为自由派，但他已经具有自己的行为方式：让地方性的小题材，如审判一位对本堂神甫过于失礼的村民、宪兵不合时宜地进入一个小村庄等，作为一种具有更大意义的反思或抗议的出发点。他已经获得一种纯粹、尖锐、辛辣、讽刺的风格，这使得同时代的人将他与伏尔泰进行比较。他完全不是一个如同邦雅曼·贡斯当那样的理论家，而是一名让人们欣赏其恶毒特性的论战者。

库里埃多次在诉讼中败北，在一次竞争进入铭文与美文学院时失败[3]，还因法官和机构不断增长而狂怒，这都在1819年把他推向了政治反对派。在近一年的时间里，他因在自由派报纸《批评家》上发表一系列信件而被人承认、害怕和尊重。他在这些信里论述个人自由、任意的逮捕，为与大产业相对的小产业辩护，斥责天主教好廷臣的寄生生活，也让人们听到他为新闻自由发出的声音（尽管是在一个新闻自由得到尊重以及允许他发表文章的时刻）。[4]广大公众知道了他的名字，拿他的讽刺寻开心，重复他的格言——因为他始终重视具体事情、“细小而真实的事实”和富有启发性的形形色色的事实。

他偏爱的主题之一是教士权力、王位与祭坛的勾结，“圣会”[5]
的秘密作用以及由一些传教会引起的混乱——自1816年起这些传教 94
会为了把法国人重新引向教会和忏悔的道路而穿梭于法国。他指责自以为能够恢复宗教的政府，嘲笑《基督教真谛》的作者夏多布里昂在对基督教的称颂当中讲到了一切，却没有讲到神学。直至生命最后时刻，这位研究古代希腊文化的葡萄酒酿造者还把才能用于鼓励同胞的反教权主义。

1820 年的镇压导致《批评家》自行停刊。保尔－路易将依靠什么来战斗呢？他以一篇篇抨击性短文继续战斗。1821 年，正是他抨击性短文之一《简单的演说》[6]使其官司缠身并被判罪。此事的缘由是保皇派在国王支持下发起的一项募捐活动，这一募捐活动的目的是为了获得尚博尔城堡，以便将该城堡提供给堪称王朝一切希望所在的“奇迹之子”波尔多公爵。然而在最初的热情过后，募捐活动受挫。正是在这时，当局开始行动，给省长和市长施加压力，要他们鼓励人们捐赠。保尔－路易在其抨击性短文中反对这种带有强制的募捐：“在宫廷里，所有人都是大人物，厨房的小学徒亦如此。那里只有大官、大贵人、大有产者。这些人无法忍受人们谈到‘我的土地’‘我的房子’，他们希望一切都是土地、湖泊、城堡，所有人要么是老爷，要么是仆役或乞丐。这些人并不仅在宫廷，我们这里就有此等人物，甚至在人们选举议员的其他地方亦有此类人物。宫廷里不存在其他人。你们知道他们以何种态度对待我们，以及他们是什么样的好邻居。他们中的年轻人在狩猎时带着他们的狗，骑着马穿越我们的麦地，打开我们的栏栅，弄坏我们的壕沟，给我们带来成千上万的灾祸和蠢事。你们应当去诉一下苦，求助于市长，求助于法官、省长，让他们来看看。接着，你们将在从牢房里出来时告诉我种种消息。他们中的老家伙更坏，他们与我们打官司、掠夺我们，通过那些与他们共同吃喝的先生的判决在法律上摧毁我们。
95 像他们一样的正直人士，不能在星期五吃肉，也不能在星期天缺席弥撒。那些把你们的财产拍卖给他们的人想从事值得赞扬的活动并重新组成旧制度。然而，据说这些正直的有当选资格者中如果有一个在你们身边，就足以让你们大为恼火，并常常导致你们背井离乡，那么，如果在尚博尔有一个宫廷，你们将在那里遇到一切围绕着比他们更大的人物转的大人物时，又会如何呢？”[7]

这位狡猾的酿造葡萄酒者、八月四日之子，假装成农民，以希望依旧“在他们自由的土地上自由自在”的小土地所有者联合向贵族开战。仇恨大人物和宫廷，以及为平民百姓辩护，至少使得他在1821年被传讯出庭——地点是塞纳省的重罪法庭。库里埃刚一得知出庭的消息，就写了《致维尔茨堂区笃信宗教的居民的呼吁书》为自己辩护：在巴黎被判决的他仍然充当着村民的代言人。他新出的引人注目的小册子获得了极大成功，但是，这并未阻止他被送往圣佩拉吉拘留所[8]监禁2个月，并被处以200法郎罚款。

关押丝毫没有使他安静下来。1822年，他让人印刷了饶有趣味的《为被阻止跳舞的村民而提交的请愿书》：“在法国，宪兵人数在增多，远远要多于小提琴，尽管其对于跳舞来说并不像小提琴那样不可或缺……”乡村的本堂神甫，从教会支持者中抽出来的“战斗教会的应征者”，甚至拒绝宽恕前去忏悔的那些少女，如果她们不答应不再跳舞……保尔–路易终于在1822年选举中成了候选人。被内务大臣的手下所畏惧、监视和纠缠的他最终被保皇派候选人所击败，但是，他并没有抛弃政治。为了免遭重返圣佩拉吉拘留所的厄运，他匿名撰写抨击性短文，让人在布鲁塞尔印刷好，再偷偷运进国内。他重新攻击教会和教士践踏他们自己宪章的波旁王朝、在西班牙进行的反动战争……有高层人士怀疑他，对他进行监视，并在1823年10 96
月30日将他逮捕。人们对他进行审讯，搜查他的住处，但没有发现任何可以指控他的物证。获得自由后的他还写了《关于抨击性短文的抨击性短文》，仍然且始终赞同新闻自由。他将一直走到何处呢？他并未走得太远：1825年4月10日，保尔–路易在自家树林被人开枪打死。人们立即想到政治谋杀，认为是耶稣会士开的枪。他并非没有预感到自己的死亡。保尔–路易在一篇讽刺短文中写道：“要警惕，伪君子将叫人谋杀你。”1828年，阿尔芒·卡雷尔在《论保尔–路易·库里埃的生平与著作》中还坚持认为这属于政治罪行。但真相要更为平淡无奇：保尔–路易是被他的猎场看守人及农场雇工密谋杀害的。保尔－路易由于对夫妻生活感到失望，与妻子分手。此举对雇工们不利，其中有两人还受到过他妻子的关照。1830 年，在第二次诉讼之后，人们才获悉真相。但是，保尔－路易·库里埃曾经如此出色地成为反教权主义战斗的化身，以至于他将注定作为死于耶稣会士之手的殉道者而长久被人记住。[9]

在圣佩拉吉拘留所，保尔－路易接待了许多来访者，其中一位是那个时期最受欢迎的以讽刺歌谣见长的诗人，那就是皮埃尔－让·贝朗瑞。几个月之后，贝朗瑞也被囚禁在这座拘留所里。他在反抗现行体制方面的努力，也许比库里埃与贡斯当更令人畏惧。在令当局感到不安方面，没有任何东西可与他那在人群中流传的尖锐或讽刺的歌谣相提并论。贡斯当维持着与贝朗瑞的友谊，并对后者推崇备至，夏多布里昂把贝朗瑞视为一位伟大的诗人。歌德、缪塞、司汤达，以及在程度上略低的拉马丁、雨果、海涅、蒲鲁东、米什莱亦作如是观。怀孕时的乔治·桑向丈夫要求两样东西：糖果和贝朗瑞的歌谣。贝朗瑞的歌谣在复辟王朝时期抗拒波旁家族的声音中传播得最为广泛。

贝朗瑞属于左翼自由派。该派的某些人后来成了共和派人士。
97 当时，他们极想要的是君主制，但那是一种实行宪政、根植于人民意志的国民的君主制，因而，它与波旁家族相对立，这个家族在奥地利人、俄国人和英国人的支持下，“坐在外国人的长形有蓬货车里”复归；正是这些外国人 1818 年前一直占领着法国，并把以白旗为标志的反动政体强加于法国。虽然这些自由派人士听任君主政体，但他们希望这一君主政体是“三色的”，其权力必须有契约规定，受到限制。甚至在他们眼里，曾在法国的敌人当中生活多年的路易十八依然是个流亡分子。

正是在这些自由派人士当中，在阅览室极受好评的两种定期出版物《密涅瓦报》和《历史丛书》的忠实读者那里，贝朗瑞树立起了威望。1820 年，时年 40 岁的他出身于巴黎蒙托尔戈耶街一个极小的小资产者家庭。他的父亲在这条街上为一位食品杂货店店主管账。然而，在复辟王朝时期，出于其父身为业余谱系学者的虚荣，他被取名为皮埃尔－让·德·贝朗瑞。作为儿子的他婉言谢绝此称，但这一表示贵族的介词，却使他免遭与“同期写作的好几位贝朗瑞”[10]混同。

当人们把他送到法国佩罗讷即他的布韦姑姑家中时，贝朗瑞几乎不会读写。这位姑姑让他发现了拉辛和伏尔泰，并带他入门。正是在佩罗讷，他度过了大革命时期。他从10岁到16岁的成长期充满了由欢呼、游行和军号吹奏的乐曲。大革命尤其是战争和共和国的军事胜利，是他众多歌曲的创作灵感。在法国，爱国主义曾首先是一种左翼的激情。贝朗瑞即为左翼的歌手之一。

正是在佩罗讷，他的一位朋友、印刷厂老板的儿子莱斯内引导他接触韵律学。正是在佩罗讷，他在一个无忧无虑、爱好佳肴和祝酒歌的圈子内部谱写与演唱了最初的一些歌曲。1796年，16岁的他返回巴黎。好几年时间里，他都在寻求一份稳定的工作。由于受到父亲收留的一位来自佩罗讷的表姐的诱惑，他在20岁时已是一个家庭中的父亲。实际上，他生命中真正的妻子是同样出生于佩罗讷的朱迪丝·弗雷尔，她将与他白头偕老。在她壮年时见过她的人对她的容貌看法不一。作家路易丝·科莱在其书信中写道：“应该说她非常漂亮。”拿破仑·佩拉则在《贝朗瑞和拉默内》中说她“极为难看， 98
长着野猪式的突牙……”。无论如何，朱迪丝是位忠实的伴侣，尽管她在老后染上一些癖好，其中她对猫的钟爱将伴侣推向了死亡。关于贝朗瑞那从未让人向往的私生活，我们就此打住。

他事业的正式起步可追溯到1803年10月，他那时把自己的一些诗作寄给第一执政的弟弟、法兰西研究院成员和艺术的保护者。受到极度奉承的吕西安·波拿巴同意接见这位年轻的奥依语抒情诗人，对他表现出了充分好感，并让人从1804年10月起付给他已拖欠了3年的每年1000法郎的年金。吕西安·波拿巴在被兄长拿破仑放逐到罗马时，仍继续保护贝朗瑞。后者同样受惠于深受高层青睐的学院派作家安托万－樊尚·阿尔诺的支持，在阿尔诺的维勒－达夫雷寓所建立的文学圈子后来成了《密涅瓦报》的核心。

为一个稳定的职位而操心的贝朗瑞向此后主管大学的丰塔纳申请一个行政管理方面的职位。他在1809年7月获得了一个职位，是年薪1200法郎的“制副本的小职员”。直到1821年，他一直在这一岗位工作。在担任小职员的整个过程当中，这位受吕西安·波拿巴保护的人继续写作着各种种类的诗，包括向拿破仑·波拿巴和《教务专约》致敬的狂热抒情诗。最初的贝朗瑞绝非极为离经叛道的人！他也不是个很好的诗人，虽然他有撰写悲剧的抱负。因为清楚意识到自己的能力，他在没有其他更好办法的情况下，在1812年前后成了歌曲作者。翌年，他谱写了第一首让人们记住他的歌曲——《伊夫托国王》，这首歌曲极为谨慎地对帝国做了夸张而滑稽的讽刺，这使得歌曲作家戴索吉埃向他敞开自己主持的有歌唱演出的“现代酒吧”大门。

现代酒吧是一个酒吧歌会，位于蒙托尔戈耶街一家名叫“康加尔岩壁”的饭店。每位成员均得在那里表演最新创作的歌曲，参加
99 各种主题的比赛，如祝酒歌、爱情歌曲、轻佻歌曲等等，夏尔·科莱与安托万·戴索吉埃在此被奉为领头人。除了《伊夫托国王》，贝朗瑞在1815年发表的第一本歌曲汇编就属于这一谱系，如对比“善良小国王”的优点与渴望征服和征税的君主恶习的政治歌曲。

法国遭到入侵与王政复辟并未立即使贝朗瑞振奋起来。出于保住大学职位的考虑，他的歌曲迎合了复辟的国王。贝朗瑞很好地表达了民众的普遍情感：厌倦与期待。“基佐写道，幸福、休息、娱乐，这就是法国所需要的新事物，这就是法国将作为一种好处予以接受的事物，政府将通过许诺恢复人们乐于享受的自由，来使人们依附。”[11]

贝朗瑞对英国人冷嘲热讽，大肆攻击，而这并不怎么具有独特之处。在滑铁卢之战的翌日，他在《再不要有政治》中宣布，他不

愿再谈论祖国。他把矛头对准“见风使舵者”，即富歇、塔列朗之流，还对准邦雅曼·贡斯当等人物，以至于他的第一本歌曲汇编可以被当作“反对派歌曲作家”的作品。然而，在后来于1821、1825和1828年发表的歌曲汇编之中，政治歌曲的比例有所增加。

为了理解贝朗瑞不断扩大的成功，应当注意的是，复辟王朝时期大多数应征入伍者不会读写。因而，舆论传播更多依靠歌曲而不是报纸。因为保皇派歌曲作家与反对派歌曲作家一样多，歌曲与歌谣在一些大城市的某些咖啡馆里互相应和，传播者在法国到处散布歌曲与歌谣的文本。这些咖啡馆成了警察局的目标，政府也对相关现象深感不安。

歌曲作家樊沙尔证明道：“在这一时期，一切均有助于激发和维持我们富有诗意的热忱。正是在1818年，当时在巴黎许多区建立了令人愉快的酒吧歌会。这些酒吧歌会自由自在地运行着，除了警察分局心照不宣的允许，它们无需其他许可……它值得肯定的地方是把最大的独立留给这种由工人组成的聚会。人们在那里歌唱和朗诵各种严肃或批判性的诗歌，在批判性诗歌中不乏攻击政府和教会之 100
作。贝朗瑞的爱国主义歌谣在那里受到热烈欢迎……”[12]

在下述有着生动名称的聚会中，贝朗瑞在1818年前后开始变得有名起来：“欢乐的法兰克人”“锡拉库萨的牧羊人”“大腿”“绿磨坊”。他那些能够被听众很好地领会的歌曲，同样以技艺吸引着学识渊博者。在邦雅曼·贡斯当看来，“贝朗瑞在以为所创作的只是些普通歌曲的时候，已让歌曲变得非同凡响”。他在1821年发表的歌曲汇编中包含的政治性歌曲几乎与非政治性歌曲同样多，这本歌曲汇编起初使他获得巨大的成功：一个星期内就销售了一万册，但接踵而来的是12月的一场诉讼。在贝里公爵遇刺一年之后，法国完全处在了反动的氛围之中。贝朗瑞充当了“捣乱者”的角色。巴黎警察局局长昂格莱在给内政大臣的信中写道：“人们注意到，他几乎所有作品对国王的政府均有着一种非常明显的仇恨和敌视，而他最新的歌曲《旧的旗帜》（以此纪念与波旁家族白旗相对的三色旗），因为它们注定会被大量传播到兵营里，并在人民当中流传……”

贝朗瑞也对那些流亡分子予以指责，他们借助拿破仑的敌人回国一事，意欲收回他们的权利（其中包括颇受争议的初夜权）以及大革命前的权力。这首主题是“卡拉巴侯爵”的曲子使用了《达戈贝尔国王》的曲调：

我们正为之复仇的教士们
去征收什一税并让我们一起分享！
你，动物一样的人民
还得把封建的驮鞍套在身上！
只有我们可以打猎，
而你们，为对领主权表示尊重
得送上你们所有的年轻姑娘。
脱帽致敬！（反复）
光荣属于卡拉巴侯爵！

101 与保尔－路易·库里埃一样，反教权主义引人注目地成为激发贝朗瑞灵感的重大主题之一。他并不反对宗教。在《包法利夫人》当中，福楼拜让人对郝麦说：“我的上帝是伏尔泰的上帝，贝朗瑞的上帝。”贝朗瑞公开承认温厚宽容的自然神论，这种自然神论中的“好人的上帝”劝告人类要“和平”，要“快乐地生活”和“蔑视大人物”。但是，这个上帝并没有浓重的天主教色彩，而在当时，东山再起的天主教——它重新成了国教——正与一种倒行逆施的保皇主义结成联盟。1819 年，被路易十五驱逐出法国的耶稣会士卷土重来，激发他创作其最著名的歌曲之一《尊敬的神甫》：

——穿黑衣的人们，你们是从哪儿钻出来的？

——我们从地下钻出来，
我们半是狐狸，半是狼，
我们的规则神秘异常。
我们是罗耀拉[1]的子孙，
你们知道人们为何将我们驱赶。
我们回来了，你们得考虑把嘴闭上！
你们的孩子将听我们宣讲。
这就是我们要做
并且还将再做的事情一桩，
管教那些可爱的小家伙，
我们当仁不让。[13]

两年后，他在《传教的魔鬼》里攻击传教，这首歌曲痛斥了“伪善的魔鬼”。1821 年 12 月 8 日，贝朗瑞因第二本歌曲汇编在塞纳省重罪法庭出庭。观看的人群甚为密集。代理检察长马尔尚吉对充满“攻击的放肆歌词”予以痛斥。贝朗瑞的律师老迪潘，一位自由派人士、内伊元帅的前辩护律师，提醒检察长此案只涉及歌曲，但这是徒劳。他的当事人被判处监禁，这一判处使贝朗瑞在 1821 年 12 月 19 日到 1822 年 3 月 18 日被关押在圣佩拉吉拘留所。这是一次舒心的监禁，因为他受到了崇拜者的悉心关照。这些崇拜者将大量礼物、食品、勃艮第葡萄酒送给他，维特雷的猎人甚至送给他一筐猎物。来访者 102
络绎不绝，其中有自由主义反对派的代表人物：若伊、马尼埃尔、拉菲特、富瓦将军、塞巴斯蒂亚尼和年轻的埃德加·基内。基内还给贝朗瑞带来了自己的处女作《漂泊的犹太人的记事簿》，但看守人员

[1] 罗耀拉（Ignatius of Loyola，约 1491—1556），文艺复兴时期西班牙天主教神学家，天主教耶稣会创始人。生于贵族家庭，早年从军，1521 年受伤，退伍后从事宗教活动。——编者注

未允许他把书带进去。

在牢外，同行们创作了许多向他致敬的歌谣。时年 35 岁的马塞利纳 · 德博尔德－瓦尔莫尔为他献了两首诗歌：

贝朗瑞是何许人？
他是法兰西的友朋。
他有着声音响亮的诗琴，大胆的语调，
是我们动荡年代里的阿那克里翁[1]。
一位充满年轻期待的挚爱他的人，
已为他颠倒神魂！

在为期 3 个月的监禁中，他利用两批来访者之间的间隙，继续撰写他那些极为幽默的歌曲。实际上，对于贝朗瑞来说，判决和监禁反而是他通向荣耀的一个阶梯。1822 年，欧洲文学批评界的重要刊物《爱丁堡评论》把诗人的资格授予这位歌曲作家。翌年，在《19 世纪的信使》当中，蒂索继续论证，将贝朗瑞与莫里哀、拉封丹、贺拉斯相提并论，把他奉为“民族诗人”。这一描述获得了人们的承认。贝朗瑞的狂热崇拜者之一司汤达则走得更远：“人们看到，贝朗瑞先生也许是法国拥有的最伟大的诗人，他在诗歌中反映了所有重大事件、所有公共舆论的重大动荡以及巴黎人的呼声。因而，他的歌曲完完全全是民族之歌，它们针对的是法国人的内心情感。”

1825 到 1826 年，贝朗瑞得到了许多来自报界的赞颂。在创刊于 1824 年的自由派报纸《环球报》当中，夏尔 · 德 · 雷米扎把刚刚进入法兰西学院的卡西米尔 · 德拉维尼与拉马丁和贝朗瑞相提并论。在同一份报纸上，圣勃夫在谈及《沉思集》的作者拉马丁时致力于这样一种比较：“他的诗歌是一种宗教，而贝朗瑞的诗歌是一种思想，

[1]　阿那克里翁，公元前 6 世纪后半叶的希腊抒情诗人。

或更确切地说，是一种民众舆论！”

甚至连敌视其政治倾向的保皇派报刊也向贝朗瑞表示敬意：1826年，《法兰西报》将他与拉马丁和雨果相媲美。然而，在前一年，贝 103
朗瑞曾大胆地嘲笑查理十世想恢复在法国兰斯举行加冕仪式。1825年5月，他谱写了《头脑简单的查理的加冕礼》，在这首歌里，他从在大教堂放飞鸟类的传统中得到启发：

以旧饰物来装饰的这位国王，
在征税上胃口大得令人难挡；
他在拥戴者的簇拥下行进，
而这些人士在那些不太走运的时光，
曾跟在那位慷慨的篡位者后面
把造反的大旗扛。
能让这些人注意的是十亿法郎，
但若要换取他们的忠诚则需增加数量。
人民喊道：“喂！小鸟，
我们已为我们的锁链付出代价，
请把你们的自由看好。”

这首歌收录于1828年出版的歌曲汇编，而这本歌曲汇编给贝朗瑞招来了新的司法诉讼。一部分自由派人士感到不知所措，因为这一诉讼是1828年2月，在一个开放的政府即马蒂尼亚克政府执政时期进行的。但是，贝朗瑞同样像在1821年那样得到了支持。来自厄尔省杜邦的一位反对派议员给他写信道：“您的事业是爱国主义和法国的荣誉事业。”自由派报刊尤其是创办于1826年的《费加罗报》也站到了他的一边。

贝朗瑞在审理轻罪的塞纳初审法庭出庭。他被控违背公共与宗教道德，违背国教，冒犯国王的人格并攻击国王的尊严，最后是煽动对政府的仇恨与蔑视。这一次，他被判处 9 个月监禁和 1 万法郎罚款。贝朗瑞被关押在拉富尔斯监狱，直到 1829 年 9 月 22 日。他利用这一时间谱写了他最著名的歌曲之一《7 月 14 日》。[14] 他再次得到了许多人的探望（阿道夫 · 梯也尔、奥古斯特 · 米涅、维克多 · 雨果、圣勃夫、大仲马），并收到许多食品。自由派还组织了一场募捐，以筹集确实不容易凑齐的 1 万法郎罚款。在复辟王朝的最后几个月里，
104 贝朗瑞的光荣达到鼎盛，成了“深受欢迎的崇拜对象”，人们在所有场合均以合唱形式演唱他的歌曲。

热拉尔 · 德 · 奈瓦尔，一位正规军军医的儿子，向贝朗瑞献出了一位爱国者的崇敬，时年 21 岁的他当时以“热拉尔”这一简称发表了题为“贝朗瑞的诗人桂冠”的诗歌：

温柔的朋友，高尚的诗人
对于压制你的专断权力
你那高贵的歌曲会将其征服；
因为它们道出了我们的光荣，
而作为对胜利的记叙，
它们已经使我们心灵颤动。[15]

贝朗瑞的自由主义丰富了拿破仑的传奇。面对复辟的波旁家族，拿破仑的形象首先在他的老兵那里自行得到恢复，甚至被美化和夸大，这些士兵因为军事预算而处于只“领取半饷”的境地，生活贫困，由此怀念起昔日的光荣。并非拿破仑吹捧者的保尔－路易 · 库里埃在 1823 年写道：“在我们的乡村，没有一个农民说波拿巴还活着或将会回来。没人相信这一点，但是人人都在谈论他。他们的话里有一种隐语，有一种适合用来嘲弄政府的词语。人民憎恨波旁家族，因为波旁家族愚弄了他们，因为波旁家族侵吞了 10 亿法郎而且为外国人效劳，因为波旁家族始终是流亡分子，因为波旁家族不想被人喜欢。”[16]

这方面的画作在出现，如奥拉斯·韦尔纳的作品，他是专门描绘帝国进行的战役的高手；下述物品的交易在进行，如做成两角帽形状的鼻烟盒、三色的背带、“勇士的甜烧酒”等；剧院中也在上演帝国时期的戏码，这使得大仲马在《回忆录》中说道：“人们在体育馆和游艺场的战场上为莱比锡和滑铁卢复仇。”[17]

虽然他们并不否认拿破仑的专制制度，但自由派在正在形成的 105
拿破仑传奇中汲取了一种可为他们反对波旁家族而服务的体系。他们没有把拿破仑作为一位半神，而是更多地把他看作一位给整个欧洲带去大革命和启蒙思想原则的伟人，是个曾在三色旗下行进的人，是与白旗即复辟王朝的象征相对立的国民象征。尤其是从1821年，即拿破仑去世那年开始，人们日益崇拜拿破仑：开明的君主，独立于教会，大革命的继承者，一言以蔽之，他是个自由主义者。这就是正在传播的神话。

贝朗瑞并非这方面的先驱。然而，他的一些歌曲促进了这种传奇的成功传播。1820年，《旧的旗帜》获得了巨大成功。人们在1828年的歌曲汇编里发现了多首同类歌曲：《关于滑铁卢之日的歌谣》《两名掷弹手》《人民的回忆》。在这些歌曲中，作为民主君主的拿破仑与一位老奶奶亲如家人，这位老奶奶回忆起自己曾三次见到拿破仑，第三次是在1814年法兰西战役期间的一个晚上。皇帝敲打她茅草屋的门，坐在火堆旁，喝了一杯葡萄酒，并在重返战斗前打了个盹儿：

> 在年代悠久的茅屋顶下
> 人们将说到他的光荣，
> 在五十年后的简陋屋顶下，
> 将不会再知道别的故事。

贝朗瑞拥有“灵魂的指挥家”“无产者之神”“人民之父”“不朽的歌曲作家”“良知的竞技者、思想的巨人”“他所处时代最完美的诗人”“19 世纪最伟大的诗人”“法兰西精神的代言人”等诸多美誉，去世于 1857 年。有 10 万人出席了他的葬礼，而几个星期前举行的缪塞葬礼则几乎悄无声息。作家马克西姆·迪康在其《文学方面的回忆》中通过提及自己在复辟王朝时期的孩提时代，就贝朗瑞的光荣留下了动人的一页：“在这一时期的法国激励着人群以及成为某种民众崇拜对象的，照道理是个丝毫不会令人敬重的罪犯。如同当时希腊的解放激动人心一样，我们将贝朗瑞称为现代的提尔泰奥斯[1]。
106 也许没有一位诗人来得那么及时，也没有人能够更巧妙地掌控事实，掌控暂时使人兴奋的社会骚动，将其大众化，以一种便于记忆的形式包装它，并通过家喻户晓的曲调使它深入人心。”更有甚者，通过使人回想起这两首歌，即《老下士》和《7 月 14 日》，马克西姆·迪康叙述了他的两个叔叔齐声重唱这些歌的情景：“在唱后一首歌时，有人用力推了我一下，说道：‘小家伙，跪下！这是一首神圣的歌曲。’我们都感动了。”[18]

贝朗瑞的盛誉并没有在去世后延续下去。迪康的朋友居斯塔夫·福楼拜，这个激烈抨击进步、资产阶级和愚蠢的人，不管是在小说还是在通信中多次重提在他看来是上述三者之化身的贝朗瑞。他在 1853 年 4 月给路易丝·科莱写道：“与 30 年来诗人的素质一样，法国最低贱的人均着迷于贝朗瑞……我记得很久以前，1840 年在阿雅克修，面对大约 15 个人（这是在省长的家里），我竟敢独自坚持说贝朗瑞是个一般的三流诗人。我确信，我在那些人面前像个缺乏教养的毛头小伙。”[19] 这一切并没有妨碍贝朗瑞在世时的荣耀，尤其是在复辟王朝时期的最后几年里，他被视为堪与他那个时代最伟大作家比肩的重要人物。[20]

然而，我们在回到这种崇敬上来时，不能忽略贝朗瑞曾促成反

[1]　提尔泰奥斯（Tyrtée），公元前 7 世纪古希腊抒情诗人，他用自己的歌曲鼓舞了斯巴达人的战斗意志。

对旧制度、反对贵族与反对王位和祭坛联盟的政治文化的产生，并且激励了爱国主义激情。在一个新闻自由依然有待于争取且大多数人尚不识字的时代，政治歌曲是一种大众传媒。不过，我们拥有的 107
证词、回忆、各种文献已经让人感受到，他在社会的各个阶层中均有听众。由此，指出这一点亦饶有趣味：未来的《国际歌》作者欧仁·鲍狄埃，在 1831 年 7 月把他的第一本诗集《年轻的缪斯》题献给贝朗瑞（鲍狄埃时年 15 岁），人们在里面可读到：

> 什么！贝朗瑞，你把你的位子让给了我们！
> 时间已经使你的声音失去活力吗？
> 你难道没有看到一批无耻的奉承者
> 出现在国王的宫殿里吗？
> 抱有成见的他们想让光阴倒转，
> 即倒转到有人给我们戴上铁链的时代。
> 啊！非凡的贝朗瑞，
> 保佑我们吧，法国注视着你，
> 请你再度准备写诗吧！

因而，我们必须充分发挥想象力。这位因“放荡言行”遭波德莱尔厌恶的“放纵诗人”，已经对他所处的时代产生深刻影响，并赋予政治性的法国歌曲一种从未有过的地位。

第五章

基佐与“空论派的长靠背椅”

1822 年，基佐在巴黎大学的课程被暂时取消。

108 在滑铁卢战役之后返回巴黎的弗朗索瓦·基佐，在好几年时间里充当宪政体制的幕后顾问。因无力使路易十八相信“百日”的出现是由于宪章的自由主义原则，极端保皇派遂远离了政府。已被任命为行政法院负责特别事务的审查官的基佐，重新成为一位大臣，即司法大臣艾蒂安·德尼（帕基耶公爵）的秘书长。作为政府班子中强有力的人物，这位看上去很忙的司法大臣，与孟德斯鸠在内务部时一样经常任由基佐放手行事。

司法部不得不留意保皇派在南方的过火行为，基佐给法官们发布了极为坚决的指令，要求以同样严厉的态度惩戒“百日”期间与这一次白色恐怖期间犯下的不法行为：“你们需要遵循的行动路线极为简单，即要人们尊重法律和国王的敕令，并惩罚一切违背法律和敕令的人，不管他们以什么作为不服从的借口。这就是你们努力的目标。”[1]一些严重的事件，尤其是在加尔省发生的事件使基佐特别不安，他的母亲一直住在加尔省南部的尼姆，在那里，好几位新教徒眼看着自己的住宅被毁。在帕基耶的推动下——而帕基耶又是在基佐的激励下——国王在 1815 年 9 月 1 日签署了一份声明，谴责“这种不可容忍的举动……这种危害我们和法国的暴行”。

然而，塔列朗的垮台与黎塞留的上台又使极端保皇派获得重新占据上风的可能。基佐在新任司法大臣巴尔贝－马尔布瓦那里同样 109
保留了秘书长的职位。人们开始注意到这位与极端保皇派唱对台戏的恃才傲物者。1818 年 11 月 12 日，尼姆还是爆发了骚乱，起因是新教徒的教堂在重新开放后不久即遭到天主教徒的破坏。被派去恢复秩序的拉加尔德将军被人谋害。在巴黎，司法大臣刚一获悉这些事件，就在基佐鼓动下，让国王在 11 月 21 日签署一项逮捕骚乱的肇事者与同谋的敕令：“由于蔑视承认天主教为国教、但也确保其他信仰和自由的宪章，聚众闹事的扰乱治安者竟敢反对新教徒的教堂开放（并杀害军事指挥官）。如果这样一种暴行仍然不受惩罚，将不会有公共秩序，也不会有政府，而我们的大臣将为没有贯彻实施法律承担罪责。”极端保皇派控制的议会骚动起来，揭发了马尔布瓦背后的基佐，由此将基佐确定为“保皇派”仇视的对象。

除了南方的骚乱，全国当时还忍受着一场涉及各个省份的反动浪潮。秘密会社在策划阴谋，其中最有名的是“再生的法兰克人”挑起的暴行。基佐在 1816 年 2 月 5 日让大臣批准了一项下达给总检察长的极坚决的指示，敦请他们不要宽容任何危害国家安宁赖以存在的宪章的团体和派别。

1816 年 5 月，当内阁改组时，黎塞留牺牲了巴尔贝－马尔布瓦和基佐。正是从这时起，空论派开始形成。这一派别的人员并非很充足。当中最年轻的成员夏尔·德·雷米扎亦承认其地位并不怎么突出：

> 这是一个不怎么看得见的派别，
> 它几乎是一种理性的体现。
> 前天，某个人把我介绍给

这个正在招募成员的派别，
整个派别有思维能力的人，
都坐在一条长长的靠背椅上。

一个词语被提了出来："空论派的长靠背椅"。起初，这个派别一
110 边为政治制度辩护，一边为整个宪章辩护，他们主张宪政，但实际上是一个为反对极端保皇派而被动员起来的小团体。一些尊重宪政的议员聚集在帕基耶尤其是鲁瓦耶－科拉尔和贝盖的家中。基佐参与到他们之中。由于远离种种事务，基佐得以有时间写作。他还从事翻译工作，翻译了弗雷德里克·昂西隆的《论主权与政府的形式》。他为这一译著写译序，做了一些译注。他的政治理论亦在这一译序和译注中初露端倪。

不久，他为路易十八解散无双议会的重大决定做出了贡献，这一决定是通过 9 月 5 日的敕令做出的。应德卡兹的请求，他为国王拟订一份通告，他在当中指出，议会对"把和平归还给已经分裂的法国"构成了妨害。他向国王强调指出，无双议会并非支持他的议会，国王想结束大革命，议会却以灾难性后果延续大革命。

基佐继续扮演着非正式的政府顾问角色，但正如他当时出版的小册子《论代议制政府与法国的现状》，他并非没有将其想法理论化。因为基佐在 1817 到 1818 年间虽然脱离了大臣的办公室，但他的意见始终具有影响力，故尚未在公共舞台上引人注目的他深信，自己将在这一舞台上扮演重要角色。在思想领域，他亦意识到自己高人一筹。他乐意于做一个教条主义者，对人有点冷淡。他会干脆地做出决定，以及讽刺和判断。不过，他没有瞧不起比他年轻的人，他平等地对待年轻的雷米扎，在他家中汇集了高等师范学院的学生，在轮到他即席发言时往往语出惊人。他成了一名年轻的导师。

何谓"空论派的长靠背椅"？如同我们今天会说的那样，这是一个知识分子的聚会，这些知识分子聚集的共同基础是宪政精神。

他们承认大革命的成果，尤其是此后已深入习俗之中的民事平等，并且拒斥对旧制度的眷恋和极端保皇派的政策。他们中最年长的是鲁瓦耶－科拉尔，此人极为傲慢，而且也极为教条主义，常以一种庄重的声音演说。其次是卡米耶·若尔当，他虽没有哲学头脑，但 111
心地纯朴，充满热情。还有前流亡分子塞尔伯爵，他是个容易激动的人，但对基佐忠心耿耿。再下来是巴朗特，这是一位由帝国行政管理部门培养出来的思想家和实业家。年轻的布罗伊公爵在通过斯塔尔夫人与巴朗特和若尔当建立联系之后，亦在不久后加入进来。这些人有两个特点将其与别的自由派人士鲜明地区别开来：他们多少有点呆板，具有严肃的生活态度；尤其是，他们并非个人主义者，他们拒绝接受“自由放任”，并给政府规定了一项在通常权限之外的重要职责——维持国内外秩序。

在 1817 年，基佐与空论派有他们自己的月刊《哲学、政治与文学档案》。对于他们来说，当时的主要危险来自右翼。他们始终紧紧抓住宪章这一宪政制度的基础不放，准备抗议那些践踏宪章的人。他们构成了某种尊重君主制、忠于波旁王朝但支持自由主义的左派。顺着基佐为《哲学、政治与文学档案》撰写的所有文章，我们将发现他的体系正日益完善。

多部关于大革命的著作在紧凑的时间内相继出版[2]，让基佐得以明确提出其政治哲学。冒着会得罪保皇派的风险，基佐以肯定的态度来对待大革命，他以为人们不能把大革命归结为它曾引起的过火行动和卑劣言行。他大致写道：重要的是将大革命的自由主义成果与雅各宾主义区别开来，如果说大革命是启蒙思想之女，雅各宾主义则是他与斯塔尔夫人都极其厌恶的以国家利益为名的恢复。“人们应该直截了当地承认，作为破坏者的大革命已经完成，它不该再恢复，而作为建设者的大革命才开始。”尽管其父在共和二年命丧断头台，但他丝毫没有因家庭不幸而盲目，而是懂得承认大革命的精神功效。在他看来，大革命之于现代的重要性，似乎有如基督教对于古代的重要性。他写道："古代的法国，存在一种需要正视的与其对立的事实，这就是它的衰落；依我来看，死亡是一种极好的疾病的症状。"

与揭露大革命中对过去的仇恨、平等主义以及个人主义的胜利
112 的蒙洛西耶相反，基佐强调了大革命带来的以及构成近代社会基础的公正精神：负担方面的平等、等级社会的终结、人人皆可担任任何职务、信仰自由、新闻自由……比其他空论派成员更为坚定的基佐拒斥一切怀旧，并将大革命视为立宪君主制的源泉。

新加入空论派的雷米扎在《回忆录》里强调该团体所要求得到的革命遗产："当时该派的特点也许在今天也令人惊讶，即其显示出来的对平等的强烈情感。关于自由，他们并不急于看到让激进主义者讨厌的一切障碍消失。但是，这样一种思想已深入这一团体，即大革命的主要目标和主要结果已经造成一种新的社会状况，所以他们要维护大革命的原则，维护与一切想抵制这一重大既成事实的意图相悖的利益。也许正是这一点，使他们最为直接地卷入与保皇派的斗争。"[3]

不久，这种精神状态即通过陆军大臣古维翁－圣西尔元帅的一次演说得到证实，这一演说是 1817 年 11 月 29 日在就军事法案进行辩论时发表的。基佐得为元帅起草关于提案动机的说明。出于对全民和解的关注，元帅首次在一个复辟王朝的议会中提出把公正归还给拿破仑的士兵。大革命与帝国史诗的光荣，通过一位大臣之口重新被全民化："现在的关键在于，我们要弄明白在我们当中是否存在两支军队、两种国民，而且其中一种将受到弃绝的打击，并被视为不能为国家和法国服务的人……现在的关键是，我们是要将召唤曾经光荣的士兵来捍卫祖国，还是要为了祖国的安宁而永远将他们视为危险分子。"左翼高兴得跳了起来，古维翁－圣西尔元帅成了最得人心的大臣。

为了反对并没有解除武装的极端保皇派，基佐在《哲学、政治与文学档案》上发起了支持左翼政府的运动，这一运动将自由派人

士凝聚到了一起。当德卡兹成为一个明确敌视极端保皇派的政府首脑时，事情已成定局。在这一政府里，空论派可以依靠担任掌玺大臣的塞尔伯爵。

如帕基耶所说，“基佐先生的不公开的影响”开始占有优势。1819 113
年1月，德卡兹为他设立了一个职位，让他掌管省级与市镇行政管理总局。因为《哲学、政治与文学档案》已经停刊，为了继续以建议和指令纠缠内阁，基佐把文章交给了官方报刊：《通报》或《市长报》。他鼓动在对行政管理人员进行清洗或调动之前，先免去极端保皇派分子在司法部的职务。14名极端保皇派的省长被革职，取代他们的是些帝国时期的官员。他的朋友巴朗特在此事中亦难以幸免，但基佐知道，这一政策是由某些人而不是其他人制定的。好斗并渴望摆脱极端保皇派的他主张任命80名新贵族院成员，以改变上院的多数派；他还主张将议员人数增加一倍，降低当选资格的年龄标准。只能通过抓住基佐的燕尾服燕尾来拉住他的巴朗特对他说道：“但是，以上帝的名义，切勿违反宪章！”不过，人们还是在1819年3月15日得知，共有60名新贵族院成员受到任命。这个人变得危险起来。雷米扎的家人表示，基佐的拒绝使自己的职业生涯开始处在阴影之中。

坚持不懈的基佐就许多法案提出了建议，涉及选举方式、新闻自由、省级和市镇级的行政管理、陪审团与刑法的立法……自由的感觉刺激着他，邦雅曼·贡斯当对他表示赞同。由空论派主张的所有改革并非都得到了批准，但他们从未如此让人感到其在议会和政府中的重要性。

基佐当时想通过报纸来支持政府政策。由此在1819年6月21日，有了以股份公司形式出现的一份报纸——《邮报》（*Le Courier*），这里的“邮报”一词中间只有一个“r”[1]，使人想起英国的同名报纸。鲁瓦耶－科拉尔、巴朗特和基佐皆为创办者，此外还有年轻的夏尔·

[1]　法文中相对应的词为 le courrier。

德·雷米扎。雷米扎在《回忆录》中写道："基佐具有这家报纸的最高领导权，保持这地位也并非毫无困难。只有他有劲头和大量的时间。他给这家报纸写的东西不算多，还让不害怕工作和不憎恨论战的夫
114 人写稿。他也有点指望我，实际上，年轻、容易激动、为自以为新奇的政治观念而兴奋的我，肯定是《邮报》最多产的编辑。"[4]

《邮报》作为官方自由主义的辩护者，不得不同时与两方敌人论战，其一是由《辩论报》为之辩护的右翼派别，其二是《舆论报》和《立宪主义者报》的左翼自由派。《邮报》的目标是建立一个全国性的重要派别，这一派别致力于自由、理性和正义，汇集所有立宪主义者，面对反动派与革命派。这份报纸的调子是学究气的，有点傲慢。雷米扎写道："它的订户极少，赞赏者更少，却不乏敌对者。总之，这是一次不幸的尝试。"8 个月后，该报不得不停办。

基佐的自命不凡并不讨人喜欢。机会主义者德卡兹，不可能在思想观念上跟在基佐后面亦步亦趋。这回轮到他让他的参谋感到不快："德卡兹先生的过错在于总想用不够重的药去医治大病，他以为一切均可用汤药来治愈。"[5] 另一位大臣，即塞尔伯爵，亦与基佐的不切实际保持距离。1819 年秋天，基佐失去了他的影响力。

格雷古瓦教士，一位被错误地指控为弑君者的国民公会前成员，于 1819 年 9 月 11 日在伊泽尔省当选，就像一声警告在德卡兹耳边响起，使他决心赋予内阁一种更为右倾的基础。负责修改选举法的布罗伊公爵提议让最富有的选民投两次票。基佐对此表示反对，这不仅是因为在他看来危险来自右翼，即来自反革命造成的威胁，而且就原则层面而言，他无法接受选民之间的不平等。

人们已经看到，贝里公爵在 2 月 13 日至 14 日的晚上遇刺，使天平再次倒向右翼。德卡兹不久就提交了特别法案，暂时取消个人自由，恢复书报审查。基佐试图说服他，但空论派与自由派还是迁就德卡兹，因为后者是对付极端保皇派的最后堡垒。但是，右派最终战胜德卡兹。基佐辞职，行政管理总局亦被撤销。在等待于 1820 年 12 月初重新

在巴黎大学授课期间[6]，他回到行政法院。自由主义的试验结束。 115

由贝里公爵遇刺引发的极端保皇派反动计划，随着维莱尔上台得到实现，此人在 1821 年 12 月接替了黎塞留。1820 年以来，两项法律确保了右翼继续占多数，其一是 3 月 18 日限制个人自由的法律，其二是允许最富有的公民投两次票的双重投票法。寿命颇长的维莱尔内阁依靠天主教会和圣会（维莱尔本人即为圣会成员），加强了镇压和反对自由的立法。王位与祭坛的联盟形成了一种教士和保皇派政府之间进行交易以及相互加强的体系。

这种反动的活动引发了自由派和密谋反对派的行动。远离各种事务的基佐以他的方式参与其间，他希望将自己行为严格地限定在合法的范围内。他于是开始着手，继而开始巩固其重大的政治与历史事业。

1820 年 10 月，他发表了首部重要著作《论复辟以来的法国政府与当今内阁》。这是一本小册子，但与他后来的论战性著作一样富有理论思考。甚至在反对派当中时，基佐亦采纳了某位政府人士的观点。在这一关于复辟王朝最初几年情况的总结中，他指出，一种明智的政治路线——调和复辟的君主制与大革命的遗产——突然重新受到责难，并指控新政府“与旧制度或公开或秘密的朋友”一起行动、发言、投票。

在基佐眼里，当时发生的一切是数世纪阶级斗争的新插曲：“大革命是一场战争，一场名副其实的战争，以至于众人感到它是两个陌生民族之间的战争。13 个世纪以来，法国有两个民族，一个是征服者的民族，另一个是被征服者的民族。13 个世纪以来，被征服者的民族为摆脱征服者民族的奴役进行斗争。我们的历史就是这种斗争的历史。如今，一场决定性的战役已经发动，它叫作大革命。”

使历史成为一种阶级斗争的历史，是马克思这位基佐的读者后 116
来将重新采纳的一种具有影响力的观点。这两个阶级或这两种民族——基佐谈到了“仍然以战斗姿态相对峙的两个社会阶级的重叠”——被叫作“法兰克人和高卢人、领主与农民、贵族与平民”。[7]大革命把公正、道德法的权威引入公民之间的关系。第三等级的胜利是中等阶级的胜利，而这一阶级是新宪政秩序的基础，即自由和民事平等的拥有者。[8]

在他看来，这种历史观也是一种政治纲领。对此，路易十六在1792年没有明白，而路易十八在1820年可能已经明白，因为后者似乎已经通过钦赐《1814年宪章》表明，如果依赖旧贵族和大革命中的失败者，君主制的未来将受到损害，相反，政治制度的稳定有赖于中间阶级的支持。因而，确认大革命的遗产，是立宪君主政体的责任。

基佐的著作引起了轰动。左翼拍手叫好，右翼怒火中烧，指控基佐教授在鼓动内战。在极端保皇派的报纸《捍卫者》中，博纳尔提醒道，基佐的理论煽动了谋害贝里公爵的凶手卢维尔。

此书在几周内多次再版。它的成功在欧洲与法国所引发的起义和争议的种种传闻中格外光彩夺目：斐迪南七世的西班牙处在内战的边缘，那不勒斯被起义所折磨，葡萄牙即将通过一场革命确立人民主权。在这三个地方，波旁王朝均受到牵连。在法国，极端保皇派
117 感觉到一种革命瘟疫的危险，秘密团体在增多。1820年8月19日，一起由自由派和帝国老兵策划的密谋失败，被指控者仅仅是些微不足道的人。重新被动员起来的基佐发表《论密谋与政治公正》，对司法大臣予以指责。

一个全新的秘密团体在形成，那就是以拉法耶特为首领之一的烧炭党。人数为三四千人的法国烧炭党人，依照意大利烧炭党的模式分布在各个省份，按照等级划分为更小的组织——“烧炭党的会议”(les ventes)，在总部的领导下组织密谋反对社会制度。内部划分，进行宣誓，一律口头传递消息……多起密谋随之在下述城市发生：贝尔福、马赛、索米尔、拉罗谢尔，其中，有4位士官被逮捕（“拉罗谢尔的4位中士”）；这还不算煽动分子策动的不确实的暴露阴谋。有

十来个人被判死刑。基佐在1822年6月底再次挥笔写下《论政治领域的死刑》，向政府指明如何“避免杀人”。

基佐的连续干预，导致烧炭党的头目拉法耶特、瓦耶·达尚松、马尼埃尔建议他加入该组织。基佐拒绝了：因为他并不谋求改变社会制度，只想恢复实行宪政的、自由的、依据宪章治理的君主制。而这正是他刚刚在1821年10月出版的《论统治的手段和法国目前状态中的反对派》中所要解释的。[9]通过痛斥在台上的大臣，他因为提出一种出自大革命的、新法国的好政府而超越了论战。这一政府不该把权力与命令混为一谈，而是要让其与社会相依为命，与国民中有生气的力量——权力即来自这些力量——合作。社会团结一致并非取决于服从的唯一事实，并非取决于权力看得见的工具：大臣、省长、市长、收税官、士兵。真正的统治手段“存在于社会内部本身，并且不可能与之分开”。而反对派有它自己的作用：“它通过抵制政府来维持它与之斗争的权力本身。” 118

当权者的反动通过1822年8月一项关于新闻的新法律而变本加厉：出版必须事先获得许可，以审处违反新闻法令罪的轻罪法庭取代审查委员会，以简单的法令进行可能的审查。基佐本人因对法令进行攻击，被取消其在巴黎大学开设的课程，这是通过政府夺回大学的广泛运动而导致的必然结果。

帝国的制度已经用新的世俗的巴黎大学取代了旧的巴黎神学院，这个新大学在1809年开始运行。人们在当时招募了极为年轻的教授，如维克多·库赞，此人是1822年遭受极端保皇派清洗的另一位受害者。库赞在20岁时成为高等师范学校的讲师，在1815年接替鲁瓦耶－科拉尔的哲学教席。他后来在七月王朝时期成了某种哲学研究的总管，七月王朝还让他担任公共教育大臣。库赞并非一名伟大的哲学家：他有意将哲学与哲学史混为一谈，鼓吹折中主义。与基佐一样，他是个自由主义者，他还是烧炭党的成员。库赞与基佐在巴黎大学分别教授哲学和历史，传播这样一种决定论，即代议制和自由主义的政府是历史演进的结果。因而，巴黎大学自由主义的教学遭到极端保皇主义的反对，被迫取消库赞和基佐的课程。培养反对者的高等师范学校被关闭。

学校教育和大学问题由此成了占据中心位置的政治焦点。一个政府不可能满足于以武力领导国家，它应当赢得人心。从 1821 年起，圣会通过基督教教理会的修士，无情扼杀初级教育。公共教育委员会被改组，并被置于政府的监控之下。主教们负责对初中进行监视，国王的首席指导神甫弗雷西努斯修道院院长被任命为大学的大教长。

政治斗争与思想斗争不可分离。基佐比其他人更为确信，教育
119 以及提供信息——后者在今天被称为“交流”——为宪政制度的稳定发挥必不可少的作用。基佐在巴黎大学的授课在 1822 年被中止，在 1828 年得到恢复。他授课的内容与其政治信仰是分不开的。他讲授的历史富有哲理，极具概念性，并且以显示他捍卫的政治制度根据为目标。

坚决反对专制主义的基佐同样对民众革命不予信任。然而，民众革命依据的是人们摆脱王朝或其他君主制的合法性时难以回避的一种理念和信条，即人民主权的信条。在他看来，这是一种极有利于暴政的理念：人们以另一种专制主义，即至高无上的人民专制主义来取代原有“君权神授”的专制主义。鉴于此，应当寻找合法性的其他来源。正是通过阅读观念学者尤其是德斯蒂·德·特拉西的著作，他获得了解决方法，那就是理性主权。理性主权并非任何人的专利，它弥漫在社会当中：“理性、真理、公正在任何地方都不会完整无缺、确实可靠地存在。任何人、任何党派皆可拥有它们，但又无法完完全全、没有限制地拥有它们。”因而，应当吸取它们的不同成分，这是代议制政府的任务。他写道：“在任何社会中，皆存在一定数量关于人的相互权利、社会关系及其结果的正确观念和合理意愿。这些正确观念和合理意愿的总和分散在构成社会的个人之中，并因为对人的智力和道德发展产生影响的无数原因，不均衡地分布于他们之

间……”因此，对于他来说，代表制是人们应当借以形成公共理性的所有个人理性成分的发现、组织和集中。“这是一种用以从社会内部提取公共理性的自然程序，而且只有公共理性，才具有统治的权利。”代议制以“获取、集中所有分散存在于社会之中的一切理性”为目的。由此，就需要引入能力这一概念，这里的能力指的是“根据理性来行动的能力”，代议制政府是大多数有能力者的政府。[10] 何处去获得能力呢？它涉及一个阶级，但并不涉及一种等级或一个特权团体，而是一个开放、流动的群体。

基佐和空论派并不拒斥民主制，但他们把民主制限定在了以平 120
等原则为依据的市民社会之中。对于政治社会，他们要求得到一种（开放性的）新贵族的观念，即理性的服务者的观念。民事范畴的平等是永久的，而政治权利是多变的。实际上，能力观念退回到了取得选举权的纳税额——但对于基佐来说，纳税选举制只是能力原则的应用，它界定了一种“智力社会”。政治贵族？是的！但所有法国人均能够向往成为这种“有教养与独立的公民精英”。但该如何来证明能力呢？这丝毫不存在更为困难之处。应当坚信种种迹象，而财产最终被公认是最确实的迹象。后来，在七月王朝时期，基佐意欲表明，财产与智力之间不再存在对立。

在5年的时间当中，基佐深化了他的思考，继续着他的事业。他尤其致力于创作《自查理一世登基到查理一世复辟的英国革命史》，这一著作的其中两卷在1826和1827年出版。他给多家报纸——如创办于1822年的《总汇记事簿》、创办于1824年的《环球报》——提供了帮助。例如，他在1826年11月25日在报上赞颂富瓦将军。查理十世加冕后，基佐认为，教权主义者始终过于明显侵犯职权以及反动派滥用职权的行为（如制定《亵渎圣物治罪法》补偿流亡贵族10亿法郎）将唤醒社会。他靠近了左派，包括自由派人士、独立派人士、瓦耶·达尚松、邦雅曼·贡斯当、卡西米尔·佩里埃。其他空论派人士，如布罗伊、巴朗特之类的人物，则靠近了右翼。基佐被警方列入对社会制度有危险者的名单。1827 年 8 月 1 日，妻子与合作者的去世，使他从埋头用功中摆脱出来。[11]

作为一个经过更新的小团体的领头人，基佐意欲在合法框架内重新推动自由主义反对派。通过与《环球报》的编辑、原烧炭党人合作，空论派建立了一个团体——“自助者天助会”，基佐与奥迪翁·
121 巴罗、普罗斯珀·迪韦吉耶·德·奥哈纳、约瑟夫·儒贝尔、夏尔·德·雷米扎等人一起，主持其领导机构。一场示威游行恢复了自由之友的勇气，他们创建了各地的委员会，并为选举进行准备。人们散发小册子，呼吁新选民把票投给唯一的反对派候选人。这种宣传引起省长们的恐慌，令他们将大量不安的报告送往巴黎。1827 年 11 月的选举结果对基佐及其追随者来说是一个胜利。自由主义反对派拿下了 170 至 180 个席位，与支持内阁者获得的席位旗鼓相当，而右翼中的反－反对派、夏多布里昂之类的“尖端分子”（les pointus）只拿下 75 席。维莱尔被迫提出辞职。1828 年 1 月 5 日，马蒂尼亚克成为内阁首相。

基佐并未得到他想要的东西，即一个代表新法国的左翼内阁。但至少代表国民的派别赢得了一次战役的胜利。“自助者天助会”继续着他们的事业，发起了针对选举作弊和其他投票方面违规行为的请愿：3 名省长被迫退休，另有 15 名左右的省长被调离。基佐和友人推动着马蒂尼亚克采取迂回曲折手段进行必要的改革。虽然被迫与权力分开，但基佐重新成为幕后顾问。1828 年初，他与布罗伊、巴朗特联手创办《法兰西评论》。为之撰稿的有雷米扎、维尔曼、奥古斯丁·梯叶里、迪韦吉耶·德·奥哈纳等等。同年，他重新在巴黎大学授课，并与妻子的侄女埃利莎结婚，后者与首任妻子一样，给他带来了一小笔财产，使他具有过小康生活的基础，有效地支持了他的事业。

查理十世决意反扑。在马蒂尼亚克领导下投票通过的改革、教权主义力量的退却（耶稣会士以其他获得批准的圣会成员一样的理由与教育分离，一项关于小神学院的新条例被强行推行)、取消审查和预先批准的新闻法律，凡此种种，促使他展开反攻。国王利用行政改革法案的失败，在 1829 年 8 月打发了马蒂尼亚克，唤来波利尼亚克亲王。

极右翼再度上台，“自助者天助会”更为激烈地展开活动。年底，基佐亲自投入选举战役。时年 42 岁的他自 1827 年起具有了获选资格，补缺选举使他得以成为卡尔瓦多斯省里斯厄的候选人。角逐并未预先进行。在诺曼底，他是一个“外乡人”，一个外国人。更糟糕的是， 122
在这个比较安宁的天主教畜牧地区，人们指责他是个南方的新教徒：来自葡萄酒产地，不太会致力于捍卫制作烧酒和苹果酒者的利益，也不太会反对进口外国的牛肉。但基佐得到了极左派首领拉法耶特、杜邦 · 德 · 勒尔的绝对支持。自由派把赌注压在土地所有者对恢复长子继承权的担忧上。布罗伊公爵请夏多布里昂写了一封支持信，基佐也得到了这位作家的支持。[12] 因为不想事先在任何人那里受到约束，这位候选人的纲领含糊不清（“在自由中维持秩序与进步”）。选举运动在 1829 年 12 月 20 日展开。1 月 24 日的选举，使他获得第一轮的胜利，他在 446 位投票者中获得 281 票。空论派为之狂喜，极左派为之叫好。作为众议员的基佐，当然打算致力于推翻波利尼亚克。

1830 年 3 月 2 日，国王在敕令中威胁那些操纵反对政府活动的人。众议院以 221 位众议员的致辞予以回敬，这一致辞由一个代表团——基佐亦是其成员——送到了杜伊勒里宫：“陛下政府的观点要永远符合陛下人民的愿望，《宪章》把这作为公众事务正常进行的必要条件。陛下，我们的忠心与忠诚促使我们对您说，这种情况已不存在了。”1830 年 5 月 16 日，国王解散了众议院。基佐重新进行选举活动。6 月 24 日，他在里斯厄的 502 位投票者中获得 330 票。就整个国家来看，自由派取得了完全的胜利，其议席从 221 席增至 274 席。

弗朗索瓦 · 基佐令人惊奇的历程如下：在很年轻的时候就受命去处理某些政务，用他的全部智慧和精力致力于建立一种立宪君主制，

即建立在资产阶级所代表的新法国基础之上的立宪君主制；在1820
123 年的反动浪潮中被打发回家，在1822年被禁止在巴黎大学授课，他回归研究，静静地铸造他的武器；在40岁时重新参与政治斗争，给一个反对派合法团体以活力，致力于左翼的联合；接着进入议会，成为反对波利尼亚克和国王的221名众议员的领头人之一，使众议院在解散后最终取得胜利。格外紧张的活动并没有妨碍他创作重要的历史和政治著作，这些著作涉及代议制政府、法国史和英国史，并被确认为新法国和资产阶级的政治哲学。

在1830年获得胜利的自由派认为，查理十世将服从享有政治权利者的裁决。但他们弄错了，波旁家族的幼子确信，兄长路易十六的垮台是因为他沉迷于让步："我更喜欢骑马，而不是坐马车。"这位新国王的主意已定：通过1830年7月的4道敕令，向众议院宣战。基佐衷心呼唤的代议制显然被无限期地推迟。革命造就了革命者，基佐即属于这种情况，尽管他不愿如此。

第六章

维克多 · 雨果：向左转的浪漫主义

1825 年，维克多 · 雨果参加查理十世的加冕礼。

1827 年，《〈克伦威尔〉序言》发表。

1830 年 2 月，《艾那尼》[1] 首演。

1830 年 7 月，种种波折后，法兰西改朝换代。这一年首先作为《艾 124
那尼》之年被人记住。的确，这是表面上与政治舞台不甚相干的戏剧事件，然而，它却卷入了观念冲突之中。在这一场合中，维克多 · 雨果的胜利，也是自由在艺术和文学上的胜利，是最终支持自由主义倾向但没有与之混同的浪漫主义的胜利。

2 月 25 日夜晚，为了观看维克多 · 雨果的剧作《艾那尼》首演，巴黎各界名流云集法兰西剧院。这是激烈争论的日子：几个星期以前，浪漫主义者与古典主义者的这场冲突就已公布，它的胜败关系重大。

作家泰奥菲尔 · 戈蒂埃，雨果的热烈崇拜者，为我们留下了关于这场演出的有声有色的记叙，当时的他打扮成“有想法的调皮捣蛋者”前去观看演出，其上半身在为了入时而裁剪得无法再穿的坎

---

[1] *Hernani*，旧译《欧那尼》。

肩衬托下显得更为突出。他写道："有谁见识过如此适合在演出大厅里活动的法国人性格？在这个演出大厅里，汇集着人们所称的巴黎各界名流，这些人蓄着长如阿尔贝·丢勒的长发，穿着红如安达鲁斗牛士的红绒布旗背心。破除当时对聚会的各种令人作呕的清规戒律，需要有别样的勇气和心灵的力量。"当时，礼仪所要求的是灰色、黑色、白色、铜绿或橄榄绿、栗色，但他们竟然使用红色！戈蒂埃解释说，他对这种时下已被政治疯狂弄得名声不佳的颜色有"一种
125 特殊的偏爱"，而且很想将它再引入现代生活和绘画。他进一步描述了他的穿戴："我还穿着一件缝合处镶有黑色丝绒缎带的非常浅淡的水绿色裤子、一件袖口有大大的丝绒翻口的黑色晚礼服，以及一件宽大的带有绿色缎纹的灰色外套。"[1]

为了避免发生骚乱，警察局长芒让叫剧作者的朋友在演出六七个小时前进场。这些不寻常的捧场者是需要无懈可击的支持的雨果请来的。与戈蒂埃一样，他们留有长发，装束引人注目。戈蒂埃写道："缎纹、丝绒、饰带、上衣的肋形胸饰、毛皮的袖饰，使燕尾服价值不菲。过短的绸缎背心耷在腹部上方，下巴深陷于上过浆的平纹细布领带中，白色平纹布做的衣领的尖头紧挨着金架眼镜。"在大门开启之前，这群眼睛闪烁着光芒的长毛鬼发出喧哗声，引起周围人的抱怨甚至愤怒。有人从窗口扔下垃圾，同在这群人当中的巴尔扎克头上被丢了一块白菜根。[2]

一旦进入剧院，他们就得打发时间。欢呼声、轻松诙谐的小调、各种各样的玩笑声此起彼伏，直至饥肠辘辘的他们从口袋里掏出巧克力、长形小面包和熟香肠，结果，大蒜的气味与大厅某些角落可怕的臭味交织在了一起——因为洗手间尚未打开，内急的人不得不在角落里方便。恶臭是最终落座的观众注定得忍受的第一个挑战。

"正厅前座和楼厅坐满了学院派和古典主义派的人。一阵轰轰的骚动声低沉地回荡在大厅里，拉开幕布的时间已到。因为彼此之间的敌意如此之深，人们或许在演出之前就会动粗。终于，伴随着三

声响声，幕布徐徐拉开。人们看到，在一间被一盏小灯照亮的 16 世
纪的卧室里，堂娜 · 若塞伐 · 杜阿尔特，一位一身黑色装束、裙子 126
上缝有许多天主教徒伊莎贝尔式煤玉制饰品的老妇，在听焦急的情
郎叩击暗门的声音：

> 是他来了吗？——一定是上楼来了
> （悄悄地）——

“争论已经在进行。作者不允许他人改变这两行的编排，这粗鲁且不恰当的跨行看上去就像个职业剑客……当着古典主义的面施展掷刀巧技，以便激它进行决斗。”

戈蒂埃披露了这一值得纪念的夜晚的意义：

> 尽管雨果那帮人激起的恐惧通过一小组一小组的人在扩散，并且可以轻易辨认出它冷酷无情的样子，但激动不安的人群发出的那种沉闷的声音，仍在大厅中嗡嗡作响。大厅中充满的激情一直在散发出来，并通过不容置疑的迹象在显露。只要看一下这些公众，就足以确信这并非一场普通的演出。两个体系、两类派别、两支大军甚至两种文明（这样说并不过分）在登场，在发自内心地彼此憎恨（如同人们在虚构的仇恨中互相憎恨），它们只要求争斗，并准备同归于尽。普遍存在的态度是敌视，肘部变得粗野起来，只要有小小的（身体）接触，争执就会突然爆发，人们不难看到蓄着长发的年轻人把脸面刮得很干净的先生看成傻瓜，而且并未长时间地掩饰这种看法。[3]

在演出的整个过程，时而有人愤怒地叫喊，有人拍手称快。演出在结束时获得了年轻的浪漫主义卫士的喝彩——在这些人当中，除了戈蒂埃，尤其引人注目的还有一个名叫热拉尔·德·奈瓦尔的人，

此人在穿着方面比在表达热情方面更为谨慎。这场比赛并未就此结束。次日的报刊无论是对雨果还是对其年轻的追随者都不太客气，
127 他们被当成淫秽之人和共和派分子。在数周的时间里，每天都有新的战斗。雨果没有退却，他在每次演出时均从法兰西剧院的经理那里买下一百来个座位。演出共有 45 场。在第 6 次演出前夕，圣勃夫写道："我们忙得不可开交，因为几乎没有新部队可投入战斗，还要始终显得像处在 1814 年的战役之中。"[4]《艾那尼》和雨果未被阻止，浪漫主义在复辟王朝垮台的同一年里赢得了决定性的胜利。

古典主义信奉者对雨果的指责有：句首字（le rejet）的作用、粗野的用词、伤风败俗的品位、粗俗的玩笑和拒斥三一律。《艾那尼》的作者在 1834 年的一首长诗中骄傲地做了解释，这首题为"对一份起诉书的答复"的诗歌后被收入《沉思集》中。维克多 · 雨果装出一副革命者的样子，就语言和戏剧来说，他确实是个革命者，但这是通过延伸历史和政治性的隐喻进行的：

> 语言，尚处在 1789 年前的状态；
> 字眼，无论其出处是好是坏，在每个社会等级中分别流传；
> ……
> 于是，调皮的我来了，我将叫喊：为什么
> 这些词得始终放在前面，而那些词则应当相反？
> 对老祖宗和老贵妇的法兰西学院，
> 他（她）们的衬裙下藏着惊恐的比喻；
> 对排成正方形的亚历山大大军，
> 我让人吹去了一股革命之风。
> ……
> 在人们将跳起《将行舞》的品都斯山顶上，
> 九位裸露乳房的缪斯在把《卡马尼奥拉歌》欢唱；
> ……

拿起散文和韵文的武器！组成你们的队形！
……
布瓦洛把牙咬得咯咯作响；
我对他这个前贵族说道：把嘴闭上！
我在雷电和狂风中呼喊：
与句法媾和，向修辞学宣战！
整个 1793 年在爆发……
是的，他们已经把旧制度推翻，
……
是的，我是这样的罗伯斯庇尔，是丹东的再现！ 128
……
我对词语说：请你们也成为共和派……
作家业已使语言处于自由状态。

在《艾那尼》上演之际时年 21 岁的维克多·雨果被公认为浪漫派的领军人物。在法国，浪漫派的先驱是夏多布里昂（泰奥菲尔称其为“浪漫主义的主脑”）和斯塔尔夫人（她的《论德意志》和《论文学》唤醒了一种新的精神）。小说家沃尔特·司各特、拜伦爵士、被施莱格尔兄弟取代的歌德，也许还有对莎士比亚的重新发现，足以在一种新的艺术感受的历史中充当标志，而对于此种新的艺术感受，迟钝的法国人曾长时间地将它与笛卡尔、布瓦洛和拉辛对立起来。

19 世纪 20 年代，当浪漫主义在法国出现时，它远非一个派别，更谈不上是一支准备投入战斗的大军。人们在此至少看到了两种倾向：君主主义和基督教的浪漫主义倾向，以及自由主义的浪漫主义倾向。在 1819 年 12 月，属于第一种倾向的维克多·雨果在 17 岁时与两位弟兄创办《文学保守者》，这份将一直办到 1821 年 3 月的小刊物成了夏多布里昂《保守者》的补充刊物或增刊。鉴于《勒内》的创作者是公认的、无可争辩的大师，对其推崇备至的雨果在 14 岁时即在一本练习本中写道："不为夏多布里昂，宁为尘土。"[5] 正是这本（为躲避对定期刊物的审查而）不定期出版的刊物，在1820年发表了颂诗《贝里公爵之死》，这首诗使作者在同年3月5日从路易十八那里得到500法郎的奖赏。1820年10月，因为贝里公爵夫人产下"奇迹之子"，雨果又如法炮制了《波尔多公爵的诞生》，并在此诗的前面附有一句借自夏多布里昂《殉道者》的格言。1821年5月1日，这个王公之家的婴儿被放入洗礼盆中，雨果再次撰写了《波尔多公爵的洗礼》，由于贝里公爵夫人的过问，这首诗使他获得了一份年金。1822年，这三首诗均被收入《颂诗集》中出版，其中还包括一首写旺代的诗《旺代》
129 （"旺代，哦！高贵的土地！哦！我忧伤的故乡！"），一首关于在法国基伯龙登陆的保皇派流亡分子的诗《基伯龙》，以及一首反对波拿巴"篡夺王位"的诗《波拿巴》……雨果在序言中写道："本书出版的目的有二：其一是文学目的，其二是政治目的。但是，在作者的思想中，政治目的是文学目的的结果，因为人类历史只描述那些被认为达到君主制观念和宗教信仰高度的诗歌。"[6]

身为保皇派和天主教徒，这就是初出茅庐时的雨果。尚未脱胎换骨的拉默内为此感到高兴："雨果先生理解宗教，或更确切地说，通过诗歌的神圣之门轻易地进入了宗教。我希望他始终对精神事务饱含情感，他将鼓舞我们虔诚的作家经常在街头乃至在街头下层人士中传播宗教思想……"[7] 雨果当时完全是个反自由派分子，因为他在自由主义中看到了"一种因其反对宗教和反对社会而反对诗歌的派别"。[8] 作为负有崇高使命的诗人，他在以上帝的名义发声。当时，在他看来，诗歌和保皇主义不可分离。

雨果很快成为领头人物，他身边聚集着一些年轻的作家，其中有阿尔弗雷德·德·维尼和阿尔方斯·德·拉马丁，前者的《诗歌集》堪与雨果的《颂诗集》交相辉映，而后者出版于1820年、显示出基督教的灵感的《沉思集》亦取得了巨大成功。这些人都经常光顾雅克·德尚的沙龙和美文协会，他们均是"一切正统性、一切真正的光荣的捍卫者，捍卫布瓦洛的权杖如同捍卫路易大帝的王冠”。1823年7月，雨果及其同伴——亚历山大·苏梅、亚历山大·吉罗、埃米尔·德尚（雅克·德尚之子）、圣瓦尔里、阿尔弗雷德·德·维尼——创办了一份名为“法兰西诗神”的刊物，在这份刊物里，诗人的作用得到了赞美。圣瓦尔里写道：“对于他们来说，写作并非虚缈的想引人注目的愿望，而是在众人中履行最美妙的职守，是在为被人摧残的正义、被人故意歪曲的不幸、被人践踏的真正的自由，以及处 130
在这种珍贵的神圣状态中的受伤的整个人类复仇。”

变为第一个浪漫主义团体喉舌的《法兰西诗神》同样非常谨小慎微，而且有点折中主义。作为天主教和君主主义刊物，它接纳了以雨果为首的新一代诗人。但是，雨果显得谨慎得多。在1824年为《新颂诗集》撰写的序言当中，他写道：虽然“现在在文学方面和在国家中一样存在两种派别”，但他拒绝被归入其中的任何一派。他宣称要无视“古典主义类型和浪漫主义类型的分野”，并断言，在文学方面，他只知道“好与坏、美与丑、真与假”。

然而，也正是在1824年，浪漫主义的缓慢发展进入了一个重要阶段。是年4月，《法兰西诗神》的撰稿人之一、被任命为军火库图书馆馆长的夏尔·诺蒂埃将把他的沙龙变为一个文学社团，用缪塞的话来说，变成一个“浪漫主义的店铺”。在这里，当举行值得纪念的“晚会”时，新诗人将意识到他们的旗帜。6月，夏多布里昂被人从外交大臣的位置上赶下来，这是保皇派诗人和维莱尔支持内阁的保皇主义之间的决裂。《法兰西诗神》表示拥护“魅惑者”，雨果立即写了一首题为“致夏多布里昂先生”的诗：

法国全体站在你一边，
因而，去实现你崇高的人生吧！
你在获取荣光方面的种种挫折皆在预料之中，
当命运之神打击你时，你注定会报以宽恕，

人们看到，你每次失宠，
都反而使自己达到前所未有的高度。

这一事件在《法兰西诗神》内部引起了分化，刊物不久即告消亡。亚历山大·苏梅，该刊物的创办者和台柱子之一，与从帝国时期诗歌过渡到浪漫主义诗歌的亚历山大·吉罗一起，为入选法兰西学院而毫不犹豫地牺牲了这一刊物（吉罗在稍晚些时候亦入选法兰西学院）。他的发誓弃绝在1824年得到了（法兰西学院）常设秘书路易-
131 西蒙·奥热的称赞，后者在欢迎他时说："值得尊敬的是，您刚刚使我们的戏剧体系优越于这种蛮族的诗学，人们足以用它来回应那些假装对您在文学方面的正统观念提出疑问的人……"[9]

对立的阵营逐渐明确起来。古典主义派的支持者为此做了许多工作。为了助力来自小报、通俗喜剧、《立宪主义者报》和其他忠于启蒙时代理性的报纸的攻击，奥热在1824年4月24日发表了一篇值得我们记住的演说："应当阻止浪漫主义（因为人们是这样称呼它的）的派别……它对我们的一切规则产生了怀疑，蔑视我们的杰作，并通过不正当的成功歪曲他们的财产所始终支配的大量不确定的舆论。浪漫主义并不存在，它没有真正的生命。"但是，幽灵开始成形，因此，在其后的几个月里，怒斥浪漫主义的文章、宣言、小册子和讽刺性的轻喜剧汹涌而来。

逆境和共同敌人的存在，在夏多布里昂失宠后不断使浪漫主义的两种倾向即保皇主义倾向和自由主义倾向相互接近。自由派总的说来与《立宪主义者报》一样，公开主张一种意识形态上的浪漫主义。然而，在自由派当中，却存在浪漫主义者。艾蒂安·德勒克吕兹的沙龙从1821年起成了他们碰头的场所。当时38岁的司汤达在那里向一群年轻人提出，必须首先考虑长子继承权。在此，人们重新见到了雷米扎，梅里美在此宣读他的《克伦威尔》。司汤达对夏多布里昂几乎不予接受。他既不接受后者的作品（《基督教真谛》在他看来似乎“滑稽可笑”[10]），也不接受后者这个人（“这是一个脑袋大小只及我脑袋一半的又矮又瘦的人”[11]）——而且“夏多布里昂由于过多地谈论自己而有失礼仪”[12]。作为莎士比亚和英国演员的辩护者（后者在前来圣马尔丹门剧院演出时曾遭到极端民族主义的法国观众嘲笑），司汤达在 1823 年发表了《拉辛与莎士比亚》。他在此文中用强烈的词语表示：“在拉辛的悲剧体系和莎士比亚的戏剧体系之间存 132
在着殊死搏斗。”在雨果之前，他已经斥责了戏剧中的三一律，并劝说法国人效仿莎士比亚、席勒和拜伦爵士的“浪漫主义诗歌”。仇视平庸，拒斥传统，希望贴近时代，这些就是亨利·贝尔的动机所在，此处还应当加上他对诗歌的蔑视：自由派的浪漫主义是散文的浪漫主义。同样是在 1823 年，阿列桑德罗·曼佐尼，意大利浪漫主义的主要人物，用法语重申了司汤达《关于悲剧中时间、地点之统一的信》里阐述的观点。

1824 年 9 月 15 日，一份“文学与哲学”（应当避开规定对政治性报刊预先审查的法律）的双周报《环球报》创刊，这份具有空论派自由主义倾向的报刊，将逐渐被人当作浪漫主义的喉舌。创办这份报刊的念头是由皮埃尔·勒鲁，未来将成为一个社会主义派别领袖的排字工提出来的，他希望出版一种“文学和科学的”百科全书式的报纸。他向朋友保尔－弗朗索瓦·杜布瓦吐露了这项计划，后者是他在兰斯中学时的同窗，曾担任修辞学的教师，后来因其自由主义思想而被解除教职。杜布瓦在 1821 年成了烧炭党人和共济会成员，是贝朗瑞和马尼埃尔的朋友。烧炭党在 1823 年被清除后，他当了记者。因为接受勒鲁的建议，他招募了一些合作者，其中有夏尔·奥古斯丁·圣勃夫，后者是他原来的学生，有望成为那个时代最杰出的批评家。此外还有接近空论派的政论家迪韦吉耶·德·奥哈纳、雷米扎……这些人大多为出生于 1797 至 1798 年之间的年轻人，大多不到 30 岁。他们在帝制时期度过童年，上了中学（他们在中学里均是好学生）[13]，然后在巴黎大学听维克多·库辛（此人是高等师范学校颇有影响力的学监）的课。这些人后来成了教师，其中某些人遭到复辟王朝当局的处罚。这些并未刻板排斥古典主义作品的年轻人，从司各特和拜伦、斯塔尔夫人和席勒、《少年维特之烦恼》和《勒内》那里获得养分。作为编辑之一的西奥多尔·若弗瓦概括了他们的立场："文学处在了亚里士多德和古典主义的羁绊之中，我们攻击这种不宽
133 容和狭隘的学说。浪漫主义一词业已存在，它没有什么含义，我们已经通过将它界定为'在文学领域的思想自由'，赋予了它一种含义，而且我们成了浪漫主义热心的宣传者。"[14] 起初，人们与之保持一些距离，并继续在一段时间里拒斥雨果的诗歌，但是，这份从 1825 年起被贴上标签的报纸被指称为浪漫主义派的"主力军"。

浪漫主义的两种倾向，即保皇主义和自由主义倾向，在路易十八驾崩时并未形成统一。雨果始终站在具有正统观念者一边。新国王查理十世授予他和拉马丁一样的荣誉勋位勋章，并邀请他出席在兰斯举行的加冕仪式，向他显示自己的好意。夏尔·诺蒂埃亦被任命为加冕礼正式的史官，两人由此有了携手同行的充分理由。此行并非小事一桩：应当从头到脚打扮一番，租一辆马车，承担逗留期间的费用……雨果不得不向岳父皮埃尔·富歇借了 1000 法郎。他们在 5 月 24 日上了路。在诺蒂埃和雨果旁边，还坐着画家兼未来的罗马法兰西学院院长阿劳和负责博物馆事务的秘书长卡约。在整个旅途当中，他们在诺蒂埃翻过来的帽子上玩着纸牌。在兰斯，他们费了好大的劲才在由一位女喜剧演员的沙龙改建而成的宿舍中找到住处。正是在这里，诺蒂埃高声朗读莎士比亚的作品原文，这启示了将受到莎士比亚影响的雨果。5 月 29 日，在大教堂里举行了被雨果称作"令人陶醉"的加冕仪式。在兰斯，他又遇到夏多布里昂，并陪后者上了他的马车。"不为夏多布里昂，宁为尘土。"

回到巴黎后，雨果着手写起查理十世加冕礼的颂诗《查理十世的加冕礼》，同时拉马丁也在创作《加冕之歌》，对此极为高兴的国王让人赏赐他们各 1000 法郎——这一数额相当于雨果兰斯之行的开

销——并让国家印刷厂编印其诗歌，邀请雨果前来觐见，并请他在色佛尔皇家制造场（la manufacture de Sèvres）用膳。这对于年轻的雨果夫妇来说堪称意外之喜。

维克多·雨果在20岁时，于1822年10月12日与阿黛尔·富歇结为伉俪。这场由爱情带来的婚姻在获得女方父母恩准方面并非一帆风顺，因为其父母希望他们的女婿是个公证员，甚至在迫不得已时亦可是个食品杂货店主。尚未成年的雨果只需要得到父亲的许可，因为他的母亲已不在人世。这场婚姻还伴随着一桩戏剧性的事件：维 134
克多两位兄弟之一的欧仁也爱上了阿黛尔，他在举行婚礼当天精神失常。在第一个孩子于1823年夭折后，阿黛尔在1824年8月生下莱奥波尔迪娜，并继而在1826年11月生下夏尔，在1828年10月生下弗朗索瓦－维克多。阿黛尔在1830年7月28日即光荣三日最为激烈的时候产下了小阿黛尔。27岁的年轻母亲决定，这已经足够了。于是，维克多发誓不再去碰妻子。[15]

加冕仪式只是一种休战。维莱尔始终在台上执政，他奉行的是反动政策，这在对付报刊方面表现尤甚。由当局资助的报纸，如《白旗》和《法兰西报》把夏多布里昂当作“失去理智的革命者”。自由派浪漫主义者和保皇派浪漫主义者之间明显达成了和解。雨果一直是保皇主义者，但他从此以后亦认为，文学方面的自由须以政治方面的自由为条件。在写于1828年的《短歌与民谣集》的序言中，他对古典主义者予以指责：“总而言之，我们同意人们根据以上的观察对所谓古典主义的和浪漫主义的两种文学所得出的结论：整齐是平庸者的趣味，秩序是天才的趣味……按照那些自称古典主义者的作家们的说法，谁要是不亦步亦趋地追随前人踏出的脚印，那便是离开了真与美之路，这些作家把艺术与旧法混淆了；他们把车辙当作了道路。真是大错特错！”[1]1827年1月，《环球报》的主人杜布瓦为弥补他的报纸过去对

---

[1] 雨果《论文学》，柳鸣九译，上海译文出版社，1980年版。——编者注

雨果的不公而操心，分派圣勃夫分析《短歌与民谣集》，要其通过表示欢迎予以鼓励。圣勃夫发表在1月2日和9日的两篇文章对雨果的优点和不足做了透彻的评述。这两篇文章亦引起圣勃夫本人从空论派批评家转变为浪漫主义批评家。两人之间由此再次产生友谊。在随之而来的一个月里，维克多·雨果具有政治特征的小小戏剧性变化是发表了一首题为“献给旺多姆广场纪念柱的颂诗”的诗歌，这是他首次赞颂拿破仑及其大军：

135 纪念柱，伟大的帝国和大军的残存物，
高傲地将它们的声誉倾诉！
我爱你，而外国人在欣赏你时却不无恐怖。
我爱你那些用胜利雕刻而成的老英雄，
我爱所有这些光荣的亡灵
它们紧紧地聚集在一起，以你作为它们的中心。

1827年1月24日，一起小小的事件成了契机：在奥地利驻巴黎使馆举行的一次招待会上，已经接到命令的接待员以平民之口宣布4位帝国公爵的莅临。这是在外交上小小的宣战。人们可以在《雨果夫人回忆录》中读到：“面对奥地利的冒犯，维克多·雨果已感到他不再是个旺代分子，而是个法国人。”

雨果的传记作者们已经注意到，诗人曾厌恶拿破仑如同厌恶与母亲索菲分居后的父亲，帝国时期的将军莱奥波德·雨果。父子之间的和解是在索菲去世后、维克多与阿黛尔结婚时开始的，并在维克多前往布洛瓦拜访其父的过程中得到证实。与父亲的和解除去了最后的障碍。

《献给旺多姆广场纪念柱的颂诗》深深地刺激了极端保皇派的报刊，后者为此甚为愤慨。两种浪漫主义团体，即保皇派的浪漫主义团体和自由派的浪漫主义团体之间的分野已逐渐淡化。仍然还是在

1827年，雨果一家乔迁新居，从沃吉尔街搬到田园圣母街一幢带有花园的城市住宅，它有足够的空间让雨果去建立“文社”，这一文学团体汇合了聚集在军火库图书馆、《环球报》编辑部中的作家：戈蒂埃、拉马丁、缪塞、奈瓦尔、德拉克洛瓦、大卫·丹格尔……这就是既在文学原理的基础上，同时又在或多或少因性格而信仰的自由主义基础上结合在一起的浪漫主义派作家。他们有一个首领雨果，有一个沙龙，有一份报纸《环球报》。大军业已就位，准备发起进攻。被指定的战场是剧场：在那里，既可能声名鹊起，又可能名誉扫地；在那里，作家可以直接与公众接触；在那里，激情会激化。

雨果投身于正剧《克伦威尔》的创作，他在1827年第一季度逐幕逐幕将它读给朋友们听。7月，一群新来的英国喜剧演员在奥德翁 136
剧院、法瓦尔大厅以及最后的意大利人剧院登台表演，在这些场合中，巴黎公众与一位非同寻常的演员埃德蒙·基恩恢复了联系——大仲马后来将这个基恩作为他剧本中的主角。对莎士比亚的再发现具有决定性的意义。作为热情观众的雨果受到了震动。他当时为其《克伦威尔》写了序言，这一序言被认为是浪漫主义戏剧中影响力最大的宣言之一。这个由于篇幅过长、角色过多而无法上演的剧本，实际上尤其以它提出戏剧理论的震耳欲聋的序言为人称道。在这一序言中，高雅和离奇汇合在一起，而这种汇合有违古典主义的类型区分原则。戏剧是雨果式对照法的戏剧性表达，即丑陋/美丽、难看/优雅、黑暗/光明、愚蠢/机智、肉体/灵魂、利欲熏心/不关心物质：“因而，诞生于基督教的诗歌，我们当代的诗歌，就是戏剧；戏剧的特征是真实，真实产生于高雅和离奇这两种类型的一切自然组合，如同它们在生活和创作中交汇一样，这两种类型亦在戏剧中汇合。”[16]地方色彩理论、捍卫作诗风格（此针对的是司汤达）、破坏古典主义的三一律、使用当代语言。（他在《沉思集》中强调：“所以，让我们大胆地把它说出来。曾与这一时期不相关的自由时机已经到来，即除了在世界上本来就更为自由的地方，自由像光芒一样穿透到思想方面的一切事物之中。让我们把锤子置于理论、诗学和体系之中。让我们砸碎这种覆盖在艺术表面的旧石膏涂层！既不存在规则，也不存在模式；或更确切地说，除了俯瞰整个艺术的普遍自然法则，不存在其他的法则，而针对每种创作的特殊法则，均产生于每种题材特有的条件。"）浪漫主义已有首领和观念，现在，他们又有了一份宣言，或用泰奥菲尔·戈蒂埃的用语更好地来表达：他们现在有了自己的"摩西十诫"——一种神圣不可侵犯的文本、一份"文学权利
137 宣言"。[17]

在其后的两年里，浪漫主义学说增添了其他文本和宣言：在1828年，有圣勃夫《16世纪法国诗歌和戏剧概况》中埃米尔·德尚的《外国人和法国人的研究》序言，接着是阿尔弗雷德·德·维尼的两篇文章，其一是《关于艺术中的真理之思考》，其二是《致爵士的信》。上述论著既是宣言，也是作品。为了在戏剧方面坚持下去，大仲马于1829年2月在法兰西剧院通过《亨利三世及其宫廷》的巨大成功打开了缺口。接踵而至的是卡西米尔·德拉维尼，他的《马里诺·法里埃罗》在5月份上演于圣马尔丹门剧院，被言过其实地当作"法国戏剧史上最重大的事件"。

维克多·雨果并没有闲着。在完成最新的诗集《东方吟》之后——这本诗集正好在《一个囚犯的最后一天》之前出版，保皇派报刊指出它为反对死刑辩护——他终于受到激励，创作了一部可以上演的剧作。他全身心地投入《玛丽蓉·黛罗美》的创作，在1829年7月10日把它念给"文社"的朋友听，在场者有巴尔扎克、德拉克洛瓦、大仲马、德尚父子、梅里美、缪塞、圣勃夫、维尼、法兰西剧院的理事泰勒男爵，此外还有一些其他人，其中包括弗雷德里克·索尼埃，索尼埃叙述说：

维克多·雨果亲自朗读，读得很好。人们肯定看到了这张苍白和值得欣赏的脸，尤其是他那双凝视的眼睛，这双有些迷

> 惘的眼睛在激动之际像闪电一般发出光芒。剧本引人入胜，有可圈可点之处，但是，在那个时候，普通的欣赏已远远不够，应当是兴奋、雀跃、颤动，应当与菲拉芒特一起叫喊："我们受不了了，我们已经心荡神驰，我们已快活得要死！"这仅仅是缺乏力量表现出来的感叹词，或多或少有点夸夸其谈的心醉神迷。以下是它的整体状况：详细情况同样令人高兴。个子矮小的圣勃夫抱住了维克多……杰出的、还没有闹分裂的大仲马挥动着粗大的双臂赞叹不已。我甚至还记得，在朗读结束之后，他抓住了诗人，用大力神赫拉克勒斯般的力量把诗人略微抬起，并叫嚷说："我们要把您送到光荣之神那里！"至于埃米尔·德尚，他在听完之前就已拍手称快，始终爱好打扮的他偷偷注视 138
> 着在场的女士。人们吃起了冷饮，我还看到壮硕的大仲马糕点吃得过多，并在嘴中塞满食物的情况下反复说："令人赞赏！令人赞赏！"这出如此欢快的喜剧接在那出令人悲伤的正剧后面，直到凌晨2时才结束。[18]

因而，泰勒为能把《玛丽蓉·黛罗美》搬上法兰西剧院的舞台而感到高兴。但是，8月1日，审查有如一把利斧落到了这出戏头上：禁演！雨果向接见他的马蒂尼亚克提出抗议，但徒劳无益。雨果的错误是想通过冒犯路易十三来触及查理十世。因并未露出破绽，雨果遂直接找国王本人帮忙。于是，国王于8月7日在圣克卢单独接见雨果，但给了他一个拖延搪塞的答复：他会去读，去看……就在这个时候，内阁出现更迭，波利尼亚克成为政府首脑。剧本被重新审查的雨果受到新任内政大臣拉布尔多纳耶的接见，后者向他解释了此剧不可能上演的原因。但是，雨果还听到了什么？有人丝毫不希望大诗人上演这个剧本，有人会向他提供补偿，问他是否愿意在行政法院供职。次日，雨果接到一份通知，该通知明确告知其年金已从2000法郎提高到6000法郎。作家装出一副高不可攀的架势拒绝了。人们已经对维克多·雨果的贪财多有非议：此次拒绝是他在很需要这笔意外之财的情况下做出的，此举使他贪财的不良名声有所改善。

《玛丽蓉·黛罗美》的禁演成了一起政治事件。于是，《环球报》在8月5日给其社论取了这样的标题——“首次文学政变”：“内阁从各个方面开辟道路。如同它必须做一切值得尊重、纯洁无瑕的事情，它毫不犹豫地打击文学和艺术，首先将它们视为敌人。维克多·雨果先生有幸在这场重新开始针对思想的殊死之战中受到首次打击。”

雨果并未认为自己已被打败。鉴于《玛丽蓉·黛罗美》遭禁，
139 他在1829年8月底投入了新剧本《艾那尼》的创作，该剧主人公的名字借自西班牙一个市镇的地名。因为法国历史与当代历史有过多的相通之处，他便把情节和激情转移到比利牛斯山脉的另一面。一个月后，为聆听新剧本的宣读，“文社”再次汇集在田园圣母街。10月5日，《艾那尼》被法兰西剧院接受。10月23日，剧本由正式的审查官进行审查。审查官布里弗在其报告书中谈到了“一连串的胡言乱语”“各种性质的失礼言行”，但也提到：“然而，尽管有如此之多的重大缺陷，我们认为，批准此剧上演不仅没有任何不便，而且明智的做法是一个字都不要删改。让公众看到，摆脱了各种规则和礼仪的人类精神会发展到何等荒唐的地步。”[19] 战斗者的历程并未结束，手稿受到了内政部文艺司司长特鲁维男爵的审查。他对通过将其公之于众来进行政治教育的做法心存疑虑，要求进行修改。雨果起而抵制，去见了特鲁维，进行讨论……排演开始。

浪漫派的对手并没有解除武装，浪漫派亦同样如此。为了毁损《艾那尼》作者的名声，其中的台词被传播，还被滑稽地模仿和篡改。雨果在内政大臣那里抱怨：“已经泄密了。”2月底，特鲁维交给维克多·雨果一个结果，即在他想删去的东西和作者的要求之间可以接受的妥协的结果。人们做好了准备。这是雨果的新剧本，同时又是他第一个被搬上舞台的剧本，在演出之前即已流行。人们都想先睹为快。邦雅曼·贡斯当在1月12日写信给作者说：“先生，我前

来向您提出一个也许冒失的请求，而且我担心也许已为时过晚，与整个法国一样，本人和夫人很想观看《艾那尼》。”在这种热度当中，演员们并非无足轻重。剧本作者与当时的明星、女主角堂娜·莎尔的扮演者玛尔斯小姐之间的争论，传遍了报刊和沙龙。她拒绝说某些台词，以自己的经验为由，把雨果折腾得精疲力竭……但玛尔斯小姐的反抗纯属徒劳，这位古典派的女悲剧演员得将其才华用于为正剧效劳。她从中亦得到了好处：在第五幕里取得辉煌的成功。1830 140
年 2 月 25 日，维克多·雨果取得《艾那尼》之战的胜利。没有人会对他在法国充当浪漫主义派首领的资格提出怀疑。

在经历摸索和分裂的年月之后，浪漫派首先通过诗歌，继而通过历史小说，最后通过戏剧得到了公众的承认。浪漫主义与政治的联系在逐渐改变。19 世纪 20 年代初，追随夏多布里昂的雨果、维尼、拉马丁高举诗歌大旗，他们反对百科全书派冷静的理性和启蒙时代的观念学家，并拥护一种带有天主教色彩的保皇主义，最终成了王位与祭坛联盟的鼓吹手。再次勃兴的诗歌似乎与反革命和极端保皇派的政策结成了同盟。

与此同时，由斯塔尔夫人著作引向浪漫主义的另一种倾向在自由派阵营中勾画了它的位置。在夏多布里昂失宠和《环球报》创办的 1824 年与《〈克伦威尔〉序言》发表的 1827 年之间，各浪漫主义派别汇合在了一起。如果说自由派还在反对他们，那么他们的主要对手从此以后被定位为右派，即在查理十世政权及其审查官的阴影之下，要求艺术方面的自由，同时也要求新闻自由、表达自由和政治自由同步。雨果写道：“正是自由原则……将如同其已革新了社会一样革新艺术。”[20] 诗人即将成为预言家、摆脱了教会束缚的向导、18 世纪哲人的继承者和新的世俗化的精神力量。未来的人道主义的浪漫主义、社会浪漫主义正在显现。[21]

伴随着退却，《艾那尼》似乎摇响了“光荣三日”的启幕铃。

第七章

1830 年革命

1830 年 7 月 27 日、28 日、29 日，“光荣三日”爆发。

1830 年 8 月 1 日，基佐任内务大臣。

1830 年 12 月 8 日，邦雅曼 · 贡斯当逝世。

141 “革命精神完全继续存在于左翼人士之中，他们想通过攻击大臣来攻击王权，他们想要推翻的是君主制。”[1] 这就是国王于 1830 年 7 月 7 日，亦即距离由解散众议院引起的选举还有几天时，在圣克卢城堡对大臣表明的态度。反对派的胜利（在向国王递交的《致辞》上签名的 221 人中只有 19 人落选，查理十世的支持者仅占 142 席，反对派却有 274 席）在国王看来，构成了一种“迫在眉睫的危险”。农业歉收、物价上扬、手工业与工业正在产生的困难、工资的降低、商业的不振，凡此种种，在全国持续引起民众的不满和商界人士的不安。在这种具有威胁性的政治经济背景下，查理十世（也许是在波利尼亚克的鼓动下）决定实施宪章第 14 条，该项条款允许国王“为执行法律与国家安全而发布必要的条例与敕令”。国王之所以下决心进一步抵抗，还因为由布尔蒙统帅的法国远征军在阿尔及利亚的西迪－费鲁希冒险登陆后已于前一天顺利进入首都阿尔及尔。这一法国人始终十分敏感的军事荣耀的补篇，必定有利于让人接受国王于7月25日（星期天）在他的避暑住处之一圣克卢宫签署的那些敕令。

第一项敕令取消了新闻自由：唯有得到批准的报刊才可出版，违 142
法报刊的印刷机和铅字将被没收或不能再使用。通过第二项敕令，国王宣布重新解散众议院。之外还有两项敕令确定了一种确保右派获得多数席位的选举制度（将只在省一级选举众议员和众议员在专区一级的选举产生影响），以及选举日期：9月6日和13日。由此，国王的特权被强行用来对付代议制，国王以宪章的条文来为自己的决定做了申辩。

在7月选举中获胜的反对派将此视为政变，而这种适合于国王及其大臣的反革命精神既不可能顺应人们当时以“自由派”相称的左派多数及其政府，也不可能顺应一个自由的新闻界。确实，自1827年以来，反对派已不满足于议会演说，他们已经在街头迅速展开活动。极端保皇派害怕国民自卫军为充当兵力展开有组织的阴谋。当1827年4月29日在马尔斯校场举行国民自卫军的阅兵式时，人们既高呼“国王万岁”，同时也在高呼“打倒耶稣会士，打倒大臣”。于是，维莱尔决定“遣散”巴黎的国民自卫军，恢复审查制度。在其后几天里，出售国民自卫军服装的旧货店的货架上配有这样的说明文字：“军服待售，武器自存。”[2] 同年11月，在选举结束之后——此次选举对于维莱尔不啻一场灾难，在圣德尼街出现街垒，引发暴乱，军队不得不予以弹压。

虽然维莱尔在1828年的离职让事态略为平息，但监视与镇压却在马蒂尼亚克内阁当政时期得到强化。巴黎警察局长芒让因涉及在街头偷偷摸摸出售商品的小商贩、卖淫女和饮料店老板方面的措施
而声名狼藉。在几年的时间里（这几年恰逢经济危机与歉收），一种 143
潜在的不满在蔓延。

7月26日星期一，当这些敕令临近中午时分在《总汇通报》上公布之际，最初的反应来自记者们。他们当中有两个人在当时起了

决定性的作用，其一是《国民报》创办者阿道夫·梯也尔，其二是《环球报》的编辑人员夏尔·德·雷米扎。梯也尔是代议制的支持者。他曾使“国王统而不治”的提法变得尽人皆知，但是，他并未明确地敌视波旁王朝。他自称是“英国学派的狂热门徒”。实际上，他的学说与基佐的学说相距不远，但如同在这些革命的日子里所显示的那样，两人性情大相径庭。[3]

梯也尔一获悉关于新闻的敕令，即从他避暑的乡间返回，在《国民报》办公室里重新见到被巨大不安所折磨的记者。因为这些记者中的一员提议进行集体抗议，梯也尔遂有了这一想法。他负责与雷米扎共同起草抗议书的文本。人们决定对敕令不予理会，并在翌日继续出报，或至少让《时报》[4]《国民报》《环球报》出报。雷米扎的文章以下述文字作为开头：“罪行已经犯下。大臣已经建议国王颁布专制的敕令。”但是，他在寻找印刷厂时却遇到了麻烦，因为《环球报》的印刷厂厂主担心执照被吊销。巴黎在这个星期一里更让人有理由害怕的是一种令人绝望的平静。雷米扎写道：“人们从未想过起来造反，抑或拿起武器反抗，最勇猛的人也只想到进行合法抵抗，并只想到与其同事共同行动。”[5]在决议上签名的有44人，他们约定翌日在银行家卡西米尔·佩里埃这位自由主义反对派主要首领之一的家中会面。

然而，全城慢慢意识到了查理十世之举的危险性。工作受到威胁
144 的排字工与印刷工在小酒馆与小咖啡馆中传播着这些看法，尤其是在星期一，亦即这些工人通常不用上班的日子。有人加入了聚集的人群，有人砸坏了财政部所在地的门窗，有人对波利尼亚克的座车投掷石块。时任海军与殖民大臣的夏尔·德·奥塞写道：“我们处在距外交部所在地约有百步之遥的纳夫－德－卡比西纳街。尽管夜色已经很浓，我们还是被人认了出来。于是，‘打倒大臣！打倒波利尼亚克！’的喊声与大量石子一齐向我这边袭来。我的胸脯与右手均被石子砸到，一块击中我腿部的玻璃块使我流了相当多的血。”[6]

马尔蒙元帅即拉居斯公爵被任命为首都卫戍部队司令。这是一个不幸的选择，由于此人在 1814 年的“背叛”——当年他曾在巴黎战役失败后率领其部队向反法联军投降——而在对此记忆犹新的这座城市中声名狼藉。他手里可支配的人马共计 11500 人左右，包括 5 个团的王室卫队、4 个团的野战部队（步兵）、750 多名骑兵、1400 名宪兵以及瑞士籍的卫兵。法军的主力当时在阿尔及利亚，而一部分王室卫队官兵已被派到诺曼底，那里发生了罪恶的动乱。马尔蒙觉得自己兵力充足，但他的部队因为军需供应颇为糟糕，显示出他们对镇压巴黎人民的想法缺乏热情。

其后三天，亦即 27 日星期一、28 日星期二以及 29 日星期三（巴尔扎克于 1847 年讲到的“三个光荣的日子”）这几天以“光荣三日”之名存留史册——记者和印刷工人的抗议与街头的呼喊、街垒设置以及最终迸发革命的吵闹轮流交替。27 日上午，三家自由派的报纸《国民报》《环球报》《时报》在未经批准的情况下自行出报,《辩论报》和《立宪主义者报》没有出报，他们的负责人觉得不该去冒遭受王权严惩的风险。警方带着锁匠来到《国民报》和《时报》的印刷厂拆卸印刷机。在排字工与警方之间出现了摩擦，他们的叫嚷声在巴 145
黎的中心地带传播开来，商店关门，工场停工，街头充斥着示威者和在路边看热闹的人。

一种反对力量将得以形成，这就是议员的力量。诚然，并非所有议员均在巴黎。解散众议院的决定是在议会开会之前宣布的。但至少有某些议员本来就在巴黎，而其他议员则将抵达巴黎。基佐即属于后一种情况，他在 7 月 27 日清晨从尼姆赶回巴黎。他在卡西米尔·佩里埃家中与一些同僚重新碰头，并负责拟定一份针对敕令的抗议。基佐希望坚持合法抵抗，革命并非他的志向。虽然他本人是 7 月事件最大的受益者之一，但他在回忆录中描述 7 月这些历史性的日子所使用的言辞却表明了他对街头闹事的反感：“如同存在一种以可怕速度在传播的毁灭性瘟疫，现存秩序的敌人、习惯于密谋的人、秘密会社、怀有各种各样目的的革命者、对未来抱有各种不同梦想的人，立即投身于这一运动，并在这当中随时变得更加强烈与苛求。”[7]在卡西米尔·佩里埃家中，部分内容由基佐所拟定的决议只证明在翌日即 28 日，在场的议员所表现出来的只是虚弱乏力与优柔寡断，人们无法期待从他们的手中接过正在到来的革命火炬。

实际上，一场革命已然发生，因为巴黎市中心的街道上已经充斥着密集的人群。欧仁·德拉克洛瓦在 1831 年沙龙中展出的著名画作《自由引导人民》描绘了这些 7 月的战斗者，在这幅画当中，工人与小资产阶级、平民百姓与综合理工学校的学生、孩子与成年人在并肩作战。[8]首都的公共工地提供了战斗物资：砖头、木块、碎石等杂物纷纷砸向维持秩序的官兵，后者在下午射出了第一颗致人死命的子弹。众所周知，为重新激起骚动，并且把起义者转变成革命者而献身的人根本不存在。街道已除去了铺路石，街垒已筑起，有时甚至达到两层楼房的高度，人们推倒了路灯杆。马尔蒙组织着他
146 的防卫，把特遣队派往各重要的大道，占据各个广场，但在夜幕降临时，却又让这些饥饿难忍、疲惫不堪的部队返回营房。骚动者可利用这一时机继续构筑街垒。

第二天，即 7 月 28 日（星期二），当局宣布戒严令，马尔蒙获得全权。街头战争在继续。临近中午时分，三色旗飘扬在巴黎圣母院的塔楼上。究竟有多少起义者呢？最多有 10000 名战斗者。战斗的民众当中不可避免地会夹杂进“流氓无产者”（lumpenproletariat）的野蛮成员，后者渴望利用这一机会进行破坏、抢劫和杀戮。一些见闻说明了他们纯粹的野蛮行为。[9]然而，1830 年 7 月那些富有历史意义的日子的总调性却与之大相径庭。在回忆录当中，不怎么会倾向于赞颂群氓的布瓦涅伯爵夫人却为“民众对看上去属于社会有教养的阶级赋予的尊重”惊叹不已，她写道：“人们甚至可以这样说，即便在街垒旁边，也不曾有一句粗言秽语。礼貌与文雅从未如此支配着巴黎。”雷米扎也写道：“在这些战斗的日子里丝毫没有残杀的位

置。支配一切的是一种慷慨的喜悦。”

起义果真存在政治首领吗？两位重要人物、公认的自由派人士在 27 日（星期二）抵达巴黎，他们分别是拉法耶特将军和银行家拉菲特。正是在拉菲特的家中，在场的议员为就基佐拟定的宣言进行投票而聚集在一起。一个代表团被派往卡鲁塞尔去见马尔蒙，拉菲特请求马尔蒙在议员和国王之间充当调停人。马尔蒙对自己会再次沦为“叛徒”的想法没什么兴趣，且觉得力量对比于己有利，所以拒绝了这一要求。既想抗议但又想尊重法统的议员一时对自己该如何进一步行事没了主意。雷米扎证实道：“我在日暮时分来到基佐家中。在那里，人们没什么消息，更没什么希望。人们不怀疑军队会很快平息骚乱。况且，人们一开始就相信这一点。卡雷尔[10]不久以 147
前回来说他已经跑遍巴黎，说抵抗已经失利，已不再有可以让人期待的东西，以及每个人都必须考虑自己的安危。他的意见在这一方面具有决定性作用。人们没有充分去想卡雷尔这样一位资深的谋反者会以军事人员的成见来判断形势。他曾在这三天期间不停地显示出对胜利的极大怀疑……我们当中最活跃的人几乎不再抱有信心。没有人看到过 7 月 14 日、8 月 10 日和葡月十三日[1]。我们不了解巴黎的市民，也不知道他们能够做些什么，他们自己也对此一无所知。在这种无知之外还得加上一些其他的无知。他们并未觉出这种相当多的人在反对波旁王朝时所产生的愤怒的爱国激情的能量。”[11]

7 月 29 日，与阿尔芒·卡雷尔和其他自由派人士的悲观预测相反，风向转而有利于起义者。驻守在罗浮宫与杜伊勒里宫内堡的马尔蒙及其部队不久便处在不利的位置。人们在塞纳河两岸任意射击，

---

[1] 这三个日期均为法国重大历史事件发生之日。7 月 14 日，指 1789 年 7 月 14 日，巴黎人民攻占巴士底狱，法国大革命爆发。8 月 10 日，指 1792 年 8 月 10 日，巴黎人民攻克杜伊勒里宫，逮捕路易十六，推翻了波旁王朝。葡月十三日，指 1795 年葡月十三日（10 月 5 日），保皇党在巴黎策划了反国民公会的暴动，拿破仑临危受命，成功镇压暴动，为自己开辟了晋升之路。——编者注

起义者在好几个地方夺取了武器，一线的士兵在临阵脱逃，人们可以在研究院附近遇到手持武器的大仲马。马尔蒙的部队缺少弹药与给养。马尔蒙因为看到已被四处包围，而且杜伊勒里宫已被攻破，遂下令向星形广场的街垒撤退。[12]恐慌由此开始。基佐写道："某些开明的保皇党人，如莫特马尔公爵以及德·塞蒙维尔、德·阿尔古、德·维特洛莱和德·苏希等几位先生试图让人在法制方面满足国人的要求，并在圣克卢宫了无生气的王权与巴黎沸腾的革命之间带来某种妥协。但是，当他们要求谒见国王时，人们以时间、礼仪、命令和睡觉为由搪塞他们。"查理十世终于接见了他们，并最终向他们做了下述让步：撤换波利尼亚克，收回敕令，以及任命莫特马尔公爵为首相。但这一切均为时过晚。

在这期间，一次新会议于7月29日上午11时在拉菲特家中举行。革命开始让人感到害怕：在市政厅，一些煽动者想寻衅闹事，应当对此有所反应，否则财产将遭到威胁。根据基佐的建议，一个以
148 卡西米尔·佩里埃为首的市政委员会宣告组成，该委员会的成员在此时此刻最具声望的人物——拉法耶特将军的陪同下来到市政厅。基佐显露出了他的不安，他说道："革命精神并非仅仅在街头显示出来，它同样在各种主张和偶然性中得到显示。7月29日它在当时唯一有效的权力之中，即在人们说是为了照管城市的利益而在市政厅建立的市政委员会里站稳了脚跟：6位成员当中有2人在该委员会中担任了它的解释者，他们是奥德律-皮拉沃和莫甘先生。这对有口才者大胆自负，图慕虚荣。他们虽然如同没有顾虑一样毫无判断力，但在那几天当中，却极适合去吓唬弱者以及吸引在街头看热闹的人。一些既明智又坚定的人，包括卡西米尔·佩里埃以及塞巴斯蒂亚尼将军，试图进行抵抗，并显示出这样一种决心：即便再进行一场革命也决心不成为革命者。"[13]在市政厅，拉法耶特适时地发表了足以打动人的声明："要么自由取得胜利，要么我们一起完蛋。自由万岁！祖国万岁！"他重新把国民自卫军置于自己的指挥之下。

然而，拉菲特有他自己的主意。这一主意或许是梯也尔煽动的结果，至少是其友人贝朗瑞煽动的结果，后者在这几天期间如影随形地跟着拉菲特。这位歌曲作家虽具有共和主义的信念，但他与其他许多共和派人士一样，觉得建立共和国的时机尚未成熟。既然应当改换王朝，那么何不考虑波旁王族幼支中自 1789 年以来已经表现出爱国主义的奥尔良公爵路易－菲利普呢？[14] 拉法耶特还有待说服。曾娶了一位将军的孙女为妻的雷米扎前去与拉法耶特商议。雷米扎这位记者并不怎么认为有可能实行共和，他在拉法耶特将军身上发现后者抱有与自己一样的想法："他不会而且从未说过七月王朝是'最好的共和国'， 149
但是，其实他更倾向于七月王朝而不是共和国，因为他害怕一种为了共和主义观念本身的成功以及为了它自身的光荣而进行过于冒险试验的共和国。"[15] 实际上，巴黎所有被视为共和派首领的人均倾向于立宪君主制，因为第一共和国的失败毕竟还记忆犹新。

不过，"卢万蒂埃小组"中某些容易激动的成员却显得颇为固执。7 月 30 日，贝朗瑞接受了让他们归顺的使命，这位歌曲作家这一次却在年轻的共和派分子那里非常不受欢迎。"卢万蒂埃会议"进行了最后的抵抗，宣布不承认奥尔良公爵为王国总兵的国民，"如果有人想迫使他们诉诸武力，那他们仍然会为以武力维护自身的权利而拿起武器"。当然，反对奥尔良主义解决方式的有组织的共和派确实不能够再继续下去。

为了使人接受奥尔良主义的解决方式，就应当尽快地同时对付共和派与正统派，后者将其得救的希望寄托于查理十世退位后继位的孙子亨利五世。拉菲特鼓动《国民报》班子中的成员梯也尔、卡雷尔和米涅拟定了一份声明，这份声明将于 7 月 30 日清晨张贴在巴黎的墙上，内称：

> 查理十世不能再返回巴黎，因为他已让人民流血。共和国将使我们面临可怕的分裂，会使我们与欧洲不和。奥尔良公爵

> 是一位忠诚于革命事业的君主。奥尔良公爵曾参加过在比利时的热马普战役，曾在战火中高举过三色旗，是唯一能够再高举三色旗的人，我们不希望由别人来高举这一旗帜。奥尔良公爵已经表态，如同我们始终希望的那样，他将接受宪章，从法国人民那里接过王冠。

上述断言可谓大胆：待在朗西住所的奥尔良公爵路易－菲利普对此一无所知，也没有宣布任何决定，有点为自己的鲁莽而惊恐的梯
150 也尔让人在最后一批印刷传单上作了纠正：“奥尔良公爵并未表态，他在等待你们的意愿。”在得到银行家雅克·拉菲特以及其他自由派领导人的授权后，梯也尔立即前往奥尔良家族主要的乡间住处所在地纳耶，在那里，他受到公爵夫人以及公爵姐姐阿戴莱德夫人的接待，后者据说对弟弟有巨大的影响力。梯也尔刚从对方那里获得初步同意，就飞快地返回巴黎。在首都，分别来到波旁宫和卢森堡宫的 50 名左右的众议员和 50 名左右的贵族院议员将在路易－菲利普和亨利五世之间选定一人。

并未觉察到任何情况的夏多布里昂为与雷卡米埃夫人相会，在 7 月 26 日离开巴黎前往迪耶普。在获悉敕令的发布后，他立即返回巴黎的昂菲尔街，在那里，他重新见到了妻子，后者正在为诊所里收治了几名法兰西传教会的教士而惊恐不安。他在回忆录中写道：“我已经预感到我的角色将要改变。虽然我是为捍卫公共自由而赶回来的，但我将被迫去捍卫王权。在成片的房屋当中到处冒起了白烟。我听到与警钟的嗡嗡声夹杂在一起的大炮轰鸣与火枪齐射。我似乎觉得自己看到了陈旧的罗浮宫从拿破仑原来准备用于建造‘罗马王’[1]王宫的场地却被抛弃的台地高处坠落了下来。”[16]

30 日的早晨，夏多布里昂在步行前往卢森堡宫出席贵族院的会

---

[1] 即拿破仑一世的儿子。

议时，被一位年轻女子认了出来，后者对他欢呼道："新闻自由的捍卫者万岁！"被人们簇拥着的他很快被抬着骑上某位崇拜者的肩膀，在接近卢森堡宫时，"魅惑者"和跟随在他后面的人与因这样一种胜利而气恼的邦雅曼·贡斯当交错而过。夏多布里昂没有忘记对此进行观察，并写道："我在捍卫公共自由中居于首位的自由——新闻自由方面要比他时间长、次数多。"[17]

这一说法有待论证。的确，夏多布里昂与贡斯当，一个是保皇派，一个是自由派；一个在贵族院，一个在众议院；两人均通过文章和小册子彼此比试着捍卫新闻自由——《1814年宪章》已经允诺的那种新闻自由——的热情。但在此时，两人却都处在了交叉路口：一个已 151
被宣布了政治上的死刑——因为他坚持过时的解决方法，并忠于正统原则；另一个亦在他内心所拥护的制度得到建立（以及将出现的失望）之后临近逝世。

从受到的颂扬中摆脱出来后，夏多布里昂出席了贵族院的会议，得知莫特马尔取代了不情愿的波利尼亚克。《论依据宪章治理的君主制》的作者夏多布里昂一边就查理十世背叛的新闻自由发表新的演说，一边保证自己也将在此捍卫正统性。但是，出现了一个以塞巴斯蒂亚尼将军和基佐为首的众议员代表团。该代表团已做出倾向于把王国总兵之职授予奥尔良公爵的选择。在一些交流之后，大家普遍对此予以赞同。人们并未看到可待采取的其他方法。

夏多布里昂没有消除正统主义和自由主义之间的矛盾。在众议院负责与塞巴斯蒂亚尼联袂拟定一份声明的正是邦雅曼·贡斯当。该声明称："目前在巴黎众议院举行的会议认为，须刻不容缓地请求奥尔良公爵大人前来巴黎履行王国总兵的职责，并向他表明要保留国旗的意愿。会议进一步认为，在下一次众议院的会议上，有必要不懈地关心在法国确保对不折不扣地实施宪章来说不可或缺的一切保障。"[18]经过一番周折，人们终于遇到了奥尔良公爵。后者在晚上来到巴黎，并终于在翌日即7月31日声明，当查理十世逃亡到朗布依埃城堡时，他从一个由众议员组成的委员会手里接受总兵之职。声明内容如下：

> 巴黎的居民们！
>
> 此刻正在巴黎开会的法国众议员已经表达了这一愿望，即要我前来巴黎履行王国总兵的职责。
>
> 我已经毫不犹豫地前来与你们分担危险，毫不犹豫地把自己置于你们英勇的人群之中，并尽一切努力使你们免遭内战和无政府状态。
>
> 152 在重新进入巴黎城之际，我不无自豪地高举你们已经重新举起且我本人亦曾长期高举的光荣三色旗。
>
> 议会两院将举行会议，会议将涉及确保法制和维护国民权利的方式。
>
> 宪章从此之后将是真理。

与此同时，市政厅始终处于狂热之中。应当说服这个“成长中的共和国的司令部”——这一表述出自布罗伊公爵。拉法耶特不久在市政厅迎接到了奥尔良公爵。宣告与呼喊在亨利四世厅此起彼伏。如同基佐所写的那样，“德·拉法耶特先生并没有野心，他想充当的是奥尔良公爵的人民的指导教师，而不是奥尔良公爵的对手”。接着，为了从人民那里听到加冕的呼声，手持一面三色旗的路易－菲利普拉着拉法耶特走向市政厅的一扇窗，面向挤满黑压压人群的格雷夫广场的窗口，广场上遂响起叫喊声：“不要波旁家族！”因为见到以前的革命将领和这位君主手挽着手，依次传递三色旗，人群认可了议员们的选择，并喊道：“奥尔良公爵万岁！拉法耶特万岁！”

事件在加速发展。8月2日，路易－菲利普组成了他的政府（在这一政府当中，基佐担任内政大臣），并在翌日召开议会。同日，查理十世还以为能够在有利于他的孙子继位的情况下退位。8月3日，议会会议开始。在受到人群威胁的巴黎附近的朗布依埃，国王被迫放弃并离开他最后的住处，流亡到海滨。让对查理十世的安全负有责任的基佐大为宽慰的是，已被废黜的国王将在 8 月 17 日为前往英国而抵达瑟堡。[19]

在这期间，从 8 月 5 日到 7 日，议院关心的是宪章的修订。修改宪章的关键是修改的幅度，它将涉及新制度的性质。在讨论中出现了两种倾向，对此，人们尚未分别将其称为右派或左派，而是称为“抗拒派”与“运动派”。前者以与路易－菲利普关系最为密切的基佐和布罗伊为代表，他们只想对《1814 年宪章》做最低限度的修改；后者以拉法耶特、厄尔的杜邦和邦雅曼 · 贡斯当为代表，他们希 153
望推进自由派的胜利。上述两派最终就修改宪章问题达成协议，这一协议于 8 月 7 日在未满足共和派团体要求的情况下由众议员投票通过，共和派团体当时要求建立临时政府，进行激进的改革，制定一部宪法，以及奉行有利于欧洲民族运动的大胆外交政策。对混乱不堪、缺乏秩序和无政府状态的恐惧，促使“抗拒派”与“运动派”达成妥协。

在贵族院，人们听到了夏多布里昂最后的绝唱。几天之前，刚刚就职的王国总兵已经希望让这位具有影响力的重要作家知道，他非常器重这位作家。阿戴莱德夫人谈到曾向朱丽叶 · 雷卡米埃夫人通告此事的布瓦涅夫人。

布瓦涅伯爵夫人写道：

> 我发现他（此指夏多布里昂）极反感查理十世，因为后者没有对他的信予以回复[20]；他亦对贵族院的成员感到气愤，因为这些人没有选他去领导贵族院；他还对总兵大发雷霆，因为总兵没有把解决事件需要他具有的权力交到他的手里。
>
> 两位夫人造访了夏多布里昂在昂菲尔街的寓所，在那里，夏多布里昂接待她们时“身穿睡袍，脚踩拖鞋，头戴马德拉斯

布做的头巾，还在桌角上写着东西”。桌子上摆着书籍、纸张和吃剩的饭菜，等等。“我们觉得他处在一种极度的粗暴状态。雷卡米埃夫人引导他给我念了他为议会准备的演说稿。他处在最后的暴躁当中……我们非常安静地聆听着这一演说。但他念完时，我问他，这份我已意识到其文学优越性的作品是否表明了他的见解，也就是说作为一个好公民的见解。

“我无意于当一个好公民！”他是否以为这是使国王重新进入杜伊勒里宫的方式？

“上帝不让我们如此！我将为在杜伊勒里宫里再见到国王而感到懊丧！”

“但是，支持那些看似能够阻止无政府状态——这一可怕情景很容易预见，你也描写过这一状态——的人，难道不是更谨慎的做法吗？”

雷卡米埃夫人利用这一时机说到我上午曾去过王宫。她大着胆子补充说，在那里有人会为他的赞同与合作而给予他重奖。
154 人们理解他，但是，人们认为他或许会同意返回罗马。

夏多布里昂以舒服的姿势坐在书架前，并且喊道：“绝不！我将何以答复面前正注视着我的这30卷书！不！不！……它们判定我将自己的命运与那些可悲之人的命运联系在一起！有谁比我更了解他们？有谁比我更蔑视他们？又有谁比我更恨他们？”[21]

不管曾经如何，夏多布里昂出于他所如此竭力主张的正统信条，觉得要坚持忠于那个他所蔑视的王朝。

王宫里的人并未放弃说服子爵。奥尔良公爵夫人代表其丈夫向他提供了他甚为向往的外交大臣职位，或者是适合他的驻罗马大使的职务。这位作家的答复神气十足：“奥尔良公爵先生曾以为获得了一种支持，但可为他效劳的只能是一个热衷于空洞语词的无耻之徒、一个说话不再会有人听从的变节者、一个人人皆有权利将他扔到烂泥当中并向他脸上吐唾沫的叛徒。”[22] 为了表明他已身陷绝境，夏多布里昂于 8 月 7 日在贵族院发表他最为优美的演说之一，以告别其政治生涯：

> 无用的卡桑德拉[1]，我已经极度厌倦我所公开蔑视的王权以及贵族院议员的头衔，我不会再安坐在我已多次预言其毁灭的残留物上。很不幸，我不得不承认各种各样的权力，但是解除我的忠诚誓言之义务的权力不在受到承认之列。我也不得不使我的生活变得千篇一律。在我为波旁家族做了、说了、写了这一切之后，如果我在他们第三次以及最后一次走向流亡之路的时刻背弃他们，那么我将是无耻之徒中最为无耻的一个。

他转向自己的同僚说道：

> 我把不安留给那些从未为自己的忠诚牺牲过一个铜板或职位的保皇主义将军们，留给那些祭坛与王位的拥护者，他们不久以前还把我当作叛徒、变节者和革命者。毕恭毕敬的讽刺性短文的作者，你们才叫叛徒！因而该你们来结结巴巴地说一句话，即为你们十分满意的赏赐来源、你们已经失去的主子说上 155
> 唯一的一句话……[23]

大约有 50 名贵族院议员与夏多布里昂一起拒绝向新国王宣誓效忠，而接受宣誓要求的贵族院议员有 172 人。在更衣室里，夏多布里昂以贵族院议员的制服换了一件男式礼服。他的佩剑将以 700 法郎的价格在旧货商那里售卖。他还想从法兰西学院辞职，但相关条

[1]　希腊神话中的女预言家。

例当中没有这方面的规定。于是，他要求人们将其院士薪俸支付给比他穷的人——对于他来说，这笔钱“极为令人不快”。夏多布里昂独自处于牺牲行为带来的尊严之中，囿于一种辉煌的忠诚，告别了他寄予如此多期望却令他大失所望的政治。

路易－菲利普一世在1830年8月9日即位为“法国人的国王”。

1830年革命至少造就了一个幸运儿，这就是弗朗索瓦·基佐。人们看到他在整个“光荣三日”期间采取的是避免参与但却关注的态度。他比任何人都害怕混乱和共和派的运动，从奥尔良主义解决方式显现之际，他便开始并始终倡导并积极参与这一方式。他以为1688年的英国革命会复活，这一光荣革命在拉芒什海峡[1]彼岸，在王权之下，并在没有陷入“革命的罪孽”的情况下最终确立代议制。那场革命已经使他心满意足。法国当时所发生的是一场革命？是的！因为各种事件业已促使它形成，但这是一场导致普通的改朝换代，以及对《宪章》予以有限修订的温和革命。《宪章》已不再是“赐予”之物，天主教不再是国教，敕令的使用严格受到约束，议会两院均接受了议会的法案提出权，三色旗取代了白旗。使《宪章》得以完善、并在1831年投票通过的组织法，将取得选举权的纳税额从300法郎的直接税降至200法郎的直接税，这一措施的结果是使选民人数几乎翻了一番——当然，这与普遍选举还相距甚远。国民自卫军这一资产阶级与新制度的民兵，将得到恢复与重组。最后，贵族院议员的头衔不再世袭。所谓1830年革命更多只是小打小闹，远非一场决定性的革命。巴黎战斗人民的英雄气概有助于确立一种显贵的制度，
156 同时有损于最终被打败的贵族阶级。至少，人们已经终结了王位与祭坛之间的联盟。作为《宪章》的拥护者、纳税选举制与代议制的捍卫者，基佐可能将像感觉到“光荣三日”的幸运一样，为自己成为内务大臣而庆幸。但是，他在这一职位上将有许多难题要处理，

[1] La Manche，即英吉利海峡。

因为法国社会的问题就根本上来说，还远不是可由七月革命所得到的制度性解决方式来平息的程度。穿工作罩衫的人在为穿着男式礼服的人火中取栗，但这种骗局不会长久。

邦雅曼·贡斯当本人在1830年的夏天成了一个衰弱之人。7月份，当巴黎战火燃烧之际，他却因为刚做了一场腿部的手术在乡间静养。由于得到拉法耶特便条的报讯，他不顾妻子夏洛特与医生的反对，于7月28日返回首都。他无视身体的虚弱，加入了当时正汇集在一起的众议院议员，奥尔良主义的解决方式在这些议员内部得到了认可。多年来已对王宫了如指掌的邦雅曼·贡斯当毫不犹豫地支持由梯也尔提出的建议。由于担心爆发内战，他也同样不赞成确立共和制。前已述及，正是他与塞巴斯蒂亚尼一起负责拟定了吁请奥尔良公爵就任王国总兵之职的书信。人们还在市政厅再次看到他，在那里，因行动不便而被人用轿子抬送的他置身于其他伴随路易－菲利普的众议员当中。新君主并不完全是忘恩负义之人。他任命邦雅曼·贡斯当为行政法院的部门负责人，并给予他20万法郎（这笔钱被用来偿还他的赌债以及其他开销）。

不过，不管是在议院还是在报刊上，邦雅曼·贡斯当仍继续将其捍卫自由的斗争进行到底。9月，贡斯当与已成为内务大臣的基佐就前者以自由和良知的名义加以辩护的民众团体之事发生正面冲突："它们将因缺乏原动力而消失，存留下来的只有良好的意愿、爱国主义和难能可贵的精神运动，因为不管人们如何去说他们，精神运动在一个自由、代议制的政体中是自然的。"[24]

10月，贡斯当在首轮选举中即以压倒多数的优势在下莱茵省再次当选为众议员。对抗拒派持反对态度的他，让人们听到了其对报刊征收保证金的抗议。此次他所攻击的还是基佐，后者主张把报刊 157
集中于高贵的、有教养的阶级之手："先生们，我不知道在法国还有比全体法国人更高贵的阶级，至于有教养的阶级，除了那些既不能读又不会写的不幸的法国人，我以为所有法国人的教养足以使人们允许他们发表见解……”11月9日，他发表了最后的演说，请求同僚对“急急忙忙地勾勒出来的辩驳部分的不完善之处”予以宽容：“每况愈下的健康状况从体力上、深深的悲哀从精神上使我无法消除这些不完善之处。”

那么，贡斯当悲从何来呢？贡斯当深感悲痛的是他最后角逐法兰西学院院士未果。法兰西学院在前一天选中的并不是他，而是一位默默无闻的众议院议员维埃内。空论派成员对贡斯当甚为恼怒，鲁瓦耶-科拉尔说：“为了避开贡斯当先生，我将选维埃内先生。”作为复辟王朝时期最重要的左派演说家，他期望成为大臣难道有错吗？在议院中，他的提案遭到拒绝。他对已经确立的新制度感到失望，却不再觉得有力量去充当运动派的首领。他最后一次出现在议席上是在11月26日。在12月8日去世之前，他刚刚校订了自己关于宗教的论著《论宗教》最后一卷的校样。邦雅曼·贡斯当享年63岁。

葬礼于12月12日举行，参加者非常多。在举行了教堂的仪式之后，拉法耶特在拉雪兹神甫墓地发表了对邦雅曼·贡斯当的颂词。基佐则在《回忆录》中对他落井下石：

> 他的思想极其多变、简单、广博、清晰且尖刻，他是一个在谈话与小册子中居高临下的人，亦是一个抱怀疑态度的诡辩者与爱嘲弄者，他没有信念，缺乏考虑，由于无聊而放任自己的激情变微弱，并为了麻木不仁的灵魂和精力衰竭的生命，全神贯注于再去获得某些快乐与利益。他已经从新政府那里接受职务、荣誉与好处……邦雅曼·贡斯当同样越来越倾向于成为反对派，且是最不可敬的反对派，即狡诈地吹捧革命和民众激
> 158 情的反对派。……前去出席邦雅曼·贡斯当先生的葬礼的人数众多，声势很大，但他们对于死者本身的形象却无动于衷。[25]

维克多·雨果的评判则没有这种敌意：“于昨日撒手人寰的邦雅

曼 · 贡斯当是这样一种不多见的人，他们擦亮、磨光、磨快了时代的普遍观念这一人民的武器，这种武器将摧毁一切军队的武器。只有革命能够将这些人投入社会之中，为了形成浮石，就应当要有火山。”[26]

这三位在“百日”之际活跃起来的寻找历史者中有两人已经结束他们的政治生涯：贡斯当业已撒手人寰，夏多布里昂已从公共生活中消失。基佐，这个没有那么光彩夺目但同样恪守原则的人却成了大赢家。这三个人曾数度中途相遇：他们均公开反对波利尼亚克内阁，反对查理十世的敕令，均认为路易 – 菲利普的登基是七月危机中最佳或唯一可能的解决方法（夏多布里昂保持着一种对波旁家族的高傲的忠诚）。而今，这三位已经四散。夏多布里昂被逐出右派，邦雅曼 · 贡斯当在左派中辞世，基佐则将成为新的中庸制度的化身。

第八章

上帝与自由

1830 年 10 月 16 日，《未来报》创刊号出版。

1832 年 8 月 15 日，教皇通谕谴责拉默内的论点。

159 1830 年有时被视为一场戏法，为了没什么价值的东西，喧哗不断，死伤无数。改变朝代，变换旗帜，钦赐的《宪章》被投票通过的《宪章》取代（但几乎没有什么改动），这一切均有利于最终战胜龟缩在自己土地上的贵族的资产阶级。简而言之，这是绍塞–昂坦街（la Chausée-d'Antin）对圣日耳曼区（le Faubourg Saint-Germain）[1] 的胜利，它并未搞乱居民的生活。事实上，“光荣三日”是种种学说、虔诚的乌托邦以及社会运动非同寻常地泛滥的信号，这些学说、乌托邦、社会运动的影响将持续整个 19 世纪。在法国之外，自由和民族的观念从七月革命那里获得一种推进力，这种推进力使欧洲一些古老的君主政体感到不安，动摇了梅特涅体系：比利时人将获得独立，波兰人反抗，意大利人谴责奥地利的统治……

在法国，路易–菲利普的登基丝毫没有终止政治动乱和民众请

[1] 昔日贵族聚居的地方。

愿。书报审查的正式废除促使报纸迅速增加，俱乐部和思想协会使革命火种得到维持。多种因素有利于这种革命的激昂：政府奉行的被认为对民族主义运动过于畏首畏尾的外交政策；对包括波利尼亚克在内的查理十世旧臣的诉讼——他们最终被判入狱，而不是要为七月革命的烈士报仇的人们所要求的死刑。由《法兰西报》和《日 160
报》宣布的宗教活动，于1831年2月14日在巴黎的圣日耳曼－奥克塞洛尔教堂聚集了前来纪念贝里公爵被害的查理十世的忠实追随者。在纪念仪式过后，来自各方的人组成的人群，在没有保安部队任何干预的情况下，突然闯入教堂。路易·勃朗写道："如此热衷于保护小店铺的国民自卫军，任由一大群人畅行无阻地破坏教堂……可耻的纵情狂欢，在此显露出道德上的混乱，而这种道德上的混乱是不信神与伪善在15年的时间里长期斗争造成的。推倒祭坛，砸碎讲道台，把栏杆与告解室弄成碎块，破坏供奉的圣像，撕碎祭台画，践踏贵重的帷幔，这一切均是一时冲动的结果。人们狂笑着，叫喊着，彼此以厚颜无耻的大胆进行挑逗。"[1]对教堂的洗劫是在洗劫本堂神甫住宅后进行的。翌日，带头闹事者带着重新被动员起来的人群来到总主教府，结果，总主教府在笑声和欢呼声中被砸得一塌糊涂。接下去轮到圣母院受威胁了，幸亏有了国民自卫军第12团团长弗朗索瓦·阿拉戈才免遭被破坏的厄运。在整座城市中，人们指责教堂、百合花旗、圣徒像……自1793年以来，巴黎从未突然爆发过像这样反对十字架和王室旗帜的举动。

查理十世统治时期王位与祭坛的结盟，圣会的活动（司汤达在七月革命后没几个月出版的《红与黑》以自己的方式对此做了描述），耶稣会士（耶稣会在1814年恢复）的权力，凡此种种，皆使人将已被推翻的波旁王朝的制度与天主教联系在一起。与波旁王朝斗争，就是以同样的劲头与复辟后的王位所依赖的天主教会权力进行斗争；做一名自由派人士，往往就得像库里埃或贝朗瑞那样，是个反教权主义者。当"光荣三日"出现时，天主教崇拜的象征物已经成为骚

161 乱的中心内容；教堂与宗教建筑物已遭到攻击。在七月革命和洗劫圣日耳曼－奥古塞洛瓦教堂之间的几个月里，报刊与戏剧表达反天主教情感的内容在增加。由此提出了这样一个问题：上帝与自由是否相容？

正是在这种氛围中，拉默内[2]教士和友人创办了日报《未来报》。该报的报头题词是“上帝与自由”，创刊号出版于1830年10月16日。拉默内写道：“在过去的毁灭中，我们要把目光转向未来，因为对我们来说，未来才是我们将要为之努力的。”

拉默内已经是个名人，但他并非因其自由派的活动而闻名。相反，他以反革命大师之一的身份而引人注目。他在1817年年底，即在被授予神甫圣职后不到2年，发表了《论对宗教的冷淡》第一卷。这是一部以雄辩写就的护教之作，在几个月里就销售了4万册。弗雷西努斯大人曾对此讲过一句迅速传开的话：“这部著作将唤醒亡者。”对于其主题，人们会想起帕斯卡尔、博絮埃；夏多布里昂将拉默内称为“我杰出的同乡”；拉马丁认为此书“极为出色”；而雨果之后说它是一部“关于未来的惊人之作”。在《基督教真谛》和约瑟夫·德·迈斯特尔的著作，以及在他看来堪称“自17世纪马勒伯朗士以来欧洲出现的最深刻的哲学家”路易·德·博纳尔的激励下，菲利西泰·德·拉默内（他的哥哥叫他菲利，而他的密友叫他菲利先生）的第一个时期，被纳入了赞同教皇绝对权力主义的反动作家谱系。一群年轻的天主教徒，其中既有教士又有在俗教徒，很快地聚集在新先知的周围。在这些年轻的天主教徒中，尤其有热尔贝、萨利尼和罗尔巴谢三位教士。

《论对宗教的冷淡》问世后的第二年，夏多布里昂即在他的《保守者》中给了拉默内一个位置。该报在1820年停刊后，拉默内与博纳尔联手创办《辩护者》，为之撰稿的有诺蒂埃与拉马丁。在《文学通俗教程》中，拉马丁为我们留下了“拉默内先生”的画像：“一个几乎难以觉察的小个子男人，更确切地说，他就像是一团火，被自已的好动产生的风从房间的这头驱赶到另一头，就像是在墓地草坪上浮动以及农民为使死者安息而放置的那些磷火似的火星一样。他不是穿着衣服，而是被一件肮脏的男式礼服所覆盖，这件礼服又破 162
烂又长的燕尾拍打着他的拖鞋。他如同一个试图在沙地里读到神秘字符的人那样把头倾向地板……他说话时滔滔不绝……拉默内先生以一种无懈可击的严谨逻辑进行推理。他在装腔作势地讲话时，声音威严，手势坚定，有着自信带来的狂妄，在进行斥责时颇为胆大。他对雄辩术的模仿令人折服。”

实际上，这是一个罗曼蒂克者、一个激昂的人，是拜伦和年长他14岁的夏多布里昂的崇拜者。在他的书信[3]中，人们重新看到了勒内的独特风格：“在海边，在树林深处，我沉浸于这些空幻的遐想，对处世之道一无所知。我摇晃着让我那颗厌倦自身的心灵在茫然中入睡……”“我的兄弟，和你一样，我热爱暴风雨……”“存在着的任何欢乐皆未扎根，而所有的痛苦却在内心世界自然增长。”[4]他那为主张教皇绝对权力的天主教服务的激情和风格，给他招来了自由派报刊的讽刺挖苦。《立宪主义者报》把他当成一个新的托尔克马达[1]、一个宗教狂。而曾多次接见他的教皇则认为他是个夸夸其谈者。

然而，菲利先生并非缺乏务实精神。1825年，在兄长的帮助下，他创建了以拉舍内为中心的圣彼得圣会。拉舍内是他在法国布列塔尼度过孩提时代的地方，位于从第南到孔布尔的大道旁。这一团体的目标是通过书籍、教育和传教的手段恢复罗马教。它的抱负是准备一部“全书”，即以一部19世纪的“全书”取代圣托马斯为13世纪而写的“全书”。菲利已被人称为“心灵的激励者”，在拉舍内接待那些乡村绅士打扮、脾气变幻无常的门徒，这些人既轻易愤怒，又会异常欢乐。他在进行教育活动方面得到热尔贝教士的得力辅佐：

---

[1] Torquemada（1420—1498），西班牙多明我会修士，1483至1498年为西班牙第一任宗教总裁判官，任职期间以火刑处死异端分子约2000人。

在那里他教授哲学与神学，也教授英语、意大利语、希伯来语……

尽管他毫不妥协地坚持保皇主义和天主教教义，但拉默内并未
163 因此就成为复辟王朝盲目的仆从。他尤其指责复辟王朝从帝国那里继承下来的教育政策。当时的两大中学路易大王中学和亨利四世中学成了他反法国教会自主论的批评对象，而他在《白旗报》上发表的文章，则使该报无法再办下去，主编被判犯有“诬蔑和反对全体大学教员”的罪行。1826 年，《论在与政治和非宗教秩序的关系中被思考的宗教》使他受到轻罪法庭的传唤，起诉理由是“攻击国王的权力以及煽动大众不服从国家法律”。他被判处 30 法郎的罚款和诉讼费，这一著作被查扣，已印好的书册也被销毁。这部被控反对法国教会独立论、重新为教皇神权政治辩护的著作，直接攻击王权没有充分服从他所赞赏的精神权力。主教对此书表示反对，但年轻一代的教士却把拉默内奉为导师：正如人们所称，拉默内主义已经存在并持续传播，以至于拉默内指望在罗马获得多种支持时，维莱尔内阁的宗教事务大臣弗雷西努斯大人甚至就此向教皇抱怨。1829 年，他的最后一部著作《论革命的发展与反对教会的战争》在理论层面上重新谴责了对旧制度君主制的狂热崇拜、《宪章》和法国教会独立论。他还为支持新闻自由进行了论证，而且总的说来，尽管他把一些过错归咎于自由主义，却显示出了对自由主义—— 一种他意欲天主教化的自由主义——的同情。拉默内当时已经与复辟王朝制度开始决裂了。

由此，自 1830 年革命前开始，菲利先生就在为一种其独立受到世俗权力威胁的精神权力的最高权位进行战斗。他对教皇制度的过度忠诚使他在国王与法国主教团面前成了造反者。巴黎大主教凯朗大人利用利奥十二世去世的时机，发出了反对拉默内体系精神的主教训谕。不屈不挠的拉默内以两封妄自尊大的信做了回应，这一态度也使他在法国教会内部趋于边缘化。

比利时发生的事件，使拉默内更坚定地转向自由主义。在那里，

自由派和天主教派为了捍卫新闻自由、信仰自由和教育自由，联合 164
起来反对荷兰国王威廉一世。在美洲，纽约大主教为创办一所天主教大学向圣彼得圣会发出呼吁。拉默内巩固了自己的信念，即为了重新获得活力，基督教必须选择自由。使自由主义基督教化，就是他从此以后的信条。他在 1831 年 3 月 27 日给他的一位通信者写道："向过去寻找拯救，就是在坟墓中寻找生命。我们的政府即在那里如此行事，以为倒退就会充满活力。它已经提出来的问题，把我们置于共和国和宫廷的专制之间。总的说来，我更喜欢前者，因为我更喜欢狂热，而不是死亡或通向死亡的瘫痪。"

拉默内已成熟到可以革命。他在推动革命，宣布革命。他从主张教皇绝对权力的极端保皇主义转到了自由主义的教皇绝对权力主义——这在用词上显得有点自相矛盾，可能如此，但只需慢慢解释。杜布瓦和勒鲁的《地球报》与拉默内的杂志《天主教备忘录》在明确的口号上是一致的。7 月敕令的结果使他确信，未来属于民主。在"光荣三日"的第二天，他给友人维特洛莱写道："绝大多数人将选择一个公开宣布的共和国，我亦站在他们那边，但是，我期待君主政体纯粹是名义上的"，以及"有人已经向国民推荐的所谓国王将仅仅是一个普通的傀儡"。[5]

因为革命而获得解放的拉默内，着手与朋友创办了一份日报。正是在《天主教备忘录》的办公室里，他从 1830 年 8 月 9 日起致力于筹办一份他渴望的"重要日报"《未来报》。应该算是该报台柱的热尔贝教士发出了一份内容简介，内称："愿你们，所有热爱自由的人重新集结在《未来报》的旗帜下。愿'过去的毁灭'与'现在的救助'均没有使你们气馁。未来属于我们。"人们开始寻找出资人和订阅者。9 月 8 日，一个"争取出版《未来报》的协会"设立，它的办公室即为已被中止的《天主教备忘录》位于美术街 5 号的办公室。6 名参与创办该报的人有：拉默内、以拉默内的名义行事的热尔贝教
士、文人阿道夫 · 巴泰尔、产业主德 · 库克斯先生、医生阿雷尔 · 165

迪·唐克雷尔（出任总编辑）以及文人瓦耶先生（担任发行编辑）。年轻的多明我会修士亨利·拉科代尔受命继续在拉舍内开展即已开始的合作。时年20岁的夏尔·德·蒙塔朗贝尔，是维克多·雨果的友人，刚从爱尔兰（他在那里对奥康诺[6]的天主教徒的活力推崇备至）回来，不久提出要为该报效力，拉默内热忱地接待了他。1830年10月16日，创刊号问世。它的副标题是“政治、科学与文学日报”，报头题词为“上帝与自由”。

在《雨果夫人回忆录（1802—1841）》[7]中，人们发现，长期以来同情拉默内，并在1821年将拉默内作为神甫的《埃尔纳尼》的作者，当时却退缩了：“不再信仰专制主义的拉默内先生已不再接受君主制。他的整个个性拒斥折中和延期。维克多·雨果先生一方面将共和制视为社会的最终形式，一方面却认为，共和制只有在酝酿之后才有可能。他希望人们谈及普遍选举，在他看来，路易－菲利普的混合型王权，似乎是一种有益的过渡。”雨果有一句匆匆写在一张纸背面的话很好地概括了他的立场：“我们切勿让警钟消失在嘈杂声中。”

拉默内赞同共和主义观念意味着两种决心：其一是拒斥作为国王正统性源泉的君权神授说，其二是肯定人民主权。在这一基础上，《未来报》的纲领捍卫了各个领域里的自由。根据发刊时的内容简介，信仰自由意味着政教分离，其中包括取消用于宗教信仰方面的预算。因为人们过于习惯看到作为“一群为忍受人们强加的约束而出生的死气沉沉”的天主教徒，这一大胆要求无论是在政府还是在教会那里均未得到赞同——政府与教会已习惯于相互加强，但1789年的制
166 宪议会成员甚至没有考虑这件事。公共教育大臣基佐尽管是个新教徒，但仍强调“国家与教会必要的合作”。《未来报》的要求得到满足还要等到1905年。

教育自由构成了该纲领的另一重要条款，它反对自由派思想家垄断大学。因为真理最终会得到确立，错误最终会枯竭，拉默内更

加要求保障所有其他自由的新闻自由。作为补充的结社自由，对于捍卫共同意见、利益和信仰亦不可或缺。面对喜欢宗教的派别与喜欢自由的派别，与《天主教备忘录》有着连续性的《未来报》采用了第三派的立场，即调和宗教与自由。成为民主派人士、赞同普遍选举、敌视“抗拒派”的拉默内认为，“对秩序的要求同样只存在于大众之中”。鉴此，他为“社会的”（social）派别的原则进行辩护——“社会主义的”（socialistes）一词的传播还得再等上几年。《未来报》根据自由主义的逻辑，也提出非中央集权化、市镇自由、各省自由等要求。最后，在外交政策的章节中，拉默内和友人为民族解放运动辩护。被选定的对手首先是正统派阵营，该阵营通过《日报》和《法兰西报》以及《宗教之友》等期刊表达观点。不过，《未来报》最初也与奥尔良主义政权争执，后者对《未来报》的这一伙人已取得的影响甚感不安。

1830 年 11 月 25 和 26 日，《未来报》由于发表的两篇文章在邮局被查封，一篇是拉科代尔写的《致法国的主教们》，反对国王的任命主教权；另一篇是拉默内写的《对天主教徒的压迫》，文章中向志同道合者发出呼吁，以便他们携手进行“一项强烈且持续的行动”。《未来报》被查封，引起其他报刊以《宪章》第 7 条有规定但却被推翻的新闻自由的名义进行抗议。新制度刚刚证明，出版报纸仍然要解决经费问题，而且书报审查并未绝迹。

由官方对拉科代尔和拉默内提出的诉讼于 1831 年 1 月 31 日在塞纳省重罪法庭进行，审判厅里人满为患。法庭从早上 8 时起就有不 167
少好奇者、律师赶来，他们站在那里等着，直至 10 时 30 分可以进入审判庭内。代理检察长对两位记者和负责该报发行的瓦耶先生（瓦耶先生为此特意穿上了国民自卫军军装）提出指控，说他们已“向新秩序进行名副其实的宣战”，想煽动天主教徒反对新秩序。两位记者得到了欧仁 · 让维埃先生和拉科代尔本人出色的辩护——拉科代尔学的是法律专业，可在涉及本人的事务中行使律师的职责。庭长向陪审员建议予以宽大处理，最后，陪审团迫于公众支持的压力，宣告刑事被告“无罪”。经过 15 个小时的庭审，这一判决结果在子夜时分宣布，并受到持久的掌声欢迎。

拉默内当时显得不知疲倦。一位注定将在 19 世纪历史中扮演重要角色的年轻人路易·勃朗，在“光荣三日”后不久从鲁埃格到达巴黎。他对这个异乎寻常的人物感到震惊，并于后来在《十年的历史》中描述道：“但是，用什么可以迫害一个如此坚强的人呢？要想知道他能够通过精神和思想来忍受苦难，只要看他的身体是多么虚弱，听他的声音是多么弱小，整个人看上去多么像个病人，脸上布满皱纹，但嘴巴强劲的轮廓和目光中的激情却显示出不屈不挠的坚定就足够了。他某种程度上是由粗暴和温柔交织而成的情感，同时充满狂热和慈悲，时而激烈，时而顺从，甚至能把反对者教育成劝人信教者，使士兵变成殉教者。此外，在信念上多有变化的他，以诸多献身精神和真挚情感，把这种确实存在的、由孤独沉思习惯赋予的专横带入激情之中。而且，对于错误，包括对自身错误毫不留情的他，已做好敢于反对别人乃至他自己的准备。”[8]

在《未来报》支持的事业中，必须强调的是民族解放事业。人们已经说过，1830 年的法国革命给整个欧洲的民族主义运动提供了冲劲，动摇了与渴望自由的人民相对立的传统君主政体的神圣同盟。
168 首先是比利时从 1830 年 8 月 25 日开始起而反对荷兰的国王，并在 10 月 4 日宣布独立。当威廉一世向普鲁士和俄国求助时，比利时自由派请求法国施以援手。最后，在伦敦集会的列强承认了比利时事实上的独立。

当时波兰爆发了起义。蒙塔朗贝尔在 1830 年 12 月 12 日写道：“波兰与比利时一样，是一个注定让每一个天主教徒觉得重要的地方。”接着，在 1831 年 2 月 4 日，意大利起来反抗奥地利。《国民报》要求法国进行干预。但是，法国难道能够同时为了保卫波兰人而与俄国人交战，为了保卫意大利人而与奥地利人交战吗？夹在主张干预的自由派和主张不要干预的保守派中间，拉菲特政府以辞职告终。“运动派”在政坛上被“抗拒派”取代。负责新内阁的卡西米尔·佩里埃决定不去做任何有利于起义民族的事情。他在众议院亮相时喊道：“法国人的鲜血属于法国！”不干涉原则得到确认，波兰人和意大利人只得顺从。奥地利人在1831年3月恢复教皇国的秩序。俄国人则于1831年5月26日在波兰奥斯特罗文卡打败波兰军队；起义民族继续进行抵抗，直至9月8日华沙被攻陷。有人当时为时任外交大臣塞巴斯蒂亚尼将军准备好了这句忽视了数百年历史的话：“秩序在华沙占据支配地位。”[9]巴黎街头举行了游行示威，但这丝毫无益于波兰人民。

拉默内在为波兰而写的致辞中写道：“你将会复活。”他还补充说：“我钦佩波兰、爱尔兰和比利时，并非因为它们革命，而是因为它们与真正的革命支持者进行斗争，这些真正的革命支持者的胜利将是地球上一切真正秩序的灭亡，将会推动各个民族沦入无神论。”

1830年底，为了贯彻著述中的观点，拉默内他们建立了“争取捍卫宗教自由总事务所”，以便援助一切受到反宗教压迫的受害者， 169
并支持反对一切束缚的教育自由。这一自由曾被宣布过，但未被《宪章》正式确立。法国教师团依然垄断着教育。人们甚至看到，法国教师团从里昂的神甫那里收回了给唱诗班孩子免费开设拉丁语课的许可。1831年4月3日，拉科代尔在未经批准的情况下，依据《宪章》宣布建立一所私立学校，这所学校实际上在5月9日才在拉科代尔于美术街租住的地方开学。在这座建筑物的墙上，人们可以看到这些用油漆写上去的字句：“教育自由——争取捍卫宗教自由总事务所——免费学校。”在课程开始时，有20来个孩子注册，直至受到嘱咐的警察分局局长赶来命令他们关闭校门。拉科代尔丝毫没有理会，并叫孩子们次日再来。翌日，警察分局局长再次到来，他实施了威胁，强行关闭大门，贴上封条。这一事件掀起了一场新闻战，该校倔强的主人被传讯出庭。在此期间，蒙塔朗贝尔伯爵于6月21

日去世，他的儿子夏尔同时受命进入贵族院。这起事件将于 9 月 19 日在卢森堡宫和贵族院议员那里得到最终裁决。夏尔·德·蒙塔朗贝尔在此发表了一个依旧极为著名的演说，而在此之前，拉科代尔为自己辩护时所说的话同样产生了巨大的影响："不管你们的判决如何，我们将活着离开这里，因为自由和宗教是不朽的，你们已从我们说的话里感受到的纯真情感不会进一步消失。"[10] 被告方的激情与力量使人肃然起敬。最后，被告以最轻的处罚，即每人罚款 100 法郎得到解脱。总事务所当时发动了一场向两院要求教育自由的请愿运动，这些请愿书征集到了 16600 个人的签名。

《未来报》和总事务所的大胆行为激起了许多攻击，大量的中伤诽谤在神学院的阴暗处没完没了地冒出来。拉默内不得不回应这些指
170 控，与谣言和诽谤斗争。对于许多人来说，而且对于天主教的等级制度来说，拉默内已成了一个该死的家伙、异端者、教会分立论者、"手持十字架、头戴小红帽者"。然而，《未来报》的财政状况——它的订户只有 3000 人——因为反对天主教等级制度，教士中的订户减少而更加令人担忧。

应当临时安排一次反攻，使人们对其种种构想产生强烈印象。"我们将去罗马！" 新教皇格列高利十六世的祝福将是"从我们的敌人手中夺取武器"。提出这一建议的是拉科尔代，在 1831 年 11 月 11 日召开的出资人会议上,《未来报》全体成员热烈赞成此举。10 天后，当报纸的出版被临时中止时，拉默内在拉科代尔的陪同下，乘坐兼载旅客的邮件马车离开巴黎。在里昂与蒙塔朗贝尔会合后，3 人于 12 月 30 日抵达罗马。来自普鲁士、奥地利和俄国的外交文书已先于他们到达。拉默内的思想对于欧洲传统政治制度和始于维也纳会议的梅特涅体系来说具有颠覆性。法国主教团亦向罗马转达了指责。七月王朝政府也没有闲着，它通过圣奥莱尔阁下让热忱的朝圣者知道，路易－菲利普的大使在这种情况下不可能支持他们。

3 位旅行者让人把一份用作辩护的报告书呈给教皇。这份报告书

把他们的行动列入一片巨大的非基督教化景象当中。人们从中读到：“在复活节领圣体的人数在帝国时期高达 80000 人，这个数字在复辟王朝末期减少到 1/4。”有人答复他们说，这份报告将会被研究，但格列高利十六世并未显示出任何想接见他们的意愿。教皇周围的人由于拉默内等人为民族主义运动辩护而更加不喜欢他们，因为这种民族主义运动通过意大利爱国者，正使得教皇国受到威胁。我们已经提到过的朗布鲁西尼枢机主教，即未来的圣座国务卿，过去曾因其主张教皇绝对权力论而亲近拉默内，而今却因拉默内的自由主义而成为他的对头。在罗马，如此强大的耶稣会士拒斥拉默内等人的学说，揭露该学说为异端学说。教皇本人内心亦反对自由主义，并被“革命的祸患”所烦扰，只可能对《未来报》的思想产生反感。实际上，自由主义的教皇绝对权力论只存在于拉默内和他朋友的头脑中。1 月 28 日，菲利先生写信给热尔贝教士：“教皇是个对这世界 171
的事物一无所知，并对教会状况毫不了解的好教徒。那些操纵事务的人野心勃勃、为人贪婪，像使用暗器一样卑劣、盲目，而且如同后期罗马帝国的宦官一样愚蠢。这就是这个国家的政府，这就是那些引导一切的人。”不过，在他们到达罗马已有两个半月后，教皇最终还是在 1832 年 3 月 13 日接见了这 3 位朝圣者。这次会晤虽然不乏漂亮的言辞，但依旧乏善可陈、索然无味。拉科代尔于是在 3 月 15 日断定，在罗马已没有任何事情可做，并“带着极度悲哀的预感和告别之情”离开了罗马。拉默内和蒙塔朗贝尔则还在等待，直至 7 月 9 日，他们才决定途经慕尼黑返回法国。在慕尼黑，他们在同情他们的哲学家谢林、巴德、格雷斯以及年轻教士德林格尔的陪伴下待了 3 个星期。在由他们的德国朋友举行的告别宴会上，拉默内在席间突然被人叫走，有人交给他一封来自教廷大使的信，此信还附有教皇格列高利十六世通谕 *Mirari vos*，谴责《未来报》的所有观点。沉着的菲利先生平静地回到自己的席位坐下。只是在当天更晚的时候，同行的伴侣蒙塔朗贝尔以及又与他们会合的拉科代尔才获悉这一来自罗马的可怕决定。

教皇需要 8 个月的时间来做决定。教皇通谕 *Mirari vos* 阐述了教会反自由主义的学说，它反对信仰自由（“这一妄想”），反对新闻自由（“这种有害的自由”），反对各民族的解放（“在自由的假面具下的奴役”）。拉默内和他的友人并未被公开点名，但他们的观点却遭到严厉的讨伐。与此同时，一封由教皇写给波兰主教的敕书劝告天主教徒归顺沙皇（“你们宽宏大量的皇帝将会善待你们……”）。在法国大革命过了 40 多年之后，绝对君主制依然是合适的政体模式。这种教会与自由主义之间的二律背反，将对法国政治产生巨大影响：天主教徒似乎注定倾向于保守，而反教权主义者则觉得他们有理由反对教会。
172 作为意欲调和上帝与自由的第三派，拉默内暂时遭到失败。

回到巴黎后，这些朝圣者屈服于教皇的意志。《未来报》不复存在，“争取捍卫宗教自由总事务所”被解散。自由派报纸如《立宪主义者》《法兰西信使》《国民报》《辩论报》等，表达了它们对这一“直接倒退到中世纪”的行为的愤怒。正统派和拥护法国教会的报纸如《日报》《法兰西报》《宗教之友》等，却为之欢呼，并为拉默内的归顺向他表示祝贺。这一归顺很快就被人所谈论。圣西门主义者莱米尼埃显得最有远见，他在《两个世界评论》中鼓励拉默内恢复“自尊心和独立”：“他已经与法国教会的拥护者决裂，他可能突然与罗马中断关系；他具有分裂的嗜好，愿他具有这方面的勇气；旧的天主教厌恶他，愿他因此显得像个新基督教的教徒。”[11]

这正是在《未来报》创办者的心灵中正在产生的东西。1832 年 11 月 1 日，他给一位熟悉的通信者桑福特伯爵夫人如是写道：“说说罗马吧。我去过那里，而且我在那里看到了将永远玷污人类之眼的最为腐化堕落的场所。塔尔甘（des Tarquins）巨大的下水道亦狭窄得无法让如此之多的污物通过。在那里，只有利益这一个上帝。为了一小块土地或一些钱财，人们在那里出卖各个民族，出卖人类，出卖神圣的三位一体——或一个个地出卖，或一起出卖。”罗马之行使拉默内这位新路德对罗马教会的一切幻想统统破灭。

拉默内团体的团结未抵制住教皇的谴责。实际上，拉默内只是表面上顺从。格列高利十六世的态度使他明白，自由主义一时还无法与罗马天主教并存。逐渐地，一项决裂之举瓦解了他对罗马的忠诚，他决意不再保持缄默。推动这一演变的拉科代尔对分裂的可能性感到惊慌，率先离开了这一团体——他没说什么就离弃了拉舍内。拉默内脑子里已渗入这一思想，即从此以后应该献身于人民事业，决定在签名上进行一种富有象征意义的改变：他不再是 F. 德 · 拉 · 默内，而是 F. 拉默内。

蒙塔朗贝尔既非民主派，也不是共和派，但他还与菲利先生分 173
担着一项伟大的事业：波兰。在这一时期，亚当 · 密茨凯维奇（他与肖邦一起堪称最著名的政治难民）正在撰写《波兰朝圣者之书》（“曾将你的人民从埃及的奴役中解放出来并带他们回圣地的圣父，请引导我们回到我们的祖国……”）。在蒙塔朗贝尔以法语对此书进行改编并为其写了一篇内容丰富的序言时，拉默内负责为它撰写了一篇编后记。然而，对密茨凯维奇的著作极度不满的格列高利十六世（他称该著“充满轻率和恶意”）给兰斯主教莱康大人发了一封敕书，以便敦促拉默内“完全绝对地”遵循教皇通谕 *Mirari vos* 所阐述的教义。拉默内回答教皇道，他虽在精神范畴予以服从，但在“纯世俗的范畴仍保留自由”。但是在 12 月，一次来自教廷大使的召见建议拉默内“绝对、无限地”重新服从，身患疾病、对针对他的种种攻击感到厌烦的拉默内表面上表示服从，同意写一份服从书，好让教皇宽慰。拉默内对为此感到慌乱的蒙塔朗贝尔解释说，他想不惜一切代价得到安宁，决定签署人们要他签署的一切，“因为教皇是上帝，是天上和人间伟大的上帝，只有他应当受到崇拜”。与此同时，他补充说，他已决定放弃一切圣职。

1833 到 1834 年的冬天，拉默内整理了《一个教徒的话》，这本书篇幅不大，但却使他脱胎换骨，变成了一个新先知，他把它交给圣勃夫，让他找人出版。1834 年 4 月 30 日在朗迪埃尔出版社编辑出版的这本书共有 237 页，上面没有作者的署名。5 月 24 日，该书再版，并署上了作者的名字。这本书随后持续不断地再版，销售量很快达到 10 万册。它还越来越多地被译成多种文字，在全世界的印数达到了数十万册。这是一本非同寻常的书——对于循规蹈矩的人来说是本怪诞之作，它像诗歌、末世论、启示录，甚至是千禧年说或一个宣布世界末日和新基督到来的预言。有助于此书写作的既有《圣经》和几位先知，也有沃尔内、德·迈斯特尔、巴朗什……

174 为了让读者对这本始终被引用、但如今已少人阅读的著作有个大概的了解，在此特别引述其第二章全文：

细心地倾听，并告诉我这种到处听得到的混杂、模糊和奇怪的声音来自何处。

把手放在地上，并告诉我大地为何颤抖。

我们所不知的某种事物在世界中动弹：那是上帝的工作。

难道没有人在期待？难道心脏没在跳动？

人类之子，请登上高处，并宣布你所看到的事物。

我在天际看到一片苍白的云，它围绕着一道如同大火反光的红色光芒。

人类之子，你还看到了什么？

我看到大海激起波涛，高山摇动着山峰。

我看到河流在改变流向，山丘摇晃着落入山谷。

一切都在受到震动，一切都在动弹，一切都呈现出新的面貌。

人类之子，你还看到了什么？

我看到远方的滚滚尘土，它们从四面八方袭来，相互撞击，相互融合，相互混同。它们向着城市扑来，当它们离城而去时，人们看到的只有原野。

我看到各个民族在乱哄哄地起来反抗，国王们则在王冠下脸色发白。他们之间发生了战争，一场你死我活的战争。

我看到王位一个又一个地被摧毁，各个民族在清理王位在地上的种种残留物。

我看到一个如同与撒旦搏斗的米歇尔大天使的民族[12]。他的力量吓人，赤手空拳，而他的对手却披着厚厚的盔甲。

啊，上帝！他倒下了，他遭到了致命的打击。不，他只是受伤。圣母玛利亚用她的大衣把他包裹起来，向他微笑，带给他一点摆脱刀光剑影的时间。

我看到另一个不懈斗争的却并未从这种斗争中汲取新力量的民族。[13]这一民族的心灵中有基督的标志。

我看到的第三个民族已被六个国王踩在脚下，每当他们发 175
起一次运动，就会有六把刀子刺入他们的喉咙。[14]

我看到在一个巨大建筑物上，在至高的空中，有一个十字架正被一片黑色的雾状物所覆盖，勉强才能辨认出来。[15]

人类之子，你还看到了什么？

我看到动荡不安的东方。它注视着古代宫殿在倒塌，旧寺庙在遭到摧毁；它抬起眼睛，好像在寻求另一种辉煌和另一个上帝。

我看到在临近西方的地方有一位有着骄傲目光、从容态度的妇女。她用一只坚定的手轻轻划出一条犁沟，在犁刀所到之处，我看到一代又一代的人奋起反抗，这些人在向她祈祷，以他们的歌声在祝福她。

我看到在北方，人们心中只有一丁点热情。但是，基督在用他的十字架触摸他们，他们的心重新开始跳动。

我看到在南方，有一些不幸的种族处于一种我所不知的厄运。沉重的压迫使他们不堪重负，他们在弯着腰行进。但是，基督在用他的十字架触摸他们，使他们重新挺直身体。

人类之子，你还看到了什么？

他没有回答，让我们重新呼喊。

> 人类之子，你看到了什么？
>
> 我看到逃跑的撒旦，由天使所簇拥的基督正前来统治。[16]

《一个教徒的话》激起了人们的热情，有时甚至使负责印刷的工人流下眼泪。这本书受到了共和派的好评——这一派别因为他们的领袖之一阿尔芒·马拉斯特当时在贝朗瑞的鼓掌欢迎下被关押在圣佩拉吉监狱而被人颂扬[17]，它还引起了保守派、主教们和正统派的
176 愤怒，而这位先知的老友则与之拉开了距离。对于拉马丁来说，它是“起义的福音书”，但其他的讽刺挖苦仍在传播，如“插在十字架上的小红帽”“扮作先知的马拉”“在复活节领圣体的1793年”，等等。最为尖刻的评论把拉默内说成一个需要捆绑起来的疯子。《宗教之友》变本加厉地进行了攻击。格列高利十六世立即接替了审查官的角色，在1834年7月发表明确谴责拉默内的教皇通谕*Singulari nos*，并说拉默内此书“就其篇幅来看不甚起眼，但它的邪恶却甚为巨大”。拉默内后来在1836年让人发表《罗马纪事》[18]，与教会最终决裂。这个不愿妥协的人宣布放弃“教皇高高在上的基督教”，以便跟随“人类的基督教”。他昔日的朋友和战友热尔贝教士当时写下了《关于德·拉·默内之失败的思考》。

如同我们将要看到的那样，菲利先生具有历史意义的行动并未就此止步。但是，从现在起，人们就应当引用夏多布里昂在《墓畔回忆录》结尾对拉默内表示的敬意，而夏多布里昂的这一态度与基佐在《回忆录》中的相关评论形成了强烈反差，后者把拉默内归类为“堕落的天使”和“他那个时代有知识的胡作非为者”。[19]自从两位圣马洛人在《保守者报》合作以来，许多波涛已在阿尔莫尔海岸上碎成浪花，仅仅说这两个人已经分道扬镳似乎还嫌不够。然而，
177 夏多布里昂原封未动地保持着对他同乡的敬重：“多么巨大的活力啊！智慧、宗教、自由竟能如此在一个教士身上得到体现！”[20]

第九章

圣西门的时代

1831 年 1 月 18 日，《环球报》成为“圣西门学说的日报”。

1832 年 8 月，对圣西门主义者的诉讼展开。

七月革命使《未来报》诞生，也深刻地改变了由保尔－弗朗索 178
瓦·杜布瓦和皮埃尔·勒鲁于 1824 年创办的《环球报》。充当着浪漫主义和自由主义旗手的《环球报》在 1830 年 2 月中旬由半周刊改为日报，不得不适应政治危机的气氛和新闻界的竞争，尤其是来自左翼的梯也尔、米涅和卡雷尔创办的《国民报》的竞争。

自改为日报以来，为了能和竞争对手旗鼓相当，《环球报》竟敢在一篇署名杜布瓦的文章《1830 年的法国与波旁家族》中探讨波旁王朝被推翻的后果，这使相关人士受到法庭的传唤。审讯在 3 月 10 日进行，被滥用的罪名是“间接煽动人民侵害国王的生活和人格”。杜布瓦受到的惩罚是 4 个月监禁和 2000 法郎罚款，于 5 月 27 日被关押在圣佩拉吉监狱，成为新闻自由斗争中的一位英雄。获得所有自由主义反对派辩护的他，既接受了拉法耶特的拜访，也受到夏多布里昂和雷卡米埃夫人的看望。雷米扎代开始负责这家报纸的事务。这份报纸因哲学味道过浓而无法与《国民报》和雅克·科斯特的《时报》抗衡，后两份报纸因为办得好，更加生动，信息量大，订户分别从 300 人与 5000 人增加到 3300 人和 8500 人。

“光荣三日”过后，《环球报》编辑部分裂。一些人如在 7 月富有历史意义的日子里获得自由的杜布瓦，支持路易－菲利普；另一些人如皮埃尔 · 勒鲁，则对奥尔良主义的君主政体表示反对。一场
179 危机即将爆发。此外，在一个改朝换代、许多职位有待填补的时刻，从杜布瓦和雷米扎开始，《环球报》大部分编辑人员对报业越来越缺乏热情。雷米扎写道：“《环球报》因而成了一艘没有船员班组的大船。除了我，没有人可继续随时操纵这艘大船。我可以如此，但我不愿意这样。人们不可能考虑将其办成一份反对派的报纸，而一份纯官方的报纸又不适合我，因为若是官方报纸，保守色彩必定占主导地位，这一角色属于《辩论报》。以政府起源的名义支持政府，保存纯粹的七月精神，如他们所说，这是《国民报》的工作。我们当时都认为，这就是梯也尔，甚至是卡雷尔的意图……也许《环球报》将无法进一步坚持既有好意又稍有异议的独立立场，而此种立场又正是使我们意见一致的唯一地方……因为在政治哲学方面的主张，我们迟早会把这份报纸办成一份纯粹空谈理论的报纸，而这又是我所不愿意的。因而，我也宣布要离开《环球报》，并在当时结束办报生涯，这样留下的遗憾最少。”[1] 8 月 16 日，杜布瓦也退出，编辑部的大多数成员也跟着他这样做，他们中一些人受命到了省政府，另一些人到了行政法院或中央政府的一些部门。雷米扎在 1831 年的选举中当选为代表上加龙省的众议员（他后来在 1836 至 1837 年成为副国务秘书，接着又在 1840 年担任内政大臣）。[2] 除了皮埃尔 · 勒鲁这位该报此后唯一的主管人，最为引人瞩目的人员还有欧仁 · 莱米尼埃、夏尔 · 马尼安和夏尔 · 奥古斯丁 · 德 · 圣勃夫。

他们得为重新购买这份报纸而筹集资金，因为报纸的股东拒绝在怨声载道的时候改变办报路线。幸运的是，《环球报》工作人员与普罗斯珀 · 昂方坦领导的《组织者》周刊的圣西门主义者都租住在

巴黎市中心蒙西尼街上的热斯夫雷饭店，后者占据了一楼和二楼。在圣西门 1825 年去世后的几年里，毕业于综合理工学校的昂方坦成了该派领导人之一。比在睦邻之间做交易更好的是，双方在意识形态上有 180
共鸣。为这意外收获而狂喜的昂方坦带来了全新的资本。1830 年 10 月 28 日，这笔买卖成交。仍然留在那里的编辑部旧人与圣西门主义者决定开始一个短暂的过渡期，在这一时期于 1831 年 1 月 18 日终结后，由米歇尔 · 舍瓦利耶领导的《环球报》打出了“圣西门学说的日报”这一副刊名。[3] 在曾经的浪漫主义和自由主义色彩之后，《环球报》为法国社会主义迈出第一步，成了为圣西门主义行动进行宣传的日报。

这一转变过程绝非一帆风顺，人们甚至还动起武来。雷米扎讲述道，8 月，在决裂前的一次讨论中，由于杜布瓦谩骂报上发表的某些文章，圣勃夫指责他的蛮横无理，结果却立即挨了一记耳光。雷米扎补充说：“这是我一生中看到的最令人不快的场景。一场决斗因而发生。”[4] 这场决斗颇为滑稽：右手拿着剑的圣勃夫在雨中不愿松开左手拿着的雨伞。在迫不得已的时候，士可杀，但不可淋（雨）！

圣勃夫于是有了属于他的圣西门主义之季，7 月后不久，他完全赞同皮埃尔 · 勒鲁关于文学的政治与社会作用的观点。此外，他的朋友雨果也一度如此。8 月 19 日，《环球报》发表了雨果的颂诗《致年轻的法兰西》（“大火炉中的三天三夜 / 整个民族在燃烧中沸腾……”），圣勃夫为此编发了一条热情洋溢的编者按。但是，圣勃夫的躁动最终令雨果反感，后者当时坚信政治上的中庸，即便觉得共和制在未来大有希望，仍然接受新制度（不该在其成熟前就采集果实，“不该由粗野之人粗糙地把旗帜涂成红色”[5]）。确实如此，两人之间的友谊将因一种更为私密的原因受到损害：雨果的妻子阿黛尔和夏尔 · 奥古斯丁 · 圣勃夫之间关系暧昧，在与杜布瓦决斗前夕，夏尔 · 奥古斯丁 · 圣勃夫还成了雨果女儿小阿黛尔（Adèle II）的教父。

在相继成为极端保皇派和自由主义保皇派之后，雨果从此成了 181

中间派。充当先锋的是圣勃夫。还是在1830年8月，一篇虽未署名但看上去就是出自圣勃夫之手的文章证实了他新的精神状态：超脱与纯艺术的时代已经过去，艺术应当与人民唱同一个调子。与圣西门主义者埃米尔·巴罗一样，但他的调子没有那么激进，圣勃夫至少一度致力于构建一种社会艺术的原则。七月革命开启了一个新时代，浪漫主义运动与日复一日推进和扩大的社会运动过于脱节。从此以后，诗人将站在人民一边行进："当今的任务和艺术作品实际上就是人类的史诗，实际上就是以各种各样的方式，如戏剧、颂歌、小说和悲歌——是的，以在自己和别人的情感中重新变得庄重与纯朴的悲歌的形式——不断以各种色彩去反映和反射人类渐进的情感……"[6]社会浪漫主义的原则就这样被此人所确定，而这个人却在10多年后恼怒地拒绝它们。

1831年1月18日，勒鲁和圣勃夫一起发表了一篇圣西门主义的"信仰的表白"。[7]"光荣三日"已经使"文社"解体，圣勃夫感到了孤独，他对阿黛尔·雨果的爱情加剧了其感情上的痛苦（"渴望的心灵""温存的想象"），他在寻求一种完全与天主教相悖的宗教。他于是劝告读者们"流着泪投入圣西门的怀抱"。[8]

有人经常跟着恩格斯[9]把"空想社会主义"的措辞用于圣西门。在19世纪30年代使用的"社会主义"一词在圣西门1825年去世时尚不存在。赞成私有财产和扩张的圣西门，毋宁说是个正在诞生的工业社会的先知。作为著名的圣西门公爵（凡尔赛宫廷的回忆录作者）隔了一两代的堂兄弟，克洛德·亨利·德·鲁弗鲁瓦，即圣西
182 门伯爵，显示出了19世纪最具独创性的思想之一。出生于1760年的他参加过北美独立战争，大革命期间参与过国有财产的投机活动，并被当成嫌疑犯——当罗伯斯庇尔之死打开监狱大门时，他正好安然无恙地出狱。他在40岁左右决定重编《百科全书》。在督政府统治时期生活奢侈，慷慨大方，是许多学者和艺术家的朋友。他在执政府时期曾有过短暂的婚姻，并在鳏居后曾为了大胆地向斯塔尔夫人求

婚而拜访过她。圣西门在1803年通过借鉴卢梭，出版了他的第一部著作《一个日内瓦居民给当代人的信》（在这些信中，他梦想社会由致力于人类幸福的学者和艺术家组成的委员会领导）。陷入贫困的他曾在当铺做过抄写员，不久后从一位昔日的仆人那里得到帮助，后者资助他在1808年出版《19世纪科学工作导论》。他在施恩者去世后再度陷入贫困，后来靠母亲的遗产恢复元气，继续他的事业。他在1814年发表的《论欧洲社会的重新组织》（赞同建立一个以法国和英国结盟为坚强核心的欧洲联盟）为他赢得了读者、门徒以及期待其新研究成果的人。他相继雇用过两位后来堪称为名人的秘书——奥古斯丁·梯叶里和奥古斯特·孔德，出版了《政治》《组织者》等期刊，尤其是发表了扛鼎之作《论实业制度》和《工业家问答》，并在1825年去世前完成了《新基督教》。对于《新基督教》，他曾说过："整个学说尽在此书当中。"

同时受到孔多塞和博纳尔影响的圣西门希望调和进步与秩序。他认为，历史是有机时期和关键时期的连续。大革命和与大革命相连的那几年是文明的一个关键时期，从此以后，应当重建一种秩序，重构一个有机统一的时期。然而，后者既不能依赖旧的天主教教士，也不能依赖旧的政治权力。新社会的基础乃是科学与实业，因而，它的精英将是实业家，它的教士将是学者（靠的是智慧）和艺术家（靠的是激情）。1819年，他发表了著名的《寓言》，该书依旧是他最著名的作品。在《寓言》中，他以讽刺挖苦的想象力，做了一种双重假设：其一是突然失去科学、艺术和工业方面的精英——在这种情况 183
下，"法国至少需要整整一代的时间来补偿这种不幸"；其二是失去王室成员、王公大臣、高官、教士、法官、元帅，等等。圣西门写道："这个意外事故肯定会使法国人悲伤，因为他们都是好人，因为他们不可能漠不关心地看到他们的同胞中有如此多人突然消失。但是，失去这个国家中声望最高的3万人，只会导致他们情感上的悲痛，因为它未给国家带来任何政治上的不幸。"《寓言》旨在表明，当今社会在成为一个“名副其实的颠倒世界”方面已到了何种地步。

圣西门并未以政治思想家的方式进行思考。他极想要君主制，但他要的是一种终结“封建和神学制度”的实业君主制。在他眼里，社会分为游手好闲者（大胡蜂）和生产者（蜜蜂），前者指的是贵族、教士、军人、法官，后者指的是实业家、工程师、学者、工人；而权力当然应当属于后一类人。

尽管他的话颇为激进，但圣西门生前在很大程度上仍不被人赏识，这使他在1823年产生了自杀的念头。但是，也正是在这一年，他遇到了年轻的银行家奥兰德·罗德里盖，后者答应帮他出版最后的著作，包括《新基督教》。

某些流传至今的提法即来自圣西门著作中的精神遗产。它们有助于传播一种进步主义的世界观：“至今仍被盲目的传统置于过去之中的黄金时代，就在我们面前。”预报经济发展、普遍幸福、发展的效果等任务已落到新型政府的身上，而这一政府的目标，借用另一种著名提法来表示的话，即“改善人数最多和最贫困的阶级的命运”。该如何来达到这一目标呢？圣西门并不信任雄心勃勃的自由主义，他预言了“工业主义”。这说到底是要把权力交付给一个巨大的有教养的资产阶级，或者说——如果人们可选择的话——交付给一种“以管理事务取代统治人”的专家政治。政治经济学应当完全属于政治：
184 “我接受了这样的任务，即让政治权力从教士、贵族和司法秩序的掌控中摆脱出来，以便让它们进入工业家的掌控。”

如果说，不管怎样，这位工业黄金时代的先知被当作了社会主义的先驱者之一，那么这首先是因为他关于必要的劳动组织（化）观念。社会问题的解决方法（“改善最弱小阶级的精神和物质生活”），需要一种专家政治的社会主义，这种专家政治的社会主义促使恩格斯说道：“（在它身上，）资产阶级倾向保留着某种脱离无产阶级方向的影响。”然而，马克思的同伴也在他身上发现了“天才的远大眼光，由于他有这种眼光，后来社会主义者几乎所有非严格意义上的经济学思想都以萌芽状态包含在他的思想中”。[10] 无论如何，在《新基督教》当中，圣西门赋予他的学说一种纯宗教的特征，而这使得他的秘书奥古斯特·孔德溜之大吉。在圣西门看来，即将到来的有组织时代的形成，应当与纯粹理性和理智上的确信有不同的联系。唯有一种有待创造的宗教——因为教会已经背叛基督的使命，这一宗教将取代教皇的宗教——能充当有待建立的社会的心理、道德和精神基础。合乎福音使命——爱身边的人、博爱众生——仍然是其关键。但是，得有一种新教士，即一些“最有助于为最贫困的阶级增加幸福的人”去取代旧教士。

圣西门在生命的最后阶段召集的弟子，后来组成了圣西门主义学派。在他们当中，有像伊波利特·卡诺，即拉扎尔·卡诺之子这样的律师，但更多的是综合理工学校出来的，如综合理工学校的课堂学监和后来的银行家奥兰德·罗德里盖、奥古斯特·孔德、普罗斯珀·昂方坦、儒勒·勒舍瓦利耶、矿务局的工程师和综合理工学校解析学的课堂学监阿贝尔·特朗松、厄里亚尔·卡泽奥、米歇尔·舍瓦利耶、亨利·福内尔……这些年轻人（1830 年时均在 25 到 30 岁之间）极为自然地被一种把工业作为文明之星的学说吸引。昂方坦写道：“综合理工学校应当是我们的思想传播到社会之中的通道，这是我们已经在应当孕育即将到来的几代人的亲爱母校那里吮吸的奶汁。”[11] 也有年纪更大、对没有出路的密谋已感到失望的烧炭党人，其中最值得珍惜的人物是圣阿芒·巴扎尔。他曾在复辟王朝时期为 185
自由派报纸撰稿，担任过法国烧炭党人的首领之一，后来成了圣西门主义报纸的主要编辑之一，并与普罗斯珀·昂方坦平起平坐地领导圣西门主义运动。菲利普·布歇是他们当中另一位值得重视的人物，这位未来的基督教社会主义创立者直至 1829 年仍为圣西门主义者。这一学派也吸引了一些年轻的犹太人：通过 1791 年的解放摆脱精神孤立状态的犹太人被复辟王朝所排斥。他们当中的一些人，鉴于觉悟到他们自己的宗教和天主教一样无法令人满意，遂满怀热情

地跟着奥兰德 · 罗德里盖和欧仁 · 罗德里盖兄弟，尤其是与居斯塔夫 · 埃西塔尔、佩雷尔兄弟，加入了圣西门主义学派。[12]

在其导师去世时，一个圣西门主义的社团在形成。它的成员拥有一份周刊《生产者》，该刊后来通过《组织者》得到延续。他们这些改宗者组织了在巴黎的报告会、在外省的巡回演说，揭露社会不公。特朗松大声疾呼："我们呼吁更多社会中一切高贵和慷慨的情感，反对游手好闲者的主导地位和无能者的侵犯。"圣西门主义者准备了一篇在 1830 年革命后才抛出的关于其学说的声明。他们的口号在流传，很快就构成了一种名副其实的教理问答：消灭"家庭、等级、国家、民族"等词语，以及同样多的注定会造成战争的社会形式；用以和平为目标的结合取代它们；消灭游手好闲者和依靠门第获利的特权者，通过对社会的组织，使得在这一社会中唯有使用劳动工具的能力被承认为"唯一的财富权"。

如同圣西门一样，他的弟子意欲创建一种有实效、神奇的社会宗教。宗教的作用是把精神统一起来，反对一切精神上的本位主义倾
186 向。在基督教的废墟上，应当建立另一种精神上的相互联系。后来在社会主义进程中，涂尔干界定了它的目标："它真正的使命并非使人类为了依附某种超验对象而背离世俗的现实，而仅仅是赋予人类现实一种统一的情感。它明确要去做的就是提供注定使人类社会成员彼此联系的精神纽带。正是它，给人类社会提供了统一的意识。"[13]总之，这是一种由神权政治支配的专家政治。在 1829 年的圣诞节，巴扎尔与昂方坦成了圣西门家族的家长、新教会的首领。他们的目标不是夺取政权——因为他们并不相信政治力量——而是构建一种逐渐得到传播的社会生活模式，宗教等级制将是这种模式的原则。

社会主义流派理论家路易 · 勃朗虽然对圣西门的理论进行了批评，但却以历史学家的身份赞扬它的影响："应当使这个学派有机会在自由主义的胜利中让权威原则恢复声誉；有机会宣布一种社会宗教的必要性，然而法律本身已是无神论的；在竞争的虚假成功最显著的

时候，有机会要求对工业进行组织以及对利益进行组合。伴随着无与伦比的顽强，伴随着由一种具有教养的才能和大量研究维持的活力，这一学派使19世纪的一切弊端赤裸裸地暴露了出来。它使得数以千计的偏见动摇，唤起了深刻的思想，机智地打开了一片巨大而新颖的活动天地。它发挥的影响力巨大，而且还将持续下去。”[14]

深信肩负一项上帝指派的使命，以其丰富的活动、魅力和享有的权力而被选定为首领的昂方坦教父（卡泽奥觉得被他所吸引），在蒙西尼街的热佛尔饭店里租住了一整套房间。他在这里按照等级来组织家庭，这一家庭每周3次向参观者开放。40余人身穿蓝色衣服——蓝色是圣西门主义者的颜色——生活在一种惬意的情同手足的幸福之中，处在巴扎尔与昂方坦双重监督之下，在表现宗派精神的仪式中接受了职衔。该学派不再完全被视为创立者圣西门的学说，圣西门也只被视为一个先驱。由此，这些弟子将个体对生产资料的拥有重新提出来讨论，公开反对遗产，然而在利润是工业活动的正当积累时，并不反对利润——因为这种利润与地租和银行的利息不同。他们的想法是设立一种金字塔式的银行体系，这一银行体系根据“论能力行赏，按成果论能力”原则向企业家提供必要的资金。这种对信贷的组织将导致利率有规律地降低。这将宣告无所事事地活着的资本家的死亡，和经济领域的无政府状态、危机以及“人对人的剥削”的终结。

直至1830年仍为普通宗派运动的圣西门主义，在“光荣三日”后不久经历了一次飞跃。它的成员并未为这场革命做准备，也不可能对这场革命感到满意，但他们参与了这场革命，并且利用了这场革命提供给他们的自由。7月30日，他们发布了一份声明：“光荣属于你们，未来的孩子们，你们已经战胜了过去！但是，伴随着一种英勇的献身精神，你们忽视了秩序和应当产生的联合，因为你们有如此多的事物要去斗争，要去摧毁，以至于你们还不可能想到联合和建设。当一切门第特权毫无例外地被摧毁时，当每个人根据其能力被安置于某个位置，并根据其成果得到报酬时，封建制度将永远灭亡……”[15]七月革命仅仅是一场表面的、虚假的革命，它可能是神圣的，却是非生产性的。所以，这些年轻的先知传播着这样的漂亮话：“圣西门的学说以深刻彻底地改变情感和利益的体系为目标。它想进行的不是一场革命，而是一种变革……这是一种新的教育，一种带给世界的决定性的再生。”最充满激情的宣讲者之一埃米尔·巴罗曾使人兴奋不已，并让听众流下眼泪。他以诅咒者的身份颠覆社会等级制度：“特权阶级的孩子们，请你们站起来，把手放在这些（人民的）腐烂的、血淋淋的伤口上，你们这个特权阶级为了自己的利益剥削那个悲惨阶级的辛劳以养肥自己，孩子们，请发誓说你们对他们的
188 苦难、悲惨、垂危没有任何责任，请你们发誓！”在巴黎，他们组织了专门针对12个区工人的教学活动，每个区里均有一位男性或女性主管予以监督。与此同时，圣西门主义家族成了一个名副其实的教会，配有各种仪式和典礼，其中包括圣西门主义者的洗礼。

这个时期，昂方坦和友人获得了由米歇尔·舍瓦利耶主持的《环球报》。这份已转由他们控制的日报以三条准则来装饰自己，这三条准则被印在了报纸名称的上方：

> 一切社会制度必须以改善人数最多、最为贫困的阶级在精神、物质和智力方面的命运为目标。
>
> 一切门第特权，毫无例外都必须废除。
>
> 按能力论赏，按成果论每个人的能力。

因为他们最终决定免费发放报纸，新的《环球报》获得了更巨大的成功。运动已发动，圣西门主义流行一时，并在1830至1831年冬天达到鼎盛。蒙西尼街周四举行的晚会是一种确切的成功。昂方坦身穿紫色服装在那里炫耀。有不少妇女前来，圣西门主义者以一条挂着白色饰物的带子互相区别。李斯特用钢琴即兴创作演奏。乔治·

桑和柏辽兹也前来目睹圣西门主义者的预言。我们已经看到，圣勃夫一度加入该派（这是在1831年夏季期间，然而，他后来转向《两个世界评论》和《国民报》，并与拉默内过从甚密）。探究过圣西门主义前景的夏多布里昂在《欧洲评论》中写道："应当承认的是，他们的财产学说可以走得更远。一个这样的时代将会到来，在这个时代里，人们将无法设想会有人有上百万收入而有人却付不出饭钱。"[16]

然而，如果说圣西门主义者给思想史打下了烙印，那便是因为他们的一些言行并未囿于宗派运动的陈式，并在工业革命之初即提出了大胆而具有现代性的主张。他们在等待财产制度发生变革和终止继承遗产期间，主张广泛的改革、有利于教育的最低纲领和重大的公共工程。1832年，在一场霍乱流行病袭击首都，而且连首相卡西米尔·佩里埃也死于这场瘟疫之际，他们呼吁国王进行一场"工业政变"，目标是清理整顿巴黎令人窒息的中世纪街道，开辟一条连通罗浮宫和巴士底广场的主干道，连通纯净的水流，确立一种注定 189
以经济为导向的银行体系，确保对青年的职业培训，等等。同时也是革命者的他们公开主张改变财产制度："财产不再仅仅属于个人，它也是社会的。地球被圣西门视为一个劳动工具，唯有国家是其所有者，这一劳动工具根据能力在每个人中进行分配，而产品应当通过根据其成果来确定的能力进行分配。"他们的结论是有必要废除遗产。在他们眼里，自由派的事业已经结束：秩序、统一、等级制、跟从同一位首领等等，均必不可少。

在这期间，圣西门主义家族有两位教父。但这一状况实际上为时不长，因为将有一场分裂把昂方坦的门徒和巴扎尔的拥护者分开。妇女和配偶问题是这场分裂的直接原因。照傅立叶（此人我们后面还将提及）的说法，圣西门主义者已经具有了这样的观念，即配偶应基于平等原则："正是通过妇女的完全解放，圣西门主义时代才将得到彰显。"此外，他们从男性的上帝只可能创立可憎的男性在社会中的优先权这一思想出发，提出了双性上帝的概念：上帝注定是父亲和母亲，因为在造物中一切均已成对等形式进行。然而，昂方坦不满足于公开主张性别平等和妇女的解放，他鼓吹一种新的道德准则，为爱情的“变化多端”恢复声誉。昂方坦同意结婚，但也同意一对男女在领导共同体并担任司祭的那对男女[1]的指导下分手，这仅适用于疏导并不属于放纵的情变：“我设想了某些状况，在这些状况中，我觉得唯有我的妻子能够向信仰圣西门的孩子提供幸福、健康和活力，只有她能够在深深的痛苦要求一种内在的放松时，以她温暖的怀抱去重新温暖他们。”[17] 昂方坦则更为低俗，他宣扬一位女救世主的出现，让她用人类所缺乏的女性道德来装备人类，并成为运动之母。
190 这一新阶段引起没完没了的讨论，昂方坦被当作“恶魔似的怪物”“卑劣的家伙”。调和的方案遭到失败。1831 年 11 月，分裂已定：巴扎尔、雷诺、勒鲁、卡诺、勒舍瓦利耶等人离开，而奥兰德·罗德里盖只是勉强地跟从昂方坦。圣西门主义通过圣西门社会与经济评论的严谨性而具有巨大吸引力的理性主义倾向，在最高教父自由放任的颂歌中不再出现。

这一与教父共同生活的信奉者团体在分裂后几乎便不再存在。政府出现了，它以合法集会人数不得超过 20 人的名义追究这个团体。1832 年 4 月 20 日，《环球报》因为缺乏资金而停刊。圣西门主义当时更明显地转向司祭一边。昂方坦被留下来的信徒神圣化为“活的法律”和唯一的最高教主，并没有泄气。在租有一幢周围种着花草蔬菜的房子的梅尼勒蒙塘街区，他设立了一座用来培养新宗教传教者的修院。这一回，妇女被禁止入院，还被要求单身、禁欲和节食。等级制被废除——为了使平等具体化，他们还规定了一种制服：白色（表示仁爱）的裤子、红色（象征劳动）的坎肩和紫罗兰色（表示信仰）的制服上装。人们可以随心所欲地理发，但是为了自觉地承受个人责任，每位圣西门主义者胸前均绣上了自己名字的大写字母。昂方

---

[1]　此指昂方坦夫妇。

坦的名字还带有“教父”的字眼。为了更好地显示博爱，从后面扣纽扣的坎肩上写有：人人需要人人。修道时间是固定的，信徒应当初步学会无产者的劳动。人们在5点起床，晚上9点半睡觉。劳动、学习、合唱，这就是主要的活动。改革完成后，昂方坦敞开了梅尼勒蒙塘的大门，许多好奇者在星期天拥入此地，他们当中有人真心推崇他们的信念，也有人只是东游西逛。

1832年7月29日，昂方坦的信徒获悉巴扎尔在法国库尔特里逝世，决定身穿礼服、肩扛工具去参加葬礼。这支别致的“队伍”引来了邦迪地区宪兵的干涉，但是最终止住他们的是巴扎尔夫人的一封快递信件：昔日的巴扎尔“教母”不希望他们参加前“教父”的葬礼。

1832年8月底，获得预先通告的诉讼持续了2天。圣西门主义 191
大家庭的全体成员身穿制服从梅尼勒蒙塘步行到法院应诉，这引起好奇者的聚集。普罗斯珀·昂方坦、夏尔·迪韦里埃和米歇尔·舍瓦利耶被指控著述和言论中有违背道德的内容，涉嫌诈骗，被判处监禁1年，罚款100法郎，奥兰德·罗德里盖和埃米尔·巴罗被判罚款50法郎。所谓圣西门主义团体由此解体。

在狱中，昂方坦突然获得一种启示：应当在东方实现他的事业，东方这片先知的土地将是新时代的舞台。“地中海将成为东方和西方的婚床。”1833年8月1日刚刚获释的昂方坦和舍瓦利耶随即动身前往穆罕默德·阿里的埃及，在那里，他们将为后来在1869年实现的宏大计划——开辟苏伊士运河——打下最初的基础。昂方坦在临行前宣称：“将由我们在古老的埃及和古老的犹太地区之间打通一条从欧洲到印度和中国的新路，在这之后，我们还将在巴拿马开辟另一条新路。”在为给19世纪打下烙印的自由而展开的伟大斗争中，圣西门主义或许曾经是一种反自由主义的运动，邦雅曼·贡斯当将它说成一种“工业教皇制度”。然而，某些异端成员的命运却证明，圣西门主义学派并非如此远离自由和民主倾向。由此，皮埃尔·勒鲁和伊波利特·卡诺在1831年秋天离开《环球报》后，致力于经营《百科全书评论》，后者是受圣西门主义起源深刻影响的创造性学说的喉舌。他们呼唤一种“对我们所有知识的新综合”、一种共同的信仰，并且请求艺术家与之合作。皮埃尔·勒鲁与他的异端朋友继续赞同对更好未来的期待、再生的精神，而且认为绝对有必要拥有一种使智慧具有光彩的共同信仰，但是，与圣西门主义者相反，他们并不认为这种人道宗教的形式将接替天主教。尤其是因为未来是未知的，所以他们主张反对圣西门主义者的教条，主张思想自由。勒鲁写道：“我们存在的持久状态是向往。”若完全从人道出发，前方将是些不为人知的事情。

192 圣勃夫通过描述勒鲁和在《百科全书评论》中的友人在创立学说方面的努力，表明他们全神贯注于“调和新的政治经济制度、对劳动者的组织、公民自由与我们的大革命不可剥夺的成果”。[18] 他由此提出了自由和社会民主之间的关系问题。皮埃尔·勒鲁清醒地觉察出了缺乏控制的自由主义的危险，这种缺乏控制的自由主义会以个人主义的名义导致寡头政治以及一种从上面强制规定、专制和教条的组织——他一边在“社会主义”的名义下对其进行谴责，一边滥用这一词语。他希望在自由和社会统一之间实现平衡，这显然是人们寻求“民主社会主义”及其历史的开端。

尽管它有着不幸和分裂，圣西门主义仍然是社会思想史上的一个重要环节。伊波利特·卡诺（未来第二共和国的部长）虽然与昂方坦决裂，但于1887年在道德与政治科学院的一次学术报告中仍表示自己对这一学派有所亏欠：“大胆的圣西门主义者以为创建了一种新的宗教，我很希望他们弄错了。但不管他们如何，作为进步尖兵的他们在一个未知世界里进行了大胆的探索……我感到庆幸的是，我度过了在圣西门主义学派的那个阶段。这种考验给我提供了很好的帮助。圣西门主义让我进行认真的研究并向我证实，在一种或另一种形式下，在可能轻易避开我们观察的形式下，一切人和一切人类社会均是一种至高的普遍意志的预言。”[19]

有了圣西门主义，19 世纪的重要观念——自由成了另一种本身
出自启蒙时代的原则的对立面，该原则即社会再生原则。直至1830年，
自由主义只是右派的敌人，这一右派由威权主义的意识形态汇集起
来，在这一时期的政治表现是王位与祭坛的结盟。然而，在“光荣三日”
这一导致资产阶级的秩序获胜，并最终终结了革命时代最后的纯政
治革命后不久，不断扩大的政治要求变得具有社会性。自由主义资 193
产阶级的胜利是依靠人民大规模地进入或重新进入舞台实现的。人
民——工人、手工业者与雇员——很快即意识到“光荣三日”并未
直接有助于他们的解放。人们越来越不满现状，他们希望有一个不
同于富人社会的社会。自由在行进中还将再次与权威原则发生冲突，
但这种权威不再是一种被复辟的旧制度权威，而是圣西门弟子不久
后将开创的、被称为“社会主义”的运动。对于他们这一派别来说，
进步并非自由的果实，而是组织化的果实。自那以后，自由主义将
处于令人生畏的两者择一的境地：为了对抗否定它的社会主义观念，
它应当要么像官方一般保守（这是基佐的选择），要么与民主运动结
盟（这是共和派的选择）。

第十章

亨利·贝尔：法国领事

1830 年 9 月 25 日，亨利·贝尔（即司汤达）被任命为驻意大利的里雅斯特领事。

1830 年 11 月 13 日，《红与黑》进入书店。

1839 年 4 月 6 日，《巴马修道院》出版。

如果说有一位作家不太打算去讴歌圣西门的工业主义的功效，那么此人就是司汤达。司汤达在 1825 年写了一篇反对圣西门主义者的抨击性短文《论反对工业家的新阴谋》，他在文中抨击了工业、金钱、银行的统治，招来了《生产者》的谴责。[1] 不管他究竟是个什么样的人，七月革命也给他的生活带来了转折。

出于巧合，《红与黑》在“光荣三日”发生后的那几个月里出了印刷厂。作者以为给书加上“1830 年记事”的副标题很好，但革命、社会动荡、骚动对书商和作家并不友好。人们把这部小说作为杰作来谈论，还要等到司汤达这位在所处时代不甚有名的作家去世很久之后。人们有时可能这样假设，这本书未能取得成功乃局势使然：“因为民众骚动已经推翻了作者猛烈攻击的事物与思想。”[2] 实际上，《红与黑》冷淡地描绘了极端保皇派圈子里的主人公，巴黎的德·拉莫尔侯爵即属于这一圈子：这些人注定会捍卫王位、祭坛和贵族。他们显得既懒惰又贪婪，既唯利是图又头脑简单。他们是沙龙中的阴谋家，由于可笑地模仿古风而举止拘束。他们凭借门第得到关照，并始终担心共和派会剥夺他们的权力。作为他们的对立面，司汤达塑造了于连·索黑尔这一角色。此人是乡村木匠的儿子、通过神学院飞黄腾达的农民，他一门心思地想获取一种时代拒绝给予他的荣耀，具有非同寻常的意志。小说的灵感来自社会新闻栏目报道的一件真实事情：一个名叫安托万·贝尔泰的神学院学生，因为在弥撒进入高潮即正在领圣体时，企图用手枪射杀他的女保护人M夫人，在1827年12月被格勒诺布尔法院判处死刑。于连·索黑尔这个人物具有不择手段、厚颜无耻、投机钻营等特征，而且还是个罪犯，有损于道德，只能让上流社会感到厌恶。通过因其智慧、大胆和意志而与众不同的主人公的过激事件，司汤达使人看到了“世纪之子”的问题，这些“世纪之子”若想“在36岁时”成为将军，则嫌出生得太晚；而若要看到依靠十字架和绞刑架的圣会与法官的道德秩序结束，则又嫌生得过早。 195

在这种社会或历史题材背后，作者颂扬了属于浪漫主义英雄自己的事物——能力，而且颂扬了属于例外、堪称高傲或至少是与众不同的令人陶醉的情感。索黑尔既不是自由派又不是共和派，他首先根据他自身的光荣来行事，但他的反社会性格、强力意志、无道德观，塑造了一个具有轰动效应、不太符合道德与国教的角色。或许，保守派人士可以从这位反英雄那里塑造出一种令人痛心的历史：他的卑鄙和所受的惩罚，难道不是一个“没有传统的世界”以及一个遭到18世纪哲学和大革命破坏的社会引起的灾难的明证吗？[3]“把庄严、合乎道德、有着我们留给耶稣会士的伤感、圣会和1814至1830年的波旁王朝政府的法国，与快乐、有趣、有点放纵、在1715至1789年间充当欧洲楷模的法国”对立起来，的确并非作者的寓意。[4]实际上，于连是一个受到侮辱的自负之人，失去了社会地位，成了目睹服务对象如何卑鄙无耻和崇拜金钱、又被服务对象蔑视的年轻人。
196 他单枪匹马地对付所有人，是“与整个社会交战的不幸之人”，为了表现自己，他成了一位掠夺者。他在没有爱情的情况下诱惑瑞那夫人，并傲慢地回应玛蒂尔德·德·拉莫尔的主动示爱，但是，他反而又爱上了这两个女人。他在结尾部分的犯罪举动是由一种社会背景以及维克多·雨果和于连所抨击的社会关系所决定的：“沙龙中的人从来不会在早上带着这种令人伤心的想法起床：我该如何解决晚饭问题？而且他们还在夸耀自己正直！他们被选入陪审团，堂堂正正地在判处因为感到要饿得昏死过去而偷了一件银餐具的人……但是，有没有法庭会审处失去或赢得大臣职务的案子？我们这些正直的沙龙中人所陷入的罪行，与那些为了糊口铤而走险的人犯的罪是一样的……”他进而说：“不，我们所尊重的人仅仅是些有幸未被当场抓住的精明小偷。社会对我发出的指控通过一种卑鄙行为得到证实……我犯了谋杀罪，而且我是该被判决，但是，除了这唯一的行为，对我进行判决的瓦勒诺要百倍地有害于社会。”[5]

贝尔几乎没有参与7月发生的重大事件，但是，他这部在当时完成的小说毫无疑问是在谴责他所厌恶的复辟王朝社会。自那以后，大功已经告成。当时，有两件事几乎同时占据他头脑：其一是从他全力支持的路易－菲利普的制度那里获取一个将最终使他无须担忧来日的职位，其二是正式确立与吉莉娅·丽尼埃里的恋爱关系。

他渴望已久的职位是省长，并向8月3日接见他的基佐表明了这一点。但是，他没有讨得内务部新掌门人的欢心，后者觉得他过于从兴趣出发，过于刻薄和诙谐。贝尔于是想谋求一个领事的职位。他向外交大臣莫莱伯爵提出申请，让人把这样一份申请书呈给后者：“贝尔先生对有人觉得他还有益于某种事务充满感激之情。要说明的是，尽管年已47岁，且已服务了14年，但他仍然没有任何财产……如果某位领事先生离开意大利，贝尔先生希望获得一个在那不勒斯、热那亚、里窝那等地任职的总领事职务。如果领事职务对于人们想给其安排的职务来说显得过高的话，他将申请在那不勒斯或罗马担任一秘……"[6]他知道，这一谦恭的尝试不仅得到了莫莱的一位友人、来自意大利的避难者多美尼各·菲奥尔的支持，而且得到了维克多·德·特拉西夫人的支持，后者不仅是观念学者德斯蒂·德·特拉西这位贝尔的思想导师的儿媳，还是莫莱的情妇德·卡斯特拉纳夫人的女友，贝尔经常光顾她们的沙龙。卡斯特拉纳夫人对外交部主要处长之一埃米尔·德萨热也有某种影响力。由于有了这些支持，贝尔被任命为驻奥地利境内的的里雅斯特领事。啊，终于获得了拯救！但是，他又开始担心会在那里感到无聊。于是，他立即请求下述友人前去领事馆与他共度一段时光：圣勃夫、弗雷德里克·德·梅尔塞、欧仁·德拉克洛瓦……这些人统统以冠冕堂皇的借口予以拒绝。贝尔于是在11月6日，即在《红与黑》出印厂前一周前往的里雅斯特。 197

在他动身前夕，他提笔给吉莉娅·丽尼埃里的养父、荣誉勋位获得者达尼埃罗·贝尔兰吉埃里写信，请求与吉莉娅·丽尼埃里结为伉俪。司汤达的情感生活已经显得相当丰富多彩。他并非完全是个唐璜式的人物，他对幸福的追求首先是对激情的追求。他时而幸福，时而受辱，但往往是激烈地经历着这一切。而这位近来遇到的名叫吉莉娅·丽尼埃里的意大利锡耶纳女人，曾非常明确地向他表白："我很清楚地知道，而且早就知道你既老又丑，但我爱你。"享受着这份爱情的贝尔希望能够抛开年龄上的差距，与她喜结良缘。因而，他写信给贝尔兰吉埃里道："像我这样一个又老又穷的人向您表明，我把能够与您家小姐牵手视为本人生命中幸福的保证，这或许是极大的冒失……我几乎唯一的财产就是我的职位……"[7]这一说法有失轻率，因为他这个尚未入职的职位随时有丢掉的可能。贝尔兰吉埃里给了他一个条理不清的答复，请他再等待，以便让还不太牢固的决心"变得成熟"。[8]贝尔未抱过多希望地离开了巴黎。

他在11月25日并非一路顺利地抵达上任的地方。头一年里，他在一次个人旅行中想返回米兰，却在边境被拒绝入境：司汤达对

于奥地利政府来说是个不受欢迎的人。然而，这回避开米兰的他却
198 在意大利帕维亚因没有符合规定的签证受阻，这迫使他最后一次回到非常热爱的米兰，以便通过德诺瓦总领事获准，到的里雅斯特履任。他的磨难并没有到尽头，因为当时他还应当得到奥地利政府的领事证书才能在这座亚得里亚海的港口城市正式就任。在等待领事证书期间，他被人介绍到某些沙龙，感到无聊的他去了一些地方旅行，特别访问了威尼斯，直至他从法国驻维也纳大使那里获悉自己被拒发领事证书一事：梅特涅丝毫不希望贝尔来担任领事，贝尔从维也纳警察局长塞德尔尼茨基伯爵写于 11 月 30 日的公文中得悉此事。该公文写道："为了表明这个法国人被激起的对奥地利政府的敌视程度，以及他与我们的政策精神和政府体制相悖的政治原则的危险特征，请允许我把对他三部著作进行审查的、有充分理由的意见通知殿下。这些著作是：《意大利绘画史》，巴黎，1817 年，迪多出版社；《罗马、那不勒斯与佛罗伦萨》，巴黎，1817 年，德洛内出版社；《罗马漫步》，巴黎，1829 年。我相信我可以设想，万一法国政府听任自己提请一位像亨利 · 贝尔这样值得双重怀疑的人待在驻的里雅斯特总领事的位置上，殿下将会无条件拒绝发领事证书。"[9]

没料到会遭到这种粗暴拒绝的贝尔急忙写信给他在巴黎的友人，首先是维克多 · 德 · 特拉西夫人。他最终得到了另一个领事职位，新的任职地点在奇维塔韦基亚，教皇国中一个只有 7000 居民（的里雅斯特有 44000 居民）的小城——他的薪俸也相应地从 15000 法郎减为 10000 法郎。此外，他有理由担心教皇拒绝发给他领事证书，因为他曾在《罗马、那不勒斯与佛罗伦萨》中提及罗马国家（他宣称："没有自由，罗马将灭亡。"）。[10] 然而，从莫登纳到安科纳，教皇国已被革命者搞得动荡不安。前已述及，奥地利政府为捍卫教皇权力
199 派遣了军队。当他从的里雅斯特搬家到奇维塔韦基亚时，贝尔以为向外交大臣塞巴斯蒂亚尼寄送他的观察报告是明智的。孰料，这使得外交部办公人员勃然大怒：此种活动不属于一个普通领事的职责，

更不是一个还未到任的领事的职责！在巴黎的友人不得不提醒他：只要管好自己的事情即可。在1831年4月17日到达奇维塔韦基亚的他遭到了前任沃男爵的厌恶，后者流露出对他本人和他的自由主义观念的敌意。贝尔于是前去罗马向新任命的大使圣奥莱尔伯爵打听情况。在这方面极为平民化的大使安排好了一切，圣座国务卿贝尔奈蒂枢机主教表示同意。贝尔由此终于正式成了法国领事。罗马并未对他表示信任，而是恰恰相反。有人已经让巴黎知道，另派一名领事要比派这位众所周知的反对宗教思想的自由派人士要更好一些，并礼貌地重申了这一建议。法国外交大臣让教皇方面的人放心：他们会看牢这位领事先生。教皇国的警方也承担了这方面的任务，他们在这方面的热忱之高，准备让新领事在整个任期内吃尽苦头：贝尔时时刻刻受到监视，被当作一名革命分子对待，他知道自己的邮件没有秘密可言，任何走动都有人在监视，行为举止都会被人向上面报告。于是，他玩起了戴假面具的游戏，使用起了有时让他觉得好玩的化名。为了躲过密探警觉的检查，他增加被掩饰过的暗示，伪装笔迹，改变专有名词。他甚至对词进行音节倒置，把“宗教”（religion）一词写成“gionreli”，把“基佐”（Guizot）写成“Zotgui”，等等。他把化名增加到了上百个，其中有梅基耶、波维里诺、尚帕涅、科托内、皮欧夫、马尔丹、奥尔努维尔的肖邦、考马丹、阿尔塞斯特，等等。

除了这些好玩之处，在奇维塔韦基亚的生活并不有趣。“难道就应当像这样在这个孤独的海岸上生活和死去吗？我对此感到恐惧。在这种情况下，我将因为无聊和思想缺乏交流而极为迟钝地死去。我不认为这里有什么好……”不过，他在勤奋地完成自己的任务。通过一次在1832年1月爆发的新起义，革命者给了他一个消遣的机会。奥地利的军队占领了博洛涅。卡西米尔·佩里埃政府觉得自己要抵制奥地利在教皇国的主导地位，并派了一支于2月22日在安科纳登陆 200
的远征军。亨利·贝尔，这位拿破仑军队中的前军需官和行政人员，被圣奥莱尔大使派往安科纳，以便为法国士兵与海军提供住处。

除了这4个星期的消遣，对奇维塔韦基亚毫无兴趣的贝尔尽可能不待在此地。他只要有可能就跑到罗马，经常光顾大使夫人的沙龙和始终担任美第奇豪华别墅总管的贺拉斯·韦尔内的工作室，拿“40个袒胸露背的女人和14个枢机主教，再加上大批高级神职人员与教士杂处在一起”寻开心，他补充道：“法国教士的表情真的要让人笑死，他们不知道自己的眼睛在如此多的妖媚当中该干些什么，我看到他们为了不看这些女人而转过身去，而罗马教士则以一种十分值得赞赏的勇气紧紧地盯着她们。”

在这些沙龙中，贝尔重新找到了天生的自如，恢复了机智的话语和嘲笑，他喜欢观察习俗、姿态和人与人之间的交易。与以前在德勒克吕兹的“顶楼沙龙”以及昂斯洛夫人或卡斯特拉纳夫人的沙龙一样，他以俏皮话、挑衅性言辞和冷嘲热讽考验着交谈者。他继续讽刺挖苦故作庄重、浮夸和死板的一切，这些讽刺挖苦有时会有变成针对某位大人物的危险。直至生命终结，谈话对于他来说仍然是一门艺术。然而，不怎么打算去恭维同胞而是说出同胞最大毛病的他，却承认这门将机智与严肃融为一体的交谈艺术只属于巴黎。这一领域的精湛技艺与诱惑联系在一起。始终准备玩火的司汤达爱上了圣奥莱尔夫人，她的亲切使他极度兴奋，但极为虔诚的她没有让司汤达的大献殷勤有任何结果。至于吉莉娅，他从她那里获得了最终的答案：她不会与他结婚。贝尔还是没有泄气。他在1833年初来到锡瓦那——她已经回到此地。但是，在同年4月9日，她通过一封明白无误的信告诉他，她已爱上表兄吉利奥·马尔蒂尼。司汤达远远没有啰里啰唆地向她抱怨，而是不无讽刺地向她慷慨献出自己的柔情：“我难以相信他长得比我好看。”

处在这一位置上的司汤达在写作上颇为费劲，虽然他不停地以难以辨认的字迹涂抹着稿纸。他编写着短篇小说，让人重抄关于19
201 世纪的记叙——这些记叙成了其后来的作品《意大利编年史》的起源。在半个月的时间里，他开始写自传《自我主义的回忆》，接着又起草了长篇小说《一种社会地位》的三个章节……他忍不住地增多在整个意大利的旅游，以至于那些痛斥他玩忽职守的巴黎办公人员立刻召他回去办公，但贝尔还是获得了约3个月的假期，从1833年9月到12月，他这一假期是在巴黎度过的。决意谨言慎行的他原打算只光顾特拉西夫人的沙龙，但是，他很快就被包括梅里美和德拉克洛瓦在内的朋友拉到某些可以愉快吃夜宵的地方，重新见到了昂斯洛夫人和卡斯特拉纳夫人沙龙里的常客。在12月4日离开巴黎前，他还鼓起勇气接近昔日的恋人克莱蒙蒂娜·德·居里阿尔，即“蒙蒂”。12月15日，他为搭乘顺罗纳河南下的汽船来到里昂。正是在这一场合，他认识了在阿尔弗雷德·德·缪塞的陪伴下前往意大利的乔治·桑。司汤达没有留下任何关于此次会晤的记载，而乔治·桑在《我一生的故事》中则不然。这一不太有恭维之辞的叙述甚为有名，值得转引：

> 在载着我们从里昂到阿维尼翁的汽船上，我遇到了当时最引人瞩目的作家之一贝尔，其笔名为司汤达。他是驻奇维塔韦基亚的领事，结束在巴黎的短暂逗留之后将返回其岗位。他闪耀着机智的光芒，他的谈话使人想起德拉图什的谈话，虽然其在优雅和亲切方面比后者稍逊色一些，但在深度上要更胜一筹。第一眼看到他，他几乎与德拉图什一模一样，胖胖的，在臃肿面孔下具有极为细致的面部表情。但是，德拉图什有时会因突然的忧郁变得更美，贝尔则在人们注视他时忍不住地讥讽和嘲笑。我在白天和他聊了一段时间，觉得他非常讨人喜欢。他嘲笑我对意大利抱有幻想，言之凿凿地说我很快就会厌倦，并说在这个国家寻找美的艺术家是些名副其实的看热闹的人。因为我看他无法忍受在那里的流放，并且是不得已才返回那里的，所以我不怎么相信他说的一切。

司汤达在吃晚饭时的玩笑注定使乔治·桑难以忍受，后者的记载这样作结："在阿维尼翁，他带我们去看了位置极佳的大教堂，在教堂的某个角落中，有一尊油漆过的木质旧基督像，这尊真人大小的雕像确实极其难看，成了他进行最令人难以置信的斥责的素材。
202 他讨厌这些被南方人所珍视、但使人厌恶的仿照品，根据他的说法，此像的丑陋表明南方人不开化，其裸体则表明他们厚颜无耻。他意欲用拳头击打这尊基督像。"在马赛，乔治·桑高兴地看到他们要分道扬镳："我们于是在令人愉快的几天之后分手。但是，由于他的精神实质暴露了他的品位、习惯或对淫秽的梦想，我承认自己受不了他，如果他走海路，我或许会走山路。尽管如此，他仍然是一位杰出人士，对他所评价的一切事物有一种更多是灵巧而不是正确的洞察力；他还具有这样一种别具一格、名副其实的本事，虽然写得很糟糕，却仍能打动读者，使读者产生强烈兴趣。"总之，这是一次不成功的相会，但司汤达还见了其他人。诚然，他不是那种一眼就让人喜欢的人，然而，缪塞却一下子就被他吸引。缪塞写信给兄弟时说明了这一点，并在后来简洁地描绘了这位头上歪戴高筒大礼帽、脚蹬皮里长筒靴，正在他们用餐的布尔－圣昂戴奥尔客栈跳舞的法国领事。[11] 司汤达似乎让人不可捉摸，既惹人喜爱又让人讨厌。根据不同的情况，他会使自己变得滑稽可笑，又能以其在谈话中的机智让人惊叹。多么自相矛盾啊！

回到奇维塔韦基亚后，贝尔似乎越来越不满足于领事的职位，他再次向先后担任外交大臣和首相的布罗伊公爵寄出不可忽略的政治报告。他也重新致力于著述，试图完成长篇小说《红与白》和自传性作品《亨利·布吕拉尔传》。这两部作品都没有完成，因为领事得处理颇多日常事务，他不得不暂时将它们搁在一边。《红与白》记叙一位年轻军官与夏斯特莱夫人的爱情，第一部分可能包含司汤达
203 自身爱情史中最美好的篇章，但是，把男主人公任命为内政大臣的办公室主任最终使小说陷入死胡同。[12] 另一位男主人公布吕拉尔则以发问为出发点："我在极为厌烦地从大使晚会返回的夜晚思忖道：我

该写出我的一生，在两三年后写完时，我也许终会知道自己究竟是快乐还是悲哀，是机灵鬼还是傻瓜蛋，是勇士还是胆小鬼，以及最后我在总体上究竟是幸福还是不幸……”[13]这些问题没有明确的答案，因为此书在1800年，即叙述者抵达米兰的那一年打住。米兰仍然是司汤达中意的城市：“这座城市对于我来说是地球上最美的地方。我丝毫感觉不到我故乡的魅力，我把出生之地视为一个甚至让人本能厌恶（如同晕船）的地方。在1800至1821年间米兰是我始终想去居住的地方。”

结婚的念头再一次纠缠着他，因为孤独使他难以忍受，而且到了他的年纪（他在1835年已有52岁）亦应当随遇而安。不过看上去令人悲伤的是，他打算迎娶的年轻女子尽管有妙龄女郎的清纯，但在他这位美的崇拜者眼里却缺乏美貌。这位年轻女子原籍属法国，后来成为奇维塔韦基亚的名门望族维多家族一员。贝尔的不信神也使他受到惩罚，因为这位年轻女子富有且虔信的叔叔威胁说，若举行婚礼，将剥夺其家庭继承权。司汤达很快就从婚事受挫中恢复过来。但是，在这座城市里又能做些什么呢？当发烧且痛风的他不在床上时，他就从窗口观察正午时分到达的轮船：“我是这些外国人所见的第一件美好的事物。出于你们很能理解的原因，我未把任何人拒之门外，但是，因为此地让人觉得可怕，到达者即刻坐上邮轮，逃往罗马。”他本人亦经常前往罗马，观看歌剧和戏剧，或光顾一些沙龙。不过，他不得不为韦尔内离职以及安格尔被任命为美第奇豪华别墅的总管感到遗憾，因为舍不得花钱、胆小怕事的安格尔终止了以前的美妙晚会。有一个词语回到他的写作之中：“厌烦。”他已经看透，唯有爱情或幻想能够把他从萎靡不振中解救出来。他再度为恋情心烦意乱，这次让他心烦意乱的是西尼伯爵夫人（即桑德尔夫人，在文字游戏中，“西尼”［cinis］等同于桑德尔［cendre］）。此乃昙花一现的产生于爱情中的结晶作用：他在正式追求者的严密监视下优雅地消失了。显然，除了重新回到巴黎，回到那个他曾经进行许多描绘 204

但并非他从此以后就难以在那里生活的巴黎，才能把他从这种无法忍受的生活中解救出来。1836 年 2 月，他以健康状况为由，向布罗伊公爵提出要休息几个星期。3 月 26 日，他从刚刚取代布罗伊公爵担任外交大臣的梯也尔那里获得他所期待的批准。司汤达想要飞快离开这里，于是他中断《亨利 · 布吕拉尔》的写作——此书的写作终未得以恢复。5 月 24 日，他到了巴黎。

由于莫莱伯爵在 1836 年 10 月至 1839 年 3 月担任内阁首相，原打算只回来待 3 个月的司汤达却在巴黎待了 3 年。这是继前几年的动乱（1834 年 4 月爆发的第二次里昂工人起义、由内政大臣梯也尔在那次起义后不久下令进行的特朗斯诺南街大屠杀、菲耶斯基在 1835 年 7 月针对路易－菲利普的暗杀活动以及此后限制新闻自由的“九月法令”）后政局暂时平静的时刻，是奥尔良主义体制得到巩固的时刻——这种巩固允许莫莱实行宽大和赦免政策：“我们更喜欢让激情平息，而不是去制服它们。”“光荣三日”爆发 6 年后，七月王朝似乎终于稳固。

莫莱的上台，对于把自己的第一个职位归功于莫莱的司汤达来说，可谓意外之喜。通过卡斯特拉纳夫人和特拉西夫人，他与莫莱保持着很好的关系，他的假期将延长到与莫莱执政的时间一样长。他无疑只能领取半薪，即只有 5000 法郎，但通过为出版社写书的收入以及必要的节俭，他可以克服经济上的困难。对于司汤达来说，
205 最美好的是与那些好友（如梅里美以及后来加入的缪塞）的圈子恢复了联系，在这种圈子里的谈话重新激活了他的一切激情，在英式咖啡馆或“康加尔岩石”饭店的晚餐，则使他的谈话妙趣横生。司汤达并未失去追求令人兴奋的爱情的权利。他与克莱蒙蒂娜 · 德 · 居里阿尔伯爵夫人已经重修旧好，他曾甚为钟爱的“蒙蒂”虽已 47 岁，但并没有把他吓跑。这起微不足道的“复发的爱情”并未走得很远，但至少两人之间的友谊一直持续了下去。热爱爱情依然是他的生命线，新的机会出现在儒勒 · 高尔蒂埃夫人的身上，这位夫人年

已 46 岁，这一年龄用巴尔扎克的话来说，属于“一幅漂亮的日落画”。这位夫人懂得不无温柔地与献殷勤的人保持距离，她欣赏献殷勤者远离虚伪的美妙心灵。对于司汤达来说沙龙是一个他强烈地寻求其他人（包括已认识和不认识的人）关注的场所，使他不能自制地超越平庸和陈腐。他陶醉于漂亮甚至是憔悴的面孔，想象着从他那驻奇维塔韦基亚领事的不起眼身份中解脱出来，既然真实的生活——尽管它有着一切意料之外的事情——无法使他满足，那么他将依然存在于文学，亦即梦幻的生活之中。

在仔细考虑他的扛鼎之作《巴马修道院》期间，贝尔投身于写作《一位旅行者的回忆》[14]，虽然这项任务来自出版社的约稿，但绝非毫无意义。这位旅行者在法国各省到处游荡，仇视缺乏英雄主义、屈服于金钱统治的菲利普之流的体制。司汤达并非共和派人士，至少他年轻时的共和主义已经变形。他依然热衷于一种人们后来所称的国威政策，这种政策在资产阶级保护伞的统治下甚为缺乏，它对所有政治被告给予同情。政治仅隐隐约约地出现于这部为出游者写的书中，书中精辟的观察汇集于所有旅行的细节里：驿车、客栈主的桌子、夜宿客栈时的同伴，等等。他穿梭于法国各地，并在 1837 年 12 月完成书稿。该书前两卷出版于 1838 年上半年。在夏天，他惊奇地重新见到吉莉娅，且再次爱上她。这场爱情对他来说似乎并非毫不成功。1838 年 8 月，他的短篇小说《帕里阿诺公爵夫人》在《两个世界评论》发表。意大利一直纠缠着他，他重读了自己的笔记，接着鼓起勇气投入《巴马修道院》的写作。他在激动人心的 52 天时间里一鼓作气地完成了这部作品，并在 1838 年 12 月 26 日把手稿寄给他倚重的堂兄弟科隆，后者负责为他找人出版。此书在 1839 年 4 月 6 日由出版商昂布鲁瓦兹·杜邦在《出版报》上发布预告，但因为篇幅过长，该出版商已要求他删减。

在许多专家学者的眼里，《巴马修道院》是司汤达的代表作。它包括一切相关内容：他年轻时在拿破仑军队中的经历、他对意大利的

206 热忱和对专制统治的仇恨。最值得一提的是，他对爱情的赞颂从未像书中人物法布里斯·台尔·唐戈的冒险经历以及法布里斯和克莱莉亚之间产生的爱情那样迷人。政治贯穿整部小说，这部小说则以由一位小脚暴君统治、因众多由于野心或想争权而实行的阴谋诡计被搞得动荡不安的巴马公国为背景。但是，在司汤达笔下，政治只属于一种装饰物。作者在这部小说中要说明的是他在《红与黑》里的格言之一："文学作品中的政治，乃音乐会中手枪的射击声。"与主人公一样，有人想让其充当政治精神典范的华而不实的莫斯卡首相，只靠其对吉娜的爱情来生活。但是，这位出众的美女为了她风度翩翩的侄子费尽心血，而后者的脑子里则只有法比奥·孔代将军的女儿克莱莉亚，孔代将军是虚构的法尔内斯塔楼（酷似圣昂热城堡）这座法布里斯两度被囚禁其间的冷酷无情的监狱的总管。

政治可能曾经在司汤达作为共和派的青年时期促使他行动，但它完全不是他生活的中心。的确，他曾经是个自由主义者，而且他对教权主义的反对从未减退；他憎恨专制制度，并对暴君怀有真实的仇视。然而，他对待共和派、他们的起义意图、他们人格的不完善的方式，都使他对政治事务即便不是漠不关心，也至少是保持距离。他最能适应的政体是立宪君主制。他的信条是两院制加新闻自由。他当时的著述以及书信表明，他实际上惧怕共和制这样一种奉行多数原则以及没有差异的制度。一如后来的托克维尔，司汤达有着自己对美国的看法，认为在美国社会中，所有人成了每个人的警察，极其单调乏味。

如果说司汤达在《巴马修道院》与在其他作品中一样致力于培育自由精神，那么他是通过一种不同于政治的手段，即通过其对爱情的颂扬来进行的——这种爱情对根植于遵守合法婚姻和贬低女性的传统社会构成了威胁。他笔下的主人公吕西安·娄万，还有法布里斯·台尔·唐戈，与司汤达自己一样，只靠这种看似古老但在资产阶级社会中却具有革命性的理解方式生存，只靠一种违反所有法律、处在善恶之外的爱情生存。法布里斯成为教士并非偶然（于连是个神学院学员亦复如是），没有一种事物，包括圣职，能够阻碍对爱情的感悟。如果人们未受到珍惜并热爱自身，那么一切均不值得存在。宗教、家庭、社会，一切都受到这种激情的颠覆。若缺乏对 207
幸福的不断追求，生命就没有任何味道、意义和正当性。如同其遗嘱执行人罗曼·科隆就司汤达所写的那样："自 15 岁直至去世，爱情是他的主要思想，是其一切行动的动机。"[15]

圣茹斯特有言，幸福是一种"新观念"。但是，在历经多少世纪的奴役之后，雅各宾党人只以集体的、社会的幸福来理解"幸福"一词，并将它作为政治方面的目标。司汤达不信任政治，不信任立法的幸福，不信任政府的乌托邦。的确，这个影响每个人的唯一真理、唯一有待达到的目标要具有以下条件，即政府没有通过它的决定权、它与镇压性宗教（les religion répressive）的结盟、警察以及法官去阻碍个人幸福。也许，在他身上，这种追求经常与其对英雄主义的喜爱结合在一起。他曾经是波拿巴主义者，在早年的那些日子里，拿破仑的经历在他眼里仍然是一首非同寻常的史诗。但是，曾在欧洲一些国家的首都上空飘扬的三色旗的光荣在减少。如果说拿破仑本人曾是精力充沛的典范，其政府和帝国都曾是伟大的冒险经历，那么这一切均因自 1815 年以来在其统治下势衰力竭的法国君主制的平庸，而显得更加非同寻常。由此，因为目睹法国在"东方问题"——我们还将在后面涉及这一问题——向欧洲列强屈服并接受 1840 年 7 月 15 日的条约，司汤达在 1840 年起草了一份遗嘱，他在遗嘱中声称"放弃"其法国人的身份，并将米兰作为自己的祖国。这也解释了忠实执行遗嘱的科隆为何会在他的墓碑上刻上"阿里戈·贝尔，米兰人……"

司汤达受过启蒙哲学的培育，并承认他受惠于导师德斯蒂·德·特拉西以及在帝国和复辟王朝时期仍具有影响的观念学者，但他在自己所接受的这些教益中嫁接了他那个时代特有的爱情理想。因此，这位对伏尔泰有着清醒认识和讽刺嘲笑的令人惊讶的人物，仅仅为

了被称为爱情的事物而生存，而这在享乐主义的伏尔泰时代仅被当
208 作纯粹的幻想。尽管女人的名字整齐地排列在他的舞会记事本中，但他身上并无任何与风流才子卡萨诺瓦相像的地方。的确，他极为好色，无法沉湎于柏拉图式的关系，并且懂得在必要时只满足于肉体之欢。但是，他仍无休止地追求梦幻中的情人，与这种梦幻中的情人相会便等同于幸福。这种无休止的追求是痛苦的，而且时常会变换追求对象——尤其是当他像个“西西里屠夫”，或知道自己其貌不扬、年事已高、身体发福时更是如此。但是，司汤达相信心灵美，因而他能够去引诱相貌最美的女人——这种事在他身上会不时发生，尽管传说把他当成永恒的被拒绝者。完全充当国民智慧的教会不信任这种激情，因为这种激情是革命的、摧毁性的和反社会的。然而，虽然柏拉图的理想国与罗伯斯庇尔的理想国同样失去了这种激情，但司汤达觉得这种激情仍环绕着自己。

与司汤达的其他作品一样，《巴马修道院》并未取得成功。它的作者在生前被视为一名平庸的作家，某些人仅仅因为他在谈话方面的才能、快活以及在沙龙中的巧妙应答而欣赏他。他是个政治上的受挫者，在 50 岁时才只是个领事——而且还是在面积狭小的奇维塔韦基亚城任职，还受到教皇所有密探的监视。他甚至没有经历过其他人眼里的有价值的生活。但是，伟大爱情已经证明了他的生命。他至少通过男女主人公，把他的爱情理想转移到传奇性作品中。他那种爱情理想是冷漠、渴望权力的人以及猪肉商完全无法理解的。

由于其保护人莫莱伯爵的首相之职在 1839 年被人取代——莫莱因选举失利而被迫辞职——贝尔不得不重返工作岗位。直至 1840 年秋天，他继续在那里认真而厌烦地履行着自己的职责，并抽出部分时间在海边追逐年轻女人，以及迎接吉莉娅不时回到他身边。1840 年秋天，他从重新担任外交大臣的基佐那里获得不知已是第几次的病假。他重新出现在巴黎，为《两个世界评论》撰稿，一直到 1842 年 3 月 22 日因遭受脑出血的最后打击而倒在纳夫－德－卡普希纳街

上。罗曼·科隆把他从倒下的地方送回他在纳夫－德－普蒂特－尚普街的住处，他于翌日在那里去世。他曾希望被直接运往墓地，但 209
科隆觉得通过一项宗教仪式来满足相关礼仪要好一些，这一仪式在其落葬于蒙马特尔墓地前在圣母升天教堂举行。第二天，《总汇通报》和其他报纸随之宣布："以弗雷德里克·司汤达为笔名发表过多部成功小说的贝尔先生刚刚因脑出血辞世。"

然而，生前不甚有名的司汤达在他最后一次返回奇维塔韦基亚时，却欣喜地在《巴黎评论》上读到巴尔扎克关于《巴马修道院》的长篇文章。而在1840年7月25日，该刊已经有出自巴尔扎克的12行文字提到这部小说，这段文字的结尾写道："我急于告诉你们，我把《巴马修道院》的作者视为当代思想深刻以及最好的作家之一，他的地位将高于人们现在赋予他的地位。"之后在9月25日出版的这期杂志里，司汤达怀着巨大的喜悦发现了一篇关于其小说的长达70页的文章。巴尔扎克在此文中写道："我发现了这部非同寻常的作品……贝尔先生写了一本逐章显露出崇高的书。他在人们很少发现崇高主题的时代，以及在写了20多本极富才情的书之后，创作了一部只能被真正高尚的灵魂和人所欣赏的作品。"[16] 为此而感动的司汤达热情地向这位声名显赫但年纪要小于他的同行表示："感谢您对一位被遗弃在街头的孤儿怀有宽容之情。"巴尔扎克还对将为许多人所仿效的司汤达文笔发表评论，认为贝尔写得"简短清晰"，没有追求迎合鲜明的文笔，把自己的感情赤裸裸、生动和本能地披露出来。[17] 辞世之前，司汤达得到了被奉为他那个时代最伟大的小说家的承认。

第十一章

法伦斯泰尔的乌托邦

1832 年，傅立叶主义者的周报《法伦斯泰尔》创刊。

1834 年，维克多 · 孔西得朗的《社会命运》出版。

1837 年 10 月 10 日，夏尔 · 傅立叶去世。

210 “在本世纪的一切错误中，自由精神是最为致命的错误。抽象地看，它并不坏，极为值得赞赏，但在实践中它却被如此糟糕地引导，以至于它甚至把那些已经倾向于自由的人重新集合在专制主义的旗帜之下。一种使人伤心的考验已经表明，在这些美妙的理论中，只有幻想和贬损。”夏尔 · 傅立叶这些掷地有声的话语开启了他在 1822 年出版的《论家务农业协作社》。[1] 七月革命在傅立叶的头脑中确认了政治自由主义的失败，并激励他将自己关于未来社会的伟大计划付诸实施。

在 19 世纪 30 年代之初，新的政治体制在确立时遇到了极大的困难，奥尔良主义的解决方法产生的失望要多于满意。1830 年 11 月，“运动派”（即“左派”）表面上通过拉菲特和杜邦 · 德 · 勒尔掌握了政权，但杜邦 · 德 · 勒尔很快就辞去官职，而拉菲特的首相一职亦在 1831 年 3 月 12 日被人取代，因为没能平息反教权主义的骚动（对圣日耳曼－奥克塞洛瓦以及主教府的洗劫)，他无法回击因波兰起义而发起的不予信任的挑战，无法面对因革命而加剧的财政与经济萧条引起的社会动乱。“抗拒派”（即“右派”，赞同既定秩序的前空论派成员）通过卡西米尔·佩里埃掌握了领导政府的大权。权力从一位银行家转到另一位银行家手中。新政府在 11 月份不得不对付里昂丝织工人可怕的起义。这次起义标志着工人史的开端，而这种工人史的戏剧性过程将在公众的关注以及多少具有乌托邦色彩的社会方案中居于中心。 211

在里昂，自 19 世纪初以来，由于竞争的影响，丝织工人的购买力和劳动条件在不断恶化。在省长的倡议下，于 1831 年 10 月 25 日举行的劳资双方会议就工人最低工资标准达成一项协议。工人们高兴得用彩灯装饰住房，但是，大多数制造商怒不可遏，拒绝认可这一决定。丝织工人遂开始罢工，国民自卫军进行干预，有 8 名工人倒在枪口之下。有人喊道：“拿起武器！有人杀害了我们的弟兄！”棕红色十字街区出现暴动。人们筑起街垒，从国民自卫军那里拉来 2 门炮，起义者以红色字母在黑旗上写下：“要么劳动而生，要么战斗而死。”他们拥向里昂市中心，与部分国民自卫军成员和被省长请来援助的第一线步兵部队发生冲突。在夜晚临近时，这些部队在丝织工人的猛攻下退了回去，丝织工人控制了城市。政府首脑卡西米尔·佩里埃派出了军队。在王储奥尔良亲王和苏尔特元帅指挥下，里昂在 12 月 5 日被重新占领。国民自卫军被遣散，省长被召回，最低工资标准被废除，棕红色十字街区充斥着驻扎现场的 2 万人马。

伯努瓦·马隆后来撰写关于 1871 年巴黎公社的著作时，把该书取名为“法国无产阶级的第三次失败”——他把 1831 年丝织工人起义作为 19 世纪第一次重大阶级冲突，其后则是 1848 年六月事件以及 1871 年内战。在这次镇压后不久，法国透过丝织工人的悲剧发现了人们将注定以“社会问题”相称的事物。路易·勃朗写道：“要么劳动而死，要么战斗而生！在战斗前夕，从未有过比这更令人痛心、更让人害怕的口号写在旗帜上面。它在棕红色十字街区的不幸工人中发起了名副其实的奴隶战争。面对这些现代奴隶——不过这些奴
212 隶还缺少一位斯巴达克斯——展示的力量，很容易猜到 19 世纪会孕育出什么样的风暴。”[2]

挥舞着黑色贫困大旗的这些工人，实际上既没有首领也没有学说。未来社会的先知、新时代的理论家，并未与尚且难以用工人运动命名的这一事件相结合。社会主义还只属于书本与梦想，但是，由丝织工人起义引发的情感加速了一种社会意识的形成。以新闻自由名义进行的 1830 年革命已经挑起政治制度的反对者去反对该制度的管理者。孕育中的工业社会带来富人和穷得没有饭吃的人之间的冲突。圣西门主义者不愿看到这种分化，他们将游手好闲者与生产者，即银行家与工人，对立起来。相反，另一个派别即夏尔 · 傅立叶派则明白，统治阶级、工业和金融的“新垄断势力”的利益和无产阶级的利益并不相同，但是他们并未更多地鼓吹阶级斗争，而是相信由导师傅立叶设想的“法伦斯泰尔”。他们从社会和经济角度尖锐批评近代奴隶制度的出现，通过规定新时代，为未来的社会主义或其他学说提供分析要素。

1832 年，“社团成员派”（l'école sociétaire）的周报《法伦斯泰尔》（《工业改革或法伦斯泰尔》）使傅立叶的名字人尽皆知。不久，傅立叶主义者在舆论中取代圣西门主义者。这份报纸只存活到 1834 年 2 月，但是其他出版物将继续存在，如《法郎吉》《新世界》，以及接着出现并一直存在到 1851 年政变的日报《和平民主》。在此期间，创立者夏尔 · 傅立叶于 1837 年逝世，但他的弟子在维克多 · 孔西得朗的领导下，长期保持着这种思想的火种。

同圣西门一样，傅立叶是 19 世纪最具独创性的人之一。在众多社会主义先驱中，恩格斯对傅立叶的贡献给予了极高的评价：“傅立叶不仅是批评家，他永远开朗的性格还使他成为一个讽刺家，

而且是自古以来最伟大的讽刺家之一。他以巧妙而诙谐的笔调描 213
绘了随着革命低落而盛行的投机欺骗和当时法国商业中普遍的小商贩习气。他更巧妙地批判了资产阶级形式的两性关系和妇女在资产阶级社会中的地位。他首度表述了这样的思想：在任何社会中，妇女解放的程度都是衡量普遍解放的天然尺度。傅立叶最了不起的地方表现在他对社会历史的看法上。他把社会历史到目前为止的全部历程分为 4 个发展阶段：蒙昧、宗法、野蛮和文明。最后 1 个阶段就相当于现在所谓的资产阶级社会。”[3] 简而言之，这是一种设想“人类未来的终结”的历史哲学。傅立叶把人类历史分解成 32 个时期，并认为我们处在第 5 个时期，亦即紧随野蛮时期之后的文明时期，并以大量的细节描绘了被称为和谐时期的第 8 个时期，人们将通过各个阶段逐步走向这一时期，而且这一时期将是完全实现协作的时期。

1772 年出生于贝藏松的傅立叶比圣西门小 12 岁。他在批发商家庭里长大，从小就违抗父母：“我的父母因为见我喜爱真理，便以一种斥责的笔调写道：‘这个孩子将永远丝毫无益于生意。’实际上，我对做生意怀有一种未公开的厌恶，而且我在 7 岁时，就像汉尼拔在 9 岁时发誓反对罗马那样起誓：我发誓将永远憎恨做生意。”[4]

然而，他却将一生中相当多的时间花在经商上，而这又使他得以发现一些令人愤慨的法则——商品流通就是通过这些法则来抬高生产和消费的价格。为了精心打造他自己的神话，傅立叶谈到了他那堪与牛顿苹果媲美的苹果：“这个值得成为著名事物的苹果是一位与我一起在巴黎‘二月’饭店用餐的旅游者以 14 个苏买下的。我当时刚从另一个地区来，在那里质量和大小差不多甚至还要更好一些
的苹果亦只卖半个里亚[1]，也就是 14 个苏可以买 100 多个苹果。这种 214
在气温相同地区之间的价格差异让我非常震惊，我开始揣想工业机

[1] liard，法国古铜币名，相当于 1/4 个苏。

制方面存在的根本性混乱。由此出发，我在 4 年研究之后发现了工业集团的级数理论（la théorie des séries des groupes industriels），并因此有了被牛顿遗漏的普遍运动法则。”[5] 人们看到，他的自负只有其对理性思索的激情才比得上。

渴望奢华，却只能勉强度日，住在满是花盆和猫的家庭式膳宿公寓里，熟悉普通饭店和它们粗劣的食物，过着单身生活，习惯嫖娼而在爱情生活方面不善言辞，这就是傅立叶所过的小资产者生活，这种生活与他那轰动性理论和巨大抱负——成为社会科学界的牛顿——形成了令人惊讶的反差。

傅立叶小心翼翼地度过了革命转折的年头，即便是在被革命政府更名的里昂市亦幸免于断头台。他在 1799 年提出了“吸引力理论”的开头部分，发表了一些文学与社会批评的文章。他因为抨击性短文《大陆的三大巨头》而第一次在警方那里有了麻烦。他在 1808 年成功地以匿名方式让人在里昂编辑出版了他的《四种运动论》。[6] 他的主要思想已经存在于这部著作之中：批评一种建立在贸易（经济）和婚姻（习俗和《民法典》）的双重混乱之上的文明世界，构建一种建立在双重革命基础之上、处在劳动关系和爱情关系中的新社会。他有着对宇宙的阐述（他的宇宙论吓到了弟子），而且具有一种宗教精神（“上帝想通过快乐而不是剥夺来引导我们。我们注定始终以奢华和享乐的方式期待发现上帝对社会和谐最深刻的思索。”），他对一切进行了分类、思考、预测和分解，直至因困于计算和细节而胡说。自第一部著作以来，傅立叶陈述了吸引力理论，他以新牛顿的身份将这一新理论的普遍法则应用于人类情感，并且将它与他的协作理
215 论结合起来，后者涉及合作性的劳动，渴望以爱的自由来汇集最广泛的工业社会秩序。

深信自己天赋的傅立叶以为，他的书注定会引起一场大辩论，但是，遇到的却是沉默——打破沉默的只有某些讥笑挖苦之语：他已经成了不被欣赏的思想家，被看成是有点精神病的人。气恼的傅立

叶在很长的时间里没有发表片言只字。他开始旅行，靠母亲在1812年去世后留下的终身年金继续生存，接着在百日期间成了罗纳省政府统计处处长。在其后的几年里，他定居于比盖，在姐姐家中撰写《论家务农业协作社》，该书于1822年在贝藏松印了1000册。正是在该书当中，傅立叶描绘了他的法伦斯泰尔计划，这一“多功能的合作村庄”并非以平等“这种协作的政治毒药”为基础，而是以最不同的人之间的吸引力及诱人的组合为基础。[7]

该书的出版得到傅立叶首位弟子茹斯特·米隆的部分资助，米隆是贝藏松省政府中的一名局长，他通过阅读《四种运动理论》的内容介绍，使自己摆脱闷闷不乐。对于他来说，所读到的东西有如“对耶稣的使徒保罗发出的天籁之音”。米隆在寻求他所称的“创造者”以及与傅立叶长时期的书信往来之后，他终于与“创造者”相见。然而，尽管有热忱，但作为开山弟子的他拒斥导师著作中一些大胆至极的内容，如同之后的大多数弟子那样，致力于传播不完整的傅立叶主义。傅立叶设想的新世界不满足于解决工业方面的混乱，还要解决爱情方面的混乱，他说，因为“我们整个理论必须依附于爱情这种被文明人摒弃的唯一情感的恢复”。傅立叶考虑了现代人（“文明人”）在其劳动以及性生活方面的双重异化，但这种现代性的观点未被弟子们接受，还受到他们的批评与拒斥。

米隆于是全神贯注地概括和删改傅立叶主义，使一种并非乌托邦的乌托邦变得应受尊重。通过有意忽视爱情问题，他只关心两个 216
有待解决的问题中的另一个问题，即劳动问题。鉴于这位导师有如此之多想象出来的事物冒犯了已最好地得到确定的禁忌，傅立叶注定将被他的朋友、施恩者、崇拜者所背叛、批评或断章取义。

前已述及，着迷于分类学的傅立叶对一切都进行了分类，把物质、心理和世界分解成各类组成部分，并给这些组成部分配上了别致的名称。由此，自1808年起，他打算列举各类戴绿帽子丈夫，并最终列举了64种；这回他又分别在72个男女的身上发现了通奸行为：“我们注意到这种世纪的耻辱以及与它们混同的政治与道德科学。舆论将谴责这种对通奸的过于正当、过于确切、过于完整的分析……”[8]当存在如此多更为愉快的主题时，傅立叶却继续反击那些只在意农业利益的人。他的弟子最想要指责的正是这些方面。

傅立叶的第二部著作同样未获得成功。该书有1300页，不能按计划写作的作者（他说自己几乎不可能像拼马赛克那样进行工作）经常跑题，使用令人困惑的新词，任由让人发笑的怪事出现……尽管如此，一些出于偶然对其产生崇拜之情的读者组成了以他为中心的小团体。米隆在1818年把贝藏松的寡妇克拉莉丝·维古勒介绍给傅立叶，她的财产——虽然不太可靠——将被用于传播导师的思想，其余的跟随者有：德西雷·格雷阿律师，此人在1828至1834年担任贝藏松的众议员；让－巴蒂斯特－安德烈·戈丹，尚巴涅尔的治安法官；加布里埃尔·加贝，第戎的律师。1824年，一名也曾在贝藏松皇家学院学习、于1826年被综合理工学校接纳的年轻人维克多·孔西得朗成了这位导师的新信徒，此人因颇为虔诚而被同伴取了个“法
217 伦斯泰尔”的绰号。[9]孔西得朗不久与克拉莉丝·维古勒的女儿朱丽叶结婚。这个小团体将致力于傅立叶思想的成功。

1829年，社团成员派理论的另一份陈述书《新工业世界》——傅里叶自行审查过，不接受他人的质疑——发表了这样一段文字：“我们所谓革新者的罪恶是不去指控整个文明，而是指控这种或那种滥用。整个文明仅仅是滥用一切组成部分的恶性循环。应当远离这一深渊。”尽管遭到弟子反对，傅立叶仍然接着撰写《新爱情世界》，这是反对“强制性一夫一妻制”的正式证词、对集体淫乱理所当然的颂扬。不过，此书又是一部在作者死后才出版的书。[10]合作性村庄的设想已经存在，英国人欧文业已想象过这种村庄，但是，傅立叶明确揭露了欧文构想中的缺陷。他大体上写道：欧文的协作是不完全的，“只是一种物质上的简单集结，而不是物质上和情感上的合成”。换句话说，欧文只关心设计劳动合作，“只关心仅仅通过家务来组合

工业”，他忘了“通过对比鲜明的谢利叶[1]（Série）来组合情感与工业”，而这正是傅立叶要规划的。

前已述及，傅立叶提出的法伦斯泰尔有可能面对双重的批评。他写道：“相对于社会进步而言，存在两类有待与之斗争的偏见，其一是对缺乏组合、与不连贯的劳动习惯有关的主要方面的偏见；其二是对我们与感情的谢利叶的布局相对立的家务的偏见。但是，较之次要方面或有迷信支撑的爱情方面的偏见，这些偏见不那么根深蒂固、更容易与之斗争。”因而，新的工业世界必须以新的爱情世界为必然结果。经济上的协作与爱情上的自由不可分离，构成了他所称的吸引人的协作和协作的吸引力。

如何使这一奇迹成为现实？对此，傅立叶以完全属于他的语言回答说：通过运用情感的谢利叶，法伦斯泰尔并非以创造一种“新人”为目标，它通过他们的情感、缺陷和荒唐想法（如吃蜘蛛、物神崇拜或食粪）来选择如其所是的男女，“它没有任何无用与不好的情感”， 218
重要的是在和谐的谢利叶中最好地利用它们。文明世界抑制了情感，和谐的世界将利用、解放和组合情感。

根据其对人类情感博学而别致的研究（每种性别各有810种情感、12种基本情感），傅立叶设想了一种由1600至1800名男女组成的共同体，该共同体通过交易所（une Bourse）进行管理，这一交易所同时是劳动的交易所（每天在此提供工作和提出工作要求）和恋爱的交易所（未定型的征婚启事栏）。[11] 每个人于是按是否适合自己而加入数量大、种类多的劳动和爱情的谢利叶。形形色色的个人与劳动使劳动变得具有吸引力，其中最繁重的工作会得到特殊奖赏。

由于法伦斯泰尔不是以收益而是以和谐为目标，人们选择的是吸引人的活动，而不是有利可图的辛劳。傅立叶写道：“娱乐，更何况是劳动，会在2个小时后失去魅力，因而，人的本性希望从事期

---

[1] 傅立叶设计的一种生产组织单元或者社会基本单元。

限短暂的工作，不愿意单调地整天待在一个工作间里，且整年都做同一项工作。”[12] 劳动中的刺激将不仅仅是金钱，还包括象征性、游戏和性爱诸方面的刺激……此外，私有财产并未被废除，但傅立叶确立了组合财产原则以及我们后来所称的自我管理原则。集体生活通过聚餐（美食学是政治经济学的重要分支[13]）、戏剧、节日以及同样统一的崇拜增加了活力。教育体系根植于一种新的教学法，孩子们按照年龄分成自我管理的班级。傅立叶的乌托邦考虑到了一切。

当 1830 年革命爆发时，傅立叶并没有感到它与自己有何关系。
219 一如圣西门，他并未期待以政治、一场革命或无产阶级专政来解决社会问题。实际上，傅立叶等待着向法伦斯泰尔提供物质帮助的慷慨解囊者，并逐渐通过榜样来改变社会。他选择的不仅是经济学，还有用罗兰 · 巴特的话来说是与政治相对的家政。然而，与圣西门主义者一样，来自七月革命的自由之风有利于一切面对社会问题的工程师、一切新世界的创造者以及所有乌托邦主义者，因而，它亦有利于傅立叶及其派别。

1832 年 1 月，毕业于综合理工学校、与普罗斯珀 · 昂方坦决裂的儒勒 · 勒舍瓦利耶写信给夏尔 · 傅立叶说：“先生，我是很年轻，但我的整个生命献给了与我同类者的幸福，献给了为人类服务的天才。因受您的重要观点吸引，并深信它们的影响力，我希望能为您在使这个长时期低估您的世界变得公正时略尽绵薄之力。”[14] 别的弟子也出现了，其中有另一位圣西门主义者阿贝尔 · 特朗松，此人主持《法伦斯泰尔》的创刊工作。

傅立叶当然参与了《法伦斯泰尔》的创办，即便有人力图与这位讨厌的监护人拉开距离。该报的撰稿人之一、由圣西门主义者变为傅立叶思想推广者的综合理工学校毕业生尼古拉 · 勒穆瓦纳写信给朋友说：“虽然傅立叶是该报的启发者，但对于该报，他写的比做的少。”傅立叶这种态度与孔西得朗和他新结交的原为圣西门主义者的朋友有关，如孔西得朗在 1832 年 1 月对傅立叶所说的那样，他们不希望法伦斯泰尔也变得像昂方坦教父的宗教那样可笑。[15]根据同样的精神，热心的宣传者决定在建立法伦斯泰尔时把傅立叶撇在一边，而且他们更喜欢将法伦斯泰尔称为“社团成员的移民地”。这片“社团成员的移民地”建在凡尔赛市朗布依埃附近的孔代－苏尔－维格尔，由埃唐普的众议员博戴－杜拉里医生资助。傅立叶反对缺乏常识的设计者，但设计方案很快就泡汤了。 220

维克多·孔西得朗个子高大，蓄有高卢式的小胡子，说话滔滔不绝，神奇地得到妻子朱丽叶的襄助，成了夏尔·傅立叶的主要弟子。他与妻子及岳母克拉莉丝·维古勒一起住在图尔农街，每个星期三均在一家汝拉人开的饭馆里聚餐后接待社团成员。他井井有条地管理着《法伦斯泰尔》，同时应付傅立叶的愤怒，后者因为自己的学说遭到删减而变得疑心重重。因为《法伦斯泰尔》在1834年2月停刊，孔西得朗在同年9月出版了《社会命运》第一卷，这部傅立叶主义的论著十分清晰、具有理性且受过审查、已被净化，它传到许多人的手里，但未能传到基督教徒的手里，因为罗马教廷的禁书部在1836年谴责了这部著作，听从格列高利十六世之命的基督教徒遂避而不看。但是，傅立叶主义的首要删减者同样把傅立叶的遗产设想为绝对需要一种战斗的思想。他写道：“我们的最终目标是总体和普遍的和谐，但是，我们目前的行动并不和谐，而是与和谐目标相对立的力量进行战斗。”[16]

根据孔西得朗同样的说法，《社会命运》是“社团成员理论的基本展示”。这是一种在傅立叶看来极为枯燥乏味的理论。傅立叶当时正在撰写《虚假的工业》，没有让步于修正主义弟子的回避。1836年7月，傅立叶主义者创办《法郎吉》杂志。它先是月刊，后成了三周刊，标志着傅立叶既未领导又未控制的社团成员派的真正开端。该派的新喉舌对政治出版物提出了批评：“我们要求出版物稍微关注一下重大的社会问题，如废除工资，以有比例的收益份额取代工资；通过使不同阶级，即富裕、中等和贫困阶级的利益结成连带关系来组织工业；把老板和工人结合在一起；确保每人最低限度的生存条件以及劳动权；确保每个孩子接受免费教育；通过有吸引力的劳动的实现来消除贫困和犯罪。”

221 在夏尔·傅立叶于1837年10月10日去世后，维克多·孔西得朗成为傅立叶主义者无可争辩的首领，但背叛了其始终蔑视政治的“创立者”：孔西得朗在1839年出现在科尔马和蒙贝利亚尔的立法选举当中，这是传播傅立叶主义观点的机会，而且在医疗界、科学界、军队[17]以及巴黎和外省的办公人员与许多其他部门的人里争取到信徒。

鉴于派别不再满足需要，孔西得朗和朋友创建了一个党，该党在1841年的宣言表明，他们明显去除了创立者的“幻想”。一份创办于1843年的日报《和平民主》充当了极为关注社会现实的该党的机关报。支持该报的其他宣传手段亦应运而生，如编撰《法伦斯泰尔年鉴》，设立社团成员书店——该书店有33家分店，其中6家设在国外。境外的宣传运动扩大了傅立叶思想的影响，尤其是在英国、阿根廷、美国的影响。一位名叫马迪厄·布里昂库尔的小说家出版了一本幻想小说《造访法伦斯泰尔》(1848)，这部小说描述了和谐的生活，并激发了《巴黎的秘密》的作者欧仁·苏的灵感。孔西得朗在1843年11月被选入塞纳省的省议会。

傅立叶主义对幸福的梦想是批判现存社会的必然结果，暗示了第一个法伦斯泰尔的成功。他们认为，法伦斯泰尔一旦建立，一种扩散力将波及全球。在等待时机期间，他们特别通过行文冗长但经常流露出统治阶级的反犹主义立场来表现自己。傅立叶本人定下了这一调子，他甚至拒绝接受犹太人通过大革命得到解放。他在《新的工业世界和社会事业》中写道：“因而，光是将文明描述为狡诈的规则是不够的，应当求助于高利贷的民族和非生产性的家长制。犹太人民族并非文明人，他们实行家长制的，没有君主，并且相信，
222 若是让那些不信仰他们的宗教者受骗上当，一切阴险狡诈均值得赞

赏。”[18] 人们甚至认为，全靠傅立叶的弟子阿尔方斯·图斯内尔的一部预期会成为反犹主义圣经的著作，爱德华·德律蒙才获得他出版于 1844 年的《犹太人的法国，当代的犹太人国王》的灵感。[19] 图斯内尔所揭露的“犹太人”并非仅仅是以色列的子孙后代，它更广泛地指“各类进行不正当交易者”，既有犹太人，也有新教徒、英国人、荷兰人和日内瓦人。在他看来，上述所有人构成了新的金融封建制度。在傅立叶主义者那里，在他们全面批评一切社会主义者所领会到的既成秩序时，这种倾向已被包含在内。

赞成浪漫派并经常让自己浪漫一番的傅立叶主义者，也希望让艺术家加入对未来社会的构建。孔西得朗向他们发出呼吁：“艺术家，艺术家，该你们了；该你们了，既轻松又引人瞩目的人们；该你们了，具有想象力、情感和诗意的人们。你们在当今这个资产阶级的世界里究竟在干什么？你们在这个巨大商铺中是否觉得自在？在这个食品杂货商店、被隔开的家用厨房、资产者的家庭住宅中，你们以什么来约束自己的冲动？”[20] 幸福、善、美混同在同一种理想之中，而艺术家则被编入同一种神圣的职业里：探问和谐理想的美，并描述它的对立面——文明的恐怖。[21]

在这种带着批判性和前瞻性的双重探索中，傅立叶主义者曾是妇女解放的拥护者。自第一部著作起，傅立叶就断言：“一般而言，各个时期的进步与变革伴随着妇女在自由方面取得的进展，而且，社会秩序的衰退随着妇女自由的减少而产生……妇女特权的扩大，是一切社会进步的总体原则。”在比以前野蛮时代更有秩序的文明时 223
代里，妇女继续受到压迫，继续得顺从，继续被幼稚化，继续因一种压迫性的伦理准则而变形。关注劳动妇女社会地位的傅立叶揭露了对妇女的剥削，并比卫生工作者帕朗·杜夏特莱早 1/4 个世纪指出，卖淫很大程度上归因于妇女无法仅以自己的劳动为生。傅立叶描述道，妇女在和谐的伊甸园里将和男子一样平等与自由。并未大胆继承傅立叶的弟子，也懂得在法伦斯泰尔的出版物中抓住捍卫妇女事业的机会，如对乔治·桑或弗洛拉·特里斯坦的书发表评论、报道某些社会新闻——如1848年拉法热夫人被控投毒，《法郎吉》为她进行了辩护。在第二共和国时期，于1848年被选入制宪议会的维克多·孔西得朗在议会中宣称："我不理解妇女何以只是一种政治物品，如同她们曾长期是一种民事方面的物品一样。"孔西得朗当时认为政治权利是其他权利最可靠的保障，他为妇女提出政治权利的要求。

为了利用革命所提供的自由空间而参与1848年革命，某些人为此而亡命异乡——维克多·孔西得朗即属于这种情况，但傅立叶主义者并没有结束他们的历程。孔西得朗希望，即使实现不了傅立叶的乌托邦，至少确定社团成员的移民地，并在这一移民地内将傅立叶式协作的社会经济纲领付诸实施。因而，他在1852年11月前往美洲。他以为在得克萨斯找到了理想的地方，遂为了发出下述呼吁而返回比利时：

> 朋友们，我告诉你们，希望之乡是一种现实。赎救观念在埃及的征服中沉睡（我们已经看到，这种形象已被圣西门主义者所采用）。让它醒来吧！请你们相信，实现救赎的地方、神圣的地方属于你们。一种强大的决心、一种集体信仰的行为是一片被占领的土地。我以一种简单但庄严的声音告诉你们：我给你们带来了生命和拯救……让我们以顽强的意志团结起来，世
> 224 界的新时代已经建立。法伦斯泰尔派具有比开创事业所要求的力量更大的力量。让这些力量行动起来、汇合起来、集中起来，可能创建业已在进行。

1854年9月26日，孔西得朗建立了得克萨斯移民协会，在随后几个月里，连续的6次航班把一部分法国、比利时、瑞士和波兰志愿者带到美洲。在1869年回到法国之前，他们将遭遇彻底的失败和意想不到的结局。

在傅立叶主义的启示下进行的另一项更节制但更持久的尝试是让－巴蒂斯特·安德烈·戈丹的“法米里斯泰尔”(Familistère)的建立，此人在第二帝国时期在埃斯纳省境内的吉斯创办了一家制造生铁长柄平底锅的自主管理的工厂，这家工厂极为有名，工人们没有老板，是工厂的共同所有人，每个人既是资金的持有者，又是从事劳动的人。

我们不要再停留在实践的傅立叶主义的后代身上，而是去考虑一下傅立叶继圣西门之后在社会想象方面打开的突破口。夏尔·傅立叶创立了一种避开前人极权主义罪孽的乌托邦。在圣西门那里，在理想制度封闭的天堂中，每个人皆被分配了确切的任务，即使没有规定须穿上统一的制服，这种天堂亦有如兵营。在傅立叶那里则不然，他梦想的法伦斯泰尔根植于绝对的自由和欲望的组合，拒斥约束。为了达到这一点，傅立叶主义者丝毫没有期待夺取政权，因为他们太了解权力，即便是社会主义的权力，亦是强制。鉴于此，他们设想其能够借助赞助者当场即能实现的一种理想共同体，而这种共同体的成功，将通过拟态的毛细管现象（capillarité mimétique）引起社会的逐步改变。很快，傅立叶主义者成了与它那个时代的资产阶级社会对立的派别。若从长远的角度来看，它代表了另一种社会主义，亦即建立在协作而不是权威（国家或政党的权威）之上的社会主义的有创造性的努力。在这一意义上，当傅立叶主义在1832年变得人尽皆知，当《法伦斯泰尔》创办之时，它的历程才刚刚开始。

第十二章

托克维尔在美洲

1835和1840年,阿列克西·德·托克维尔的《论美国的民主》第一、二卷出版。

225 一如夏多布里昂，传统主义的保皇派——人们一度将其称为拥护查理十世派，但更多称之为正统派——拒绝接受奥尔良王朝。至少，奥尔良主义的君主制使那些忠于原有王朝的国家公仆因良心极度不安而拒绝向“菲利普平等”之子路易－菲利普宣誓效忠。旧法国的许多家族选择退隐，躲到外省的领地、巴黎的府邸以及他们偏爱的报纸《法兰西报》和《日报》中。巴尔扎克已经给我们描绘了那些在呈现出“旧挂毯褪色后的灰色”的旗帜之下，深信自己是法兰克人后裔当中最为狂热的成员，这些人在七月革命后学着埃斯格里尼翁的样子惊恐地喊道：“高卢人胜利了！”[1]拉帮结派、诡计、密谋、复辟的梦想、伤感的纪念仪式，凡此种种，是他们的共同归宿，尤其是在西部和南方省份。1832年，一个上流社会的冒失鬼即贝里公爵夫人离开了老查理十世，在始终未屈从于新君主的普罗旺斯下船上岸，带着发起有利于儿子波尔多公爵与尚博尔伯爵的起义的希望来到旺代。但她遭受的是失败的痛苦：旺代人并不打算再改朝换代。公爵夫人在南特被人轻而易举地逮捕。追随者的哀叹不久就被不知所措甚至是愤怒取而代之，因为他们得悉在布莱尔即她被囚禁 226
的地方，她已经生下一个女儿，而这个女儿的父亲乃是与她秘密结婚的意大利贵族卢切西 · 帕利伯爵。鉴于从此以后不再具有危险性，她被当局释放，并且得以隐居于威尼斯。无论是夏多布里昂，还是支持查理十世派的头目皮埃尔 · 安托万 · 贝里耶，均对这种既没有希望也没有结果的荒诞的轻举妄动嗤之以鼻。正统派自鸣得意地处在反对派的位置，虽常常显示出才干，但却自以为是。[2]对王朝是否忠诚的问题亦涉及托克维尔一家，尤其是涉及他的父亲埃尔维伯爵，一个极端保皇派分子，1815 起担任省长，直至 1827 年被提升为贵族院成员。和其他许多人一样，他在“光荣三日”后隐退。与之相反，他的儿子即时年 25 岁的阿列克西，在凡尔赛初审法院担任法官，对被推翻的王朝评价不高，同意效忠宣誓。阿列克西在“光荣三日”后不久给未来的妻子玛丽 · 莫特莱写信道：“至于波旁家族，他们像懦夫一样行事，根本不值刚刚流掉的鲜血的千分之一。”[3]诚然，他希望查理十世退位在有利于波尔多公爵的条件下进行，但是鉴于这一愿望落空，他认为，奥尔良王朝将是阻遏无政府状态的最佳壁垒，他于是“在与自己斗争后”，在 1830 年 8 月 16 日以法官身份效忠宣誓。

阿列克西 · 德 · 托克维尔，民主社会未来的理论家，并不缺乏勇气。他的许多亲友为他的态度感到遗憾，但他们并未将之视为一种背叛。1805 年出生的阿列克西实际上属于诺曼底最古老的贵族家庭之一（在他父亲的谱系中，他荣幸地拥有在哈斯丁斯战役中与征服者威廉并肩作战的祖先，而在母亲的谱系中，则有路易十六的律师马尔泽尔布这样的先辈）。在最为纯粹的君主主义和天主教传统中长大的他，以一位拒绝宣誓的年老教士作为家庭教师，这位教士就是被熟人称为“贝贝”的勒苏厄尔神甫。勒苏厄尔神甫是个将自由派人士视为魔鬼的忠诚而体贴的教育者。阿列克西有个狂热正统主义的父亲，兄长伊波利特亦是位在信奉正统主义方面丝毫不输于父

亲的军官——简而言之，他的谱系、家族和环境注定他会尊重传统、
227 仇视大革命并遵循贵族的习俗。但是，托克维尔在相当年轻的时候就显示出一种使他永久远离正统观念的个性。在 16 岁时，通过阅读父亲设在梅茨的图书馆里的藏书，他的思想产生了一场危机，这场危机使托克维尔加速认为其家庭所归属的贵族制度已过时，并且使他失去宗教信仰。担任凡尔赛初审法院的法官后，他在巴黎大学选修基佐开设的历史课程，这些课程将对他产生深刻的影响。同基佐和夏多布里昂一样，他也认为，君主制的持久与否取决于它是否与自由联盟。他在波利尼亚克当政时目睹到的保皇主义者的反动，让他痛心疾首。他在 1830 年 4 月 6 日写道："国王只讲武力，严厉的大臣、顺从的保皇派分子对未来感到不安，人数最多的疯子则欣喜若狂。他们所谈的只是政变、通过敕令改变选举法。"在此可以肯定的是，他将不会再忠诚于任何一个王朝。他在《回忆录》中写道："我直至最后仍因世代相传的情感残余而对查理十世念念不忘，但这位国王因为践踏了我所珍视的权利而下台……这些逃跑的王公对我来说什么也不是，但是，我感到已经失去了自己的事业。"[4]

这种精神状态使人无法对其职业生涯的续篇做出乐观的估计：过于热忱的他将感到缺乏自己的归属，被人怀疑（但程度不是非常严重）仍是支持查理十世派的成员，并因此遭罪。他在新的政治体制中会有机会继续生存吗？于是，他与在凡尔赛结交的朋友、处于同样心境的古斯塔夫·德·博蒙考虑前往美国出差 15 个月，这一旅行对于他们来说可谓梦寐已久。他们很快就找到了业务方面的借口：参照长期被描述为名副其实的"罪犯的神学院"和"重犯的工厂"的法国监狱，研究美国监狱制度。博蒙因而于 1831 年 1 月致函内政大臣蒙塔里维，以便使后者对他们的考察产生兴趣，尤其是在一个以惩戒制度有效
228 性著称的国家。这当中最值得关注的分别是宾夕法尼亚和奥伯恩（在纽约州内）的相关制度：前一种制度的基础是把犯人关押在单人牢房里；后一种制度实行的是白天共同劳动，晚上单独关押。博蒙提议这

次旅行由两位代理商承担费用。因理由甚为充分，两位志同道合者在掌玺大臣那里获得了18个月的假期。

说实话，托克维尔的目标远非仅仅一份对监狱管理部门来说弥足珍贵的普通报告。他打算更广泛地调查美国共和制，并准备届时以匿名方式发表调查结果：总之，这次旅行可能将使他与博蒙脱离“最为庸俗的阶级”。除了个人的好处，这项调查对政治也不无裨益，因为它在共和主义喧哗不断并即将与奥尔良王朝唱对台戏之际思考共和制度。托克维尔在美国身上看到了一种富有教益的原型。

托克维尔和博蒙于1831年4月2日在勒阿弗尔上船前往美洲，他们将在1832年2月20日返回此地。他们乘坐的“勒阿弗尔号”是艘来自利物浦的500吨级的双桅横帆船。他们共计38天的航程以及在美逗留的情况，经由阿列克西经常给亲友写的长信而为我们所了解。

在头4天中，阿列克西与大多数旅伴一样晕船。这些“好旅伴”每人拥有一间狭窄舱室，在第6天才互相认识。我们的这两位旅行家与美国众议院的前议员帕尔默开始结下牢固的友谊，后者帮助他们在纽约百老汇一家包伙食的旅馆里安顿了下来。阿列克西写信给母亲道：“我们已经到了纽约，这座城市的外观在一个法国人看来显得稀奇古怪，有点不讨人喜欢。人们既看不到大教堂，也看不到钟楼和巨大的建筑物，使人始终以为自己身处郊区。在城市内部，建筑物是用砖块砌成的，这使得整座城市显得极为单调。它的房屋没有挑檐、栏杆和能通车辆的门；街道的路面铺砌得极为糟糕，但是，每条街都有供步行者使用的人行道……”[5]

尽管开始时有些困难和惊讶（他们的英语尚不够流利，就餐时没有葡萄酒，美国人的民族自尊……），但他们对受到的接待非常满意：“各种类型的美国人似乎在相互比试谁会对我们更为有用、更让我们喜欢。确实，关注各种事务的种种报刊报道了我们的到达，并期望我们到处都能获得有效的帮助。”相继而来的招待让他们应接不 229

暇，以至于安顿了好几天后，这两位年轻人才意识到他们缺少舞会上用的手套……阿列克西向哥哥解释说，在美国，除食物之外，所有东西都很昂贵，尤其是在巴黎只值45个苏的舞会手套，在纽约要卖6个法郎，所以，阿列克西请求爱德华用他们父亲的钱给他寄送“两打黄色的光面手套，外加一双晚会上穿的丝质长袜，以及一到两条黑色的丝质领带。人们在此佩戴的都是丝质的黑领带”。

在书信中，托克维尔记下了许多关于美国人的细节。这位访问者首先看到他们缺乏政治激情。在他们眼里，唯一重要的事情就是获取财富，而且，由于这片新土地上存在数以千计的致富手段，国家不会为此而被搞乱。“这是一个商人的民族，这种商人只在工作给他留有闲暇时才会关心公共事务。”棉花价格在报刊上占据的版面比任何政治问题都要大。与此同时，宗教明显抑制着已普遍化的贪婪：“我从未如此感受到宗教对一个民族的感情以及社会政治状况的影响……”他也注意到一种非中央集权化的现实，这种现实是认为政府插手一切事务乃天经地义的法国人所不熟悉的。但是，托克维尔很快就承认，并不存在对所有人都好的制度。如果说美国人显得幸福以及健忘，这是因为他们自己的原因：“我认为，在此获得成功的制度会不可避免地使法国混乱，而别的适用于我们的制度亦显然会在美国作恶……”

在给嫂子爱米莉和亚历山德利娜的信中，他很自然地描述了与妇女相关的习俗。对美国年轻女子所享有的自由印象深刻的他，描述道这些年轻女子自由自在地在街上到处逛，在人行道上与人聊天，在家中接待年轻男子……但是，婚姻突然中止了这一切：“当一名女
230 子结婚，她就好像进入了修道院。不过有所区别的是，当她有孩子，甚至是很多孩子时，人们并不会觉得她有过错。除此之外，她过的就是修女的生活：不再有舞会，也几乎不再有社交，唯一相伴的是其既值得尊重而又冷漠的丈夫，直至离开人世。我曾大胆去问一名像修女一样生活的女子，在美国，妇女归根结底能以什么来过日子。

她极度镇定地回答我说：‘以钦佩她的丈夫来过日子。’”

对监狱的调查在认真地进行。博蒙和托克维尔花了很长时间参观兴格监狱。这是全美最大的监狱，位于哈德逊河右岸，距纽约有40公里，关押的犯人有900人。6月底，他们乘蒸汽船溯流而上，直至奥尔巴尼，并迅速从奥尔巴尼出发到奥伯恩参观，这里是另一座典型监狱的所在地。托克维尔从此以后对美国（监狱）制度优于法国（监狱）制度深信不疑，虽然他对监狱是否能真正改造罪犯抱怀疑态度，但他看到，在美国，囚犯出狱时不会比入狱时更坏。

两位友人去了布法罗，为到达底特律穿越伊利湖，带着赞叹望见了尼亚加拉大瀑布，并游览了加拿大。在加拿大的游览为托克维尔提供了重新思考的机会。在给和蔼的勒苏厄尔教士的信中，他写下了在看到本国的法国人对生活在加拿大地势较低地区的法国人的忽视程度时的震惊：60万“和你我一样也是法国人”的人忍受着英国人的压迫，不管怎样均保持着他们的共同身份，而这尤其要归功于他们的本堂神甫。“他们是当地居民的权威人士、朋友和监护人。本堂神甫在这里没有被指控为当局的拥护者，英国人把他们当作煽动者。事实上，他们是率先抵抗压迫的人，人民在他们身上看到了最持久的支持。”[6]

他们从加拿大来到波士顿（在这里，阿列克西在1831年9月悲痛地获悉“贝贝”逝世）、哈特福德、费城（“令人讨厌的整齐”，“整齐开辟的街道”，还标上了号码……）、巴尔的摩、匹兹堡、辛辛那提……南方让托克维尔对法国所丧失的历史机遇抱有希望：“在美洲的法国人具有成为一个伟大民族的一切因素。他们还是欧洲家庭在 231
新大陆的最美好的子孙后代。但是，由于在人数上不占优势，他们注定以屈服告终。当局的放弃（通过1763年的《巴黎条约》）是路易十五不光彩的统治生涯最大的耻辱之一。”托克维尔在重新来到加拿大时写道：“我刚刚在加拿大看到100万勇敢、聪明、适合于某一天在美洲组成伟大法兰西民族的法国人，他们在某种程度上在自己的国家像外国人似的生活着。征服者的民族掌握着贸易、工作、财富和权力，他们构成了上等阶级，并统治着整个社会。到处都有未在人数上具有重大优势的被征服民族，他们逐渐地丧失了自己的习俗、语言和民族特性。这就是征服或更确切地说是放弃的后果。”[7]

路易斯维尔、孟菲斯、密西西比、华盛顿……托克维尔意识到了印第安人所忍受的压迫，他们总是被驱逐到更偏远的地方，处在难以忍受的被奴役状态……虽然在美洲土地上的时间尚不足一年，但他深信，自己将就美国写出一些前所未闻的事情，他的偏见已被消除。而且，他的朋友古斯塔夫·德·博蒙自始至终都在激励他。1832 年 2 月 20 日，两人在纽约登上了开往法国的船只。

在他们回国后，博蒙在萨尔特省开始撰写关于监狱制度的报告，接着他又返回巴黎，以便确保与托克维尔的合作。阿列克西尽管有一段时间精疲力竭，但仍同意前去参观土伦的苦役犯监狱以及日内瓦和洛桑的新监狱。但是，甚至托克维尔自己也说，《论美国的监狱制度及其在法国的应用》主要出自博蒙之手。在 1833 年 1 月发表的这一报告获得了法国蒙蒂翁奖，并且因受到好评而在 1836 和 1844 年两度再版。

在这期间，古斯塔夫·德·博蒙因为拒绝作为检察官介入一件与其同身份的人的案子，被解除塞纳省初审法庭的代理检察长一职。托克维尔立即与博蒙团结一致。两人均登记加入律师团，这使托克维尔得以在蒙布里松重罪法庭为他的朋友、被贝里公爵夫人鲁莽行
232 动牵连到的路易·德·凯尔戈莱辩护。在政治上未对公爵夫人的未遂行为给予任何宽容的托克维尔在为朋友辩护时发表了令人感动的演说，后者最终被宣告无罪。

托克维尔在 1833 年夏天期间开始写关于美国的著作。起初，他打算与博蒙合写，并在第一版的《论美国的监狱制度及其在法国的应用》中，曾预告他们将合写一部关于“美国的制度和习俗”的著作。但是，在共同协商后，两人决定分开行动。博蒙写的是长篇小说《玛

丽》，而托克维尔则将写一部题为“论美国的民主”的论著。托克维尔向他的朋友、空论派众议员迪韦吉耶·德·奥哈纳解释说，他不喜欢参考在他之前出版的关于美国的书籍，只想强制自己去读在旅行中写的笔记以及档案文献的笔记，并向他为此而在1834年初约好的一位住在巴黎的美国人弗朗西斯·利皮特请教。[8]托克维尔与博蒙好友相互校阅手稿，进行讨论，予以订正。

《论美国的民主》第一卷发表于1835年1月，这一著作迅速取得了巨大成功。《辩论报》一位名叫萨尔旺迪的固定撰稿人分别在1835年3月23日和5月2日写了两篇高度评价这一著作的文章，圣勃夫同样于4月7日在《时报》上发表类似文章。圣勃夫写道：“该书的每一个章节处处证明这是一位最出色和最坚定的人、一位最擅长政治观察的人。在政治观察方面，自孟德斯鸠无与伦比的不朽之作问世以来，这是少有的既恢宏大气又扎实可靠的佳作。”这篇文章引来托克维尔的致谢：“先生，请允许我将您对美国民主的判断与更为重要的东西联系在一起，即看到我们之间建立的联系得以维持并变得更为频繁。我情不自禁地相信，在我们之间存在许多互通之处，并且相信，如果有机会更好地相互认识，你我将产生一种立即会占支配地位的智力和道德上的亲密关系。”夏多布里昂（他把托克维尔 233
带到雷卡米埃夫人在林中修道院的家中）、基佐、拉马丁、鲁瓦耶－科拉尔、莫莱（他把托克维尔介绍给卡斯特拉纳夫人）、卡富尔（曾评价该书是“现代最值得引人瞩目的著作”）也对此予以赞扬。博蒙的小说《玛丽或美国的奴隶制》也获得了同样的成功，在1835至1840年间出了5版。固执地反对托克维尔论著的文章出自《法兰西报》的正统主义者，他们嘲笑托克维尔把美国这样不值得推崇的共和制拿来作为榜样。与之相反，英国人却因能在该著中找到如此多反对美国共和制的论点感到高兴。不管究竟如何，托克维尔的声誉一举得到提高。这位贵族竟然能够如此无拘无束地谈到一种能为他的客观和精神自由辩护的民主。雷米扎写道：“托克维尔的巨大优点是表达了他自己的见解。在反对大革命的保皇主义怀抱中长大的他，已经绝无仅有地通过观察他所处的时代摆脱了束缚。”

美国是此书的研究对象，但对法国的思考无所不在：对大西洋彼岸制度进行的思考，也是他自己在寻求革命突发事件以来对稳定的国家现状和未来的思索。被民主演变的不可抗拒性所困扰的他思考的是：“这种社会的民主化是否能与自由并行不悖？”

已在美国得到实现的民主社会，就是身份的平等化，归因于继承（权）在社会分化上的终结，在理论上所有人皆可担任各种公职，但是，它似乎也是习俗、生活方式或水平的一种缓慢但不可避免的齐一化。即便平等实际上未实行，但它毫无疑问存在，同时改变了在此之前由门第决定的心态。在民主社会，仆人皆可梦想成为主人。这种社会预示着一个中等阶级的社会，而中等阶级社会的目标是最大多数的满足，贵族制只属于过去。

自大革命以来，法国进入了平等时代。但关键的问题是要了解，
234 托克维尔所领会的、起源于一种贵族价值观的自由，在人们确立身份平等时是否能够得到保护。没有继承贵族制度遗产的美国，给他提供了某些答案。

他从美国的联邦宪法着手，这一宪法汇集了权力（这是个领土广袤的国家）和自由（该国并未实行中央集权制度）的利益。“各州的立法权”从中起了首要作用，它们使靠近权力成为可能，因而也使得更好地监督权力成为可能。通过描述政治制度，他以自由主义者的身份，强调立法与行政之间的平衡，强调最高法院的法官的作用——“当今最有力的防止民主差异的屏障”。在这一时期，唯有美国人配备了能够废除违背基本法的立法机构法案的宪法法院（une Cour constitutionnelle）。根据孟德斯鸠的提法，这是以权力制约权力。

在非中央集权化和权力制衡之外，托克维尔补充了第三个他极为关注的积极因素，即美国人对结社的爱好，以及在不求助于国家机构的情况下行动、临时安排和带头做某事的方式：“假如公路上发

生故障，车马行人阻塞不通，附近的人就会自动组织起来研究解决办法。这些临时聚集在一起的人可以选出一个执行机构，在有人去向有关主管部门报告事故之前，这个机构就开始排除故障了。”[9]而在法国，人们会去叫宪兵，会等待，会犹豫，但在美国，公民产生了集体自行解决问题的方式。他们有结社的权利和习惯，这就是自由民主的基础。

托克维尔非常自然地涉及了新闻自由问题，而新闻自由的废除曾是七月革命爆发的主要原因之一。鉴于深知不受约束的新闻会产生何种过火行为，新闻自由不是无条件的。但是，没有自由的新闻比新闻自由还要糟糕。在美国，这种自由有利于报纸的增多，同时，舆论在相互平衡：人们正是通过自由来纠正对自由的滥用。

然而，托克维尔主要的思考放在了宗教上。人们已经指出，美 235
国民主的整个制度根植于共有的宗教信仰，而这种宗教信仰丝毫未与自由精神相对立。美国人的新教起源是关键所在：“英属美洲的大部分地区是由一些先是反对教皇的权威而后又不承认宗教至高无上的人开发的。因此，对于他们带到新大陆的基督教，我除了称之为民主共和的基督教之外，找不到其他合适的称呼……在这里，政治和宗教一开始就协调一致，而且这种关系从未中断……”[10]

也许那里的人们有多种教派，但每一种教派均宣扬建立相互的公民义务。在这一意义上，即使宗教并未形成法律，它也在支配着习俗。[11]“我不知道全体美国人是不是真信他们的宗教，因为谁能钻到他们心里去看呢？但我确信，他们都认为必须维护共和政体。这个看法并非一个阶级或政党所独有，而是整个民族共有。所有阶层都有这种看法……”[12]而处在政教分离制度下的这一切，在法国是不可想象的（如前所述，除了拉默内的小团体曾如此想象）：“在欧洲，基督教准许人们把它与世间的政权紧密结合起来。今天，与基督教结合的那些政权已经衰落，而基督教本身则好像被埋在那些政权的废墟堆里。但它还活着，被死去的政权压在底下。只要清除压着它的瓦砾，它就会立刻站起来。”[13]

托克维尔认为在美国抓住了其真谛的宗教，协调了信仰和自由；而在法国，教会与近代社会的冲突，则将信仰与自由分开。在法国，罗马教从外部和上层强行规定了教条主义的信仰和道德权威，而美国人的习俗和信仰则能够引导每个人将道德意识、宗教信仰、公民义务内在化以建立自由民主。

虽然这对美国民主的描绘有点乐观，但托克维尔并未把美国当
236 作伊甸园。他敏锐地分析了“集体暴政”“舆论的因循守旧”会对个人产生何种影响。他没有对印第安人遭受的摧残与驱逐保持沉默：“这种被迫迁徙而来的可怕苦难是不堪设想的。当印第安人离开世世代代居住的家园时，他们已经精疲力竭，衰败不堪。而在他们新选定的落脚地区，又早已住着只会对新来者怀有敌意的其他部落。他们的背后是饥荒，前面又是战争，真是到处受苦受难。”[14] 他丝毫没有隐瞒对蓄奴制和种族主义的厌恶：“我觉得，种族偏见在已经废除蓄奴制的州，反而比尚保存蓄奴制的州强烈。而且，没有哪个地方的种族偏见像从来不知蓄奴制为何物的州那样不能令人容忍。”黑人问题在他看来似乎是“威胁美国未来的一切灾难中最可怕的灾难”。他预见到了奴役的终结，但也指出，不管结果如何，奴役都是“最大的不幸”。[15]

在他们的书出版之后，托克维尔与博蒙前往伦敦，此行既是为了深化对民主的研究（英国在 1832 年进行重大的选举改革，《改革法案》扩大了选民的基础），同时也是为了消遣（两人都将在几个月后结束单身汉的生活）。他们受到了政治知名人士的接待，并认为在英国社会正在进行的民主化，注定会通过合法手段在非暴力的情况下进行。他们也访问了奥康诺的爱尔兰，在那里，贫困而信仰天主教的农民被拥有土地的信仰新教的贵族所统治。

回国后，托克维尔准备与玛丽·莫莱尔结婚。新娘是个出身寒门的英国女子，因此阿列克西的父母极不看好这桩婚事，他的母亲

甚至没有出席1835年10月26日在巴黎圣托马斯－阿奎那教堂举行的仪式。不久，托克维尔着手写《论美国的民主》第二卷，该卷预定在4年后即1839年11月出版。与之相反，古斯塔夫·德·博蒙并没有与社会地位低下的人结为伉俪，他娶的是拉法耶特的孙女。他后来在1839年出版了《爱尔兰》。

阿列克西在1836年1月失去了母亲。因为见自己得到了托克维 237
尔家族的城堡和土地（他从未使用过属于他的伯爵称号），两口子从此以后将时而在巴黎，时而在城堡过日子——该城堡位于瓦洛涅与瑟堡之间的科唐坦海角。在完成《论美国的民主》的书稿之前，他撰写了一篇《关于贫困的回忆》，这是一个使他思索不已的题材。他在文章中表现出对“工人工业协会”的兴趣，虽然他不认为这种“丰富的”观念已经“成熟”。他接下去写的评论《1789年前后的法国的社会政治状况》是应斯图亚特·密尔之邀为后者的杂志《威斯敏斯特评论》而撰写的。如果说他对旧制度的描述旨在使英国读者理解法国的特殊性，那么，其中心主题依然是纠缠他已久的问题，即从贵族制社会转入民主制社会，这一主题将在20年后重新出现在他关于“旧制度与大革命”的著作中。最后，他还在撰写《论美国的民主》的过程中忙里偷闲地撰写了第三篇评论《关于阿尔及利亚的两封信》，此文应凡尔赛一份出版物的约稿而写，它证明了托克维尔对殖民问题的关注。

托克维尔也投身于政治事业。1835年，即《论美国的民主》第一卷出版那一年，他已年满30岁——根据新宪章的规定，只有达到30岁才有当选资格。他参加了1837年在拉芒什省瓦洛涅选区进行的选举，并且非常明确地谢绝了他的远房亲戚、时任首相的莫莱伯爵的帮助。由于在第二轮选举中败北，他听到专区区长说，这是一场“本专区的反刍派（la partie ruminante）对有思维能力派”的胜利。他于1839年在同一选区实现了复仇。从此之后在政治舞台上发挥作用的他，在1851年12月2日政变后不久退出了这个舞台。

这一切耽搁了《论美国的民主》的写作，这一著作最终于1840年出版。这一次，公众意见毁誉不一，因为它不再是一个报道，而是一本政治哲学论著，一部以美国为出发点对民主进行广泛思考的抽象之作。比如，托克维尔设想了美国已经开始的民主社会可能会怎样，以及它在思想、社会生活、习俗和政治命运方面产生的后果。

在思想方面，他预见到舆论的统治、占支配地位的功利主义、
238 语言的退化和文学工业的发展："作家追求的目的，与其说是使读者快慰，不如说是使读者惊奇。他们的努力方向，与其说是使人享受美，不如说是使人兴奋激动。"[16] 关于社会生活，通过预言工业主义的支配力、对私营企业的偏爱，他提议以结社精神来平衡这种倾向："要是人类打算维持文明或走向文明，那就要使结社随着身份平等的扩大而正比地发展和完善。"托克维尔敦促人们警惕那些威胁"过于满足的"社会的危险，在这种社会中，公民会忽视公共事务（而野心家可能会利用这一点），他鼓励公民提防"以缺席或不被关注的民众之名义"说话的派别。

在习俗方面，托克维尔感到它们在变得简单，贵族的习惯准则注定会消亡。他看到妇女地位在平等方面得到改善，强调将诱惑大多数人的金钱崇拜："我承认，我对民主社会的担心，主要不是人们欲望过大，而是它的平凡。因此，我觉得最可怕的是，在人们不断忙于私人生活的琐碎小事当中，奋进之心失去其推动作用和崇高目标；人们的激情既没有昂扬又没有低落，结果社会日渐走向看似十分安宁但缺乏大志的状态。"[17]

最后，在关于民主社会政治命运的章节中，自由主义者必须预防奴役的危险。平等原则可能有助长权力独裁和集中的危险，对特权的仇恨则可能导致无限制地加强国家（机器）的特权："民主时代的人十分讨厌服从与自己平等的邻人的指点，不承认邻人在智力上高于自己，不相信邻人正直，嫉妒邻人的权势，既害怕又瞧不起邻人，喜欢让邻人时时刻刻感到双方属于同一个主人管辖。顺应这些自然本性的各项

中央权力都喜欢和鼓励平等……”[18]在路易·拿破仑·波拿巴政变前11年，托克维尔已经勾勒出这种“民主专制主义”的轮廓。像这样 239
的权力会满足每个人的两种敌对情感——“需要被引导和仍然渴望自由”。托克维尔清晰描述了民主社会具有专制的可能。

托克维尔在描述时也会进行规定：他呼吁创建辅助性的机构，实行非中央集权化，选举官员、发展社团，增加报刊（“自由的民主工具”），并且呼吁公民要警惕。

美洲之行激起了托克维尔的乐观主义，但这种乐观主义并非是盲目的。实际上，这位精神贵族谨慎地设想了大众社会：“我举目环顾在许多方面都一样的众生，既无超群者又无落后者，真为这种普遍划一的情景感到悲怆和心寒，并为这里已不复有社会而遗憾。”但是，托克维尔并未任由自己被怀旧所压倒，他甚至努力去表达造物主的观点——对于造物主来说，重要的“并不是个别人的荣华富贵，而是全体人的巨大幸福。因此，我认为是衰退的东西，在造物主看来都是进步的东西……平等也许并不怎么崇高，但它非常正义，它的正义性使它变得伟大和美丽”。[19]依托克维尔之见，与法国人的反应正好相反，民主依然可以与大革命分开来思考。民主的未来可以在没有过多恐惧的情况下予以考虑，但这要借助于警惕，因为民主有可能危害自由。

托克维尔注定会在以后修改对美国的描述。他的著作所用的例子主要从美国东部，即新英格兰、清教徒的美国而来。然而，两个重要的因素发生了变化：其一是西部不断扩大，其二是数量巨大、来源庞杂的移民摧毁了同质社会的观念。利益冲突（这甚至在南北战争前就有）、唯利是图、野蛮资本主义、废奴问题和过去的奴隶身份 240
等问题层出不穷。美国19世纪后半期将显而易见地改变美国民主伊甸园般的外观。民主向来只是一种目的、目标和理想，应当始终检查它实施的制度。[20]尽管如此，很少有政治著作比托克维尔这部更具洞察力。在“消费社会”时代和“世俗宗教”终结之际，在自己的国家被重新发现之前，长期以来，托克维尔在盎格鲁－撒克逊国家比在法国还要有名。

阿列克西·德·托克维尔于1839年当选为众议员，于1841年以36岁的年龄入选法兰西学院，他是雷米扎口中的“我们时代最伟大的人之一”，并且将一直是人们谈论的对象。

第十三章

巴尔扎克创办《巴黎评论》

1838 年，《都尔的本堂神甫》出版。

1840 年 7 月 25 日，巴尔扎克的《巴黎评论》创刊号问世。

1850 年 8 月 21 日，举行巴尔扎克的葬礼。雨果在拉雪兹神甫墓地发表演说。

司汤达之所以如此因巴尔扎克为《巴马修道院》撰写长篇文章而感动，是因为后者占据着首要位置。41 岁的巴尔扎克已经有点啰啰唆唆，继续发表着短篇小说和长篇小说，其中的一大部分，尤其是《欧也妮 · 葛朗台》《高老头》《恺撒 · 比洛多》等等将成为《人间喜剧》的组成部分。圣勃夫不无恶毒地写道："我们小说家中最高产的一位。"巴尔扎克从 19 世纪 30 年代起开始获得的成功，使他习惯了拥有轻便马车、马匹和昂贵室内家具的阔绰生活。他的计划与举动使他身陷可怕的债务和紧张的工作：希望扩大乡村府邸的他，还为了购买靠近维尔－达弗雷的几份地产而举债。在这几块地上，他让人于 1837 至 1839 年间在已有的两幢房屋旁边建造了他那幢漂亮的雅尔迪别墅（Maison des Jardies），他曾在这幢豪华别墅里接待朋友蒂奥菲尔 · 戈蒂埃、画家保尔 · 加瓦尔尼、雨果等等。这幢府邸是个深渊，它的负担直到巴尔扎克去世都非常沉重。1838 年，他以为能够通过投资撒丁的银矿来恢复财力。是年春天，他听从一位日内瓦代理商的建议去看了撒丁的银矿，同年，他入住雅尔迪别墅。

他的恋爱经历颇为复杂。1833 年，他在纳沙特尔首次遇到夏娃·汉斯卡伯爵夫人，后者是崇拜他的波兰女子，一年来已给他写了不少充满激情的信。汉斯卡夫人并非自由之身，她与丈夫生活在远离巴黎的地方，但是，一场充满激情洋溢的书信和断断续续重逢的终
242 生不变的爱情开始发生。在法国，巴尔扎克则与在奥地利大使馆招待会上见过面的吉多伯尼－维斯孔蒂伯爵夫人有私情。巴尔扎克的个性、放荡行为、华丽车辆以及开销引来流言蜚语。一些小报的漫画家喜欢把他描绘成这副模样：缩在一件胖乎乎的僧侣穿的道袍中，放荡不羁，因债台高筑而身陷囹圄。

他当时想以非同寻常的手段来处理戏剧，于 1840 年 3 月 14 日在圣马尔丹门剧院首演《伏脱冷》(*Vautrin*)。鉴于审查委员会拒绝了他的手稿，认为剧本有害于“道德和社会秩序”，他不得不做出让步。但他彻底失败了，因为《伏脱冷》立即被新任内政大臣夏尔·德·雷米扎禁演。应当具体指出的是，该剧的主要演员、扮演一位墨西哥将军的弗雷德里克·勒迈特尔把自己化装得像路易－菲利普一样。其中一位观众，即奥尔良公爵毫不留情地离开剧场，对演员侮辱他的父亲感到愤慨。在雨果的陪同下，巴尔扎克试图向雷米扎求情。雷米扎接见了他们，他为人宽厚，且颇为坚定地确信，报刊和两院的大多数议员会支持自己。雷米扎在其《回忆录》中写道：“过去多数的反对派是些偏激之人，我只可能被指责对文学和艺术家过于宽容。虽然无视戏剧报刊并让阿雷尔(圣马尔丹门剧院经理)不满，但雨果和巴尔扎克对我大有好处，正派的人将感到他们未被抛弃。”[1]

文学舞台并不能让巴尔扎克满足，他也意欲介入政治领域。狂热的他甚至给汉斯卡夫人写道：“我想要在法国的权力，而且我将拥有这种权力。”他在 1831 年稍微表达了参与竞选的愿望，并为此写

了一本小册子《对两届内阁之政策的调查》[2]，尽管已预告说还要发表其他 4 本小册子，但这本小册子并没有续篇。他之所以不得不放弃竞选，似乎是因为没有缴纳使其具有当选资格的 500 法郎选举税。同样写成于 1831 年的《驴皮记》的成功有可能使他成为候选人吗？不过，他在 1832 年参与了在什农举行的补缺选举。当时，他从 3 月 31 日起为正统主义的倡导者之一《革新者》撰稿，正统主义的另一倡导者《日报》把这位“新人”描述为一位“朋友”：“一位充满热忱和才能的青年作家，他显示出愿意献身于捍卫与法国休养生息和幸福密切相关的原则。”但是，什农的选民远没有选择他，而是选了中间派的候选人。 243

1836 年，即吉多伯尼－维斯孔蒂伯爵夫人为他生下一个儿子的那一年，他创办了双周报《巴黎专栏》，并且期望与《两个世界评论》杂志[3]的经理比洛兹联手创立一个汇集有头脑者的党派即“脑力劳动者的党”。在他自己的报纸中，他亲自不无客观地论述对外政策，聘用泰奥菲尔 · 戈蒂埃、夏尔 · 诺蒂埃、阿尔方斯 · 卡尔……但是，《巴黎评论》只有 300 家订户，至少要有 2000 订户才能生存。巴尔扎克的个人债务加重，该报被用于清偿，一位股东让人扣押了巴尔扎克的轻便双轮马车。

1838 年，一桩社会新闻激起了他的活力：塞巴斯蒂安－贝努瓦 · 佩特尔被控在贝莱附近谋害妻子和用人。佩特尔是巴尔扎克和加瓦尔尼的朋友，因为在 1832 年以路易 · 贝努瓦为笔名发表《梨子的生理学》而声名大噪，这篇抨击性短文显然是针对路易－菲利普：一系列描述都与路易－菲利普十分相似。巴尔扎克与加尔瓦尼去了他们的朋友被囚禁的地方——布尔，佩特尔让他们相信自己是无辜的。回到巴黎后，巴尔扎克这位为胡格诺教徒卡拉斯辩护的新伏尔泰，写了篇幅极长的《关于贝莱公证员佩特尔诉讼案的信》。阿尔芒 · 杜塔斯克的《世纪报》要分三期才能登完这封信的全文。巴尔扎克得忍受失败的痛苦：佩特尔被判处死刑，他向最高法院的申诉被驳回，他的赦免请求遭到国王拒绝。于是，佩特尔在1839年10月底被处决。其间在8月份，巴尔扎克小说以极快的节奏接连问世（他写完了《古玩陈列室》，开始了《高级妓女荣衰记》的写作），当选为作家协会会长。这一职务并非闲职，他将在协会里通过制定后来充当版权协约规范的文学法典，捍卫经常被践踏的著作权。

244 领导一家新出版物的想法使他颇为苦恼。当时，巴黎有两位著名的报纸经理：其一是埃米尔·德·热拉尔丹，《新闻报》的经理；其二是阿尔芒·杜塔斯克，他不仅拥有《世纪报》，还拥有《吵闹声报》《费加罗报》以及其他报纸和期刊。巴尔扎克在后者的期刊中不仅发表了《贝姨》等他自己的小说，而且如前所述，还发表了他为佩特尔的辩护。巴尔扎克与杜塔斯克一起创办了《巴黎评论》，这是一份125页的文学与政治月刊。作为主要编辑的巴尔扎克若在上面发表文章将分文不取，但可与杜塔斯克分享利润。由此，这份杂志小开本的第一期在1840年7月25日出版。开始发挥作用的巴尔扎克对七月王朝发起了猛烈攻击。

这份杂志造就了巴尔扎克一篇未曾发表的短篇小说——《Z.马尔卡》，小说一开始，两位大学生结识了一位名为泽菲兰·马尔卡的同楼层的邻居。马尔卡是个在结束政治记者的不幸经历（在担任政治记者时，他曾被一位不择手段的政客大肆利用）后自愿生活在贫困中的高傲之人。在内阁改组后，前面提到的那位政客前来把Z.马尔卡强行关押在他家顶层的小屋里，但是，马尔卡在得以复仇前就死了。马尔卡的不幸遭遇与《巴黎专栏》被清理不乏共同点，自《巴黎专栏》被清理以来，巴尔扎克对新闻界颇为反感，他不仅反感它极不公正、谎言、腐败和卑劣的诡计，而且还反感它对权力的盲从，无法辨认出给法国带来荣誉的真正人才。在这一短小的故事中，巴尔扎克通过社会分析正式揭露了七月王朝的老人政治。马尔卡－巴尔扎克宣称："年轻人在法国没有出路，他们在法国积聚了大量被轻看的能量、合法而不安于现状的抱负，他们不怎么结婚，因为家庭只知道生孩子，什么样的声音会打动这一大批人？我不知道。但是，年轻人将猛然冲入目前的事态并打乱它……在这一时刻，有人推动青年人成为共和派，因为青年人想在共和制中得到解放。他们想起了年轻的人民代表和将领。可以与政府的轻率行为匹敌的只有政府的贪财。”[4]

马尔卡也抨击了始终是热门话题的内阁的不稳定。在前一年里，245
梯也尔和基佐（他们彼此厌恶对方）以及以奥迪翁·巴罗为首的左翼王朝派组成了一个导致莫莱下台的联盟，这一联盟有利于迅速被推翻的苏尔特内阁，接着是很快被国王本人撇开的梯也尔内阁。国王是在一次国际危机中这样做的。这次危机曾让亨利·贝尔领事极为愤怒，而且也同样让巴尔扎克大动肝火。在路易－菲利普具有象征性的雨伞下[1]，法国竟然成了一个平庸的国家。

人们在同一期杂志的专栏中读到：“民族伟大、强盛且具有远见，政府却虚弱、盲目，一事无成。”几年来，有一个人在内阁走马灯似的改组中体现了七月王朝的懦弱，这个人就是阿道夫·梯也尔。此人身材矮小，嗓音尖细，精于权术。他是艾克斯－普罗旺斯一个铁匠的儿子，对一位经纪人式的女子，即他的岳母大人多斯纳夫人言听计从。他的能量刚刚在对下述报刊的影响力中表现出来：《巴黎日报》《立宪主义者报》《法兰西邮报》《消息报》《信使报》等等。梯也尔所代表的正是新兴资产阶级的统治：“王权在法国是资产阶级的体现，宫廷使自己适应于资产阶级，它恭维了母亲，却遗忘了父亲——人民，而后者注定会在反对资产阶级时，如同路易十一反对封建制度时表现出来的那样，充当它的支撑点。当今存在一种金钱封建制，银行家成了趾高气扬的男爵，资产阶级让人害怕。”与此同时，宫廷无视那些优秀的人，也没有看到法国所具备的卓越的普世精神。国王的内阁非但没有去支持作家，反而让作家觉得被侮辱、

[1]　路易－菲利普喜欢身穿便服，手持雨伞在街上溜达。

虐待，以及绝对无法在面对掠夺自己的“窃贼”（此也许指债主）时捍卫自己。议会和内阁各自之间的想法持续争执，更使法国陷入软弱无力的境地。

在被认为想把法国情况告知沙皇的杂志《俄国信札》的专栏中，巴尔扎克在1839年土（耳其）埃（及）战争引起的东方危机结束之际提到路易－菲利普的退位。为解决冲突，苏尔特元帅曾提议召开一次欧洲国家会议。英国人帕麦斯顿急忙表示同意，不过，他更喜欢与
246 俄国、普鲁士和奥地利磋商，把过于支持埃及帕夏的法国晾在一边。由此，在法国缺席情况下商订的1840年7月15日伦敦协定针对的是法国许诺予以支持的埃及帕夏穆罕默德·阿里。该协定由帕麦斯顿交给基佐，但后者拒绝在上面签字。时任首相的梯也尔发布动员令，但对此感到不安、渴望拯救和平的国王却迫使梯也尔辞职。巴尔扎克在《巴黎评论》中评述了法国的屈服：“人们难道不都相信，法国国内形势丝毫不允许它在国外有所尝试来行事吗？什么？英国和三大列强敢于把和平状态转为战争状态！啊，我在此辨认出了对法国事务机灵而深刻的认识。你们互相说杜伊勒里宫的政府过于恐惧战争，恐惧其将会激发国家能量以及巩固议会权力的战争。”

伦敦协定在法国被视为一种凌辱并激起沙文主义浪潮，而这又间接地在德国引起民族主义狂热。正是在这一时刻，法国人阿尔弗雷德·德·缪塞以一首贝朗瑞式的歌谣《我们曾经拥有德意志的莱茵》来回应德国诗人尼科劳斯·贝克创作的《德意志的莱茵》，这首很快被谱成曲子的歌谣使作者受到厚爱。战争没有发生，但是爱国精神受到了伤害（拉马丁谱写了一曲并未获得成功的《和平马赛曲》）；如前所述，贝尔放弃了他法国人的称号；在研究拿破仑的梯也尔则加入了反对国王的保守态度以及国家被欧洲列强凌辱的行列。

1840年7月的这次国际危机和局势有关，它不会有深远影响，即使在左派心甘情愿充当沙文主义者的时期，其在国内舆论方面亦是如此。

在第二期《巴黎评论》中，通过致力于名副其实地表明信仰，巴尔扎克走得更远。有点让人出乎意料的是，他选择将对圣勃夫《波尔－罗亚尔修道院史》的长篇批评作为背景，当时圣勃夫的《波尔－罗亚尔修道院史》第一卷刚刚出版。[5]巴尔扎克首先与这位在文章中从未说过他好话的杰出批评家算账，而且是彻底地算账。“圣勃夫先生具有恢复令人生厌的体裁的奇怪念头。”他以几页的篇幅，就“烂污泥般的厌倦”主题痛斥同行。通过进入这一题材的实质，他指责《波尔－罗亚尔修道院史》牺牲路易十四来滥用其对冉森教派成员的彻底同情。在巴尔扎克看来，此属致命的政治判断失误：“我们很清楚，路易十四通过马扎然充当了黎塞留的继承者，而黎塞留本人则又继承了卡特琳娜·德·美第奇：这三个人是我国专制主义的三大卓越天才。彼得大帝很理解他们。他或许想通过把红衣主教的雕像装点得灯火辉煌把他的精神带入北方。圣巴托洛缪、攻陷拉罗谢尔、废除南特敕令，这一切是连贯一致的。路易十四的行为是被夏尔·坎的轻率之举引发的史诗的终结，尽管有各个时代的圣勃夫之流伪善的叫嚷，这一伟大而具有勇气的行为，是堪与这位巨人般的君主其他所有事务等量齐观的事务。” 247

巴尔扎克曾是自由主义者，对大革命的敌人并无特别的同情（如同人们在他平庸的诗歌体剧本《克伦威尔》和他出色的小说《朱安党人》中所读到的那样），现在他成了正统主义者、绝对君主制的崇拜者——绝对君主制自然不会容忍在冉森教派之前对国家产生威胁的新教徒的内部分裂。在巴尔扎克创办杂志前已经撰写和发表的《都尔的本堂神甫》中，他把博内教士作为担保社会和道德秩序的天主教给人好感的倡导者。七月王朝（“七月王朝是门第、财产和才能的优越性心甘情愿的失败”）、选举代表制（“一种傻事”）、新教（“出自宗教的妄自尊大的自由主宰的大声呼喊——这种宗教的妄自尊大是路德、卡尔文、茨温利以及诺克斯带入政治经济学的”）、近代个人主义（“人人为己，人人各得其所”这两句可怕的话将与“这一切会让我怎么样？”构成了资产阶级和小财主三位一体的大彻大悟）、新闻（已变得至高无上）等等都在此遭到揭露，而传统君主制（好国王查理十世）则在此受到竭力恭维。《都尔的本堂神甫》的另一位主人公，工程师热拉尔曾在信中写道：“大量可叹的大小罪行突出了
248 社会的祸患，此种社会祸患的根源乃在于这种提供给人民的一知半解式的教育，以及通过下述方式来摧毁社会联系的倾向，即通过让人过多去反思，以至于舍弃有利于政权的宗教信仰，但又不让他们达到‘服从与义务’的理论——这一理论是超验性哲学的最终目的地。不可能让整个民族都来研究康德，对于民众来说，信仰和习俗的价值与研究和推断的价值同等。”[6]

作为说教者的一面并没有夺走他对小说的情感，他又写了好几个章节。在托克维尔让同时代人理解美国的时候，巴尔扎克通过一位小说人物之口，把美国描述为一个“只看重金钱和利益、冷酷无情的可悲国家”。然而，继承了大革命、遗忘了法国传统、受利益支配的七月王朝受到了威胁。捍卫家庭、大肆攻击个人主义和议会制（“合法的无政府状态”）的乡村本堂神甫呼吁恢复信仰：“法国这时候疯了！唉！你们也和我一样确信这一点。如果所有像你们这样善良的人在他们周围做出表率，如果所有灵巧的手通过巨大的心灵共和国，通过能够通达人性的唯一教会让祭坛更为突出，我们将能在法国重新看到祖先曾在此创造过的奇迹。”[7]

《巴黎评论》丝毫不需要通过（小说中）这样或那样的人物之口来传递思想，对于这些思想，巴尔扎克完全自觉地予以接受。他当时毫不犹豫地加入了反革命派的嫡系（人们觉察得出来，他曾读过约瑟夫·德·迈斯特尔和路易·德·博纳尔的作品），同时保持着其特有的腔调：“权力只可能来自上层或下层。想从中间获取权力，就是想让整个民族用肚子行走，就是以最赤裸裸的利益和个人主义来引导他们。基督教是一种反对人类堕落倾向的完整制度，而专制统治是压抑对立的社会利益的完整制度。这两种制度是连贯一致的。

没有天主教，法律就没了仲裁权，对此，我们今天已经有了证据。我要公开表明的是，我更倾向于选择上帝而不是人民，但是，如果 249
无法在绝对君主制下生活，我更倾向于选择共和国，而不是一个令人作呕的杂种政府。这个政府没有行动，缺乏道德，没有基础，缺乏原则，它在缺乏以上要素的情况下任由各种激情爆发，并因为缺乏权力而使一个民族停滞不前。我因上帝的恩泽而崇敬国王，崇敬人民的代表。卡捷琳娜和罗伯斯庇尔起的是同样的作用。两人均缺乏宽容，我也没有而且永远不会指责1793年的不能容忍异己[8]，因为我不理解愚蠢的哲学和诽谤者对宗教和君主制不宽容的指责。”

巴尔扎克为根除宗教改革感到高兴，为取消南特敕令而叫好。路德或加尔文在教务问题上看法是否有理并没有什么关系：它涉及的是社会的世俗政府，而这些社会的基础因为新教徒那种任何事物都无法抵挡的“检验精神”（l'ésprit d'examen）而受到威胁。在约瑟夫·德·迈斯特尔和路易·德·博纳尔之后，以及在安托万·勃朗·德·圣博内与夏尔·莫拉斯之前，巴尔扎克以不可能更明确的方式，把新教改革作为法国一切不幸的开端。博絮埃颂扬上帝、国王和家长，而加尔文则是自由、选举和个人化的源头。自那以后，人们才有可能理解曾与教会和君主制为敌的波尔－罗亚尔[1]的冉森教派这一新教的变形。“波尔－罗亚尔的先生们，尽管披着宗教的外衣，充当经济学家、路易十五时代的百科全书派和当今空论派的先驱，他们都想要以‘宽容’和‘放任’之辞掩蔽种种革命的考虑、保障和解释。一如自由，宽容是一种崇高的政治蠢话。”波尔－罗亚尔的先生们宣告了什么？斤斤计较的资产阶级！

在1840年9月25日出版的第三期《巴黎评论》中，巴尔扎克谈及工人问题。自1831年里昂丝织工人起义以来，法国每年均发生工人罢工、骚乱和示威，思想家们则在孕育“社会主义”的倾向——

[1]　波尔－罗亚尔（Port-Royal），亦译王港。

250 该词从 19 世纪 30 年代中期起进入日常用语。一种不统一的工人运动在形成，时而自主，时而被融入共和主义反对派之中。人们已经看到，1834 年 4 月，在里昂出现了一场共和派和工人联盟发起的起义。而在巴黎，类似的共和派骚动引来了时任内政大臣的梯也尔的无情镇压以及在最高法院的无休止诉讼，这些诉讼直到 1836 年 1 月才以许多人被判入狱告终。秘密会社在形成，其中阿尔芒·巴尔贝斯和奥古斯特·布朗基的“四季社”最为出名。这类秘密会社的成员之一菲耶斯基对国王本人进行的谋杀，招来了（1835 年的）“九月法令”，该法令尤其加强了对报刊的控制。1839 年 5 月 12 日，“四季社”试图在首都起义，但很快就被镇压。另一起被记载的事件是 1840 年路易－勒内·维莱姆的重大调查报告《受雇于棉纺织业的工人身体和道德状况》发表。这份调查报告是一项由道德与政治科学院下达任务，并于 1835 至 1837 年在法国北部和东部进行调查的结果。维莱姆堪称是对纺织业工人及其家庭的劳动与生活条件进行社会学调查的首创者，他的这份报告确切描绘了压迫的可怕，并通过倡导以社会立法进行国家干预，把经济自由的理由重新提出来讨论。

在这一期新出的杂志中，巴尔扎克就工人问题写了长文《论工人》。在前一期杂志里，他已经在论及路易·雷博的著作《关于当代改革者的研究》[9] 时提到这一问题。他在这篇文章中赞扬了圣西门，尤其赞扬了傅立叶，赞扬他们意欲重新组织的想法。但是，巴尔扎克在此文中亦指责他们“赋予工业过多的重要性”——这一指责对傅立叶来说丝毫没有根据。他的表现有如博纳尔，后者在生前，即工业社会初露端倪时亦蔑视工业社会。这一回，巴尔扎克对“金钱国王”予
251 以指责：“当一个国家到了眼里只有金钱的地步（“选举、政治权利统统建立在金钱之上：你有没有缴纳税金？”），当‘与利润这种反社会运动相对立的任何道德力量’均不存在时，人们便可以明白‘工人的骚乱’何以发生。”在奥尔良主义的体制中，政府禁止自己在雇主和工人之间的调停权，但没有禁止自己“炮击聚集在街头和在街头

从事犯罪活动的群众”的权利。但是，请注意，他写道：“当一个政府动用兵力去对付群众时，有错的并非群众。在任何情况下，皆错在政府，甚至在政府是获胜者时亦是如此。”

巴尔扎克会是社会主义者吗？当然不是。除非他如马克思所言是个“反动的社会主义者”或“具有封建精神的社会主义者”。[10] 然而，他的文章引来了傅立叶主义者，尤其是阿尔方斯·图斯内尔的感谢，后者送给他“一只野兔和一些小山鹑，外加两只鹌鹑”。[11] 如果说工人问题重新给他提供了反对资产阶级君主制的论据，那么也向他提供了有利于其反革命观念的论据。正是1830年的制度，通过摧毁一切惯例，使政权变得软弱无力，而且它还通过致力于个人主义，把最强大的人武装起来去对付最弱小的人。当王位建立在祭坛之上时，教会使当权者、富人和穷人想起了他们的义务。巴尔扎克直截了当地写道：“人们只有通过宗教来克制民众。国家不再有占支配地位的宗教，教士成了公务员……资产阶级不再有信仰，食品杂货店店主信仰的是伏尔泰的宗教，而你们想要人民信仰什么？……由世俗人士控制的公共教育没有凝聚力。”他重新确信：“由此，在家庭、社团、无产阶级、政治以及一切事物当中，你们都没有抑制私人利益，而是通过让自由裁决学说出现极端后果去激发私人利益。你们已经任由对正常政治而言居次要地位的工业、商业和劳动在国家中成为一切，而不是让它们在国家中受到控制。”

巴尔扎克由此在1840年阐明了其反革命信条的一大部分内容。通过对自由与平等的仇视、为天然的等级制度辩护、相信唯有王位 252
与祭坛的结盟能够拯救社会、蔑视七月王朝制度和代议制——衰落的政治形式抨击了新教和冉森教派、为长子继承权和家长权威辩护、颂扬农业经济和不信任工业，他在晚年成了极端保皇派分子，即人们之后所称的正统派分子。对工人问题的新的关注，显示出极右和极左之间的接近。它们具有共同的敌人，即资产阶级的政权，而这一资产阶级已不再像1789年那样主要由法学家和文人代表，而是主要由代理商、工业家、银行家来代表。社会主义者想在平等基础上重建社会，他们的乌托邦在变化，但是，他们把希望置于未来之中。由巴尔扎克充当代言人的正统派则认为只有恢复黄金时代才能解决问题，这一黄金时代的权威原则和对宗教的尊重是基础。19 世纪 40 年代的巴尔扎克不怎么赞同信仰未来，他与进步的信仰没有共鸣。在其于 1839 年着手写的《阿尔西斯的议员》中，他甚至公开地嘲笑说："进步乃属于这类词语：人们试图在它们后面聚集的更多是招摇撞骗的种种野心，而不是洞见，因为在 1830 年之后，它只能代表某些饥饿的民主主义者的主张……自称主张进步的人，就是宣称自己是探讨一切事物的哲学家以及政治上的清教徒。人们赞成铁路、雨衣、感化院、木块铺砌、黑人独立、储蓄所、不用缝制的皮鞋、瓦斯照明、柏油人行道、普遍选举、减少国家元首的年俸……这是'自由主义'一词的陪衬，为新的野心家提出的新口号。"[12] 这是完整的描绘吗？巴尔扎克做出分类了吗？然而，巴尔扎克真正的政治哲学是同时代人从他作品中记住的政治哲学，而他的作品在逐年形成壮观的一面。
253 有趣的是，他在《巴黎评论》中表现出来的思想刻板，与作者生活以及他小说世界中引起联想的力量形成了强烈对比。

他的生活如何呢？在"乡村本堂神甫"眼里可谓无甚值得效仿的地方。他的奢华、对奢侈无节制的偏爱、累积的债务，可能算是一种贵族的生活方式，虽然巴尔扎克这位外省资产者的儿子，只是通过用一个并未欺骗人的表示贵族的介词"de"（"德"）装扮姓名来模仿贵族。他谴责金钱统治，同时却屈从于金钱统治：他始终梦想发财致富，无所顾忌地想方设法做到这一点，从不知满足。作为不可知论者以及不甚尊重教会教育的人，他接连不断的恋爱经历几乎没能使他下决心以基督徒的身份赎罪。此外，他极好地体现了雄心勃勃的资产阶级最显著的品质：发奋工作——在他的生命中，上帝也要求其去寻求财富。

他的作品如何呢？维克多 · 雨果在举行巴尔扎克葬礼的那一天在

墓前说了这些令人难以忘记的话："不管他愿意与否，这部非同寻常的巨作的作者属于强有力的革命作家之辈。"这位正统派分子竟然是革命者？但雨果已经说过："不管他愿意与否。"同时代人卡尔·马克思也进一步肯定了雨果的评价，马克思本人醉心于《人间喜剧》，曾想对它进行研究，只是从未有时间。[13]

如果说巴尔扎克似乎很满意在其小说世界中机械地应用他的政治理念，那么对于空论派史家来说，《人间喜剧》只能作为档案。但是，他笔下的资产者并非可概括为资产阶级，笔下的贵族人物并非可概括为贵族阶级，笔下的农民并非可概括为农民阶层，或者说，教士并非可概括为天主教。他的那些人物有他们自己的生活，并没有必然地反映作者给他们安排的社会地位。在每一种社会类别中，人物性格均在变化，优点与缺陷同等地分布在各种阶级和各种等级的人之中。在这种丰富的人性里，强调妇女的形象比较恰当——如莫瑟 254
夫伯爵夫人（《幽谷百合》）、朗热公爵夫人（《十三个人的故事》）、桑－雷阿尔侯爵夫人（《金眼女郎》）等等——这些人的大胆与作者在政治思考中继续捍卫的传统道德大相径庭。

如同司汤达一样——所以，正统派分子奥诺雷·德·巴尔扎克曾称赞自由派分子亨利·贝尔绝非偶然——巴尔扎克的作品充分阐明了充满力量的浪漫主题，这一主题要么同时向着善与恶发展，要么超越了善与恶。反革命思想本身含有一种应当服从的上帝的观念。[14]与之相反，《人间喜剧》充满了具有行动、变革和征服精神的人物——拉斯蒂涅的战斗口号"巴黎，属于我们两人"象征了这一切。

作品超出了作者的政治考虑，服从他幻想的天赋。这位反动分子的小说可谓是恰如其分的"反动"。德国批评家后来就此写道："没有一种制度或党派能够要求他支持自己。巴尔扎克的政治思想构成了一种完整的统一，构成了一个整体，在这一整体中，能力原则有机地与他整个个性的深刻统一连接在了一起。"

无论如何，巴尔扎克对自由的仇视值得关注。对于他来说，自由并不仅仅意味着民众的解放，它也以冠冕堂皇的原则遮掩了个人利益[15]、国家默认的最不知羞耻的非法买卖，以及各种唯利是图者、投机者和贪污分子的神话。工人问题使政治自由主义和经济自由主义之间的矛盾变得更加尖锐，政治自由主义注定要以代议制取代君权神授的君主制，而经济自由主义的社会后果丑陋的一面已开始被精心研究。与极端保皇派和圣会进行战斗的自由派拿不出解决社会问题的对策。社会主义者宣称反对自由主义，但他们由此亦有可能会有
255 利于专制国家的恢复、损害个人自由。巴尔扎克选择了反革命的反自由主义，接受政府、家庭、宗教、社会的权威原则。他赞成地方和地区的自由，但反对“自由”这造成一切混乱的邪恶女神。

《巴黎评论》没有出第四期。账面出现亏空，于是停刊。10月，巴尔扎克写信给汉斯卡夫人说：“我钉住了我的大炮的火门，我在撤退，并将全力以赴地再来。”他不得不离开“雅尔迪”豪华别墅，这幢豪华别墅连同家具已被亏本出售。他悄然搬了家，后面跟着他的债主。全靠一位曾与他有过关系的女友，他以她的名字（路易丝·布厄尼奥）在帕西租了一套公寓，他的母亲、没有收入的老巴尔扎克夫人将来此与他同住。作家的身体颇为虚弱。1841年，他与一个出版商集团签署了《人间喜剧》的合同，第一批作品在翌年出版。无奈但全身投入的巴尔扎克继续毫不松懈地创作。他后来又买了一幢私人府邸，再度看到夏娃·汉斯卡，后者自1841年起在欧洲最为变化多端的地方成了寡妇。他最后在1850年3月14日，亦即在巴黎逝世五个月之前，在乌克兰娶了她。前一年，他竞选法兰西学院院士未果，只得到拉马丁和雨果的赞成票。

第十四章

欧仁·苏揭开《巴黎的秘密》

1842 至 1843 年，《论战报》发表 19 世纪的连载小说。
欧仁·苏的《巴黎的秘密》获连载。

1842 年，当重新收录了巴尔扎克现实主义小说的《人间喜剧》 256
首次出版时，它的风头完全被开始在《论战报》上新发表的连载小说盖掉，这一连载小说的作者不是巴尔扎克，而是欧仁·苏，小说的标题是“巴黎的秘密”。

欧仁·苏绝非初出茅庐者。年近 40 岁（出生于 1804 年）的他当过外科医生的助手，但是在 1829 年去世、身为名医的父亲留给他的遗产使他得以献身文学。由于熟悉大海——他曾在一艘政府派出的大船上当过医生——他相继写了一些航海小说（如 1830 年出版的《海盗凯诺克》、1831 年出版的《阿塔尔－居尔》等等）、史实说明（如 1840 年出版的《让·卡瓦利埃》……），以及描写社交生活的小说（如 1837 年出版的《亚瑟》、1841 年出版的《玛蒂尔德》）。德·热拉尔丹夫人于 1841 年在她的《巴黎信札》中提到了这位作家的多产：“时下流行的小说是欧仁·苏先生写的《马尔他的长官》。这部小说唯一的缺陷就是过于荒诞，它在读者中取得了巨大成功，而这一成功也许要归因于它的缺陷。您要跟我说《玛蒂尔德》吗？这部书稿已经做好出版的准备；苏先生要在一年内出10本书，这还没有算上刚刚出版的引人瞩目的《各国海军史简编》，以及悲剧《拉特雷奥蒙》和喜剧《觊觎王位者》。”德·热拉尔丹夫人在列举了一些书名后补充道：“如果举行一次大型狩猎活动，《雷托里埃尔》的作者会
257 受到邀请，而他也会前往；如果有在大使馆举行的盛大晚宴，《亚瑟》的作者会被请求参加，而他也会光临；如果有人在歌剧院演出新的芭蕾舞，‘美丽少妇号’的水手在场观看时，会轮到《萨拉芒德尔》的作者在那里出现。人们到处看得到他，然而，他却比任何人都用功。”[1]简而言之，这是一个善于安排的人。欧仁·苏是生活阔绰的花花公子，“托尔托尼”咖啡馆和“里什”咖啡馆潇洒的常客，在最讲究的沙龙（如罗藏公爵夫人或达古尔夫人家中举行的沙龙）中受到接待的人，保守主义观念的表白者和赛马骑师俱乐部的创始人之一。但是，这位平民出身的有才干者有点使居住在圣日耳曼区的家庭不悦。因为他在《论战报》上的通俗小说引起“公愤”，他们很快就把他拒之门外。

《论战报》是在雾月政变后，由人称大贝尔坦（或贝尔坦先生，安格尔使他永远被人纪念）的路易－弗朗索瓦·贝尔坦振兴的日报。在夏多布里昂的引导下，它在复辟王朝时期充当了立宪主义反对派的喉舌。这份在七月王朝时期充当自由派资产阶级名副其实的“通报”的报纸，在1841年由路易丝－玛丽－阿尔芒·贝尔坦接手。一如此期所有充当喉舌的报刊，《论战报》在头版下方开设了一个专门留给戏剧评论和文学杂谈的专栏。效仿其他报纸，该报领导层以连载小说来取代程式化的文章。第一部连载的小说是弗雷德里克·苏利埃的《魔鬼回忆录》。《魔鬼回忆录》的成功促使人们继续试验下去。作为流行作家，欧仁·苏应邀从1842年6月19日起以《巴黎的秘密》接续《魔鬼回忆录》的连载。

连载小说的特性是把一个多次死而复生的故事、富有色彩的场

景和众多生动的人物一天一篇地分割开来，同时设法在富有戏剧性的情节打住。（“读者会原谅我们在最悲怆的时刻把一位女主人公遗弃在如此关键的情境之中，若知结局如何，且听下回再表。”）欧仁·苏在这方面很了不起。但是，他没有把这些情节置于社会上层、资产阶级的沙龙或秀丽的田园风光之中——当时的小说家很少有人会 258 脱离这些场景——而是置于巴黎的贫民窟、当代平民的巴黎之中。小说的情节是这样展开的：来自德国的鲁道夫大公乔装成工人，衣衫褴褛地寻找朝思暮想了 16 年的养女，来到巴黎贫民区生活贫困的人之中，他这样做是为了了结自己过去的一项过失——在一次激烈争执中，他曾一剑刺死养女的生父。他遇到了玛丽花，玛丽花是街头歌女，她不可避免地从事皮肉生意，而且有充满仇恨的保镖“操刀鬼”跟随。他们的苦难打动了读者。男主人公鲁道夫是个才智超常的伸张正义者，他设法把这两个人从贫困与罪恶中拯救出来。他得面对两个可怕的罪犯，其一是“猫头鹰”，玛丽花以前的继母；其二是“教书先生”，此人将受到可怕的惩罚。其他许多有意思的人物亦陆续出现：把自己的名字告诉看门人的“爱饶舌的人”；轻佻的年轻女工里戈莱特，她后来嫁给了弗朗索瓦·热尔曼，后者被不公正地判决入狱而后从牢房里获救；被品行不端的公证人费朗折磨的莫雷尔一家……最后，鲁道夫将发现玛丽花就是他失散多年的养女萨拉。

这些色彩丰富的人物是通过城市中“正派人”不会冒险光顾的地方来展示的。蹩脚的彩色画片和陈词滥调在相互比试。让读者从中获得巨大乐趣的还有影射，助长了在已知场所中移动的情感，这尤其是因为无所不知、无所不能的叙述者为了更好地得到这种情感，在高声呼唤、组合这些情感。欧仁·苏巧妙运用了通俗小说一整套已经过检验的技艺。

从最初几天开始，欧仁·苏的连载小说激起了读者不可思议的迷恋，《论战报》的订户从 3000 家增至 10000 家。这仅仅是一种征兆。除了订户始终在增多，人们挤到了阅览室，在那里，大量供人阅读的报纸已经被翻到有些破烂。每张报纸从一个人的手里传到另一个的手里，每个社会阶层的人都醉心于此，而那些目不识丁者则让人高声朗读鲁道夫与玛丽花的奇遇。这种现象可谓是前所未有。

欧仁·苏在开始叙述时就告知读者，他将亲历“险恶的场景”，
259 遇到“丑陋、可怕的家伙”，并表达了以下追求：“所有人都读过库珀这位美国的沃尔特·司各特那些令人佩服的描述野蛮人的篇章，这些篇章中描绘了他们残忍的习俗、富有表现力和丰富想象力的语言、借以逃跑或追击敌人的成千上万的诡计。城市里的居民一想到野蛮人是否生活在他们身边以及这些野蛮部落进行的训练，想到他们残忍的习惯把文明抛得如此之远，就感到战栗。我们将试图让读者看到某些其他野蛮人的生活插曲，这些人与库珀出色描写的野蛮民族一样置身于文明之外。只不过我们所谈及的野蛮人处在我们当中，我们可以通过在他们生活的巢穴探险见到他们。在那里，他们合谋杀人、偷窃和瓜分财物。从受害者那里掠夺来的东西聚集在一起。这些人有他们的习俗，有一种他们的语言，这是一种神秘的语言，它充满令人忧郁的比喻手法和令人恶心的血腥隐喻。最后，与野蛮人一样，这些人通常以绰号相称，而这些绰号则分别取自他们的能量、残忍、某些长处或身体缺陷。”[2]

“巴黎的莫西干人”——此为大仲马的表述——使人着迷：玛丽花受人期待，鲁道夫通过为所有弱者和被压迫者复仇而令人安心，被诅咒的“猫头鹰”和“学校教师”以及公证人费朗激起愤慨、仇恨。这些愤恨之情是如此强烈，以至于在连载期间，读者并不是被动地阅读，而是通过在其眼皮下活动的人物认出自己或辨认出与这些人物相似的其他人。人们给作者写信，向他提供文献资料，想见他，与他说说话。凡此种种，均为明证。

这里一开始存在误会。欧仁·苏首先自以为叙述的是让大资产阶级读者，尤其是《论战报》订阅者的配偶毛骨悚然的故事——毕竟一年 80 法郎的订费实非大家所能承受。然而，他的连载小说不仅

触动了中小资产阶级，还触动了民众阶层。在将其作为严格意义上的连载小说看待的同时，读者给欧仁 · 苏指定了一项社会使命：揭露 260
民众的苦难。有一个插曲显得具有决定意义，这就是对莫雷尔一家、生活在贫困之中地位低微的宝石工人的描述，这些工人的生活“如此沉重，如此令人绝望，以至于沮丧、失去尊严的人再也感受不到意志和力量，无心摆脱屈辱，有如隐居的动物一样死气沉沉”。[3]

欧仁 · 苏每天收到许多信，它们性质各异：有的表示祝贺，有的请求施舍（“先生，但愿您和您笔下的鲁道夫一样善良”），有的发表评论或给作者出主意。欧仁 · 苏逐渐发现，自己深深沉浸在破屋陋室和贫民区里，刺激了社会批评。[4] 由此，夏托鲁克斯的一位教士在 1843 年 10 月写信给他说：“您关于巴黎秘密的引人瞩目的书对世界产生了一种神奇的影响力，许多善良的人已经明白，应当为提高社会最底层阶级的弃儿的道德水平而做出牺牲。正是在您的书的启发下，我已经构想了一个创办孤儿院的方案，以便在那里抚养我所在省的贫穷孤儿。我觉得时机正好，我们整个城市都为您动人的风格而着迷，这将会使居民们下决心对我们的事业表现得更为慷慨。向您致敬，先生，我衷心地热烈赞成您伟大的思想。”

因为其小说已被多家国外报纸翻译转载，欧仁 · 苏甚至收到了来自国外的感谢，感谢他在某个地方激起了社会性的创举。该小说的出版和翻译在欧洲不同国家逐渐增多（往往是盗版）。有人模仿欧仁·苏，于是就有了《柏林的秘密》《慕尼黑的秘密》《匈牙利的秘密》《布鲁塞尔的秘密》《伦敦的秘密》等等。甚至在法国，亦有人在《巴黎真实的秘密》《旧巴黎的秘密》《巴黎的小秘密》等作品中抄袭他，滑稽地模仿他。

欧仁 · 苏无人可比地领略到公众的热情，这种热情被视为“作家的加冕礼”。一名玻璃工人写信给他说：“没有人敢提高嗓子和您唱反调，因为您是真理，而真理就是上帝。是的，真理就是上帝，宣
布真理者什么都不用害怕。请坚持下去，善良的人，请把您高贵且 261

有用的任务坚持下去。”不久前还是花花公子的欧仁·苏突然被逼得没有退路：他不再是一个逗大家开心的普通人，他成了代言人，即悲惨者的代言人。于是，在这些能够阅读并读过他小说的有知识的小资产阶级或这种“工人贵族”的推动、激励和赞扬下，他坚持了下去。他倾听交谈者的谈话，慷慨回应乞求者，尽可能收集资料。小说成了批评社会不幸的武器。小说家在作品中写到主人公道德与肉体堕落的各个阶段，既描述了监狱、医院和精神病人收容所，也描述了普通的街头景象、奇迹的进展和巴黎的贼窝。他倾听社会改革者（尤其是傅立叶主义者）和《车间》报工人的意见，该报主张自我管理，从原圣西门主义者比歇那里得到启发。

根据当时的人的说法，欧仁·苏“对巴黎人民拥有一种权势”。人们以最为热烈的好感和热情迎接他的每一个篇章，有时甚至通过一种奇异和悲剧的方式表达出来。一天晚上，欧仁·苏在回到家时在黑暗中碰到了一个悬挂着的会动的物体，他点燃蜡烛后看到了什么呢？一个已经进入他家前厅的男人的两只脚。人们永远无法知道他是谁或如何前来此处上吊。上吊者手中有一张纸条，上面写道：“我因为绝望而自杀。我觉得，如果我在爱我们并为我们辩护的人家中死去的话，死亡会稍容易一些。”

《巴黎的秘密》的成功超出所有人的想象。作者在连载小说期间，接到了来自各地的大量信件。人们对他大加赞扬，给他出主意，邀请他去做客，敲他家的门，有人甚至把虚构和现实混为一谈。有人给他寄来一小笔钱，让他给他创作出来的穷苦之人；有人提示他该有哪些插曲；有人给他送来非同寻常的礼物；有人请求他解释；有人祝福他……1844 年 2 月 13 日，一场虽失去原味但由欧仁·苏亲自改编的同名戏剧在圣马尔丹门剧院上演。内穆尔公爵与若安维尔亲王亲自到场观看，正统派报刊大叫丢人。该剧持续了 7 个小时。巴尔扎克给汉斯卡夫人写信道：“《巴黎的秘密》在今天凌晨 1 点半才结束。弗雷德里克（勒迈特尔）担心会大脑充血。我昨天中午去看了他，他已经入睡。他刚刚在水齐膝盖深的泡有芥子的浴缸里泡过。前一天，他已经两度失明。《巴黎的秘密》是世界上最令人伤心的戏剧，但弗 262
雷德里克的才华将引起新的狂热，人们无法描述那种效应，所以应当拭目以待。”

欧仁·苏的一个突出优点是透过虚构描绘了这样一座城市，这座城市因遭受成百上千的灾祸，到处都是可怕的场景，而这些灾祸又皆可归咎于城市的畸形扩张。[5]1801年，巴黎仅有55万居民；到了1851年，居民人数达到105万。城市人口在半个世纪里的翻倍造成城市破烂不堪，无法向每个人提供工作与栖身之处。因为城市建设速度提高得极慢，城市人口密度从1800年的每公顷159人增至1846年的每公顷307人。市政设施微不足道，城市显得肮脏、不卫生，散发着臭气。没有人行道，街道满是污泥，垃圾遍地，最小的车辆经过都会溅起泥浆，弄脏行人的衣服。在同一座城市里，最令人震惊的是1832年爆发的霍乱造成的破坏，这种破坏在卫生条件最差的贫民区里尤其严重，每1000个居民中有45人死亡，这一数字是巴黎各区平均死亡人数的2倍。19世纪前期重要的卫生工作者之一亚历山大·帕朗－杜夏特莱在1831年观察到：“穿越巴黎的比埃夫勒小河接纳了整个区的下水道。此外还有大量矾鞣皮革工厂、鞣革工厂、漂洗羊毛等等留下的残留物。河流的下方只是个散发恶臭的垃圾场，从这里散发出来的臭气如此强烈，使沿河居民厨房的灶具褪色、发黑。”

在这个过于拥挤的巴黎，有不少人从外省前来寻求光荣——如拉斯蒂涅或鲁本普雷等人——但首先是寻求能使他们继续生存的工作，这些人都还忍饥挨饿。不仅是《巴黎的秘密》和稍后出版的《悲惨世界》等书中的人物在饿死，当时生活在巴黎的德国作家海因里希·海涅证实说：“在过了没有东西可吃的3天之后，穷人纷纷死去。人们默默地掩埋了他们，对他们几乎没有留意。”

如同蒲鲁东1851年在《19世纪革命的普遍观念》中指出的那样，

263 犯罪成了社会贫困的征兆："可以如此预料到的由经济的无政府状态促成和构成的贫困已经得到惩罚，这种惩罚表现在犯罪统计上……当工人因为分工作业、为机器服务和蒙昧主义的教育变得头脑糊涂，当工人因为工资微薄而沮丧，因为失业而气馁，因为垄断而挨饿，当工人不再有面包或面团，不再有任何小钱，不再有炉火或栖身之地，他就会行乞、偷盗、扒窃、谋杀。他在经受剥削者的控制之后，又得经受判定者的控制。这还不清楚吗？"

这是人口过多、拥有所有城市病的糟糕城市。在巴尔扎克还把犯罪描述成恶棍的不法之举的城市里，欧仁·苏把劳动阶级与危险阶级混同在日常的共同存在之中，并描述了盗贼与工人、犯罪与失业的相互作用。

司法与无名尸体法医鉴定处的统计表明了杀婴、疯癫和自杀行为的增加。卖淫成了不少妇女的最后手段——帕朗-杜夏特莱在1836年对此作了一项重大研究。[6]作为确信其职业的社会作用的医生，他在8年的时间里调查了巴黎的卖淫女。导致卖淫的最普遍原因是许多来自外省的年轻女子的贫困，她们经常是被情人抛弃、失业或工资微薄的受害者。弃儿是贫困的另一种例证：首都有一群群半野蛮、爱捉弄人和经常小偷小摸的孩子，雨果笔下的加夫罗什的形象即出自这些孩子。类似于加夫罗什的人在加夫罗什这一名字出现之前，就已经在德拉克洛瓦使之不朽的1830年7月事件的街垒战中得到表现，这位加夫罗什代表一切骚乱和即将到来的起义。

作为人民的导演和每天倾听巴黎人民心声的人，欧仁·苏改变了小说的方向，在小说中引入傅立叶主义者和其他社会改革家的教导。根据友人菲利克斯·皮阿的说法，他本人在1841年也随着一种可能稍早一些开始的演变成了社会主义者。不管他是不是社会主义者，社会
264 主义出现在了《巴黎的秘密》之中，这是属于他那个时代的社会主义，作者坚持以大段文字来表达它。对此，被正在进行的情节吸引的读者感到了不快。虚构使乌托邦具体化：鲁道夫创建了一家穷人银行，

他解释了这家银行的支持者和结局，这家银行的目标是终结失业与贫困。欧仁·苏认为这种解决方法恰当吗？他向读者吐露了自己的想法："我们曾就此征求过多位既令人尊重又有见识的工人的意见，这一计划可能极不完善，但是我们将把它提交给对工人阶级感兴趣的人去思考，希望它拥有的实用性（我们敢肯定这一点）能够通过比我们更为强烈的精神而得以产生。"鲁道夫创办的另一个机构是最好的工人在其中平等劳动的合作性农场——布克瓦尔农场，这一农场的效益远远好于其他机构。它是周围的耕作者与计日工敬佩的榜样，他们觉得"我们要积极、诚实、勤劳，通过我们的良好行为让人们注意到我们，使我们在某一天能拥有布瓦克尔农场的一个岗位。在那里，我们将如同在天堂似的生活两年，改善我们的状况，并在离开这里时获得一笔不菲的退职费。激励我们的就是它，而进入这一农场得有品行优良证书"。[7]

《巴黎的秘密》让一些人不安，并给另一些人带来希望。乔治·桑不欣赏其粗糙的风格，儒勒·巴尔贝·道尔维利责备了作者。圣勃夫在提到"工业文学"时指出："来自雷斯蒂夫甚至是来自萨德的苏先生正在经由迪克雷－迪米尼通向樊尚·德·保尔。"在众议院，左翼王朝派议员、风纪检查员的夏皮伊－蒙拉维尔质问道："所有人都被这些热烈的篇章深深感动，这些篇章所激发的不是激情，所恭维的不是希望，让人忘记的不是义务。人们陶醉吸入的是令人兴奋的芳香，这种芳香同时麻痹了人们的肉体与心灵。"由工人或自称是工人的人为之撰稿的报纸《人民的蜂房》，通过读者来信，祈求欧仁·苏保佑。1844年3月5日，一名绦带织造女工写道："三个星期来，我们工场 265
的许多人由于马恩河和塞纳河涨水而没有活计可干。我停留在了夏朗东街的高处。在我待的地方，有一间屋子里住着一户过得去的家庭，这家人由受雇于一家机械锯木厂的男人和两个孩子组成。马恩河涨水造成工作意外取消，一时使这家人陷入贫困。这天上午，我问一名妇女她的丈夫是否已有活可干。她回答说："不，还没有，但是我们有望在即将到来的冬天更为幸福。”我对她说：“这是怎么回事？”她答道：“这是因为写了《巴黎的秘密》的那位我叫不出名字的先生注定会保护我们，菲利普说，他将继续为了让人增加穷苦工人的工资而写下去。”[8]《人民的蜂房》编辑和欧仁·苏之间开始了一场协商。后者应报纸请求，提议其负责人发表相关统计资料，在这些统计资料里，工人工资标准与每个人计算得出的需求形成了对比。“此类朴实的收入与开销的记述、劳动阶级可悲处境的明细账本，将具有威严、不容置疑的感召力，这就是事实的感召力。”

人们在讨论欧仁·苏和《巴黎的秘密》的“社会主义”。人们知道，傅立叶主义者的《法郎吉》以及后来的《和平民主》都被认为值得一读，尤其因为作者陈述的许多理念借自维克多·孔西得朗。[9]与之相反，马克思在《神圣家族》中痛斥欧仁·苏是“伤感的小资产阶级”。[10]欧仁·苏的小说为马克思提供了与他当时的对手斗争的机会，马克思详细审视了许多片段。他对鲁道夫创建的机构“穷人银行”和“布克瓦尔模范农场”进行了深入研究，并得出其是“空想和虚构”的结论。马克思趁着兴致补充道：“鲁道夫先生实施的善行和挥霍，与《一千零一夜》中巴格达的哈里发的行为极其相像。”在马克思看
266 来，欧仁·苏的错误——如同其笔下主人公的错误——是把现实（即贫富差距不断扩大）与贵族式的理想主义混为一谈，把它们之间的区别归结为善与恶的对立。在马克思的解剖刀下，被剥了皮的鲁道夫的行为成了“纯粹的伪善”。

欧仁·苏的社会主义无法超载《巴黎的秘密》作者的个人境况和他所处时代的思想本身，没有怎么经过仔细推敲。如前所述，作为对此问题感兴趣而开始行动的昔日的浮华子弟、花花公子、正统主义者，在了解和思考种种社会主义学说，尤其是维克多·孔西得朗和傅立叶主义者的社会主义学说之后，欧仁·苏在1844至1845年接着发表的另一连载小说《流浪的犹太人》中完全赞同后两种社会主义学说。他也开始与马克思在《神圣家族》中归类为“伪先知”

的菲利普·比歇派别建立联系。比歇原是个烧炭党人和圣西门主义者，在基督教的启发下，他在1830年后不久成了一种一度支配法国社会主义的倾向——工人合作的倾向——的创立者。由工人编写、创办于1840年的工人报纸《车间》，一直办到了1850年。对于比歇的门徒而言，社会问题首先是道德问题：要恢复劳动者的尊严。为此，无须依靠"福利国家"，而是要通过劳动者自身、通过取得对他们的解放必不可少的认识，实现劳动者的解放。劳动工具不应该由国家所有，而应当由合作的工人所有。比歇提议的生产合作在许多方面与傅立叶和蒲鲁东的思想汇合在了一切。与同一时期发展的布朗基主义观点不同，他们对社会主义的设想没有把夺取政权作为先决条件。这些我们后来称为"自主管理"的协作主义和合作主义理论，一度强有力地代表了法国的社会主义思想。《巴黎的秘密》（也许是笨拙地）反映了这些马克思与恩格斯不断与之斗争的倾向。

不管"人道主义""家长主义"的《巴黎的秘密》中的社会主义有何不足之处，有一项功绩明显属于欧仁·苏，这就是连信奉经济自由主义的对手也承认的功绩：由于他获得奇迹般的成功，他的连载 267
小说使维莱姆、比雷[11]、弗雷吉埃[12]对工人进行的重大调查产生了无法预料的反响。所有调查均揭示出同样的原因：巴黎等大城市经历了人口随着工业发展迅速地增加、周期对生产的限制、危机、萧条和生产过剩，由此导致了没有任何补偿的失业，导致了以像妇女那样极低的工资雇用的童工的高死亡率。贫困不再是谈话中的普通话题。托克维尔从英国回来后在1835年写了《关于贫困的回忆录》，他在这一回忆录中表明，私人慈善和公共救助不可能医治穷苦阶级的贫困。对于农村中的贫困，他提议划分人们还可以在法国扩大的地产，虽然小地产者在法国要远远多于英国。对于工人，他提议让领取工资者在工厂里得到分红，实行工业方面劳动者的合作："我认为，在我们这样的民主社会里，各种事物的组合应当逐渐取代某些强大的个人有支配权的行为。"[13]然而，这类工人组合的想法在他看来还不成熟。于是，他倡导两种把工人从悲惨处境中解救出来的主要方式：其一是增加工人的储蓄，其二是促进其赢利。尽管储蓄所业已存在，但托克维尔对原有的储蓄所提出了批评，认为其对于国家来说负担过重，对那些把积蓄置于同一个地方的人来说也具有危险性（因为银行始终可能会破产）。鉴于此，应当完善这类储蓄所。托克维尔主张把它们与当铺合在一切，节俭的或由于运气而受惠的穷人可以把积蓄有利息地借给那些大手大脚或不幸的穷人。“这将是一种由穷人提供资本的名副其实的穷人银行。”它会产生两种结果：首先是消除以典当来借贷的穷人被强行收取高额利息，其次是使穷人
268 获得比储蓄更高的利息。

从托克维尔经由卫生工作者到欧仁·苏，所有人均表明“社会问题”已成为令人忧虑的问题，工人的不幸成为身体上的不幸：佝偻病、结核病、酗酒皆成了流行病。在工业地区，一半应征入伍者因身体条件不行而退役。难道他们中的某些人没有谈到同一座城市中的那两个“种类”的人吗？

老实说，甚至在欧仁·苏参与其事之前，工业部门雇用童工的状况已显然触动七月王朝政府，然而该政府仍受到“自由放任”政策的支配。针对在1837和1840年进行的调查，政府在1840年提出一项法案，围绕这一法案，赞同与反对国家干预的人之间产生了冲突，赞同者中包括正统主义者，他们认为这样做光明正大，反对者则为彻底的自由主义者。法国首项社会立法终于在1841年投票通过，但它只适用于工人人数超过20人的企业。它禁止雇用未满8岁的童工，8至12岁的童工每天劳动的时间不得超过8小时，12至16岁的青少年工人每天劳动时间不得超过12小时。不足12岁不得上夜班。唉！因为制造商得以使人们不再考虑创设劳动监察机构，1841年的法律几乎未付诸实施。

面对舆论普遍的无知，以及上层资产阶级成员已经理论化的厚颜无耻，毋庸置疑的是，欧仁·苏的连载小说，而且还是发表在一家

保守派日报上的连载小说，引来了一些人的关注，刺激了另一些人的思考，有利于法国人意识到在“劳动阶级”和其他国民、各种有产者之间正在扩大的可怕的不平等。只赋予20万法国最富有者投票权和当选资格的选举制度没有使状况得到改善。社会主义者在寻思，是否唯有通过权威才能使问题得到解决。由此导致了社会主义的悖论：为使无产阶级得到解放而制定的社会主义，难道不应该由此确立一种监护权吗？这一时期最先进的工人对此的回答是否定的：人的自由不可能与集体解放分离。他们因而设想了法伦斯泰尔、生产合作社和工业的协作，简而言之，设想了各种各样他们意欲用来以有尊严 269
的自由者身份生活的手段。因此，在社会主义内部，多种学说亦得到发展，而自由问题则处在有待抉择的中心。

一如他收到的大量信件表明的那样，欧仁·苏的连载小说也显示了浪漫主义新流派所宣扬的作家的社会作用。作家作为人民的代言人，拥有一种质询权，此乃一种名副其实与社会统治阶层唱反调的“对抗势力”。小说变得具有“社会性”，小说家揭露不公正、丑陋和人民的不幸，他的使命是准备解决方法和法则，甚至是为傅立叶主义者所谓和谐世界的到来进行必不可少的革命。

作为郊区工人的偶像，欧仁·苏接到所有报纸的约稿。人们知道他准备了新的连载小说《流浪的犹太人》。《论战报》希望重复一次同样赚钱的行为，但是《新闻报》把价码抬了上去。最后，《立宪主义者报》通过欧仁·苏的朋友路易－德西雷·维隆充当中间人获得了书稿，该报股东为此成了赞成多数选举制的人。因为断定欧仁·苏会取得成功，该报给了他10万法郎，并因此提高了报纸的定价。新的连载小说在1844年6月25日开始连载，一直持续到翌年7月。《立宪主义者报》成了赢家，订户从3600增至20000多家。市场法则带来的讽刺是，正是这家支持奥尔良王朝派的喉舌将在整个法国传播社会主义信仰的狂热。确实，《流浪的犹太人》也吸引了该报的老订户，它有众多曲折的情节，尤其传播了一种激烈的反教权主义，耶稣会士首当其冲地成了这种反教权主义的中心内容。我们将在后面看到，此时正逢米什莱和基内在法兰西学院提供了另一种反对纠缠国民的耶稣会教义的版本，只不过更有学究色彩。

第十五章

“创造”了工人阶级的女子：弗洛拉·特里斯坦

1838年，弗洛拉·特里斯坦的《一个贱民的长途跋涉》发表。

1843年3月，《法郎吉》发表《工人联盟》的头几章。

1844年11月14日，弗洛拉·特里斯坦去世。

1843年秋天，声名在外的欧仁·苏被要求捐助弗洛拉·特里斯 270
坦的著作《工人联盟》，该书的书商帕涅尔虽被视为“平民出版商”，却拒绝负担相关费用。这是一本扩展的小册子，作者在书中既描述了工人的不幸，又提出了前所未闻的解决方法——组织一个巨大的无产阶级政党，为成分分为好几部分的工人阶级提供一种形式，并允诺成为工人阶级解放的工具。欧仁·苏没有犹豫，他以捐出100法郎跻身最慷慨的捐助者之列，仅次于一位捐了300法郎的匿名者。第一次捐购获得的总金额高达1538法郎。[1]

弗洛拉·特里斯坦远非无名之辈。她在五年前已经通过两个事件让自己进入公共舞台：其一是在文学领域（1838年初发表了《一个贱民的长途跋涉》），其二是在社会新闻栏目之中（她于几个月后在一起谋杀未遂案中成为丈夫安德烈·夏扎尔企图谋害的对象）。同年年底，她发表了小说《梅菲斯》，并在1840年发表了一篇关于英国的引人瞩目的通讯报道《漫步英国》。这一报道提高了她的声望，但也减弱了她发表作品的可能性：她的作品已变得具有危险性。

271 这位女人被记入19世纪女性主义和社会主义史的命运，很大程度上无法摆脱她出生时的状况。她的母亲为法国人，名叫泰雷兹·莱内，在西班牙毕尔巴鄂遇到她的西班牙父亲唐马里亚诺·特里斯坦·德·莫斯科索上校，当时，她的母亲正在那里躲避法国大革命的风潮。他们的结合得到一位在大革命时期拒绝宣誓的教士的祝福，后者也是流亡者。但是，他们没有补办结婚手续，上校甚至没有告知西班牙当局，这一疏忽将对小弗洛拉的命运产生重大影响。小弗洛拉是1803年在巴黎降临于世的，在她出生前一年，唐马里亚诺一俟革命风潮平息，即偕同妻子在巴黎安家。上校可以让他们的生活过得相对惬意：作为格拉纳达大主教的侄子，他属于秘鲁最古老的家族之一——这个由圣马丁领导的秘鲁注定在1823年宣布独立。但是，唐马里亚诺在1808年突然死亡，没有给泰雷兹留下他与她已经以合法手续结婚的证据，甚至没有立过遗嘱。当时，法国正与西班牙交战，产业管理部门鉴于他们不存在合法婚姻，查封了特里斯坦在沃吉拉尔购置的房产。母亲与她的孩子不得不到乡下栖身，在那里，弗洛拉一直住到她弟弟去世。之后，泰雷兹带着她15岁的女儿回到巴黎，在距莫贝尔广场不远的弗阿尔街安顿下来。这一街区当时脏乱不堪，它被比埃夫勒河流出的污秽所污染——如前所述，这条河流已被医生揭露——名声不佳，是个适合在后来激发《巴黎的秘密》创作激情的盗贼窝。尽管反复向秘鲁方面发出求助的呼吁，特里斯坦夫人及其女儿仍旧穷困潦倒地住在此处的一间陋室里。

对于特里斯坦夫人来说，弗洛拉与一位富裕的男人结婚，无疑是对付穷困潦倒的上乘之策。弗洛拉没有嫁妆，但她拥有美貌。15岁时，她爱上了一个小伙子，小伙子也爱她，两人已经在谈婚论嫁。但是，这一切戛然而止，因为特里斯坦夫人再次无法证明弗洛拉是婚生子女。又一位求婚者出现，这次是她的老板。虽然弗洛拉具有资产阶级的教养，但她实际上没受过多少教育，不太懂拼写规则。但是，她有绘画天赋，这使她得以作为调色工受雇于画家安托万·夏扎尔的兄弟、石版印刷的镌版匠安德烈·夏扎尔的雕刻室。只有23岁的 272
安德烈·夏扎尔很快爱上了这位比他小6岁的漂亮女工。如果说人们相信她后来的相关证词，即弗洛拉并不怎么喜欢他的话，那么她就是在母亲的鼓动下接受了这位多情求婚者。婚礼在1821年2月举行。在与安德烈·夏扎尔在佛塞－圣日耳曼－德普雷街（即当今的旧喜剧院街）的一套简朴住房里共度的4年生活里，弗洛拉生下了2个男孩，只有1个活了下来。但是，时隔不久，雕刻匠与上校的女儿显然已不太情投意合。她性子急，容易冲动，脾气暴躁，罗曼蒂克，倾向于瞧不起“小资产阶级”缺乏教育而且还缺乏财产的伴侣。后来，弗洛拉·夏扎尔在法官面前指控说，她的丈夫——但丈夫否认有这回事——曾建议她为改善家庭财政状况去卖淫。她说，她正是从那一刻起决心与之一刀两断。1825年，怀上第3个孩子的弗洛拉离开了与丈夫共同生活的家。在生下了个女儿后——这位名叫阿利娜的女儿后来成了画家保尔·高更的母亲——她把孩子交给特里斯坦夫人照看，自己出去找工作，并最终作为贴身女佣受雇于一户英国人家庭，这户人家使她首次出行英国。我们于是失去了她的行踪。她可能曾在不同的外国人家庭中充当侍女。1828年，她提出了与没有经济来源的安德烈·夏扎尔分割财产的要求。

这一不幸的婚姻生活使弗洛拉成了一位“贱民”。第二种耻辱被加到了第一种耻辱之上，因为自1816年起离婚不再合法，她成了一个不可能再合法结婚的分居女子。1829年回到巴黎的她，依靠从事远洋航行的船长扎沙里·夏布里埃的帮忙，得知她叔叔皮奥·德·特里斯坦的行踪，并决定写信给他，请他提供“保护”。为了证明自己的身份，她在信中附上了洗礼证书的摘抄，并提到对有“解放者”之称的西蒙·玻利瓦尔的回忆，后者是她父亲的老熟人。直至1830年底她才等到回音。皮奥叔叔（她既没有向他承认曾结过婚，更没有承认已经分居）同意帮助她，但拒绝了她想要继承部分遗产的要求，因为她无法证明其父母的婚姻。

在解决了照看还待在她身边的孩子问题后（儿子欧内斯特已交
273 给要这孩子的父亲，阿利娜则被放在一所远离巴黎的寄宿学校），弗洛拉·夏扎尔重新变回弗洛拉·特里斯坦·德·莫斯科索，于1833年4月1日在波尔多登上前往秘鲁的"墨西哥人"号，船长正是扎沙里·夏布里埃。她在一年多后才从拉丁美洲回来。弗洛拉已经充满意外事件的生活又增添了一种独特经历。在没完没了的航行（在这期间她不得不拒绝那位船长的求婚）结束之后，她在阿雷基帕受到父亲家人先庄重后热情的接待。她当时在那里发现了一个被不断发生的政变搅乱的后殖民统治的社会，发现有人热衷于冷酷无情的社会不平等。得到全家人关爱的她，张开眼睛去审视这个国家的弊病：奴隶制、教会的害处、人民愚钝、对妇女的束缚。凡此种种，皆成了《一个贱民的长途跋涉》的素材。然而，在所期待的遗产上一无所获的她，却从皮奥叔叔那里得到一笔抚恤金的允诺。在回国时，这一场最初的旅行为她增色不少，这次旅行使她得以扩大对世界的观察，并把焦点从她个人的困难转到了人类的苦难。

回国后不久，弗洛拉发表了小册子《善待外国妇女之必要性》，在女性主义和国际主义的意义上，人们从这一小册子中看到了她思想的成熟。她提出，为了取得应赋予妇女的地位，应当建立妇女协会，同时倡导社会主义和超越国家。她当时还大着胆子去见傅立叶。我们对这次会见一无所知，但她写到了他："先生，我冒昧地请求您，当您觉得需要一位忠实的人时能想起我。我可以向您担保，您将在我身上发现一种与我性别不甚相符的力量、一种行善的需要，以及对所有助我成长的人表示的深切谢意。"傅立叶有两次试图见她均没有成功。弗洛拉闻讯后通过一封写于1835年10月11日的信向他吐露，她正在经受家中的"麻烦事"，这些麻烦事使她不能告知别人她和女儿已从夏巴纳街搬到谢尔什－米迪街。

在巴黎，弗洛拉实际上重新陷入了与夏扎尔的纠纷，后者追踪她已有两年。一封匿名信向夏扎尔泄露了她的住址，他守候在街上并劫持了阿利娜。于是，两人开始了一长串争执，在这期间，他们大肆谩骂并被带到警察分局，无论是父亲还是母亲都试图把孩子据 274
为己有。根据国王代理人的提议，阿利娜被放在巴黎阿萨街的一所寄宿学校里，由其父亲和母亲轮流前去看她。这一妥协并不有用，因为夏扎尔在 1836 年 7 月再次劫持了女儿，后者逃了出来，并与已搬至巴克街的母亲会合。

尽管家事乱成一团，弗洛拉还是挤出时间用圣西门、欧文、傅立叶的社会主义理论孕育她的思想。傅立叶去世后，如我们已经看到的那样，他的门徒在维克多·孔西得朗的领导下创办了《法郎吉》。弗洛拉给该报寄去一封信，此信发表于 1836 年 9 月 1 日，对傅立叶主义在社会问题要求有具体决心时却无所事事提出了批评。弗洛拉由于《法郎吉》在发表她的信时配发了长篇评论而更加坚定，尽管不断面临夫妻生活方面的挫折，但她仍继续她的工作。她为多家杂志撰文，并在 1838 年初高兴地看到自己的《一个贱民的长途跋涉》摆到了书店，此书是一部伴有对秘鲁研究的自传（它使皮奥叔叔取消了给她的抚恤金），题词写道：“上帝，真诚，自由！”伴随着此书的问世，弗洛拉获得了最初的声誉。

夫妻之战的“连载小说”并未就此停止。小阿利娜继续在父亲与母亲之间左右为难，事情已经超出业已加剧的可怕暴力的范围，根据小女孩的说法，她还处在父亲乱伦的侵害之中。这一指责导致夏扎尔被捕。受侮辱的夏扎尔写了一份诉状，并在诉状中指控妻子与有钱人私通。因为缺乏乱伦的证据，他获得了自由，但是，涉及法律上分居的争吵仍在持续。法庭最终对分居做出如下判决：欧内斯特交由父亲照看，阿利娜送入一所由父母双方共同选定的寄宿学校。实际上，这一判决未被执行，阿利娜仍然待在母亲身边，欧内斯特则由外祖母照看。夏扎尔以为，已成为作家的弗洛拉经常与颇有地位的人来往，受益于他们的支持。深感被不公正折磨的他，逐渐在脑子里产生了这样的念头：干掉这个使他不幸的女人。在此期间，弗洛拉忙于撰写一份要求恢复离婚合法的请愿书：离婚曾被列入拿破仑
275 法典，但复辟王朝根据博纳尔的提议，在 1816 年 5 月 8 日取消了离婚，只保留分居。在法国，由于离婚是大革命的遗产，这一问题遂成了政治问题。在七月王朝时期，恢复离婚的法案已在众议院顺利通过，但在贵族院遇到顽固反对。弗洛拉现身说法，揭露这一极不公正的法律会败坏社会道德："我在很年轻的时候就不得不独自通过自己的劳动来养活自己和孩子。这种负担少有妇女能够承担。她们中不太有人接受过适合于职业的教育，因而，当没有财产的她们被丈夫遗弃或被迫与丈夫分居时，她们新组成的家庭将因这一法律成为非法关系，因为这项法律不允许她们重新合法地确定能确保孩子受到父亲保护的婚姻……"[2]

1838 年 6 月，夏扎尔买了两把手枪、一些子弹和火药。特里斯坦夫人从朋友那里获悉女婿的阴险计划，即把欧内斯特送回他父亲那里。但这一善意的行为并没有使这名已经发狂并决心不惜一切代价采取行动的男子放下武器。弗洛拉惊恐不安。9 月 10 日，夏扎尔离开在蒙马特尔的住所，带着手枪来到巴克街，伺机出击。他一看到妻子就迎上前去开枪。受伤的弗洛拉倒了下去，见他还有第二把手枪，她重新站起来，冲进一家小店铺，而他则先是被邻居们制服，继而被警方逮捕。

弗洛拉·特里斯坦左胸下方中了一发子弹，吐了血，要十来天才能脱离危险。但是，医生无法取出弹丸。这条社会新闻引起公众对这位奇女子的关注，各种报纸重新谈论《一个贱民的长途跋涉》，该书的第二版已在销售。鉴于夏扎尔有可能被处以死刑，弗洛拉·特里斯坦当时向众议院发出旨在废除死刑的请愿。[3] 以试图谋杀而被
276 传唤的夏扎尔在 1839 年 1 月 31 日和 2 月 1 日出庭，一群被这起非同寻常的事件吸引的人在场观看。夏扎尔全神贯注地读了辩护理由。

尽管有那样的举动，他还是让人产生同情。如此之多显见的仇恨，必然显露出过多的痛苦和耻辱。与此同时，他以平静给人留下深刻印象。为他辩护的是年轻律师儒勒·法夫尔，此人是未来第三共和国的缔造者之一。当时，他力图让弗洛拉处于不利的境地。他利用《一个贱民的长途跋涉》一书，说这种“长途跋涉”伤害了他的当事人，而且其中的一些片段透露出弗洛拉在与人私通。弗洛拉先是克制自己，继而奋起反对这位律师，庭长不得不干预。一些前来对被告表示同情的证人描述了他妻子的暴躁性格。尽管如此，在经过两次长时间的庭审后，夏扎尔依旧被判处 20 年的苦役，但这一判决不久被减刑为 20 年监禁。有一种比离婚的历史更糟的历史，那就是禁止离婚的历史。这两种历史直到 1884 年《离婚法》颁布才得以交替。

在 36 岁摆脱痛苦夫妻生活的弗洛拉·特里斯坦，成了全身心投入巴黎文学界活动的人物之一。她在 1838 年底发表了首部也是唯一一部小说《梅菲斯》，这部小说使她跻身社会浪漫主义的高手之列。该书题目借用女主人公之名，她是个美貌的安达卢西亚人，为她所热爱的人带去通过妇女使人类获得赎救的启示。过分荒诞的情节为描述有点善恶二元论色彩的社会场景提供了机会，在这些情节中，善良的无产者与凶恶的耶稣会士、卑劣的英国爵士与厚颜无耻的法国公爵、小侯爵与苦役犯、神秘与诱惑、女性主义与神秘主义、信仰的表白与自传的细节等等交织在一起，里面的偶然性和令人难以置信的重逢吸引了读者。

小说的确不是她的志向所在，虽然弗洛拉·特里斯坦在传播政治与社会说教时任意驰骋的想象符合当时的口味，并预示着欧仁·苏与大仲马通俗小说的出现，但她真正拿手的是通讯报道。她懂得观察和记录所访问国家的习俗、社会仪式、美好与丑陋之处。人们在她对秘鲁的描述中看到了这一切，人们还在她最吸引人的书之一《漫步伦敦》中再次发现了这一点。这本书是她又对英国进行访问，即在 1839 年对英国进行第四次访问之后撰写的，发表于 1840 年。[4] 热衷 277

于到处收集真相的弗洛拉·特里斯坦披露了一项专心致志的调查结果，这一调查是在英国社会各个阶层、首都各个角落进行的，丝毫没有隐瞒贫困和丑恶。她机灵而确切地描绘出英国社会场景的残酷，但并没有夸张讽刺或渲染悲惨：在她严肃的愿望中，从来找不到多愁善感。她质疑英国的贵族制及其帝国主义，描绘了处在一种“推至极限”的劳动分工法则支配下的工人状况。她写道：“在我看来，奴隶制并非是我了解英国工人阶级以来人类最大的不幸。奴隶一生都在确认自己的面包，并在生病时得到关照，但在英国工人和老板之间不存在任何联系纽带。如果老板没有派活，工人就得饿死；如果工人病了，就会死在麦秆铺就的简陋的床上，不然就是在快死时被一家医院接收，而这是一种厚待。如果他老了，如果他因为一场事故残疾了，人们就会将他打发，而他只得偷偷摸摸地乞讨，因为害怕被逮捕。这种状态是可怕的，为了忍受这种状态，应当假设工人有超人的勇气或完全麻木不仁。”[5]

她的书也揭示了英国各种阶级的妇女状况。她赞同玛丽·沃斯通克拉夫特 1792 年在著作《为妇女权利而辩》中提出的观点：“她希望两性在民事权利和政治权利上平等，在就业上平等，所有人均享有接受职业教育的权利，双方可随意离婚。”弗洛拉·特里斯坦展示了卖淫的祸患。卖淫的发展尤其得归咎于有利于男性的继承法，从更广泛角度来看，则应归咎于许多英国女人的极端贫困。她毫不犹豫地描述了以下场面：在专门俱乐部里，统治阶级的男士以最无耻的
278 方式调戏少女，“在最后阶段，会有各种娱乐……最受欢迎的一种是把一名少女灌得醉如烂泥，然后人们让她喝醋，这些醋里掺进了芥末和胡椒粉，这些不幸少女的痉挛、扭曲引起笑声，并让上流社会得到无限的娱乐”。[6]

弗洛拉·特里斯坦也访问了一些监狱，如纽卡特、科尔德贝斯菲尔德、佩尼顿谢尔里监狱，等等。她叙述了对在押犯的当众羞辱，对人们没有力求消灭产生罪犯的原因而是虐待犯人感到愤慨。这些

罪犯产生的原因是：金钱的傲慢统治，穷奢极欲与极端贫困的共同存在，禁止离婚成了已变成冤家的配偶手中的武器，“折磨未婚先孕少女的野蛮和过激的偏见”，“溺婴、卖淫和偷窃”妇女的命运。

她同情地描述了圣吉尔堂区的爱尔兰人区——光着脚在这个肮脏场所的恶臭污泥中行走的“男人、女人、孩子”，没有门窗的住处，无法忍受的贫困——以此指责马尔萨斯和英国经济学家的流派：“由此，在英国，拥有听众的道德学家、国务活动家在消除贫困方面，只指出了一种方式，即规定人民要‘挨饿’，禁止其结婚，并把新生婴儿扔进阴沟。根据他们的看法,婚姻必须只允许‘富裕的人’享有，对被遗弃的孩子，不应该有任何收容所……”

在报刊上被广泛评论的《一个贱民的长途跋涉》使作者拥有严谨可靠的声望。其有两个版本在同一年里相继推出；这两个版本在1842年继续存在，其中有一个是题献给“工人阶级”的“普及版”，内称：“劳动者们，我把我的书献给你们所有人，正是为了让你们知晓自己的状况，我才写了这本书。因而，它属于你们。”弗洛拉·特里斯坦并未仅仅只对英国发出愤怒的呐喊，她意欲捍卫的是所有国家的无产者。

这本书发出有利于无产阶级的呼声，被《平民闹市》这样的工人
报纸热情欢迎，作者是一位时常在巴克街举办沙龙的典雅女人。有 279
“批评家的王子”之称的儒勒·雅南在她去世后不久曾这样描述道：“如果令人赞叹和漂亮可以并行不悖，她可谓漂亮得令人赞叹。她具有优雅的身材、骄傲与机灵的头脑、充满东方式热情的眼睛、一头可充当披风的长长黑发。这是位在头发光泽下显得脸色苍白的美女，年轻与机敏融合在这张热衷于使所有人激动的脸上，她的牙齿洁白、晶莹、整齐，她的姿态优雅，步态坚定，服装朴素。她是多么年轻，以至于人们立即明白，她无须再为取悦于人或让人觉得她美而担心，对于她来说，这是一种被遗忘，抑或是被蔑视的情感……”[7]阿诺德·鲁奇，一位定居在巴黎、经常光顾弗洛拉·特里斯坦沙龙的德

国黑格尔学派成员，也向我们描述了她在家中举行作家、哲学家、活动分子、工人之间的讨论时无可抗拒的魅力。[8]

正是在那时，弗洛拉·特里斯坦确信自己命中注定负有这样一项使命，即充当她小说中的梅菲斯宣告的“引导人类的女人”。她没有把妇女事业与无产阶级的事业分开。她的推理看起来并不复杂：存在数以百万计的工人，这些工人彼此分离，分散在同行工会的空间和情境之中，他们的悲惨处境与这种分裂、缺乏团结有关。鉴于此，应当组织工人阶级。拒绝接受傅立叶主义微型社会的她，呼唤一种总体计划，通过这一总体计划，无产者将意识到自己属于一个阶级，从此以后有能力去要求他们的种种权利，尤其是居于首位的劳动权。应当通过男女工人的普遍联合来对付普遍贫困，这一普遍联合的目标如下：第一，构成工人阶级紧密、不可分离的统一体；第二，让每个工人自愿凑份子钱，使工人联盟拥有一笔巨大资金；第三，借助这笔资金取得一种真实的权力，即金钱的权力；第四，利用这种权力预
280 防贫困，并从根本上铲除邪恶，后者的途径是给工人阶级子女提供踏实、合理的教育，使他们通过这种教育成为有知识、讲道理、有智慧并能胜任其工作的男女；第五，如同劳动应该如此那样，极大地、理所当然地对劳动予以奖赏。”[9]

弗洛拉·特里斯坦排斥乌托邦，但她在关于工人联盟的著作中提出了另一种乌托邦。她通过算术进行推理：法国有700万至800万职业工人，如果他们中的每一个人同意凑2法郎的份子钱，每年就有1400万法郎到工人联盟手中。在读了托克维尔的友人居斯塔夫·德·博蒙关于爱尔兰人的一部新作之后，她产生了这种凑份子钱的念头，爱尔兰人就是靠这笔份子钱给他们（英国）国会的议员付报酬。“通过很简单的计算（根据他们的人数）向工人表明，只要他们愿意团结，愿意把他们的小钱凑成数以百万计的大钱，他们自己就拥有了一大笔财富！而且一旦拥有这笔财富，他们就能够为自己建立起大量宏伟与喜气洋洋的工场－农场型的公共建筑，而通过向他们展现其所拥有的

财富，我已使他们摆脱接受施舍的屈辱，使他们模糊地预感到天堂！”[10]

作者确切地提供了这一未定型的工人国际方案的细节。凑了份子的工人将在主要城市选出委员会，再由各委员会选出50人组成中央委员会。这一委员会首先要关注的是选出“捍卫者”(le Défanseur)，该“捍卫者”将是持久吸引无产者的代表。只要涉及大的预算，他将尽一切努力去捍卫工人利益。在每个省，人们将创办工人联盟宫，并在工人联盟宫里教育孩子，这些孩子在毕业时将胜任两三种工作。人们还会在工人联盟宫里照看老人、残疾人、工伤事故的受害者。获悉这一方案的欧仁·苏对此极为热情，他的信在《工人联盟》序言中被转引，内称：“由此，通过不值一提的小钱，工人们从今天起将得以为您即夫人完善描述的这类机构之一奠定基础。 281
在大量的这类机构中，孩子可以获得职业教育，老人则可以得到还算不错的照顾……我可以向您保证，夫人，我的多位朋友和我本人，将为这项值得赞颂的事业送出深切赞同，并对其中人们的热忱协作以及作为捐助者在金钱方面的能力而感到骄傲与幸运。”

第一次捐助因而与《工人联盟》有关。如前所述，欧仁·苏在这次显得极为慷慨。弗洛拉·特里斯坦本人给他写道：“您在我展示奇特现象的这一时刻前来看我，使我觉得幸福，非常幸福！此种幸福是圣女徒泰雷兹所从未有过……我意识到自己刚刚做了一项善举、一桩伟大的事业——我刚刚做了有利于我弟兄的工作。一种惊人的爱，一种神圣、纯粹、平静和恢复元气的爱在激励着我，大量涌入我心中，赋予我一种非常有人情味的生活。”[11] 其他值得标明的捐助者如下：奥尔唐斯·阿拉尔（夏多布里昂之友）、维尔吉尼·昂斯洛、贝朗瑞、路易·勃朗、维克多·孔西得朗、路易丝·科莱、马塞利纳·德博尔德－瓦尔莫尔、菲尔曼·迪多、玛丽·多瓦尔、弗雷德里克·勒迈特尔、贡斯当丹·佩克厄尔、阿格里科尔·佩迪吉耶（《一位伴侣的回忆录》的作者）、波利娜·罗兰、乔治·桑、居斯塔夫·德·博蒙、维克多·舍尔歇……

因为觉得必须要有一首对工人联盟的颂歌，弗洛拉·特里斯坦找贝朗瑞帮忙，后者在帕斯的住处友好地接待了她。弗洛拉·特里斯坦在1843年3月23日的日记中详述了这次会晤："一位穿着睡衣、戴着灰色小帽的60至65岁的老先生……就相貌而言，他可谓是极为难看。虽然其貌不扬，但当他说话时，可谓妙语连珠。但是，他的眼睛完全不讨人喜欢，而且他具有人们所说的会把人看穿的眼神。他的鼻子和长满粉刺的脸使他看上去像个酒鬼。应当承认，这副外表少有诗人气息……"[12]这种描述几乎没有恭维他。尽管这位歌谣作家非常善良，但这场交谈仍以徒劳告终。他告诉她说，他已很长时间少有创作灵感了。弗洛拉遂转向拉马丁，拉马丁友好地答复了他，但却没有下文。弗洛拉·特里斯坦最终征集到了不止一首的颂歌，而
282 是三首：泥水工Ch.蓬西创作的《联盟之歌》，画家加利诺夫先生创作的《工场马赛曲》以及大学生勒克莱尔先生创作的《工人联盟马赛曲》。

这些歌曲的段落和副歌乏善可陈，但它们的精神与弗洛拉·特里斯坦的思想、她远离阶级斗争理论的人道主义的社会主义完全相符。此外，作者在大肆宣传作品的同时，毫不犹豫地向各方发出呼吁。她首先向国王路易－菲利普呼吁："作为国家元首，您能够对工人联盟表示非同寻常的同情与感情，这是针对人数最多、最有用的阶级和您最美丽的领地之一而做出的，因为正是这一阶级在这一领地中建造了其最初的宫殿。"国王没有回音。弗洛拉·特里斯坦转向教士："高居于讲道台上的你们可以向富人和穷人布道，因而可以向富人宣扬公正，向穷人宣扬团结。你们非常明白，唯有无产者没有要求对数以百万计的无产者予以施舍，是的，他们要求的只是劳动权。"她也向法国贵族发出呼吁。最后，她求助于实业界的领头人物："怀有纯粹的博爱情感与完全和平意图的工人联盟，有理由指望老板先生的支持。它完全信赖地向他们要求真正的赞助和积极的合作。如果老板先生愿意给工人联盟提供金钱或实物的捐赠，我们将充满感激地接受。"

人们不会惊讶的是，如此迅速地纪念圣西门和傅立叶的马克思和恩格斯，对弗洛拉·特里斯坦不置一词。一方面，她人道主义的社会主义外在于他们在《共产党宣言》中作为历史关键的阶级斗争；另一方面，它具有一种与他们唯物主义相悖的宗教和神秘主义的社会主义。[13]此外，弗洛拉·特里斯坦没有以革命者自居。她写道：“出于本能，出于宗教，我反对一切源自暴力的事物。而且，我不希望社会遭受人 283
民手里的暴力，更不希望它遭受政权手里的暴力。”但正是在这一点上，马克思和恩格斯遗忘了他们有欠于她的地方，正是弗洛拉·特里斯坦先于他们并且先于他们的《共产党宣言》，主张把工人组成为明确的阶级，主张工人阶级团结在一个无产阶级政党之中。

弗洛拉·特里斯坦的社会主义的另一个因素亦会使她在马克思主义流派眼里变得令人生疑，这就是她对自由原则的永恒眷恋。在《工人联盟》中，她由此与圣西门主义者拉开了距离：“读完昂方坦先生刚刚出版的书（《阿尔及利亚的殖民化》），我得承认，我大为惊讶并深感痛苦，因为看到在1843年即在蒙西尼街的聚会12年之后，昂方坦先生是如何来理解对劳动的组织的。人们会相信他吗？今天，对于昂方坦先生来说，对劳动的组织仅仅是以某种规则对工人进行编队。在他的头脑里，劳动的组织与军队的组织大可等量齐观。这样一种观察方式实在是糟糕得难以言表！工人们，上帝赐予我们一种相似的组织！噢！忍受着贫困和饥饿的人数最多的阶级更赞同被编队，也就是以自由去换取日需食物的保障！”在此，我们重新发现了甚至在诞生之初就在社会主义内部出现的争论：弗洛拉的立场拒斥以权威原则来组织劳动和工人阶级，并主张解放成为事实上——严格意义上——的劳动者之前的劳动者。

还应当使劳动者确信团结的迫切和必要性。弗洛拉·特里斯坦开始到处游说。她在1844年4月为环游全法离开巴黎。她在这次旅程当中将借助一种传道般的迅猛，唤醒那些昏昏欲睡的人。她在日记中记载道：“4月12日，上午4点钟，我起来从事一项美好与高贵的使命，选择我从事这项使命的是极其善良的上帝。我感到，在我身上如同有一种神圣的恩惠笼罩着我、吸引着我，把我带入另一种生活。
284 我尚未找到能确切梳理在我身上发生的一切的表达方式。这是某种伟大、高贵和具有宗教性的事物，可以这样说，这是一种达到其顶点的热情，甚至可以通过这种热情达到一种超人的状态即平静……当蒸汽船驶远，巴黎从我的视线中消失，内在的声音对我说，相信你的使命，在巴黎这一法兰西的头脑撒播你的思想之后，前去法兰西的肢体即远方的城市去撒播这种使人再生的伟大思想：劳动权！”

从 1844 年 4 月至 11 月，弗洛拉 · 特里斯坦行迹遍及全法：奥克赛尔、第戎、索恩河畔的夏龙、马松、里昂、罗阿纳、圣太田、阿维尼翁、马赛、土伦、尼姆、卡尔卡索纳、贝济埃、土鲁兹、阿让、波尔多……每到一地，她就分发《工人联盟》的内容简介，以 10 个苏一本的价格销售《工人联盟》，把工人聚集在一起，同时不忘去造访显贵和宗教人士，并在不同城市与省长或警察分局局长发生冲突。在里昂，总检察长下令搜查，让人查扣她带来的文献资料，并在致掌玺大臣的信中写道：“弗洛拉 · 特里斯坦，今年在巴黎出了一本名为“工人联盟”的书的作者，打算为实现在其书中提出的学说与计划而遍访各省。她不完整和晦涩的学说重现了共产主义和恢复妇女权利的空想。”[14] 然而，对于弗洛拉 · 特里斯坦来说，里昂是反应最为热烈的一站，她在那里结识了洗熨衣服的年轻女工埃列奥诺尔 · 勃朗。在提及这位女工时，她毫不犹豫地在日记中记载道：“在埃列奥诺尔与我之间，发生了耶稣与圣约翰之间发生过的事情。”

不过，这次旅行损害了这位女传道士的健康，她在到达波尔多时已经疲惫不堪。疾病战胜了她的能量，她不得不卧床休息。埃列奥诺尔从里昂赶到波尔多，以便陪伴在她床边。在病榻旁接替埃列奥诺尔的有其他一些朋友，其中甚至有一对圣西门主义者夫妇：夏尔 · 勒莫尼埃与埃丽萨·勒莫尼埃。弗洛拉·特里斯坦在 1844 年 11 月 14 日去世，享年 41 岁。她的遗体于 16 日被一些工人安葬在波尔多的夏尔特尔修道院墓地。报刊大量报道了这次葬礼。维克多·孔西得朗于 11 月 18 日在《和平民主》中赞颂逝者是“神圣信仰的牺牲者……作为社会 285
大军已失去的明星，为了确认和开化这一领域，她勇往直前，坚持她自己的表达方式。这种勇敢和强大的献身精神、这种高贵的冒险、这种使徒般的艰难使命，随着一位殉道者的去世而告终。这位殉道者在一个自我主义的世纪里堪称异类，因为这个自我主义的世纪不理解对普遍信仰的热忱，而且还过于频繁地只以讽刺或凌辱回应这种热忱。”

在其去世后不久，波尔多一个工人委员会发起了为她竖立纪念碑而募捐的活动。此项活动的发起人之一细木工麦格罗请求多位名人帮忙。欧仁·苏第一个响应。这块竖立在波尔多的纪念碑——该纪念碑的造型是一根由一只手持着的橡树叶花环环绕的折断的柱子——于 1848 年 10 月 22 日举行落成仪式。

第十六章

“全身心投入政治的”乔治·桑

1832 年，《印第安娜》出版。

1835 年，乔治·桑与皮埃尔·勒鲁相遇。

1841 年，《独立评论》发刊。

1844 年，乔治·桑创办《安德尔的志愿兵》。

在给弗洛拉·特里斯坦竖纪念碑募捐时，有人请乔治·桑捐款，但她忘了响应。虽然在给《工人联盟》提供印刷费用的募捐者名单中有她的名字，但乔治·桑从未同情过这位可能在许多方面过于与她相似的女人。这种相似到了这样的地步：当弗洛拉·特里斯坦在 1838 年被夏扎尔开枪击伤时，乔治·桑被丈夫谋杀的流言一夜之间传遍巴黎。人们终于把她俩混在了起来。这两位女人仅仅相差一岁左右，她们均以自己的作品、婚姻生活的不幸以及离经叛道的想法为人所知。

在 1844 年，乔治·桑是一个成功的作家，一位生活动荡不定引起流言蜚语的著名女小说家。她当时以超乎寻常的活力在巴黎和其临近拉沙特尔的住宅表现自己——她偕同孩子们与弗雷德里克·肖邦一起生活在这座住宅里。她已经有作品，5 年后，她又有了事业。

如果人们可以不顾年代正确与否而使用“介入”一词的话，那么她已通过在贝里创办一份反对派报纸《安德尔的志愿兵》成为一名“介入”的作家。

与弗洛拉·特里斯坦一样，乔治·桑的这种志向可能与她社会身份方面存在的异种混合不无关系。小奥罗尔·迪潘——未来的乔治·桑——实际上有一位身为萨克塞元帅之女的祖母（这种父女关系虽得到承认，却并不合法）。她的祖父弗朗库埃耶的迪潘是包税人克洛德·迪潘的儿子。她的父亲是帝制时期的军官，与出身平民的缝制女装女工索菲缔结了由恋爱而结合的婚姻。在四岁时失去父亲 287
的奥罗尔忍受着母亲与祖母之间的不和，而她的教育是由后者负责的。这是一种阶级对立。她写道：“王族血统的血已经通过在我母亲的血中与平民的血结合而消失在我的血管之中。”[1] 在她祖母于 1821 年去世时，她嫁给了先来求婚的人——卡西米尔·杜德望，此人是一位帝国男爵不怎么有教养的儿子。她先与他生了一个儿子，即莫里斯；五年后，又生了一个女儿，即索朗热。在这一时期，杜德望的家业已经处于困境。奥罗尔几乎不希望有缺乏机智的丈夫、只知牵着狗打猎的土财主陪伴，她向丈夫坦白说，她已经有了一个名叫奥雷里安·德·塞泽的情人，她是在比利牛斯旅行时遇到他的。继奥雷里安之后，乔治·桑又与过去的一位家庭教师斯泰德纳相好（也许，索朗热就是此人的女儿）。接着，在拉沙特尔，她结识了学法律的大学生儒勒·桑，并与后者保持了持久的男女私情。

因为夫妻不和昭然若揭，年轻的杜德望夫人把一项重大决定强加于丈夫：她与索朗热离开诺昂，莫里斯则待在其父的身边，并由一位名叫儒勒·布科瓦朗的家庭教师监管，她每年将在巴黎与诺昂各生活半年。奥罗尔的反叛一目了然。她给布科瓦朗写道，她想“作为自由的伴侣被寻求和召唤”。此种表达方式在七月王朝初期尚极为少见。在巴黎，她与几位在贝里结识的男友重逢，并和他们经常光顾舞会与剧院。为了更好地到处溜达，她习惯穿得与男人一样。但是，巴黎吸引她的并不只是欢乐。她写信给家庭教师道：“我有一个目标、一项任务，也可以说是一种激情。以写作为职业是一种几乎无法摧毁的强烈目标。”带着一部小说手稿来到巴黎的她没有找到出版商，却成功地使自己在一家讽刺小报《费加罗报》谋得一个职位，在此，她力图与该报的调子保持一致。在儒勒·桑的陪伴下，她以他们共同的笔名“儒勒·桑”写了一部长篇小说《粉红与白》。这向“乔治·桑”迈了一大步。她最终在发表《印第安娜》时使用乔治·桑这一笔名，288 之所以如此，是因为她觉得男性化的名字将使她在创作方面有更多自由。

自第一部小说取得成功开始，乔治·桑就与鲁莽或强制的婚姻，以及不平等夫妻关系中丈夫随意殴打或奴役妻子等行为进行斗争。她的女主人公印第安娜，一个生活在身为退役上校的年纪过大的丈夫身边、年轻而敏感的克里奥尔人[1]拒绝屈服：“她觉得对这位自己不爱的丈夫示爱比答应激起她渴望的情人更有过错。”在这种情况下，情人雷蒙，一名懦弱的诱惑者，几乎与她的丈夫一样可憎。但是，爱情最后取得胜利，印第安娜得以在丈夫拉尔夫爵士去世后与表兄结成伉俪。小说非常传奇，愿望很罗曼蒂克，将这本书很好地置于历史时期（1830年左右）和社会背景之中，往往是对立的人物避免了夸张讽刺的描绘，印第安娜尤其成了身陷缺乏爱情的婚姻之中寻求梦幻情人的女性形象。

除了有众多读者，《印第安娜》亦得到报刊的好评，尤其是圣勃夫的好评——后者的好评并非无足轻重。一切都在促使乔治·桑循着同样的套路继续下去。她有信息要传递，有要求要表明，那就是自由、爱的权利，并拒斥使妇女被压垮的礼仪和偏见。她撰写并发表了《华伦蒂娜》——它又是一桩不幸婚姻的故事和凄惨的悲剧——再次取得成功。乔治·桑决定性地功成名就。她开始凶相毕露，触

[1]　créole，专指南美、北美之间的安的利斯群岛等地的白种人后裔。

犯他人。她使某些人喜欢（尤其是女喜剧演员玛丽·多瓦尔），让另一些人反感（例如玛丽·多瓦尔的情人阿尔弗雷德·德·维尼，此人一针见血地说她是“处在才情、语言、叫声、口无遮拦之中的假男人”）。[2]《两个世界评论》的经理布洛鼓励她，他以 4000 法郎的年金请她每 6 个星期交一篇 32 页的稿子。人们想方设法去陪伴她，而这也是相互的（但她曾毫无乐趣地与梅里美一起睡觉[3]）。通过她接着问世的作品《莱莉亚》，乔治·桑在一部忧郁、难以置信、不可思议和看破红尘的小说之中放纵想象力，她在这部具有自传性的小说里透露了一些她自己的秘密。这部出版于 1833 年的小说引来了对她 289
的批评，但圣勃夫仍然推崇她。

在这期间，乔治·桑于 1833 年 6 月在一次由《两个世界评论》举办的晚宴上结识了阿尔弗雷德·德·缪塞。她是在场者中唯一的女性，而他就坐在她的身边。他们最初的互不信任烟消云散：“女才子”和“向女人献殷勤的青年人”从为爱而爱开始，表现出“意气相投”和许多共同之处。[4]在两人随之进行的通信中，缪塞给乔治·桑写道：“我爱上了你。自从我到您那里的第一天起就已如此……互相爱慕的他们在 7 月份成了情人。她对已引为知己的圣勃夫解释说：“这是一种青年男子的爱与同伴的友谊。这是某种我难以想象、不相信会在任何地方碰到的事物，尤其是……我更多的是因为怜悯而不是爱情依从他，而我所不知道的爱情在我身上显露了出来，我觉得在接受它时并非毫无痛苦……”[5]她时年 29 岁，他则为 23 岁。她在 1834 年 4 月 15 日给缪塞写信道：“你曾在某个兴奋而狂热的日子里责备我从不会赋予你爱的快乐。我当时为此而哭泣，而现在，我感到极为高兴的是这一责备中有某种真实的东西。我极为高兴的是，这些快乐较之你从其他地方获得的快乐要乏味和模糊。这起码会使你在别的女人的怀抱中时不会想起我。”[6]

意大利令人着迷。无法摆脱这种迷恋的这对情侣制订了携手前往那里的计划。在此期间，乔治·桑提议阿尔弗雷德阅读瓦尔施的《佛罗伦萨编年史》。缪塞因为在洛伦佐身上看到了自己的影子而被这位痛苦万分的人物所吸引，全身心地投入《罗朗萨丘》的写作（这一剧本直到 1896 年才上演，之后在 1834 年由《两个世界评论》的出版社出版）。缪塞这部没有明确政治意图（如果这无须怀疑的话）的悲剧的价值，首先体现在主角心理活动的复杂以及鲜明的形象化语
290 言上。脑袋被悬赏的弑君者洛伦佐（他杀死了亚历山大·德·美第奇公爵）在威尼斯被杀害。

如前所述，正是在两人动身前往威尼斯时，这对情人遇到了司汤达。这是一次不和谐的旅行。乔治·桑身体不适，缪塞经常光顾乌烟瘴气的场所，在赌场大把输钱，接着又轮到他因患上疟疾而病倒。给他看病的医生帕热罗成了乔治·桑的情人。对于这一切，缪塞还蒙在鼓里，但他选择离开威尼斯。她还在那里待了一段时间，然后在帕热罗的陪伴下返回巴黎。缪塞给她写信道："你弄错了。你以为你是我的情妇，但你只是我的母亲。"她对他答复道："我需要培育这种母亲般的关怀。"这桩不幸的爱情并没有就此结束。当乔治·桑回到巴黎时，逃往巴塞尔的缪塞给她写信说，自己将死于爱情——死于"一种没有结果、没有名分、失去理智、令人绝望、不知所措的爱情……"她徒劳地反驳说："我们不应该再见面。"他们又重新相会，仍旧彼此攻击，相互询问他们是否不该再让彼此烦恼。在这之后，她竟然为了求得太平在 1835 年 3 月悄悄回到诺昂。缪塞翌年在《一个世纪儿的忏悔》中叙述了这种爱情的狂热。[7]

对于这段仿佛撞上鬼的男女私情，以及这种奇特的结合（一个有着过于臃肿的下巴、不是很漂亮的女人和一位病恹恹的虚弱诗人），人们长时间地思索、感到气愤和惊叹。然而，他们在 36 个月的时间里，借助于一时冲动、分手、痛苦的不忠、悲剧性的意外事故、双双自杀的计划、威尼斯之行、廉价出售的长发、绝望写下的短笺、自命不凡和挑衅的言行等等，已经发明和完美上演了这种爱情持久不衰的原型，这就是罗曼蒂克、不可能实现和令人心碎、自私自利和完

全自由、病态和使人消受不起的（法国式）爱情，此种爱情将长时间地让青年男女想入非非，使资产阶级惊惶不安，并让路易丝·科莱之类的人物吼叫着表示嫉妒……[8]

乔治·桑后来谈到她的首个“巴黎时期”：“处在自私自利和隔绝 291
状态的我令人厌恶。”以几本书取得的名气、动荡不安的爱情，没有让她心满意足。然而，她无法设想与所爱的孩子和不爱的丈夫一起待在诺昂。为了寻求解决婚姻问题的办法，乔治·桑听从朋友的建议，前往布尔日向米歇尔律师咨询，这位律师即人们所称的“布尔日的米歇尔”以及在她的《我的一生的故事》中名为埃弗拉尔的人。这是一次具有决定性意义的会面。

这位时年 37 岁的男子是个外表极为“粗糙”的人：“出身农家的他在穿着上只求舒适与耐穿。他在家里和城里均披着一件又厚又不好看的宽袖长外套，穿着一双宽大的木履。他一年四季都怕冷，但在任何地方均彬彬有礼。他不同意把大盖帽或其他帽子存放在房间里。他只要求放一块手帕，并从口袋里拉出三四块头巾，这些头巾被他不小心缠在了一起。他挥手想让它们掉下去，心不在焉地将其拾起来放回口袋。他还不知不觉地以时而不可思议时而生动的方式梳理着头发。”[9]个性强烈、能言善辩、有点专横的“布尔日的米歇尔”是共和派在贝里地区的负责人。他从第一次谈话起就使女小说家在政治上开了窍。作为律师，“布尔日的米歇尔”研究了杜德望夫妇分居情况的案卷；作为宣讲者，他没有再放弃他觉得能够从事重大事业的乔治·桑。他给她写了许多信，和她以“你”相称，做她的支配者，并且还对她说道：“爱情是一种自私自利的情感，请把这种在这个世界上绝不会得到回报的热烈而忠实的爱情扩展到在抵触和容忍这种爱情的整个人类。不要只对某一个人有如此多的关爱！没有任何人值得如此，但所有人都在以永恒造物主的名义要求它！”

当时恰逢 1834 年第二次里昂起义和 1835 年菲耶斯基暗杀国王未
遂之后在政治和法律上进行镇压的时期。“九月法令”迫使反对派沉默， 292

与此同时，法官们把共和派领导人打入牢房。乔治·桑写道："要在这场巨大论战中保持中立几乎不再可能。这场论战不再具有密谋和袭击的特征，它完全是一种普遍抗议，在这当中，所有人为了投身这个或那个阵营而觉醒。"听从了狂热的米歇尔，乔治·桑开始以"转而具有共和主义情感和新观念"的人自居。

布尔日的米歇尔反复向她灌输这样一种思想，即"宗教的真理"和"社会的真理"只是同一种真理。觉得受启发还不够充分的她力求深化其全新的信念。在巴黎，她的朋友李斯特使其结识了拉默内，后者同意来她这里，把"金玉良言"带入她的"诗人沙龙"：

> 个子瘦小、体弱多病的拉默内先生胸腔里只有一丝微弱的生命气息。但他的头脑里却有着何等的智慧之光！相对于矮小的身材和狭窄的脸，他的鼻子过于突出。不过，若撇开这一比例失调的鼻子，他的相貌不错。清澈的眼睛放出光芒，笔直且布满明显皱纹的前额，显示出他的坚强意志。在他严肃的外表下，有着令人喜爱的嘴巴和会变化的面部表情。这是一颗强烈具有禁欲、静修和布道生活之特征的脑袋。
>
> 他整个人，包括简朴的方式、粗暴的行动、左倾的态度、不加掩饰的愉悦、急性子的执拗、出人意料的直率，以及他所穿的干净但破旧的衣服以及蓝色袜子，均给人一个布列塔尼教士的形象。[10]

尽管友人圣勃夫提醒她注意拉默内的矛盾，但乔治·桑被"橡树林的隐士"所迷住，热衷于正义和真理。她在这个她称之为"我的教会神甫之一"的人身上看到了某种简单而崇高的事物，这一事物深深触动了她，即便她迅速觉察出它可能具有幼稚之处。乔治·桑仍不满意。于是，圣勃夫建议她去见两个他在圣西门主义者时期结识的人：让·雷诺与皮埃尔·勒鲁。在他们首次见面时，勒鲁因羞怯而结结巴巴，但他立即博得了她的欢心：“他有着好看温柔的面容、透彻清纯的眼睛、深情的微笑、悦耳的嗓音，具有音调和特征的语言、 293
真正的端庄而善良的整体，与推论的力量一样具有说服力。”

人们记得，皮埃尔·勒鲁出自《环球报》。作为皇家广场饮料店早逝的老板的儿子，勒鲁不得不中断学业，并在成为排字工人之前从事过多种职业。他很快就产生了办一份百科全书式报纸的想法。他成功地让人们对此产生兴趣，并凑齐必要的资金。这就是保尔－弗朗索瓦·杜布瓦掌管的《环球报》的起源。在好几年时间里，勒鲁仍然不为人所知，直到1827年11月27日才通过向维克多·库辛、邦雅曼·贡斯当、圣勃夫等人学习，发表了第一篇文章。人们知道，在1830年革命后不久，当该报大部分成员弃文从政时，他在圣勃夫的陪伴下，仍然留在已具有圣西门主义色彩的《环球报》。作为圣西门主义的积极分子，他很快就因为昂方坦与其传统家庭观念相距甚远而拒绝跟随他。正是在这个时候，他又有了编撰百科全书的想法。在通过《百科全书评论》（该杂志从1831年9月至1833年9月由他与伊波利特·卡诺共同负责）进行最初的尝试之后，他在1834年与友人让·雷诺创办了编撰《新百科全书》的重大事业——它将是一种定期分批出版的百科全书。

乔治·桑自己承认，她并未一下子就接受新对话者的一切想法，但此人令她激动。他当时编撰了主要著作《论人性：关于它的起源和未来》，该书于1840年出版。他浸透着宗教情感的社会主义根植于下述基本原则：首先，人性存在于每个人身上（“人性，即我们身上的人之本性，也就是事实上无限地被包含在我们身上，构成我们的特征和现在的生活方式，使部分地具体化的人成为同类的本性”）；其次，这种共同的隶属导致了与分离，即过去的战争和当今的竞争相对的相互关联（“啊！多么美好的法律！它完全是为使我们变好和幸福而制定的！我的兄弟，竞争想要表达的意思就是向你猛扑过来。”）；最后，人类服从持续不断的可完善性法则（“可完善性，这就是人类

294 通过实现理想达成的救赎。”)。

这些原则否定了财产。并非个人或家庭财产（“这种财产是神圣的”),而是财产使支配别人的劳动成为可能。人类合作进行生产劳动，“正是资本扼杀了人性”。但不能就此就把勒鲁视为共产主义者，他拒绝接受“绝对的社会主义”，认为“生活本质上存在于自由的个人神圣所必不可少的关系之中”。较之共产主义，他更愿意选择“融洽学说”（le communionisme）积极而没有暴力的相互关联。

乔治·桑的作品从此以后有了一个新转折。她给一位女友写道：“我应当对您说的是，乔治·桑只不过是皮埃尔·勒鲁苍白的反映，是个具有同样理想的狂热弟子——但是个在他面前说不出话来并为之狂喜的弟子，始终准备为了在他的启发下去写作、发言和行动而把过去一切作品付之一炬。我仅仅是个笔头勤快、内心敏感、力求在小说中体现导师哲学的普及者。”在这封书简中，她坚持明确指出，她并非是因为爱情追随勒鲁：“如同人们在贝里所说的那样，有些人声称是爱情创造了奇迹。我很希望是心灵之爱，因为对于此位哲学家的浓密长发，我从未想过去触摸某根发丝，也从来没把那头浓密的长发当一回事。”

明确指出并非毫无用处，因为皮埃尔·勒鲁面对这位他觉得美丽高贵的女人并没有无动于衷。他试图引诱她，但被女弟子温柔而坚定地推开。勒鲁已经结过两次婚，有九个孩子而且是家庭的捍卫者，并没有勉强她。

对于乔治·桑来说，这种相遇的最初结果之一是建立了人们可称之为她在一种扩大的解放事业中的女性主义。人们在她于1837年发表在拉默内的报纸《世界报》上的《致玛尔西埃的信》中看到这一点。她一边谴责人们当时所设想的婚姻，一边让对方警惕圣西门主义的妇女解放学说：“在一个腐化堕落可大行其道的社会里，它对
295 于社会的腐化堕落没有任何纠正作用。”较之妇女的解放，她认为更为迫切的是建立一个消除贫困的社会。她并非没有看到妇女遭受的

奴役，但想通过建立一个更为人道的社会来解决这一问题。为了促进这一事业，妇女应当在智力和学业上得到培养。这些热情洋溢的信件的语调吓坏了拉默内，他在 6 期之后，中止了这种合作。

乔治·桑的个人生活亦在 1836 年有了一个新转折。正是在这一年,她的律师“布尔日的米歇尔”使她获得与丈夫杜德望分居的判决。也正是在这一时期，她开始与小她 6 岁、体弱多病（人们相信他患有肺结核）的音乐家肖邦交往。她在著名的马略卡岛之旅（肖邦在那里咳了血）后把他带到了诺昂，直至 1846 年，他一直是她在诺昂家中的常客。在那里，她可以在她家的花园住宅里使自己的母性得到充分满足：她一方面可以照看自己的孩子，另一方面可细心照料音乐家。肖邦和乔治·桑轮番在诺昂或巴黎居住。女小说家当时与左翼文学和政治精英，如路易·勃朗、戈德弗瓦·卡芬雅克、亨利·马丹等均过从甚密。她与女歌唱家波利娜·嘉尔西亚及其丈夫路易·维亚尔多结成了朋友，并且遇到了亚当·密茨凯维奇——此人是来自波兰的避难者，应邀在法兰西公学院授课，还有埃德加·基内、埃蒂安·阿拉戈、阿格里科尔·佩迪吉耶、波利娜·罗兰[11]等人。

在皮埃尔·勒鲁的影响下，女小说家改变了主题，变为进步、共和主义观念和平等的战士。1837 年春，她以连载的形式在《两个世界评论》发表了一部感人的小说《莫普拉》。不知疲倦的她对《莱莉亚》做了加工,将结局改得令人绝望。她还写了《斯皮里迪翁》(勒鲁参与了这一作品的创作)，在这部小说中，她改头换面地对拉默内做了全面描绘。尽管勒鲁觉得拉默内天主教色彩过浓，乔治·桑在这部小说里仍不容侵犯地为拉默内进行了辩护。

在《人民书》发表之后，拉默内令当局感到不安。因为被怀疑谋反,他的简陋住处遭到了搜查——这正是夏多布里昂给他这位“杰出的朋友”提供避难场所的时刻。拉默内和七月王朝之间已经宣战。
热情洋溢的小册子接二连三地问世，如《现代的奴隶制》《国民与政 296
府》……保守派报刊对此感到愤慨。拉默内最后一篇讽刺性短文被查扣，他本人被重罪法庭传讯。夏多布里昂站在有利于拉默内的立场上为他作证。但最终败诉，拉默内因为煽动对政府的仇恨与蔑视被判处1年监禁和2000法郎罚款。有人为此发起募捐，但拉默内不同意这样做。人们对拉默内的同情心在高涨。后者在圣佩拉吉监狱接受了很多人的来访，但乔治·桑没有来看他，这也许是因为她已被皮埃尔·勒鲁说服。不过，这一切并不妨碍女小说家在1843年针对批评家勒米尼埃在《两个世界评论》中的攻击再次为拉默内辩护。

1840年，她发表了《法兰西木工互助会会员》，它的主人公皮埃尔·于格南是名从阿格里科尔·佩迪吉耶那里得到启发的工人，后者是《手工业行会手册》的作者，是个以“具有美德的阿维尼翁人”之名接收同伴的细木工。由于这位共和派人士让她认识到互助会的世界以及冲突与激烈的对立，她遂宣扬起团结：“我们把一切为了利益而对我们的艰苦劳动进行剥削的人都当作天然的敌人，难道不过分吗？因为受富人占有欲的压制，被贵族愚蠢的傲慢打入卑劣的处境之中，还要遭到那些永远要我们受伤的手臂举着救世主——这一救世主被他们用镀金的标识和丝绸所覆盖——的十字架的教士可耻的共谋的谴责，难道我们受到的凌辱、蒙受的不幸还不够多吗？难道我们还应当忍受把我们打入最底层的不平等吗？难道我们还应当力求在我们当中使这种荒谬和应受谴责的不平等神圣化吗？”[12] 战斗的使命、人道主义的社会主义者、赞颂人民、梦想不同阶级的融合，把一位“无产阶级－哲学家”的典范作为主人公，凡此种种，均标明此书开创了她具有政治倾向的长系列小说的先河。

这种（并非必然是考虑最周密的）社会主义的灵感开阔了她的视野，但却在文学上使其失去了原有的支持。《两个世界评论》的经理布洛兹感到不安，并且不喜欢女小说家的新作《贺拉斯》。乔治·桑
297 为他的评价感到痛苦，遂渴望独立。勒鲁鼓励她说：“我发自内心的想法是，由布洛兹的报纸或杂志评判您的出版物实属荒谬和可悲。您有没有读过在最新一期的这家杂志中以反对的形式揭露当今以共

产主义的名义在传播的思想，您与我都被视为其支持者。之所以如此亦不无道理，因为，亲爱的朋友，您我皆不知不觉地成了共产主义者。这个词博得了好评。共产主义在法国类似于宪章主义在英国。我更喜欢‘融合一致’的主张，它表达了一种根植于博爱的社会学说。但是，向着目标直奔而去的人民已经选择用共产主义来表达一种能够复活平等的共和制。”[13] 然而，就在同一时期，勒鲁与让·雷诺在《万有百科全书》中不再意见一致。于是，乔治·桑和皮埃尔·勒鲁决定创办一份杂志，她筹齐了必要的资金——对此有所贡献的路易·维亚尔多成了《独立评论》的三位经理人之一，该杂志的刊名也是她取的。从此以后，她将在该刊上发表连载小说，并且以《贺拉斯》开始。她给友人写道：“我的小说在此只是吸引看客的招牌，我尽其所能地吸引能够吸引的看客。如果上帝允许，这些看客将会让机器运转，而这种被无拘无束地谈论以及不加掩饰地赞同的事业基础将得以形成。”[14]

《独立评论》的第一期于1841年11月1日出版。这一严肃出版物一上来就把皮埃尔·勒鲁的“教理书”《关于种种哲学》推向读者。它确认了旧社会已经灭亡，而新社会尚未接班：“社会处在尘埃之中，它到了这样的程度，以至于共同信仰没有启迪智慧，没有充实心灵。看啊，唯一的太阳照亮了所有人，赋予他们同样的光芒，协调他们的行动；但是，我要问您，照耀我们一切意识的道德的太阳何在？”他解释说，今天，统治人的不再是人，而是金属：“在统治的是财产， 298
因而，在统治的是物质，是黄金、白银、土地、泥浆、肥料。”通过揭示妇女的地位和无产者的状况，勒鲁宣布了“巨大的期望”：人类将通过团结获得再生，因为团结就是生命。

乔治·桑为《独立评论》费了大力，她到处活动，征集订户。她继续写小说，先是《康素爱萝》，接着是《鲁多尔施塔特伯爵夫人》。她对拉波安特、马居、蓬西等工人诗人予以支持，发表他们的诗作：他们的提高难道不是勒鲁持续进步哲学的显著证明吗？她特别关心慷慨提供帮助的夏尔·蓬西，并在1842年4月给他写信道："我的孩子，您是个伟大的诗人，因而也是我们最近高兴地看到涌现出来的所有出色无产阶级诗人中最有灵感、最好的一位。如果扼杀我们所有资产阶级诗人的虚荣未走进您高贵的心灵，如果您守住赋予您才华的由爱情、自豪和善良组成的财富，那么您会在某一天成为法国最伟大的诗人。"乔治·桑为蓬西相继出版的诗集作序，将他与贝朗瑞进行比较。后者对此表示感谢："啊，夫人，承蒙您在出色的序言中提及我，不胜荣幸……"

不过，或者是因为没有足够"看热闹的人"，杂志无法收支平衡，或者是因为皮埃尔·勒鲁在管理中失误过多，该杂志已难以为继。维亚尔多一直以来害怕出现亏损。最后，在1842年秋天，乔治·桑、勒鲁和维亚尔多放弃了这份杂志，卖了出去，该杂志此后由费迪南·弗郎索瓦和埃米尔·佩尔内掌管。乔治·桑还在上面发表作品，勒鲁则远离它。乔治·桑和勒鲁的合作并没有由此终止。1843年秋天，一个首先使女小说家付诸行动的事件使他们更加接近，这就是间接成为《安德尔的志愿兵》创办缘由的芳歇特事件。

在1843年10月25日出版的那一期中，《独立评论》发表了《布莱斯·博安致克洛德·热尔曼的信》，这是一篇实际上出自乔治·桑之手的民间故事，叙述了芳歇特的真实故事。这位年方十五、头脑简单、被人遗弃的年轻女孩曾被一位医生带到拉沙特尔的育婴堂。
299 一段时间之后，管事的嬷嬷根据行政当局人员的建议，决定开除这个不甚听话、让他们束手无策的小家伙。于是，芳歇特被交给一位赶简陋的公共马车的人，后者把她像主人要求他丢弃的狗一样把她给扔了。在同一时期的通信中，乔治·桑解释了这封信的缘由，认为这个痛苦和反抗的故事值得让人们知道。由于检察官提出抗议，她换了一个新的文本，并让人分册印刷。受到官司威胁的她成功唤醒了舆论，新的调查在进行，而这次调查结果表明，女小说家完全有理。[15]

这起发生在乡村的悲剧让乔治·桑构想出了一项计划：在舆论被巴黎的中央集权制所抑制的当地创办一份捍卫正义事业的地方报纸。她向在贝里的朋友杜韦尔内、罗里纳、普拉内、迪特伊等透露了这项计划。1843 年 11 月 18 日，她向儿子莫里斯说明了她的计划：“我全身心地投入了政治。我们开列名单，进行总结，做出估计。我们将成功办成一份地方报纸，这是芳歇特事件导致的结果。安德尔的支持政府的报纸在进行攻击与辱骂。人们没有反击它的喉舌。因而，大家喊道：‘应当有一份报纸，应当有一份反对派的报纸。’所有人均已觉醒，而且所有人都在准备签名。”

几天后，在另一封落款为 11 月 27 至 28 日的写给儿子的信中，她表明了她的行动：“亲爱的小家伙，又是到处奔走的一天和计算数字的一夜。我已被弄得麻木迟钝，但身体没事……今天晚上，我与普拉内、迪特伊、弗勒里、内奥和杜韦尔内共进晚餐。这次会议对创办和命名《安德尔的志愿兵》具有决定性意义。这是一个救国委员会。人们轮流发言。普拉内要求发言不下 200 次，提出了不止 500 项的动议。弗勒里发火了，有 10 次像公鸡似的脸红脖子粗。迪特伊像命运之神似的平静。儒勒·内奥则非常吹毛求疵。最后，我们终于在开支等一系列问题上达成共识。救国委员会宣布了《安德尔的志愿兵》的创办……”乔治·桑表现出无与伦比的力量，同时负责拟定纲领、表明政见的文字、报纸的简介，并去请可能会来的编辑 300
人员——排在首位的是拉马丁。[16]

皮埃尔·勒鲁并没有被遗忘。1843 年，重操排字工旧业并希望调整他发明的击键式排字法的他，在毗邻安德尔的克勒兹地区中的布萨克设立了一家印刷厂。该厂的设立全亏了乔治·桑对他永不泯灭的忠心，她为他提供资金和新场所：“不应该因为缺钱而让他极度不安和心灰意冷。”在一个兄弟和一位在普瓦提埃的律师朋友的帮助下，勒鲁逐渐汇集起一个以他为中心的劳动共同体，该劳动共同体的目标是“使宣扬其学说的书能更便宜地出版”。为了让勒鲁等人有活可干，乔治·桑显然向合伙人提议由勒鲁来印刷《安德尔的志愿兵》。尽管合伙人对此热情不高，但交易已经达成。1844 年 9 月 14 日，该报的创刊号问世，它的存在很大程度上归功于乔治·桑的力量，她在一年时间里，利用自己的名气克服了诸多障碍，为它的出版竭尽全力。报纸开始引人谈论——由来自图勒的共和派记者维克多·博里担任总编辑，而她却隐退，只做一名“普通的撰稿人”。她在上面发表了关于巴黎面包工人处境、社会主义、劳动组织的文章。对于这种介入推崇备至的路易·勃朗建议她为他的报纸《改革报》撰稿，完全参与共和主义运动。桑对此心存疑虑。在她眼里，共和制并非一种目标，而只是一种手段——使她在社会方面的设想在由皮埃尔·勒鲁预言的新福音的基础上得以实现的手段。

她的行动及思想当时仍然贯穿着宗教方面的理想，同时与整个教权主义对立。因为一名教士要求她慷慨解囊，她在 1844 年 11 月 13 日直截了当地答复他说：“……我不会拒绝把自己与一项教会神职提供给我的慈善事业联系在一起。我个人对神职人员有着高度的评价和好感，而且我一贯并未与你作为其中成员的团体作对。但是，
301 所有以再现天主教崇拜为目标的人将在我身上发现一个（因为我不太严厉的个性和无足轻重的意见）实际上非常可笑但在个人行为上却不可动摇的对手。自从自由精神在教会中窒息而死，自从在天主教教义中既不再有讨论和宗教评议会，也不再有进步和出类拔萃者，我已把天主教教义视为一纸空文，它如同一种政治制动器，被置于王位之下和民众之上。依我之见，这是一种以基督教言论为幌子的骗人外衣，是对崇高福音的不符合实际的解释，对上帝允诺的、像在天堂一样赋予尘世间人们的神圣平等构成无法逾越的障碍。”

乔治·桑重新写起了小说。1844 年，她以连载形式在《立宪主义者报》上发表《让娜》。小说的社会主题并不适于取悦该报的读者。下一部作品交给路易·勃朗的《改革报》，那就是 1845 年发表的被视为社会主义小说的《安吉堡的磨工》，它是社会浪漫主义的最

好佳作之一。伤感的情节被皮埃尔·勒鲁所珍视的长篇大论一再打断，作者在这些长篇大论中主张社会阶级的融合、（像布萨克印刷厂那样的）合作形式的劳动，揭露了金钱的邪恶统治。与此同时，这部社会小说亦首开了将长久存在的田园小说系列的先河。

第十七章

海因里希·海涅、卡尔·马克思：在巴黎的德国人

1831 年，海因里希 · 海涅抵达巴黎。

1843 至 1844 年，马克思在巴黎。

302 《独立评论》在 1843 年发表了一篇关于“在巴黎的黑格尔学派”的文章，影射左翼黑格尔学派的思想活动，而处在该派最前列的就是刚刚创办《德法年鉴》的阿诺德 · 卢格和卡尔 · 马克思。当时的德国人，从工人到艺术家都云集法国首都。因为巴黎不仅仅是欧仁 · 苏所描绘的满是污泥和犯罪的城市，也是近代的巴比伦，对所有法国外省和欧洲各国均有着吸引力的中心。

巴尔扎克有言：“在外省，有三种竞争力不断从外省流入巴黎，这必然同样程度地使外省社会陷于贫困，没有任何事物可以阻止这种持续不断的不幸。贵族、实业、才能，无休无止地被吸引到巴黎，后者就这样贪婪地吞食着产生自王国各地的能力，构成奇特的人口，并为了自己的利益不惜使全国的智慧干涸……此种不幸在意大利、英国、德国和荷兰均不存在，在这些国家里，10 个主要城市提供了不同的活动中心，均以它们的习俗、特有的吸引力引人瞩目……法国容易改变政府、朝代以及产生大大有损其繁荣的革命的主要原因

之一就在于此……”[1]

巴黎的中心化也许具有巴尔扎克揭露的不好的方面，但是，它 303
给法国首都提供了无与伦比的诱惑力。作为一切才能和抱负的汇集之地的巴黎，也是个自由之城。七月革命业已肯定对巴士底狱的攻占。在这里，人民是自由的，个人摆脱了宗教的监护（这在外省和外国则不然，人们会因此被监视和定罪）。新闻也几近自由，可以表现出反对当局，直至其他地方闻所未闻的程度。尤其是在七月王朝的年代里，巴黎经历了一场思想上的沸腾，由此成为社会主义和共产主义思想的首都：青年马克思在1843年与巴黎有了联系。但是，一位同样来自德国的伟大诗人已先于他来到这里，并很快地比出生在巴黎的巴黎人还像巴黎人，他就是海因里希·海涅。

在长时间孕育出对法国的深思熟虑的热爱之后，海涅自1831年起待在巴黎。1797年出生于杜塞尔多夫一个犹太人资产阶级家庭里的他，在孩提时代经历了拿破仑军队在1806年的占领。在莱茵地区，整个莱茵河左岸被兼并。以杜塞尔多夫为首都的伯格大公国当时在缪拉名义上的统治下被创立，它汇集了16个原来的德意志邦国，居民人数约为90万人。法国的法律在此得到应用：农奴制和封建制被废除，权利平等，犹太人获得解放。海涅的家住过一名法国士兵，海涅后来根据此人创作了《鼓手勒格朗》，这名鼓手把革命的法国歌曲与思想传授给年轻的男孩。少年海涅在1811年11月有机会在杜塞尔多夫亲眼看到拿破仑时激动万分，并从此对这位皇帝怀有崇拜之情：“欢呼吧！皇帝！……拿破仑带着他的随从，在大道中间骑行，树木仿佛随着他的前行向他弯腰致敬，阳光有如好奇的目光，透过绿色的树叶照射下来，在湛蓝的天空上，人们清晰地看到一颗金星在闪闪发光。皇帝身穿他那套普通的绿色制服，头戴那顶具有历史价值的小帽。他骑在一匹白色战马上，这匹马行走得如此高傲和安详，同时带有如此多的自信与高贵……”[2]

令德意志民族主义者拍手称好的拿破仑皇帝的失败，对于犹太 304

人来说却并非好事，使他们获得解放的敕令已被撤销。像他这样的年轻文人，前途会怎么样呢？海涅不愿意从事亲友所从事的行业，如商业和银行业。不过，他还是得在叔叔萨罗门，一位在汉堡的富裕银行家的身边工作。海涅在他最初的诗歌中吐露了苦恼，这些诗歌被他用笔名投寄给《汉堡通报》，该报在没有怀疑它们出自一个犹太人之手的情况下发表了这些诗歌。海涅在这个德国的大港口城市痛苦地体验到了这种犹太人的处境。在这里，他可以目睹反犹主义的街头示威那样令人反感的场景。最后，由于他不善于经商，这一点已不容置疑，海涅得到了叔叔的允许，前往波恩学习法律。

海因里希 · 海涅在他相继就学的波恩、哥廷根，甚至柏林大学的那些喜欢大喝啤酒、精通民间传说的大学生中从来没自在过。但是，在普鲁士的首都，他在出版商古比茨于 1821 年出版了他的首部诗集后，立刻觉得自己成了有名望的诗人。也是在柏林，他进入了一个犹太人知识分子的团体，该团体由一位名叫爱德华 · 冈斯的黑格尔学生领导，其目标是确立犹太人的德国、说德语的犹太人，同时反对德国的宗教传统与保守派。拒斥犹太中心主义的他致力于考虑犹太人的处境，以及处在扩大的人类解放框架中的犹太人的解放。他在完全自觉接受犹太人身份的同时确信，这两种解放不可分离。人们将发现，这一思想在马克思笔下，在《德法年鉴》和巴黎产生了反响："犹太人，当你们只为自己要求一种专属于犹太人的解放时，你们是自私自利。作为德国人，你们应当致力于德国的解放；而作为人，你们应当致力于人类的解放。"

直至 1871 年才获得统一的德国，仍然是组合在德意志邦联中诸多邦国的拼凑物。滑铁卢战役后，由维也纳会议和神圣同盟强加的秩序令自由主义运动窒息。高举各种颜色的旗帜、其主要场所设立在耶拿大学城的大学生团体"学生社团"（Burschenschaft）被解散，
305 报刊受到检查，大学遭到监视。在攻读博士学位时，海涅发现他只有成为新教徒才能获得一个职位。与冈斯和其他许多人一样，别无

选择的他改信新教。不过，此举纯属白费力气：由于他公开发表的东西受到当局怀疑，他没有得到任何职位。

在叔叔的支持下，海涅当时很容易就步入了文学生涯。他发表了《歌集》《旅行记》《鼓手勒格朗》等作品，这些作品使他越来越与那个时代的保守德国产生矛盾。在慕尼黑，他也以编辑身份尝试了一下新闻业，供职于由约翰·弗雷德里克·科塔男爵领导的《政治年鉴》，此人亦是歌德、席勒和黑格尔的出版商。在天主教的巴伐利亚，他感受到有如在其他地方感受到的路德派新教影响力和天主教的影响力。他在日记中记道："如果没有国教，没有教义和崇拜的特权，德意志将会统一和强大，而且其子民将会变得伟大而自由……但是，我们的祖国被宗教分离弄得四分五裂……到处都只是被天主教或新教潜在的目光所猜疑的事物，到处都是对异端的指控、对看法的刺探、虔信主义、神秘主义、神职人员中饶舌者的告密、教派之间的仇恨……在我们就天堂进行讨论之际，我们却在人间迷失了方向。宗教方面的冷淡也许是拯救我们的唯一手段，信仰的减弱可能赋予德国一种强大的政治力量。"左翼黑格尔学派或青年黑格尔学派的纲领，亦即费尔巴哈、鲍尔、施特劳斯、马克思等人的纲领，已经被阐明。

海涅觉得自己属于比德国范围要广的文明，即欧洲的文明。甚至在民族主义运动期待着最初的成功之际，他获得解放的思想已经达到超越民族和共同体界限的高度。他写道："重要的不仅仅是爱尔兰人、希腊人、法兰克福的犹太人、美洲黑人的解放，而且是整个世界的解放，尤其是欧洲的解放。"在他看来，法国已经展现了这方面的道路。1830 年革命使他确信，法国人把自由包含在了他们心中。在他当年所居留的汉堡，他发现了一群兴高采烈的人，并写道："甚至在对法国人的仇恨曾如此根深蒂固的此地，现在亦流行着对法国 306
难以描述的热情。人们已经完全忘记达乌[3]，遭到抢劫的银行、被枪杀的资产者、日耳曼的服装、粗劣的爱国歌曲和 1814 年所有笨拙幼稚的行为，凡此种种，已统统被遗忘。”人们看到窗台上挂着三色旗，有人在街头唱着《马赛曲》，有人在咖啡馆高声把法文报纸中的内容翻译给大家听。德国将以法国为榜样吗？海涅再次向柏林大学申请教职，但他很快就不得不泄气：德国尚未成熟到让他成为享用全部公民权益的子民之一。

当沉湎于法国报纸，尤其是圣西门主义者的《环球报》的海涅设想工业发展带来民族解放时，反动势力再次在德意志邦联境内猖獗一时。在汉堡，冯·莫尔特克伯爵发表了一部关于贵族及其与资产阶级关系的著作，该书发展了贵族在道德和文化上具有优越性的观点。一篇匿名的反驳文章对此回应，此文前言立即被认为——而且是有道理的——出自海涅之手。它写道：“高卢雄鸡已经第二次啼唱，这一天也在德国成为纪念日。黑暗和神秘的幽灵逃之夭夭。德国人民无法寄希望于那些只关心围剿以及与自由主义观念作对的领主……”在文中，他发展了一种他将重述的中心观念，即德国哲学业已在理论上完成反对旧制度的革命，法国人民则在实践上实现了这场革命。[4]康德、费希特、黑格尔已经以他们的著述搅乱了旧世界，但仍或多或少是孤立的思想家，而法国则已经可以让人看到革命行动的榜样。这是另一个人们可在关注和热情阅读海涅文章的马克思那里重新见到的观点。

告别，至少是暂时离开畏缩在保守主义和民俗之中、对诗人和哲学家忠告置若罔闻的德国！只有一个国家让自由生存，那就是法国。只有一座城市可以让人尽情呼吸，那就是巴黎。尼采不久有言：“作
307 为艺术家，人们在欧洲只能以巴黎为故乡。”

在1831年5月1日取道莱茵河赴法的海涅不久即抵达巴黎。他是从圣德尼门进入巴黎的：“我确实惊讶于大量打扮过的人摩肩接踵于大街上，他们都穿戴得如此有品位，看上去像是时尚报纸中的人物。还让我印象深刻的是，所有人均讲法语，而这种语言在我们国家是有地位者的明显标志。因而，这里所有人均是与我们显贵一样

好的朋友。礼貌与和蔼可在每个人的脸上看到。这里的男士是多么彬彬有礼，漂亮的女士又是多么可爱！如果有人不小心撞了我但没有立即说对不起，那么我可以打赌，此人定是我的同胞；如果某位美女露出厌恶和酸溜溜的表情，那么我可以肯定她喝了醋，或者她读了原版的克洛卜施托克[1]……伴随着这一切的还有到处发出光芒的七月骄阳。美妙而好享受的吕戴斯[2]的脸颊在这轮红日的光芒的亲吻下变得更红，在其美丽大理石般的胸脯上，未婚妻的花束还没有完全枯萎。确实，不管是在这里还是那里，在街上的每个角落，结婚时的座右铭'自由、平等、博爱'已经被抹去。喜庆的日子竟然过得如此之快！"[5]

实际上，海涅渐渐不再陶醉其中，而是不得不重新衡量在法国占支配地位的专制君主——金钱。作为奥格斯堡《总汇报》（*Allgemeine Zeitung*）的特派记者，他在一系列文章中揭露了它的危害，这些文章后来在1833年汇编成册，书名为"论法兰西"。[6] 在一篇序言中，海涅也用它们来开导德国人、普鲁士和弗雷德里克－威廉三世。圣勃夫让他在《国民报》上连载："在七月革命之前海涅先生在我国并不出名，而今天，他已经完全取得（法国）国籍。如同才华横溢的格林向来属于我们一样，他亦属于我们。"通过描述海涅的双向教学法，即对法国人讲德国人、对德国人讲法国人的艺术，圣勃夫写道："如同法国 308
人仇恨有可能东山再起的贵族制一样，他对贵族制有着深深的仇恨。他亦痛恨基督教，虽然耶稣会教义在法国统治和使人烦恼的时间要更长，但他对此的痛恨程度甚至要超过我们。就此而言，海涅先生远远要比我们更嘲笑我们那漠不关心或复兴的宗教感情。"[7]

不管他究竟怎么样，海涅最终融入了法国。他虽然在这里经常

---

[1] Klopstock，1724—1803，德国诗人，德国启蒙运动的重要代表之一，狂飙突进运动的先驱，是位关心祖国命运的爱国诗人。

[2] Lutéce，高卢旧城名，巴黎即在此基础上逐步扩建而成。此处或指象征古高卢的吕戴斯城的少女雕像。

会遭到驱逐，但仍然没有确定归期。巴黎作家与艺术家已把他当作他们中的一员，即便某些人，如维克多·雨果怀疑他的揶揄，圣勃夫喜欢将他看成“机智略嫌不足”的人。他尤其经常光顾玛丽·达古尔设于法兰西大厦的沙龙。在此，他结识了弗朗兹·李斯特、乔治·桑、欧仁·苏和弗雷德里克·肖邦等人。他还成了泰奥菲尔·戈蒂埃的熟人。在《两个世界评论》，他重新与乔治·桑聚首（《莱莉亚》是他最喜欢的作品之一）。他在乔治·桑那里遇到了拉默内，还与巴尔扎克结成朋友，并喜欢出现在贝朗瑞、大仲马诙谐幽默的小圈子当中。

刚刚创办《文学欧洲》并在上面发表巴尔扎克、雨果、欧仁·苏、德·维尼和大仲马等人作品的维克多·博安，向在圣西门主义者圈子中遇到的海涅提议，让后者写几篇文章介绍德国的新文学。这些专栏文章以及在《文学欧洲》倒闭后发表在《两个世界评论》的类似文章构成了出版于1835年的《论德意志》的起源。（这部作品即便不是他最著名的著作，也是其中之一。）海涅有意重新采用25年前使斯塔尔夫人获得成功的标题。他写道：“我公开宣布，我曾经不断地阅读这位空论派鼻祖的书，而且正是因为想纠正它，我把自己的书同样取名为‘论德意志’。”这尤其是因为斯塔尔夫人对德意志的描述仍在法国被当作权威论述。在某一带有敌意和诙谐的篇章中，他嘲笑内克的女儿为了重新找到德国文学的根源而逃离拿破仑统治
309 的法国：

> 我看到这个充满激情的女人为疯狂的激情而激动，我看到这种女人的激荡经过我们平静的德意志在翻来覆去，到处欣喜若狂地喊道：啊！我在这里呼吸到的是多么美妙的和平气息啊！——她曾在法国被搞得怒火中烧，为了清静来到我们这里。对我们诗人的合乎礼仪的激情，对她激昂和燃烧的心灵有多大的益处！她把我们的哲学家视作种类同样多的冰淇淋，她

吸吮着香草果汁冰淇淋似的康德，以及阿月浑子香精冰淇淋似的费希特！——啊！你们的树林中充斥着多么令人喜悦的凉爽！——她不断地喊道，堇菜属植物的香气是多么令人陶醉！如同金丝雀安详地在它们的德国小巢中啁啾！你们是善良和有道德的民族，你们没有想到世风日下，而后者已在我们法国，在巴克街中盛行！[8]

海涅拒斥对德国的这种浪漫主义描绘。他赞颂了康德（尽管康德的风格"如此晦涩、枯燥，是名副其实的毫无生气的风格"），把黑格尔视为莱布尼茨以来最伟大的德国哲学家，但痛斥"浪漫主义部落"的首领，如费希特（他的唯心主义是人类精神孕育以来最巨大的错误之一）、蒂克（缺乏力量和决心）、诺瓦利斯（"在他的著述中占支配地位的玫瑰红色调并非健康的颜色，而是肺痨骗人的光泽"）、维尔纳（最可怕的宗教狂热充斥在他的一切作品）以及被压在最下面的施莱格尔（斯塔尔夫人在欧洲的陪伴者，他的主要优点是"传播优雅"，全靠他"在德国诗人的生活中传播了一点文明"）。

海涅并不满足于埋葬宗教和中世纪色彩过浓的浪漫主义，他责怪浪漫主义在祖国曾有利于保守主义、日耳曼的服从精神和新的民族主义信仰。通过逐项对照法国和德国，他揭露了德国民族主义宣传中本质上的反法特征。他写道："法国人的爱国主义根植于他的心灵为之激动、延伸、扩大的事物以及包含在他的爱中的事物的基础之上，其基础并非仅仅是与他最亲密的事物，而是整个法国，整个 310
文明的国家。德国人的爱国主义则不然。它建立在心灵缩小（如同皮肤在挨冻后的收缩）后的基础上，建立在他不再是世界公民或欧洲人，而只是个狭隘的德国人的基础上。"海涅以下述三个特征对"条顿狂"（teutomanie）进行了界定：民族主义、反犹主义、"种族主义的心胸狭窄"。被惊动的梅特涅写信给普鲁士的大臣维特根斯坦，以示对这部具有"谋反"精神的著作的抗议，其后果之一是设在法兰克福的国会在当年即1835年投票通过一项现今仍以海涅之名著称的法律，对《青年德意志》即一个与海涅有联系的自由主义文学团体的出版物予以查禁。

全靠与首相梯也尔的交情，在法国被视为政治避难者的海涅享有一份由法国官方授予的津贴。但是，梯也尔之后离开了外交部，由基佐接任其职。在文章中几乎未宽容过基佐的保守主义的海涅请求基佐接见。这位大臣要他放心，他丝毫没有“拒绝给一位流亡德国诗人一块面包”的意思——这种威严的态度在对外交往的场合中并不多见。海涅并未因此妥协，他继续发表对七月王朝的看法：他不是个卖身投靠者，虽然在他祖国的一场针对他的宣传试图让人们相信他是这样的人。这笔津贴占他整个收入的1/3；另外1/3来自他的好叔叔萨罗门定期支付的款项，此人并不指望成为诗人的朋友；最后1/3则是作品带来的收入。法国政府的帮助在海涅与一位妖艳的女人——他称她为玛蒂尔德，并老是给她送礼物——克雷桑斯－欧仁妮·米拉结婚时并非无足轻重。

在拿破仑的骨灰被运回法国时，海涅与发起此事的梯也尔恢复了联系，两人在波拿巴主义的回忆方面有相通之处，拉马丁以和平的名义提出异议，对此，海涅予以反驳。在海涅看来，拿破仑并非专制主义和军国主义的化身，他仍然是解放者和救星，并且也是平等精
311 神和革命活力的典范。海涅因此融入在香榭丽舍大道凯旋门下举行仪式的人群：“那天，我哭了。当听到长时间以来被遗忘的爱的呼喊‘皇帝万岁’时，我的泪水夺眶而出。”

第二年，海因里希·海涅与黑格尔最出色的弟子之一卡尔·马克思建立了联系。后者比他小20来岁，在1843年抵达巴黎。马克思的父亲是犹太人，在马克思出生前2年改信路德教。受过洗礼的马克思曾在波恩和柏林学习法律和哲学。一如他所敬仰的海涅，他首先尝试过诗歌，但他很快就放弃了。随后，他在哲学当中找到了道路，这种哲学当时支配着德国的大学，并被当作普鲁士国家官方哲

学，即黑格尔哲学。黑格尔哲学当时是各种各样解释和改写的对象，其中产生了青年黑格尔派（也被称为左翼黑格尔派），该派致力于激烈批评宗教。他们自 1838 年起拥有一份机关刊物，即由阿诺德·卢格创办的《哈雷年鉴》[9]，卢格曾是“学生社团”的成员，此后在哈雷担任编外大学讲师。这份具有激进自由主义色彩的刊物因为很快就宣扬起无神论和共产主义，成了黑格尔那些想摆脱其约束的弟子以及具有不妥协精神者相聚的场所，这些人中有大卫·施特劳斯、布鲁诺·鲍尔、阿道夫·鲁登贝格和卡尔·科本等等。马克思在 20 岁时加入，并很快被公认为柏林青年黑格尔派中最出色的一员。已经于 1841 年在耶拿大学进行博士论文答辩的马克思不得不承认比他年长的海涅同样遇到过的事实：大学里根本没有他的职位。在新闻工作中，他才让自己论战的激情以及理论力量得到发挥。他起先供职于《德意志年鉴》，这是卢格办的另一份刊物，但它一上来就受到新闻检查。他最终在《莱茵报》获得了职位，该报设在科隆，和他共事的还有其他青年黑格尔派成员，即莫泽斯·赫斯和阿道夫·鲁登贝格。马克思当时发表了一系列莱茵议会工作的文章，他通过分析相关的辩论，热情谋求解决新闻自由问题。他的所有作品均表现出 312
他是个罕见的天才。他尤其不得不回应奥格斯堡《总汇报》（该报甚至发表过海涅的文章）[10]的攻击：《莱茵报》因其同情共产主义者的表现而受到同行指责。马克思反驳说，共产主义者的思想如同勒鲁、孔西得朗和蒲鲁东的思想一样，值得最充分的关注，也应当接受激烈的批评。1843 年，马克思的报纸（因为他已升任总编辑）招来柏林当局的惩罚，后者查封了它。马克思在 1843 年 1 月 25 日给卢格写信说：“我们每一期报纸印完后，不得不将它放在警方的鼻子底下让他们闻，如果他们在报纸中嗅出某种反对基督教和普鲁士的气味，报纸就无法出版。”[11]在同一封信中，马克思表达了他的厌烦：“在被奴役状态下去完成一项工作不好。借助于讽刺而非枪托为自由事业斗争亦如此。我受够了虚伪、愚昧、粗暴的当局，我受够了我们的驯服、回避和低三下四，我受够了玩弄文字游戏。当局已经恢复了我的自由……我无法再在德国从事任何事情，人们在此篡改了自身。”

马克思在这一阶段——当时是1843年——还没有创立他自己的社会主义思想。与许多其他左翼黑格尔派成员一样，在他看来，当务之急是站在通过黑格尔辩证法得到更新的启蒙哲学的延长线上，对宗教进行批评。他赞同路德维希·费尔巴哈的观点，后者在出版于1841年的关键著作《基督教的本质》中发展了这样一种中心观点，即是人创造了上帝和宗教，而不是上帝和宗教创造了人。对社会、政治的批评，首先得通过对人在宗教异化方面的批评进行，这种宗教上的异化导致人受到愚弄的处境。

313 鉴于不可能继续在德国发表文章，马克思决定流亡。卢格当时向他提议一起在普鲁士国家境外合办一本新杂志，两人在杂志的命名上取得一致，将它定名为“德法年鉴”，它使人想到费尔巴哈曾提出的“日耳曼与高卢之间”的合作（他的表述是“日耳曼的头脑”加上“法兰西的心灵”），而且有解放遭受宗教压迫的法国与遭受政治压迫的德国之意。

在离开德国之前，马克思决定妥善处理个人生活。他于1842年7月9日在致卢格的信中解释说，他与燕妮·冯·威斯特法伦的婚事由于“特利尔最漂亮的女孩”“舞会的皇后”的父母不愿意而长期拖延：“我可以不带任何浪漫色彩地向您保证，我从头到脚以世界上最严肃的态度爱她。我订婚已7年有余，而我的未婚妻为了我不得不进行最为艰苦的战斗，以至于几乎毁坏了她的健康，她要与之斗争的时而是父母——他们是虔信派的贵族，对于他们来说，‘天上的上帝’与‘柏林的巨头’是共同的崇拜对象；时而是我的家庭——我家中来了好几位教士和其他阻挠我的人。”鉴于物质状况得到保证（由于卢格的安排，马克思作为编辑的工资被定为500塔勒），马克思得以在1843年迎娶燕妮。在略有犹豫之后，他们选择在巴黎而不是斯特拉斯堡和布鲁塞尔出版刊物。于是，马克思和夫人于1843年11

月在法国首都的瓦诺街 38 号安家。

刊物的表现形式并没有完全符合创办者的初衷，因为被约请的法国人如拉马丁、拉默内、勃朗、勒鲁、蒲鲁东一个接一个地推辞，出版于 1844 年 2 月的第一期，同时也是最后一期的《德法年鉴》只让“法国”成了个愿望：“法兰西的心”已经引退（所有文章皆用德语撰写）。他们拒绝参与也许是偶然原因所致。勒鲁当时在布萨克忙于他的键盘打字方案以及排字工的共同体。但是，人们无法以偶然原因来解释所有人的缺席。法国社会主义者和巴黎青年黑格尔派之间的差异集中在宗教问题上。此期的法国社会主义者、先进的共和派甚至那 314
些依仗共产主义的人，并没有与宗教决裂，即使他们没有或不再与官方教会保持联系。他们所有人（蒲鲁东除外，对此，我们稍后再谈）以某种精神性、宗教情感，甚至某些人还以神秘主义和费尔巴哈与马克思无神论在根本上保持对立。在此，人们只是对他们寄予同情，而不是与他们思想一致。相反，并未置身于新基督教当中的海涅毫不犹豫地同意为他们撰稿，尽管他对卢格无甚好感，但马克思轻而易举地就说服了他。

绝无仅有的这一期《德法年鉴》还以下述人士的加盟为荣：格奥尔格·赫尔韦格、约翰·雅各比、莫泽斯·赫斯、斐迪南·贝尔奈斯（一位年轻的法学家）以及一个新人弗雷德里克·恩格斯。整期刊物旨在宣扬对旧世界正在灭亡的认知以及建设一个新世界的必要性。对此，马克思在一封致卢格的信中清楚解释说：“不仅在我们改革者中间存在一种普遍的混乱，而且我们每个人必须向自己承认，他对明天会如何并没有任何确切想法。不过，新方向的价值恰好就在于此，即我们没有通过教条的思想去预设新世界，恰恰相反，我们打算只根据对旧世界的批判寻找新世界……如果建构未来和为来世制订最终计划不是我们的事情，那么我们现在要去实现的事情就只是那些更明显的事情；我想说的是，彻底批判整个现存秩序，在这里，‘彻底’的意思是不畏惧结果，也不怕与现存的权力发生冲突。”

马克思本人在这绝无仅有的一期刊物上发表了两篇代表其思想史上重要阶段的文章。第一篇文章是对布鲁诺·鲍尔“关于犹太人问题”的两篇文章的反驳。在马克思看来，犹太人问题是个纯粹的社会问题，因为犹太人实际上只是对资产阶级社会本质的表达：“犹太人以犹太人的方式得到解放，不仅是因为他们拥有金钱的力量，
315 而且因为不管有他们没他们，金钱已成为世界性的力量以及信仰基督教的民族的精神。犹太人们甚至得在基督教徒成为犹太人的情况下才会得到解放。”[12] 其述说中明显对犹太人反感的语调，在这位因拒绝犹太人通过物质财产得到解放的哲学而获得解脱的犹太人的笔下并不少见。但是，他让基督教承担更沉重的责任，充当资产阶级社会理想宗教方面的替补。“犹太人在资产阶级社会达到完善之际达到顶峰，但是，资产阶级社会只有在基督教世界里达到完善。只有在消除人的一切民族、自然、道德和理论关系的基督教统治下，资产阶级社会才能够完全脱离国家生活，撕裂一切人属于同类的联系，使私心、追求个人利益的需要各安其位，使众人（des hommes）组成的世界分解成一个细分化的个人（individus atomisés）像敌人一样互相对立的世界。”[13]

马克思在《德法年鉴》上的另一篇文章更直接地与他在法国的经历有关。人们以后将这篇《黑格尔法哲学批判》视为《共产党宣言》的雏形。在到达巴黎时，马克思尚怀疑社会主义和共产主义学说，他首先想要的是意识的改良和解放，但是他自己承认，正是在巴黎，他发现了无产阶级及其自我解放运动。弗洛拉·特里斯坦在马克思抵达法国首都前 4 个月创办了“工人联盟”。马克思自己重新考虑了工人运动的前提——劳动者通过自己得到解放。即便他拒绝接受弗洛拉·特里斯坦的神秘主义，但他没有向她表示任何敬意还是颇让人惊奇。然而，正是她使马克思突然意识到阶级斗争：工人阶级具有通过解放自己消灭各种形式的人类受奴役状态的使命。[14]

虽然马克思不欣赏法国社会主义沉浸在其中的浪漫主义宗教情

感，但他同样关注法国当时思想观念和乌托邦的罕见交流，在这种 316
交流中，圣西门主义者和傅立叶主义者通过勒鲁、佩克厄尔、勃朗、卡贝、布歇、布朗基等人的派别相互竞争。这些人或多或少是一场未在德国发生过的大革命具有批判精神的继承者，马克思在巴黎曾狂热地着手研究这场革命，当时甚至还允诺写一部国民公会史。在巴黎逗留时期的浸泡在马克思以法国的革命、德国的哲学、英国的政治经济学为三大支柱的思想形成中极其重要。

但是，当时马克思已与卢格失和并争吵，再加上财政上的烦恼，《德法年鉴》已难以为继。然而，此时在巴黎出现了另一份德国人的出版物，即一份名为“前进报”的双周报，贝尔奈是该报的总编辑，马克思应邀去那里与之合作。在开启德国工人运动史的西里西亚织工起义爆发之际，他确切地表达了自己关于工人运动和革命运动的观点，为织工感到高兴：他们不仅责难机器，即工业这个“看得见的敌人”，还责难账簿、银行家，即“看不见的敌人”。这种文章以及许多其他文章，其中包括海涅对柏林政府的嘲讽（海涅在同一份报纸上发表了注定成为革命之歌的《西里西亚织工之歌》），使普鲁士政府向基佐表现出对这份报纸的抗议。虽是保守派分子，但亦是文人的基佐对此却装聋作哑。不过，当有人对弗雷德里克－威廉四世行刺以及《前进报》由马克思撰文为此叫好时，柏林当局对法国政府施加更大压力，基佐终于听凭自己签署一道驱逐令，马克思正是此道驱逐令的受害者之一。至于柏林当局特别想要法国方面驱逐的海涅却未遭驱逐：因为与具有瑞士公民身份的格奥尔格·赫尔维格以及
萨克森人阿诺德·卢格一样，海涅在法国已待了足够长的时间。卡 317
尔·马克思带着燕妮踏上了新的流亡之路，等待1848年革命把他重新带回巴黎。

在第一帝国垮台四分之一个世纪之后，法国首都前所未有地光芒四射，但其放射出来的是另一种光芒——自由的光芒。七月王朝在弗朗索瓦·基佐的治理下变得强硬，甚至僵化，由空论派成员变

为国务活动家的基佐本人从 1840 年起至他注定倒霉的 1848 年为止，始终在台上执掌权柄。在汇集众多使思想争鸣发展进步的手段的世界中，他不属于这座城市。不仅是如同巴尔扎克在小说中描述的外省人要上巴黎，欧洲所有思想家亦在此相聚、逗留，他们要么最终在此安家，要么在此等待着重返祖国的机会。德国人的例子一目了然，俄国人、波兰人、意大利人等在这里也是如此。他们在向法国人学习，并在这方面超过了法国人真正向他们学习的程度。在巴黎的德国人期望与法国人合作之事虽功亏一篑，但这方面的交流却并非一点没有：德国人马克思找到了与之对话的蒲鲁东，波兰人密茨凯维奇在法兰西公学院征服了听众，俄国诗人赫尔岑与巴枯宁则将他们的思想与 1848 年前夕的法国人思想进行对比……资产阶级的君主制首都由此成了一口神奇的大锅，即将到来的所有欧洲革命在其中沸腾。

第十八章

蒲鲁东致信“亲爱的马克思先生”

1844 年秋天，马克思与蒲鲁东在巴黎会晤。

1846 年，蒲鲁东发表《贫困的哲学》。

1847 年，马克思发表《哲学的贫困》。

如果马克思在抵达巴黎时想见的人是法国的社会主义思想家， 318
那么此人应当是皮埃尔 – 约瑟夫 · 蒲鲁东。他的著作（先是 1840 年问世的《什么是财产？》；接着是《告有产者们》——此书在两年后使他在司法部门那里遇到许多麻烦；最后是在马克思在法国安顿下来那一年出版的《秩序在人类中的创建》)，使他成为一位独特的思想家。这位思想家是平民出身，没有受到萦绕在法国社会主义者周围的宗教情感的影响，这一点显然颇对马克思的口味。

马克思后来在 1865 年，即蒲鲁东去世时（此时蒲鲁东已是他的对手）写道：“1844 年在巴黎逗留期间，我与蒲鲁东先生有过私交。我之所以回忆当时的情景，是因为我在某种程度上对他的造假（sophistication）——英国人用此词指称商品中的掺假（falsification）——负有责任。在经常持续整整一夜的漫长讨论中，因为他不懂德语，无法对事物进行深入研究，我就以我的黑格尔主义去骚扰他（对他进行灌输）——这对他大有害处。”[1]

这种最终失败的关系接近，是左翼黑格尔派在19世纪40年代初期想在法国人身上进行的努力中最引人瞩目的插曲之一，这种努力的目标是构建德法两国在思想方面的联盟，而我们前已谈及的短
319 寿的《德法年鉴》，则是这种联盟的另一个例证。在马克思看来，蒲鲁东当时是“法国社会主义最大胆的思想家”[2]。在悼念文章中，马克思提醒人们注意他的重大优点——他的无神论：“在一个法国社会主义者把宗教情感吹嘘为一种强于18世纪伏尔泰学说和19世纪德国无神论的优势时，（蒲鲁东）加强了对宗教和教会的进攻。”唉！在马克思眼里，这一切不可避免地会变坏。

比马克思年长9岁的蒲鲁东于1809年与傅立叶一样出生在贝藏松：“我来自纯质的汝拉石灰岩地区。”作为葡萄种植者和箍桶匠的儿子，他在12岁进初中学习前当过放牛娃，因而，他经常要求追溯到这种通过大革命从领主那里获得解放的农民所具有的自豪和独立的根源。由于父亲过于冒险的事业遭到失败以及家道中落，他很快就不得不缩短求学的时间。他没有参加中学毕业会考，而是进了一家印刷厂，并先后担任排字工和校对员。每天10小时的工作并没有限制他强烈的阅读欲望。1829年，他接受了一项任务，给他的同乡傅立叶的《新的工业和社团成员的世界》排字与校对。确实，傅立叶关于爱情和家庭的思想在严肃艰苦和恪守传统原则的蒲鲁东那里遭到拒斥。直到青年时期，蒲鲁东在自学活动中始终得到一个名叫居斯塔夫·法罗的人的帮助，此人因为毫不怀疑蒲鲁东及其志向和天赋，竟在一封落款为1831年12月的信中给他写道：“蒲鲁东，不管您是否愿意，由于您的命运，您将不可避免地成为一位作家和作者，您会成为一名哲学家，您将会成为本世纪的引路人之一，您的名字将在19世纪大事记中占有一席之地。”[3]法罗敦促他到巴黎和自己住在一起，并说除了在巴黎，他将不可能拥有这种有可能获得的荣耀。被这种召唤和信任所打动的蒲鲁东带着简单的行李于1832年3月抵

达巴黎。但是，在霍乱爆发时下船的他发现，法罗已经病倒，而他则无法找到工作。从5月份开始，他离开了巴黎，带着他必须携带 320
的劳动手册，辗转于一家又一家印刷厂，冒险地进行了一次环法之行，其足迹遍布里昂、瓦朗斯、阿维尼翁、马赛、土伦、德拉吉尼昂……

在阿尔布瓦的一家印刷厂从事最后的艰苦工作之后，他于1833年重新回到贝藏松。在那里，他在戈蒂埃商行当了3个月左右的监工。1836年初，他与人合伙成功救活了一家濒临破产的小印刷厂。通过走向独立自主，他实现了自己的计划之一，即成为“印刷厂主”。[4]为了“继承法罗的事业”（他从一位朋友那里获悉法罗的死讯），他即时投身于语言学的研究，这使得他发表了首部作品——《论普通语法》，这部作品于1837年在未署名的情况下由他自己的印刷厂印制出版。渴望继续学业的他申请了贝藏松科学院的奖学金，此项奖学金来源于一项特殊的遗赠，来自科学院院士遗孀苏亚尔夫人。它规定在3年里向本省的一位青年才俊提供每年1500法郎的资助，鼓励他从事脑力劳动的职业。法罗已经指明了这条道路，因为他本人在1832至1835年间是此项奖学金的首位受益者。为了成为候选人，应当通过中学毕业会考。未达到这项条件的蒲鲁东匆匆忙忙地开始准备中学毕业会考，并在1838年5月通过考试。接着，蒲鲁东向贝藏松科学院递交申请书，并在申请书中直言不讳地写道：“本人出生于而且受抚养于工人阶级，到今天仍属于工人阶级，而且，因为心灵、特性、习俗，尤其是因为利益和意愿上的一致，我将始终属于工人阶级。如果能得到你们的好评，本候选人将快乐之至。先生们，这样一位社会成员业已吸引你们出于公正的关心，请不要对他有所怀疑。这位成员已被很好地授予‘工人’的名字，已被由你们资助的首位受益者认为值得帮助，从今以后将通过哲学和科学，以他所有意志的力量和精神的力量，毫不松懈地致力于弟兄和伙伴的完全解放。”[5]

在文学院为蒲鲁东授课以及支持他申请奖学金的佩雷内教授觉

321 得这段文字有点生硬。蒲鲁东听取他的意见，删除“解放”一词，代之以“道德和思想上的完善”，但仍继续宣称自己是工人阶级的兄弟和同伴。1838 年 8 月 24 日，经过紧张的斗争，他被宣布为苏亚尔奖学金的获得者，这笔奖学金使他得以在同年 11 月在巴黎安身。在巴黎，在规定的“科学院的监护人”约瑟夫·德洛兹——此人是法兰西科学院院士，中庸之士，没有什么特性的老好人——热忱的监护下，他如同放弃大课一样放弃了夜晚，成了图书馆尤其是科学院的图书馆里的一只耗子。在那里，他毫无计划、不成系统地阅读了大量书籍，被导师指责不符合规定。巴黎的生活让他厌烦。他在社交场合始终像一个没怎么摆脱粗俗陋习的农民，甚至当他特意带着手杖、披上大衣、戴着帽子时亦是如此。不管默默无闻还是业已出名，他都是个腼腆的人，而且还将腼腆下去。他以一种执着的力量使自己在古代语言学习上取得进展（他精通拉丁文和希腊文，学过梵语和希伯来语），致力于对《圣经》的诠释，阅读了他能得到的所有哲学书籍，毫无兴趣地听了些大课（米什莱在法兰西公学院的讲课除外），继续遥控着他的印刷厂，并为了增加收入和偿还没完没了的债务而从事各种各样的工作。他显然既不擅长经商，也不擅长办厂。

1839 年，在其科学院导师不知情的情况下，蒲鲁东参与了贝藏松科学院奖的角逐，参赛题目是“从卫生、伦理以及家庭和社会关系的角度考虑星期天的用处”。8 月，他用精炼文字写成的 47 页论文被当众宣读。因出类拔萃，它被单独列为可获一枚铜质奖章的优秀论文。蒲鲁东在《庆祝星期天》中并没有忽视他的“解放”目标。他写道，他渴望“找到这样一种社会平等状态，它既不是共同体和专制统治，也不是分割和无政府状态，而是秩序中的自由与统一中的独立。渴望发现和记载限制财产和分配劳动经济法则……生存的权利属于每一个人：存在是获得这种权利，而劳动则是这种权利的条件和手段。垄断生活必需品是一种罪行，垄断劳动亦是一种罪行”。这一切让弗朗什－孔泰的科学院院士震动。因为意识到自己所引起的议

论，以及渴望他在贝藏松的印刷厂印刷他的演说，他给当他不在时 322
负责印刷厂的好友于格内写信说：“我可以说，我刚刚跨过了卢比孔河。”[1] 小册子在 1839 年秋天印了出来，当地教士发出了警告，共和派则以为蒲鲁东属于自己的阵营。蒲鲁东主义的所有主要观点已在这部论著中萌芽。

蒲鲁东想如同圣西门、傅立叶、孔德那样理性、乐观、科学地去寻求一种“研究社会的科学”，意欲发现社会和政治关系“永恒的法则”。也许他是个民主派或共和派，但他拒斥多数法则和多数的专制。他的社会观是“反对极端的（an-archique，此乃他自己的拼写形式）”的社会观：反对中央权威和“神意存在”的他公开主张团体自治（人们已经感觉到他的联邦主义），此种自治的基础是自由和平等的基本原则，而这些原则汇集在一起就构成了公正。如果说教士谴责他的著作，这并非因为蒲鲁东公开表明信仰无神论，而是因为他对支配着教会的权威原则提出质疑：他预言道，如果教会不能避免独断论和不宽容，那它将受到谴责。

在 1839 年 11 月回到巴黎时，他在雅各布街 16 号的一间陋室里安了家，再次大量地阅读数不胜数的书籍，为一部新作品做准备。这是一部轰动之作，使他永远为人所知。他最初设想的标题是“什么是财产？财产是盗窃或政治、民事和工业平等理论”，为了不至于使当局过于恐慌，标题后来变成了“首份关于财产的研究报告”。[6] 因为他奖学金的大部分被用于还债，他是在生活极不稳定的条件下从事此项工作的。他比任何时候都更强烈地呼吁平等，比任何时候都更强烈地感到他如同那些加工石料的失业工人一样，与毫无防备、被剥削和拒斥的无产阶级有 ·致的利害关系。关于这一点，他在 1839 年 12 月 16 日给佩雷内写信说：“我今天似乎觉得，他们的革命

[1]　cross the Rubicon，指破釜沉舟，孤注一掷。公元前 49 年，恺撒率领军队跨过卢比孔河，挑起了与罗马当权者的战争，也将自己置于叛国者的危险境地。——编者注

狂热与绝望相去不远……在读了拉默内的最新著作后，我没有看到有人要求拿起步枪立即行进。有人对他们许下的雇用诺言，很快就
323 约束住他们。此外，他们既不喜欢拉菲特、阿拉戈，也不喜欢一切报刊和讲坛上的改革家。他们谈论的是残杀，互相说的是克制、秩序或尊重财产。”[7]

财产！这就是题材。这份研究报告长达196页，出版于1840年7月1日，印发了500份，其中蒲鲁东致力于描述显得激烈、密集和明显的社会灾害。对财产的攻击，通过附带着对教会予以抨击得到完善，而且采用的写作风格往往饶有趣味地美化无政府状态。人们可以设想一下可敬的约瑟夫·德洛兹在看到他门生的这篇文章时的感想，以及负责为写出这样一部“反社会”著作的人提供资助的贝藏松科学院对此会有何种反应！200册书在两个星期里一销而空，由蒲鲁东在贝藏松印刷厂印制的第二版达到了3000册。他的小册子《庆祝星期天》也因此而需要加印。但是，这位年轻人的荣耀激起了贝藏松科学院的愤怒。院士们于8月24日磋商之后，责令受资助者前来解释。蒲鲁东在更晚的时候才知道科学院的此项决定。在去过贝藏松之后，因为买不起车票，他步行回到巴黎（路程长达400多公里），并在那里开始了第三个也是最后一个享受苏亚尔奖学金的学年。

在巴黎，他获悉自己曾投寄过《研究报告》的道德与政治科学院在1840年8月29日举行的会议中谢绝了他的敬意，并得知经济学家阿道夫·布朗基负责就此提交一份最终发表在9月27日《通报》上的报告。不过，这位科学院院士在拒绝接受蒲鲁东论著的同时，却随性地显示出“强烈的兴趣”和钦佩之情。他在分析时从两方面做了肯定：就所表达的同情与赞颂来看，它是一份出色的广告宣传作品；就被评论家所衡量的调子来看，它间接鼓励了掌玺大臣，这位大臣没有如政府最初要求的那样追究蒲鲁东。

蒲鲁东在31岁时不再默默无闻。路易·勃朗的《进步评论》谈到作者“引人瞩目的才华”，谈到此书“注定会产生巨大反响”。

在并未怎么读过蒲鲁东此书的更大范围里，蒲鲁东的名气与抓住其著作中心思想的下述提法密切相关：“什么是财产？财产就是盗窃。”他突然成了“财产的摧毁者”和“无政府状态的幽灵”的化身。在为 324
数不多专心阅读蒲鲁东著作的人当中，有一些外国人：德国人卡尔·格林（热情洋溢的他把蒲鲁东命名为“法国的费尔巴哈”）、俄国人亚历山大·赫尔岑（他对蒲鲁东的论证的力量与激情推崇备至），当然如前所述，还有马克思。在马克思看来，蒲鲁东将写出“法国无产阶级的科学宣言”。

为了解释自己容易被误解的思想，蒲鲁东致力于撰写第二份研究报告。此前，他已经另外阅读了大量相关书籍，听了接替让－巴蒂斯特·萨伊的阿道夫·布朗基在国立工艺博物馆开设的课程，以及从皮埃尔·勒鲁的重要著作《论人类》中吸取了养料——他虽然觉得勒鲁是个“糟糕的理论家”，却大量引用他的著作。实际上，他在拒斥集体或共产主义的解决办法的同时，赞同勒鲁“反对有产者”的思想；相较于勒鲁，他更不喜欢的是与他有某些共同之处的比歇，以及越来越令他厌烦的拉默内。他对后者的厌烦也许是嫉妒使然：虽然不再默默无闻，但蒲鲁东尚未像这位在共和派阵营中深受欢迎的前教士那样如日中天。

1841 年 1 月，蒲鲁东终于得到要他向贝藏松科学院面陈犯错原委的通知。此时，他享受奖学金的期限只剩下最后几个月。他没有长途跋涉赶过去，而是撰写了一份用以解释和辩护的报告书，人们在报告中可读到：

> 人们积聚在我身上的一切不满可归结为一点，那就是我写了一本书，或更确切地说是对财产宣战。我攻击了社会秩序的现有基础，我以少见的深思熟虑和前所未有的强烈憎恶否定了一切权力的合法性，我动摇了所有现存事物。一言以蔽之，我是个革命者。凡此种种，皆非子虚乌有。但是，与此同时，也

> 许是第一次，这一切完全符合道德，而且它更该受到的是赞扬，而不是责备。

人们见识到了不肯屈服、坚定不移的被指控者的傲慢，蒲鲁东不像个悔过自新的人。他在辩护中始终采取进攻的方式。自命不凡、不屈不挠、惹人恼火的他，向科学院的院士提供了一切攻击自己的把柄。与此同时，他还在字里行间威胁他们会成为笑柄，因为他的
325 思想在明天就会被人接受和承认，届时他们的神情将会如何？已经表明必须在一切计划和著述甚至在值得尊敬的阿道夫·布朗基的课程中否定财产的蒲鲁东，毕竟“热忱地捍卫了财产权”：“对财产的侵害每天都在发生，但没有人对此说过什么：逐渐地，政府变成了制造商、代理商和零售商；唯有它将有财产……”

最后，8月的斥责让贝藏松科学院的院士觉得已经足够，蒲鲁东仍可以享受完第三个年度的苏亚尔奖学金。不过，为了贴补收入，他接受了在一个法庭审判员那里担任秘书的工作，后者曾于某个学期在圣贝努瓦街的家中接待过蒲鲁东。在那位审判员那里，蒲鲁东为雇主一部后来始终未出版的著作累死累活地工作着。与此同时，他完成了《关于财产的第二份研究报告》，该报告亦被取名为“致布朗基的信”。他在这份研究报告中重申“财产是我们贫困和犯罪的重要母体”。这回又是因为阿道夫·布朗基（他是蒲鲁东的“拯救天使”）在所有大臣那里周旋，使蒲鲁东免遭司法追究。

蒲鲁东在重返贝藏松之际读到拉默内的一本小册子，他在这本小册子中受到了拉默内的指责。因其著作《国民与政府》受到指控的拉默内在为自己辩护时，以为明确指出自己并未像蒲鲁东那样否定财产会有好处。蒲鲁东意欲立即反驳，但由于疲惫不堪，只得作罢。他打算把拉默内的案例包含在一个更大的关于“各种社会组织的经济与普遍法则”的思考当中，包含在新著《论秩序在人类中的创立》里。不过，在他回到贝藏松后的数月之中，由于有人匿名发表了反对他

前两份《研究报告》的文字，使他觉得应该先写出《关于财产的第三份研究报告》。

这一匿名发表的文字涉及一本上百页的篇幅不小的小册子《为傅立叶主义辩护》，蒲鲁东在这本小册子里被作为傅立叶的对头遭到批评。力图驳斥蒲鲁东反对财产、赞成“绝对平等”论点的匿名作者，不失时机地思考《首份研究报告》中的下述断言，即“性别差别在男女之间构建了一种与在动物之间设置的品种上性质相同的差别”，以便指出“面对这种不允许任何评论的社会、哲学方面的可怕的事情”，置身于傅立叶的思考就已足够，“人们可以通过妇女发挥影响力的程度来判断某个民族的文明”。脾气不好的蒲鲁东深受刺激，当场反驳。 326
不过，他没有把目标对准那位匿名者，而是对准了《法郎吉》的编辑维克多 · 孔西得朗，但孔西得朗不可能是那位匿名作者，甚至未读过大肆攻击自己的蒲鲁东的《首份研究报告》。1842 年 1 月 10 日，标题为“告有产者们”或“致维克多 · 孔西得朗的信”的第三份研究报告问世，作者想以其针对孔西得朗的论争性文章诱使对方在自己办的报纸上进行讨论，但没有奏效。

蒲鲁东再次在论战中情绪失控，他不仅把矛头对准了傅立叶的“儿戏”，而且对准了所有人，包括政府，他说政府“始终最为虚伪、最为邪恶、最为凶残和反民族”，它注定害怕“人民的愤怒”。蒲鲁东后来承认，“脑子里出现了某种狂热，尤其是好与人理论的狂热”。但是，这一次，阿道夫 · 布朗基没有在那里保护他免遭司法追究。他的研究报告被查封，对他提出的指控要点是：侵害财产；煽动公民对某一类或某几类人的蔑视与仇恨，危害公共安宁；煽动对国王政府的蔑视与仇恨；冒犯合法地位得到承认的天主教。

1842 年 2 月 3 日，蒲鲁东在贝藏松重罪法庭出庭。因为缺乏口才，他着手写了一篇枯燥乏味的辩护词。在这份辩护词当中，他用委婉的措辞没完没了地说明，其具有功绩的“交换价值与有用的价值”。它使听众昏昏欲睡，蒲鲁东与其说被人当成了一个革命的煽动家，不如说被当成了一位科学家。他的律师特里帕尔先生竭力使当地的沙文主义得到一点安慰：弗朗什－孔泰，是具有创新精神的地方，是居维叶、雨果、傅立叶等人的故乡，今天因为把蒲鲁东作为他们当中的一员而感到骄傲。他大致上辩护说，不应该任人误解他的提法，蒲鲁东并没有像人们以为的那样一味在抨击财产。最后，陪审团宣布小册子的作者“无罪”。

被宣告无罪之后，蒲鲁东重新致力于写作《秩序的创建》，而且
327 最终以极低的价格脱手印刷厂的事务。债务在身使蒲鲁东无法回到巴黎写书。他接受了安托万·戈蒂埃的内河航运公司里的一项工作，后者是他曾担任过监工的贝藏松的戈蒂埃商号老板的侄子：“我在里昂当了船员，我的日子是与水手、脚夫、马车夫、批发商、代理商、加煤工等一起度过的。我时而在自己的办公室里，时而在拖轮的甲板上……在那里，我加强了我的观察，并且在外面学完了我从向亚当·斯密和萨伊学习开始的政治经济学课程。”这份他一直干到1847年的工作，使他能够有一半时间在其他地方，尤其是在他定期逗留的巴黎度过。

1843年6月，他的1500册《秩序在人类中的创建》由其继任者班托的印刷厂印刷出版。这是一本近600页、有着足够抱负和难度的鸿篇巨制。熟谙《圣经》的蒲鲁东意欲识破其业已表现出来的“秩序的创建”的奥秘：“创建，就是产生秩序。”既然法国大革命彻底推翻了旧秩序，就应当在坚实基础上重建新的社会。蒲鲁东逐个清点了在思想层面上各种没有成功的尝试：德·迈斯特尔和博纳尔等神权政治论者的尝试，圣西门阐明“普遍合作”法则的尝试，傅立叶以“充满激情的吸引力”进行的尝试，卡贝以《新基督教》进行的尝试，自由主义经济学家以其“自由放任”主张进行的尝试，勒鲁以其“对宗教的真正界定”进行的尝试，此外还有新近出现的孔德以科学进行的尝试。蒲鲁东专注于依次表明，宗教（“宗教不是好东西，应当尽早废除”）与哲学（和“它过于奇特的思辨”）无力发现世界的秩序。

我们实际上已经到达人类发展的第三个环节，即科学的环节。蒲鲁东揭示说，政治经济学是“历史的钥匙”。

这部难读并且时常含糊不清的著作在巴黎几乎没有引起反响，却在国外引起了兴趣：在1844年年底获得此书的俄国人赫尔岑谈到书中存在“数量惊人的高明见解”，德国人格林、马克思、埃维贝克、艾泽曼、赫斯等为之拍手叫好。

因此，如果说青年黑格尔派把蒲鲁东视为他们所希望的在德法 328
“思想方面的神圣同盟”中代表法方的中心人物，那这丝毫不令人惊讶。马克思亦在蒲鲁东回到巴黎之后请求与后者会面。他有机会与蒲鲁东在这位法国人此后在马扎然街租住的房间里相会，并在1844至1845年的秋冬经常与之彻夜讨论。

我们无从知道会晤的具体情况。根据马克思自己的说法，他特地给蒲鲁东讲授了黑格尔哲学（当时，“老师”26岁，“学生”35岁）。可以肯定的是，即便蒲鲁东已经知道黑格尔，亦引用过黑格尔的著作，这些会晤还是对他产生了影响，以至于可以说，是马克思使他“重新发现”了黑格尔。[8]鉴于蒲鲁东的个性，以及他在马克思请求见他之前并不认识这个年轻人，人们会寻思，蒲鲁东是否会满足于一言不发地吸收马克思灌输给他的黑格尔主义。没有任何人觉察到，马克思的欣赏之情因为发现对方只相信思想的力量、乞灵于公正、谈论道德法则而消失殆尽：蒲鲁东也并未成熟到转而赞成马克思的历史唯物主义。不过，当马克思在1845年初被驱逐出法国时，两人尚未决裂。

实际上，卡尔·格林的行为对蒲鲁东的影响更大，此人是另一位左翼黑格尔派成员，仅比蒲鲁东小一岁。格林曾被迫逃离其创办过《曼海姆晚报》的曼海姆。这份报纸被查禁，他被迫流亡。他在1844年秋天抵达法国，一是为了研究法国的社会主义者，二是为了传播导师费尔巴哈无神论的人道主义学说。他同样梦想德法两国在思想上的融合，并欣赏蒲鲁东。[9]在巴黎，他遇到过巴扎尔、昂方坦、勒鲁、“卡贝爸爸”，在遇到蒲鲁东之前（时间也许是在12月），所有人都让他感到厌烦。他在一封落款为1845年1月4日的信中写道：“一天晚上，5时左右，为了进一步弄清楚马扎然街在哪里，我问了路。有人告诉我，它是左边的那条街。那里是赫拉克勒斯两条路分叉的
329 地方：靠右边是爱好和平的傅立叶主义者宽广的合乎道德的大道（维克多·孔西得朗所居住的塞纳街）；而左边呢？……在马扎然街36号，住着蒲鲁东。”[10] 这位造访者的描述颇有意思：“当我进入蒲鲁东的房间时，我看到一个身材相当高大、矫健有力、30来岁的男子，他身上穿着一件羊毛背心，脚上套着一双木履。这是只有一张床的供学生住的房间，搁板上有一些书，桌上放着几期《国民报》和一本政治经济学方面的杂志。这就是他的居住环境。不到5分钟我们就进入极其友好的谈话，谈话进行得如此之快，以至于我几乎没有时间独自考虑我犯了多大的判断错误，因为我原以为会在此遇到卢梭式的不信任……”

对于蒲鲁东，格林欣赏其相貌、语言、精力和快活，“一言以蔽之，这是个长相俊美而且敢于和所有人较量的人”。他连蒲鲁东轻微的斜视也喜欢。欣喜若狂，一见倾心！他的思想和蒲鲁东相一致，他还称后者是“首位绝对没有偏见的法国人”，精通德国哲学，并梦想出现一种“莱茵河两岸的社会批评的融合”。在他眼里，法国人一般说来颇为友好，但没有能力“深入事物的本质”，但蒲鲁东是个例外。格林对蒲鲁东仅有一点指责：“他的无神论仍停留在宗教色彩过浓的水平。”“与费尔巴哈一样，他并没有敢将人神化。”并且，他很想告诉蒲鲁东，其刚刚对财产所做的事情，现在应当针对上帝再做一次。蒲鲁东亦因厌恶女人使自己遭到责骂，这又导致格林在一封写给妻子的信中调侃：“你听懂了吗？他竟然忘了如何做饭！如果蒲鲁东有一天来看我，我首先应当像你那样给他做一顿好吃的……”

蒲鲁东与青年黑格尔派成员的友好关系并没有终止。在马克思当时与恩格斯一起发表的《神圣家族》中，马克思还赞扬了被《首

份研究报告》德文版译者埃德加·鲍尔理解得颇为糟糕的蒲鲁东。但是，被左翼黑格尔派当作法国头号社会主义思想家的人，在一场很快就使该派中的两种倾向——格林的无神论人道主义倾向和马克思的共产主义倾向——相对立的争论中成了关键。无论是对于格林还是他的导师费尔巴哈来说，宗教异化是人异化的最初根源。然而对于最初赞成这种信念的马克思来说，从此以后，宗教异化的根源不再是一种所谓人的本质，而是在于“物质世界的状态之中”，经济和政治斗争应当先于宗教斗争。自那以后，左翼黑格尔派分裂为两种倾向。马克思意欲赢得蒲鲁东的影响力，后者在马克思看来，过多受到对手格林的影响。马克思不喜欢作为道德论者和唯心主义者的蒲鲁东，但欣赏“真正的蒲鲁东”，亦即作为平民、无产者和注重实际的思想家、“大众人物”理性主义者、社会主义者，以及在法国对财产完成了费尔巴哈在德国对“宗教意识”所做工作的蒲鲁东。

330

1846年5月5日，在寒暄一番之后，马克思写信给蒲鲁东说：“本人与两位朋友弗里德里希·恩格斯和菲利普·吉戈（两人均在布鲁塞尔）同时与德国共产主义者和社会主义者组织了一次连续的通讯联系，这次通讯联系将留意和讨论科学问题，以及关注受欢迎的著作和人们在德国可能作为手段的社会主义宣传。不过，我们通讯联系的主要目标是让德国社会主义者与法国和英国的社会主义者保持联系，让外国人知道正在德国进行的社会主义运动，并向在本国的德国人提供法英两国社会主义发展的讯息。通过这样一种方式，意见方面的分歧将大白于世，人们将交换思想，并公正批评。这就是社会运动为摆脱‘民族主义’的限制而在其‘文学的’表达方面采取的一个步骤。在行动之际，每个人肯定均会对了解国内外事务的状况抱有同样浓厚的兴趣。”

在谈到某些具体细节之后，马克思落款道：“您非常忠实的朋友。”但是，他在附言中补充的却是截然不同的内容：“我在此向您揭露在巴黎的格林先生。此人只是个文学产业的骑士，想兜售现代思想的

331 江湖骗子。他努力以故作庄重和盛气凌人的词句掩饰自己的无知。但是，他那乌七八糟的文学只令自己变得滑稽可笑。此外，此人颇为危险。他滥用其鲁莽无礼与有名望的作者建立联系，以抬高自己的身价，由此在德国公众面前损害这些人的名誉。在他关于法国社会主义者的书（《社会运动》）中，他竟敢自称是蒲鲁东的老师，声称他已经揭去德国科学重要公理的面纱，并拿他的著作吹牛。因此，请您提防这条寄生虫。我以后也许会与您谈谈此人。”[11] 恩格斯在此补充了一小句表示友好的话，以示对蒲鲁东的“尊敬”。

这一附言重要吗？不管怎样，人们在此看到马克思多么想把蒲鲁东拉到自己一边。他既是以学派首领的身份写下这则附言，同时也受激情所控制。对于马克思写于 1846 年 5 月 5 日的信，蒲鲁东在 12 天之后从里昂予以答复：

我亲爱的马克思先生：

我乐意成为你们通讯联系的一个终端。在我看来，这种通讯联系的目标和组织注定会甚有成效。不过，我既无法答应给你们多写东西，也无法答应经常给你们写东西。由于我有各种各样要做的事情，加之我天性懒散，我无法保证与你们保持此类通讯联系。我对您信中某些段落的内容亦有一些保留。

首先，虽然本人对它的组织和实现的想法此时实际上已经完全不可动摇，至少就其原则而言如此。但我以为，再为古老或存疑的形式保留一点时间，是我本人以及所有社会主义者的义务。一言以蔽之，我公开表明了反对经济学上的近乎绝对教条主义的信仰。

如果您愿意的话，让我们一起寻求社会的法则、这些法则
332 实现的模式以及它们随后的进展。但是，看在上帝的分上！在先验地揭去一切教条主义的面纱之后，不要想到该轮到我们对人民进行灌输，不要陷入你们的同胞马丁·路德的矛盾之中，

此人在推翻天主教的神学之后，立即将大量人开除教籍和弃绝，着手建立一种新教的神学……我们不要成为一种新的不宽容的创立者，不要充当一种新的宗教的传教者，这种宗教是逻辑的宗教、理性的宗教。让我们接受、鼓励一切抗议，谴责一切排斥和神秘主义。我们绝不把某个问题看成已被彻底探讨的话题，当我们用尽最后的论据，是否应当以雄辩和反话重新开始？在这种条件下，我将乐于参加你们的团体，否则不然！

关于大函中“在行动之际”的说法，我亦有不同意见。也许您还保留着这样的意见，即若没有帮助，没有人们以前所称的一场革命，而且那只是一场动乱，那么目前任何改革均不可能。这是一种我乐意设想、申辩和讨论的意见，因为我本人曾长期赞同它。但我要向您承认，我最近的研究已使我将其完全抛弃。我相信，我们并不需要靠这一切来取得成功，鉴于此，我们不应该把革命行动当作社会改革的手段提出来，因为这种所谓的手段纯粹是在呼唤力量和专制，简而言之，纯粹是在呼唤矛盾。

蒲鲁东解释说，他更希望使财产在“小火”中被烧毁，而不是通过引发“针对有产者的圣巴托洛缪之夜”，赋予它新的力量。在这种公开表明“反马克思主义的”信仰的基础上，蒲鲁东通过回到马克思的附言，强烈地为卡尔·格林辩护，并且不无恶意地提醒马克思，正是由于格林，他才知道马克思写的东西。[12]

马克思对这种要其宽容的教诲做出了何种反应？我们不得而知。这是马克思写给蒲鲁东的第一封也是最后一封信。在1846年，蒲鲁东发表了主要著作之一《贫困的哲学》。[13] 在这一著作中，正如与马克思的历史唯物主义保持距离一样，他亦通过公开表明反对有神论，即反对作为人的对立面的上帝的信仰，与格林无神论的人道主义保持距离。马克思在几个月后以《哲学的贫困》做了回应，此书既是奋起对抗政治经济学的博学之作，也是讨伐蒲鲁东的檄文（如同 333

格斯所说的那样反对蒲鲁东），在这一著作中，原先的“无产阶级”变形为在资本与劳动、政治经济学与共产主义之间不断摇摆的“小资产阶级”。马克思将其首部政治社会学巨著与通过“思想的连续”来描述历史步伐的法国人唯心主义对立了起来。尽管蒲鲁东把罪恶的原因（贫困）归咎于原始的堕落、一种人的意志与生俱来的恶念，但对于马克思来说，“社会关系与生产力密切相关”，它们是“历史的和过渡的产物”，并不属于永恒的范畴。蒲鲁东是个唯心主义者，热衷于意识和道德价值观至上；而马克思则以唯物主义者、“辩证的现实主义”的行家而自豪。蒲鲁东没有回应马克思，而是满足于狂怒地在《哲学的贫困》上批注“荒谬”“骗人”“放肆的恶意中伤”“胡说八道”……两人的分道扬镳已成定局。[14]

与此同时，两人当时都推动了直至第一次世界大战前（也许在一战后亦如此）被定义为两种类型的社会主义，即马克思的政治社会主义（政党、阶级斗争、革命）和蒲鲁东的绝对自由主义或“反对专制统治的”社会主义（互助主义、联盟、反对国家干涉主义）。两位非同寻常的人物、两种极端的个性、两项正在形成的事业，均应运成为社会主义的两种源泉。

第十九章

米什莱、基内与密茨凯维奇：在法兰西公学院喧哗

1844 年，米什莱与基内的《论耶稣会士》发表。

1845 年，密茨凯维奇与基内在法兰西公学院的课程被取消。

1846 年，米什莱的《人民》出版。

当法国的社会主义在 19 世纪 40 年代酝酿形成并得到发展，且马克思和蒲鲁东之间的对话从开始到结束时，公众的注意力被一场引起轰动的激烈争论所吸引，这场争吵使天主教徒与王国最杰出的教授儒勒·米什莱针锋相对。 334

1845 年 4 月 14 日星期一，在贵族院，请愿委员会的报告人德·塔歇尔伯爵着手召开一次令法兰西公学院受到非议的会议：

> 先生们，马赛的 89 位居民——均为选民和有获选资格者——向议会表达了对某几位法兰西公学院教授几年来因丑恶言行在正派人士那里引起反感之事的关注。
>
> 请愿者们说，宪章宣布了信仰自由，允诺将保护属于每个人的此种自由。然而，由国家支付薪俸的几位教授却在上课时公开宣扬对大多数人信仰的天主教的仇视。他们要人们注意，

> 不得不去听法兰西公学院课程的高等师范学校学生，随后将因为垄断，以这两位诡辩者的教学内容去培养被推入初中就学的法国年轻人。
>
> 在这几位教授的有害著作中，请愿者尤其指出一本题为“教士、妇女和家庭”的书，在这本书中，天主教教义神圣的不变性等同于死亡，教会权威被当作难以忍受的对待奴隶般的压制，
> 335 天主教被揭露为一种使民众愚钝和堕落的根源。[1]

值得尊敬的报告人很想承认对米什莱这本书提出的指责有根有据，但他判断，由米什莱以及同事埃德加·基内（这是第二位被盯上的教授）讲授的课程不该与这本著作混为一谈。他提议转入预定的其他议题，但是，发言的德·巴泰勒米侯爵并未满足于攻击米什莱与基内，还对第三位导师进行了指责：

> 我们为他创设斯拉夫语言的教席，这是以文学角度来看一门重要性颇为有限的语言，因为它没有文学。我要说的是，他们中的某个人，因为厌倦于再讲授此类课程，已经选择向我们的年轻人反复灌输我不知道是何种宗教宣扬的救世主降临说和在日耳曼人的大脑中产生的宗教，根据这种宗教的说法，每个人都将成为救世主。

这一回被盯上的是亚当·密茨凯维奇，《民族之书与波兰朝圣者》的作者（如前所述，此书已由蒙塔朗贝尔翻译成法文），自1840年起在法兰西公学院执掌斯拉夫文学教席。米什莱、基内、密茨凯维奇，这三人成了恶魔似的三位一体。

对于前两人来说，麻烦始于1843年，当时两人均从各自角度出发，就共同的主题即耶稣会士，开了一门课，这种想法当即被议论纷纷。翌年，欧仁·苏通过《流浪的犹太人》，以小说的形式触及这一主题。

隶属于罗马的耶稣会显得不仅信奉教皇绝对权力主义（拉默内亦曾经如此），还是专横与教条的天主教捍卫者。自复辟王朝以来，在路易十五统治时期被驱逐出法国的耶稣会士重新占有了一种重要但往往深藏不露的地位。他们被怀疑煽动反对法国教师团及其对教育垄断的运动。

在 4 月 27 日的首次讲授中，米什莱要耶稣会士对法国在思想道德方面的贫乏承担责任。他的讲稿在未经本人同意的情况下由左翼报纸《祖国报》转载。基内则从自己的角度出发，论述了耶稣会士的文学。从此以后，所有人的目光都对准了法兰西公学院。米什莱面对激动的听众继续讲课，其中一小部分不满和起哄的听众遭到教授的拥护者指名道姓的指责。基内则在阶梯大教室里捍卫说教自由。吵闹转而引起新闻界的反应。《世纪报》接着转载了米什莱和基内的讲稿，其片段也被多家报刊转引。1843 年 5 月 11 日，为了显示团结 336
一致，众多法国与外籍同事（其中包括基内、密茨凯维奇和德国人兰克）出现在米什莱的课堂上，这再次引起喧哗。[2]《宇宙报》对“反对耶稣会士和教士的新派别的领头人们”提出抗议，拉沙特尔的主教则大发雷霆。但是，《论战报》的经理贝尔坦立即捍卫了两位与高级教士唱对台戏的教授的事业。在随后到来的 7 月，阿歇特出版社将米什莱与基内的讲稿汇编成书出版，书名为“论耶稣会士”。此书立即获得成功，第一版在四天时间里一销而光。表示赞许的信件纷至沓来。泰奥菲尔对米什莱表示感谢：“您刚刚在那里采取了一项非常有效和极为出色的行动，所有自由主义思想家将因此对您不胜感激。”梅里美写道：“您将才华与勇气结合在一起，不需要由一位伟大的预言家来预言您在已经进行的斗争中会取得成功。”海涅在《奥格斯堡报》上发表一篇长文，提醒人们注意，自路易十六以来的法国历史被宗教斗争打上了何其深刻的烙印。为了把与米什莱和基内一样平和的研究者逼得铤而走险，罗马教会真的应该培育出难以忍受的复仇愿望。海涅还写道：“我已经不止一次地在拉丁区听见，有人在讨人喜欢地拿他（指米什莱）热衷于象征手法、不断以象征的方式暗示地开玩笑。米什莱在那里被称为‘象征先生’。但是，在他身上占优先地位的想象和情感有力地吸引了这些年轻学子。我曾多次试图去听‘象征先生’在法兰西公学院的课而未果……”不怎么带有恭维色彩的海涅的判断是明确的：米什莱是个“一流的”作家，他正在出版的《法国史》使他跻身史学家前列，而他自1838年起在圣雅各街开设的课程从此以后成了在思想方面应当去观看的巴黎名胜之一：
337 除了大学生，贵妇名媛亦聚集于此，大群的人在争抢座位。

与赞颂相伴的还有攻击。包括最好的报纸《宇宙报》在内的天主教报刊首先开始攻击。其间，年轻的弗约猛烈抨击“亵渎宗教者”，并发起一场反对法兰西公学院的撒旦的请愿活动。甚至在《论耶稣会士》出版之前，“教士派”就已转入反攻。一份由孔巴罗教士写的《呈给法国主教团的报告》谴责法国教师团，说它是“各种异端、错误、诡辩和谎言宽广的汇集地”。天主教徒，如同德加雷议事司铎（此为耶稣会成员之一德尚神甫使用的化名）一样，揭露了法国教师团对宗教和法律的破坏性垄断。不过，这种争论只会有利于《论耶稣会士》的销售：它在1843年10月已是第五次印刷。

教士的反应坚定了米什莱面向自由主义思想的转变。他在1843年8月4日在日记中吐露：“永别了教会，永别了我的母亲与女儿，永别了令我如此心酸的甜蜜源泉！为了我所不了解的无限（l'infini），为了我虽感觉到但尚不了解的深深的阴暗、未来的新上帝，我离开了这一切我曾爱过和了解的人与事。”虽然一直到那时候他仍得到宫廷在经济上的支持，但为了保持自己的独立，他决定放弃在杜伊勒里宫里当教师的差事——他在那里起先担任克莱蒙蒂娜公主的老师，后成为奥尔良家族亲王、内穆尔公爵夫人等人敬重的权威人士……儒勒·米什莱自七月革命以来担任国家档案馆历史部主任、杜伊勒里宫的家庭教师和道德与政治科学院院士，并在执教于巴黎高师和巴黎大学之后成为法兰西公学院教授，他是高等教育界中的显赫人物，而且是个成功的作者。因此，他对耶稣会士的攻击就显得更有轰动效应。他的《法国史》的头几卷以及他用于教学的《法国史简编》，赋予他“国民之师”的正式地位。他的荣誉在其《法国史》第五卷出版时达到鼎盛，他在此卷中叙述其尊奉为法兰西祖国的圣人贞德的故事时获得一种惊心动魄的激情：“法国人，让我们始终记住，在我们国家，祖国诞生于一位妇女的心灵之中，诞生于她为了我们而献出的温柔、眼泪和鲜血之中。”

在1845年4月14日贵族院的辩论中，蒙塔朗贝尔表达了自由主 338
义天主教的意见和要求。在他眼里，马赛的请愿者表达了合情合理的愤慨，因为米什莱把天主教描绘得最为令人厌恶。但是，他不赞同对其予以惩罚、禁止和审查的要求：“唯一有待要求的事物就是自由。”因为，在这种场合下，令他不快的是米什莱和基内是在靠信奉天主教的纳税者的钱供养的教授职位上表达观点，而且教师团的垄断使他们拥有唯一的发言权。国王的政府没有管理高等教育课程内容的任何权限，更不必说管理独立于大学的法兰西公学院的课程内容。在一个自由国家里，应当懂得“忍受让人感到可怕、令人反感的事物”。但是，教会的敌人拥有自由，同样的自由亦应当赋予教会的支持者和服务者：应当结束垄断。

马赛的抗议者亦对米什莱的《教士、妇女和家庭》予以攻击，此书出版于1845年1月，不久即被罗马方面列入禁书目录。这部令一些人感到危险的著作取得的成功，超过了《论耶稣会士》。起初，他只是以面对面批判的方式分析妇女和教士、忏悔的滥用、对心灵的支配和修道院精神上的异化。根据女儿阿黛尔的建议，米什莱扩大了主题，在最后一部分描述了一种适于弥补教会过失的“家庭的宗教”(religion du foyer)，并赞赏它的“谜中之谜：男人、女人和孩子，这三种人的统一体、他们的相互调停”。孩子必须得到一种过于有利于忏悔者的母爱保护：这是必须负责教育他们的公共学校。

米什莱的著作引起种种出乎意料的反应。首先是一位叫“玛丽－

德－当热”的修女的反应，此人率先想通过16封充满火力的信证实米什莱犯了错：“幸运的是，您无论远近都会感觉到彼得跪着说的话。”米什莱同意与她会面，但在从修女那接到一起去设在圣叙尔皮斯的“祭坛旁边”的邀请之后，他宁愿停止这种奇特的联系。

也许，给他带来更多麻烦的是埃米尔·赛塞在《两个世界评论》
339 对该书的批评。此人原为米什莱在巴黎高等师范学校的学生，后亦在该校担任历史与哲学教授。他以“伏尔泰主义的复兴”为题发问，在《教士、妇女与家庭》一书中被呼唤的新宗教究竟可能产生何种结果。[3]他认为充满“愤怒和仇恨”的此书有可能“点燃民众的激情，导致民众攻击一切没有实现想要实现的理想的政府”。米什莱于2月2日在《世纪报》以蔑视的态度回应说：“这是在指控我居心不良。年轻人，您是在以您的解释和简单假设揭发您昔日的老师，并要当局予以严惩。”

他们要求与预言得如此之多的未来宗教，自然而然地引起圣西门主义者的兴趣。昂方坦教父给《教士、妇女与家庭》的作者写道：“我急于看到你们一个接一个地开始摒弃过去的信条和提出未来的信条。”但是，几乎没有理睬这些工业社会和经济发展的宣传捍卫者的，更多的是共和主义者，而不是工程师的米什莱。

2月14日，曾经听过米什莱的课的克尔教士在其于1842年获得任命的巴黎大学猛烈攻击米什莱的著作。米什莱从一位弟子那里获悉此事，这位弟子还提出将偕同几位朋友在克尔下次上课时去喝倒彩。不仅米什莱反对他们如此行事，教授职位的崇高亦不容许他们这样做。两天后，在每周一次的授课开始之际，米什莱为对手做了辩护：言论自由是神圣的。此外，课程被暂时中断的教士，亦小心翼翼地给《世纪报》写了一份“更正”：“本人没有把我所责备的书（即《教士、妇女和家庭》）与我所尊敬的人混为一谈，对于此人的个性，我已经多次公开赞扬。”

如果说基内与米什莱投入了共同的战斗，这两个人却疏远了最终在 1845 年被教育大臣取消课程的密茨凯维奇。这位波兰诗人的神秘主义和波拿巴主义令这两位朋友已经不安了一段时间。1844 年 3 月 19 日，密茨凯维奇的课程在疯狂的场面中结束：一位女听众精神病发作，另一位女听众竭尽全力地想吻老师的脚。米什莱预感到了“危 340
险”。过了一年，在《教士、妇女和家庭》出版之后，他在写于 2 月 22 日的日记中概述了其对立的实质：“我们的方式是自下而上的，我们希望的生活是从人民到伟人，直至一般而言的个人或具体的巨大力量；而他的方式是自上而下，即从上帝到伟人、人民……密茨凯维奇宣称，应当有某个人。而我则提出，应当有众人，有许许多多的人，众人就是所有人，不应该让所有人等待、关注来自何处的某人。那么何谓某个人呢？它始终是你本人，其根据的是你的力量，所处的是你的位置。与各种科学一样，每个人皆为中心。”密茨凯维奇把某个人看成拿破仑，米什莱则将其看成大革命——“无需伟人、英雄、神话人物或偶像巨大而崭新的场景”。集体性的英雄，这就是伟人，大革命最终断送在个人英雄的手里。

在这一点上，米什莱也许有可能与另一位卑贱而默默无闻的朋友乔治·桑存在共同之处。米什莱曾给她寄过《教士、妇女和家庭》，后者在 1845 年 4 月 1 日写信致谢，并在信中解释他们彼此疏远的原因：“我欣赏您的才华，在这一点上，我的做法与所有人一样。我发现你具有成千上万倍的理由，但是，我发现您的理由过多地与所有人联系在一起，没有更多地与某些人相联系。您理解我，或者更确切地说您会变得和我一样。我是个乌托邦主义者，您是个改革者，这属于两种精神本质。我发现，您过多地把力量和才华耗费在打击力度过小的事物上。您希望改革教会与改变教士，而我却既不想要这些教士，也不想要这种教会。这就是您在大众中颇有成效的工作并没有教会我而我希望别人教给我的一种东西，即我自己不知道但我觉得必须出现在这个时代的杰出人物头脑之中的东西。我不知道您是否将在您现在所处的位置上止步不前，这就是我为何恭敬但一言不发地在等待您的原因。至此，我先劝您改变看法。”

此信在贵族院会议召开前几天到达米什莱手中。我们没有他的复信，但有一封乔治·桑最后写的信。[4]米什莱肯定在回信中细致表达了他的反教权主义的微妙之处，他的女对话者将其激进性与他做了
341 对比：“我理解您的宽容、您对地位低微但真诚的教士的尊重。但是，在个人生活中践行这种宽容的我无法以书写的方式来宣告它……啊！但愿教士重新获得真正的福音精神，即平等和共同体的教义，若是这样，我很愿意前去忏悔。”

贵族院的辩论（维克多·库辛为两位同事做了辩护）——在众议院质询之后进行的辩论——还是刺激了此书的销售。因近期争论而激奋的米什莱已感到完全拥有了自己的手段：“早晨，我在总结三年来的成果，它们具有相等的质量、相同的影响力。”他的个人生活并非没有因为工作受到影响，在夫人波利娜于 1839 年去世之后，他责备自己没有足够的空闲时间，过于只顾自己的事情。三年后，他失去了珍视的女友阿黛尔·迪梅尼——他发现她是一位对他的精神产品怀有兴趣、愿意与之谈论它们的红颜知己。阿黛尔的儿子阿尔弗雷德，一位他以前的学生，通过与他的女儿结为伉俪成为他的女婿，而他这位女儿的名字也叫阿黛尔。米什莱当时经历了短暂的爱情或与女仆之间的男女私情，前者发生在他与一位医生的遗孀奥佩班夫人之间，后者则先后发生在他与玛丽和维克多瓦之间。但是，在奥地利的维也纳，一位热衷于阅读《教士、妇女和家庭》的年轻法国女教师当时打算前来请米什莱聆听她的忏悔，此人名叫阿泰奈·米阿拉雷，她在 1849 年成了米什莱的第二任夫人。

在此期间，米什莱将工作精力主要投入于他的中心观点：一切来自下层，人民是当代秩序之源。在法兰西公学院，他致力于研究法国大革命的历史，并在 1845 年 1 月 16 日就此所做的首次讲课中断言：“大革命是合法的，因此我以法律的基石为基础来看待大革命。不应该说大革命（la Révolution），而应该说基础（la Fondation）。是的，

面对说谎的大军，我的依靠就在于此，而且我将以此出发挑选真正的自由之友。”[5]

他计划写作《人民》一书，希望在一年内完成。他的灵感来自早已从维柯著作中发现的历史哲学，但加上了自己的经验。他确认了民众根源的忠贞：历史是由众人组成的集体在没有上帝的直接干预以及并非一定要有伟人的情况下创造的。“人类是它自身的成果。” 342

1845 年 7 月 13 日，根据教育大臣的指令，法兰西公学院教授大会听取米什莱和基内就其所谓演说时的放纵行为做出的解释。两位朋友无动于衷地为自己辩护：在他们课堂上发生的动乱，难道不是由看上去不太明事理的人煽动的吗？但是，当局显然在监视他们。在几天后举行的大臣会议上，两位伙伴仍然是被紧盯的对象。

于是，米什莱离开巴黎，前往诺曼底。此行并非为了在海边安安静静地度假，而是根据其早有的习惯进行实地考察，充实其记事本中的记录。对此，我们可在他的日记里发现他的行踪。他的这些旅行，往往是在他的孩子们，即夏尔、阿黛尔以及在阿黛尔结婚后由女婿阿尔弗雷德·迪梅尼的陪同下进行的。阿尔弗雷德·迪梅尼同时是他原来的学生和他乐于与之讨论其著作的阿黛尔·迪梅尼的儿子。在旅行期间，米什莱观察一切，了解一切：纪念碑、广场、街道、各种各样的人和职业。他专心致志地与陌生人交谈，到友人家串门，与一些显贵碰头，访问一些工厂，对瑟堡港、皇家海军士兵、渔船上的船员等等都有兴趣。四处奔波的他暂停了写作《人民》一书的计划——这一计划将在他回巴黎后，即阅读了诸如傅立叶主义者图斯内尔的《犹太人：当代的国王》、维勒梅关于纺织业的调查等等之后得到有力贯彻。1845 年 9 月 15 日，他终于投入了聚焦农民的第一章的撰写。在日记里，他接二连三地表现出某些源自启蒙时代但从此以后打上他的烙印的天真：“人……生来就宽宏大量、具有英雄气概，他得学会嫉妒，但他自己将不知道嫉妒。啊！那些堪称真正的人间天堂的日子，也就是既没有不平等、奴役、嫉妒，也没有卑鄙行为的时候，多么令人惋惜！”

在亚当·密茨凯维奇的课程被取消之后（他被撤销了法兰西公343 学院教授的职务，改任军火库图书馆馆长），米什莱获悉基内亦因拒绝删改其课程名称“处在与多种制度的关系之中的诸中欧民族文学”的要求而不再在此上课，这一要求是由教育大臣强加于他的，在要他删去标题中前半段文字的大臣看来，这些文字过于迎合教授对政治性的离题言论的偏爱。由此，法兰西公学院辉煌的三位一体还在位的只剩下米什莱一人。

1846 年 1 月 29 日，他开始讲授该年度第一个学期的课程，题目是“在文学、艺术、战争、法律和宗教中被思考的法兰西的特性”。阿尔弗雷德·迪梅尼的一位友人，充满热情的欧仁·诺埃尔如此描述了他所目睹的场景：

> 亲爱的爸爸妈妈：
>
> 我在听完米什莱先生的课后即提笔给你们写信，以便以只言片语向你们汇报所发生的情况。尽管下着瓢泼大雨，在法兰西公学院门口从早上 8 时起就排起了队伍。有人在昨天加固了大铁门，以免它会被公众撞破。大门直到下午 1 时差一刻，也就是距课程开讲只有一刻钟时才向公众开放。我们，亦即阿尔弗雷德、我与米什莱先生一起到达了那里。只有米什莱先生可以通过。接着，有两位极为健壮的人（法兰西公学院的看门人）来找我们，而这仍非小事一桩。
>
> 你们无法想象欢迎教授时掌声雷动的场面。恢复安静后，在如此庞大的人群中出现了一种令人震惊的肃静，米什莱先生得以开讲。他说，他将涉及一个人们都会同意的主题，这个主题将使我们胸怀祖国，就此而言，在法国只有一种意见。掌声再次响起。你们知道他随后怎么样了吗？他竟让听众笑出声来，甚至是放声大笑，直至结束。人们在观看莫里哀的喜剧时也不

过如此。米什莱先生本人也像其他人一样在笑；接着，在这种快乐之中，他天马行空地讲着如此庄严、富有民族情感、真实和出人意料的话，掌声、赞同的欢呼声爆发出一种我从未见过的力量。

丝毫没有乱糟糟的迹象。我无法相信人们能够想象到更令人钦佩的听众。课程结束时，所有人皆冒雨在院子里或圣雅各街上待了一个半小时，等待米什莱先生，以便在他经过时向他致敬。米什莱说到了基内。他开始时未提后者的课程，以免让 344
已经走开的人过于激动，但讲到中间时则不然，而且非常机智地谈到了西班牙……[6]

在前一天，即1月28日，《人民》一书开始销售。相关评论并不热烈，有人持保留态度，甚至在赞颂时亦如此。通常采取讽刺态度的《喧闹报》显示出最为欢迎的态度："像上帝一样的人民，它无所不在……它并非处在梯也尔先生的史书、基佐先生的演说、我们辞藻华丽的作家的辞章之中。人们在雨果和拉马丁那里猜中了它，在夏多布里昂那里感受到了它……而在米什莱先生最新出版、并被出色冠以"人民"之书名的著作中看到了它……"至于法兰西公学院的同事，他们没有发表任何评论：这是一本不讨人喜欢、不甚符合大学教师谨慎要求的书。

这部著作——它与《法国大革命史》一起被视为米什莱最著名的著作——非常具有个性。作者写道："本书不仅仅是一本书，它亦是我自身。"[7] 他在以致友人基内的公开信形式出现的序言中开篇说到。它首开了我们当今所谓"自我史学"[8] 的先河，米什莱将其命名为他的"内在方式"，自我融合到一种历史学的我们之中，或者说，如何使自我的史学家更好地成为他那个时代的史学家。米什莱在此强调了他的平民渊源，尤其是在有损于他在朗韦（位于阿登省）的姑姑们的利益的情况下，利用了自1820年起存放在某个纪念馆里的回忆录。虽然后者立即对他进行了指责，但曾经地位低下的暴发的资产阶级确实倾向于遗忘他们的过去。说实话，她们的侄子在其平民家世中还添加了这样的内容。因为他的父亲不管怎么说是个印刷厂老板，是个资产阶级或相当于资产阶级的人，米什莱就以他的谱系、他的童年以及他与在父亲印刷厂遇到的劳动者的“友谊”为荣，“我的朋友，因为我也是用自己双手劳动的人”，这就是他证明其有资格写这一著作的第一个理由。第二个理由则是他已写过的《法国史》头
345 六卷，在这六卷当中，每一页都提到了人民。最后的理由是，他已进行了多年的实地考察。这就是他觉得能够纠正法国文学赋予其国家的形象的原因：那些小说不承认家庭还存在（这里可能影射乔治·桑的《印第安娜》和《莱莉亚》），把我们的城市当成“惯犯”和“获释的苦役犯”的贼窝（《巴黎的秘密》更是如此），或者花很多工夫描绘“一个可怕的乡村酒吧、一个仆人和窃贼光顾的小酒馆”，人们注定可以在其中辨别出大多数居住在法国的人（他刚刚读过巴尔扎克的《农民》）。他关注到，如同社会主义者所做的那样，若这一切有利于让未来的幸福闪闪发光，有人就会热衷于诋毁（法国）自身。“浪漫派作家以为艺术尤其处在丑陋之中。”鉴于此，米什莱在序言结尾部分对法国人民的分析中对此做了回应：

> 各种身份、阶级和派别的法国人，请好好记住一件事情，即你在这个地球上只有一个可靠的朋友，那就是法兰西。在始终继续存在的贵族同盟面前，你们将始终犯有在50年前想拯救世界的罪过。他们并未对此宽容，而且将不会宽容。你们始终是他们的威胁。你们可以在你们中间以不同派别的名称来区别自己，但是在欧洲，作为法国人，你们注定是个整体。要知道，在欧洲面前，法国将始终只有一个绝无仅有的名字，这一不可调和的名字亦是其真正的名字，它就是：大革命！

米什莱首先着手描述各种各样的社会阶级与以这样或那样的方式表现出来的各种各样的受束缚者。但是，作为法兰西性（la francité）要素的农民，在此以传统右派作家亦不会否认的言辞受到赞颂："农民不仅仅属于国民中人数最多的部分，还属于最有力、最健康的部分，而且，通过使身体与道德很好地得到平衡，就总体而言，农民亦是最好的部分。"为什么会如此？因为很长时间以来，法国农民凭借小地产的扩散而不再是农奴。法兰西民族是一个小有产者的民族。在这个问题上，被米什莱在法兰西公学院讲课中指责的蒲鲁东， 346
在《诸种经济矛盾》第二卷中粗暴地反驳，痛斥"一位通过滔滔不绝的悲哀或过分赞扬的语句，以教授历史和进步为业的博学的人民之友，只知道以这种可怜的判断来表达对社会问题的看法：'至于社会主义，一个词就够了。最后一个废除财产的国家将是法国。倘若如同该派某个人所说的那样，财产就是盗窃，那么就有2500万将在明天放弃（财产）的有产者。'进行这种挖苦的人是米什莱先生，法兰西公学院教授和道德与政治科学院院士，而他影射的某个人就是本人。米什莱先生大可点出我的名字，我并不会为此而羞红脸。对财产的这种界定出自本人，而本人的整个抱负证明我理解了它的含义与广延性：财产就是盗窃！"

蒲鲁东后来在第二帝国时期与米什莱维持着友好关系——两个人均不乏对彼此的欣赏与反感。当轮到米什莱的课程在1848年初被取缔时，蒲鲁东在记事本里曾对米什莱恶语中伤："这样一来，三位一体终于被打倒：密茨凯维奇、基内、米什莱，三位充当笨伯的神秘而名副其实的上当受骗者，第一个是个有宗教幻想的人，第二个是个缺乏头脑的人，第三个则是个疯子。"[9]

当时的重大调查以及他本人对工厂访问得出的对工人奴役状态的描述，与他的人道主义完全保持一致，但是，后者补充了更多具有哲学意味的东西，一种对机械化更加情绪矛盾的仇视。众所周知，英国首次工人运动是与破坏就业的机器进行的斗争，人们称其为"破坏机器运动”。然而，米什莱并没有超越社会批评的这一发展阶段。从他的“机器在消灭人之前束缚了人”的提法来看，被当作批评对象的乃是机器本身：“机器的广泛使用将不需要人。我们在寻找这样一些力量，这些力量一旦被我们改变，就能够像钟表齿轮一样在不需要我们的情况下自行运转。”

通过提及“制造商的奴役”，米什莱提出了法国民众运动的两大主题：反犹主义和敌视英国。他欢迎和欣赏图斯内尔的小册子《犹太人：当代的国王》。针对对待工人残酷无情的制造商，他意外地这样
347 写道：“他在喊叫，而人们在吃惊，人们不知道犹太人刚刚从他身上取下了半公斤的肉。”在其关于农民的章节里，他已经在思忖“处在犹太人恐怖统治之下”的民族将会如何？确实，在当时，“犹太人”一词是银行家、高利贷者的同义词，图斯内尔同样用它来指称新教徒和日内瓦人；而傅立叶、蒲鲁东，乃至马克思本人，亦以各种各样的动机和论点助长了将犹太人和金钱等量齐观的观念。一如图斯内尔笔下的犹太人，英国人也处在被敌视状态：英国人本质上是唯利是图者、剥削者和“反对法国”（Anti-France，此为米什莱的用语）者。

法兰西！如同蒲鲁东后来说的那样，米什莱不知满足地用过分赞美的话来赞颂法兰西的特性及其传教使命——“真正的法兰西乃是大革命的法兰西”、人民的法兰西（其热情来自下层）和农民的法兰西：“法兰西不仅仅是我们的光荣母亲，她亦应当给各民族带来自由……”法兰西是世界的气息，她“如同信条和传说”那样高傲，是“一种宗教”。她的命运实际上不仅仅是成为一个伟大的民族，而是成为一个具有普遍性的民族和“活生生的博爱”——一种超越两种忠诚，即对法兰西的忠诚和对人类的忠诚之间的矛盾方式。

这种热情洋溢的赞颂也是一种纲领。学校，“伟大的民族学校”必须教导祖国。公立学校摆脱了教士的控制：“（公立）学校的老师属于法兰西，（基督教学校的）修士则属于罗马，即属于外国人和敌人。”在这一章中，米什莱就爱国和世俗的共和主义意识形态提出了他的

主要观点之一。但是，除了教育，以及通过教育，也应当让人们接受仁爱。在他看来，由法国人的统一开始的人类统一必不可少：他在此觉得不能再有两个法国，他发现阶级斗争没有任何功效，与之相反，应当致力于阶级之间的和解。

通过对人民的赞颂、对工业社会的强烈反感、对阶级之间博爱的呼唤和反教权主义的宗教情感，米什莱的著作显示出他后来在1848年革命中标榜的共和主义的思想界限。他的纲领绝非社会主义纲领，他主张仁爱，捍卫财产。与此同时，他仇视只通过《论坛报》了解 348
人民的资产阶级，主张消灭民众和精英之间的距离。他更多是个民众主义者，因为他相信民众的本能，完全信赖人民（尤其是乡村的民众）。[10] 他敌视伟人，除了圣女贞德这样的人——因为她是恰好代表了人民和祖国的出身低微的年轻姑娘——以及充当人民代言人的天才。有预见性的米什莱是法国民族主义最丰富的源泉之一。的确，这不是未来的反德雷福斯派的民族主义（虽然米什莱对关于犹太人的冷酷无情的话多少有些责任），而是一种自由主义、反教权主义和神秘、大众化以及如同皮埃尔·勒鲁后来说的"融洽一致"和根植于革命记忆的民族主义。这是一种左翼的民族主义（如果人们想这样说的话），但是它推广了"对民族的狂热崇拜"。[11] 将法兰西理想化的米什莱并没有要他的国家闭关自守，而是要它把自己的自由气息、民族主义观念和博爱的乌托邦赋予世界。

这部著作所具有的多愁善感会让冷静理性的读者发笑，令成千上万的人感动。它不久即颇能说明人们所称的1848年精神。在此期间，具有此种教育人民的才能的米什莱，已经在头脑里形成一幅宏伟画卷，即他的《法国大革命史》。

第二十章

通过历史回归革命：拉马丁

1847年，路易·勃朗的《法国大革命史》前三卷、儒勒·米什莱的《法国大革命史》第一卷、拉马丁的《吉伦特党人史》出版。

349 1847年初，三部论述法国大革命的著作几乎同时问世，引起流言蜚语：2月6日，路易·勃朗的《法国大革命史》头几卷出版；2月28日，儒勒·米什莱的《法国大革命史》第一卷出版；3月20日，阿尔方斯·德·拉马丁的《吉伦特党人史》前两卷出版，该书后两卷在同年6月出版。这一巧合远非单纯出于偶然，它显示出人们对这充满戏剧性但奠定了新法国之基础的十年的迷恋。的确，历史学专业正通过逐渐摆脱文学体裁的束缚获得（研究）方法，也成了一种战斗工具，它大量地提供了（正反两方面的）经验教训、（相互抵触的）事例和（彼此对立的）学说。在这由被宣布的原则、跌宕起伏的事件、你死我活的冲突和崇高行动组成的声势浩大的系列中，每个派别均得到了好处。反革命在此找到其存在理由，革命运动则在此找到其行动理由。

在复辟王朝时期，自由派人士梯也尔和米涅的著作旨在以恢复大革命的声誉来反对现存制度。在七月王朝时期，相关研究接二连三地进行，并带有共和主义和社会主义的印记。由此，在1834至1838年间出版了菲利普·比谢和皮埃尔－塞莱斯坦·鲁－拉韦涅的四十卷本《法国大革命议会史》。这部以丰富文献资料（尤其是议会会议记录和各俱乐部的会议记录）见长的不朽之作，通过触及它的精髓、宗教和恐怖统治时期的真实理想，为使大革命成为这样一种神圣神话，即罗伯斯庇尔和圣茹斯特是已牺牲的先知的神话，做出有力贡献。两位既是社会主义者又是基督徒的作者毫不犹豫地写道："人民主权，就其下述方面而言符合天主教教义：迫使每个人服从大家；包含着过去、现在和未来，也就是包含每一代人；以把整个人类变为唯一服从平等法则的社会为目标；最后，直接来自教会的教育。"[1]这种教育与格列高利的教育并非完全是一回事，但这种应当呼唤以"传统天主教派"（如有人这么称的那样）来回收大革命的企图，彰显了在七月王朝时期日益蔓延的精神状态。在宗教方面不足挂齿、有利于自由经济发展（其可等同于发展银行、工业和蔑视社会贫困）的新政治制度不断看到起来反对它的社会主义，这些社会主义倾向具有福音主义的源头，一般脱离正式的教会，但要求恢复正式教会的最初原则。当极右派毫不犹豫地与主张共和的极左派齐声反对路易－菲利普之际，如前所述，变得更加活跃的法国社会主义显然或多或少受到了基督教宗教情感的熏陶。与此同时，大革命在变形，不再与启示（la Révélation）为敌的它反而成了启示在近代的声音。至少对比舍和卢来说是如此，但这并非例外。一种重要的思想是，资产阶级已经在雅各宾派失败后从大革命中获得好处，因而，应当为了人民利益，以平等和博爱的名义重新开始革命。

对罗伯斯庇尔的崇拜，在这些年里通过阿尔贝·拉波纳拉耶而名声大振。这位小学教师、"四季社"前成员，到处散发其深受欢迎的关于大革命的讲义。因参与共和派的活动而入狱，在1837年因赦免而获得自由的他，在1838年以著作的形式发表了《1789至1814年的法国大革命史》（1844年重印）。与阿尔芒·卡雷尔合伙的他， 351

勇敢地投身于“不可腐蚀者”，即致力于编辑耶稣、卢梭、罗伯斯庇尔神圣崇高的三位一体的《全集》。[2] 共产主义者埃蒂安 · 卡贝，未来《伊加里亚游记》的作者，也跟着在 1839 年发表供工人阅读的《1789 年大革命通俗历史》。阿尔芒 · 马拉斯特和雅克 · 弗朗索瓦－杜邦在他们的《法国大革命大事记》中赞扬那些具有重大历史意义的日子。在《共和派评论》中，戈德弗瓦 · 卡芬雅克为国民公会的行动大唱赞歌。在各科学院，人们可以听到弗朗索瓦 · 阿拉戈赞扬大革命时期的重要学者：蒙日、卡诺、孔多塞。另一位共和派人士，同时是诗人、小说家和神秘学家（他在 1840 年写过一本《人民福音书》，并为此被监禁 8 个月，判罚 500 法郎罚款）和那个时代的经济学家阿尔方斯 · 埃斯基罗斯写了一本《山岳党人史》。鉴于此，应当把这三部重要著作在 1847 年的出版置于这样一种语境之中，即一种不是时尚而是一种真正的好奇运动的语境之中：了解大革命，以便更好地理解现在和筹划未来。

作品比米什莱著作稍早一些在书店售卖的路易 · 勃朗已经以历史学家和社会主义理论家著称。出生于鲁埃格，曾就读于罗德兹初中的他，在“光荣三日”后不久抵达巴黎，后来在阿拉斯一位工业家的家里充当家庭教师，并在那里看到工人的悲惨。回到巴黎后，他在一位加莱海峡省记者的推荐下供职于两家左翼报纸——《国民报》和《良识报》，在这期间，他还为于 1843 年创刊的《改革报》撰稿。他作为共和派的积极分子，勇敢而成功地以他的《十年的历史（1830—1840）》投身于历史题材和创作。这部著作共有五卷，在 1841 至 1844 年分期出版。作为《进步、社会和文学评论》主编，从 1839 至 1842 年，他在该刊发表了后来单独成册的《劳动组织》。正是这一著作，使他在当时被归类为社会主义的空论家。他的思想是组建“社会工场”，即生产合作社，这在看到工人协作的口号取得胜利——至少理论上
352 是如此——的那几年里并不具有先天的独创性。但是，勃朗通过倡导国家的行动，亦即主张国家应当借贷必不可少的启动资金而使自

己的观点变得与众不同：合作社根据它们的利润向某个中央的收付款机构偿还借款，该机构也负责资助一项社会保险制度。由此，通过控制关键性的工业部门，从普遍选举中产生的国家（机器）确保了在对博爱精神有利的情况下对经济的普遍调节。

发表带有社会主义思想特征的《法国大革命史》时，他36岁。根据他的观点，有三大社会组织的原则交替存在：首先是权威原则，这一原则先后与中世纪的教皇权力和绝对君主制相吻合；其次是自由或个人主义（勃朗将两者视为同义词）原则，这一原则随着路德开始出现，并在大革命中取得胜利；最后是博爱原则，这是未来的原则，它曾在热月九日之前，通过山岳派和罗伯斯庇尔在大革命最激烈时期取得胜利。大革命是个巨大的舞台，在这一舞台上，个体与博爱彼此冲突，而这两者源于以孟德斯鸠、杜尔哥、伏尔泰为一方、以卢梭、马布利、摩莱里为另一方的启蒙思想家的哲学。大革命目睹了个人主义和自由的胜利，换句话说，就是资产阶级的胜利，财产特权取代门第特权。路易·勃朗一边对制宪议会进行深入研究，一边承认它有助于改善"人民命运"。他抨击了吉伦特派控制的国民公会，后者主张联邦主义和个人主义，巩固资产阶级的权力。一如比舍和卢，他对革命政府大加颂扬，后者把博爱原则据为己有，迈出社会主义的第一步。他曾驳斥恐怖统治的制度，但此举纯属徒劳，因为他赞扬这种制度的拥护者开始实行一种权威主义和平均主义的民主。

米什莱精心撰写了另一种历史。他与路易·勃朗在（大革命的）解释上的冲突将持续多年。因为米什莱像指责比舍和卢以及许多其他民主派人士那样，指责勃朗把大革命的顶峰置于恐怖统治之中，指责他让某些被罗伯斯庇尔和圣茹斯特支配的人来体现大革命的特征。他为一种并无独特风格的民众革命辩护，而且，如果说对于社会主义者而言博爱就是一切，那么他要他们注意，若没有自由，博爱便一无是处：

> 正如因为基督教教派的增多（如有冉森教派、莫利纳教派）
> 353 而不再有基督徒那样，大革命的派别使大革命不复存在，人们重新支持的是立宪派、吉伦特派、山岳派，而不再支持革命派。
>
> 人们忽视伏尔泰，拒斥米拉波，排除罗兰夫人。丹东本人亦成了异类……这样一来，剩下的不就只有罗伯斯庇尔和圣茹斯特了吗？……
>
> 博爱！博爱！并非重复这个词语就够了……对于我们所处的世界，如同其最初所是的那样，应当看到我们有一颗博爱的心灵。将取得胜利的是仁爱的博爱，而不是断头台的博爱。
>
> ……唯有在上个世纪被设立的自由，才能使博爱变得可能。[3]

依米什莱之见，这场革命首先是人民即“全体人民、所有人”的革命，这一人民“就总体来看远远好于其领导者”。米什莱的大一统主义和民众主义使他为大革命的最初阶段叫好，而作为人类曙光的后者，当时亦受到伊曼努尔·康德和弗里德里希·黑格尔的赞赏：

> 我今天写出了全体一致的时期、神圣的时期，在这一时期里，没有派别之分、尚不知（或很少知道）阶级对立为何物的整个民族，在博爱的旗帜下行进。若不是上帝的庇护，没人能看到这种神奇的团结、2000 万人的共同心灵。它是世界性的神圣日子，对于历史来说亦是最幸运的时光。至于我，因为叙述它们，已经得到回报……自我写奥尔良贞女[1]以来，从未有过这样一种豁然开朗的感觉……[4]

既与比舍和卢不同又与勃朗相左的米什莱，不同意把建立在公正之上的大革命精神与公开主张（上帝）恩宠的统治的基督教混同

[1] Pucelle d'Orléans，即圣女贞德。

起来。在这一点上，亦有其他原因，他与好友埃德加·基内意见相反，后者在根据其1845年讲课内容整理而成的《基督教与大革命》中，在展示大革命想与天主教调和的徒劳“企图”之后，揭示了“以革命形式”重新出现的“天主教的进取性”：“诞生于新教的英国革命与 354
美国革命没有产生任何相似之处，因为法国被迫从天主教，也就是从中世纪的本质出发，大步迈入新的生活。它未被打断的不宽容教育并没有在顷刻之间被抹去。随着革命深入群众，它在那里获得了这种数世纪以来不间断地被置于群众之中的特性。”[5] 如前所述，对于认定革命确切地说是由群众开展的米什莱来说，这种革命“深入”人民之中的想法是无法接受的。大革命也不再带有天主教起因的特征，因为它的特性确切地说是反天主教的。“革命不接受任何教会。为什么？因为它本身是一种教会。”顺便提一下，在此人们看到，基内的预感并非必然会与米什莱的反天主教立场发生冲突。米什莱后来在其1868年的序言中，正面指责了路易·勃朗：“我们是两种宗教。他是卢梭和罗伯斯庇尔式的半基督徒。最高主宰、福音、恢复原始教会，正是这种政治家认为可通过它来达到目的的模糊与折中的信条，使对立的派别、哲学家和笃信宗教者热情洋溢。”在这场论战中，米什莱以政治人种学家的身份，大胆追究起勃朗的求学之地罗德兹和阿韦龙的责任：正是“博纳尔与几位弗雷西努斯的属地，为我们产生了如此之多的教士”。而这就是路易·勃朗在其民主中成为“专横者”的原因。

1847年3月18日在法兰西公学院的授课中，米什莱为反对“两种宣传即天主教和共产主义的宣传”的大革命进行辩护。他揭露出这两种宣传均蔑视劳动，一个以宗教行为代替劳动，另一个则设想一切来自法则：“真正的信仰，即对大革命的信仰，已经为劳动、家庭和祖国祝圣。”[6] 人们都有自己的大革命观。米什莱的大革命观既不是新天主教、共产主义的，也不是雅各宾派的（“我不可能是雅各 355
宾派”），而是浪漫主义、民众主义、神秘、敌视英国和反教权主义的，它伴随着社会主义历史的诞生，牢固地竖立其独创性。他对自己的作品产生于“种种档案馆”，尤其是由他担任“历史部负责人”的中央档案馆而洋洋自得。他比其他人更好地展现了大革命的下述重大事实：自耕农的解放和“土地与人的联姻”。他的书细节准确、史料丰富，还以其鲜明的设置风格为人称道，虽然实证主义的胜利使这种风格显得落后于时代，但如同它至今还在不断再版所证明的那样，该书依旧保持着自身的魅力。

1847 年 3 月底，拉马丁的《吉伦特党人史》一度使同年出版的另外两部大革命的重要著作黯然失色。造成这一现象的首要原因是，作者是位集诗人与众议员身份于一身的名人。阿尔方斯·德·拉马丁 1790 年出生于马孔一个小贵族家庭，父亲是骑兵队的军官，母亲则对他进行了严格的宗教和正统主义教育。拉马丁曾离开家族领地米利，前往贝莱。在贝莱，他在修道院里完成学业。外出旅行、想入非非、最初的恋爱、首批诗作、在国王侍卫队中的差事、因赌博而欠债，有着上述经历的他在而立之年以《沉思集》被公认为法国浪漫主义诗人中最有希望的一个。他的这部获得非同寻常的成功、并使他成为诗歌“复兴者”的诗集，也使他成为天主教和复辟王朝的鼓吹者。当局向他提供外交任命作为奖赏，他的第一个外交职务是驻那不勒斯使馆的二等随员。此时是 1820 年。也是在这一年里，他结束了游手好闲、寻欢作乐、心思不定的青年时期，在尚贝里与嫁妆丰厚的英国女子玛丽安娜－埃利萨·比尔奇结为伉俪，此前，他已使未来的岳母改变对这桩婚事原有的保留态度。这并非令人发狂的爱情，而是体贴人的温情，这种温情逐渐稳固，并使这位黑眼睛的美男子抛弃风流放荡的本性。（他在 1820 年 5 月 30 日给友人写
356 道：“由于欣赏和钦佩，我显然爱我的妻子。我对她，对她的一切优良品质，甚至她的身体感到满意，绝对的满意。”[7]）

他当时天主教和保皇主义的正统观念，在继 1823 年的《新沉思集》后，于 1825 年问世的向查理十世表示敬意的冗长《圣歌》中得到证实。

1825 年 7 月，他被任命为驻托斯坎纳大公国首都佛罗伦萨大使馆的二秘。他在那里待了三年，其间的幸福在 1830 年发表的《诗意和宗教的和谐》中隐约可见。回到法国后在他的圣普安领地过着乡村绅士生活的他，开始考虑其政治生涯。他将年满 40 岁，而 40 岁是被选资格所要求的年龄门槛。他刚刚在母亲去世前不久入选法兰西学院，在 1830 年 4 月 1 日的新院士入院演说中盛赞这位极温柔、令人爱戴的母亲。值得注意的是，在他最热情的支持者中，有一位空论派成员鲁瓦耶－科拉尔。如果说他曾经是极端保皇派分子，那么拉马丁已不复如此。[8] 七月革命令他处于一种与夏多布里昂极为接近的精神状态：既清醒意识到查理十世难辞其咎，但又忠于波旁王朝——不过，这种忠诚并未导致他告别政治舞台。一如其他许多人，他听任路易－菲利普的登基，对于后者，他从未有过认同（他辞去了外交官的职务），但觉得面对令人担忧的“社会混乱”，后者仍然是秩序的支柱。

1830 年导致拉马丁重新审视他对 1789 年革命的解释。在一封于 1830 年 10 月 24 日写给友人维里厄的信中，他仍然显得是个正统主义者，他宣称：“1789 年革命的重大原则是真实、美好和善良的，只有它的实施残忍暴虐，极不公道，卑劣下流，令人恶心。”1831 年，为了竞选众议院议员，他在马孔、土伦以及临近敦克尔刻的贝盖等好几个选区参选。他在贝盖有家庭关系，五个姐姐之一的欧仁妮即与其丈夫科庞男爵生活在洪德舒特。他于是着重在此地以秩序和自由的名义展开竞选活动。这位“新人”准备为“新法国”效劳，但这个“新法国”却小心戒备着他的独立不羁。因为拒绝明确表示支持路易－ 357
菲利普，他反而成了正统派攻击的对象，并以 19 票之差落选，在马孔与土伦，他也同样被击败。

这种失败并没有使他灰心丧气。但是，在继续坚持之前，他意欲确定其政治观念。这是他发表在《欧洲评论》上的一篇文章的目标所在，这篇文章后在 1831 年 10 月成了题为“关于合乎理性的政治”

的小册子。[9]“合乎理性的”这一形容词出自浪漫主义诗人之口，令人惊讶。他打算通过它来指称一种限定在其本质之中、摆脱偶然性的政治，一种道德、理性和美德的政治：“以上帝为起点和终点，以人类最广泛的善为目标；以道德为火炬，良心为判官，合乎道德的理性为向导，自由为道路。”与此同时，拉默内及友人在《未来报》中表达了人们在拉马丁小册子里重新发现的以另一种形式表达的观念和情感。[10]就是这样，他主张政教分离、新闻自由、自由的教育、（有节制的）普遍选举、和平……但是，与《未来报》的朋友相反，他表现出抗拒对波兰的干涉，抗拒一切即便建立在最好的原则之上、但有可能使法国和欧洲陷入战争危险的外交政策。拉马丁显然是和平主义者。人们发现他还极不赞成各派一致要求的非集权化，因为他不愿意看到民族统一解体：“在时间以及文明的特性为使这些结构松散的部分形成巨大和强有力的民族统一体而筋疲力尽之后，摧毁管理和行政的中央集权，把生命和思想抑制在（国家的）肢体之中，而不是有力、完整地置于国家领导，破坏权力与行动的必要纽带，改造因其是个整体而如此强大的法国，由各省组成虚弱而不稳定、既分离又摇晃的联邦，实属疯狂的愿望或绝望的呼喊。”[11]

358 拉马丁“合乎理性的政治”并未打动任何人，因为没人去读它。于是，他决定实现原先就有的到东方旅行的梦想。始终缺钱的他卖掉了一块地，以便租用一艘名叫“阿尔赛斯特号”的250吨级双桅横帆船在地中海航海旅行。陪同他前往的有妻子、女儿，还有一些被请来的客人和十来个用人。正是在这次航程中，拉马丁为他年仅11岁的唯一女儿的去世感到悲痛。他和玛丽安娜已经失去他们的儿子：“我们不再有孩子了……”葬礼在贝鲁特举行，夫妇俩在那里待了3个月。被悲痛压垮的他试图以重新开始写那部重要诗作《约瑟兰》来摆脱痛苦之情。正是在这次旅程中，他从姐姐欧仁妮那里获悉，在1833年1月在贝盖选区的众议员辞职后，他在该选区当选。对于他来说，一种新的生活，即一位直至七月王朝结束都无法被取代的议员的生活即将开始。

他在1833年12月进入众议院，孤身一人的他宣称，希望既不坐在左边也不坐在右边，而是坐在“天花板”上。“实际上，在这样一个议院里，并没有适合我的位置。我既不愿意站在我不喜欢的政府一边，也不愿意站在始终情绪恶劣的正统主义反对派一边；既不愿意站在我不欣赏的极端自由派的反对派一边，也不愿意站在袖手旁观派一边——后者不符合我的天性。所以，我基本上注定要独自组成一个缺乏实际效用甚至因此而虚弱无力并几乎可被蔑视的派别。”[12]他打算建立一个属于他的党——“社会党”(le parti social)。该党并不是个社会主义的党，因为拉马丁过于尊重财产，它只是个要求国家为“阻止财富产生压迫以及贫困导致嫉妒和革命”而进行干预的党。他在社会秩序方面信守一种保守主义，这种保守主义把保护财产放在首位，但伴有积极的慈善，反对资产阶级国家过分的自由主义。

把议员职责牢记在心头的他认真研究案卷，在大学街的寓所接待所有前来乞讨或提出建议的人，细心准备演说……他作为演说者 359
的才干一开始没法和他诗人的才能相媲美，但以诗人的方式参政，又恰恰是人们要他为之付出代价的短处。对此，讽刺画作的人们负有责任。然而，这个宽宏大量、善于博取别人好感的人，1834年成功地在贝盖再次当选，同时还在马孔选区当选。1837年他再次在这两个选区同时当选，但这次，他选择了自己的故乡。在此期间，这位初出茅庐时表现平平的演说家成了众议院听众最多的演说家之一。他已经改变方法，不再拿着精心准备的演讲稿照本宣科，因为那样会让听众昏昏欲睡。由于知道自己应当准备质询并即兴地自由发言，他不再拟演讲稿，而是只列出提纲，届时就围绕着这一提纲展示自己的口才。穿透力十足的声音，令人印象深刻的高大身材，富有诱惑力的脸庞，谈到点子上的格言……凡此种种，使拉马丁成了讲坛上的宠儿。

德·吉拉尔丹夫人在1841年1月写道：“我们从众议院来。在那里，我们听了德·拉马丁先生的演说，他的演说给我们留下如此深刻的印象，以至于我们无法再去想别的事物。诗人前所未有地像个演说家，他的声音前所未有地洪亮，目光前所未有地高贵，声调前所未有地富有情感。我们坐在一位老议员身边，他是个诙谐的人。在议会开会前，我们和他就我们及其朋友对拉马丁先生的热情略微展开了争论。他说：‘你们竟把他称为我们的头号演说家……’——难道不是吗？……他在会议结束后对我们说道：‘确实如此，我赞同你们的看法。’……”[13]

在这次吵吵嚷嚷的会议期间，人们讨论了梯也尔提出的修筑巴黎城防工事的法案。[14]对此项法案提出质疑的拉马丁以令人惊讶的预感设想了在遭受外敌入侵和首都被围困时会发生的情况：“你们将如何抑制处在类似局势中的民众斗志？在一个被敌人四面围困、与外
360 省的联系被切断的城市里，你们将如何抑制二三十万没有工作的无产者？”30年后，巴黎被围困的悲剧即将发生，确切地说，这场悲剧还通过梯也尔决心将其消灭在血泊中的巴黎公社中得到延续。

凭借十分成功的独立不羁，拉马丁干预了一切问题。他为废除奴隶制奔走，反对死刑，支持在边境保持和平（对于德国的民族主义者，他以《和平马赛曲》予以回应），他希望政府关注劳动阶级。1838年，他对政府的无所作为、死气沉沉和墨守成规感到痛心，脱口说出了一句在之后颇流行的话：“法国感到厌倦。”他还补充道：“请你们注意，民众的厌倦很容易变成痉挛和毁灭。”此人成了危险分子。路易－菲利普讽刺说，他是个“自以为是的马孔人”。反对梯也尔与自由派、伤害拿破仑的拉马丁在1840年5月26日发表了一篇著名演说，他在该演说中痛斥运回皇帝骨灰的行为。在关于东方问题的辩论中，他以和平的名义紧紧揪住意欲走向战争的梯也尔不放，并在4篇辛辣的文章中揭露了后者的黩武主义，由此帮助国王甩掉他那位得到舆论支持的激情首相。

基佐上台，有人请拉马丁去担任大臣。当事人明确予以拒绝，

并在一封于 1840 年 10 月 4 日写给友人埃梅 · 马尔丹的信中对此作了解释：“那些人想不到任何我愿意去做的事情。他们天真地以为我想和基佐及其小圈子里的人一样去当这样或那样的大臣。我早已不想担任大臣。随它去吧，而且您亦丝毫不会相信他们。但是，我考虑的是某种事物以比他们所相信的要好得多的方式得到实现：对于基佐来说，在国民中采用武力，在最后关头的那一天是有用的。我想创造一种“慎重的人”。1841 年年底，他同意参加竞选议长的角逐，因为议长的地位和职责可使他免遭一切牵连。不过，1841 年 12 月 28 日，只获得 64 票的他不得不放弃。

他于 1842 年 2 月 25 日在议会发表的演说是一段华美的乐曲：“有人会说政治家的才干只由一件唯一的事情组成，那就是停留在偶然或一场革命给他们造就的状态上，而且是一动不动、毫无生气、冷酷无情地待在那里，是的，是冷酷无情地对待一切改进。事实上，如果一位受命执掌政务的国务活动家的所有才干就是如此，那么，361
我们将不需要国务活动家，有一块界石就足够了。”

自此以后，拉马丁加入左翼反对派。

在 1842 年秋围绕对铁路法进行投票的讨论中，拉马丁起来反对商人，揭露“卑鄙的物质利益”以及由获得特许经营权的公司“垄断的经济”。这是一个从此以后对自己怀有信心的拉马丁。他的演说被印刷、阅读、赞赏——亦被反对。他在索恩－卢瓦尔拥有一份报纸——《进步报》以及该报的后继者《公益报》，他是后者唯一的经理。在对“界石”的质询中，他要求扩大选民范围，要求“有能力者”都拥有投票权。翌年，他与基佐的决裂已成定局。他在 1843 年 2 月 9 日给外甥女写道：“在巴黎，几乎整个舆论都在狂热地支持我……共和派和正统派争先恐后地请我带领他们。如你所认为的那样，我当然很好地加以提防，但是，如果上帝让我维持生命、言语和勇气，那么在从现在开始算的 5 年时间里，他们将使我产生一股巨大的力量。”

在这期间，他成了什么样的作家或诗人了呢？拉马丁在 1836 年以《约瑟兰》取得作为诗人的最后一次巨大成功。这首长达 8000 行的诗作，灵感来自前教士杜蒙的生平。此人在 1789 年前担任马孔主教的秘书，在恐怖统治时期逃亡，并爱上其藏身的福雷城堡的主人的一位女儿；杜蒙与年轻的姑娘曾在山上隐居数月之久，直至他成了比斯埃尔的本堂神甫和年轻的拉马丁的朋友。这首长诗的情节与这位教士和年轻女子的爱情故事以及分离有较大出入。尽管（或者说幸亏）它被列为危险读物并遭到天主教方面的愤怒批评，2.5 万册《约瑟兰》在一个月的时间里销售一空。这是一首弃绝诗（un poème du renoncement），但作者注定有异端邪教之嫌。

1838 年，另一首长达 1.2 万行的史诗《天使的堕落》却突然遭到冷遇。这部小说般的诗歌作品有着令人难以置信的传奇故事和无法忍受的象征体系，仍然大大背离天主教信条（因此再次被列为危险读物），故让公众感到不满。这次是全面的失败。为此次失败而激动、
362 渴望复仇的他，放弃了以诗歌表现宏大的场面，又回到了以前使其获得成功的反映内心情感的悲哀诗歌。1839 年，他的《冥想集》问世。然而，所发生的一切宛如拉马丁不再是个诗人，宛如他从此以后与其政治行为混同在一起：这又是一次出乎意料的新失败，迫使他不再发表诗歌。

他作为诗人的失败亦是其在书店的失败。然而，拉马丁需要钱。不善经商的他已经在酿制和出口葡萄酒的业务中赔了许多钱。他继承来的花园住宅令他在改造和维修等方面开销极大。更有甚者，他在继承家产时负有这样一项义务，即每年向 5 个姐妹及其家庭支付一笔补偿金。挥霍无度、靠在文学上的成功来摆脱困境的他，一旦卖不出书就濒临深渊。1843 年，他的债务达到 120 万法郎，这是个巨大的数字。除了写书还有什么法子呢？但是，为了重新获得受众，他应当改变体裁，寻找重大题材，变韵文为散文。正是因为这样，他计划写一部法国大革命史：时机适宜，他的政治活动在鼓励他这样做，刚刚遭到的失败亦刺激着他。他于是在 1843 年打算撰写《吉

伦特党人史》，希望此书能卖个好价钱。在《天使的堕落》的出版商戈斯兰那里，他要求4卷书得到10万法郎，但因为亏过本，对方不愿再出版他的作品。没有关系！拉马丁一往无前，继续收集和撰写。他与贝图纳一位印刷厂主接头，向他提议出6卷，并开出24万法郎的价码。买卖成交，但印刷厂主没有付钱，于是就有了诉讼，拉马丁在1845年赢了这场官司。最后，在同年8月，他从出版商孚尔纳那里得到一份非常好的合同：给作家25万法郎，由出版商在12年的时间里充分利用这部著作。

拉马丁并非历史学家，而且，人们也理所当然地让他明白了这一点：差错、矛盾、疏漏（竟只字未提旺代战争），甚至是史实错误，使得这部《吉伦特党人史》无法像米什莱的著作那样经得起时间的考验。然而，他在1847年3月20日摆到书店中的这部著作获得的读者之多，使勃朗与米什莱的著作相形见绌。拉马丁具有两位竞争 363
者所没有的声望：众议院比法兰西公学院的反响要大，拉马丁的重要诗集亦使他的声望高于《劳动组织》的作者路易·勃朗。业余历史学家的语言非常华丽，如同这位能够迷住议会大厅中听众的议员那样令人陶醉。

德·热拉尔丹夫人还大叫道："多美啊！它读起来何等绝妙！多好的风格啊！沉浸在他的表述中乃多么幸运！此话意味无穷！活泼、文采、激情、强烈、清新，凡此种种，皆融于一体！好像此人极有天赋，极为得宠！啊！这多美啊！但是，我很不想看到将在此书中发生的事件。我想去死。这种令你想死的推崇难道不是一种奇异的结果吗？"[15]

被神化的敬服、令人心惊胆战的赞赏……

拉马丁写道："我在着手写这样一小部分人，亦即被上帝置于近代最大戏剧中心的人的历史，通过他们来概述当时的观念、激情、错误和美德。可以这样说，构成法国大革命核心的他们的生平与政治活动，同时也裁决了他们祖国的命运。这部充满眼泪和鲜血的历史，对于众人而言，亦充满教益。”

他的著作就是如此开端的，最终并没怎么靠吉伦特人的光荣显摆。他对雅各宾派和罗伯斯庇尔的仇恨没有米什莱那么强烈。赖德律－洛兰写道：“拉马丁已经最大限度地服务于共和制。正是他使人们现在可以讨论没有被当成吃人肉者的罗伯斯庇尔。”[16]

无论如何，在他看来，大革命以衰落告终：“伟大的共和制时期随着罗伯斯庇尔和圣茹斯特宣告终结，第二批革命者开始登场，大革命因阴谋诡计导致的悲剧、志向方面的唯灵论以及狂热的占有欲而衰落。”但是，大革命头 5 年没有让上述任何现象颇为常见，假如不是“基督教观念的体现”的话。有力、深刻和诸说混合的结论，赞颂了将世界搅得动荡不安的时代中的壮烈时刻：

364 光芒同时在地平线的每一点上闪耀。黑暗在撤退，偏见在退缩，意识在获得解放，暴君在颤抖，人民在奋起反抗，王位在陷塌。试图对此进行打击却打击了自己的慌乱欧洲，为了从远处观察这一伟大场景而后退。这场为了人类理性的事业而展开的殊死之战，比随后出现的军事胜利要光荣一千倍。它赢得的是一个不可剥夺的真理世界，而不是一个由不稳定扩充的省份组成的国家。它扩大了人的领域，而不是领土的界限。它拥有为光荣而献身的烈士，以及抱负上的美德。人们为这样一批人而感到骄傲，这些人因为上帝得以想出这样的想法，得以成为一个推动了这种人类精神运动的世纪的孩子。人们颂扬法国的智慧、作用、灵魂和鲜血！这些人的脑袋一个接一个地落地，其中一些是出于公正，另一些则不然。但是，它们都是为了事业而落地。人们有的指控，有的宽恕，有的哭泣，有的咒骂，有的是无辜者，有的罪责难逃，有的令人感动，有的让人厌恶，有的是受害者，有的是刽子手。行动是伟大的，思想则如同造成战场上恐怖的始终纯粹的原因，笼罩着各种相关手段。

5年之后，大革命只是块巨大的墓地。每个受害者的墓上都刻着一些字句。一个墓上刻着“哲学”，另一个墓上刻着“雄辩”；这个墓上刻着“才能”，那个墓上刻着“勇气”；此处刻着“罪行”，彼处刻着“美德”。但在所有墓上，均刻有“为未来而献身者以及人类的创造者。”

大革命因为巨大的不幸而暗淡，因为信仰而被照亮。《吉伦特党人史》以始终出色的篇章（关于这方面的例子，人们能想到的有对米拉波、罗兰夫人、维尼奥等人的刻画，以及对大革命中具有重大历史意义的日子、群众运动的描绘），隐含希望，并宣告人民的到来。作者通过区分大革命的特性与血淋淋的偶然事件以及危险的诡辩，表现为一个赞成“不朽原则”的有灵感的宣传家。拉马丁与其说是历史著作作者，毋宁说是政治著作作者，他为了摆脱暴力的民主理想而积极活动，共和制不再是一个词语或让他害怕的前景。正统派报刊怒斥曾经是君主主义者的他。维克多·雨果在3月23日给他写 365
信道：“我从您的书中读到的一切均非常好。大革命终于被一位越来越有威力的历史学家所论述。您抓住了这些巨人般的人物，以和他们相称的思想把握住这些重大事件，他们是巨大的，您是伟大的。”

这种观点被一些人接受。这些人比那些认为革命尚未结束、应重新进行在势头上被中断的革命的人要多。没有暴力，没有断头台，没有战争，仁爱与博爱应当支配它的复活。

第二十一章

基佐的失败

1840 至 1848 年，基佐掌权。

1847 年 7 月，宴会运动开始。

1848 年 1 月 27 日，托克维尔向统治阶级发出警告。

366 当《吉伦特党人史》问世之际，众议院从 1847 年 3 月 22 日开始就一项与选举改革相关的法案进行辩论，提出该法案的是来自歇尔省的议员、原空论派成员普罗斯珀·迪韦吉耶·德·奥阿纳。迪韦吉耶在 1846 年已出版一本仍未被注意的小册子《议会改革与选举改革》。他向同僚提议，通过把选举税降至 100 法郎来扩大“享有政治权利者”的基础，以及把投票权赋予因从事的活动而使智力得到证明的公民。

这一问题至关重要，因为众所周知，七月王朝行将垮台。当时实行的纳税选举制度依靠的是已登记的大约 24 万选民，而法国当时的人口有 3300 万。迪韦吉耶·德·奥阿纳的提案隐含的意思只是将选民扩大一倍，而并非一场革命。民主派运动要求的是改革，在为建立普遍选举而积极活动的只是共和派。

自 1840 年以来担任外交大臣且实际上充当政府首脑的基佐，以清晰说明其制度的言辞，对迪韦吉耶·德·奥阿纳做了回应。在基佐看来，他将其视为“旧友”的迪韦吉耶·德·奥阿纳的提案没有任何必要。相反，他对在1830年后得到修改以及能够对付“混乱思想”“革命风潮”和“无政府状态”的选举制度感到满意：“就原则而言，我们的选举制度与过去的同样好且同样合理，而就实践而言，它既 367
实用又有效。”[1]

应当由谁来投票？对此，基佐首先以蔑视的态度消除普遍选举——在他看来，普遍选举原则纯属“荒谬”：人们怎么可能设想“所有人，不管他如何，都能被叫来行使政治权利”的这一天到来呢？此话说得非常明白。人们应当知道：选举权归结于政治能力。请你们切勿像值得尊敬的迪韦吉耶·德·奥阿纳已经做的那样，把政治权利与智力方面的能力混为一谈，因为“法律已经把政治权利置于某种建立在工业或土地财产之上的社会身份之中”。诚然，基佐尊重智慧（否则他就是不尊重他自己），但是，他不信任“纯智力方面的”能力。“过分信赖人类智慧这一值得骄傲的事物、这一在精神上让人自豪的对象——请允许我以其名字呼唤它们——曾经是当代的病根，是我们错误和弊端的一大部分原因。”是的，我们不能放弃智慧，不能在没有智慧支持的情况下统治，但是请注意，这是一种由社会身份引导，换句话说就是通过财产来引导的“老练、克制和有见识的智慧”，人们应当考虑到智慧的社会秩序，应当交付给那些有利益的人去捍卫。而且，基佐因业已在暴风雨中保持正确航向而沾沾自喜：“先生们，对于我们来说，要确信我们曾经实施并且还在实施的保守主义政策最为渐进和牢靠。我们相信，无论是对于国民还是我们自己，以一种不那么牢固的多数去维持这种政策，比用更多的多数去削弱这种政策要更为可取。”[2] 议员们以252票对154票，拒绝考虑迪韦吉耶·德·奥阿纳的提案。

弗朗索瓦·基佐果真是能与拉马丁相提并论、如其3月26日演说的“界石”（la borne）吗？他的最终失败给他带来最坏的名声，然而，

他对权力的行使却值得予以最大的关注，因为基佐并非盲目地在统
368 治，他不断地思考他的行动。他对使用权术并不反感，但人们若以为他在厚颜无耻地为“重要人物”效劳，那就错了。人们老是用他的名言来纠缠他：“去发财吧！”但是，人们若尊重历史史实，就应当完整地引用这句话：“通过劳动和节俭去发财吧！”尽管如此，丝织工人和农业工人当时又如何能够节俭？他崇尚劳动并且自豪地沉湎于苦行之中，而一些人是在无可奈何地忍受它们：孩子们每天得工作 12 个小时甚至更多，小工、手工艺人享受不到任何保障，既没有职位又没有退休，在生病时也缺乏照顾。

然而，基佐并不是普通的行“中庸之道”的“管家”或资产阶级的看门狗。昔日的巴黎大学教授首先是我们后来所称的“知识分子”——他是一位知识分子，将自己的理智、文化、创新能力用来为他觉得是他那个时代最佳秩序的社会秩序服务。因为——这也是他的活动最明显的优点——他没有把政治社会与市民社会分开：政府因为同社会阶级的现实直接接触而更有效力。

在基佐看来，大革命已大功告成，它是在 1830 年完成的。它在等级社会已被废除、民事平等已一劳永逸地获得、每个法国人均可望去角逐任何职位的这层意义上不可逆转。但是，在这一遗产上得有一种有待建立的新秩序，因为大革命也放开了对种种导致无政府状态的力量的束缚，鼓励群众去要不可能得到的事物。而这种革命精神，如同新体制在如此动荡不安的最初年月里已经证明的那样，产生了持久的颠覆破坏的威胁。基佐的保守主义从此以后由接受来自大革命的新社会（此与梦想复辟倒退的正统派分子大相径庭）与驱除民主精神被诅咒的部分所组成。它远非一种反动的保守主义，而是恰恰相反，它实施了某些旨在让政府和社会之间相互影响的原则和方法。对他来说，保守主义若仅以国家机器的力量为对策，就该予以谴责：虽然基佐自觉接受镇压的必要性，但他也希望赢得舆论的支持，
369 他毫不犹豫地讲到了“思想上的操纵”[3]。

许多同时代人与他有同样的看法：应当在受到个体化、派别斗争和离心的张力威胁的后大革命社会中，重建民族统一。[4] 法国缺少“这种使人群形成社会，并让这一社会成为在无须诉诸绝对权力的情况下便能避免无政府状态的纽带”。从这一角度出发，基佐把教育视为国家该优先考虑的行动之一。作为 1832 至 1837 年的公共教育大臣，他可以为一项甚至得到对手称道的事业感到自豪。由此，皮埃尔·拉鲁斯大可放心地对基佐报以强烈的敬意。根据拉鲁斯的说法，基佐“享有把他的名字与初级教育的组织联系在一起的荣耀，系统而坚决地反对民主的他，同样让这样一种崇高前后不一致，即他亦为把民主未来的辉煌与进展赋予民主做出了贡献”。

因为妻子不幸难产而死而再度成为鳏夫的基佐，疯狂渴望成功投入大臣的工作，这一未能使他减轻痛苦的工作，被他用来宣泄悲痛。他在布罗伊公爵内阁中致力于思想上的征服，经历了国立初等教育的建立，这种教育此前无论是在大革命前还是大革命后的其他政体中，均未能实现。基佐于是致力于提出一项重要的框架法，这项法律的目的是向所有法国人提供进入初级学校的可能性，即邻近初级学校。他并不赞同义务教育，因为他拒斥“国家在家庭内部的强制行动”。他也不赞同世俗学校，因为他反而很重视把宗教价值观念渗透到教育当中，正如他希望教士能够监视教师那样，简而言之，他承认某些圣会有执教的权利。他更没有决定实行免费教育：唯有最贫困的家庭可以提出这方面的要求。因此，在 1833 年 6 月 28 日的基佐法和未来归功于儒勒·费里的第三共和国立法之间，存在空白。一切都表明，1833 年的法律代表着使法国年轻人受学校教育的一个重要阶段。这项法律规定，每个市镇都要办一所小学，并为每位小学教师提供还不错的住处与固定工资，在市镇缺乏相关经费时，省议会和国家以特别税的方式提供帮助。在该法律颁布后不到一年的时间里，男孩就读的小学数目从 31420 所增加到 33695 所，在 1847 年 370
已增至 43514 所。在这些小学就读的学生人数也在相应增加。

为了确保对教师的培养，基佐使初等师范学校的开办系统化，这类学校最早开办于第一帝国时期。在1833年，共有47所由一些省自己开办的初等师范学校，及至1847年，向所有省份提供教师的此类学校已有76所。对于这些教师，国家应当密切注视，因为要由他们来产生这种我们时下称为意识形态的、能够构建或巩固民族统一的纽带。从这一角度出发，小学教师得服从督学的监视与控制（在1835年，每个省均配备一名特派的督学，这种督学在2年后各得到2名副督学的辅佐）。定期出版的文集《小学教育通用手册》致力于教学方法和内容的统一。如前所述，宗教在此并未缺席，但仅限于固定学时的教育。根据基佐的想法，“民众教育应当在宗教氛围中被提供和接受，宗教的印象和习俗应当在各个方面渗透其间”。[5] 小学教师应当是“教士忠实的助手”。他在《回忆录》中写道：“我力图一直深入面向大众的小学教师的心灵之中……”至于小学教师，他们的使命是使学校成为秩序和稳定的工具，他们参与对深受欢迎的思想的统制，也就是说参与“公共舆论”的形成。

为此，这位教育大臣也力求与文人和艺术家建立具有成效的关系。因为倾向于相信“有利于良好精神秩序的学术团体发挥着有益的影响力，并且能够给政权本身……提供坚实的支撑”，他重建了道德与政治科学院（这一学院在1795年设立，并于1803年被取缔）。他委托罗埃德雷将其昔日的同事汇集起来，基佐拒绝一切任命，该学院的院士并非由国王来选择。然而，道德与政治科学院具有治安上的作用，与“精神上的放纵”和近代社会的个人主义斗争，并通
371 过它组织的竞赛和工作增强共同精神。基佐写道：“这些科学院在和平的旗帜下，在既没有给他们强加任何束缚，又没有任何假装统一的情况下，把杰出人士汇集在一起——若没有这种纽带，这些杰出人士仍将彼此完全陌生……”温和的思想警察！“它们在不会让其弄掉自己身上锁链的情况下，把他们的思想引向研究以及他们能够得以提高和满足的问题。它们通过引发他们的活动以及容忍他们的

活动自由，把他们限定在某种理智和体面的界限之中。”[6]

基佐同样力图激励、鼓动往往过于萎靡不振的各省学术团体。他提议在这些学术团体和公共教育大臣之间互通信息。他给它们发了一份通函，内称：“在民众教育在各地展开，以及其努力目标应为在从事体力劳动的人数最多的阶级中引起一场巨大而有生命力的运动之际，极为重要的是，从事脑力劳动的宽裕阶级不再任由自己漠不关心和麻木不仁。基础教育越是普及和有效，高等研究就越必不可少，重大的科研工作应当同步发展。如果思想运动在大众之间展开，而惰性仍支配着社会有教养阶级，便迟早会引起危险的骚乱。”这种活动的逻辑联系一目了然，基佐想在思想范围内自上而下地构成统一，确保由精英掌控劳动阶级。

这项庞大计划给史学保留了中心位置。这是一门尤其适于铸造民族之魂和共同归属感的学科。基佐针对遗产和一般的史料，设想和实施了一项雄心勃勃的纲领。这是一个原来就萦绕脑际的念头：在 1830 年担任内政大臣的他，曾向路易－菲利普提议，在法国任命一位历史遗迹总监。为了完善他的行动，他在1835年设立专门委员会，该委员会的任务是“在大臣的领导下，负责促进文学、哲学、科学 372
以及与法国通史有关的学科未曾刊行的不朽之作的收集和出版”，1837 年，他创办了历史遗迹委员会，以便辅助总监编制相关目录。[7]

1834 年，基佐创办法国历史协会，该协会的使命是“出版与我们民族历史相关的原始文献，通过定期通信或月刊来传播以此为对象的支离破碎和被忽视的工作的认识”。为协助该协会在这方面的工作，一个专家委员会应运成立。将参与此项集体事业的有奥古斯丁·梯叶里、儒勒·米什莱、埃德加和基内。关于后两位史学家，基佐因为想起他们后来的反叛而在《回忆录》中写道：“还有两位不同寻常、慷慨大方的人，被他们那个时代邪恶的精灵诱惑吸引到它邪恶的混乱之中，而且为此宁愿不要他们的思想和成功。”

由于这些专家学者的帮助，国家应当能收集到关于社会现实的最确切信息，并根据这些信息得出科学的合理性。1832年，《法国综合统计》第一卷问世。人们尚未谈到“社会学”,还只是谈到一种“社会物理学”，后者是从诸如我们已经提到过的大型调查（如维莱姆关于工人状况、帕朗－杜夏特莱关于卖淫等等的调查）中产生的。简而言之，知识分子被基佐请来了解社会，揭示它的故事，并系紧连接社会和政府的纽带。这些原则引人瞩目的现代性，不应该让人忘记它们的深刻矛盾：在想把政治嵌入社会之中的同时，基佐仍然把绝大多数法国人，包括小学教师排除在享有政治权利者之外。即便是他如此寄予厚望的小学教师，他亦没有想过给他们一张选票。

另一种明显前后矛盾的言行是：为何这位如此为争取舆论支持而操心的政治家没有通过报纸来行事？支持七月王朝的报纸只有一家，即贝尔坦家族的《论战报》。基佐在《回忆录》中以下述事实对此解
373 释道：与英国不同，法国保守派没有被组织起来。他写道：“法国从来不是一个有真正政党的国度。在法国，从来没有各种各样的重大利益和原则为取得在支配国民方面的主导地位而得到聚集、合理安排与彼此相对。”最为活跃的是反对派的报纸，如热拉尔丹的《新闻报》、马拉斯特的《国民报》、赖德律－洛兰和路易·勃朗的《改革报》，这三家报纸对现政府，甚至是七月王朝嗤之以鼻。相继上台的政府当时均对报刊采取日益强硬的压制政策，而基佐亦自觉地以这种政策去对付混乱、革命风潮和新闻的“滥用”。他后来承认，这种在他看来有充分理由的压制，转而不利于七月王朝。他抱怨法院和重罪法庭过于宽大，还被变成了宣传的舞台，被告在这一舞台上扮演有决定权的国家受害者的角色。

被政治寡头占有、总是处于“中庸”的政权，同样被争执和个人野心所分裂。当莫莱在1836年10月受命上台时，基佐仍在其职位上待了数月。在1837年4月被排斥的他，进入了一个临时的反对派：这一反对派更多地涉及大臣职位的角逐，而不是思想观点。由此，建立在基佐与梯也尔和好基础上的反对莫莱的“联盟”宣告成立，

而左翼王朝派首领奥迪翁·巴罗亦加入了这一联盟。众议院在1839年的解散以及随之举行的选举导致了莫莱的辞职，但是组成联盟者的团结并没有抵抗住权力的行使。在梯也尔内阁很快因东方问题引起的危机下台后，基佐应国王之邀，领导了一个新的内阁，该内阁名义上的首相是苏尔特，基佐本人只是外交大臣。直至1848年2月，他依然是与路易－菲利普关系融洽的不可替代的政府首脑，决意捍卫和筹划在他看来被后革命时代的法国衷心呼唤的保守政策。

这种政策打算在对外领域息事宁人。与梯也尔波拿巴主义的微弱愿望不同（如前所述，梯也尔曾把拿破仑骨灰运回巴黎，并在东方问题上表现出危险的民族主义精神），在1840年担任驻伦敦大使的基佐，赞同以外交政策上的让步与英国修好：维多利亚女王在 374
1843年访问法国以及路易－菲利普在翌年访问英国，就是这种修好的象征。

在内政方面，基佐希望通过依靠中等阶级，即借助缴纳200法郎税金而享有政治权的国民来巩固七月王朝制度。他的想法是让资产阶级成为确保这种制度长治久安的政治阶级。关心经济增长的他着手建设铁路干线，鼓励大型工程。1842年的法律向参与铁路网建设的各个公司提供政府方面的支持，我们已经看到这一方案在拉马丁那里引起了多大愤慨：铁路政策典型地反映了七月王朝在不断为巨大的金融利益效劳。

在众议院，基佐致力于组建稳定的多数派，为此，他在选举活动中利用官员，要么向他们提供津贴和勋章，要么让他们成为官方候选人以及未来听话的议员。主张改革的反对派的要求之一就是不允许兼任公职与选举产生的代表职务。至于梯也尔和巴罗组成的反对派，则没有提出真正有威胁的要求。托克维尔后来写道：“我一生中有10年待在由极为重要的人物组成的小圈子里，这些人总是在无法激动的情况下激动，并在不恰当的情况下把所有洞察力用于发现意见不合的主题。”

当1846年的选举给基佐和国王提供了100票的多数时，这位七月王朝的铁腕人物得以表达自己的满意之情：（国家）机器在以最好的方式运转。但是，基佐拒绝承认仅仅依赖在人口中占极少数的阶层——组成这一宽裕、暴发和厚颜无耻的阶级有银行大王、工厂主、富裕的代理商以及他们的主顾——的议会多数的脆弱。然而，在1847年，恶化迹象在美好现行制度中有所增加。

首先，一场严重的经济危机使国民心绪不宁。法国还处在一种由农业占据主导地位的体制之中，1845和1846年谷物与土豆的歉收引起市场价格的上涨。面包变得昂贵，老百姓的家庭不得不缩减其
375 他开销，这又随之导致纺织工业的危机。由铁路开始的公共工程被暂停。甚至煤矿产量也明显下降。失业在加剧，工资在降低。经济危机成了一场社会危机。1847年，国内爆发了一些骚乱，运送麦子的车子遭到抢劫，政府极为自然地受到指责。人们揭露它的关税政策，指责它消极地对待投机。在众议院，诸如赖德律－洛兰等人反对“金钱封建制度”的声音在提高。被迫从国外进口小麦的政府不得不借用法兰西银行的黄金储备，预算出现赤字，基佐不得不求助于借贷。完全埋首撰写法国大革命史的米什莱，一度抬起头来在日记中写道：“我曾以为君主制是可能的。也许对于那些尚未为自治做好准备的民族而言，是必不可少的过渡。但是，由于它与那些暗地里不断从人民钱包中掏钱的人合作，如一方面作为预算，另一方面作为证券交易、投机等等，也就是说儿子竟然被老子敲诈！这一切大大改变了我们对家长制政府的看法。”[8]

同年，一系列“交易”被曝光，使得七月王朝的思想危机延续。热拉尔丹的报纸揭露了贵族资格的非法买卖以及国家上层人士中的其他渎职行为。最高法院院长、前公共工程大臣泰斯特以及屈比埃将军受到追究，这两位法兰西贵族院成员被指控在发放一家盐矿的特许经营权过程中受贿。泰斯特被判处3年监禁，这次交易中在古赫南尔公司与大臣之间充当中间人的屈比埃被判罚款，两人均

在 1847 年 7 月被剥夺公民权。社会新闻栏目在 8 月又爆出一桩丑闻：法兰西贵族院成员舒瓦瑟尔 – 普拉兰公爵在谋杀妻子即塞巴斯蒂亚尼将军的女儿后服毒自杀。人们当时指控当局为公爵的自杀提供了便利，以便使他免于上断头台，而在当时，三位在比藏赛（Buzançais）参与饥民骚乱的人刚刚被判处死刑并处决。

在这种氛围下，政治反对派恢复了力量。它具有一项目标，那 376
就是改革。在不可能使基佐及其多数承认自己的情况下，其支持者决定把问题提交到国人面前，于 7 月 9 日在巴黎发动宴会运动。这些人并非革命者，他们忠于代议制，尊重宪章和国王。他们只是被基佐的“停滞”政策所激怒，他们看到，只有增加选民人数才有可能使人员和实践得到更新。作为主张改革的资产阶级，他们组织了一些宴会，这种宴会的宾客得凑份子（钱），这一规定就将穷人、缺钱者和“街头共和派分子”挡在了门外。不过，这些被挡在门外的人可在门口听演说、鼓掌并表示支持。这些将持续到当年年底的一系列宴会中的首场于 7 月 9 日在巴黎举行。拉马丁虽不太想掺和进来，但也同意在 7 月 18 日参加为表示对他的敬意而在其家乡马孔举行的宴会。他在发表演说时痛斥“与（1715 年的）摄政期一样充满投机买卖、特许经济权以及丑闻的资产阶级摄政权”，他要求实行“没有阶级、等级、财产和社会职业例外的国民代表制”。这难道不是普遍选举吗？他在纲领中跨出的这一步，使他大大超前于宴会运动的改革者。处于兴奋中的他衷心呼吁推翻路易 – 菲利普的“蔑视的革命”（la révolution du mépris）。在宴会的最后时刻，雷雨大作，但是众人仍坚韧不拔地唱起《马赛曲》。

进攻在众议院继续进行。自 1846 年起失去议席、对辩论的平庸觉得恶心的拉马丁，在 1848 年初列席向国王请愿的会议时登上议会讲坛，这次请愿旨在强烈地抗议基佐到处屈服于现存秩序的外交政策：“皇帝派成员（gibelin）在罗马，圣职人员在伯尔尼，奥地利人在彼埃蒙，俄国人在克拉科夫反对革命，而没有一处据点的法国人到处都在反对革命。”他补充道：“我在此以‘我的全体国民’的选票和手来投票……我与欧洲一切心怀独立与自由并为独立与自由叹息、同情被压迫者的激情者一起投票。”

在同一场辩论中，另一位名叫托克维尔的议员在1848年1月27日引起轰动。缺乏拉马丁那样的演说技艺的他以严肃和节制著称，使自己的演说变得更令人感到害怕：“先生们，我不知道我是否搞错
377 了，但是，我似乎觉得目前的事态、目前的舆情和法国的精神状态具有令人不安和悲痛的性质。至于我，我在议会开诚布公地说，15年来，我第一次对未来感到担忧……也许是16年来的第一次，不稳定的预感这一作为革命前兆的情感，以及经常预告革命、有时促成革命的情感，极为严重地存在于国民之中。”[9]

托克维尔指责政府没有看到每个人都能在选区中观察到的现象，并把国民的不安归咎于偶然和不会持久的原因。然而，法国在经受一场令人担忧的“患病”：“我相信，公共道德和公共精神正处在危险状态。我还相信，政府已经而且正在以最危险的方式致力于加大这种威胁。”[10]

这位来自拉芒什的议员揭露“统治阶级”的公共道德屈从于“个人利益”。他指出，大多数议员由只根据个人利益行事的人选出，并发问，有多少议员把他们的权责归于由“没有私心的公共情感”或“政治激情”所引导的选民。他断言，近5年来，“根据自身利益”来投票的人越来越多。他为最终在舆论中得到传播和容忍议员将政治权利为己所用的“庸俗的道德”以及享有政治权利的国民的严重堕落感到遗憾。

“假使从公共生活转入个人生活——我觉得这正在进行，假使我关注你们业已目睹的一切——尤其是近一年来发生的一切，关注各种局势似乎在让不同寻常的丑闻、罪行、过失、不法行为和奇特的败坏道德之事到处出现，如果我关注到上述一切，难道我没有理由惊恐吗？难道我没有理由说，在我们这里并不只有公共道德在变坏，

个人道德也在败坏吗？”

托克维尔不承认自己是道德学家，他是从政治角度来谈及道德 378
的：如果说公共道德在变糟，这是因为利益“已在公共生活中取代大公无私的情感，在个人生活中主宰一切”。基佐他们并未重视托克维尔的忠告，他们的否认反而突出了他的每一句断言。演说者请他们像他那样去读读外国的报纸：“先生们，如果从远处看我们所看到的场景、从欧洲的边缘观察会产生这样一种效果，那么，你们认为，若在法国本身观察，这种场景会对没有权利的人、因我们法律的判决而成为政治上游手好闲的人，以及只能看着我们在巨大舞台上行动的人产生何种影响？你们认为同样的场景会在他们身上产生什么后果？”托克维尔明确提到了“工人阶级”，称其表面上安安静静，但已经受到激情的煽动，这种激情不再仅仅是政治激情，而且是社会激情：“难道你们没有看到在他们内部开始流传一些意见和思潮，其目的不仅要推翻某些法律、某届内阁或某个政府，而是要推翻这个社会本身，把它从目前支撑它的地基上震荡下来吗？”托克维尔确信无疑地说：“我相信，我们躺在了火山上。”如同有人对《总汇通报》所说的那样，这句话引起了欢呼声和各种各样的情绪冲动。

并未参与宴会运动的托克维尔在左翼的掌声中结束质询。在结尾部分，他宣布并预言欧洲的一场新的政治地震：

> 先生们，请想想旧的君主制。它曾经比你们更强大，由于其起源而更加强大；它比你们更好地依赖旧惯例、旧习俗和古老信仰。虽然它曾比你们强大，却仍然在尘埃中垮台。那么，它为何会垮台呢？难道你们相信它是因为某种特定事件而垮台的吗？难道你们认为这是因为某个人、财政赤字、网球场宣誓、拉法耶特或米拉波吗？不，先生们，其中有更为深刻和真实的原因，这就是当时的统治阶级由于它漠不关心、自私自利以及不道德的行为，变得无法和不配统治。（很好！很好！）

> 真正的原因就在于此。
>
> 啊！先生们，如果说具有这种爱国的担忧在任何时代均理
> 379 所当然，那么在我国，在何种程度上，具有这种担忧才不再理所当然？难道你们没有通过一种虽难以分析但确实存在的直觉感觉到，欧洲的土地上再次出现了颤动吗？（听者情绪激动。）你们没有感觉到……我将要说的事情吗？一股革命之风没在空中吹动吗？这股风，人们既不知道产生于何处、来自哪里，又不太相信它在吹动，与之同时，你们正好在因这句话还不够强烈，仍然对公共道德的败坏泰然处之。

这一演说在人们知道随后发生的事情时显示出令人惊讶的前瞻性。也许托克维尔在形成他的思想时本没有预料到几个星期后将发生的一切。但是，他的警告并非一种独自确信的表达。基佐的墨守成规已为许多人无法忍受。在多数派中，有40位议员已经准备为推翻基佐而与左翼反对派联合。他们就此提出一项条件，那就是由左翼让人停止预定于2月22日在巴黎举行的宴会。托克维尔本人受命负责拟定使基佐下台的议事日程。但是，宴会运动的鼓动者迪韦吉耶·德·奥阿纳不接受这种放弃。在议会中扣除多少票并不重要，诱发二月起义和革命的是对这一宴会的禁令。

基佐最终失败之所以让人震惊，并非是因为他的政策好，确切地说，是因为他无可争议的政治家的智慧既没有使他看到，也没有使他预见到灾难。他并不缺少告诫。作为权力的理论家，他本人曾写道："（权力）必须在群众和人民本身当中汲取主要力量和首要统治手段。"但是，这是在复辟王朝时期。在此之后，成为人民主权、普遍选举的反对者的他只意识到其寻求的"有能力者的多数"是通过金钱获得特权的人当中微不足道的少数。他的体制建立在排斥大量法国人民的基础之上，其中包括排斥那些让他惧怕的有能力的无产者——在他眼里，财产是积极、合理的政治精神唯一的抵押品。他

没有判断出自己越来越不得人心。被指责为傲慢、妄自尊大和不太看得起别人（这一切部分归因于他接受的严格教育）的基佐，甚至经常使自己的朋友感到难堪。这位曾对政府与被统治者之间的必要 380
纽带发表高论的人，似乎忽视了民族共同体的演变、工业社会的诞生以及这一社会所孕育的弊端造成的后果。他的冷漠使其无法为民众的激情而激动，无法理解拉马丁等人以《吉伦特党人史》获得的成功，无法理解社会主义的希望和乌托邦的意义。他的恪守忠诚使其判断失误，对日益自负、专断的路易－菲利普负责，拒绝接受梯也尔“国王统而不治”的提法。基佐的这种盲目令人吃惊。[11] 人们试图如此解释：政治智慧并非始终是最突出的智力能力的必然结果。

第二部分

从 1848 年革命到第二帝国的终结

第二十二章

1848 年：人人出场

1848 年 2 月 23 日、24 日、25 日，路易－菲利普下台，共和国宣布成立。

1848 年 6 月 23 日、24 日、25 日，巴黎工人起义。

1848 年 12 月 20 日，路易·拿破仑·波拿巴被选为共和国总统。

1848 年革命与第二共和国让作家们投身于政治斗争。在 1847 年的三位历史学家中，拉马丁将与路易·勃朗一起发挥关键作用，甚至是首屈一指的作用——他成了临时政府的首脑。但是，从年轻的波德莱尔到乔治·桑，几乎所有作家都加入了这场政治斗争，前者站在二月起义队伍一边向政府开火，后者则在好几周的时间里充当共和国的官方宣传员。拉默内、拉科代尔、蒙塔朗贝尔、基内、勒鲁、贝朗瑞和蒲鲁东等等，都被选为议员，连托克维尔都在 1849 年当上外交部部长。在这场斗争收场之际——路易·波拿巴发动政变——充当抗议的代言人，并在流亡中体现共和派不屈的复仇思想之人，仍旧是一位作家，即维克多·雨果。

多雨的三天

1830 年 7 月曾有过“光荣三日”，18 年过后，在那个淫雨霏霏的 2 月，又出现了具有历史意义的日子，在这些日子过后，共和国再次宣告成立。尽管托克维尔曾对此发出过警告，但是，二月革命依旧让人感到意外。与前任查理十世不同，路易－菲利普把自己限定在严格的合法性之中，这种合法性依靠的是议会的多数。不过，鲁瓦耶－科拉尔不久前在“享有政治权利者”和“实际拥有权利者”
384 之间所做的明智区分从来没有这样昭然若揭，甚至从 1847 年初起就存在一种分裂，使得法兰西的底层和把持政权的嗜血寡头对立起来。因为冷漠的个性，基佐越来越不受公众欢迎。圣勃夫这样描写道：准确地说，这么一个优秀的人，他的问题在于行事不够灵活，过于刻板，让人反感……对舆论和公众的看法没有任何感觉，因而不断惹恼他们。[1] 他拒绝改革的做法让那些被排斥在积极公民身份之外的普通民众和小资产阶级产生反感。人们将经济状况的严峻归咎于他，基佐成了众矢之的。正是这场“宴会运动”导致七月王朝的覆灭。

在左翼王朝派（以奥迪翁·巴罗为首）和激进派（也就是亚历山大·赖德律－洛兰领导的共和派，但这种共和派的提法在当时被禁止）发起的宴会运动在 1847 年维持了一整年之后，将在巴黎举行最后一次宴会来结束在外省举办的一系列宴会（共计 70 场）。这场宴会预定于 6 月 22 日星期三在夏悠宫举行。当组织者计划组织宾客从玛德莱娜教堂游行到夏悠宫时，政府表现出了不安。21 日晚，宴会和“游行”被禁止。左翼王朝派的议员屈服了，但是拉马丁却向那些愿意听从他的人宣布，人们依旧可以参加宴会。而且，禁令被传达到大多数参加者那里已经太晚，第二天早上，他们按原计划聚集在玛德莱娜教堂前。有些散乱、没有领导者的人群在雨中沿街前进。此时有许多学生高唱着《马赛曲》《出征曲》和《吉伦特之歌》从拉丁区加入进来。示威者包括普通民众、秘密会社的积极分子以及习惯于看热闹的人，他们朝波旁宫走去，在那里遭遇了接到报警的骑兵。在这之后，双方在香榭丽舍大街和其他大街以及夏特莱广场展开遭遇战……石块和椅子到处乱飞，人们搭起了第一批街垒。

2 月 23 日星期四是暴风雨交加的一天，形势对于政府来说相当严峻，以至于它要求部队占领首都的战略据点并调动国民自卫队。但这是一个错误的决策：因为国民自卫队主要是由店主和手工艺人组 385
成的资产阶级民兵，这些人正被危机搞得穷困潦倒，而且若不缴纳 200 法郎的直接税就得不到选举权。在许多地方，他们并没有加入正规军和宪兵的队伍，而是穿着军装大喊："改革万岁！""打倒基佐！"他们还在专门维持秩序的部队和起义者之间调停，后者在 2 月 23 日这一具有历史意义的日子里业已壮大力量。这一次，国王在王后玛丽－艾梅丽的压力下，决定在局面变得无法收拾之前解除基佐的职务。这件事情在下午得到解决：基佐前往议院宣布辞职，而路易－菲利普则授命莫莱伯爵负责组织一个新内阁。但是，尽管这一决定安抚了部分国民自卫军的成员和敌视基佐的资产阶级，却不足以解除巴黎东部那些已经意识到自身力量的起义者的武装。起义者的领袖丝毫没有预料到这一点。因 19 世纪 30 年代没有出路的暴动而吃亏的他们，并没有考虑在集会时借助武力。巴黎民众的同时爆发助了他们一臂之力，他们企图使这场运动朝着有利于他们的方向发展。一场突发的悲剧将被他们用来实现自己的计划。一群示威者从巴士底狱方向朝协和广场前进，他们在嘉布遣会修士林荫大道遭到一队没有接受任何命令就开枪的正规军士兵的射击。恐慌随之产生，人们四处射击。后果令人恐怖：人们发现有 60 多具尸体和更多的受伤者。于是，那些煽动者和善于造反的人采取主动行动，调来一辆两轮载重车，把一部分尸体堆在上面，然后用火把照亮送葬的队伍，向着巴黎东部行进。"复仇！复仇！有人屠杀了民众！"国民自卫军因为害怕屠杀，甚至放弃在正规军和起义者之间调停。

在此期间，莫莱拒绝了国王的任命，并建议国王向中左派人士梯也尔求助，后者享有一定的声誉。但是，梯也尔在有人与他商量时要求国王解散议会，这样可以确保他掌权，而不是仅仅充当配角。
386 梯也尔没有上场。权力处于真空状态。国王企图进行抵抗，为了镇压叛乱，他把军队指挥权交给还是多尔多涅省议员的比若元帅，由他取代雅克米诺将军。这无异于对起义者宣战，因为“阿尔及利亚的比若”——正如人们自阿尔及利亚战争以来叫他的那样——尤其是对巴黎人和特朗斯诺南大街的人来说，他指挥了1834年的镇压，屠杀了一整幢楼的居民——杜米埃用石版画使这一悲剧性插曲永远地被人纪念。

2月24日星期四，反攻在第3天的黎明前发起。夜间，巴黎市中心布满街垒，大约有1500个。杜伊勒里宫已被包围。比若从卡卢塞尔派出4个纵队，想以此保证通往巴黎的交通要道畅通，夺取战略要地：巴士底狱、市政厅、先贤祠和玛德莱娜教堂。但是，街垒挡住了他们的去路，低估了叛乱行动的比若只好命令部队撤往协和广场和卡卢塞尔。认识到形势的严峻之后，国王决定让左翼王朝派的奥迪翁·巴罗重新组阁。在比若任命的国民自卫军司令拉摩里西尔将军的陪同下，巴罗鼓起勇气奔向巴黎街头宣布这一消息并平息民愤。但是，当他来到竖有红旗的圣德尼门街垒时，他在那些叫骂声中明白，奥尔良主义的最终解决方法已经破产。起义者已经控制了局面。当天中午时分，路易-菲利普签署了退位诏书，把王位传给孙子巴黎伯爵。在王后的陪同下，他从巴黎逃到圣克卢城堡，又从那里到达了诺曼底，然后从诺曼底乘船前往英国。

拉马丁掌权

如前所述，尽管遭到政府的禁止，拉马丁还是想继续举行2月22日的宴会：“协和广场已经空无一人，所有议员都放弃了他们的职责，唯有我和我身后的影子将去出席宴会。”[2] 只有一位人民的代表在

捍卫集会的权利，不折不扣地只有一个人。在其后几天里，拉马丁 387
还是一动不动地待在那里。但是，许多起义者记住了他，雨果写道：“此刻，有一个人，他的名字挂在所有人嘴边，他的思想深入人心，他就是拉马丁。他雄辩而生动的《吉伦特党人史》第一次让法国受到大革命的教育。他直到现在才赫赫有名，他成了受公众欢迎的人，而且我们可以说，他已经控制了巴黎。”[3]

2月24日，当他到达众议院时，包括马拉斯特在内的众多共和派人士立即就当务之急与他商量：是由奥尔良公爵夫人暂时摄政，还是立即宣布共和国的成立？他的主意已定，除了共和政府，其他性质的政府都不会有这种力量。摄政将招致民众的不满，只有共和国才有前途，因为只有共和国能在人民的普选中获胜。他曾在《吉伦特党人史》中写道：“这是一个充满激情的政府，在危机中产生的政府，革命的政府。”会议厅很快就挤满了示威者，而奥尔良公爵的夫人和儿子已从一个暗门溜走，拉马丁宣布成立一个“紧急政府”，并呼吁所有公民前去投票：“至关重要的是由人民，由各阶层的人，由已在这场斗争中抛洒热血的人来巩固一个大众的、稳固的、最终不可动摇的政府。”拉马丁在喧闹声中要求贯彻普选原则，这在一年前被基佐认为是不可能的事。他还没有结束讲话，就又有一群新的闹事者冲进来，其中混杂着普通民众和国民自卫队员，他们高喊：“打倒议会！不要众议员！”其中一人把枪管对准办公桌的方向。“不要开枪！不要开枪！是拉马丁先生在讲话！”许多人喊道。于是，此人放下了枪，但是喧闹声并未停止。依旧坐在位置上的议长索泽，因为无
法使会场保持安静遂宣布会议取消，大家退出会场。依旧在讲坛上 388
的拉马丁建议由久经沙场的老战士、左翼反对派成员杜邦·德·勒尔担任议长。由他来宣读拉马丁已经准备好的包括七名成员在内的临时政府名单，其中最左的成员是赖德律-洛兰（路易·勃朗被排除在外）。这确实是一场革命，但却是温和的革命：它不信任社会主义者。研究吉伦特派的历史学家从其使命中受到鼓舞，确信它的正

确性，并决定把政体置于无可争议的合法位置之上：这就是将以普遍选举为基础的共和制。他不希望革命，却自觉接受了革命。他不想要社会主义，他通过共和国来消除社会主义的威胁。

但是，民众的力量在别的地方。应当前往市政厅，在那里，《改革派》和《国民报》的编辑正在拟定一份政府成员的名单。从波旁宫到市政厅，拉马丁受到欢呼。在凯道赛的营房前，士兵向他鸣枪致敬，他停下来向士兵要杯酒喝，以示枪杀事件后的和平、和解与博爱。在市政厅附近大批示威者的注视下，在嘈杂的叫喊声中，临时政府的最终名单被确定下来，除了原先拟定的7个人，又增加了另外4个，尤其是增加了勃朗和阿尔贝，他们被认为是社会主义和人民大众的代表。在这一混乱的场面当中，拉马丁反对用红旗替代三色旗作为共和国的象征的动议，他为此所说的一句名言将始终流传："你们为我们带来的红旗只能传遍沾染了1791和1793年鲜血的马尔斯校场，而三色旗可以把我们祖国的名字、光荣和自由传遍全世界。"尽管人声鼎沸，拉马丁还是凭借他的影响力、雄辩和勇气，成功地以投票确认的方式把温和的政府施加给民众。他强烈地感觉到自己通过拯救遭受街头骚乱威胁的社会秩序，把国家未来托付给至高无上的人民。他后来在1861年的《评〈吉伦特党人史〉》中写道："这是一个应以共和国名义组织的拯救行动。"

翌日，即2月25日星期五，《总汇通报》刊出《临时政府告全体法国人书》：

> 一个倒退和寡头政治的政府刚刚被巴黎人民的英雄主义行
> 389 动所推翻。这一政府在它身后留下一摊血之后消失了，而这摊
> 血将永远禁止它再重新回来。
>
> 人民的鲜血像在7月（1830）时一样流淌，但是这一次，这种勇敢的鲜血没有白流。他们获得了一个与这一伟大而勇敢的民族的权利、进步和意愿联系在一起的平民和国民的政府。

一个在2月24日的会议中，在刻不容缓的情况下出自人民之声的欢呼和各省议员的临时政府，目前担负着确保和组织国民胜利的任务……

第二天，《总汇通报》又刊登了最终确定的临时政府成员名单："杜邦·德·勒尔（临时政府的首脑）、拉马丁（临时政府的外交部部长），亚历山大·马里[4]、路易·加尼耶－帕热斯[5]（巴黎市长）、亚历山大·赖德律－洛兰[6]、弗朗索瓦·阿拉戈[7]、伊萨克·克雷米厄[8]、路易·勃朗、费尔南德·弗洛孔[9]、阿尔芒·马拉斯特和亚历山大·阿尔贝[10]。众议院被解散，贵族院不得再举行会议。最后，在 390
2月27日那一期上，《总汇通报》宣布了二月革命的第一条措施：废除"不管以何种形式出现"的王权，宣布成立共和国。

阿尔方斯·德·拉马丁的政策非常清晰与连贯。3月7日，他在市政厅接待了由奥古斯特·布朗基率领的一个中间派的共和派团体代表团。他们要求废除九月法令，要求新闻完全自由，并承认结社的权利。拉马丁回复道："关于新闻自由，临时政府已经满足他们的愿望。至于其本身便合情合理的结社权，只不过需要颁布规章制度罢了。"但是，当布朗基向他和临时政府请求暂时延迟选举时，拉马丁表示反对："我的同事和我认为，在拯救自由之后，我们的首要责任就是尽可能快地把我们通过共同拯救取得的权力归还给国民本身，不让我们在局势的影响下承担的专制统治多延长一分钟。"[11]实际上，双方已经开始趋向于对立，拉马丁希望尽快建立一种合法的共和制秩序，而极左派打算推迟其预感到会对自己事业极为不利的选举，以便按照他们的意愿来实现政治和社会革命。3月17日，在左派再次举行示威之后，政府向布朗基及其派别提出的关于选举的报告作了让步，但这一让步只是象征性的：选举将在4月23日举行，而不是4月9日。

在这两派，即依靠至高无上的人民的一派，与依靠街头行动的一派发生冲突期间，法国经历了一段充满幸福的博爱时期，对此，人们在追溯时把它叫作“抒情诗般的幻象”。这是一大群代表争先恐后来到市政厅的时刻，他们时而提出要求，时而表示支持，向年轻的共和国赠送礼品。这是一大群形形色色的代表：来自城市和乡村的代表，各种同业公会的代表，从采贝工人一直到第二区的烧炭工、
391 市场的鱼贩子、巴黎的针织品商人、聋哑人代表、共济会代表、在法国的以色列人教务会议成员、默东的渔夫，从七月王朝的勋章获得者一直到牡蛎商的代表、巴黎的啤酒厂、法国殖民地的黑人及其与白人的混血儿、留尼汪岛的克里奥人、中学生和大学生、居住在巴黎的比利时人、爱尔兰人、德国人、匈牙利人、挪威人、葡萄牙人、波兰人，等等。每次都会有一位临时政府的成员接待他们，认真听他们诉说，鼓励他们，并就此发表意见。与此同时，市政厅门口有一些其他人急得跺脚，这些人高举横幅和焰型装饰旗想要进入市政厅……每天晚上，在巴黎和其他大城市得到复兴的俱乐部里，人们阐述各种改革计划，说耶稣是第一个社会主义者，呼吁支持波兰人反抗俄国人……[12]

3月6日，米什莱恢复了他在法兰西公学院的课程，自从二月革命以来，他的家里总是座无虚席。人们请求他、催促他参加选举。有一阵子，他一度任由自己被《改革报》那群人诱惑，这些人把他列入塞纳省的候选人名单。同拉马丁一样，他也希望马上进行选举，以平息孕育着专制的骚乱，避免给正统派的反动和法国中部[13]的教士可乘之机。同样被批准在法兰西公学院复课的基内3月9日就时局发表了讲话：“我们以共和国名义重返讲台。王权曾经把我们关闭在外，是人民把我们带到这里。荣誉属于勇敢而伟大的人民、工人、国民自卫队员、各个阶层的公民和各个学校的年轻人，属于你们在权利和正义的战场上的所有战友，请你们为世人开启一个崇高的时代。”随后，他完美地阐述了“1848年精神”：“君主制以为已经构成两类敌对的民众，但是他们在街垒中认识了自己，而且我还亲眼看到，

博爱就在每个人拿着一块宝座的碎片之际的杜伊勒里宫。上帝的声 392
音已在宣告……此刻，法国各地的人和我们一起宣誓效忠共和国。”[14]

与在巴黎一样，人们在外省大种自由树，不再眷恋七月王朝的教士则通过他们的基督徒为自由树祝圣。在 3 月中旬为参加已经宣布的选举重新回到拉芒什省的托克维尔见证了这一变化：“我立即为某种令我惊讶和着迷的景象所打动。确实，在城市工人中间有某种蛊惑人心的煽动在支配他们；但是在农村，所有地产者，无论他们是什么出身，受过什么教育，有多少财产，都站在了一起，形成一个整体。在意见方面原有的厌恶，原先在等级和财产方面的竞争都荡然无存。原先在农民和商人、贵族和资产阶级之间存在的更多是嫉妒或傲慢，但是现在，它却为一种相互信任、尊敬和亲近的情感所取代。”对于这样一种显而易见的和解，他得出结论：“人们可以说，共和政府突然之间不仅成了最好的政府，还成了人们唯一可为法国设想的政府。”[15] 后来，福楼拜通过回忆社会恐慌所引发的这种感情的爆发，在《情感教育》中描写了当布厄斯先生守旧的沙龙，这个大金融家当时忙于从表面上消除他财富的痕迹：“他解雇了三个用人，变卖了马车；突然对社会主义者产生同情，自觉阅读他们的报纸，去观看一幅具有难以忍受的象征手法的革命绘画，“甚至承认蒲鲁东的学说具有逻辑性”。

然而，在这样一种有趣但具有欺骗性的社会阶级的妥协背后，受各种相互抵触的情感鼓动的政治斗争依旧在进行。一些人害怕共产主义，或不愿意接受无政府状态；其他一些人则想建立民主的社会主义共和国。极左派并不愿意放弃推迟选举的努力，并为此在 4 月 16 日，即复活节前最后一个星期天在巴黎举行示威活动。既仇视工业资产阶级的专政，又对社会主义者的威胁持排斥心理的拉马丁，
只想停留在他所确定的路线上。他不想推迟选举，只想正式宣布成 393
立共和国，让合理的政府变成合法的政府，建立一种社会秩序：在不侵犯私人财产的情况下让穷人参与政治。

4月16日发生的事情难道是为使在巴黎如此强大的极左派出局而设置的一个陷阱、一种阴谋、一次挑衅吗？路易·勃朗始终在马尔斯校场号召群众进行抗议，他本来想为建立一个民主和社会主义的共和国而到市政厅去发表演讲，但却被国民自卫军的营队制止，接着又被共和派的反游行所压倒。拉马丁并不害怕危机的扩大，他谴责路易·勃朗，号召好的公民要有公民精神，接受政府坚定态度的结果和民众的支持。他在市政厅宣布："据说，有人曾想攻击临时政府……有人已经当场宣布要建立一个救国委员会，有人想要分裂国家，使国家内部以及公众舆论处于无政府状态。我们毫不怀疑，对于这样的暴行，好公民都会团结起来抵制……"拉马丁带领临时政府的成员从市政厅里走到市政厅广场，人们高喊着"打倒共产主义者"，对他们表示欢迎。勃朗也在那里，年老的杜邦·德·勒尔倚在他的身上。在他们经过的所有地方，国民自卫军成员均向他们出示武器。几天后，拉马丁写信给侄女道："对祖国和所有制构成的巨大危险业已过去！"他曾经是共和秩序强有力的支撑。已经确定在4月23日复活节的那个星期天所举行的选举，对他来说将是一场巨大的胜利。

制宪会议选举

的确，这次以普选方式进行的选举对于拉马丁来说是一场巨大胜利。人们以省为单位采取名单投票方式，但选民依旧可以增减人名，
394 唯一的规则就是要尊重议席的数目。投票在各区首府进行。选民以市镇为单位，在市（镇）长并且往往还有神甫的陪同下前去选举。在众人之中的托克维尔为我们留下了一种富有说服力的描述：

"我们得一起到离村子有1法里之远的圣皮埃尔镇去投票。选举的那天早上，所有选民、也就是所有超过20岁的男子都在教堂前集合。所有男人按照姓名字母的顺序排成两排。我想排在根据我的

姓名安排的行列中行进，因为我知道，在民主国家和民主时代，应该让人民引导，而不是各行其是。想跟我们一起来的身体虚弱的选民坐在驮马或马车上，排在最后面，我们没有让小孩和妇女一起来，我们共有170人。”在休息时应邀发言的托克维尔做了一个演讲，以便告知乡亲不要被镇里的人蒙骗，要求他们团结一致……“于是，他们大喊着会如此行事。所有选票被同时投放，我有理由认为，他们选的都是同一个候选人。”第二天，托克维尔在巴黎得知他大约获得了12万选民中的11万张选票，在拉芒什省的候选人中名列第3。

至于拉马丁，他在10个省当选。在巴黎，他在塞纳省34名当选者中名列榜首，获得26万张选票。贝朗瑞排名第9。时年69岁的贝朗瑞，他那受人尊敬的名字在每次竞选活动的讲话中都会被提到。2月份，他接受了请求他参加公共教育部的一个委员会的邀请。在竞选时，各区代表都跑到他在帕西的家中，力图说服他当候选人。对此，他一律予以拒绝。出乎意料当选的他，只排在临时政府成员和巴黎市长后面。5月4日，他顺从地出席了议会的首次大会，在会议期间，杜邦·德·勒尔挽着他的手走下讲坛，但是，尽管支持者们努力地挽留贝朗瑞，他还是很快就辞去了议员职务。

在塞纳省34名代表幸运的当选者中，还有一些值得注意：菲利普·布歇（排在第17位）、路易·勃朗（排在第27位）和阿格里科尔·佩迪吉耶（排在第29位）。巴黎的最后一位当选者菲利西泰·拉默内以略少于105000票的票数位列第34位。菲利西泰·拉默内时 395
年66岁。自2月27日以来，他办了一份新报纸《立宪人民报》，拉马丁对此表示敬意：“这份报纸使战争、愚民政策和反社会言论名誉扫地。拉默内这个当时如此温和的名字吓倒了过火行为，并怒斥那些空想。”他们两人一起交谈、会面、吃饭，并对路易·勃朗表示怀疑。由于勃朗主张取消混合圈选的投票规则，拉默内对此表示反对，4月24日，他在一篇题为“致工人书”的文章中写道：“你们究竟是自由还是不自由？……在你们第一次行使政治权利时，就有人用权威把你们汇集在一起，有人把一份名单强加给你们，对于这份名单，你们没有讨论过，甚至无法看懂，而且人们以命令的口吻对你们说‘把票子投到选票箱中’。他们把你们当成了什么……我只知道这类似于牵着猴子在市场上卖艺的街头艺人拿着自己的帽子来收钱。”接下来的一句直接冲着勃朗而去：“不，人们组织的并不是劳动，而是对劳动者的奴役。”

拉默内虽勉强当选，但毕竟是当选了，而在巴黎选举中落在他之后的雨果、勒鲁、欧仁·苏、孔西得朗、卡贝或米什莱还未能当选。拉默内大肆鼓吹立宪思想，并在 5 月 4 日，亦即国民议会首次会议召开之际，发表了一份《宪法草案》。此前，他已在玛丽·达古尔的沙龙中当着对此不太认同的拉马丁的面宣读过这一草案。两人尤其在非中央集权化问题上存在对立，这位布列塔尼人是非中央集权化坚定的拥护者。被选入宪法委员会的拉默内竭力维护地方自主权，他的这种做法得到托克维尔的支持，但遭到马拉斯特的反对。《论美国的民主》的作者托克维尔写道：“法国的普通革命者始终想以人民的自由来指以人民名义行使的专制主义。”这一讨论的次日，即 5 月 23 日，拉默内辞职。和他站在一起的托克维尔要求他复职，但是拉默内仍然坚定不移。托克维尔指出：“还俗的教士尤其应当思考的是，人们是否愿意形成有关这种不可摧毁的也可以说是无限力量的正确想法，这股力量是教士的精神和习俗对那些一度承担它们的人所产生的力量。拉默内即便穿着白色长袜、黄色背心、五颜六色的
396 领带和绿色男式礼服也是枉然，因为他在性格乃至外表上依旧是个教士。”[16]

米什莱在巴黎选举中名列第 100 位。尽管有某种微弱的意愿，但他没有把自己列入任何名单之中。人们知道他投了谁的票：除了临时政府的 11 个成员，人们还在他留下的记录名单的纸上发现了贝朗瑞、拉默内、勒鲁、佩迪吉耶，此外还有几个省长和将军的名字，其中包括卡芬雅克。总的来说，绝大多数是温和的共和派，也有一

定数量的君主派。[17]他的朋友基内在安省候选人中位列第9。我们看到，尽管有一些人落选，但作家和大学教师还是在制宪议会中占了相当大比例，尤其还要加上那些在7月4日的补充选举中胜出的人：皮埃尔·勒鲁、维克多·雨果和皮埃尔·约瑟夫·蒲鲁东。

在4月23日的选举和制宪议会开会之间，在4月27日颁布的一项法令废除了“各殖民地和法属领地的”奴隶制。临时政府的这一最终措施突出了曾经是位充满激情的工匠的维克多·舍尔歇的人格。在年轻时，他曾在前往墨西哥的船只上遇难，并且出乎意料地中途停靠在马提尼克岛。这段小插曲使他产生解放奴隶的愿望：把在法国当局统治之下的25万人从枷锁中解救出来。早在七月王朝时期，废奴主义呼声已经占据上风，1848年的革命完成了这一使命。在被海军和殖民地事务部长阿拉戈任命为副部长后，舍尔歇即为废除奴隶制着手建立并主持了一个不允许种植园主参加的特别委员会。在他看来，这是政治方面的当务之急，因为巴黎的革命有可能引发法属领地的奴隶大暴动。他着手制定的法案预料到对殖民地的赔偿问题，但相关内容在更晚时才添加到条例之中。持续3个世纪之久的奴隶制由此一下子被废除，但这一结果确实是经过长期斗争才获得的。维克多·舍尔歇很有预见：在法令颁布之前，马提尼克就爆发了恐怖的暴乱，随后，瓜特罗普也发生类似的暴乱。该法令终于在6月5日确认奴隶的解放。在1848年的苍穹下，有两项措施将“成为不朽”： 397
普选制和奴隶制的废除。

5月4日，天气很好，波旁宫周围聚集着满面春风的人群，制宪议会的首次会议在这里召开。这是一个欢腾的时刻，也是“抒情诗的幻觉”的最后时刻。当临时政府成员进入临时搭建在波旁宫院子当中的巨大建筑时，“共和国万岁”的呼喊声响彻整个院子。在其后几天里，每个临时政府成员就二月革命的街垒交付给他的任务发表演说。议长杜邦·德·勒尔就临时政府在两个月当中的总体活动做了总结。但是，杜邦·德·勒尔已经筋疲力尽，说不出话来。拉马丁遂以他的名义发表讲话。他提醒人们注意，他们会尽量缩短任期，尽早召见国民代表。他重申了他们的决心：在民众骚乱之后，确保巴黎的秩序和安全，他为说服人民保留三色旗而不是采用红旗而欢欣鼓舞。他以在政治领域从废除死刑着手的种种纯粹的革命措施为荣。他声称："通过宣布建立共和国，法国的呼声不仅宣布了一种统治形式，还宣布了一种原则。这种原则就是，实际的民主、平等的权利以及通过制度实行的博爱。"

随后，每位部长将就他的职责进行汇报，直到拉马丁发言，这一次，他的身份是外交部部长。他解释了他的和平愿望：它不是路易－菲利普那种怯懦和中庸的政策，而是一种"大公无私效忠于民主原则"的政策。其指导原则是什么？尊重领土、国籍和政府的不可侵犯性，肯定"共和制的民主"和"法国对各国人民的博爱"。如果对于大多数人来说，和平的愿望与遭受奴役的民族的团结相悖，那么，拉马丁则不乏克服这一矛盾的雄辩之辞："我们并没有强加给任何人任何形
398 式和不成熟的复制品或同她本质不协调的事物。但是，如果说欧洲的这个或那个地区的自由因我们的自由而变得明亮，如果出现受到奴役的民族、受到践踏的权利和合理但被压制的独立，由它们自身构成，进入各族人民的民主大家庭，并呼唤我们帮其捍卫权利和制度的一致性，那么，法国在此！共和制的法国不仅仅是祖国，也是未来民主原则的战士！"[18]帮助那些求助于法国的民族，但不要成为带着武器的传教士。

在选举之后不久，拉马丁的威望达到鼎盛。在900名代表当中，他可以指望500名温和派的支持，而与这一温和派相对的是包括正统派、"明天的共和派"以及隐蔽的保守派在内的大约200名右派和大约150名多少具有社会主义色彩的民主派左派。试问，历史上有哪位诗人能够像他那样自得于这种政治成就？然而，共和派解决社会问题的方法很快就遭到怀疑。城市工人觉得没有得到本以为可以得到的东西，他们惧怕反动，害怕国家工场关闭，国家工场是一个

在二月革命之后部分变为现实的没有实际意义的想法，它往往是工人唯一的收入来源。由此，4 月 26 日，鲁昂的工人一得知结果就举行游行示威，结果遭到国民自卫队的残酷镇压，留下几十具尸体。在共和国甚至还未被宣布之前——这一次是正式宣布，她能从阶级斗争中存活下来吗？值得注意的是，拉马丁和勒德律－洛兰都入选了接替临时政府的执行委员会（后者虽不讨许多保守报刊的喜欢，但拉马丁的影响力强大到足以让人们接受此人），而社会主义者勃朗和工人阿尔贝就没有如此幸运。正如革命者所害怕的那样，普选制为保守主义的政策提供了合法武器。乡村世界占支配地位的外省，尚未与巴黎步调一致。

拉马丁的失败

极左派，即一些俱乐部成员和社会主义者小团体中的人已在选举中落败，但是，他们仍保留着对大革命富有历史意义的日子的记忆，当时，无套裤汉把街头的影响力强加给国民公会。在法国这样一个中央集权的国家，巴黎人的舆论虽然只有少数人支持，但比外省散乱的舆论要强大得多。某些大城市即便会受到不满现状的精神的激励，但它们无法控制政权。但在巴黎，示威者、骚乱者和设置街垒者却有办法攻入波旁宫，“以人民的名义”任命或废除这样或那样的代表，推翻政府。从这一点来看，1848 年 5 月 15 日很像 1793 年的 7 月 2 日，那些吉伦特派的领袖在人们的压力下被逮捕：对过去的效仿是 1848 年革命的显著特征之一（这一点尤其被福楼拜和托克维尔所注意）。 399

那天，始终活跃且在大街和广场上随处可见的极左派正是在与对外政策相关的主题下被动员——这一次又是与波兰有关。领土在维也纳会议上被俄国、奥地利和普鲁士瓜分的波兰人举行起义。他们在法国受到支持的事业，有利于引起巴黎人做出超越各个俱乐部小宗派的反应。在经历七月王朝死气沉沉的政策之后，人们对刚成立的共和国充满期望，希望法国为被压迫的波兰人民采取大胆的对外政策。但是，这一希望终于还是落空，人们已经看到，尽管拉马丁也完全同情波兰人民的民族主义运动，但他希望保持和平，不想让欧洲感到害怕，更不想在对外战争中失去共和国。

由一个集中领导的委员会（它是各个俱乐部和民众团体的参谋部）组织的 5 月 15 日示威活动，从巴士底广场蔓延到波旁宫。有 10 万到 20 万人在奥古斯特 · 布朗基、弗朗索瓦 · 拉斯帕伊和其他人的领导下参加游行。当他们到达协和桥时，议长菲利普 · 布歇准许他
400 们派 25 名代表提交一份请愿书。此时，人群已经挤过没什么防御的协和桥，他们高喊着“波兰万岁”“打倒拉马丁”冲向议院的栅栏，栅栏在人群的挤压下被压倒。人们在冲进院子和会议大厅时没有遇到任何国民自卫军士兵的抵抗，因为国民自卫军的首领库尔泰已经下令停战。拉马丁是执行委员会唯一在场的成员，他在示威者队伍中认出了原来的同僚阿尔贝，他试图训斥道：“公民们，你们不要过来，除非从我的身体上踩过去！”对此，阿尔贝回应道：“公民拉马丁，你或许是一个伟大的诗人，但是你和其他政客一样无法得到我们的信任。你作诗和发表美妙言论的时间已经够长了，人们现在需要的是其他东西。”[19] 拉马丁无可奈何地看着示威者在会议厅里大吵大闹。他后来在《政治回忆录》中回忆说：“这是名副其实的凶暴野蛮人侵入文明社会的景象。”

那些受到大批群众冲击的议员依然坐在座位上，他们虽然很被动，一言不发，但却镇定自若，只有几个同情这些入侵者的山岳派（极左派）议员没有这样，而议长布歇此时迅速摇动着他手中的铃铛。拉斯帕伊为宣读俱乐部的请愿书登上讲坛。但此举遭到一名议员的斥责。骚动声越来越响，也越来越具有威胁性。

托克维尔在《政治回忆录》中写道：“我看到一个我从未见过的人出现在讲坛上，但是我的记忆充满厌恶和恐惧。他的脸色苍白憔悴，

嘴唇苍白病态、邪恶且令人厌恶，像一具发霉的尸体，内衣隐约可见，瘦骨嶙峋的躯体外面披着一件破旧的黑礼服，看上去像是永远生活在下水道当中。人们告诉我那就是布朗基。”[20]

这一描述并不具有恭维色彩，但至少形象生动。奥古斯特·布朗基是我们先前提到过的经济学家阿道夫·布朗基的兄弟，43岁的他很少炫耀自己，但是一个极为积极的革命者（对于有些人来说则是消极分子），他原先是烧炭党成员，擅长组建秘密社团，在“光荣三日” 401
中也参加了战斗，之后成了人民之友社的活动分子，在1832年1月的“15人诉讼案”[21]中被推上被告席，被判处1年的监禁，后来加入巴尔贝斯创办的家庭社，1836年再次因为“制造火药”而同阿尔芒·巴尔贝斯双双被捕，又在监狱中度过了一年，出来后又建立了四季社，和巴尔贝斯、马尔丹·贝尔纳一起企图在1839年以武力夺取政权，并一度占领市政厅，后来再次被捕，被判处终身监禁，接着和巴尔贝斯以及贝尔纳一起被流放到圣米歇尔山（Mont-Saint-Michel），1844年因患不治之症而被赦免，1846年因鼓动骚乱再次受到设在图尔的法庭传讯，被宣布无罪后住进图尔的医院，二月革命又使他重新积极活动。人们看到，他企图劝说临时政府推迟选举，对罗伯斯庇尔推崇备至的他每天晚上都在俱乐部夸夸其谈。这个被人们称为“被关在牢里的人”就这样度过了他的一生，即因为策划阴谋而入狱，但又在监狱中策划新的阴谋，力图建立一种强制法国接受社会主义的巴黎专政。在一度几乎被警方当作密探而形象受损[22]之后，布朗基重新获得了影响力，参加4月16日的极左派大游行。这次，在5月15日议会讲坛上，他谈到波兰，谈到在鲁昂大屠杀中的受害者，揭露了人民的悲惨状况。在他之后发言的是阿尔芒·巴尔贝斯。巴尔贝斯时年39岁，同布朗基一样，也是一个永恒的阴谋家和政治犯，他刚刚因1848年革命从他最近被关押的卡尔卡松纳监狱当中获释。在巴黎，巴尔贝斯对拉马丁请他让同伙克制行为的建议嗤之以鼻，重建了人权社，并创建了一个和布朗基俱乐部分庭抗礼的革命 402

俱乐部。这个有着非凡勇气的煽动者，这个得到乔治·桑崇拜的热忱的极左共和派分子，却为托克维尔所厌恶，后者这样描述道："在此人身上恰当地混杂着煽动家、疯子和骑士的成分，以至于我们不知道他会以什么身份出现，又以什么身份结束，他在像我们这样一个同样病态和混乱的社会中只会暴露自己。我尤其相信疯狂已主宰着他，当他听到民众声音时，他的疯狂就尤为强烈。他的灵魂，就像水在火当中一样，很自然地会在大众的狂热之中沸腾。在人群向我们袭来时，我一直注视着他，我把他看作我们敌人当中最可怕的一位，因为他是所有人中最为疯狂、冷漠和坚决的一位。"[23]

1848 年 5 月 15 日，制宪议会成员、与布朗基意见相左的巴尔贝斯想明确指出骚动的目的。他宣称道："我要求制宪议会立即在会议过程中投票通过向波兰派遣一支军队，向富人征收 10 亿法郎的税，撤出在巴黎的军队，禁止纠集人员，否则，这些代表将被宣判背叛祖国。"但是，上面所说的代表们还是无动于衷，与此同时，连续不断的喧闹声使所有程序都无法顺利进行。在一派混乱之中，示威者揪住已经无能为力的路易·勃朗，把他举在空中欢呼胜利，但是这并没有什么用，因为后者挣扎着又回到席位上。在这之后，在震耳欲聋的喧哗声中，人们听到外面传来国民自卫军敲鼓集合的声音，对此觉得不利的巴尔贝斯大声喊道："是谁在敲鼓集合？敲鼓集合的人将被剥夺法定的权利！"一位名叫于贝尔的煽动家，或许是个挑衅者，冲向讲坛，想要宣布解散国民议会。于是，国民议会被驱散，但并没有就此解散。托克维尔还坐在自己的位置上，对事态发展甚为好奇，并且目睹起义者试图组建一个新政府。但是，门外传来冲锋的鼓声，一支机动卫队和一队国民自卫军成员高喊着"国
403 民议会万岁"冲进大厅。他们在几分钟内驱散起义者，让代表重新回到座席上。

拉马丁于是重新回来。在两个多小时的时间里，他不见了踪影。他是否如托克维尔所想象的那样一时昏迷了呢？当他带领一营国民

自卫军回到大厅时，受到了热烈欢迎。托克维尔写道："我们并非为他鼓掌，而是为胜利鼓掌。"拉马丁马上把市政厅指定为有待占领的战略要地：根据习惯性的预测，那里不就是暴动者要建立反政府政权的地点吗？在赖德律-洛兰的陪同下，以及在一队国民自卫军战士和奥赛兵营的龙骑兵护卫下，他来到市政厅。但是，起义的领导人，如巴尔贝斯、布朗基和拉斯帕伊等已经被逮捕。拉马丁和赖德律-洛兰被高举起来欢庆胜利。

5月15日的事件是消除极左派的时机，随后到来的是一种反动的政策。有些人就此得出结论，这次事件是占多数的温和派为革命派设下的可怕陷阱[24]。此说并没有真凭实据，但是从于贝尔所扮演角色进行的一系列推断里，人们可以发现那些同警方串通一气的人。虽然这一周密组织的挑衅行为的假设还有待证实，但无论如何，反动毕竟已经在进行。这天被迫成为英雄的路易·勃朗遭到国民自卫军战士的毒打。那些正直的人——正如欧内斯特·勒南所写的那样——"都要求枪毙他"。[25]镇压如此残酷，以至于身着圣多明我会法衣坐在左侧的人民代表拉科代尔于5月18日辞职，因为他不愿让自己为暴力承担责任："我不能把我的宗教生活所要承担的个人的和平使命同人民代表所要承担的严厉且困难的责任协调起来。"[26]他也辞去了自由派天主教徒的报纸《新时代》的编辑工作，这份刊物是他为了 404
把天主教徒团结在共和国身边而在二月革命后不久创办的。他在5月28日发表的《致读者》的信中做出了解释：承认自己无能为力。

在6月4日和5日举行的补充选举中，右派——保皇派和梯也尔领导的"明天的共和派"——得到了巩固。路易·拿破仑·波拿巴与皮埃尔·勒鲁以及皮埃尔·约瑟夫·蒲鲁东同时当选。一直提防波拿巴主义的拉马丁建议议会颁布驱逐皇帝侄子的法令。但是，各种突发事件使他的提议没有为同事所接受。在6月13日当选的路易·拿破仑·波拿巴在几天之后自己提出辞职，他后来通过武力重新回到此地。在这一事件中，拉马丁已经能够感觉到自己在国民大会中威望下降，六月革命则让他永远地失去了威望。

5月15日的骚动之后，议会——与马里部长和继任者特尔拉一样——决定结束人数越来越多的失业群众造成的威胁。临时政府在2月25日颁布关于劳动权的法令后匆匆建立起来的国家工场无法给每个人提供一个劳动岗位。[27] 在波拿巴主义者和社会主义者的煽动下，没有工作的工人在光天化日之下在大街上集结起来，他们发出令人不安的喊叫声："我们要民主和社会的共和国"或"我们要Poléon[1]"。在大多数议员看来，国家工场既费钱又危险，应该马上取消。他们制定了一项计划，强制18至25岁的单身工人参军。拉马丁则提出另一种想法：对他一直敌视的铁路公司实行国有化，以此向工人提供工作。受到多数人支持的蒙塔朗贝尔以"财产权是社会的基础"为由表示反对，并取得成功。在保守派的影响下，国民议会的财政委员会和劳动委员会对政府计划提出责难，想要关闭国家工场。鼓动他们这样做的保皇党人法卢伯爵就他的报告发表演讲，
405 这一报告提议的首条法令是："国家工场将在3天后解散。"拉马丁当时屈服于他觉得不可避免的激烈反对，他的一部分同事甚至衷心呼吁以大炮一劳永逸地解除革命的危险。如果暴乱不可避免，他认为他的职责就是保护国民议会和共和国。6月21日，执行委员会决定，年龄在17至25岁之间的国家工场的工人均立即参军，其余人被送往外省从事修桥筑路的劳动。6月22日，一个与马利交涉的工人代表团从他那里听到明确答复："如果工人不想去外省，我们将用武力强制执行……用武力，明白吗？"

6月23日，起义在首都各个角落爆发。在3天时间里，工人和武装人员在街垒后面同新任命的陆军部长卡芬雅克所指挥的军队对抗。巴黎大主教阿弗乐大人企图在两个阵营之间调解，结果在大街上中弹而亡。这是一场没有政治目标的起义（在5月15日之后，首

[1] 此为拿破仑（Napoléon）的后几个字母。

领们不是入狱就是遭到流放），这是一场源于饥饿的骚动，这是一场我们已经反复说过的“奴隶般的战争”。拉马丁尚未辞职，但是他对于一个博爱共和国所抱有的一切希望都彻底破灭了。他在《政治回忆录》中写道，在这些日子中他想去死，“以免除那不公正然而却无法避免地强加于他的带着鲜血的可怕责任”。从马上跳下冒着各种危险冲向街垒却被国民议会卫队阻止的他，在最后一次对工人的大屠杀当中幸存下来，但他却为这一惨状悲痛欲绝：1500 名起义者未经审判就被枪决，25000 人被逮捕。但是，昨天还为他鼓掌的温和派与保守派认为他必须对这些流血的日子承担责任，因为他没有事先预料到事态会如此发展，没有部署遏制起义者所必不可少的部队。受到辱骂和诽谤的他和所有执行委员会成员一样辞去职务，6 月 24 日的国民议会把权力交给卡芬雅克。由此，拉马丁从政治舞台的前台退了下来。他没有辞去人民代表的职务，但他不再扮演最重要的角色。

随着他和赖德律－洛兰的辞职，1848 年的精神完全消失——这 406
是对阶级调和以及温和但关心地位低下者的共和国充满幻想和期待的数周。这个国家，一度被革命岁月所困扰，一度被博爱精神、自由树和人道主义的演说所征服，属于农民、有产者和保守派，面对革命的威胁恢复了镇定。面对农民，人们以主张均分财产的“可怕的人”相威胁，面对起义的巴黎工人，人们动用大炮。许多真诚的共和派，被人们称为“老共和派”的人，在这一事件中，同卡芬雅克一样想要保卫共和国。在《情感教育》中，福楼拜通过一个名叫杜沙迪尔的小职员出色描绘了这种态度，他出于对共和国的爱而天真地加入镇压者一方。[28] 但是，国民议会的多数——或许亦与法国的大多数人一致（从 6 月 24 日开始，大约有 10 万名来自各省的国民自卫队员拥入巴黎）——已经准备实行一种反动政策，即拉马丁想要避免的政策，而他也成了这一政策最出名的受害者之一。其力量业已通过普选显示出来的资产阶级和农民的法国，剥夺了 1848 年梦想者的权利。

拉默内决定停办他的《制宪人民报》，最后一期于6月11日出刊，框有黑框的报中写道："《制宪人民报》曾与共和国一起开始，它也与共和国一起结束：因为我们所看到的显然不是共和国，它徒有共和国的虚名。巴黎处在被围攻状态，它把自己交给了一个军事政权，交给了一个把它作为利用工具的派别。由于一场由各种王朝阴谋家和明天的独裁者组织的可怕屠杀，路易－菲利普的监狱和要塞中充斥了14000名犯人……人民遭到屠杀和压迫，陷入前所未有的悲惨之中：
407 我再一次说这并非共和国，这只是在流血的坟墓边上纵情狂欢的反动。"无视重新强加给报纸的警告，他说了这么一句名言："今天，要有言论权就得有钱财，许多钱财。我们还不够富有，那就让穷人闭嘴吧！"这最后一期的报纸遭到查封，经理人维隆－勒克洛瓦克斯被通缉。拉默内要求由自己来顶罪，但没有用，重罪法庭于10月26日判处维隆－勒克洛瓦克斯1个月的监禁和500法郎的罚款。雨果在《见闻录》中写道：拉默内在六月起义后碰到侄子、国民自卫军军官布莱斯，厉声喝道："滚开！你这个让我憎恶的向穷人开枪的家伙！"

自二月革命以来就保留了一种典型谨慎的圣勃夫，在6月26日宁愿放弃《王港隐修院》第三卷的印刷："害怕出事。"第二天，他在英国写信给亚伯拉罕·海华德——一个自1844年以来没有联系过的大学同学——以探听虚实，看看在拉芒什海峡的另一边，在伦敦的大学或牛津、爱丁堡是否"有可以用法语教授英国文学的体面的谋生之道。我们国家糟糕的形势让我很久以来一直有这个打算。我也考虑过讲法语的瑞士。但是，那里也同样动荡不安"。"正直的人"的胜利没有完全让他安心。6月28日，他在一封致欧克塔弗·拉克洛瓦克斯的书信中抱怨六月起义中那些"纯粹的强盗"，他们把他"对人性的一切信念"剥夺殆尽："我们终于暂时获救。但是，如果一个坚定而有能力的政府没有从中产生，并且没有把法国的事业和正直的人有力控制在自己手里，那我只能离开这个受诅咒的城市，到其他地方去寻找避难所。”[29]

宪法投票通过之后，第二共和国在 1848 年 12 月 10 日和 11 日以普选方式选举共和国总统。拉马丁对当选不抱任何幻想，但他希望至少“体面地”结束。当残忍的不公正结果产生之后（他的名字位列倒数第二，不到 18000 票），他在国民议会遭到了大声嘲笑。在 1849 年 5 月 13 日和 14 日的立法选举中，他再次被击败。温和共和 408
派的失败已成定局，他们在国民议会中只得到 80 个席位，保守的右派得到 500 个席位，山岳派（即社会民主派）得到 180 个席位。“1830 年的人士，已经覆灭的王朝的大臣们，1815 年的人士，甚至是眷恋中世纪的人士，司铎般的政府虽然年轻但有旧思想的支持者，干涉罗马的始作俑者（这种干涉是反共和、反法兰西和反意大利的），将与具有国民公会、救国委员会及巴贝夫继承者的旧思想的人对峙！”[30] 拉马丁所希望的中庸共和国已成过去。

蒲鲁东以一敌众

六月革命后不久，依然有一个社会主义者屹立着，他就是皮埃尔 – 约瑟夫 · 蒲鲁东。二月革命在他身上没有激起任何热情。这个天生的共和派讨厌的并不是共和国本身，他厌恶的是那些就他看来过于简单化的想法，即人们以为从政治革命出发可以进行必要的经济改革。他在记事本上写下这样一段讽刺的话：“这是一群混杂着律师和作家的人，他们一个比一个无知，并且争权夺利。我在里面没有任何事可做……”——“拉马丁、基内、米什莱、孔西得朗之流以及山岳派，等等。各种神秘主义，罗伯斯庇尔主义和沙文主义在上台掌权：人们进行了一场没有思想的革命！……”——“法兰西民族是一个由喜剧演员组成的民族——从插科打诨开始……”但是，在随之而来的日子里，蒲鲁东任由自己随大流，宣称自己并不想和“兄弟”分道扬镳。2 月 24 日，他来到《改革报》的办公室，听从弗洛孔的差遣。作为一个老排字工人，他负责了第一张革命布告的印刷，内称："公民们，路易－菲利普如同查理十世那样谋杀你们，他很快就要与查理十世会合了！"当其准备搭建一处街垒之际，他很快就
409 得知国王逃跑的消息，"自那以后，人们只是在利用我，我回到自己顶楼的房间，思考革命"。

他对于临时政府的第一项措施，即确立普选制并不感兴趣。对他来说，社会革命是第一位。对此，他在新作《社会问题的解决方法》中做了明确的表述。蒲鲁东的反思无人理睬，人们没有时间去读它。但是，人们请求他在选举中充当候选人，这样，他就和巴尔贝斯一起成了革命中央俱乐部的成员。这让他感到苦恼！他使用"恼火""可笑"和"可怕"等字眼来形容俱乐部成员的讲话和"巴尔贝斯提出的建立专政的建议"。在这场革命中，他厌恶那些领导人不能形成明确的经济思想，陶醉于"大革命的小说家式的史学家演说"。他在记事本上记下自己的谴责："我向你们重申，共和国就是劳动、工场、柜台、销路、管理等世界上最为平常的一些东西，这些东西几乎不需要革命的激情和夸夸其谈。对于大多数人来说，共和国的代表并不属于这个世界，人们把他们看作1793年的后人的新化身。"[31]

那么他希望的是什么呢？首先是创立一个确保免费信贷的交易银行，进行信贷改革。他在著作中详细解释，可是这本著作在所有人那里受到冷遇。不过，蒲鲁东具有毅力，他带着根深蒂固的念头在革命中前进——这一想法极具独创性，但亦让他极为孤立。他直到最后依旧无法被归类。但是，他也从未想过脱离同他的"兄弟"无产阶级的相互联系。2月27日，他创办了一份新报纸《人民代表报》，其副标题是两句与西哀耶斯教士相符的箴言：生产者是什么？什么也不是。他应该是什么？是一切。资本家是什么？是一切。他应该成为什么？什么也不是。他很快就预见到社会主义革命的失败，并认为普选制是反革命的。为什么呢？因为选民会选那些"受过教育的人""名人"和"有产者"。他自己也位列好几个省份，尤其是

在巴黎和贝藏松的候选人名单之中，他在可能让人感到不安的情况下表明了信仰：“在我的本性中总有一种与权威相悖的东西。我对教 410
士，如同对官员一样，一般来说带有许多崇敬之情，但是，我始终像违抗政府那样违抗教会。”尽管他在 4 月选举中落败，但是，他在《人民代表报》上发表文章，逐渐巩固了名声，尤其是他对“普选的骗局”的猛烈攻击。让我们重新回到他喜欢的话题：在劳动者之间组织交换、信贷以及流通！ 5 月 10 日，他的报纸全文刊载了《建立交易银行的计划》一文。尽管有一些提法给他带来了名气，但这是一篇包括 80 项条款的没完没了的长篇大论，几乎没人能看完它。但是，大胆的蒲鲁东在几天后得到一些名人的支持，他援引他们的名字，他们则采纳他的计划，并同意他加入一个研究委员会……这种虚张声势的做法引起广泛的抗议，但是，蒲鲁东开始引起人们的关注，他的雄辩令人生畏，人们不知道他葫芦里卖的究竟是什么药。不管怎么说，极左派接纳了他。5 月 15 日，当起义者拟定有待建立的政府的政府成员名单时，他的名字排在路易 · 勃朗、阿尔芒 · 巴尔贝斯和皮埃尔 · 勒鲁的边上……对于右派来说，他依旧是“共产主义者”财产的敌人、一个危险分子。

这种名气刚刚使他得以在 6 月补充选举中在巴黎获选。这一成功给他带来未曾预料到的好处：他所居住的马扎然街黄金海岸旅馆的业主得知他获选的消息之后，请求他别再住阁楼房间，改住二楼的一间大房间，因为觉得住屋顶间同人民代表身份不相称。6 月 13 日，他在同事的窃窃私语和注视中进入国民议会：“人们几乎因我既没有长角又没有长爪子而感到惊讶——我在好几个省份引起的恐怖真的很可笑。”他的第一次投票并不让人感到意外：反对和他一同当选的路易 · 波拿巴获选的有效性。当他被选入财政委员会时，他思忖道：“我在这些傻瓜中间究竟会变成什么？”六月起义依然将使他处于边缘地位。

蒲鲁东并不赞成工人起义，但他把责任归咎于“国民议会的邪 411

恶意愿”。亲临战场观看的他钦佩“起义者不可征服的勇气”。6月25日他在记事本上记录下不满：“让人惊奇的是看到国民议会那些资产阶级只关心一件事情，那就是‘了结’。好像人们能够了结!……”在起义被镇压之后，蒲鲁东在那些发狂的报纸专栏以及同事的眼中受到前所未有的猜疑。6月28日，国民议会通过一项宣言，后者痛斥“那些认为家庭只是一个字眼、财产就是盗窃者的野蛮学说……”代表起身为宣言投票，只有蒲鲁东坐在那里。7月6日，针对一篇歇斯底里的反动文章,他在《反对反革命的诽谤》一文中为起义者辩护。他写道，这次起义基本上是“一次不幸的事件”“一种绝望之情的爆发”，并且只要求废除流放的法令。但在几天后，《人民代表报》即因为一篇题为“7月15日”的文章而被取缔。

> 房租！到期的房租！我们将如何支付房租？
>
> 5个月来我们什么都没得干，我们什么都没有得到，什么都交不出,也没有任何东西可出卖！工业被推翻！信用被推翻！就业被推翻！……
>
> 我们要求更多的工作、更多的钱、更多的资源！房租已经到期，到处是人头税，那些银餐具、女人的首饰、丈夫的手表、最好的衣服都在当铺里！我们如何再缴纳房租？我们该如何活下去？……

蒲鲁东劝告读者向国民议会提交请愿书，以便让其颁布一项法令，允许在3年的时间里延迟缴纳债务、房租和地租的1/3……

蒲鲁东还没有受到致命一击。7月31日，人们在国民议会为他准备了这种致命的一击。因为卡芬雅克取缔《人民代表报》，蒲鲁东遂在国民议会提交一份同他的交易银行计划相关的提案加以反击。此项计划由财政委员会进行仔细的审查，由梯也尔负责报告。对于梯也尔来说，面对蒲鲁东这样一个“共产主义”的化身，这是充当保守派领袖的大好时机。因此，他在 7 月 26 日召开的全体大会上力图剖析这一计划，逐条驳斥，并勒令计划制订者到讲坛上为他那站 412 不住脚的计划辩护。这一将蒲鲁东置于死地的做法经过了精心策划。蒲鲁东无法回避，他在 7 月 31 日登上讲坛；会场大厅里坐满了人。维克多·雨果在《见闻录》中不带同情地对此如此描述：

> 人们看到讲坛上出现了一个 45 岁左右的男子，此人有着稀疏的金黄色头发、浓密的络腮胡子。他穿了一件黑色马甲和一套黑色礼服。他不是在做演讲，而是拿着讲稿在念。他那紧握的双手放在讲坛的红丝绒上面，讲稿在双手和讲坛之间。他戴着又大又圆的眼镜，声音毫无特色，音色有些沙哑。一开始，人们还在急切地聆听，但随后会场就爆发出笑声和窃窃私语的声音，最后，每个人都开始聊天。会场变得冷清，发言者在无人听讲的情况下结束了这一开始时让人感到恐惧的演讲。蒲鲁东有才华，也有激情。然而，他显然已屈服于演讲的失败，而且他丝毫没有伟大变革者非凡的厚颜无耻。[32]

事实上，蒲鲁东这个平庸的喜剧演员在讲坛上表现得糟糕至极。雨果强调了他在开始演讲时如何吸引听众的注意力：

“代表公民们，你们不是急于听我发言，而是急于‘了结’。”

20 年来，社会主义让人民激动。

“社会主义已经造就二月革命，你们在议会的争吵并不会让民众动摇。”

在 3 个小时的时间里，蒲鲁东竭力在越来越不耐烦、盛气凌人、讽刺挖苦、开怀大笑、佯装愤怒、要人遵守秩序等等的国民议会面前为计划辩护。蒲鲁东对他的名言“财产就是盗窃”做了说明：“关于废除财产，我一贯主张的是通过自由竞争和尽可能谨慎的方式逐步废除资本的收益，丝毫没有剥夺的意思和共产主义的倾向。”但这一切纯属徒劳，他让人感到害怕、厌恶、深恶痛绝。他们要求他解释句子中“我们”和“你们”的含义。这一次，蒲鲁东的回答迅如闪电：“在我使用这两个代词，即‘你们’和‘我们’的时候，显然，我把‘自己’归于‘无产阶级’，而把‘你们’等同于‘资产阶级’。”最后，想表达普遍愤怒的内政部长塞纳尔建议，就郑重谴责蒲鲁东
413 一事进行投票。这是一个有充分理由的动议：

> 国民议会：
>
> 鉴于蒲鲁东公民的提案是对公共道德原则的可怕侵犯，即它侵犯了所有制，鼓励了告密，煽动了最邪恶的感情；
>
> 此外还鉴于演说者已经通过试图把它变成他所阐述理论的同谋，诋毁1848年的二月革命。
>
> 请把它列入今天的议事日程。[33]

这项议题以691票赞成、2票反对通过，投反对票的是蒲鲁东和里昂的工人格雷波。部分左派议员弃权，但路易·勃朗投了赞成票。蒲鲁东在之后就此写道：“社会主义者为此指责他，但他们都错了。他的投票是国民议会当中最有责任心的一票。如同我代表民主的社会主义和通过人民进行革命，路易·勃朗代表支持政府的社会主义和通过政权进行革命。我们之间存在一道鸿沟。”[34]

在7月31日这次会议之后，蒲鲁东最终成了“一个怪物”，一种公共的威胁。报刊不断挖苦他。一幅木刻版画把梯也尔刻画为“制服巨龙的圣米歇尔”。不过，蒲鲁东的言论已经在法国境外产生影响。俄国人赫尔岑在朋友当中传播他的相关言论。至于蒲鲁东后来的敌人马克思，他在1865年一篇悼文中重新提到这次会议时写道：“反对梯也尔的蒲鲁东采用的是一种老掉牙的巨人的方式。”尽管他是一切当众侮辱的对象，但蒲鲁东并没有泄气，依旧抗议那些反对言论自由和集会自由的措施。前已述及，卡芬雅克政府认为应当恢复报纸

的保证金。在已经复刊的《人民代表报》上，他继续通过他那些振聋发聩的文章进行战斗。被反动势力当作替罪羊的他，接连从一个名叫夏尔·波德莱尔的诗人那里收到两封信，波德莱尔告诉他有人想要谋害他——“这是一个真正的阴谋”。曾在二月起义和六月起义 414
中开过火的波德莱尔由衷崇拜蒲鲁东，并建议他要警惕。[35]最后，蒲鲁东会见了波德莱尔，后者自称是一个“热情而陌生的朋友”。但是，《人民代表报》在1848年8月21日被最终取缔。这不要紧！蒲鲁东又出版了一份新报纸《人民报》，该报存在了9个月。1849年3月28日，他被塞纳法庭判处3年监禁和3000法郎的罚金。1849年6月，他被逮捕并被关进监狱。正是在圣佩拉吉监狱，他与41岁的巴黎女工欧弗拉西埃·皮埃热拉尔结婚。他在1851年10月28日给朋友蒂索的信中写道：“我对这场婚姻考虑了很久，这并非一时冲动，这回我要成为家中的父亲，完整地生活。在我这身边，在我所处的混乱处境中，保留一种母亲般的简单而又温和的形象。”

监禁没有使蒲鲁东麻木不仁。从1849年10月1日开始，由于对他充满崇敬之情的俄国贵族和革命者赫尔岑在经济方面的支持，他发行了一份新日报《人民之声报》。直至1850年5月14日出版的最后一期，蒲鲁东冒着各种危险不断在该报上写文章。论战，猛烈抨击，讽刺，预测未来，剖析，挑衅，辱骂：当局徒有自由之名，它设置了诸多限制！蒲鲁东承担了由此造成的各种后果，他被秘密地从圣佩拉吉监狱转移到巴黎裁判所的附属监狱（conciergerie），继而又被关到杜伦国家监狱，然后在宣告无罪后又回到圣佩拉吉监狱。

在此期间，他在1849年11月初发表《一个革命者的忏悔录》。在这一篇为自己辩解的作品中，作者想要表明自己以一敌众是有理由的。让山岳派的读者感到愤慨的是，他保留了对那些“雅各宾派”，那些“社会－民主党人”——他最厌恶的人——的无情打击。对他来说，“社会主义的绝招”就是自由，一种与“非政府”和“无政府”混同的自由。“我所承认的社会主义同路易·勃朗的社会主义相悖。”在他眼中，流亡到伦敦的勃朗是“政府的社会主义”和“通过权力进行的革命”的化身，蒲鲁东则代表“民主的社会主义”和“通过人民进行的革命”。他在《人民之声报》针对路易·勃朗的攻击中，
415 把路易·勃朗新称为“罗伯斯庇尔的猴子”。

路易·勃朗在《新世界》——他从1849年7月15日起在巴黎创办的月刊——上加以反驳。皮埃尔·勒鲁则在《共和国报》上介入论争。勒鲁的宗教立场被蒲鲁东视为“可怜的神学的舌头、神学的矿山、神学的泵、神学的手、神学的胃”，但他善于保持对话的意义，使辩论得到提升。但并非如此的路易·勃朗则把蒲鲁东视为“政治小丑”，把他当作反对势力的玩偶。与此同时，在1849年11月至1850年2月期间，蒲鲁东开始同经济学家、温和共和派的议会议员弗雷德里克·巴师夏[36]就利息问题和他自己的人民银行方案展开论战。在《人民之声报》这些围绕着争论交替出现的文章中，巴师夏让狡猾的雄辩家付出昂贵的代价：蒲鲁东在其后来的著作中修改了银行那一章中的一些观点。

尽管如此，向来善于提出名言的蒲鲁东抓住了这三场论战的机会来谴责反动的“三部曲”：巴师夏的资本，勃朗“支持政府的思想”，勒鲁“宗教原则”的象征。上帝、国家、资本，这是专制主义恶魔似的三位一体，蒲鲁东将这一恶魔似的三位一体与他对权威的否定这一社会主义和革命的真正基础对立了起来。[37]

乔治·桑的斗争

1848年初，乔治·桑开始与皮埃尔·勒鲁保持距离。她依然忠于
416 他的思想，但是他这个人本身让她颇感失望：他“自甘贫穷”，避而不谈他的寄生生活。她在1847年12月14日写信给夏尔·蓬西时表明了她对勒鲁的总体看法：“在理想的生活中他是个令人钦佩的天才，但在现实生活中他却总是不知所措。”[38]1848年1月22日，她写信给意大

利爱国者马志尼道：“恐怕这个值得佩服的脑袋已经到达人所能达到的极限。从天才到脱离常轨，往往只有一步之遥。”尽管如此，乔治·桑是坚定的共和派和社会主义者（她与路易·勃朗接近，并为《改革报》撰稿），共和国建立的消息到达诺昂，只会让她满心欢喜。3 月 1 日，她去了巴黎。在那里，她一直待到 3 月 7 日，她对巴黎最初的印象可谓充满热情。她在 3 月 9 日致信给夏尔·蓬西时写道：“共和国万岁！与此同时，巴黎看上去被照料得如此之好，是多么井井有条！我来到了巴黎，我在巴黎跑动，我看见脚下最后的街垒在被拆除……我看到法兰西人民汇集在法国的中心、世界的中心，他们是世界上最值得钦佩的人民。有人疯狂，有人沉醉，有人幸运地在烂泥中沉睡，在天堂中醒来。”

桑迫不及待地开始为共和国以及朋友勃朗、赖德律－洛兰、阿拉戈参与的共和国政府服务。分享着这种巨大的博爱之情的她想把这种博爱精神传播到外省。她在 3 月 8 日出版的《卢瓦雷报》上发表了一篇名为“致普通民众”的文章：“被赋予一种从未使用过的力量，而且只是在某几天才理解这种力量的意义的人民准备对资产阶级予以完全信任。”[39] 团结、友爱、阶级之间的和解！作家成了资产阶级和人民之间的中间人。3 月 5 日，她对富人发表演讲：“共产主义不会威胁你们。它刚刚通过宣布赞同年轻的共和国，明确表明它将依法服从现存秩序。”同样是在这几天里，她又拟定了《致人民的信》。但是，幸福感在这些文章中逐渐减弱。二月革命后不久的时光开始降低她的期望：“我已经看到猜疑和可怕的怀疑，这是君主制时期的习俗不幸的遗产，它慢慢渗入富人心中，并弄熄了即将燃烧的 417
火花。我看到野心和假装赞同的欺诈，恐惧支配着许多自私自利的人……”[40]

在 3 月 8 日到 21 日重新回到诺昂、关注正在准备的选举的她，再次用以前的笔名布拉西埃·波南发表讲话，以便向村民解释，他们的命运、前途以及幸福的希望都在于共和国这个充满博爱的政体。回到巴黎之后，她搬到一个房租只有先前 1/10 的住所，为了使皮埃尔 · 勒鲁所倡导的社会主义要旨得到展示，她创办了一份周报，并将其取名为“人民事业报”。该报宣称：“我们将在没有激烈地撞上要求我们回避的障碍的情况下，逐渐从贫穷到小康，并从小康到社会的富有。”

意识到外省在思想上要落后于巴黎的她向赖德律 – 洛兰提议，在大选之前派些工人去向农民讲解共和国的情况。她让他派遣《车间》的编辑勒纳弗，后者带领了几十个同伴奔赴外省。在 3 月 21 日回到巴黎、开始全力听从政府调遣的乔治 · 桑，在埃蒂安 · 阿拉戈（天文学家的兄弟）的建议下，以不署名的方式为《共和国公报》撰稿。及至 4 月 29 日，她一共写了 9 篇文章。在 3 月 25 日第 7 期上，她竭力让那些“乡村居民”相信有必要缴纳非常不得人心的 45 分钱的税，以及相关法令是为了避免国家信用的破产而颁布的。发表在 4 月 13 日第 15 期上的文章显然热烈赞同让那些公正无私、态度坚定的好的候选人参与选举：“为了保存公共自由的传统并将其发扬光大，这届国民议会应当不断致力于牢固建立民主社会的大厦。它应当严厉控制那些压迫性和被谴责的组织 / 机构，不要在任何革命的结果面前退却，以一种强大的决心领导这个国家，如果必要，毫不留情地去摧毁一切抵抗。”这项令人不安的宣言对大多数人来说，堪称共和国
418 的恐怖的前兆！ 4 月 16 日，在 4 月 15 日出的后一期里的文章则彻底引起巨大轰动。作者在报纸上称，在反动派取得胜利的情况下，人民将如同在二月革命中那样具有起义的权利和义务：“只有一个办法可以拯救那些筑建街垒的人民，那就是再次表明他们的意愿，以及推迟那些虚假的国民代表制的决定。这一对策既极端又可悲，难道法国愿意强迫巴黎采取此种办法吗？对此，上帝也不会乐意。”[41]

这篇文章引起了公愤：人们可是刚刚认可了普选制。民主难道是若不符合少数人口味就可以撤销其结果吗？桑的激进化显而易见。她在赞成社会主义的律师泰奥菲尔 · 多雷所办的报纸《真正的共和国》中提供了这种激进化的另一个证据——在《人民事业报》办不

下去以及从《共和国公报》退出之后，她开始为这份报纸撰稿。4 月 16 日和 5 月 15 日所发生的事情实际上使她相继远离临时政府和国民议会。

在 4 月 16 日后不久，她写信给儿子莫里斯："我可怜的布里，我完全感到共和国原则和前途已经被完全扼杀。"[42] 她无法容忍武装起来的资产阶级为更好地吼叫"处死共产主义者""处死卡贝"而高喊"共和国万岁"。"这些叫喊声出自 20 万人之口，他们中绝大多数人虽重复着这些口号却不知道何为共产主义。今天，巴黎已经和拉沙特尔一样行事。"她不再对拉马丁表示敬重，"他是一个天真的耶稣会士，是个拉法耶特似的人物，他想当共和国的总统，而且他会达到目的，因为他已在不相信任何想法和不喜欢任何人的情况下精心安排所有想法和所有人。他在什么也没做的情况下就取得荣誉和胜利"。

在 5 月 15 日之后，她就成了一个彻头彻尾的悲观主义者。她在 5 天后写信给侄子："法国已得以使作为其心脏和头脑的巴黎免遭正准备发生的社会动乱，但是，法国并不理解巴黎强加给她的革命的性质，这才是问题所在。我们已经说过，我们整天都在说：这不是一场政治革命，而是一场社会革命……不幸的是，真正的社会思想的引 419
路人并不比他们要战胜的对手高明多少，他们过多看重自己的利益。总之，人民感受到伤害，而且丝毫不知道出路何在。他们缺乏能理解他们的使命的引导……这些保持现状的使徒以为能高枕无忧，但在某天大清早，一场可怕动乱将让他们明白社会现实以及社会罪恶的深重，但到那时，已为时过晚。"[43] 这一预言性的讲话在六月起义当中得到验证，而这一事件永远打破了"博爱共和国的美梦"。

在得知巴黎工人起义以及随后发生的残酷镇压之后，她写信给出版商赫茨尔："只有哭泣，我所看到的前景如此黑暗，以至于我很想也很需要烫痛自己的脑袋。"当拉默内以加黑框的形式刊出最后一期《制宪人民报》时，她表示支持："啊，多么宽宏大量的胸怀啊，我可以想象你在这些痛苦的日子中不得不承受了多大痛苦！只有你一个人理解这场可怕斗争的意义和影响，只有你一人能够在巨大危险之中有勇气说出所有真相……”深受感动的拉默内在7月23日回复道：“我的朋友，感谢你的美言和鼓励。你总是对我如此之好，能够想到受伤和流血的人，并为他们伸张正义。我也是站在你这边的人：我请你相信这一点，永远不要怀疑，无论我们在某些问题上的观点差异有多大。”

她给赫茨尔寄去《小法岱特》的手稿，并在1848年10月7日给他的信中含沙射影地提到各种事件、左派的无能以及随之产生的专政：“我可怜的大脑钟爱逻辑，但我看不到出路。”同拉默内一样，第二共和国对乔治·桑来说，堪称众多失望中最残酷的一种。（如赫尔岑所言，“她概述了对法国革命观念的个人看法。”）

作为共和主义运动的先锋，桑热情洋溢，无拘无束，却又固执己见。但是，她在有助于1848年局势发展的女权主义运动斗争中退
420 缩不前。[44] 因此，原先的圣西门主义者欧仁妮·尼布瓦耶同德克雷·盖[45] 在要求她加入塔拉姆大街的俱乐部，并在1848年4月6日《妇女之声》上要求她参加下一轮选举时说道：“这样一位能够汇集我们好感的人，具备男人和女人的双重特征，既有男人的气概，又有女人所具备的神圣本能和诗意：我们提名桑。”大作家感觉受到侮辱，并选择在《改革报》和《真正的共和国》上表明立场：“一份由女人主编的报纸宣称我为国民议会的候选人。如果这一强加在我头上、充满可笑要求的恶作剧没有伤害我的自尊，那我忍忍也就算了……但是，我的沉默会让她们以为我允许这份报纸为我代言……不经过我的同意，我不允许她们把我当作妇女团体的招牌，我同这个团体没有丝毫友好或敌对关系。”[46] 乔治·桑并不赞成妇女参政。虽然她要求别人把自己当作男子，以至于有时也穿长裤、抽雪茄，但却并不认为必须首先考虑选举权。在她眼中，圣西门主义者和傅立叶主义者在妇女问题上的企图同贵族制和精英主义联系在一起。桑考虑的是全体人民，妇女即在这一整体之中。然而，她曾大致说道，不应该

本末倒置。4 月 6 日，她在第 6 期《共和国公报》中如是写道：

“最近，几名受到宗派精神激励的妇女，以智慧的名义高声要求智慧应有的特权，这个问题提得并不合适。在承认社会已经从赞同某些有能力的妇女参与公共事务管理方面获益匪浅的同时，我们得承认，大多数贫穷、被剥夺受教育机会的妇女丝毫没有从中受益。”（应当与之斗争的是妇女缺乏教育、遗弃、堕落、贫穷的问题，一般说来，这些问题对妇女施加的压力要超过对男人的压力。）

当民主和社会主义委员会把她列入 40 多个省的选举名单时，她也做出了回应。是的，她希望、主张和要求男女之间的平等，但是，421
平等并非就是相似。“有朝一日女人也应该参与政治生活吗？是的，我与你们一起相信会有这样一天。但是，这个日子是否马上就会到来呢？不，我不这么认为。要改变妇女状况，就应该对社会进行大变革。在现在的情况下，妇女没有能力担负公共职责。”

在她看来，妇女的斗争首先应该放在另一个领域当中，也就是民事权利的领域。在此，妇女首先应当结束的不平等是她们始终处在一种未成年人的地位。作家重新找到她最珍贵观念中的一种，她最为不懈地进行的种种斗争中的一种——这种反对婚姻监狱的斗争自从她第一批小说问世以来就已在进行。应该重新恢复离婚制度：“是的，民事上的平等、婚姻的平等、家庭的平等，这就是你们能做到的和要求得到的东西。但这又同婚姻的神圣、配偶的忠贞和家庭的和睦等深层感情联系在一起。”[47]

在社会主义和女权主义之间的大论战当中，乔治·桑选择了自己的阵营：把解放没有性别之分的工人阶级一事置于优先地位，而对于妇女来说，自由取决于她们自己。

1848 年 12 月，路易·拿破仑·波拿巴以 5434226 票轻而易举地当选为共和国总统，其获得的票数远远超过卡芬雅克（1448107 票）、赖德律－洛兰（370119 票）、拉斯帕伊（36920 票）、拉马丁（17940 票）和尚加尼埃（4790 票）。难道法国人已经放弃共和国了吗？乔治·桑扪心自问，并且不愿意接受这个令人绝望的事实。1848 年 12 月 22 日，她在《改革报》上的一篇文章中所做的分析是她对 1848 年做出的结论："人民还不适合政治。"他们只凭感情投票。人民摈弃了卡芬雅克，因为这个将军屠杀了六月起义的起义者。但人民倾向于社会主义："因为曾经是一个政治上而不是社会主义的共和国，这个温和的共和国终于招致人民的不满；又因为是社会主义的，而不是适合政治的，人民就会做出一些有损人民主权原则的鲁莽选择。但是，需要一点耐心。
422 不久以后，人民将既是社会主义的，又是适合政治的，届时共和国既是社会主义的，又是政治上的。"[48]

对于这里的所有文人来说，1848 年革命像是一场巨大失败。诚然，某些主要措施被保留下来，尤其是普选制（但它还是很快就遭到质疑）和废除奴隶制。但是，无论是如拉马丁那样的温和派，还是如乔治·桑那样的激进派，他们都在那些充满激情的混乱局面中意见一致。不过，他们都表现出鲜明的政治立场。然而，就其生活将处于动荡之中而言，或许没有人比维克多·雨果的体会更深。

第二十三章

维克多 · 雨果成为共和派

1848 年 6 月 4 日，维克多 · 雨果当选为制宪议会议员。

1849 年 5 月 13 日，维克多 · 雨果当选为立法议会议员。

1851 年 12 月 2 日，维克多 · 雨果抵制政变。

对于维克多 · 雨果来说，二月革命并不是让他感到高兴的恩赐，拥护立宪君主制的他对共和国感到恐惧。他是显贵中的一员，甚至颇为富有。从 1841 年起就是法兰西学院院士的他，在 1845 年又被选入贵族院。确实，他的私生活一度成为报纸专栏谈论的中心。他周旋在妻子阿黛尔和情妇朱丽叶 · 德鲁埃之间，为后者在圣阿纳斯塔斯大街租了一个底楼的房间。另外，他还在皇家广场（即今天的孚日广场）装有暗门的阁楼里同各种各样的人幽会，其中有唯利是图者、女喜剧演员以及容易被勾引的女人——这一切对他来说是无须考虑后果的家常便饭，直到有一天丑闻曝光，1845 年 7 月 5 日，在圣罗歇大街一间连同家具出租的房间内，雨果与莱奥尼 · 比亚尔 · 道内一起突然被头戴绿帽的丈夫带来的警察发现。莱奥尼当场即被逮捕并被关进圣拉扎尔监狱，她在那里一直待到了 9 月 10 日。一个法兰西贵族院的成员当场被捉奸，报刊对此大肆渲染，雨果的朋友对此感到遗憾，国王则建议诗人去乡下避避。但罪人依然待在巴黎，只是躲在朱丽叶家中闭门不出，而后者对这段插曲并不在意。事件最终得到平息；除了当场被抓，雨果并没有什么错。1846 年 2 月 14 日，他在贵族院发表第一次演讲，其主题是艺术作品的属性。

在接下来的 3 月 19 日，他冒着风险登上另一个政治舞台：同年
424 2 月，在奥地利和俄国无情镇压波兰人民的起义之后，波兰又爆发新的起义。因为雨果冒失的通奸行为而心情欠佳的议员们，以同样冷淡的态度听取蒙塔朗贝尔为波兰人民的事业所做的辩护和基佐重申法国的中立态度。然而，雨果的发言显示出这位未来杰出演说家的才能："先生们，波兰民族曾经光荣，理应得到尊重。法国应当告知君主她设置了一个期限，以及她要阻挡野蛮人。当法兰西说话时，全世界都在倾听；当法国在引导时，世界得在精神方面担负起一项神秘的工作，即让权利和自由、人性与理性的观念在所有民族当中产生。"[1]

雨果关注欧洲的民族命运既非偶然，也没有丝毫减弱。1848 年 1 月 13 日，他曾发表过另一个演说，那一次，他是在为意大利辩护。演讲从赞美 1846 年当选的教皇庇护十四世（此人被视为是自由派）开始，在演讲者看来，这是"一件大事"。他因为鄙视那些新上任的高级神职人员，引起同僚的反感："是的，先生们，我属于一想到古老而具有强大生命力的罗马就喜欢得浑身发颤的人，这个统一的大都会，在统一了信仰、教条和基督教之后，再一次在全世界的欢呼声中，从事着统一意大利的工作。"[2]

这些话虽然丝毫没有反映大多数人的意见，但出自一位重要人物之口，此人受宠于国王，是国王和亲王的朋友、法兰西学院院士、巴黎晚宴中的头面人物、在家宴请全巴黎名流的东道主。就政治方面而言，他与朋友拉马丁相距甚远，他对政府并不抱有任何幻想。他在 1847 年对夏尔 · 迪潘说道："就个人来说，基佐先生是不可腐蚀的，但是他却用腐败的方式管理着政府。他给我的印象是，一个

清白的女子经营了一家妓院！”[3]尽管如此，他的批判精神依然还有局限。他在写作，并开始创作新小说《贫困》（*Les Misères*，后来成了《悲惨世界》[*Les Misérable*]）。雨果置身于个人作品、女人以及在议会质询之中，是个非常幸运的人，死神没有光顾他，但从他身边夺走了女儿莱奥波尔迪娜的生命，从朱丽叶那里夺走了女儿克莱 425
尔的生命。

当二月革命爆发时，他支持埃莱娜·德·奥尔良摄政。在埃莱娜·德·奥尔良和儿子到达众议院时，雨果正在他那个区的皇家广场上。当时，广场上黑压压的满是人，区长欧内斯特·莫罗陪在他的身边。雨果一心所想的就是在不会激起在场者热情的情况下在市政厅阳台上宣布摄政的消息。他从那里朝巴士底广场走去，在路上与示威者和手持武器的起义者擦肩而过。他爬上七月革命的纪念柱，对着人群大喊：“国王退位了！马上要宣布摄政了！”但是，人们不满地抱怨：“不要摄政！”一个穿工作服的人拿起步枪对准雨果，对他喊：“闭嘴，你这个法兰西贵族院的成员！打倒法兰西贵族院的成员！”雨果提高声音说道：“是的，我是法兰西贵族院的成员，我说话也像个法兰西贵族院的成员。但我效忠的不是某个君主，而是立宪君主制。只要另一个政府尚未建立，效忠立宪君主制就是我的义务。我一直在想，不管是何种义务，人民总不会喜欢有人不履行他的义务。”[4]

雨果不得不归顺共和国。他和拉马丁碰头，后者提出先让他当第 9 区区长，然后担任公共教育部长。他没有接受。他并未和革命运动步调一致，他之所以和拉马丁碰头，是为了消除两人之间的差距。不过，他完全赞成临时政府最初的一些措施，尤其是废除政治犯的死刑——2 月 27 日，他告诉拉马丁，“这是一项崇高的举动”。此外，拉马丁刚刚让他的儿子夏尔·雨果进入内阁。

3 月 2 日，他在皇家广场种了一棵自由树，这一广场重新改名为孚日广场，雨果以一句“普遍的共和国万岁”结束演讲。他的立场已经确定：尽管他对刚建立的新政权还带有种种成见，但他还是充当了制宪议会的候选人。

3月29日，他在《致选民的信》中说道："我的同胞对于我的名
426 字和作品不会一无所知。如果我的同胞为了他们的自由和主权，认为选举我作为你们的代表进入将掌握法国和欧洲命运的议会是合适的话，我将高兴地接受这一严峻的职责。我将竭尽全力、大公无私、充满勇气地行使这一职责。"[5]

雨果在普选面前遭到失败。7月4日举行的补充选举给他提供了另一个机会，他继续参选，并发表了表明其政见的新文章《维克多·雨果致选民》，他在文中自称是共和国的拥护者并反对另一种共和国。他将主张以红旗为标志的共和国与"所有法国人的神圣融合"恐怖和文明对立起来。在5月15日，即其觉得必须成为候选人的那一天，他再次解释自己的立场。他最终当选并成了制宪议会的议员。他应该马上着手解决众多问题中最严重的一个，即建立国家工场。雨果对于他们的举动完全持敌对的态度："君主制有过游手好闲者，共和国也会有懒汉。"鉴此，他投票赞成废除国家工场，正如他在1848年7月21日巴黎墙上看到的那样，国家工场亦可称为"国民喂草架"。然而，回应这一举动的起义促使他寻求折中办法，触动了他人道主义的神经。7月26日，在战斗结束之后，他写信给朱丽叶道："我在3天里充分行使了议员权利，企图达成妥协，制止流血。但没有取得成功。我已经筋疲力尽……这场兄弟之间的战争终于结束！我自己虽然安然无恙，但这是多么大的一场灾难啊！我永远不会忘记这种持续40个小时的可怕景象。"他对曾与之斗争过的起义者的同情，在《悲惨世界》中得到最好体现："卑鄙小人在攻击共同的权利，群氓政治在反对民主，这是阴暗的岁月。因为即使在这样的疯狂之中也存在某种数量的权利，在这场决斗中亦存在自杀，所以我们可用侮辱、无赖、恶棍、群氓政治、粗野之人等词来记载。唉！与其说是受苦受难者的错，不如说是统治者的错；与其说是穷人的错，不如

说是特权者的错。”六月起义加速了雨果的政治转变。

因为他们的住房在起义中被焚毁，雨果一家遂在7月初临时住在伊斯利街。不久，他获悉夏多布里昂在瘫痪5个月之后去世。雨果参加了在巴克大街的海外传教团教堂举行的葬仪，这是在死者落 427
葬于圣马洛前举行的仪式：“传教团教堂小而简陋，半边墙上挂着黑布……这实在是过于简陋了一点。我曾希望能够为夏多布里昂举行具有皇家气派的葬礼……”在六月起义之后，卡芬雅克政府取缔了11家报纸，逮捕了11名记者（例如埃米尔·德·热拉尔丹，他被秘密地关押了10天之久），通过恢复保证金制度来限制新闻自由（“穷人闭嘴！”）。8月1日，雨果站在讲坛上说：“我向可敬的卡芬雅克将军要求，能否告诉我们因为现存法律而被取缔的报纸是否能够马上得到恢复，现在颁布的新法令让这些报纸处于半死不活的状态，不仅受到戒严的束缚，而且受到专政的镇压。”卡芬雅克对此并没有做出回答，议会通过了当天的议事日程。

前一天，也就是1848年7月31日，新报纸《事件报》诞生。雨果始终断言这份报纸没有什么可看的东西，但是他的两个儿子夏尔·雨果和弗朗索瓦·雨果参与了日报的管理，该报报头是雨果的一句名言：“强烈地仇恨无政府状态，温柔而深沉地热爱人民。”在该报的记者当中，我们注意到有雨果的情人泰雷丝·道内，她的笔名为莱奥尼·道内。因为这些，这份报纸对他来说同他每天在议会辩论以及同那些左派分子一起而不是同“普瓦蒂埃大街”的右派分子一起频繁投票同样重要。因此，8月25日，当议会重新提出5月15日的议题，要求通缉路易·勃朗和马克·考斯蒂埃尔时，雨果加入反对这一决定的少数派。他多次同他人一起要求解除戒严，为新闻自由而不懈斗争。

当终于要讨论宪法时，雨果加倍提高了警惕。9月7日，他和左派成员明确要求在宪法导言中提及《人权宣言》。9月15日，在涉及废除政治犯死刑时，他提出一项有利于立即废除这类死刑的修正案。

雨果在讲坛上辩护："我投票赞成完全、直接、明确地废除死刑。"但是，提案没有获得通过。维克多 · 雨果总是坐在右派的席位上，但投左派的票，他在议会占有独特的位置。他通过敌视其原则已被投票通过的单一议会而与"老共和派人士"保持距离。他也反对未来的共和派，为了新闻自由和取消戒严继续斗争。他在 10 月 11 日写道："前
428 几天，我为要求废除死刑而投票；现在，我为要求自由而投票。为什么呢？因为我不希望看到 1793 年！ 1793 年只有断头台，没有自由。无论在什么样的政体下，我都倡导自由，反对压迫。为什么呢？因为通过法律规定的自由会产生秩序，而压迫会产生爆发。这就是我为什么不要压迫而要自由的原因。"[6] 戒严在翌日，即 1848 年 10 月 12 日被取消。

在家庭生活方面，雨果一家于 10 月 15 日在拉杜尔 – 道维尔涅大街安顿下来。不久之后，一直住在蒙马特尔的朱丽叶搬到了罗迪埃。至于在政治方面，当人们在 11 月 4 日转向对宪法投票时，雨果没有给大多数右派投赞成票的宪法投赞成票。在委员会工作方面，托克维尔起了主要的作用。他已经说服同事赞成取消 2 月宣布的劳动权，在他看来，那是在颁布社会主义的法令，而实行社会主义有悖于私有财产和个人自由。《宪法》的导言仅重申（第 8 条）共和国应当"通过一种博爱的帮助，确保贫困公民的生存，或者在国家财源允许的范围内使他们获得劳动岗位，或者向那些缺少家庭帮助以及丧失劳动能力的人提供帮助"。与雨果相反，托克维尔并不支持两院制。这也是作为关心权力制衡的优秀自由主义者的他赞成以普选方式选举共和国总统的原因之一。拉马丁对此给予的支持，最终使这一议案在左派的反对中通过。雨果在 12 月 5 日《通报》中的一封信里表达反对意见："单一的议会制度在我看来对于国家的稳定和繁
429 荣具有危险，我无法赞成这样一部引发灾难的宪法。我深切希望未来能够证明我是错的。"

总统选举将在 12 月 10 日举行。雨果对于路易 · 波拿巴并没有

明显敌意。11 月 19 日，他参加了巴罗举办的一个招待会，在那里不仅碰见了托克维尔、雷米扎，还遇见了波拿巴：“路易 · 波拿巴优雅，冷静，温和，带有令人肃然起敬的智慧，留着黑胡子，看上去有点像德国人，与皇帝丝毫没有相像之处。”[7] 这一描写没有丝毫敌意。与之相反，当 11 月 25 日国民大会以 503 票赞成、34 票反对通过一项议事日程，向“完全配得上祖国的”卡芬雅克将军表示祝贺时，雨果投了这 34 票中的 1 票。“我判决卡芬雅克，国民判决我。我希望用行动证明自己的每一天，我的投票就是行动。”12 月 7 日，《事件报》拒绝承认卡芬雅克的选举人资格：“如果卡芬雅克被提名为共和国总统，就应该把卢梭和伏尔泰抬出先贤祠，以阿利博和菲耶斯基取而代之，并在墙上刻下：致暗杀者，祖国感谢你们！”几天前，《事件报》刊登了人民候选人路易 · 波拿巴的选举宣言。雨果力图避免与儿子的报纸有牵连，但却是徒劳。这或许是他自己的选择，尽管他没有公开表明这一点。托克维尔则于 12 月 10 日投了卡芬雅克的票。

1848 年 12 月 20 日，国民大会宣布路易·波拿巴为共和国总统——他以 540 万票对 145 万票战胜了卡芬雅克。就职仪式并不隆重。奥迪翁 · 巴罗负责组阁，他的选择让《事件报》感到失望。这是否因为维克多 · 雨果未能成为部长？他本人略微庄重地写道：“我是，我愿意且仍然是属于真理、属于人民、属于我的良知的人。我不想追求权力，也不想获得喝彩。我既没有想当部长的野心，也没有当护民官的野心。”不管怎么样，他还是接受了共和国总统的邀请，参加总统在爱丽舍宫举行的首次晚宴。当时总统刚搬入新居，正在寻求他的特色。在晚饭后被波拿巴单独留下来的他，自愿充当亲王顾问：皇帝曾通过战争建立一个伟大的政府，他则应当“通过和平建立一 430
个伟大的政府”。该如何进行呢？“通过一切艺术、文学和科学的辉煌，通过工业和进步的胜利。”雨果用这番平庸的言论提醒总统尊重新闻自由，同时支持“一种国家办的报刊”。

立法选举于 1849 年 5 月 13 日举行。3 股力量占据着主要席位。

普瓦蒂埃街的“贵族”——秩序派——占据2/3的席位。温和派（王港联盟）为选举者幻想的破灭付出了沉重代价：40%的选民弃权，原先赞成宪法的大多数人在713个议席中只剩下80个。最后，左派、社会民主党人摆脱了困境，获得180席。“红色危险”再次出现，托克维尔观察到，尽管保守派获得胜利，但遭受“打击”。维克多·雨果和蒙塔朗贝尔、法卢、比若、莫莱、贝里耶、梯也尔一起加入了“城堡伯爵”（des Burgraves）的选举委员会。在他看来，“自己在选举时期不大可能孤立，不会像置身于战场时那么孤独”。[8]他没有很好地找到自己的位置，如果说他是左派，他尚不够左，但在右派看来，他又不是真正的右派。然而，他还是获得117069票，在巴黎名列第10。

他毫不犹豫地同右派决裂。当朋友圣勃夫终于找到一个可以远离巴黎的狂热的清静地方时——在这种情况下，这样的地方既不是在英国，也不是在苏格兰，而是在圣勃夫开设关于夏多布里昂的课程的列日市——雨果议员并没有罢休。他对拉马丁的失败感到遗憾，并写信给拉科雷泰尔：“拉马丁本人犯下了大错，对此已有不少人提及。但是，他毕竟把红旗踩在脚下，废除了死刑，在一场渺茫的革命中充当了15天的聪明人。今天，我们以那些浮夸的人替代这个聪明人，用赖德律·洛兰替代拉马丁，然后再以布朗基替代赖德律·洛兰。”

以雨果为代表的温和共和派越来越反对右派实施的那些强硬的反动措施。这种决裂通过两次演讲完成，一次是1849年7月9日有
431 关穷人的演讲，另外一次是10月19日有关罗马问题的演讲。这些演讲使他遭到议会中大多数人的反对。在一项由负责审查“与预防和公共救助相关的法律”的委员会提出的提案出现后，维克多·雨果对此展开讨论。他谴责那些在他看来除已经由所有政府做过的事情之外“没有任何事情可做”的人。他在没有提到任何人名字的情况下，对右派和中间派表示强烈抗议。他再次表明自己的态度：“先生们，我不属于相信人能消除这个世界中的苦难的人，苦难是一种神圣法则，但是，我属于这样的人，即认为并相信你们会消除贫

穷。”这一连串的否定让右派非常恼火。雨果是社会主义分子吗？非也。他明确地希望“把某种社会主义的幻想抑制在信条的现实之中”。他解释说：“社会主义实际上反映了当代以及一切时代的部分悲惨现实……”因而，应当从社会主义中提取其真实的东西，消除其具有危险性的东西：“消除贫困！是的，这一切是可能的。”

几个星期以后，因其赞扬革命的话而被起哄、质疑和讥笑的雨
果，在就罗马问题提出质询时遇到狂怒右派的新攻击。庇护九世曾
试图在 1848 年组建一个立宪政体，但是，当马志尼领导的意大利民
族运动建立罗马共和国之后，他不得不逃到那不勒斯王国境内的加
埃特。教皇在 1849 年 2 月吁请信仰天主教的列强前去帮助他。在教
皇和起来造反的臣民间的调停结束之后，法兰西共和国在 4 月派乌
迪诺将军率 3 个旅的军队到奇维塔韦基亚，后者的任务是重新扶持
教皇，同时要求教皇进行必要的改革。4 月 29 日，乌迪诺到达罗马，
但是在罗马人意外抵抗下不得不且战且退。新任外交部部长不是别
人，正是托克维尔，他希望在罗马有一个协调现代自由和教会的立宪
政体。然而，山岳派的左派于 6 月 13 日在巴黎发动示威活动，声援
意大利的民族运动，右派则叫嚣要起义。于是，政府宣布实行戒严，
两家共和派报纸遭到查封，维克多 · 雨果对此提出抗议。7 月 1 日，
罗马被乌迪诺攻陷，教皇回到城内复位。对巴黎大力支持的温和自 432
由派提出的建议充耳不闻的庇护九世，通过一项于 9 月 12 日颁布的
通谕恢复了绝对权力，这让托克维尔感到非常失望。后者于 10 月 18
日在立法会议就罗马问题做了汇报，其中一些言辞将导致他在 10 月
31 日被免去外交部部长的职位。维克多 · 雨果本人在 10 月 19 日可
能进行了自由主义色彩更浓的质询。他从根本上要求罗马教廷接受
“意大利两面宝贵的旗帜：世俗化和民族主义”。教皇应该放弃教权主
义，了解意大利人民统一的愿望。雨果的发言不断被打断：右派出现
严重的骚动，他们窃窃私语，打断他的讲话并表示抗议，左派则报
以长时间的掌声。雨果在结束时说：“法国已经抵押她在世界上最伟

大最珍贵的事物——她的旗帜。她已经抵押同样伟大与神圣的对其他民族的道德责任感。她已经挥霍大量钱财，正在遭受苦难的人民的钱财。我再次重申，她已经倾注士兵的光荣鲜血，然而，让人难以置信的是，她所做的这一切竟然没有任何意义！……但愿我搞错了，并没有如此令人羞耻的事情！但愿这一切绝无可能。”演讲结尾多次获得了“喝彩声和鼓掌声”，从讲坛上下来的演讲者受到“许多代表的祝贺”，其中也包括卡芬雅克本人。[9]共和国已经为维护自由向罗马派遣一支远征军，它已经恢复圣职部（le Saint-Office）！

雨果终于与普瓦蒂埃大街成为对头。他至少可以期待爱丽舍宫的支持，因为他在那里并非无足轻重的人物。但是，政府首脑奥迪翁·巴罗丝毫不支持雨果，关于意大利的事务，亲王－总统当时认为不发表任何意见更为合适。右派的声音通过蒙塔朗贝尔得以表达。10月20日，雨果对此做出回应：“这是蒙塔朗贝尔先生允许我带着对他本人的深深遗憾对他讲到此事的时机，是他更好利用他非凡才华的时机。一如我为意大利辩护，他曾经为波兰辩护。那时候我站在他那边，
433 但现在，我要与他唱对台戏。原因很简单，因为他站在压迫者的一边，而我站在被压迫者的一边。”从这两起事件来看，蒙塔朗贝尔实际上捍卫的是天主教的事业。

雨果继续战斗，逆境并没有让他灰心丧气。因为拉马丁在补充选举中当选，他们遂在所有辩论中肩并肩一起作战，尤其是在有关《法卢法案》的辩论中。公共教育部长法卢伯爵提出的这个法案涉及学校，引起巨大争议。对于信念坚定的共和派来说，学校是开展普选制教育的训练场所，学校可以造就自由的公民。但是，在1848年6月之后，信念坚定的公共教育部长伊波利特·卡诺（他曾要求哲学家夏尔·勒努维埃修订《共和国手册》）因为被怀疑具有社会主义的倾向而被解职。轮到由掌权的右派以自己的想法管理学校——他们的想法是在教育人民方面，重新赋予天主教会以力量，即便是保守派中那些最具有伏尔泰思想的人亦如此认为。作为坚持与教会和解的反教权

主义的资产阶级代表、社会秩序的担保人、议会提案委员会的负责人，梯也尔从诸如蒙塔朗贝尔这样的自由主义天主教徒的支持中获益匪浅，后者赞成教育自由。他还获得包括法卢伯爵在内的某些正统派人士的支持。那项将以法卢名字命名的法案规定了教育自由（只要得到特许证，任何人都可以开办小学，中学均需要参加统一会考），并给予教士许多好处。尤其是那些采纳“私立”学校的市镇可以免办市镇学校。天主教徒从总体上看对此表现出满意之情，尽管其中也有个别强硬派在路易·弗约《宇宙报》的引导下，眷恋教会昔日对教育的垄断。

讨论于1月14日展开。雨果参与了讨论，他宣称：“初等义务教育是每个孩子的权利。”此话引起巨大轰动。他并不反对教育自由，也就是说不管是谁都可以开办学校，但条件是人们得设置“用以平衡的由国家开办的义务教育”。雨果说，这是一种理想，因为财政方面的原因，它实际上难以达到。所以，他当时要求教育自由得“受 434
到国家的监督”，并明确指出，这个国家是“世俗的”国家。因此，在这个负责监督的高级委员会当中，主教及其代表不参与任何事情，他希望的是“这种古老且有益的政教分离的做法”。雨果反对《法卢法案》，因为这一法案是“一种武器”，他补充道：“武器本身无足轻重，它只通过掌握它的人发挥作用。然而，掌握这个法令的人是谁？这才是问题的关键。先生们，它掌握在主张教权者的手中。”对此，右派长时间表示抗议。这是否就意味着雨果反对教会教育呢？答案是否定的。他认为，教会教育“前所未有地必要”。但在对右派的让步中，它走得太远了，他声称：“当它在此掺杂无限希望时，我们有限的贫困又能减少多少呢！”他随后表明了一个演说家的信念：“上帝处在一切的终点。”他把一切都归咎于上帝，把主张教权的派别，即他所谓的“教会的病患”看得一无是处：“不要把教会和你们自己的事务、手段、策略、教义以及野心混为一谈。不要把你们的母亲作为你们的仆人。”维克多·雨果在整个演讲当中，通过列举樊尚·德·保罗以及阿弗尔大人等人物形象歌颂基督教徒的伟大，但也抨击宗教裁判所、禁书目录和蒙昧主义。这一演说将被人当作体现共和国精神的最雄辩宣言。从此以后，他将在议会中得到左派的喝彩。雨果已经跨出关键一步，不再改变自己的阵营。右派以极为粗暴的态度质问他，《总汇通报》将这一场景描述为：难以形容的嘈杂。

1850 年 3 月 15 日，议会对《法卢法案》进行表决，其结果是 339 票赞成，237 票反对。雨果根本没有气馁，而是继续与占据多数的秩序派斗争。与此同时，他也得到些许补偿：在法兰西学院，雨果和包括维尼与拉马丁在内的盟友，成功挫败了蒙塔朗贝尔，但这一成功是暂时的。4 月 5 日，他在一场讨论中再次登上议会的讲坛，这场讨论涉及的是以“放逐”这样一种人们将称为“赦免死刑”（la guillotine sèche）的手段来取代政治犯的死刑。考虑的形式有两种：较轻的一种是放逐到太平洋某个岛屿，较重的是关押在马尔基斯群岛的监狱里。这是一场漫长、激烈而混乱的讨论，不断出现精彩的片段，还有突然间产生的威胁言语：“你本人难道不知道有朝一日自己也会陷入同样的境地，你自己的法律会被用到你自己的身上吗？”《总汇通报》将这一场景描述为：难以表达的混乱。

雨果在 1850 年毫无例外地反对所有被提出来的重要的反动法律。
435 接下来的战斗将是捍卫普遍选举，在这场战斗中，掌权的右派看到一种威胁。在平民力量强大的各个选区，部分选举继续对左翼候选人有利。4 月，在一场这种类型的补充选举中，已转而信仰社会主义的《巴黎的秘密》作者欧仁·苏被送到波旁宫。选他的正是平民区，而且，这种选举让保守派陷入不安。证券交易所行情下跌，议员谈论着把议会迁到布尔日或图尔。于是，右翼的多数人想出了一个限制普选制的办法。根据梯也尔的建议，他们将颁布这样一项法令，它规定：要成为选民，就必须在同一个市镇内住满 3 年。这是把大部分工人排除在外的有效手段，后者因为劳动力市场被迫过着流浪生活。事实上，这项选举法让选民数目从 960 万降到 680 万。大仲马写信给维克多·雨果：“告诉他们，你们疯了。”5 月 21 日，雨果在不断遭到右翼议员打断的情况下力图向这些右派表明，普遍选举是社会秩序的保证，因为普遍选举是“合法得到表达的国民意愿”，是面对革命和反革命的国家的最好法制：普遍选举，就是公共和平。两天后，以同样口吻演说的拉马丁亦同样遭到嘘声。

5 月 22 日，蒙塔朗贝尔在维克多·雨果缺席时说了一句挑衅的话：“如果他在这里，我将让他记起所有那些让他感到高兴的事业和所有那些被他放弃的事业。”翌日，坐在席位上的雨果要求“为一件涉及他个人的事情”发言。他对那些政见不同的人，首先是对蒙塔朗贝尔提出的挑战，使他处在自相矛盾的状态中。诚然，他在青年时代是一个保皇派，但是从 1827 年起，他就坚定选择了自由派的阵营。“先生们，我要对可敬的蒙塔朗贝尔先生说几句，我要告诉他什么是我已经放弃的事业。”他对蒙塔朗贝尔说道，“至于你，我不想谈及那些曾让您高兴和您放弃的事业，因为我不会轻松使用那样的词句。但是，我要告诉您，您的旗帜是什么——虽然您觉得拥有它有点可悲，且已将它抛弃。你曾有两面旗帜：其一是波兰，其二是自由。”雨果的话掷地有声，左派报以热烈掌声。雨果像一头受伤的狮 436
子，不知疲惫地发言，尽管声嘶力竭，不断遭到打断，他还是强迫自己说。但是，这段演讲显得有点自负：“这只是我们之间的个人斗争，它只牵涉到你和我，是的，蒙塔朗贝尔先生，我可以让您轻易把我打倒，我可以缺席，在这段时间里我可以休息。是的，我可以不出席议会的例会！但是，如果我不出席，您和主张教权的派别就会通过您的政策去攻击那些被压迫的民族、受到折磨的匈牙利、遭受束缚的意大利和被钉在十字架上的罗马。用您的教育法去攻击那些法国的天才，用您的放逐法去攻击人类的进步，您就会去攻击人民的主权，攻击民主，攻击自由！”这个结尾引起雷鸣般的喝彩声，左派以及一些其他代表站起来欢呼喝彩。人们围着雨果，向他表示祝贺……他刚刚概括了自最近一次选举以来进行的一切战斗。他，昔日的法兰西贵族院成员、成功的作家、法兰西学院院士，心中牵挂的就是在法兰西前所未有的倒退至极的议会当中表达共和国的良心。

这还没有结束。为了圆满完成反动的事业，右派又提出一项有关出版的法律。它规定恢复保证金，如同二月革命前那样强行规定报纸缴纳印花税，这使得报纸发行量减少1/5。拉默内的呐喊前所未有地具有现实性：让穷人闭嘴！1850年7月9日，雨果担负起在议会讲坛上阻止这个法案获得通过的职责。雨果将再次同他称之为“教会的雄辩家”的拉默内交手。不断有人打断他发言，各种反驳声此起彼伏，议长为恢复安静累得气喘吁吁。雨果不断引起右派的“长时间的骚乱”和左派“不断的鼓掌”。他抨击主张教权的派别，说它是“耶稣会派”，“这个专制主义、停滞不前、愚蠢、死气沉沉、无知和如僧侣般迟钝的派别”。雨果在大声痛骂，将此派贬得一钱不值：“耶稣会派在我们当中不可能只是一件令人震惊的东西、一种偶然、一种现象、一种不可思议（引来笑声）、一种奇迹——如果说这个词能够让它感到高兴的话（普遍发出笑声），是如同白尾海雕那样在正午时分出来追捕猎物的奇怪而可怕的东西（爆发笑声），除此以外，
437 它什么也不是。它可能制造恐怖，但是并不可怕！但愿它知道这一点，但愿它有节制一点！不，它并不可怕！不，我们并不怕它！不，耶稣会派并不能屠杀自由，它足以让这一切大白于天下。（长时间的鼓掌）”[10]

对教会在自由方面具有天赋的最后幻想，从对自由树表示祝福以来已消失。教权主义取得了胜利。依然显得像是信徒的左派和雨果，乐于谈论耶稣和上帝，但是，他们已经与一直到19世纪末乃至更晚仍被当作社会秩序支柱的教会决裂。维克多·雨果在整个1850年发表的演说，被看作非此即彼的决裂证言：共和派的共和国要么将是反对教权主义的，要么就不是共和派的共和国。

尽管忙于政治生活，雨果依然关注自己友谊的世界。1850年8月18日，他到福尔蒂内大街巴尔扎克的住处去看望临终的作家。8

月 21 日，他参加巴尔扎克的葬礼，送葬队伍由大仲马率领，他在葬礼上宣读悼词："巴尔扎克先生是那些伟人中首屈一指的一位，是那些最优秀的人才中地位最高的人中的一位……"

1851 年对于雨果来说是完全失败的一年：蒙塔朗贝尔被选入法兰西学院，米什莱在法兰西公学院的课程在 3 月份再次被取消，为了能够让路易 · 波拿巴稳稳待在爱丽舍宫，波拿巴派的煽动者不断请愿修改宪法……雨果不断为反对修宪而斗争。在 7 月 17 日的重要演说中，他表达了对共和国总统的愤怒："因为我们曾经有拿破仑大帝，我们也应当有小拿破仑！"这次，他属于胜利者的阵营：反对修宪者有 278 票，主张修宪派虽占了 446 票，但没有达到宪法所要求的 3/4 的多数。雨果的讲话持续了 3 个小时，不断遭到打断，因交替的抗议和鼓掌而时断时续。人们在此发现他公开表明了共和主义的信仰、对贫困和君主制的双重谴责，以及对未来"欧洲合众国"的期待。这一次，拉马丁选择了另外一个阵营，他赞成在普遍选举得到完全恢复的情况下，总统具有可再次当选的权利。11 月，当路易 · 波拿 438
巴在议会再次宣布废除 5 月 31 日的法律时，拉马丁毫不犹豫地投了赞成票。

与此同时，雨果在私生活方面经历危机。莱奥尼 · 道内在着手拆散雨果和朱丽叶，为了达到这个目的，她把雨果写给她的信寄给朱丽叶。朱丽叶对此毫不感到怀疑，天真且离群索居的她沉浸在悲痛之中，并要求她的"小孩子"[1] 做出选择。这两个女人之间的争斗让雨果深受折磨，他无法舍弃任何一位。在他身上有一种专制君主的心态，难道他还需要选择吗？他不是给了她们幸福吗？雨果还需要为儿子辩护。1851 年 6 月 11 日，夏尔因触犯出版法被刑事法庭传讯，作家亲自为他辩护，但依旧不能阻止儿子被判 6 个月监禁。9 月 15 日，则轮到弗朗索瓦－维克多 · 雨果被判处 9 个月监禁。9 月

[1]　原文为 Toto，此为她对雨果的昵称。

18 日，已被停刊 1 个月的《事件报》出了最后一期。

拿破仑三世没能成功地修改宪法，只能在任期结束之前发动政变。12 月 2 日早上，在纪念拿破仑诞辰以及奥斯特里茨战役的日子，雨果获知在前一天晚上，陆军部长圣阿尔诺率领的军队逮捕了亲王－总统的主要对手梯也尔、拉摩里西尔将军、卡芬雅克、尚加涅和贝多，波旁宫被占领。在总统同父异母的兄弟、部长莫尔尼的布置下，宣布解散议会和恢复普选制的布告到处都是……雨果想号召人民起来反抗。在 3 天时间里，他四处奔波，跑到大街上向人们呼吁，印制传单，和左派代表以及不愿意接受政变的右派代表商议。但是，他不得不屈服于这样一个事实，即巴黎人民并没有起义，他很高兴看到卡芬雅克和梯也尔被捕，他无法忘却六月起义的镇压、随后产生的各种反动法律以及对普选权的各种攻击……依然是自由派议员聚集在第 10 区的区政府，投票通过罢免路易 · 拿破仑 · 波拿巴的决议。这纯属浪费时间,他们也遭到逮捕。左派想要用武力对抗。12 月 3 日，
439 巴黎街头筑起街垒，议员博丹在其中一个街垒被枪杀。他将是共和国对政变进行抵抗的象征性人物。参加抵抗的工人为数不多。12 月 4 日，大街上发生枪战，100 来个牺牲者一下子让波拿巴刚建立的政权笼罩忧郁气氛。外省的抵抗更持久一些，东南地区尤甚。因为风湿病而离开巴黎的拉马丁重新起草了一篇谴责政变的文章，但并没有发表。雨果不得不躲藏起来，以避免被捕。他带了一本名为朗万的护照，于 12 月 12 日到达布鲁塞尔。朱丽叶 · 德鲁埃在第二天带着塞满雨果手稿的箱子和他会合。2 月 14 日，雨果开始着手写作关于政变的记述，这一作品将被取名为“一桩罪行的历史”。他开始了流亡生涯，这种流亡一直持续到 1870 年 9 月初帝国军队在色当遭到惨败。在大约 20 年的时间里，雨果在《惩罚集》中称小拿破仑为篡位者。拒斥 1859 年大赦的《悲惨世界》(1862) 作者，在被视为那个时代最伟大作家的同时，也被公认为共和国的化身。

第二十四章

奥古斯特·孔德的遗嘱

1842 年，奥古斯特·孔德出版《实证哲学教程》最后一卷。

1844 年，他遇到克洛蒂尔德·德·沃。

1854 年，《实证政治体系》最后一卷出版。

1857 年 9 月 5 日，奥古斯特·孔德去世。

在那些文人中，并不是所有人都能理解维克多·雨果在政变之 440
后的愤怒。实证主义的创始人、19 世纪 50 年代法国最伟大哲学家之一奥古斯特·孔德在 1852 年 1 月 29 日给一个学生的信中写道：“1851 年 12 月这场幸运的危机使法兰西共和国从只能遏制消极革命的议会阶段发展成适合积极革命的专政阶段……空谈者的统治业已结束，行动者和思想者的时代开始，并将延续下去。”[1]

奥古斯特·孔德在 54 岁时已经出版大部分著作，尤其是《实证哲学教程》，10 年前他出版了第 1 卷，1854 年出版了第 4 卷和最后一卷。整个作品在死后比在他生前更受到思想家、作家、政治家的欢迎。尽管他既不是民主派也不是社会主义者，但他依然遭到传统人士、天主教派和旧秩序的拥护者的普遍厌恶。从某种意义上来说，他是守秩序的人，但这种秩序须是进步发展的必然产物，他在社会中假

定理性和科学的组织。一如同时代的许多人，奥古斯特·孔德觉得
441 生活在由大革命开辟的新世界里。但是，他被这样一种必要性，即赋予这一新世界一种坚固的智力、精神和政治框架的必要性所纠缠。

应当在给旧制度带来其内在一致的天主教教义和君主政治的废墟上进行重建工作。必须由科学将其统一的原则赋予正在建构的社会，但是，作为圣西门昔日的弟子，曾多年担任其秘书的孔德，认为仅有科学还不够，正在诞生的新社会尚需要一种前所未有的新宗教。在建立人文科学之后——他发明了“社会学”一词——他致力于把人文宗教置于一个适当位置。在他看来，科学和宗教远非相互矛盾，它们是互补的。

起先，奥古斯特·孔德相信科学，他所受到的科学方面的训练引导着他前进。1814 年，他在 16 岁半时以全年级第 4 名的成绩考入制宪会议创办的综合技术学院，被一位教授看作“最聪明的可造之材”，被同学戏称为“哲学家”，他还因为长相丑陋而被称为“吓跑老婆的人”[1]。他的长相被描述如下：“淡褐色的头发和眉毛，黄褐色的眼睛，中等大小的嘴巴，圆下巴，椭圆形的脸，身高 1 米 59，右耳有一道天花留下的斑痕。”[2] 但是，他未能完成学业，因为在与某位教授发生冲突之后，该校全体学生均被认为不守纪律，在 1816 年被复辟王朝政府遣散。孔德一生都没有获得他想要的教授职位，只能在一所著名中学担任学监，人们说他是一个失去社会地位的知识分子，尽管他本人并非心甘情愿。但是，这种边缘的地位对他的作品来说不无益处。作为一个独立自主的思想家和反对陈规的人，他独立于他所详述的公共权力。

奥古斯特·孔德曾在政府出资的情况下回到其父母居住的蒙彼
442 利埃。他非常骄傲，充满优越感，无法抗拒巴黎的诱惑，认为只有巴黎才能实现他作为数学家的抱负，满足一个年轻人在看戏和找女

[1] Sganarelle，其原意为妻子与他人私通。

孩子方面的需要。不久之后，也就是在 1817 年 8 月，他结识了圣西门伯爵，后者让他参与《论实业制度》一书的撰写。

19 岁半的他对于这位 57 岁的思想家迅如闪电的思维赞叹不已。他从一开始就和圣西门共同持有某些强烈信念。人在摆脱上帝的监护之后，成了宇宙的中心，他需要一种道德和实证的政治[3]——本世纪的思想家应该致力于这方面的工作。孔德在圣西门身边待了 7 年，时常为后者代笔，成为老师亲密的合作者，直至这种合作变成一种竞争，竞争又变成分裂。

在圣西门主义颇为活跃的那些岁月里，孔德积累了包括哲学、政治学、经济学和科学在内的各个知识领域的知识资本……什么也逃不过他的大脑。1819 年，他写信给一个朋友道：“我认为我在科学方面所能获得的声誉对于我在政治方面的研究更有价值、分量和影响力……”自那些年以来，他相信在前一个世纪百科全书派的伟大准备工作之后，最好的工作是“推翻教士几个世纪以来建立的大厦”，建立“新大厦”：“自从社会诞生以来，现在第一次提出了这样一个问题……用世俗的东西代替宗教的东西，以实证代替模糊，以现实代替诗性。什么样的天才能以为，类似的工作配不上他的活动……通过巧合的必然性，他不再为了摧毁，而应当旨在组织。”[4]

在圣西门主义者的报刊上发表大量文章之后，孔德于 1822 年 24 岁时真正摆脱默默无闻的状态，从一个小册子中我们可以发现他在未来的作品《重建社会所必不可少的科学工作计划》中的要旨。他在书中揭示了旧秩序这一天主教和封建混合的产物必然会终结，应 443
该以一个新体系取而代之，重建工作现在因为“批判倾向”占据优势而受到阻碍。孔德把人类的历史和我们的每个知识领域分成 3 个阶段：神学阶段、形而上学阶段（过渡阶段）、实证或科学阶段。在 1822 年获得的这一发现为他整个人文科学指明了方向。

同圣西门的决裂并没有立即发生。老师向愿意倾听的人夸奖这位弟子的优点。人们可以看到，奥古斯特·孔德在 1823 年圣西门试图自杀之后，依然陪伴在他的床边。他和圣西门合著了《工业家问答》，该书第3册复述了《重建社会所必不可少的科学工作计划》的内容……1824年4月，他写信给一个朋友，向他宣布两件大事：其一是他准备同一个他想娶的可爱女子住在一起，其二是他要同圣西门断绝关系："我已经逐渐和圣西门先生决裂……我早就预料到这一结果。一如父亲对于孩子，母国对于殖民地，圣西门先生具有从生理学来看几乎是不可避免的小缺陷，他认为我成为他的学生之后，就必须永久做他的学生，即使我的年纪不断增大……还有，圣西门先生认为他不但可以进一步指导我——事实上他没有这个能力——更严重的是，我还确信他显然要阻止我在公众眼中获得与他旗鼓相当的重要性。简而言之，他只是想把我当作一个工具。"[5]

孔德还把意见分歧作为决裂的理由：因为圣西门急于改变那些公共机构，而对他来说，当务之急是改变那些教义。他想要建立那些人类发展的法则，正如存在的物理原理一样，他要创立一种社会组织的科学。孔德非常感谢圣西门的一些理念，但是他知道该如何从这类丰富知识当中选取并赋予其一种力量和严格性，而这些东西是
444 老师无法给他的。他具备百科全书般的知识和杰出的综合分析才能，掺杂着过度的骄傲，心存为人类带来光明的救世主想法。他并没有物质方面的野心，他将完全致力于以创建革命之后的秩序为目标的事业。

他混乱的私生活，使他的种种计划有点受到干扰。1825年2月，他娶了卡罗利娜·玛桑，建立了一种比离婚更为不幸的关系——众所周知，离婚在那个时代是被禁止的。他是在大皇宫的红灯区（他在综合理工学校读书时就习惯光顾此地）遇到她，接着和她发生关系，并接受她提出的像"新婚夫妇"那样生活在一起的要求。在遗嘱中，他解释他的"家庭秘事"以及"约定俗成的秘密"："大家都以为我无能，无法讨人喜欢，无法取悦漂亮女人，因此，我想通过某种特别的牺牲获得一个女人。"或许，这种牺牲在他们刚刚结婚时

已被年轻女子身体方面的诱惑所抵消。一开始，卡罗利娜并没有通过嫁给孔德获得什么好处。当时，孔德靠教授数学课和特殊课程拮据地生活。但是，她获得了某种尊重，她的名字被从警察局的不名誉者名单当中剔除。与此同时，她还保持着同她的保护者以及同谋、圣西门《生产者》报的总编辑安托万·塞莱斯特的亲密关系，她还迫使丈夫前去拜访这位情人。这种危险的状况、受欺骗的感觉，加上过度的劳累，使奥古斯特·孔德在1826年4月“精神病”发作，当时，他刚刚在自己的沙龙为许多名人开设实证哲学的课程，其中包括科学院院士、经济学家迪努瓦耶、伊波利特·卡诺，以及著名博物学家亚历山大·冯·洪堡。

在谵妄性精神错乱发作之后，孔德被送到萨尔佩特里埃的名医埃斯基罗尔的诊所治疗，他在7个半月的时间里，经受了冷水浴、放血和蚂蟥吸血等疗法。在其生病期间经常来探望的卡罗利娜于1826年12月2日要求把丈夫带回家。孔德到那里之后大吃一惊，他发现，一个教士正等着他，后者在她父母的要求下，准备为两个年轻人举行宗教婚礼。这是一个悲怆的仪式，人们看到，在这一仪式中，一直神志不清的孔德说了一些反宗教的话，最终在婚约上写下 445
自己的名字：布吕蒂斯－波拿巴·孔德。奥古斯特的母亲罗萨丽·孔德在仪式快结束时赶到。由此，她得以与儿媳妇重新和好。她为儿子支付了住院费用。然而，此病并未因此而治愈。难道此病无法完全治愈吗？他又发作了好几次。1827年4月，他从塞纳河边的艺术桥跳到河里，企图自杀，但是被一个皇家警卫救了上来。即便如此，1829年1月4日，他还是在圣雅克大街和卡罗利娜居住的小公寓里重新开始实证哲学课程，因为课程取得成功，于12月被批准在文艺协会进行。

这一课程的讲义、当时主要的哲学著作第6卷即最后一卷出版于1842年，它首先是反映奥古斯特·孔德时代科学状况的鸿篇巨制。数学、天文学、物理、化学、生物等基本科学均被囊括其中，但是，它有一半篇幅以一种不流畅和重复的方式致力于“社会物理”的研究——之所以会不流畅和重复，是因为孔德实际上没有再读过自己的作品。在头两课与总论的相关教程中，他详细叙述了或许是这一哲学中最为著名的内容——人类的三阶段理论。他写道：“我们基本认知的每一种、我们知识的每一个分支，相继经历了3种不同的理论状态：神学或虚构的阶段，形而上学或抽象的阶段，科学或实证的阶段。”由此产生了3种哲学。在神学阶段，人的智慧寻求各种现象的本源和最终原因，“认为这些现象是直接行动和或多或少的持续的超自然力量的产物，自然对人类的任意干涉解释了宇宙中产生的各种异常现象”。宇宙屈服于诸神的反复无常，社会的目的就是征服，主要的制度是奴隶制。在形而上学阶段或者说在过渡阶段，“超自然力量被各种抽象力量所取代”，例如，命运、至关重要的原则或自然。
446 于是，观察开始摆脱想象的束缚。人类活动不再只是军事活动，奴隶制逐渐被废除。最后，在经历科学与工业发展的实证阶段，人类智慧不再去找寻宇宙的本源和目的，而是致力于通过理性和观察去发现各种现象背后有效的规律，这是新的综合的环节。人类所有活动都成为科学关注的对象。人类本身就是对这些世界性的法则（des lois du monde）的一种概括：“我们中的每一个人，在思考他自身的历史之后，难道忘了对于他那些最重要的概念，即童年时期的神学概念、青年时代的形而上学概念、壮年时的物理学概念来说，它们是依次相连的吗？”无论是个人还是社会，同人相关的一切都无法逃脱科学的理性。

这3种状态同样是人类历史发展和文明的3个阶段。孔德由此提供了一种历史哲学，分析人类在物质和智力方面的发展，前者是实业逐渐取代战争，后者就是或者将是实证精神的出现。因此，奥古斯特·孔德如同主张进步的哲学家那样做了断言。

人们知道这种进步的哲学以及对理性和科学的信念会战胜信仰、迷信和想象力，让这个世纪最优秀的人为之倾倒，丰富他们的作品，让他们相信自己正在跨越历史中的一个伟大阶段，进入科学智慧的年代。但是，与此同时，奥古斯特 · 孔德执意要成为一个宣扬秩序的哲学家（un philosophe de l'Ordre）。这两种观念并非不可调和，它们是互补的："进步是秩序的发展。"实证的社会学旨在协调社会的两个必要条件："如果它未和进步协调一致，任何合理的秩序均无法确立，尤其是无法持久。如果伟大的进步不能最终有效地巩固秩序，这种进步就不可能有效实现。"（第 46 课）

他所说的并非那些怀念神学政治的人所希望的反动秩序。但是，在经历大革命所必经的负面环节之后，人们迎来了新秩序，亦即实证主义阶段的秩序。因为正在建构的工业社会将使人类精神普遍的实证性成为可能。这一纲领给人留下了深刻印象：

"无疑，我们承认人类的精英在从根本上经历神学时代的各种生活以及形而上学过渡阶段的各种生活之后，现已迎来直接而完全的实证生活，实证时代的主要活动……是期待一种总体的协调，以自 447
然地建立一种新的社会体系，这种体系比原始社会的神学体系前所未有地一致和稳定。"对于奥古斯特 · 孔德来说，这种必不可少的协调就本质而言，首先是智力方面的，其次是道德方面的，最后才是政治层面的。（第 57 课）

首先是众人的智慧！然后才是政治，后者将建立在对社会的科学认知基础之上，孔德将此种认识称为"社会物理学"，并在 1839 年，即从讲解第 47 课开始称之为社会学："我认为现在提出这个新词有些冒险，它等同于我已经引入的社会物理学，为的是用一个唯一的词来指称这种同自然哲学互补的部分，而这种自然哲学与对社会现象特有的基本法则整体进行的实证主义研究是相关的。"

它们是法则吗？是的。因为如果实证主义思想首先符合逻辑地被强加于天文学或数学等精确科学，继而被强加给诸如生物学等更为复杂的学科，那么，它在此之后注定会谋求实现那些更雄心勃勃的计划，搞清楚那些支配人类社会的毋庸置疑的法则。这一新的科学——社会学为某种政治提供了坚实基础，最终建立了整个理性。由此，大革命所产生的重大危机从此以后将得到解决。

神学时代为人类提供了第一种内在联系，但是，它是建立在一种虚构的、同原始状态的认识相吻合的暂时的综合基础之上的。在经历形而上学阶段的混乱之后，实证时代将成为一个新的有机阶段。打算考察整个人类的奥古斯特·孔德认为，人类社会并非以直线形式演进，而是围绕着具有普遍性的一般运动，以迂回方式发展的。

奥古斯特·孔德的课程只受到几个忠实听众的赞赏，尚不为大众所接受。《实证哲学教程》第 1 卷并没有受到大众关注。但是，他的经济状况还是得到了改善。他于 1832 年被综合理工学校任命为解析学和理论力学的教师，1837 年又被任命为该校入学考试的主考官
448 （直到 1844 年），他搬到了亲王殿下大街 10 号更为宽敞的房子，并在那里一直住到去世。然而，在另一方面，他申请综合理工学校教授职位的资格却被具有决定权的科学院驳回。确实，这个总是一身黑衣的冷漠小个子男人总是把脸刮得干干净净，自我感觉良好，根本不想去迎和、讨好那些掌握任命大权的人。他那份申请教授资格的信中充满和他本人一样自负的言辞，在那些觉得他该受到诅咒的人看来，他的运气同才能并不相称。

在任综合理工学校的主考官期间，他要到各省出差，每年都要坐邮车从鲁昂到蒙彼利埃。其间，他为表明自己的政治立场给卡罗利娜和那些文人朋友写信道：原有的共和派已经完全成了保守派。在他看来，主张共和的反对派已经陷入过于模糊的空话之中。他对于秩序的难以摆脱的想法，对精神产生越来越大的作用。在 1839 年《实证哲学教程》第 4 卷中，他写道："在已经废除神学和封建制度的必不可少的初级阶段的机构之后……革命的玄想从此会倾向于依据它注定在无政府状态的精神中留下的烙印的发展……束缚相同的政治秩序中最终机构的精神，而对这种精神的保护曾为有益的新生事物的到来做了许多准备。"

在其他一些革命原则中，孔德否认了平等原则，认为这种“绝对教条”具有毁灭性。他想要超越倒退的政治同革命的政治之间的冲突，前者鼓励奴役和虚伪，后者则煽动那些仇恨和嫉妒的情感。作为他所称的“静态政治学”的信奉者，孔德不想成为一个“中间派”。通过试图把秩序和进步协调起来，他既不是右派，也不是左派，而且，他的思想将同时被左派和右派利用，他们分别只汲取他思想中有利于自己的内容，同时剔除其中不利于自己的内容。人们由此指出，孔德身上显然具有进步主义者的一面——拒斥过时的神学，开创以其作为基础的实证时代。但是，在他身上也具有相当反动的一面，尤其是他对妇女的看法更是如此，他认为，妇女“在智力和理性方面”处于低劣地位，她们在“幻想两性的平等”……政治斗争对他来说意义不大，这不仅仅是因为他因无法缴纳足够的税额而没有选举权，还因为他对政府形式极度冷漠。他从青年时代开始就是一个圣西门主义者，当然很关注社会问题，关注贫困的工人，认为改善“最大 449
多数和最贫穷阶级”状况的改革是必不可少的。但是，他最关心的还是智力方面的问题：要确立实证政治，首先要了解社会。

贫困潦倒并受到妻子指责——她永远也不会原谅他在申请综合理工学校教授职位中始终失败——的孔德，还是受到了命运的眷顾。1841 年 11 月，斯图亚特 · 密尔用法语给他写了一封信，对他的种种沮丧之情予以安慰。比他年轻的密尔在英国已是家喻户晓的伟大自由主义思想家。他写信给密尔是为了告诉他，自己在他的作品中所感受到的热情：“它是现代哲学中的一座丰碑。”这是不是一种承认的开始呢？

1842 年，孔德在《实证哲学教程》第六卷即最后一卷附上了一个具有爆炸性的前言，这对已经预料到他会报复的卡罗利娜以及他的出版商巴歇利埃和同样是出版商的阿拉戈颇为不利。始终默默无闻但颇为自负的哲学家毫不犹豫地对著名天文学家（天文台的撒旦）、科学院秘书提出责难——孔德把自己申请综合理工学校教授未果归咎于他。孔德通过一个插页表明自己同巴歇利埃的决裂。巴歇利埃接受了这样的解决办法，但刊登了一则声明，表达他是多么讨厌孔德，以至于准备起诉孔德，并且会打赢官司！这一事件可能对卡罗利娜做出脱离家庭生活的决定起到重要作用。她于是离家出走了。这一次，她再也没有回来。他们还是保持着书信往来。他们的爱情之火没有完全熄灭，还有一点暗红色的余烬。卡罗利娜依旧定期默默参加丈夫每周在第三区区政府开设的大众天文学课程。

然而，他的书还是受到了斯图亚特·密尔的欢迎，他写信给孔德道："命运如此，我们国家很少有人不信上帝，即便在我小时候，
450 我就总是相信，只有创建真正社会哲学才能重建人类道德，唯有人的思想能够取代上帝的思想。"

然而，实证哲学家和自由主义思想家在妇女问题上产生了激烈争论。孔德认为，女性因为"在抽象思维和注意力方面的无能"而处于劣势。他认为，她们具有一般人的激情，但是情感削弱了她们的理性，无法担当人类生活中的任何重大事务。同蒲鲁东一样，孔德认为女人的生活应该"完全属于家庭"。他和密尔的看法完全相左，后者就这一问题以一种趋于白热化的争论给孔德回了信。

1843年，奥古斯特·孔德仍未曾放弃成为综合理工学校教授的努力。但是种种失败接踵而至。更糟糕的是，他于1844年失去监考官的职位。这对于他的收入来说是一场灾难。于是，他请求斯图亚特·密尔给予帮助，后者建议让英国一些富有的朋友提供个人援助。密尔慷慨援助，他在英国和法国发起了一场为"补助实证主义者"募捐的活动，以保证这位不为人所理解的先知得到额外资助，直到他去世。

1844年对孔德来说是一个转折点：他的私生活从未对他的作品产生过如此巨大的影响。当孔德通过《实证哲学教程》建立人文科学之后，他又按计划投入了旨在建立一种宗教的《实证政治体系》的写作，这种宗教能够满足人类永久性的需要，但是它既不是启示

录也不是教理问答。当时，一个情感方面的危机鼓舞着他：他对年轻女子克洛蒂尔德·德·沃产生了炽热的爱情。通过中间人即综合理工学校的一名教授候选人马克西米利安·马里，孔德认识了他的妹妹克洛蒂尔德，并陷入情网。克洛蒂尔德已经结婚，但是她的丈夫，一名在瓦兹省的默律任职的税务官，于 1839 年即他们结婚 4 年后，因挪用公款偿还赌债而畏罪潜逃。克洛蒂尔德回到巴黎的马莱同父母生活在一起。她整天都在写诗歌以及一本名为“吕西埃”的小说，并在《国民报》上发表。她的身体因肺结核而变得虚弱。1844 年 10 月，她认识了奥古斯特·孔德。哲学家很快就爱上了这个比他小 17 岁的 451
年轻姑娘，在写了很多封炽烈的信之后，他终于触动了克洛蒂尔德，虽然后者意欲很快就直接挑明情况：“如果您愿意，我将是您永远的女友。但是，我已经永远不可能成为你的女友了。把我看作一个已婚女子吧，并且请您相信，除了我的痛苦，在我内心中还有强烈情感的一席之地。”对此，哲学家如此答复：“我带着一种崇敬的感激接受，你屈尊给我的友谊让我重新恢复了自信，我感到它对于我一生来说是多么重要，你那不变的决心永远也不能消除你温柔的友谊。”

这段友情的开始以及随后的通信深深影响了奥古斯特·孔德，他在《实证哲学体系》中表达了这种想法，他告诉他深爱的人，“这一重大事件表明，博爱的社会支配性不仅对人的力量而且对人的智慧产生重大影响”。奥古斯特·孔德不停说他把这种对“爱情生活的统治”的信念归功于克洛蒂尔德。在他们相遇之后不久，克洛蒂尔德的猝死让孔德将这种爱情升华得格外崇高。经常出现在临终的克洛蒂尔德床边的孔德被她家人驱赶，但是，她父亲答应他会在最后的时刻叫他。实际上，克洛蒂尔德是在 1846 年 4 月他在场时去世的。极度悲伤的哲学家为死者举行祭奠仪式，设置祭坛，每天有教士跪拜，诵读他们交往的书信……这是一个关键的阶段：这一段纯粹的爱情激起奥古斯特·孔德对人类的爱。

在接下来的几个月，孔德逐渐失去了两个支持者的友谊。首先是斯图亚特·密尔，他和孔德在思想方面的距离越来越大；其次是埃米尔·利特雷，他曾经在《国民报》上刊登一系列关于《实证哲学教程》的热情洋溢的文章：在同哲学家反对妇女展开的无数争论战中，利特雷越来越倾向于支持卡罗利娜。1847 年 1 月，孔德写信给卡罗利娜："请相信，这种情况是无法逆转的，我无法让你明白……虽然比你年轻 12 岁，我天使般的克洛蒂尔德给了我你未曾给过的彼此都
452 能感受到的爱情。"[6]

奥古斯特·孔德非常欢迎 1848 年革命的到来，因为他讨厌菲利普的君主政体。从 2 月 25 日开始，拒绝所有直接政治活动的他建立了"西欧人民实证主义教育自由协会"，这一组织在几天后又更名为"实证主义者协会"。该协会的座右铭是"秩序和进步"，目标是"促进新的精神力量的到来"。在这场革命中，他实际上是个与时代脱节的人，他既讨厌街垒，又讨厌资产阶级，后者让他失去工作，并且未能在法兰西公学院当选，甚至使他未能重新获得在综合理工学校的监考员工作，孔德继续依靠课堂学监的微薄工资，尤其是信奉者提供给他的"实证主义者的补助"来生活。1848 年 7 月 29 日，他出版了《关于整个实证主义的演说》，以充满诗意的形式（他一度将其应用于写作）概括自己的思想。1867 年，儒勒·费里对令人恐怖的六月起义之后让他兴奋的这部作品表示敬意。奥古斯特·孔德在其中界定了人道宗教（la religion de l'Humanité）。他明确提出需要有与物质力量相对的精神力量原则："唯一具有主导性的世俗权力来自要人，并发展了基本秩序由此产生的各种活动；纯粹温和的精神力量则立即代表了社会交往性，并确立决定进步的竞争。"

实证主义的宗教特征在孔德此后在大王宫开设的课程中得到强化。这是他强加给社会的一种精神引导。他在神学时代的确实性的废墟上，强调以一种新的精神力量控制舆论的重要性。他号召继承中世纪的教皇主义，让这种精神力量成为西方的领袖，以"团结所有欧洲人，并在同一种精神共同体中团结尽量多的民族"为目标。

孔德宣布实行一种实证主义者的日历，每天纪念一位人类诞生以来的伟大人物，这是一种“公共纪念的总体系，首要的目的之一是完 453
成由自查理大帝以来一直团结的五种先进人种，即法兰西、意大利、日耳曼、英格兰以及西班牙人构成的大西方共和国（la Grande République Occidentale）的最后过渡”。他为他的人道宗教设想了九种社会性的圣礼[7]，首次实证主义的婚礼于1848年举行。哲学家变成人道的大祭师，每个星期日都在“主教宫殿”（大王宫）布道。1851年7月，他出版了《实证政治体系》第一卷。其间，因为孔德在实证主义者协会公开侮辱自己的合法妻子，感到愤慨的利特雷最终与孔德吵翻。

如果说奥古斯特·孔德赞成政变，那是因为波拿巴清算了议会制和资产阶级的共和国，而这一共和国无法实施他关于秩序和进步的实证主义政策。这只是一个权宜之计。除了这一有趣的插曲，他还在1852年9月12日（即实证主义六十四年四月的莎士比亚日，该纪年以1789年为元年）写给阿尔芒·巴尔贝斯的一封相当狂热的信中预测到这一事件带来的后果，后者当时正被关押在贝勒岛的监狱。他详细解释了自己的计划，并把它的实现交由巴黎的无产阶级领袖完成。

他要建立“真正的精神力量”，与此同时，他将帮助某些“配得上的世俗领袖”去负责“西方的转变”。他实际上先于马克思和恩格斯想到了无产阶级专政，并向巴尔贝斯解释道：有待建立的新秩序取决于“政府与教会之间”，进行统治的世俗权力与致力于人道崇高地位的新宗教精神力量之间的明智分离，而不再取决于上帝或人民的力量，也就是应当与之斗争的两种教条，即神学和民主的分离。这种精神力量（其对孔德来说是实证主义科学和人道宗教）同世俗权力的分离已经暗示了政教的分离。

孔德向巴尔贝斯宣布了他的下一部著作《实证主义要义问答》的任务[8]，“通过在一个女人和一位人道宗教的教士之间进行的11项 454

讨论，简明扼要地阐述这一具有普遍意义的宗教”，要他明白，在“2周内”会有一种新宗教得到建立。与此同时，他描述了实证主义政体出现的阶段：(1) 法国的统治应当是共和制，而不是君主制（以1848年二月革命为例）；(2) 法兰西共和国应该是社会性的，而不是政治性的（以1848年六月革命为例）；(3) 社会性的共和国应该是专政的，而不是议会的（在1851年12月的危机中得到实现）；(4) 专政的共和国应该是世俗的，而不是宗教的；(5) 在此之后将会出现“适合有机性转变的预备政府”的到来。

奥古斯特·孔德因而希望巴尔贝斯能够成为他体系中的三执政官之一，负责管理对外事务（另外两人分别负责内部事务和财政）。他明确规定：执政官每天领取200法郎的工资，除了各省的职务任免，他们将最终由“巴黎的提议”进行任免。执政官将负责所有法律的制定。宪兵将取代军队来维护社会秩序。巴尔贝斯对于他的期待没有做出答复。他也有一些策略上的变化：必要的专政、专制的共和国可以委托给那些将与实证主义者组成“保守党”的保守派。

最终建立的政治制度将是主张全民政治、秩序和进步的政治制度，它对于那些具有倒退倾向的人（拥护神权政治者）和无政府倾向的人（抱有空想的人）来说均是敌人。在《实证政治体系》中出现的全民政治显然是一种精英主义和贵族制的政治，即便这种权力的合法性来自整个社会。从世俗角度来看，一种教会式的专政可能会变成那些银行家、“现代实业的天然将领”的专政，这让人联想到圣西门。但是，这是一种处在舆论监督之下，在俱乐部、沙龙和“高等教育机构”的教席上被设计的专政，在此，孔德没有提到他所蔑视的报纸。就精神方面而言，僧侣和等级制度统治着宗教，他们是教条的托管人，让每个人从孩童时代开始就习惯于“自愿使个人利
455 益服从于集体利益”，并控制公众舆论。面对现代社会的一切潜在冲突，孔德把宗教力量看作一种“调节性和指导性的影响力”，它能够促进真正普遍的“博爱”。

1854 年，孔德的《实证政治体系》第 4 卷出版，在这本著作中，可以找到关于人道宗教的完整表述。这种宗教所尊崇的“伟大存在”(la Grande Etre）既不在天上也不存在于人们的想象之中：那些伟大人物体现了好几代人的文化遗产。实证主义的宗教是对死者的一种祭拜仪式。这种宗教需要一个教士，一个实证主义的教士或批判社会的教士，他既具备智慧，也具备精神力量。孔德设想了这样一个新教会，并让人道宗教的大主教成为教堂的领导人，负责人类团结的仪式。

1857 年，奥古斯特 · 孔德死于巴黎。9 月 8 日，他落葬于拉雪兹神甫公墓。晚年的宗教和乌托邦建立者身份表面上看与实证主义哲学家相互矛盾，后来的孔德与先前的孔德是对立的吗？对于像泰纳和勒南这样的唯科学主义者来说，这毋庸置疑。不管他是个什么样的人，奥古斯特 · 孔德的作品在其生前很大程度上没有为同时代人所接受，但这些作品将在第三共和国头 10 年成为巨大的政治影响力的源泉。人们那时将认为，它们是“19 世纪最伟大的哲学作品”。某些人，如夏尔 · 莫拉斯，可以从中汲取秩序的原则：“统一的漂亮面孔。”而另一些人，如儒勒 · 费里，则尤其关注他的历史哲学，关注科学必定取代宗教的思想。阿兰从中找到精神力量的理论，并将世俗力量与“道德秩序的要求”[9]对立起来。它奇怪地注定要灌溉那片 456
与极端民族主义和激进共和主义相反的土地。即便受到实证主义影响的巴西把他的座右铭刻在自己年轻的旗帜上，他也没有在自己身上协调好秩序和进步。

第二十五章

官司缠身的福楼拜和波德莱尔

1857 年，针对《包法利夫人》和《恶之花》的诉讼开始。

457 在 12 月 2 日政变和有利的全民投票整整 1 年之后，亲王－总统在 1852 年 12 月 2 日重新建立了帝国，成为拿破仑三世。新建立的专政——它远不是共和的，也远没有满足奥古斯特·孔德的愿望——凝结在依靠军队、警察和天主教教会的专制、高压制度之下。卡尔·马克思在《路易·波拿巴的雾月十八日》分析说，它使国家回到“最古老的形式，回到剑与圣器的无耻和粗暴统治”。[1] 然而，这一恺撒式的政权受到公众欢迎，因为 1851 年 12 月 21 日和 22 日的全民投票认可了政变。面对“是否要保留路易·拿破仑·波拿巴，并授权他依照其宣布的基本原则制定宪法”这一问题，7339216 位选民投了“赞成票”，只有 646737 人“反对”。

在随后几个月中，宪法——其在序言中承认“1789 年宣布的各项伟大原则”——赋予共和国总统路易·拿破仑·波拿巴亲王 10 年行政权。立法权由三院行使：由法律人士和总统任命的人组成的元老
458 院；由普选产生的立法团，投票通过法案和税收；参政院，由政府首脑任免，负责起草提交给共和国总统的法律草案。在随后一年里，

建立帝国的过程还包括路易·拿破仑·波拿巴对整个国家进行的“试探性巡视”，其中各省省长被要求让人们高喊“皇帝万岁”。11月21至22日举行的新的全民投票同意了政体的转变：782.4万票同意，25.3万票反对（200万票弃权）。虽然舞弊确实存在，但它本身并不足以解释他的支持率为何如此之高。

作为拿破仑一世的弟弟、荷兰国王路易和奥唐斯王后（约瑟芬的女儿）的儿子，拿破仑三世始终是一位阴谋家。1836年在斯特拉斯堡，接着是1840年在布伦，这位昔日的烧炭党人曾试图以武力夺取政权，由此被关入阿姆堡，1846年从狱中逃出。二月革命之后他回到法国参加制宪议会选举。虽然时常捋胡须的他性格内向，沉默寡言，但这个固执的人知道自己想要什么。他是《消灭贫困》一书的作者，在书中他试图找到解决社会问题的办法，此外他还编著了《恺撒传》：这两个取向可以说显示了未来的趋势。他想成为由人民选出来的当选者，也想削弱议会诸院的权力。政变结束时，他年方45岁。他获益于巴黎无产者的麻木以及工人阶层的默许，后者自六月起义后就不再信仰共和国。但是他必须回应外省尤其是南方共和派的反抗：警察镇压开始了全民投票专制。

在32个省宣布戒严、逮捕（26000多人被监禁或被起诉）、流放（主要是卡宴和阿尔及利亚）、驱逐（至比利时、瑞士、西班牙、英国）、软禁和监视，这些都是新政权的特点，也是共和派永远不能原谅他的地方。1789年革命曾引发“贵族流亡”，12月2日的政变则发明了“流放”一词。在受害者中，除了维克多·雨果，最著名的有埃德加·基内、维克多·舍尔歇、皮埃尔·勒鲁、路易·勃朗、阿尔芒·巴尔贝斯和埃米尔·德·吉拉尔丹。当1859年拿破仑三世宣布大赦时，很多被流放的人，在他们家人——他们痛苦承受着国家造成的伤害——的恳求下回来。在其他拒绝回来的人中，埃德加· 459
基内说：“我既不是被告，也不是囚犯，我是一个被流放者。我由于在履行同胞委托给我的权力时坚持忠于法律，所以被武力强迫离开自己的国家。需要被大赦的不是法律的维护者，而是那些颠覆法律的人。”[2]

某些作家则恬不知耻地支持政变。其中，应当提及剧作家和历史学家普罗斯珀·梅里美，他以中短篇小说（《马铁奥·法尔科内》《高龙巴》）而闻名，也是《卡门》的作者，后者此后被比才改编为歌剧。梅里美与未来皇后欧仁妮的母亲蒙蒂尤伯爵夫人关系密切，作为历史博物馆总监和法兰西学院成员，他既强烈反对教会干预公共事务，又非常保守，对于政体的改变表示高兴。1851 年 12 月 10 日他写信给一位友人：“我们的红色分子已遭受一顿结结实实的痛打，有点受牵连的凑热闹的人未来将被迫在家中保持安静。”[3] 当月 15 日：“这顿痛打是猛烈的，可以被看作对 1848 年的报复。希望人们记住它……我从未见过有哪个国家比这个以自己文明为傲的可怜国度承受了更多悲痛，在这个国家，人们对宪兵忧心忡忡，亵渎宗教，杀死身着黑礼服的人，这一切都以政治借口。我的一位举止粗鲁的朋友，曾说他为看到如此多打扮得人模狗样的废物游荡在自己国度的大街小巷上而感到痛苦。”[4] 这些与时局相符的观点使得梅里美在 1852 年 1 月 21 日晋升为荣誉军团军官。

在这些归顺者中，人们还不应忘记圣勃夫，他对一位朋友说：“请理解我，我根本不是波拿巴分子。我站到他们那边，并不是出于偶像崇拜或狂热，而是出于理性：他是经由普选选上的。而且我们需要一个强大和稳定的政府。”[5] 圣勃夫的职业生涯也从中获益。他将自己的连载文章《月曜日丛谈》从《立宪主义者报》转到官方报纸《总汇
460 通报》。他向自己的通信者夏尔·拉克雷泰勒解释说：“此时，已受政府支配的所有报纸，最好与政府保持一致，尤其是当人们有义务这样做时，因为我相信我们应该如此，冷静使我们得以延续自己的文学传统。”[6]1854 年底，他获得法兰西公学院拉丁文诗歌教席。但结果却十分不幸。他 1855 年 3 月 9 日进行的第一讲遭到众人起哄。他就此反驳道：“你们给法国年轻人丢脸！”但众人答道：“他们尊重失

败者。而您，您丢了诗歌的脸。您只不过是《总汇通报》的史官而已！”必须叫来20多位警察才能使课程继续下去。[7]但是5天之后的第2讲从一开始就被打断。圣勃夫是个平庸的演讲者，不知道如何回应大学里对自己喝倒彩的年轻人，于是宁愿以健康为由向教育大臣福托尔提出辞职。[8]作为补偿，他在高等师范学校获得讲师一职。

维克多·雨果，在布鲁塞尔逗留一阵后在英国的泽西岛避难，很快被公认为流亡者最重要的代言人。从1852年起，他出版了《小拿破仑》，在这部言辞激烈的小册子中谴责政变领导人：“路易·波拿巴不只是杀人，他还使人的灵魂衰退，使人的心灵变得狭小。此刻，必须是无法制服和不可战胜的人才能在克己和职责的艰难道路上坚持下去。我不知道有何种物质繁荣的坏疽能使公众的诚实腐朽。啊！被放逐、被打败和被毁灭是多么幸福啊，勇敢的工人们，不是吗？被逐出法国，没有避难处，没有鞋是多么幸福啊，可敬的农民们？啃黑面包，睡铺在地上的床垫，衣衫褴褛是多么幸福啊，除此之外，对那些说‘你们是法国’的人说：我是流放者！”[9]第二年，雨果出版《惩罚集》一书，很快成为中学生的圣经，当时还是查理大帝中学学生的欧内斯特·拉维斯证明道：“维克多·雨果是我们伟大的共 461
和导师。”[10]

某些人选择了国内放逐，如米什莱。他的课在1851年3月再次被中止已激起了大学生的示威。杜米埃当时为《喧闹报》（3月28日）创作了一幅漫画，题为“代替米什莱先生成为法兰西公学院历史教授的尊敬的嘉布遣会神甫戈朗弗洛”。人们看到这位僧侣面对仅有一位睡着的看门人的空空荡荡的阶梯教室而感到局促不安。米什莱极力反对的政变进一步恶化了他的处境。1852年4月12日，基内（已流亡）、密茨凯维奇和米什莱本人在法兰西公学院的教席被取消。此外，由于拒绝宣誓，米什莱必须放弃在国家档案馆的职位，他于6月去职。此后，他只与书为伴。

因曾是持异议的议员而在12月2日之后被囚禁的托克维尔，起来支持民主。他拒绝向篡位者宣誓时正是省议会的议员，他未再参加选举。此后，拿破仑三世曾以外交部部长一职试探他，但托克维尔坚持自己的立场。由此，他的政治生涯宣告结束。此后，他致力于撰写其压轴之作《旧制度与大革命》，该书在他 1859 年去世时仍未完成。

对于这些留在法国的人来说，表达反对意见的一个难得的方式是像复辟王朝时期一样利用共和派著名人物的葬礼。1853 年 3 月 13 日，在卒于杜朗（其丈夫在 1848 年 5 月 15 日事件之后曾被囚禁的地点）的拉斯帕伊夫人葬礼上，人数众多的工人队伍（人们估计有 25000 人）在警察的监视下跟随着她的灵柩。同年 10 月 5 日举行了弗朗索瓦 · 阿拉戈的葬礼，阿拉戈曾任综合理工学校教授、1848 年临时政府的部长，12 月 2 日政变后作为天文台台长拒绝宣誓效忠（“自由派的天文学几乎与自由派报刊同样危险。”雨果在《小拿破
462 仑》中如此讽刺道）。政府决心通过大量官方赞词（与之相应的是部署了大量警察）来驱散共和派示威，但这未能阻止示威的迅速扩散。1854 年 3 月 1 日，费利西泰 · 拉默内的世俗葬礼——他曾宣称自己的遗体将“不在任何教堂陈列而直接前往墓地”——依照政府决定在破晓时分举行，但这一预防措施根本不能阻止大量工人跟随在灵柩之后，他们尽管受到治安部队的阻挡，但仍然成功进入拉雪兹神甫公墓，并使高唱《马赛曲》的歌声响彻墓地四周。1856 年 1 月 9 日，在雕塑家大卫·当热下葬时又发生了新事件，当热曾是制宪议会成员，由于贝朗瑞的干预而结束流亡回国。贝朗瑞在葬礼中的出现激起了“共和万岁”[11] 的欢呼声。

这些不过是宣泄不满的无用之计而已！拿破仑专政压制了一切反对行动。帝国当局依赖那些维持秩序的政府部门（其中省长和检察长成为积极参与者），恢复了对新闻出版的审查和控制。依据 1852 年 2 月 17 日法令，报纸要服从各项预防措施（事先批准、保证书、插入政府公告的义务、每份 5 生丁的印花税）以及惩罚措施：除了被

轻罪法庭宣判为违法和被刑事法庭判为“不得再继续”（更严厉的判决），还设立了警告程序，在巴黎交由警务大臣负责，在外省则由省长负责。在 2 次警告之后，报纸就将被中止出版 2 个月；若是重犯，则永远取缔。这一巧妙的措施使所有报纸展开自我审查。在首都出版的约 500 份报纸中，只有 1/40 涉及政治问题。

帝国政体在初期也是一个注重精神秩序的政体。诚如马克思所言，在法国，剑与圣器的同盟从未像第二帝国初年这样紧密过。即使在复辟王朝时期，王权与祭坛的同盟也由于自由派反对的威胁而有所减弱。在拿破仑三世和教皇庇护九世之间，从第二共和国起就 463
建立了一套交流机制，当时，亲王－总统与议会中反动派多数意见一致，于 1849 年恢复了教皇在教皇国内的统治。翌年，他又支持对天主教学校极为有利的法卢教育法。天主教徒为此对帝国建立者表示感谢。从自由派的蒙塔朗贝尔到坚定赞同教皇绝对权力的弗约——他们在《宇宙报》中的影响越来越大——都是一片赞成的喊声。教皇本人已对政变表示“完全赞同”。自此以后，帝国对教会的友好直至 1859 年罗马危机才中断。用于宗教信仰的预算从 1848 年的 3900 万法郎增加到 1859 年的 6400 万法郎。红衣主教理所当然地成为元老院成员，主教、代理主教、议事司铎的薪水大幅提高，出现了约一打的新教区，各个男女修会都得到 1852 年 1 月 31 日法令的支持，这使得它们更为便利地获得许可。

教会的重要性在社会中也得到体现。虽然拿破仑三世并不是教徒，但是他以各种外在行为表现出对天主教的忠诚。1853 年 1 月底他与蒙蒂尤的欧仁妮的婚姻只可能进一步促进这一姿态。尽管欧仁妮穿袒胸露肩衣并化妆（她以黑笔画眼睛而惹人反感），尽管她与母亲与著名的无神论者梅里美一直保持友谊，但她一直标榜自己是西班牙天主教徒，后者素以偏见和教权主义著称。应当将同在 1857 年发生的针对居斯塔夫 · 福楼拜和夏尔 · 波德莱尔的诉讼放回到这一环境中，因为他们的著作被法庭判决为有伤风化。

在此之前，从1852年底起，龚古尔兄弟就由于1852年12月15日《巴黎报》（10月创刊的一份文学日报）上的一篇文章而被第六轻罪法庭传讯。他们被指责败坏道德和教唆淫逸，于1853年2月6日幸免处罚。[12] 1856年2月，格扎维埃·德·蒙特班被判3个月监禁和500法郎罚款，罪名是他于前一年出版的小说《石膏姑娘》败坏社会道德和习俗。出版商也被加罚500法郎。印刷商则必须承担该书的销毁工作。

464 1856年，居斯塔夫·福楼拜完成《包法利夫人》一书。福楼拜从1851年12月起开始写作这部小说，当时，他与年轻时的朋友马克西姆·迪康刚从埃及旅游回来。写这么一部小说堪称一次挑战！福楼拜的朋友布耶和迪康为了使他浪漫奔放的感情——这在其尚未出版的《圣安东尼的诱惑》中非常明显，也使他们感到惋惜——能够集中，建议他描述一则社会新闻。历经数年，在为一项“缺乏快乐”的工作而筋疲力尽和痛苦之后，福楼拜完成了一部杰作，无论是在艺术性还是真实性上都可以这样说。福楼拜曾受德尔菲娜·库蒂里耶——她嫁给了卫生官员德拉马尔，居住在诺曼底的里镇——故事的启发，它引发了极大愤慨，因为他使人相信女主人公爱玛这一放荡女子具有代表性：其小说的副标题不是“外省风俗”吗？就此，龚古尔兄弟曾在他们的《日记》中引用杜庞卢主教的一句名言：“一部杰作，是的，一部杰作，对于那些曾在外省听过忏悔的人来说确实如此。”[13] 福楼拜自己则指出：“同一时刻，在法国2万个村庄中我可怜的包法利可能都在忍受痛苦和哭泣。”除了该书那些被认为是下流的章节，审查部门也不承认包法利夫人可能具有这种普遍性：轻浮的年轻女子，婚姻不幸，无聊之极，无所顾忌地委身于情人，以自杀结束自己的失望。通过无情揭露社会控制、他者的观点、邻里的意见、小镇的流言蜚语、村庄的落后，福楼拜成了社会学家，或者说是历史学家。当公证人的书记莱昂陪包法利夫人到她孩子的奶妈家去时：“从那个晚上起，这就在永镇传开了，公证人老婆杜瓦施夫人向仆人宣称包法利夫人连累了自己的名声。”这一诉讼也是有关婚姻的诉讼，它是没有爱情的婚姻，年轻女子们相信在其中获得了自由，这也揭示了另一种家庭监狱。这也是一部充满失望的小说，源自作者自己的幻灭（“包法利夫人就是我！”）以及浪漫幻想与现实之间的冲突。 465
确实，该书根本谈不上感化人：“没有任何……值得研究，一切都是谎言！每个微笑都隐藏着厌倦，每次欢乐都隐藏着不幸，所有娱乐都隐藏着厌恶，而最美妙的吻也只不过是在你唇边留下对极乐的虚幻渴望而已。”[14]

1856 年 6 月 1 日，福楼拜告诉朋友路易·布耶自己刚刚将小说手稿寄给马克西姆·迪康。后者从 1851 年 11 月起与莱昂·洛朗－皮沙（诗人和记者）共同主编《巴黎杂志》，十分自然地，《包法利夫人》应该在这一杂志连载。有所预感？在同一封信中，福楼拜担心“这些人”最终会退缩，便补充道：“亲爱的老朋友，我对你毫不隐瞒，我现在非常渴望看到它被印刷出来，而且是越快越好。”[15] 在读过手稿之后，两位杂志主编出于不安而要求福楼拜做些修改。虽然不情愿，福楼拜还是照做了，但是并未完全满足迪康和洛朗－皮沙的要求。出版延迟了。7 月 14 日，马克西姆写信给居斯塔夫：“我已将你的书交给洛朗，并向他热烈推荐这部书，因此我们根本不是串通一气，以相同的口吻来招你厌烦。他对你提出的建议没错，而且你只能照此建议行事。请让我们负责你的小说，以使它得以在《杂志》上发表；我们将对它做一些我们认为必不可少的删节，此后你可照你希望的那样出版单行本，这就是你的事了。”[16] 必须删减。这一次，福楼拜进行了抵制，他只同意个别删除，但作为交换，他获准在《巴黎杂志》中插入一条注释——小说的开头于 10 月 1 日在该刊发表。次日，福楼拜写信给洛朗－皮沙：“难道您因而相信这一卑鄙的现实——它的产生使您厌恶——使我和您一样心绪不安吗？如果您很了解我，您就会知道我憎恶日常生活。就我个人而言，我始 466
终尽可能地摆脱它。但是从美学上来说，这一次而且仅仅是这一次，我希望彻底地体验它。我也采用了一种英勇的方式，我仔细倾听，接受一切，讲述一切和梳理一切……”12 月 15 日，人们从这一杂志上可以读到：“一些我未曾估计到的考虑促使《巴黎杂志》在 12 月 1 日那一期中做了删节。在新一期里他们又有了新的顾虑，认为还需再删去几段。鉴于此，我拒绝对下文承担责任，由此也请读者只看一些片段而不是全文。”[17] 杂志主编们认为小心谨慎的措施，就是把爱玛委身鲁道夫那一插曲中的出租马车一段删去。

几天以后，福楼拜收到一位陌生女子的信，那就是勒鲁瓦耶·德·尚特皮小姐，她本人也是小说家，信中说：“作为《巴黎杂志》的订户和忠实读者，我从一开始就读了您那部真实和激动人心的悲剧《包法利夫人》。首先我相信您已完成一部自然和真实的杰作。是的，这就是我出生和生活的外省风俗。先生，我要告诉您的是，我是多么理解这位可怜的包法利夫人的忧愁、烦恼和不幸……不，这个故事不是虚构的，它是真实的，这位女子她存在，您一定目睹了她的生活、死亡和痛苦……”这封信既反映了出版后的成功，也暗示了它暗含的危险：《包法利夫人》真实得让上层人物开始担心。12 月 31 日，福楼拜写信给一位通信者，说自己的小说被指控败坏风俗和宗教：“我已见过预审官，而且很有可能将被处以轻罪处罚……我只不过是个借口，他们是想摧毁《巴黎杂志》，就抓住我进行敲打。”面对控告的危险，他请求兄弟阿希尔斡旋：“应该让内政大臣知道我们在鲁昂是个大家族，也就是说我们在这一国度有着深厚的根源，起诉我，尤其是指控我不道德将会伤害很多人。我期待省长写给内政大臣的
467 信会产生重要影响。”[18] 居斯塔夫还指望自己已去世的父亲的名望，后者是一位著名的外科医生，有关他的记忆在鲁昂人中可谓根深蒂固，当局对此不可能无动于衷。同时，预计会有官司的福楼拜咨询了家族的一位律师朋友塞纳尔，委托他为自己辩护。事实上，福楼拜和出版者洛朗－皮沙、《巴黎杂志》印刷商皮耶一起被移交到轻罪法庭。传讯预定在 1857 年 1 月 24 日。这件事好的方面是福楼拜成

为关注焦点，福楼拜于1月16日写信给兄弟说：“尽管如此，《包法利夫人》延续着它的成功。它成了黄色书籍，所有人或已读过，正在读或是想读它。”

1月29日，福楼拜“于上午10时”出现在“第六轻罪法庭为骗子提供的长凳上”。虽然他并不指望“任何公正”，但也因为此事使自己获得如此多的同情和读者而感到高兴。公诉状是由代理检察长皮纳尔（后来人们才知道这位身着红袍的正人君子写了许多黄色书籍，这揭露了专制帝国时期道德情况的真相）宣读的，他以“社会礼仪”的名义要求判处福楼拜2年监禁。塞纳尔在辩护词中为艺术家和福楼拜家族辩护，并读了拉马丁写给作家的一封信（“人们蔑视您的著作所具有的特点，而且下令起诉，这已经令人遗憾，但是，为了我们国家和时代的荣誉，不可能找到一个法庭来审判您”）。在诉讼前几天，福楼拜确实见过拉马丁，这是一次气氛热烈的会面：“我难以相信创作出埃尔维尔的抒情诗人会为赫麦而如此激动！”福楼拜在写给兄弟的信中如此说。1月30日，还是在给兄弟的信中，福楼拜兴高采烈地讲述了诉讼的情况和塞纳尔的“精彩”辩护：“在整个辩护中，老头塞纳尔把我看作一个伟人，我的书被作为杰作来对待。他已读了差不多1/3。他出色利用了拉马丁的赞赏！以下是他其中的一句：‘你们不仅应该宣布他无罪，还要向他道歉。’”是的，这是一个“英勇的日子”！2月7日，3位被告被宣布无罪，福楼拜免于处罚。

诉讼使得那时还默默无闻的居斯塔夫·福楼拜名声大噪。4月，
当《包法利夫人》在米歇尔·列维出版社出了单行本后，所有人都 468
在谈论它。某些人叱责它“下流”“没有独创性”，《宇宙报》甚至对小说家被宣布无罪感到遗憾，并要求将圣勃夫逐出官方报纸《总汇通报》，因为他曾为这么一部“充斥下流话”的著作美言。然而，福楼拜在1857年10月6日的《国家报》上也得到巴尔贝·道尔维利的尊崇。他写的大体内容是认为该书取得了辉煌、迅速和理所应当

的成功。在他笔下，人们感觉到唯心主义者的反对：这是一本“没有温情，没有理性，没有诗意……”的书，因为巴尔贝震惊于福楼拜不加评判、不做评论而进行的描述，就好像对自己所写的东西漠不关心。但他称赞作者并未仓促完成写作，并且知道等待时机的到来：“我们非常相信这些依据自己能力做事并且在很长时间里被迫保持沉默的人。沉默是思想之父。”对他的语言也大加赞赏，“生动、出色、光彩夺目，而且近乎科学般的准确”，尽管有些保留意见，但巴尔贝仍给予福楼拜这样的评价：“居斯塔夫 · 福楼拜先生是一位真正的小说家，一位更专注于他人而不是自己的观察者。他曾在外省生活很长时间，在那里发现了一类曾被巴尔扎克遗忘的妇女，她们在巴黎也存在，但不如外省鲜明完整，对此他在一项全面研究中加以详尽描述。”[19]

1857 年也是立法议会选举年。虽然政变已确立普选制，但是它被严格控制，政府禁止集会，监视报刊（《世纪报》“因为在选举前煽动思想”而受到警告）和官方候选人……正统派和奥尔良派选择弃权，只有共和派高举反对旗帜。他们最终获得 5 席，其中在巴黎有 4 席，分别是儒勒 · 法夫尔、埃米尔 · 奥利维耶、埃内斯特 · 皮卡尔、阿尔弗雷德 · 达里蒙；在里昂 1 席，即埃农博士。虽然席位很少，但大城市成了反对派的中心。这实在令人不安！随后在 7 月 16 日，贝朗瑞去世。当局担心会有示威，甚至是骚乱，于是决定独占这位艺人的遗产。当局突然将他提升为民族诗人：他的葬礼由国家负责。普罗斯珀 · 梅里美描述了这一仪式：“昨天我们安葬了可怜的贝朗瑞，
469 他在过去一个月中病得很严重。那些自巴黎选举成功以来又重获力量的民主派人士，曾试图借机搞一场示威或采取更进一步的行动。他们曾为葬礼召集所有人。但是，事情并未像他们所希望的那样发展。皇帝本人喜爱贝朗瑞，而且将自己广受人民欢迎之事部分归功于后者所写的有关他伯父的那些歌曲，亲自安排了葬礼活动，举行盛大仪式，也就是说有很多警察和士兵。一切平静地进行着，但是街道

上满是身着工作服的人，使人不禁想起 1848 年那些险恶的日子，并思索未来。”[20]

当局并没有就此罢休。同样是在 1857 年夏天，轮到夏尔·波德莱尔因《恶之花》而被轻罪法庭传讯。自 6 月 25 日起开始销售的《恶之花》，由于“伤风败俗”遭到 7 月 5 日《费加罗报》的攻击，该报在两天后要求检察机关对作者进行调查，并查封该书。波德莱尔刚因翻译埃德加·爱伦·坡的《惊险故事集》而从公共教育部获得 200 法郎补贴作为酬报，震惊于这一坏消息的他遂致信国务大臣阿希尔·福尔德，“坦率地”要求他保护自己，同时也请求圣勃夫和梅里美的支持。依据梅里美 8 月 29 日写给德·拉罗什雅克兰夫人的信判断，他对此并不热心：“对于你向我提到的那位诗人，我根本未曾试图阻止烧毁他的书，否则我会告诉某位大臣最好应该首先烧毁别人的书。我想您说的是题为“恶之花”的书，这是一本平庸之作，毫无危险，其中有一些诗歌的火花，就像一位对生活一无所知并因某位年轻女子耍弄他而厌世的可怜小伙所可能具有的一样。虽然我不认识作者，但我断定他幼稚而诚实，这就是为什么我觉得人们不会去烧毁他的书。”[21] 圣勃夫——波德莱尔要求他同意自己引述他在收到《恶之花》时的回执（而且这一要求是半真半假地提出来的）——退缩了。[22] 他 470
发表于《总汇通报》的有关《包法利夫人》的文章已被判定是对伤风败俗的错误纵容。仍觊觎元老院议员职位的他并不想为一个自己不屑的诗人去冒任何风险。

波德莱尔到庭面对曾起诉福楼拜的代理检察长皮埃尔－埃内斯特·皮纳尔，后者对《恶之花》的 13 首诗歌（全书共 100 首）提出控告。其中一些被指责为亵渎宗教道德：1.《圣彼得的否定》（“对背弃耶稣的行为表示拥护”），2.《亚伯和该隐》（“拥护该隐反对亚伯”），3.《献给撒旦的祷文》（“援引撒旦而与圣徒们背道而驰”），4.《杀人犯的酒》（对上帝、魔鬼或是圣餐台我都毫不在乎）；另一些则是败坏社会风俗：5.《首饰》（“赤裸的女子在着迷的情人面前摆出各种姿势”），6.《可是尚未满足》（“放荡的悍妇挥霍了太多感情，而人们不可能像斯蒂克斯一样拥抱 9 次”），7.《忘川》（“其衣裙和美丽的胸膛上流淌着忘川的疯处女”），8.《致一个太快活的女郎》（“她的情人通过撕开新伤口来惩罚快乐的肉体”），9.《美丽的船》（“妇女有着胜利和撩人的嗓音，上有粉红色点的盾牌，同时在她们追逐的羽球之下的小腿激起欲望和诱惑”），10.《致一位红发女乞丐》（“她松开的衣扣使胸膛袒露，她伸出双臂，推开调戏的手指，请求不被褪去衣
471 衫”），11.《累斯博斯》（“在那里，眼神温柔的姑娘，抚爱着自己成年的成熟果实和她们爱人的身体”），12.《入地狱的女子》（“或者同性恋女子”），13.《吸血鬼的化身》（“其中女吸血鬼以她柔滑的双臂使一位男子窒息，将其上身弃于床垫上而发愣，以至于无能的天使将为她而遭天罚”）。[23]

为什么福楼拜受到宽恕而波德莱尔却遭处罚？《恶之花》作者并不具备与《包法利夫人》作者一样的名誉。夏尔没有居斯塔夫的年金、社会地位以及家族的监护顾问。此外，他的共和派经历也对他不利，人们知道他在 1848 年参加了战斗，但这更多的是出于“报复欲”和“天生的破坏欲”，而不是政治信念。他的律师谢克斯·德斯坦杰并非不聪明，但还相当年轻，他父亲比他更有名。

8 月 25 日，波德莱尔告诉了福楼拜诉讼结果：罚款 300 法郎，其中 200 法郎由出版商承担。虽然亵渎宗教的罪名未被采纳，但是有 6 首诗歌被判败坏社会风俗：《首饰》《忘川》《致一个太快活的女郎》《累斯博斯》《入地狱的女子》和《吸血鬼的化身》。由于一位共同的朋友泰奥菲尔·戈蒂耶，福楼拜和波德莱尔曾在 1856 年底至 1857 年初见过面。7 月 13 日，“克鲁瓦塞的隐士”指责波德莱尔的《恶之花》所受到的待遇，以下是他热情洋溢的话：“您歌唱肉欲却不爱恋它，采用的是我喜欢的忧郁和冷漠的方式。您像大理石一样坚强，像英伦的雾一样具有渗透力。”10 月 18 日，波德莱尔在《艺术家》上发表了一篇关于《包法利夫人》的文章，在文中他成为福楼拜对文学

裁判官的复仇者（同时也是他自己的复仇者）："既然我说了司法部这 472
一光辉词语，请允许我——这也使我很愉快——感谢法国法官，感谢它在这一诉讼中所给出的有关公正和正确审美观的完美例证。在对道德的盲目与过于强烈的热情以及搞错地方的思想激励下——反对一部小说，一位尚不出名作家的著作——一部小说，这是怎样的一部小说啊！最公正、最合法的——像所有其他地一样平凡的一块地，自然地经受各种风雨的抽打和冲刷——我要说，法官显得合法与公正，因为在他面前该书成了祭品。波德莱尔甚至又补充——这次涉及他自己，明显指《恶之花》，即使法官已在其中找到一些内容加以谴责——说，"考虑和认识到它（该书）所具有的美之后，他们将赦免它。"他还更明确地说："总之，由于它强烈的诗意趋势，人们可以说这一判决是决定性的。诉讼的胜利已献给缪斯，所有作家和所有还算不上作家的人，都与居斯塔夫·福楼拜先生一起被宣告无罪。"[24]

由于手头拮据，加上签了很多记名期票，波德莱尔决定给皇后写信，信写于 11 月 6 日："我必须承认自己受到了司法部非常礼貌的对待，判决中同样礼貌的语句表明了对我高尚和纯洁的想法的承认。但是，罚款对于我来说是难以理解的巨大数额，超过了众所周知的穷苦诗人的财力，受鼓舞于我从那些身居高位的朋友所获得的如此多的尊重，同时也相信皇后对所有苦难——无论是精神的，还是物质的——的仁慈，我在长达 10 天的犹豫不决和胆怯之后，决心恳求获得皇后陛下的仁慈，请求她为我向司法大臣说情。"恭敬的请求并非没有效果，因为在随后的 1 月 20 日，依据波德莱尔律师的父亲谢克斯·德斯坦杰的建议，司法大臣鲁瓦耶把罚款从 300 法郎缩减为 50 法郎。

通过处罚波德莱尔，帝国司法部将一位被咒骂的诗人变成一种"装饰"，就像维克多·雨果曾对波德莱尔说的那样。[25] 两年以后，在写给这位流亡者的一封信中，波德莱尔又提到它："我记得当它（《恶

之花》）出版时，您曾写信给我对我所受的耻辱表示奇怪的祝贺，称
473 它是一种装饰。对此我曾不理解，因为我还处于因丧失时间和金钱而产生的愤怒之中。但是今天，先生，我完全理解了。我对于自己的耻辱觉得很自在，而且明白此后在自己从事的任何类型的文学中，我都将是一个怪物和狼人。”[26]

针对《恶之花》的禁令始终有效。一直要到1946年9月的法律，“才开始针对由书籍引起的伤风败俗判决的再审”——这一法律事实上就是针对波德莱尔的禁诗——1949年5月23日最高法院撤销了1857年的决定，“因为它已经由文人的评价和后代的判决所撤销”。[27]

1857年，压制仍在继续。波德莱尔的诉讼还未结束，轮到欧仁·苏因为《人民的秘密》而被传讯。皮纳尔始终以亵渎宗教、伤风败俗、煽动公民之间的仇恨和蔑视等等来提出诉讼。庭审原定在9月24日和25日举行，但是政变后一直流亡的欧仁·苏已于初审期间，即1857年8月3日在安西（它在3年后才归属法国）去世。出版商遭受处罚，《人民的秘密》一书被查封销毁。巴黎仍是秩序井然。

第二十六章

路易·弗约:“基督的勇斗士”

1858 年，路易·弗约在莫尔塔拉事件中支持教皇。

1859 年，法国与撒丁王国签订条约。

1860 年，《宇宙报》被禁。

在《包法利夫人》和之后《恶之花》的抨击者中，有一位名叫路易·弗约的《宇宙报》主编，阿尔贝·蒂博代称此人为“19 世纪最伟大的记者”。路易·弗约是个脸色粗糙、皮肤满是斑点、批评起来不留情面的自学成才的平民，自 1843 年以来始终处在“治安员”位置的他一直是法国教士尤其是完全代表它的乡村朴实教士令人生畏的世俗权威。受烧炭党思想——1838 年他在罗马旅行时接受——鼓舞，虽然反对任何妥协，但仍是各大豪门的座上宾和诸多伯爵夫人的朋友，这使他强烈批评非常支持天主教教育的法卢法，后者在他看来只是“魔鬼大臣和耶稣基督大臣组成的畸形同盟”。依据他自己的说法，他针对的是“中间人士”(不冷不热的、谨慎的、不确定的人)，只要求恢复教会的主张、自诩为教义的保护者、罗马教廷的仆人，猛烈攻击无神论者以及自由派和一切以这种或那种方式——出于慎重，出于时髦或是由于缺乏自信——具有该世纪思想特点的 474

人。文笔锐利、性情奔放的弗约反对其派别中任何不像他一样具有无法抑制的激情的人。1850 年 6 月 5 日，圣文森特 · 德 · 保罗协会的发起人之一弗雷德里克 · 奥扎南对一位通信者说：“《宇宙报》尽其最大可能来致力于使罗马教廷不得人心……弗约先生重新煽起信徒
475 的激情，而不是恢复不信宗教者的激情。”[1] 近 20 年之后，奥尔良的杜庞卢主教在一篇反对他的“警告”中所写的内容亦与此相同：“如果您的教义确实比我们教会的好，您所激起的仇恨也同样是普遍和强烈的，教会将被驱逐出文明国家。”但事实上，弗约与当时教皇庇护九世时的教会教义并不对立。虽然他使用极其生硬的术语，但实质是相同的。与罗马教廷一样，弗约是（或变得）反对一切自由主义思想。蒙塔朗贝尔在概括弗约政治思想时有这样一句名言：“当自由派掌权时，我们向他们要求自由，因为这是他们的原则，而当我们掌权时，我们拒绝给他们自由，因为这是我们的原则。”

对于疏远教会的路易－菲利普政权很晚才表示反对（他仍然留在基佐内阁中，并为官方报纸效力）的弗约，谨慎但真心地接受了第二共和国的建立。他在 2 月 26 日写道：“1848 年革命是上帝的一个通告。君主制因各种错误而垮台，今天它不再有支持者了……”这并不妨碍他于 1849 年 12 月写信给尚博尔伯爵：“我始终相信君主制，而且在共和制下更加相信。但是君主制本身只能与宗教一起、从宗教出发和为了宗教。上帝，只是由于他我们才能是自由的，是必须服从的最高主宰。”[2] 换句话说，无论政体如何，它必须为宗教信仰的利益服务！这种常常不合时宜的热情激怒了法国的天主教当局。由此，1850 年，不满这一不受其控制的天主教报纸所具有的独立性，早在杜庞卢主教之前，巴黎大主教西布尔就发布了一项针对《宇宙报》的“警告”。但是弗约从不缺保护人，在这种情况下，朗格勒的主教帕里兹赶来救他。此外，他和他的报纸可能也使来自法国主教
476 的批评变得相对化：他们支持罗马和教皇。他于 1850 年 9 月 28 日写道：“《宇宙报》将依然如故。在我手上它并没有变成一家教士和法国教

会的报纸，它将始终是一份世俗和罗马的报纸。”1852年在罗马，弗约得知西布尔大主教已禁止自己教区的教士阅读《宇宙报》。这没什么了不起。在一位教士的建议下，他虔诚地祈福于热尔曼娜·库辛（她的列真福品正为人所期盼），而且如果针对《宇宙报》的惩罚取消了，他就将着手写这位受真福品者（16世纪的一位牧羊女）的传记。教皇再一次支持弗约，后者也兑现承诺，在1854年出版《依据真实材料写的受真福品者牧羊女热尔曼娜·库辛的生平、美德和奇迹》。

由于对议会制没有任何期待，弗约明确支持路易·拿破仑·波拿巴及其宪法修改方案。他相信这是“一位有个性的人”，他写信给一位朋友说：“总之，他可能不如我们认为的那样有用，但仍然胜过这群脆弱自负的议员，此时，他无视那些疯狂的努力……我坚决支持总统。即使他不是好的，但他也是最不坏的。”弗约这一支持态度在政变中也表现出来，他毫不犹豫地表示欢迎政变。1851年12月19日，他在社论中这样写道：“在我们60年来的历史中，12月2日是最反革命的一天。各种形式的暴动思想在这一天经历了最耻辱的失败。”在1851年12月21日的信中他表达了同样的满意之情：“我们的事业进行得很顺利。考虑到我们很多朋友的软弱和愚蠢，我不说12月2日革命和我认为的一样好。波拿巴救了我们。他有关教会的想法是好的。我们有充足的希望获得一个月前还难以梦想的自由。好人们安心了，坏人们则吓得瑟瑟发抖。”人们将亲王－总统的不信教告诉他了吗？并没有：他“是信教的，与基督徒相比甚至是迷信的。人们说他保护圣物和圣牌”。他不是有个情妇吗？可能，但本质上他是忠诚的和聪明的，“他懂得听取好建议”。周围的亲信？“他的大臣既不是基督徒，也不信教，但是他们也不是哲学家、伏尔泰式怀 477
疑宗教的人或是主张法国教会自主的人，他们甚至相当厌恶这些。人们可以称他们是老好人、有精神的人。他们把宗教看作一种力量，认为这种力量应该是自由的。这已了不起了。”[3]

弗约意识到自己及其报纸与“绝大多数”天主教徒意见一致，

虽然巴黎大主教是共和派，而奥尔良主教是正统派。他支持蒙塔朗贝尔，后者因为赞同政变而备受朋友指责。秩序，不惜一切代价的秩序！波拿巴是“最后的壁垒和栅栏”。明白弗约要求的亲王－总统邀请他去爱丽舍宫，赞扬了他的报纸，甚至提供给他一个参政院席位，对此弗约郑重拒绝，他告诉总统：“我想保持我的笔和良心的独立。”

偷偷运入法国的维克多·雨果的《惩罚集》中，有一首报复性诗歌名为“另一个人”，其中弗约被不点名地斥责为“伪善的文学批评家”“快乐的长毛小猎犬”“偷窥者”“比小偷和杀人犯更卑劣”“丑陋的伪君子”“纯朴的耶稣会士”和“大无赖”。雨果将他与莫里哀笔下的伪君子塔图相比较：“他偷偷地大吃大喝，在公开场合训诫别人 / 在颂歌之后唱 landerinette/ 念天主经，却买卖圣物……/ 这就是我从这些圣徒中看到的！”虽然这一讽刺有其道理，但它的描绘过分了一些。弗约远不会戏弄好人，他是一个狂热追求有条不紊生活的人。由于两个教士朋友的撮合，他在 32 岁时与玛蒂尔德·米尔西耶结婚，后者是凡尔赛一个小资产阶级家庭的女儿。米尔西耶给弗约生了 6 个女儿，在结婚 7 年后因患腹膜炎去世。1852 年，他失去了其中一个女儿，1855 年，又有 3 个女儿在母亲去世的同一年死于白喉，只有 2 个女儿吕思和阿涅斯活得比他长。他并不缺女性友人，首先是塞居尔伯爵夫人，他鼓励她写作；与此相应，她邀请他到努埃特城堡享用美餐。[4] 但是这位天主教徒恪守自己所鼓吹的道德准则。如果说他有错，那就是他缺乏仁慈；但是他若彬彬有礼，就不可能成为那个时代最重要的论战者之一。并不属于其教派的皮埃尔·拉鲁
478 斯在自己的《词典》中提到弗约时这样写道：“他指责那些人的年纪、缺点、外表和丑事。他进入他们的私生活之中，他并不满足于打击他们，而且要败坏他们的名声，使他们名誉扫地。”弗约有着与十字军一样的性格：人们并非用纸做的刀与非基督教徒作战。

他与谁做斗争？首先，他反对无神论者、自由思想者（libres-penseurs）[5]、独立思考者和怀疑论者，在他看来，贝朗瑞、勒南、圣

勃夫和伏尔泰四人即为这些人的代表。在所有人都对贝朗瑞诗歌一致拍手叫好（这是从圣勃夫开始的）时，他不仅痛斥这位艺人，对那些赞扬者也是如此。为此，他与共和派日报《世纪报》激烈争论，并展开了一场长期的"壕沟战"。他的仇恨使其丧失了良好的鉴赏力。1857 年 7 月 15 日，贝朗瑞垂死之际，饱受排污工程恶臭之苦的弗约写信给姐姐："我好像感觉到贝朗瑞的诗歌。"当皇后让人打听诗人消息时，他补充道："我们皇后的鼻子很奇怪，因为她喜爱这样的软膏。"[6] 基督教对死者的尊重也未能阻碍他：7 月 22 日，也就是葬礼后 5 天，他提到"这一散发着死人贝朗瑞臭气的令人厌恶的巴黎"。

作为极右派的勇士、明目张胆的反革命者，弗约曾从约瑟夫·德·迈斯特尔和路易·德·博纳尔的著作中吸取很多东西。与导师们一样，他公开地强烈反对新教。对于他来说，自由的内省、"异端思想基础"，乃是一切革命的根源。通过重新解读历史，弗约消除了天主教在圣巴托洛缪之夜中的责任，并说："如果说上帝对这些以武力反对自己的人实施了报复，这并不是因为天主教对杀戮天使的唆使，这不是它的错……圣巴托洛缪之夜是人的罪过和上帝的公正。这是一切灾难的特点。"[7] 对于弗约来说，新教是通往不信宗教的一步，是社会组织分裂的根源。

1858 年在教皇国爆发的莫尔塔拉事件为弗约提供了自由表达自己的反犹太教和反犹太人思想的机会。莫尔塔拉夫妇属于博洛尼亚（位于教皇国内）的一个犹太家庭，他们在 1854 年险些失去 3 岁的 479
儿子。他们信奉基督教的女佣认为他们的儿子即将死亡，遂在其父母不知道的情况下给孩子洗礼。1858 年 6 月，教廷的圣职部闻悉此事后，决定将孩子从其父母手中夺走，把他放入教会寄宿学校，让他在那里接受天主教教育。绑架！抢夺！各地的人都对此表示愤慨。尽管有外交压力，庇护九世仍然拒绝取消圣职部的决定。国际舆论表示不安，自由派报刊发出抗议，自由派天主教记者也缄默不语。弗约本人则变得前所未有地夸夸其谈，在 1858 年 10 月至 1859 年 1

月发表的一系列文章中大肆鼓吹支持罗马教廷，这些文章后被其汇编为《犹太人》一书。[8]

弗约首先打算给《论战报》《世纪报》《立宪主义者报》和其他犹太报纸上一堂基督教教理的课，他说道，他们知道“天主教徒认为洗礼是一项无法抹去的圣事，是为了永生而在上帝和人们面前进行的”。因此，教皇本人想这样，在莫尔塔拉这一事件（称之为“事件”是如此不合适）中他不可能做任何其他的事。这一事件不能以它在那些无视“教会法则”的人中引起的感情来判断。人们知道，依据这些法则，教皇“不能让一个已受洗的犹太人不成为基督教徒，更不能把自己的基督教儿童交给犹太子民，他在这一冲突中具有的父亲身份是超越其他所有人的”。所以，问题并不在于“人们怎么能够同意将一个孩子从其父亲手中夺走”，而是“人们怎么能够同意通过洗礼将这个孩子从其‘真正的父亲’那里抢走”。他大体上是这么写的：犹太人明白，在教皇国内他们是“罗马教会的客人”。所以，他们必须遵守自己保护人的法律。既然事件“如此简单，如此合法”，那么何来如此多的争吵呢？事实是所有人都对莫尔塔拉一家毫不在乎。
480 这一事件被用于其他目的，而不是使孩子回到他的世俗父亲那里：正是大革命“希望利用它”。弗约在 10 月 20 日的文章中重申：“犹太教势力强大。他们在大学中教课，拥有报纸和银行，他们不信宗教，憎恨教会，信徒和代理人数目众多。他们在各处使这些人动员起来……很罕见地，犹太人更展现了他们在欧洲所能做的：不过，他们还是习惯于雇用那些他们支付得起的无关紧要的人。”

在这几句话里，路易·弗约就概括了现代反犹主义提出的起诉状。在中世纪反犹太人思想（“犹太教是不信宗教的”）之外，他还在新的仇犹思想中添加一些主要成分：只有犹太人掌握了金融权力（“它拥有银行”）、信息权力以及由此而获得的制约舆论的权力（“它拥有报纸”）和形成精英思想的权力（“它在大学中教课”）。他还不满足于这一充满想象的选集：“犹太教还搞阴谋诡计和秘密领导（‘它的信徒和代理人数目众多'）。"

弗约对于本国同胞的愤怒表示气愤。莫尔塔拉父母有什么可以抱怨的？实在不必"为一个获得全额资助进入学校的儿童的命运洒下如此多泪水"！而是应该为此高兴，"上帝想将孩子从犹太教的黑暗中解脱出来！"小莫尔塔拉将获得"知识"，而他"原来的宗教只是将各种偏见强加给他"。因此，"请擦去你们的泪水，你们这些伪君子，对于那些'从5岁起'就在矿山工作的英国儿童，你们何曾有过一滴泪水"。

弗约的文章在其他报刊中激起众多反驳。拉·比道里爱尔发表于《世纪报》的这些话很好地概括了反对者的立场："已将1789年革命的各项原则写进宪法的政府，应该确保这些维护法国革命、坚持《民法典》信仰自由和法国教会自由的人不向那些宗教审查官和侮辱法国一个世纪以来的一切光荣创造的人屈服。"[9]大量犹太人在《以色列档案》《巴黎信使报》上回应弗约，儒勒·阿泽扎在当杜出版社出版了一本小册子《父亲的权利》。所有天主教徒都避免追随《宇宙报》。481
尽管图尔大主教希波利特·吉贝尔在其致下属教士的一封"主教信"中相信应该维护教皇，但神学老教授德拉库杜尔神甫——他自1840年以来一直是巴黎圣母院的名誉议事司铎以及提交给主教请求同意的书的评论人——也在当杜出版社发表了一本反驳路易·弗约的《莫尔塔拉事件中的教会法和自然法》，他在书中旁征博引地阐述道，对于一个天主教徒来说，或许不应该赞同在博洛尼亚发生的事情。

由于《宇宙报》和其他报刊间的争论已出现令人担心的趋势，帝国政府出于外交上的考虑，由其内政大臣向各家报刊下发布一项官方警告，要求它们不再议论这一问题，但是莫尔塔拉事件还是为弗约提供了一个就犹太人问题表明己见的大好时机。他在多篇文章中提出犹太教及其危害的观点。尽管宣称"弑神的种族"不应被仇恨，因为总有一天它会坐在"和解的宴席上"，但是弗约仍然毫不犹豫地传播那些杀人仪式的谣言，它们比"远方国家中的"犹太人被视为有罪的说法更恶劣（在他们渎神的复活节时，在已将耶稣钉上十字架后，必须有一名基督教儿童和教士的血）。同样是在西方，基督教国家慷慨给予他们的这些特权和政治优待对什么有用？“犹太人善于阻止仁慈行为。”

除了这些指责，弗约还提出这样一个论点：如果它与《新约全书》之前的摩西法典相一致的话，犹太教将是可以接受的，但事实上，犹太教是“远在摩西法典后面的”令人憎恶的犹太教法典的产物。弗约解释说：“犹太教法典的本质是犹太人对所有非犹太民族，尤其
482 是基督徒的仇恨。”以基亚里尼神甫[10]——1830年在巴黎出版的《犹太教的理论》一书的作者——的研究为基础，他也一心想使犹太教法典成为令人憎恨的东西，由此，他吸收基亚里尼有关圣经的评论中有助于使犹太人在基督徒眼中变得可恨的部分，弗约写道：“犹太教法典是妨碍犹太人进入各民族家庭的真正障碍。它使他们遭受孤立、猜疑和仇恨，它使他们陷入迷信、悲痛和往往令人憎恨的非法交易中。正是犹太教法典阻碍了他们在居住地获得一席之地。”

由于这一点（“这一点”就是在犹太人聚居的国家中始终忠于犹太教），犹太人形成了一个“与众不同的民族”，他们不定居（从不种地），是一个“暂时居住的”民族，通过高利贷、诡计和虚伪而代代相传。犹太教法典也教导他们在有用时要对非犹太人即异教徒保持尊敬和友谊。弗约对高利贷做了长篇论述，把它“和仇恨一样看作犹太教的一个信条”，他认为有两个原因可以解释它：首先，高利贷可以获得比其他所有实业都丰厚的利润；其次，高利贷是一种“战斗形式”，“是一种圣战”。

在对那些攻击他的犹太人刊物——尤其是《以色列档案》和《以色列世界》——进行反驳后，弗约总结，犹太人应该摆脱犹太教法典回归《圣经》。“各地的人都应知道犹太教法典——犹太人的正经——包含了那些迫使犹太人为了古以色列人子孙的利益而公开或秘密地不断反对基督徒的指示。”

法国的反犹思想那时还没有达到19世纪末的激烈程度，如爱德华·德律蒙的著作、《十字架报》上圣母升天修道会会员的抨击文章和狂热的反德雷福斯派。即使并非具有教养，弗约还是对语气有所注意，至少没有表现出仇恨和无耻的态度。他有关犹太人的一系列文章是发展的一个阶段。因为在他的反犹太思想背后暗含着要求犹太人改革的明确愿望。他身上体现了未来反犹思想的某些特点：确定一个特征明显、没有宗教变化（从"犹太教"到"摩西法典"）的难以同化的外国人团体，使用阴谋理论（犹太人已被认为掌握报刊并控制舆论）的梗概。在整个莫尔塔拉事件中，"反犹思想的基督教根源"（儒勒·伊萨克）都是明显的，即使有一部分天主教徒完全否认弗约的权威地位。 483

又一起事件将《宇宙报》的主编引向另一领域。1859年1月26日，法国和皮埃蒙特－撒丁国签订同盟条约。弗约不无道理地将它看作对教皇世俗权力的威胁。确实，拿破仑三世通过在罗马驻扎一个法国师来保护教皇，但是他依然支持意大利的民族运动。在他自己家中，皇帝也承受了不同的压力：虔诚的天主教徒欧仁妮从不否认保护教皇庇护九世的态度，与此同时，皇帝的堂兄妹杰罗姆亲王和玛蒂尔德公主则支持皮埃蒙特－撒丁国。1858年7月21日，拿破仑三世在普隆比耶尔的温泉疗养区与微服来访的撒丁王国政府首相加富尔进行了长时间会谈。随后的法国－撒丁条约打算建立针对奥地利的军事同盟，包含建立北意大利王国（教皇国以北）的计划。作为交换，法国将获得尼斯和萨伏依。此后，由于担心走得太远，遭到保守派、天主教徒、德意志各邦强烈批评的拿破仑犹豫了。最后，在损害加富尔利益的情况下，他接受了俄国召开国际会议的建议。随后，意大利战争由于考虑欠周的奥地利于1859年4月23日要求加富尔在3天内解除武装而爆发。法国政府当即对加富尔表示支持："如果撒丁王国被奥地利攻击，它可以立即获得我们的支援。"在拥有这一支持的情况下，加富尔拒绝了奥地利的最后通牒。4月27日，奥地利军队越过泰桑河。明显缺乏准备的法国军队越过阿尔卑斯山口，与此同时，拿破仑三世率军在热那亚登陆。6 月 4 日的马让达一役使得麦克马洪指挥的法国－撒丁王国军队获得第一场胜利，并使拿破
484 仑三世和维克多·埃玛纽埃尔成功进入米兰城。20 天后，由皇帝弗朗西斯－约瑟夫指挥的 163000 人的奥地利军队与 138000 人的法国－撒丁王国军队相遇。6 月 24 日，帝国近卫军占领索尔费里诺的高地，于是奥地利人选择撤退。法国皇帝意识到，在因受战争进程震动而急于结束战争的普鲁士有可能干预的情况下，自己的军队略显虚弱，加之对此时法国国内出现的批评也感到不安，遂决定停火，并于 7 月 11 日在维拉弗兰卡签署和约。割给法国的米兰地区被还给皮埃蒙特，与此同时，奥地利仍拥有名义上属于以教皇为首的意大利邦联的威尼西亚。被认为“蒙受耻辱的”加富尔提出辞职。

弗约显然是对以天主教阵营名义进行的法国干预最激烈的反对者之一。1859 年 12 月，一本由皇帝授意出版的小册子《教皇和议会》问世，书中建议教皇放弃一部分领土：“领土越小，统治权越大。”毫不犹豫将这本小册子比作犹大之吻的弗约受到警告。1860 年 1 月 29 日，由于刊登批评帝国政策的教皇通谕 *Nullis certe*，《宇宙报》被内政大臣取缔。路易·弗约与兄弟欧仁和报纸其他编辑写信给教皇庇护九世，他们在信中表示“对由于使教皇陛下的讲话产生反响而被关闭感到高兴”。作为教皇绝对权力主义者，弗约坚决忠于教皇，并高兴地向他表示：“庇护九世的一项通谕（1853 年 3 月 21 日的“祈求精神统一”通谕［*Inter multiplices*］）曾促使《宇宙报》诞生；又正是为了教皇的通谕，它被剥夺生命。上帝和庇护九世二者都会为此而感谢！我们的事业已使教皇您满意，我们的心、工作和我们自身永远属于您！”[11]

对于弗约来说，新生活在开始。他的合作者并未就此放弃自己的立场。他们创建了《世界报》，它是从《宇宙报》的所有者买回的《真理的声音》转变而来的，并为《宇宙报》的订户服务。但是政府的

同意并不包括弗约兄弟，因此他们暂时不再是记者。路易·弗约并未因此受到伤害。"我，既然健康并且有眼睛，那么我就能走。"他在 1860 年 2 月 7 日，也就是《宇宙报》关闭 7 天以后写给一位朋友的信中如是写道："我已看到世界上最美丽的场景。2 个月来，我看到这些勇敢的人在面对自己即将失败的形势时毫不退缩，从未犹豫，485
始终准备做出任何牺牲，而在他们思想中已无数次做出这样的牺牲，最后，只是经历了使教皇讲话引起反响这样高尚的快乐，其危险只不过是丧失饭碗和他们最看重的自由。"[12]

1860 年，意大利的形势发展进一步加快。3 月，在拿破仑三世的同意下，皮埃蒙特－撒丁王国兼并了意大利中部地区，作为交换，法国获得尼斯和萨伏依，这一合并得到全民公决的肯定。北意大利王国由此建立。同年 10 月，在加里波第和红衫军（"千人团"）的远征后，该王国兼并了那不勒斯王国。这同样是由于拿破仑三世允许加富尔在教皇庇护九世反对的情况下派兵越过教皇国。1860 年 11 月 7 日，维克多·埃玛纽埃尔进入那不勒斯城。1861 年 3 月 21 日，意大利王国正式诞生。为了完成意大利统一事业，还需要解决依然属于奥地利的威尼西亚和罗马问题。教皇从未认可当时那些事件给他造成的在教皇管辖区、不服管的周围地区以及翁布里亚地区的领土方面的损失。能力非凡的外交家加富尔原本可以找到一种妥协方式，但他在 1861 年 6 月 6 日突然告别人世。

始终被剥夺参与报刊编辑权利的路易·弗约以小册子表达观点。在 1861 年出版的小册子《教皇和外交》中，他写道："教皇承载了那些人类所渴望和尊敬的东西，6000 年来一直为人所信仰。基督教世界感知他，并对其加以肯定；革命者世界也感知他，但对之加以否定。基督教世界想将教皇保留在罗马，因为上帝将他放在那里领导人类。"

意大利爱国者对此不以为然：去掉罗马意大利将会如何？决心维护教皇世俗权力最后象征的拿破仑三世在罗马保留军队，这只是为了不在自己国家中引起天主教舆论的不满，后者对选举结果有重要影响。为了表示自己的诚意，皮埃蒙特人于1864年正式宣布放弃定486 都罗马，选择佛罗伦萨作为意大利王国的首都。

对于教皇来说，这只是微不足道的安慰，他已渐渐相信，自己的不幸均由1789年原则造成：正是这些原则摧毁了社会、道德和宗教领域的传统价值。然而这些价值得到很多天主教徒的支持，路易·弗约曾不断以各种文章谴责这些自由派，在法国，他们是阿尔贝·德·布罗伊、奥古斯丁·科善、夏尔·德·蒙塔朗贝尔、杜庞卢主教和《通信报》的其他编辑。对于教会的等级制和教义来说，这一自由学派是真正的威胁，它在1863年比利时天主教徒的第一次大会——马林会议上获得巨大成功。蒙塔朗贝尔受邀参加，并于8月20和21日在会上发言，据奥古斯丁·科善说，台下听众“先是目瞪口呆，继而专注，为之吸引，为之征服和受其感动”。[13]这位伟大演说家宣布了神权政治的终结和民主制的普遍胜利，并指出，对于教会而言，必须结束“与王权过于密切的结盟关系”。他说：“对于我来说，我坦然承认在自由和天主教的这种相互关联中，看到了一种真正进步。”为了鼓吹宽容，他大声说道：“西班牙宗教裁判所法官曾对异端说，要么是真理，要么是死亡！我也同样憎恨法国恐怖分子对我的祖父说：要么是自由、博爱，要么是死亡！人类的良心有权利要求人们永远不再对他提出这样可怕的选择。”蒙塔朗贝尔获得大厅里4000名与会者的热烈掌声。教廷公使将此报告交给罗马，后者对他的措辞感到担心，而且蒙塔朗贝尔的演说以“自由国家中的自由宗教”为题出版和发行。弗约的朋友瓦尔·德·博利厄伯爵以小册子《自由国家中的自由错误》加以反驳。法国主张教会绝对权力主义的主教之一皮主教，建议庇护九世进行干预。事实上，已指责蒙塔朗贝尔的（尽管教皇也能听取为之辩护的杜庞卢主教的意见，但该主教这样做乃是为了维护教皇在罗马问题上的世俗权力）庇护九世走得更远。多年以来，他就打算公开发表自己对现代种种错误的宣判。欧洲自由主义、撒丁王国以及随后意大利王国中世俗化的发展进一步促使他这样做。奥尔良主教热尔贝寄给他的一部名为"有关现代各种错误的说明"的著作，其中列出了需要加以谴责的85个错误。这是工作的良好基础。为完成这一任务，他们组成一个委员会，向各位主教征询意见，最终于1864年12月中旬发表《何等关心》(*Quanta cura*)通谕，虽然没有人读它，但是它有一个概要作为补充，那就是分类列出了80个错误的《现代错误汇编》，它的发表引起巨大反响。 487

在这些错误中，教皇列出了泛神论、自然主义、理性主义、对宗教的冷漠态度（所有宗教都一样）、社会主义、共产主义、共济会、有关教会和国家关系的错误思想、有关基督教婚姻的错误道德观念、否定教皇的世俗权力以及在这一切之上的自由主义。第80个也是最后一个建议是拒绝以下断言："罗马教皇能够而且也应该与进步、自由主义和现代文明相和解。"[14]

这份容易获得的文件很快在天主教徒和非天主教徒之间、自由派天主教徒和强硬派天主教徒之间引发一场思想战。弗约朋友们的《世界报》于1865年1月13日认真翻印了《西班牙思想》(*Pensamiento espanol*)中的一段话："我们的唯一信仰是谴责自由主义、进步和现代文明是反天主教的。我们谴责这些地狱的早产儿是反天主教的。"该报纸还针对蒙塔朗贝尔及其朋友说："在通谕的严厉谴责下，一切自由派都必然失败。无论如何，一个天主教徒不可能是或自称是自由派。"

遭受打击的法国自由派天主教徒一度打算自行将《通讯报》停刊。面对非天主教报刊的狂怒（《世纪报》甚至称它是"即将消失的罗马教廷向世界发起的最后挑战"），杜庞卢主教对"所有卖报人的讨厌叫声"表示抱怨。经过磋商，《通讯报》的领导人发表了一则启事，其中他们向教皇表达了自己有如子女对于父亲般的尊敬。杜庞卢做得更妙，他在1865年1月写了小册子《9月15日的条约和12月的通谕》，在该小册子中，他以坏信仰所具有的一切狡诈解释说，通谕和《现代错误汇编》并非像人们所认为的那样，人们把它给译 488

错了，尤其是应当始终区分论点（它使人想起理想）和假设（它产生历史限制）之间的差别。喔唷！“人们松了口气，风向变了。”奥古斯丁·科善欢呼道。许多由此感到轻松的主教也赞同奥尔良主教。阿尔贝·德·布罗伊曾评论：“经此评论后的通谕成为最无害的文件，其最锋利的部分也变钝了。”蒙塔朗贝尔则说：“人们提供给我们作为庇护的所有这些区别和微妙之处，远看起来像是帕斯卡尔已枯萎的决疑论。”令人吃惊的是，庇护九世本人还为杜庞卢主教宣布教皇讲话被错译、过滤与缓和而赞扬他。正是帝国政府对罗马教廷文件做出了很负面的反应，就像司法与宗教事务大臣巴罗什在给各主教的通报中所说的，它有悖于“帝国宪法的基础原则”，因而巴罗什禁止它的出版。

未受教廷公开反对的杜庞卢主教的小册子所取得的成功，促使弗约下决心反驳它。他不久之后出版的《自由的虚幻》是对自由派天主教徒的全面攻击。他写道：“非基督教力量，除了罪恶、魔鬼、颠倒的神权政治，没有其他任何宗教。如果我们被迫承受这一不幸和耻辱，那么对于整个世界来说，这一不幸和耻辱将比我们还要大。”弗约的二元论使他在改变信仰的问题上明确地表现出一些确定性：“两种力量并存，并在现代世界中互相斗争，它们是神启和革命。这两种力量相互否定，这就是事情的本质……第三派名为折中主义，成分混杂，也就是无能的表现。由此第三派甚至采纳了革命，拒斥基督教，而革命是与基督教绝对矛盾并被后者所明确否定。由此，天主教派是对基督教真理的肯定，它拒斥革命，因为后者是反基督教的谎言；它拒斥自由主义和折中主义，因为在绝大多数情况下，它们都不过是这一谎言的虚伪表现，在很多时候则只是它诱惑的结果。天主教派拒斥它们。我们拒斥它们，就像我们的父辈拒斥过分崇拜、
489 异端和分裂一样。我们不仅要拒斥它们，而且应该消灭它们。我们明白如果在这场战斗中消灭了它们，我们就将是不可战胜的。”[15] 有传言称教皇曾如此说：“这与我的想法完全相符。”[16] 不管怎样，庇护

九世从未有过这样的捍卫者：对于他热情表述的东西，弗约不断地以响亮的形式、最终的指责和毫不犹豫的声明进行传递。由于其易于愤怒和大声叫喊，在使人喜爱天主教会方面，这个虔诚的人可能并未贡献良多（蒙塔朗贝尔于1866年写道，他可能是"19世纪产生的最可怕的宗教敌人"[17]），但是，他是当时在各方面都受到围攻和威胁的罗马教会忠实而有才能的仆人。在他看来，为了更好地维护教会，必须不对时代精神做任何让步，始终不受任何改革风潮的影响。但教会的橡树只是暂时战胜了奥尔良的芦苇，6年以后，意大利人就夺取了罗马，把它作为自己的首都。

在遭受这一耻辱之前，弗约于1867年高兴地发现《宇宙报》能够重新出版。支持将新闻体制自由化的拿破仑三世，在1867年1月决定改变那些最严厉的禁令。4月15日，弗约的日报重新出版，其立场没有发生丝毫改变。他感到自己得到了罗马、《天主教文明》的耶稣会士和教皇绝对权力主义的显著发展的支持。作为对约瑟夫·德·迈斯特尔（1819年《论教皇》的作者）思想的响应，弗约鼓吹教会绝对权力及教廷的权威性，这一思想在1870年梵蒂冈主教会议上成为信条。在他与巴黎总主教府——之前是西布尔主教，随后是达尔布瓦伊主教——的冲突中，他得到很多像帕里西斯主教和皮主教一样的主教、像索莱斯梅斯修道院院长盖朗热一样的僧侣的支持。弗约只是因为他那小册子作者般的脾气而与众不同，他只有远非有悖于常理的思想，即罗马教会的思想。当时，恪守教规的天主教徒也赞同这些思想。教皇的长寿（他于1846年被选为教皇，1878年去世）可能在很大程度上促进了欧洲教皇绝对权力主义的显著发展：庇护九世有强烈的信仰，对圣母玛利亚虔诚崇拜（1854年宣布圣母玛利亚无玷始胎的教义），懂得培养人际关系，是一位天生的演说家，他懂得如何成为一位受大众欢迎甚至是阿谀的教皇。面对不受羁束的法国主教团中的绝大多数人，弗约可以获 490
得罗马教廷几乎无条件的支持，他成为后者在法国的有效接力者。

"基督的勇斗士"，就像人们称他的那样，弗约尤其成为《现代错误汇编》毫不妥协的天主教和基督教反自由主义思想的勇斗士。教会中的自由尚未成为现实。

第二十七章

《悲惨世界》的冲击

1859年，尽管获得大赦，但维克多·雨果拒绝回到法国。

1859年，《历代传说》出版。

1862年，《悲惨世界》出版。

当维克多·雨果的新小说《悲惨世界》于1862年初在法国出版时，弗约并不属于最为恼怒的批评者之列。他并未因为自己认为这位流亡诗人是时代精神的最坏产物之一而觉得此书毫无可取之处。的确，他在此人身上发现了“不良品位”和“不良思想”，还斥责它充满进步主义思想的序言，但是他也承认，“雨果先生的书确实是一座山峰”，他的“目的确实是崇高的”，他从事的是一项“高尚和值得尊重的”事业，而且总的说来“书要比序言更好”：“作家的天才以强有力的飞行越过了宗派分子深陷其中的深渊。”最后一句话出自他的手笔，难免使人发笑。

1862年时，雨果已在根西岛的“岩石”上流亡10年，此前，他拒绝了1859年帝国政府的大赦：“没有人能期望我对与我有关的所谓大赦给予任何关注……只有当自由回归时，我才回去。”生活在根西岛的2/3的流亡者都回到法国，雨果不希望他们这样做，但是，“即使只剩下一个人……”，他也将在那里。不过，在那63平方公里的英属诺曼底小岛上的生活并不奇怪。他与家人一起生活在位于圣彼得港上城街的家中。他工作，写诗歌和小说。始终对其仰慕的朱丽叶追随着她的伟人，可能还因看到已不再拥抱自己的他摆脱了无数巴黎的诱惑而感到高兴。然而，虽然没有女演员和女文学家，猎手
492 雨果并不缺少猎物：其中既有他买来的普通妓女和可怜的姑娘，也有不怎么贪财的来自大陆的女访问者，有时还有一些女邻居。对此，他在一本特别记事本中写下极其详细和秘密的日记。[1]只了解一小部分猎艳情况的朱丽叶以“强烈的伤痛”谈到自己的爱人，说他是一个贪得无厌的好色之徒。但是他在记事本中写道：“而我已告诉她，我再次重复，爱的自由与思想自由同样神圣，它高于一切社会习俗，权利优于法律。”[2]这一狂热从未扰乱他的写作。诚如弗约所说，他的小说是一座山峰。有着一种自然力的雨果，是被放逐的苏丹，他的身边都是女人，以混杂着咖啡的墨水一页页写诗、创作散文和画画。他已习惯自己的生活，但他的家人并非如此，除了温顺的朱丽叶，她住在离上城街的家不远的自己的小屋中。阿黛尔感到无聊，弗朗索瓦－维克多渴望回到巴黎，夏尔烦躁不安，小阿黛尔拒绝了人们介绍给她的所有对象，迷恋上海军军官潘松，只想嫁给他（雨果作为父亲于1861年12月予以同意）。家庭中充满的日常紧张关系只能通过逃避来缓和。他去新泽西、伦敦、怀特岛、比利时……雨果让夏尔和朱丽叶领略塞尔克岛。雨果还掌握着钱财，我们看到他对阿黛尔在伦敦逗留时的资助颇为吝啬：“此时的伦敦令人不安，我很遗憾你延长了逗留时间。可是，我还是将你想要的一周费用寄给你（7天，130法郎）。”

在多次犹豫之后，他找到了新诗集的题目：“历代传说”，该书前两卷于1859年9月在米歇尔·列维与埃策尔出版社出版。令人吃惊的是，主持《国家报》文学批评栏目的巴尔贝·道尔维利，在3年前曾抨击《沉思集》（一本难以忍受的书……雨果已不复存在），这次却变

得近乎宽容。尽管有一些抨击，但是道尔维利承认："我们发现了一个我们原先未给予任何期待的诗人，一个充满活力的诗人，而我们原以为会遇到一个垂死的诗人。"[3] 总体而言，它受到了好评。但是，共和 493
派众议员埃米尔·奥立维耶在日记中记录的看法却不无暗示："我曾想读《历代传说》……我没有读。整本书品位低下，语言怪异，因其中不乏矫揉造作和晦涩，以至于其中的一些优美之处不足以吸引我去读它。"与此同时，"友人"圣勃夫在书信中提到"力量的滥用""想象和夸张的偏见"，说雨果始终缺乏分寸和"品位"。[4] 一座山峰？更确切地说是一座喷吐熔岩的活火山，人们不让它离开资产阶级家庭的院墙。

雨果与大陆仍有密切联系。对给他寄来一本《妇女》的米什莱，他回信予以盛赞。而对寄给自己《人造天堂》的波德莱尔（明确地说"我以吸食人们称之为天空的印度大麻和称之为阴影的鸦片度日"），他写信表示诚挚谢意。当保尔·德·缪塞（1857 年去世的阿尔弗雷德的哥哥）出版内有对乔治·桑充满敌意的描述的著作《他》时，雨果寄给《比利时独立报》一封公开信："乔治·桑为人高尚，心地善良，是勇敢而强有力的为进步而斗争的女战士，我们时代的旗帜……在她受到侮辱的这一时刻，我前所未有地感到有尊重乔治·桑的必要。"与此同时，他还关注意大利发生的事件，鼓励加里波第参加新泽西举行的支持意大利爱国者集会，并在会上发表热情洋溢的演说，该演说在两家巴黎报刊《民族舆论》和《巴黎信使报》上刊登，不久之后，这两家报刊也遭受帝国书报检查机关的惩罚。

他所处的英属诺曼底荒岛也使他重拾自己始于 1845 年但在 1848 年 2 月中断的小说，并最终确定该书的书名："悲惨世界"。他于 1860 年 4 月 25 日从旅行箱中拿出手稿，重新沉浸于其中。他并非没有苦恼。他总是咽喉痛，这甚至使他蓄须，"看看这是否有助于我"。他睡眠不好，害怕死去，沉溺于餐桌上的谈话。在伦敦，他去德维尔医生那里就诊，后者使他放下了心。在比利时旅行时，他在布鲁塞尔又有了新的暧昧关系（与埃莱娜·德·卡托），还多次参观滑铁 494

卢战场。虽然在小说中他只说了一句话，但是他想“这句话是正确的”。他气色很好，胡须与其很配，让他不再是圆脸了：以后的维克多·雨果形象——将立于索邦大学庭院中的塑像——在此时得到确定。回到根西岛后，他又投身于小说写作之中。1861 年 6 月 30 日，他胜利地宣称：“我完成了《悲惨世界》。”这只是说说而已，因为还必须逐页校对、提炼、修饰和润色，作品还有待加工。艺术家骄傲地说：“因此，我将全部重新审阅，这是最后且重要的孵化期，在此之后我将说：好！在深渊中从未出现过巨大的七头蛇。但丁曾描述下面的地狱，我则力求描述上面的地狱。他刻画了入地狱的人，我则刻画了人。”（1861 年 7 月 4 日）与此同时，必须找到能够接受作者30万法郎要价的小说出版商。这堪称天价！诚然，他是个人文主义者，但在生意上却不无冷酷！埃策尔在得到消息后决定放弃。最终与拉克鲁瓦和费布克霍芬商谈版税的是雨果的儿子夏尔。它的数额是 30 万法郎，包括翻译权，出版商的经营销售是 12 年。出版商不得先在报刊上以连载形式发表小说，除非新闻自由完全得到恢复，而他至少得赚 50 万法郎用于成立一家“新的民主大报”。这并非第二天就会发生的事情。1861 年 12 月 2 日，拉克鲁瓦来到根西岛，他在离开时带着《悲惨世界》的第 1 卷《芳汀》。

1862 年 2 月 25 日，雨果将一篇短序寄给拉克鲁瓦。序中这样写道：“只要因法律和习俗所造成的社会压迫还存在一天，就会在文明鼎盛时期人为地把人间变成地狱，并使人类与生俱来的幸运遭受不可避免的灾祸；只要本世纪的三个问题——贫穷使男子潦倒，饥饿使妇女堕落，黑暗使儿童羸弱——还得不到解决；只要在某些地区还可能发生社会的毒害，换句话说，同时也是从更广的意义来说，只要这世界上还有愚昧和困苦，那么，和本书同一性质的作品都不会是无益的。”[1] 这并不是雨果最好的文字，而且相当一些读者对这

[1] 译文选自雨果《悲惨世界》，李丹、方于译，人民文学出版社，1992 年。——编者注

一“黑暗使儿童羸弱”尤其有疑问：它是指天主教蒙昧主义、教理书，还是相应的指缺乏他所宣扬的“免费义务的”教育？[5]人们也 495
可以理解，为什么那些为艺术而艺术的信徒，如泰奥菲勒·戈蒂耶（他在小说《莫班小姐》序言中形成了该理论）或福楼拜会厌恶这部说教者的小说。曾是雨果热烈崇拜者的《包法利夫人》的作者是最不留情的人。正在编辑《萨朗波》的福楼拜给他的一位通信者埃德玛·罗杰·德·热内特写信说：“不能说它的坏话。这好像是告密者。作者的立场是不可动摇的。我一直崇拜他，但现在我愤怒了！我必须发怒。在这本书中我没有看到真实和崇高。至于文风，我觉得它错误和粗俗。这是讨好民众的一种方式。雨果对所有人都关心、体贴……哪里有类似芳汀的妓女、像冉·阿让一样的苦役犯、像A. B. C.[1]中的愚蠢家伙一样的政客呢？在他们的灵魂深处，人们从未看到他们受苦。自卞福汝主教以下，这些人都是美化过的模型和人物。由于他作为社会主义者所产生的狂怒，雨果像诬蔑苦难一样恶意中伤教会……这本书是为那帮天主教社会主义恶棍和一切新教哲学家坏蛋而写的……尽管这本书有好的片段，但只是凤毛麟角，此书明显是幼稚之作。”在福楼拜看来，雨果在这部小说中综合了“他那个时代的一切庸俗思想”，但是，他又表示其对于雨果本人仍坚持原来的看法：“所有写作的人都从雨果那里获益良多，以至于不会允许对其进行批评。”[6]但并非所有人都有同样的顾虑。

1862年3月30日，第1卷《芳汀》出版。此时，维克多·雨果与儿子夏尔发生争吵，后者指责雨果每周在家组织“贫穷儿童的聚餐”，它依据主人规定的一套仪式进行（“他们围坐在桌旁说：上帝， 496
请降福于我们。随后站起来说：感谢上帝”）。在写给当时在巴黎的夫人的信中，雨果解释道：“真正的社会主义者将实践和理论结合在一起，把面包给躯体，思想给大脑……这就是说，我想要社会共和国，

---

[1] 雨果在《悲惨世界》第3部第4卷中描述的一个组织。

当然它是有自由的。我的信仰已暗含在《悲惨世界》序言的那10行话中：通过将我们的面包与赤脚来的小孩们一起分享一些，不再有无知和苦难。”（1862年3月22日）

开始销售的前2卷立刻获得成功。5月15日，名为“珂赛特”和“马吕斯”的2卷得到读者的热烈欢迎，他们在书店门前排起长队。5月19日，雨果将手稿的最后部分寄出；6月30日，第5部分和第6部分在布鲁塞尔和巴黎出版。这10卷书成了19世纪销售最为成功的著作之一。然而，与公众的欢迎态度形成鲜明对比的是，雨果的同行总体上持否定意见，对他的批评往往颇为尖锐。

一些人像福楼拜那样选择在公开场合保持沉默，如泰奥菲勒·戈蒂耶，一位参与《埃尔纳尼》之争的战斗者以及圣勃夫，他始终与阿黛尔·雨果关系亲密，但也这么认为。难道他未在记事本中写下这些幡然醒悟的话：“《悲惨世界》在社会上占据首要地位，公众的品位显然糟糕至极。《悲惨世界》的成功已经产生，而且将继续产生超乎人们所担心的坏影响。这是流行性的成功。”随后，他更有道理地写道：“维克多·雨果是一个有着非同寻常和与自身极不相称的才能的人。他的小说《悲惨世界》包含了所有人们想要的东西，无论是善、恶与荒谬。11年来一直不在国内或者说在流亡的雨果，已经显示了他的存在、力量和年轻。仅此一点就是一个重大胜利。他拥有至高无上的创造能力。他使那些错误甚至荒谬地发明出来的东西在所有人那里开始存在且自然地显现出来。”

龚古尔兄弟的专栏也露出端倪，他们在4月写道：“对于我们来说，雨果的《悲惨世界》颇令人失望。我排斥此书的道德，里面根本没有什么艺术上的道德，此书的人道主义观点对我来说完全无关紧要。”至于此书，它“使得巴尔扎克、欧仁·苏的地位提高，而贬低了雨果的地位……没有任何生动之处，人物通通有如雕像一般，根本不像其本人……至于文笔，则夸张，不自然，缺乏生气，与其
497 所说的不甚相符。这是西奈半岛的米什莱……”[7]而已被述及的米

什莱，亦对此书不满，因此，他未因雨果送给自己该书而表示感谢。龚古尔兄弟于7月29日写道：“这些日子，米什莱对一个朋友说：‘唉！我老了！今年有两件事使我很难受！首先是我儿子死了，其次就是雨果的小说！怎么搞的！他刻画了一个值得尊敬的主教和引人关注的修道院！应该像伏尔泰所说的，那是你们观点和原则的敌人，应该始终把他刻画成乞丐、无赖和鸡奸者！’”确实，乔治·桑也有类似观点——“我有时责怪它有些过于倾向基督教”，她在写给雨果的信中如是说，后者则回答道：“我原以为这本书还将拉近我们之间的距离，但却事与愿违。”（1862年5月6日）最后，还是龚古尔兄弟于9月28日写道：“我已读完《悲惨世界》。它很像苏格兰的一个星期天。阳光、草地与欢笑，然后突然，一位先生登上讲台开始布道，那是关于宇宙原子、社会主义、进步和神学的说教——乌云和暴风雨！”

至于那些在报刊上写文章的人，他们也没有轻率地恭维该书。的确，夏尔·波德莱尔是最早赞扬雨果小说的人之一，他于1862年4月20日在《林荫大道》上写道：“很明显，作者在《悲惨世界》中想创造一些生动的抽象概念和理想人物，他们中的每一个都代表了其主题发展所必需的一个主要类型，直至上升到史诗高度。这是一部如诗歌一般构成的小说，它只通过夸张的方式使每一个人物成为例外，由此它就代表了一般性。”这是受欢迎的。作为结论，波德莱尔完全赞同作者的观点，即“这是一部充满仁慈的书，它是在一个过于自恋而很少关注永恒的博爱法则的社会中要求秩序的惊人呼唤”。[8]对波德莱尔“深刻和杰出的”分析深感高兴的雨果为此表示感谢。然而，同样是波德莱尔，他在1862年8月10日写给母亲的信中却说：“你可能已收到《悲惨世界》……此书肮脏且荒谬。在这一问题上，我表明自己拥有撒谎的才能。为了对我表示感谢，他给 498
我写了一封十分可笑的信。这证明，名人也可能是傻子。”[9]波德莱尔在文章中是被迫表示赞扬，还是他在给欧皮克夫人的信[10]中夸大了自己的指责？

波德莱尔至少还在报纸上做了正面分析，奥马勒公爵的前家庭教师居维耶－弗勒里则不然，他在4月29日的《论战报》上猛烈攻击流亡者："这部指责社会的书自称为'流氓史诗'更为确切，社会并不支持流氓，而是反对流氓……"但是，最令雨果失望的是拉马丁，因为他自己觉得与拉马丁的关系非常亲密，而且他还曾就自己的目的对拉马丁做了明确解释："是的，一个容忍痛苦的社会；是的，一个承认地狱的宗教；是的，一个许可战争的人类，在我看来是落后的社会、宗教和人类。我希望的正是走向更高层次的社会、人类和宗教，即没有国王的社会，没有边界的人类和没有罪恶簿的宗教。是的，我与出卖谎言的教士和产生不公正的法官做斗争。通过消除寄生现象来普及所有权（这与废除所有权相悖），也就是说达到这一目的：任何人都是所有者，每个人都是主人，对我而言，这是真正的社会与政治经济。目标是遥远的，正因为如此，它还没有实现。我简要概述一下。是的，既然人可以希望，我就想摧毁人类的宿命。我谴责奴隶制，驱散痛苦，教诲无知者，治疗病患，照亮黑夜和憎恶仇恨。我就是这样的人，这也是我写作《悲惨世界》的原因。在我看来，《悲惨世界》只是一部以博爱为基础，以进步为顶点的著作。"[11]（1862年6月24日）

若是类似的信件被福楼拜看到，可以想见会激起后者针对雨果小说发起怎样进一步的抨击。那么，拉马丁是怎么看的呢？这位众议院和国民议会的前演说家，虽长于演说、夸张的承诺和雄辩，也非常隐讳地表达了自己的观点。拉马丁从1856年起就拥有一份月刊《文学通俗教程》[12]，并在该杂志上继续发表诗歌和对新书进行盘点。
499 虽然比1847年时更保守，但是拉马丁依然忠于1789年原则，这使他遭受弗约的抨击，并丧失相当数量的天主教订户，由此陷入经济困境之中。拿破仑三世在中间调停，并向他提供大量援助。自有尊严的拉马丁对此予以拒绝，他宁愿恳请自己的订户给予慷慨帮助。

正是在这种状况下，他编辑和发表了有关《悲惨世界》的5次谈话，题目为“有关一部杰作或是天才的危险之思考”，他写道：“我想保卫社会，它是神圣且必不可少的，尽管并不完善，在此有别于一位朋友……”为什么这部书是“危险的”呢？因为——1848年的战败者在这些话中怎么会感觉不到呢？——“给予民众最致命和最可怕的激情，就是对不可能的事情的激情”。

巴尔贝·道尔维利的情况值得注意。他曾将雨果埋葬于《沉思集》之下，又让他在《历代传说》的火焰下复活。他将成为新的掘墓人，抑或确信雨果充满活力？已近54岁的儒勒·巴尔贝·道尔维利即将声名大噪。继青年时期一些不为人知的诗歌之后，他因小说《老情妇》（1851）引起纷纷议论。这部书并不很符合天主教的教义，尽管小说作者在几个月之后通过出版颂扬夏多布里昂、约瑟夫·德·迈斯特尔、路易·德·博纳尔和拉默内等人的《过去的预言家》而成为教会、传统和最反动思想的维护者。他的书强烈反对民主精神，这使他跻身反革命思潮之中，但他并非始终处于这一潮流之中。作为复辟王朝时期的年轻人，他是一个不良臣民，巴黎的一个吃喝玩乐者，与科唐坦半岛的高贵家族断绝了关系，自称是共和派，酗酒、抽鸦片，按他自己的说法，过着一种“绚丽放荡的”生活。七月王朝时期，他发生转变，这一时期亦被称作庸俗时期，此时的他抛弃了物质主义，而这又推动了他的贵族倾向。从此以后，他成为一个纨 500
绔子弟，沉迷于始终独创的衣着之中，在一些沙龙中显得无精打采。他不再是共和派和民主派，狂热地阅读“迈斯特尔的名著”，而且还可能重新成为天主教徒，同时在自己不想公开的日记、备忘录和诸多文章中对那些异端提出公诉。[13]在《环球报》、迪耶普的《灯塔报》《时代报》《时尚导报》等报刊上，他赞扬特兰托会议和耶稣会士的功绩。1846年，他迈出了重要一步，此时的他正式标榜自己是天主教徒，但却是不遵守教规的天主教徒。这是一种政治上的赞同甚于形而上学的赞同的行为。1847年，他成功出版《天主教世界评论》，并担任主编。突然爆发的二月革命并没有使他感到害怕，因为他对七月王朝甚少敬意。但是从3月份起，他开始阻止朋友的冲动行为："无论发生什么，我都将采取可能和可行的措施站在秩序一边，而不是站在自由一边，因为我们从未有过足够多的秩序，而自由，我们已开始拥有得太多。"他深信共和制度并不适合法国，并将拉马丁看作"身为天主教徒的马拉"。1851年，他出版了《过去的预言家》一书，从而最终选择了自己的阵营。我们可以说的是：如果巴尔贝没有对这位不讲技巧、一本正经、以圣器作装饰的平民有些蔑视，他选择的这一阵营也可说是弗约的阵营。"唉！让我们别像《宇宙报》那样把天主教教义狭隘化！"此外，他继续过着吃喝玩乐的生活，《老情妇》一书的成功使他经济宽裕。

显然，巴尔贝拒绝了自由和民主思想，完全忠于集权原则："当我们对那些虚假的习俗权力感到厌烦——这一厌烦已经开始——并且每天上午提出质疑时，我们将回归真正的权力，即宗教的、绝对的和神圣的权力，回归遭人嫌弃但却是必要和有益的神权政治，否则，我们将由此注定受裹于过分物质主义的兽性之中。鉴于此，权利概念应该在人的思想中消失，因为所谓权利，指的是绝对权利，而它在天主教之外是不存在的"。[14]

同样是在1851年，当他在迈斯特尔夫人的沙龙中认识拉芬·德·布格隆男爵夫人后，他的生活发生了巨变。这位夫人长得漂亮，孀
501 居，虔诚而又高傲。对他来说，她很快成了"白衣天使"，他梦想着和她结为伉俪。但是，她当时终日忙于应付各个债主。于是巴尔贝开始了无休止的资助，在这一过程中，德·布格隆夫人还清了债务，嫁了女儿，给儿子谋到一份差事，而与此同时，巴尔贝在尽力还债。他加倍写作，不再外出活动，拒绝接待狐朋狗友，而是沿着其天使的足迹逐渐向上帝靠拢："我所有的灵魂、激情、忧虑和爱都已转向和倾注在唯一一个人身上，那就是如祈祷书中的圣母一般美丽高尚的人"。[15]1855年5月，虽然他仍未结婚，但他已向朋友特雷布提

安宣布自己已领复活节圣体。当时的巴尔贝处于幸福时期，也可能是他一生中最幸福的时期。他逐渐审核账目，赢得两场与过于贪婪的债主的官司，靠《国家报》上的文章维持生计，崇拜自己的白衣天使，宁静，沉思，在总是被拒绝的结婚日期问题上始终怀有耐心。在政治上，他可谓相当孤立：对于正统派来说，他过于倾向于波拿巴派（他赞同12月2日的政变）；对波拿巴派而言，他又过于傲慢。在与其家族和解之后，他对家乡科唐坦半岛产生兴趣，并在1854年出版的《为之着迷》中描绘了诺曼底的朱安党叛乱。

而永远的受资助者德·布格隆夫人则重返比利牛斯山脉地区。为此，他发出这一真心的呼唤："相比较而言，我觉得南方贫穷，而北方自然条件优越。在南方，使我感到震惊的是，无论对事物还是人来说，都完全缺乏区分。"而对这位资助对象的长期等待已使他感到厌倦，他恢复了与原来伙伴的关系，重新出入戏院，在高雅聚会中将香槟酒一饮而尽。他是一个风骚女子的受骗者吗？[16]德·布格隆夫人从未和他结婚，他们的爱情始终是柏拉图式的。同样，正是她将他拉回祭坛和故乡。他们相隔很久才再次见面，而在他们重新见面时，巴尔贝已不再爱她。

19世纪60年代之初，他确立了在文学批评方面的威望。他的小 502
说《上钩的骑士》和《结婚的教士》要在之后的1864和1865年才出版。他保持了纨绔子弟的独创性，穿着老式艳丽的服装。在很多人眼里，他是个高傲、爱讽刺人和令人讨厌的人。没有几个朋友的他，与德·屈斯蒂纳侯爵过从甚密，后者也是一个大贵族，在年轻时有过诸多丑闻之后，又成了同性恋者，并且也沉溺于主张教皇绝对权力的天主教教义之中。对于那些仇恨自己所处的时代、仇恨它的庸俗化和习俗的民主化的人来说，教皇绝对权力主义是一个避难所。作为自愿的煽动者，巴尔贝大肆宣扬宗教裁判所的功绩，表现得比主张神权政治的天主教极端分子还要极端。正是在这一时刻，他看到了《悲惨世界》头两卷。1862年4月19日，他有关这两卷的第一篇文章在《国家报》上发表。

雨果小说的出版所引起的热烈议论使他深感不快：对于一本糟糕的书来说，这可是一件大事。巴尔贝首先攻击刚刚写了“一本这个时代最危险的书”的雨果的思想。在使仁慈的人感到同情时，作者破坏了整个社会的一切基础。“该书的目的是使所有社会机构毁灭，逐个……通过眼泪和怜悯。”[17] 认为罪犯反对宪兵有理，对小偷反对法官表示同情，这些都体现了小说家的不负责任。

巴尔贝也指责了小说的表现手法。小说中的人物虚假：芳汀，“一个未婚母亲，她竟比一个贞洁妇女更爱（自然地）自己的孩子”；卞福汝主教，从教士角度来说很虚假，从人性角度来说则“不太可能”；冉阿让，一个很不可信的苦役犯……他承认沙威——一个不无崇高之处的密探——有点真实，这是这种软弱无能的人物描写中的一个奇迹。

小说的技巧也受到质疑：为什么叙述总是不断被作者的论述和评论打断？“雨果先生中止自己的叙述，插入思考、沉思，它们有时长达整整一章，然后他又重新叙述，但没有将它们联系起来，重新黏合，而是让其散乱成一团。他随心所欲地行事，在他家中，他不再像以前那样过着注重仪表和罗曼蒂克的繁琐礼节的生活，而是生活懒散，双手插兜，带着一个只相信事物神秘的人的不拘礼节，他已为政治——甚至是为了政治上的急进共和主义——抛弃了艺术，
503 总有一天，他也会变成文学上的急进共和主义。”这一整堆杂物剩下了什么呢？诚然，在这里或那里会有两页好文字，但总体上实在难以恭维：“《悲惨世界》并不是一部好书，而且写作这部书亦绝非明智之举。”

5 月 28 日，在同一家报纸上，巴尔贝以同样的热情攻击《悲惨世界》的随后一卷，并带有恶意地指出老卫士的沉默：戈蒂耶和圣勃夫之类的人对此说了些什么？针对这卷《珂赛特》，他强调该书结构上的失衡：滑铁卢战役和有关修道院的描述——它们包含了真正的

美——与主题无关，甚至使得珂赛特的故事变得微不足道。雨果先生在论述、讲授、朗诵和说教民主，人的善良，社会主义……6月9日，巴尔贝又盯住随后一卷，即《马吕斯》，不带任何额外的宽容。“这部极不严肃的小说的第三部分，”7月14日，他回到这一问题道，“这次缺乏的已不再是顺序和艺术，而是生活、人的关心、小说的本质和主人公。”他将这个令人失望的马吕斯和司汤达的主人公——法布里斯、于连·索黑尔等——相比较。一周以后，巴尔贝以《冉阿让》为目标完成了批评。街垒是可笑的，安灼拉的话语变成“愚蠢夸大的牧歌”，马吕斯最终只是一个“纯洁的懦夫”。而巴黎下水道的故事情节，其中冉阿让与泰纳迪埃重新面对面，这一荒诞的场景整个只是为了让雨果展示他对巴黎地图和下水道渊博的知识。最后一页的“结束”一词让其感到满足：“这部叫‘悲惨世界’的小说终于结束了，在这部书中，确实有很多可怜的人和苦难、令人厌烦、憎恶和讨厌的事物……人们离开它，就像冉阿让离开下水道一样。”

7月30日，草草写就一切的巴尔贝又发表一篇文章《维克多·雨果先生的马穆路克》，由此把矛头对准作家的朋友、保护人和称赞者。在巴黎奥德翁的墙上，他读到如下反对他本人的话：“白痴巴尔贝·道尔维利！”但是，所有那些人均不把艺术放在眼里：“没有低声抱怨的政治，《悲惨世界》一书在舆论中将跌至与其相符的位置，即一部条理不清的书所应有的位置，而那些最初觉得惊讶的人也已 504
变得不耐烦。政治！政治！风吹起一只巨大的风筝，使它在高空飘动，这些用力鼓掌的人充满喜悦地看着。但是，如果风停下来，它就将坠落在地。”最后一个形象化比喻是，《悲惨世界》是一个“即将被压扁的鼓起来的漂亮蛋卷”。

维克多·雨果在日记中做了简短回答：“伟人由于那些出于嫉妒而贬低作品的文学批评家而受到伤害了吗？没有。”[18] 或许，雨果受到的影响比他所说的要大！但是，后人将认为，有道理的是小说家而不是他的批评者。《悲惨世界》一直没有停止重印，雨果的小说也已成为世界文学名著，这不仅是由于他所宣扬的人道主义，也是由于他那绚丽的文采和那些家喻户晓的小说人物所具有的令人联想的能力。

第二十八章

勒南引爆炸弹

1862 年 2 月 22 日，欧内斯特·勒南在法兰西公学院首次开讲。

1862 年 2 月 26 日，勒南的课被中止。

1863 年 6 月，《耶稣传》出版。

1862 年，维克多·雨果的《悲惨世界》，1863 年，欧内斯特·勒南的《耶稣传》，出版界的成功一个接一个，而巴尔贝的批评也已爆发。他暂时不再给《国家报》撰稿，因为他一篇恶意的文章招致圣勃夫的强烈怨恨。正是在 7 月 29 日的《黄种矮子》一文中，他恶毒攻击了这位新晋名人。一个亵渎圣物、该得到诅咒、反基督的作家激怒了天主教徒，因为他否定耶稣－基督的神性。巴尔贝·道尔维利更是着手将作者对基督教传统造成的损害减小，乃至将其最小化：他还转而批评作者的羞怯。他写道，因为人们预料的是："最后劈向耶稣－基督十字架的那一斧头是明确断然地亵渎宗教、不顾一切的敌意、极度的鲁莽、大力神赫拉克勒斯般的科学……我承认，在勒南先生那里只能看到使人害怕的世界末日观念……他是反基督教者！非也！因为他既枯燥乏味又令人讨厌，他甚至无法让人发笑。"[1] 但是，一个月之前在米歇尔·列维出版社出版的勒南的书依然抢手，它引来争论、主教训谕、辱骂信和神甫的说教……[2] 并非反基督者的欧内斯特·勒南成为天主教会新的可怕对手，教士都明白他的威力——这位嘲笑者不同于伏尔泰，人们不能总是指责他滥用反教会的激情，他是一位谨慎温和的学者，只相信真实的东西，但也确实令人生畏：
506 人们对《福音书》越是研究，就越会产生怀疑。1835 年，德国的《圣经》注解者 D. F. 施特劳斯已经在《耶稣传》中将那些存在于福音书文本和基督教历史背景之间有矛盾的地方编成索引，使人对基督是否真实存在产生怀疑。勒南则反而颂扬耶稣的人格，说他是“无可比拟的人”，但是他并没有以注解为依据，而是空洞地暗示基督教的创始人并不是上帝的化身。在教士的眼中，这部书更加危险，因为它的描述很有技巧，且带着强烈的诗意。勒南赞美一个异乎寻常的生命，但他是人，只是一个人。

当勒南还是神学院学生、受完剪发礼并已披上僧袍时，他就已表露出异端倾向。就像当时所有还俗者一样，他令那些信徒感到害怕（弗约曾写道：“这位虚情假意的还俗者，怀有伪君子的种种诡计，以及他宽袖白色法衣的残余和取自祭坛的几段蜡烛……”）。然而，他从未成为教士。勒南 1823 年出生于布列塔尼地区特雷吉耶一个普通家庭（在他 6 岁时，父亲去世，母亲则经营一家小食品杂货店），并在该地的天主教中学里成绩突出，获得所有奖励。在姐姐亨丽埃特（她一生都致力于支持这位才华横溢的弟弟）的支持下，他得以进入巴黎杜庞卢主教领导的圣尼古拉·德·沙尔多内小神学院，而不是像其他众多布列塔尼人一样在圣布里厄神学院学习拉丁语。从特雷吉耶来到巴黎者颇为少见，年轻的勒南获得一份奖学金，这使他直至 25 岁都能满足最低生活需要。其他名人可能完全是共和派能力居高位的体制（méritocratie républicaine）的产物，勒南则是教会式的能力居高位体制的产物：如同亨丽埃特的例子所反映的那样，只要稍加打听和努力，未来的主教从来不会缺乏支持。因为对于欧内斯特来说，获得主教冠和权杖不成问题，特雷吉耶人毫不怀疑这一点。

勒南在圣尼古拉度过了 3 年，在那里学习拉丁语和希腊语，获得多项奖励，成为传教士，他还专门学习历史课增强自己的判断。在修辞学班[1]时，他进入圣叙尔皮斯神学院附属的伊西神学院学习哲学。 507
正是在那里，也就是 1842 至 1843 学年里，他对自己所接受的教条主义教育提出批评，最初的怀疑由此萌生。但对帕斯卡著作的阅读使他还留在教会之中，他曾说："确实，是上帝使我保持信仰，没有他，我可能已不在……"[3] 勒南对伊西感到很满意：没有过多限制的有规律生活，良好的研究条件，与其他神学院学生的友好关系……勒南在一生中都始终是位学者，经常泡图书馆，并成为世俗僧侣。当时，他从康德、黑格尔、赫尔德等德国哲学家那里获取思想，形成一种从未获得的，以及神秘主义从未实现的思想上的虔诚。在他的思想发展中并非没有经历真正的危机，但是，难以觉察的各个变化使他静静地与信仰分离。在这一过程中，他的姐姐亨丽埃特以她自己的方式起到促进作用，她在她弟弟之前就已疏远教会。在写给弟弟的那些信中，她鼓励他从事公共教育职业。而他的母亲则有些不安：当他还是孩子并且生病时，她不是已经答应孟斯库尔的圣母玛利亚，如果上帝想让欧内斯特为自己服务，那她绝不反对这一使命吗？而他的一位老师戈托弗雷注意到了他的思想波动，并在一次谈话即将结束时脱口而出："你不是基督徒。"重大打击！勒南写道："我从未感觉到比听到这句话时更严重的恐惧。离开戈托弗雷先生家时，我步履蹒跚。'你不是基督徒'这句话整晚都在我耳边隆隆作响。"他推迟了本该进行的剃发礼仪式。

1843 年开学后，欧内斯特 · 勒南进入塞纳河左岸中心的圣叙尔皮斯神学院，在那里，他必须专心致力于神学研究。他越来越觉得那里的教育不可信，尤其是支持圣迹的那些论据。但是，这几年对于他来说还是有所裨益。他开始研究《圣经》的注解，而在这方面，

---

[1]　旧时法国中学的最高班。

德国人有非常强的能力。他学习了希伯来语，从此以后能够阅读《圣经》原文。他当时的想法并不是抛弃自己还信仰的东西，而是相反，
508 是要增强自己的信仰。

1843年12月，他接受了已然推迟的剃发礼。但是，理性的工作几乎在他不知不觉的情况下就已伴随他的研究。重新致力于德语的研究并学习古叙利亚语的他，充满热情地投身于文献学和《圣经》的注解之中。他获准去听法兰西公学院的课：尽管他对米什莱和基内有关耶稣会的课表示不屑，但认真听了卡特尔迈尔的古叙利亚语课。此后，勒南渴望的是自己有朝一日能接替他的位置，而不再是成为高级教士。

在忠诚的亨丽埃特的支持下，欧内斯特·勒南开始逐渐转变道路。信仰或不信仰，这是问题所在。人们不可能半信半疑。不管怎样，作为教士，勒南就必须使自己的理性屈服于权威，毫无争议地接受教义，赞扬正统观念。尽管生活在教士环境、出生于自然接受父辈宗教信仰的天主教家庭中，与周围绝大多数教士一样有良好开端，但勒南还是完全由于思想原因而与信仰相脱离。他在《回忆录》对此的解释如下：

> 那些相信自己是通过同情或厌恶而做出观点选择的世人，确实将对使我与基督教信仰——我曾由衷希望继续保持这种信仰——相分离的理性形式感到惊讶。没有科学思想的人根本无法理解，人们的观点是通过某种客观的凝固而不自觉形成的，对于这种凝固过程，人可以说只是旁观者而已……我完全是出于文献学和批评层面的原因，而不是由于形而上学、政治和道德层面的原因。我认为，后面这些原因总体上较不明确和较少灵活性。但是，第四福音书和对观福音书[1]之间是否存在矛盾

[1]　指马太、马可及路加三福音书的合称。

这一知识性问题，则是一个完全可以觉察到的问题。[4]

留在勒南的记忆中心、使他仍然保持对宗教的感知的是他所认为的耶稣的形象。1845 年 3 月，在向朋友吐露自己的怀疑时，他这样写道："我通过思考在受难时如此高尚、纯洁、完美的耶稣来 509
获得安慰，我始终相信这一假说。尽管我刚刚抛弃他，但是这应该能使他高兴，因为这是真心做出的牺牲，上帝明白，它对我是多么艰难！"[5]已失去信仰的勒南感觉到摆脱这一环境、"彻底脱离宗教传统"——直至那时他一直生活其中——的巨大困难。他还感受到，并将始终感受其所谓"基督教理想"的福音书理想，并且对新宗教的创立者虔诚赞美。他一度自称是非正统的基督徒。正是他母亲的思想曾阻止他迈出决定性的一步。这一步于 1845 年 10 月 6 日才迈出，是日，他最终离开圣叙尔皮斯教堂。

起初，他只是穿过广场在塞莱斯特小姐的旅馆中租了一间房。他的决裂是如此温和，以至于他曾致信的杜庞卢理解并接受了这一举动。神学院也帮助他，给他提供斯坦尼斯拉斯中学学监的位置。在完成相当轻松的工作后，他得以在大学中攻读从业士学位开始的各级学位。但是，该中学校长格拉特里神甫希望他继续当教士。在拒绝这一伪善举动之后，勒南在 3 个月后离开斯坦尼斯拉斯中学，成为克鲁泽寄宿学校的辅导教师，该学校位于现在的埃佩神甫街，离天文台和卢森堡公园不远。在这一时期里，他与一位邻居关系密切，即马塞兰·贝特洛，综合化学的未来奠基人，他将一直是他的朋友。这是源于长期讨论的思想友谊。

1846 年 1 月，勒南被允许参加业士学位考试。次年，他成功通过学士学位的各门考试。与此同时，在卡特勒梅尔教授的指导下，他不断深化自己的文献学研究。勒南与卡特勒梅尔教授于法兰西公学院课后在卢森堡公园的树下进行大量私下的交谈。在决心走学者的道路后，勒南申请了法兰西铭文与美文学院的沃尔内奖，该奖是

用来奖励年度最佳语言学著作的奖项。勒南以任何事情都无法使之
510 分心的热情投入一本厚达 1500 多页的巨著《有关闪语族，尤其是希伯来语的历史和理论文集》。1847 年 5 月，他得到他所期待的奖励，并于 7 月获得理学业士学位。

令人烦恼的是，他无法再回到特雷吉耶。他故乡的人怎么能够理解他不做教士的举动呢？不过使人高兴的是，他母亲已不在那里生活。她和另一个儿子阿兰夫妇一起居住在圣马洛。欧内斯特可以到那里去看望母亲，后者最终也完全接受他放弃教士职业的行为。亨丽埃特则选择定居波兰，在那里，她成了一个贵族家庭的家庭教师。她生活简朴，有时陷入痛苦，因为她一直感到孤独。但即便如此，她始终关注弟弟的未来，不断在令人感动的通信中指点他。时年 24 岁的勒南进入学术圈，尽管还只是学监，但他已完成学术训练，学了梵文，对波斯语也略知一二，听了古文献学院的一些古文字学课，为新创刊的《哲学评论》写稿，并在准备哲学教师资格考试。此时，1848 年革命突然爆发。

他以同情的态度欢迎二月革命，此时，他正要完成《西欧希腊语研究史》。当时发生的事件使他支持社会主义思想，但并不赞同它的那些预言者。他认为是“摧毁资本的专制统治，将其与劳动结合起来”的时候了。他不参加任何派别，但是同情人民的利益，反对路易 – 菲利普的大资产阶级狭隘思想。他经常参加儒勒 · 西蒙领导的团体，即《哲学评论》的活动。但是这可能更多是出于他所维护的科学动机。在以 20 位候选人中名列第一的成绩通过教师资格考试后，他被任命到旺多姆中学任教。对他来说，离开巴黎并不是问题，他马上处于待命状态。作为儒勒 · 西蒙新创办的《思想自由》杂志的撰稿人，他在总统选举时起初表态支持卡芬雅克，最后却投了拉马丁的票。尽管如此，他不再参与政治，各个事件、共和国都应该首先为科学思想的胜利服务。正因如此，他致力于巨著《科学的未来》
511 的撰写，在该书中，他宣布理性即将来临。为确保教职，他同意调

换到凡尔赛中学。他将已完成的著作拿给朋友、著名历史学家奥古斯丁·梯叶里征询意见，但后者劝他不要“以思维如此混乱的著作进入学术界”。

勒南接受了梯叶里的建议，他的书直至1890年才出版。但是，这部体现科学主义思想的著作反映了勒南在离开神学院之后几年的思考成果。这是一个25岁年轻人写的著作，在他身上，1848年革命使其完成了从传统宗教向科学宗教的转变，正是在科学宗教上他不无幼稚地看到解决人类缺陷的办法：“由此，我们可以宣布，理性有权通过理性科学和如其所是的理论认识来改革社会。因此，说科学包含了人类未来并不为过……直到现在，引导世界的并不是理性，而是任性、激情。总有一天，为经验所照亮的理性将重新获得正当支配权，它将是唯一的神圣权利，并将以可期待的明确目的而不是偶然性来引导世界。到那时，我们这个充满激情和谬误的时代将被看作完全野蛮或是反复无常和幻想的时代，它使人类理性的最初时代所具有的可爱之处消失。”人们会以为是在读奥古斯特·孔德的著作，但勒南并没有上过他的实证主义哲学课。他还写道：“将统治世界的科学不再是政治。政治，也就是将人类作为机器来统治的方式，在人类不再是机器之后，它将作为一种独特技术消失。主宰科学的，也就是那时的统治者，将是哲学，即探寻社会的目的和状况的科学。赫尔德曾说，对于政治来说，人是手段；而对于道德来说，人是目的。未来的革命将是道德战胜政治。”总之，现代科学的精髓将是“科学地组织人类”[6]。

当时，他正开始做有关阿威罗伊——12世纪科尔多瓦的阿拉伯 512
著名哲学家，1240年被教会判定为有罪——以及阿威罗伊主义的博士论文，但有人建议他不要发表此文。正在研究希波克拉底和加利安并希望到罗马各图书馆查资料的医生达朗伯格，建议欧内斯特·勒南陪他前往。一项涉及对哲学和医学史有用的希腊语和东方语言手稿研究的考察计划，被提交给铭文与美文学院，并被后者所接受。

在罗马，他复制了大量手稿，并从那里去往那不勒斯，同行的均是达朗伯格。他最有成果的会面是途中与卡桑峰修道院的修道士的相遇，后者为有异端嫌疑的《耶稣传》作者施特劳斯的很多观点辩护。在佛罗伦萨和比萨逗留之后，勒南回到罗马，在那里他见证了结束在加埃特的流亡而回来的教皇所引起的狂热场面，这一场景使他对人民主权的有效性产生怀疑。他继续自己的旅行，去往阿西斯、拉文纳、博洛尼亚、威尼斯、帕多瓦（在那里，他找到大量对博士论文有用的档案）、米兰和都灵。在意大利待了8个月后，他于1850年6月回到法国。

此时，对他来说的一件大事就是亨丽埃特在阔别10年后从波兰返回，她与他合住在瓦尔德格拉斯街的一套小房子里。凭借在国家图书馆手稿部的一份工作，他可以基本确保二人的物质生活。此后，他进入《两个世界评论》和《论战报》，在上面发表大量文章，与此同时，又完成了有关阿威罗伊的博士论文草稿，在这一过程中，他过着一种“思想隐居”的生活，其间得到姐姐的热情支持，后者作为他的秘书也甚为辛劳。

他对专制政治没有任何兴趣，而且酷爱思想自由、写作自由和教育自由，因此，他对政变非常惊愕。对于普选中可预料到的崇拜，他并不认同。他曾写信给弟弟阿兰道：“民众依然是漠不关心的，人们想加之于巴黎起义的是最大的谎言，而郊区工人并没有这样做。曾参与这一抗议活动的一小部分人身着礼服和短大衣，而不是工作罩衣。”此时的勒南在波旁派和奥尔良派合流后，支持君主制复辟。他写道：“认为对刚刚发生的篡权行为予以赞同就将恢复所有人都视
513 为必需的安宁状态，是一个非常严重的错误。只要看看所提出的宪法草案，就会明白这是不可能的。议会并不存在，它缄默不语，无法表示赞同或反对，永远无法质询行政权。出版自由也已被取消，由此，最难以置信的滥用权力就成为可能……”因此，弃权或是空白票就成了“正派的人”[7]唯一可以接受的表达方式。

正如所预料的那样，普遍选举批准了政变。在 1852 年 1 月 14 日写给贝尔索——他是凡尔赛中学的哲学教师，为勒南代了 2 个月的课——的信中，勒南评论道："您相信吗？在最初的狂热中，我几乎变成正统派，而且现在还这样想，是否它已向我表明，权力世袭相传是避免专制政治的唯一方法和法国民主制的必然结果？若如人们所言，此乃 1789 年的结果，那么，我就摒弃 1789 年，因为我确信，现代文明不可能坚持这一制度 50 年。"多么悲哀啊！当勒南正在结束论文写作时，他却怀疑法国会面临原本专属于 17 和 18 世纪意大利的命运：真正的"思想消沉"。

他的博士论文《阿威罗伊和阿威罗伊主义》于 1852 年 8 月 11 日通过答辩。他将一本论文寄给圣勃夫，并写信指出，后者的"构思和感觉方式"对自己的影响举足轻重。在明确表示并不期待从他那里获得任何回音的同时，勒南还是非常清楚地概述了自己的工作以期望获得他的意见。《月曜日丛谈》的评论家仍然是文学道路上的主宰，而勒南尽管表现得淡泊和远离尘世，但也明确表示，自己的目标是法兰西公学院。他要等到 1862 年才能实现这一目标。

勒南继续拼命工作，在《两个世界评论》《论战报》《公共教育报》《亚洲评论》等报刊上大量发表文章。1855 年，他在帝国印刷局出版《闪米特语通史和比较体系》，在书中，他描绘了 1847 年以来的情景。这是一部博学新颖的著作，它包含了希伯来语、叙利亚语（阿拉米语）、阿拉伯语和其他近东与中东语言的历史，指出与印欧文明群不同的 514
另一文明群的特点，而且在各种宗教之前："沙漠是一神教的，它在广泛的一致性中得以纯化，并首先向世人揭示了无限这一观念，但是却没有更加富饶的自然在其他种族所激起的充满创造的生活的情感。"但是勒南关注闪米特人和雅利安人的汇合：前者将最崇高的宗教思想一神教带给后者，后者则将科学与哲学思想传给前者。现代文明源于两大种族的相遇与混合。这些认识使得勒南与《论人类种族的不平等》的作者戈比诺产生分歧。他于 1856 年 6 月 26 日写信给后者："种族的影响起初是巨大的，但是它总会丧失重要性，而且有时会像法国所发生的那样完全消失。这一定是一种堕落吗？是的，从机构的稳定、文字的独创性和特定贵族——这是我在人类事物总体中最为重视的——的角度来说确实如此。但也是有补偿的！"勒南又补充说，自己设想未来会出现一种"同质的人类，到时所有涓涓细流汇聚成一条大河，所有不同的记忆都将消失"。没有任何预言能比这更使戈比诺痛苦了，他是一个坚定憎恶人种混合的人，自然把这种融合看作一种绝对堕落。当时，勒南采用托克维尔式的方式表示：诚然，这种新人类在高贵和差别方面将要差一些，"但是它绝对是落后的吗？正是在这一点上，我犹豫不决"。[8]

1856年对于勒南的生活来说具有双重重要意义：这一年他结婚了，另外，他获得了铭文与美文学院的任命。这位已33岁的前神学院学生一直是个孤独的博学者，没有爱情，与慈母般的姐姐生活在一起，直到这一年，他才迫切要求与画家阿里·谢弗尔的侄女结婚。由其友奥古斯丁·梯叶里的介绍，他在梯叶里去世前不久经常光顾谢弗尔的画室。[9]这位姑娘名叫科尔内莉，是画家的弟弟亨利的女儿，
515 她金黄色头发和谈话中的快乐、轻松自在都使欧内斯特·勒南陶醉。这位年轻姑娘感觉到勒南期待她同意的眼神。姐姐亨丽埃特在知道弟弟的想法后，起初非常愤怒，但最终，心如死水的她同意了这桩婚姻。为了减轻姐姐的痛苦，勒南不得不使科尔内莉同意与她共同居住。1856年9月11日，婚礼只邀请了若干知己。数月后，即12月，勒南由于已获得铭文与美文学院的任命而成为法兰西研究院成员。次年，卡特勒梅尔的去世似乎为勒南开启了通往梦寐以求的法兰西公学院大门。但是，在选择法兰西公学院成员时，政府更倾向于任命路易·杜波：勒南在第二共和国时为儒勒·西蒙的《思想自由报》撰稿所表现出的政治思想仍然受到政府怀疑。

此后，勒南的著作使他成为当时最著名的学者之一，他于1857年出版的《宗教研究》和《语言的起源》证实了这一点。他日渐投入一

部有关“基督教起源”的巨著的思索之中，出版了《约伯记》《雅歌》《诗篇》等的新译本。1860 年，他获得一个绝佳机会：赴叙利亚考察，这使他得以走遍整个近东，自然也包括巴勒斯坦。事实上，在德鲁兹人和土耳其人共谋屠杀数千名马龙派基督教徒后，拿破仑三世于 8 月决定出兵远征叙利亚。他效仿伯父远征埃及，在军事干预的同时派出一支考古和历史考察团，它的领导权就被交给欧内斯特·勒南。在排除政治顾虑之后，勒南和姐姐于 10 月 21 日在马赛港登船前往贝鲁特，暂时留下科尔内莉照看他们的第一个孩子小阿里，后者不久后也被托付给祖母，以使年轻的妻子能与他们会合。

这次旅行是极富成果的。在罗德（Ruad）、德杰贝伊（Djebeil， 516
古时为贝博罗斯［Byblos］）、赛达（西顿）和苏尔（提尔）开发了 4 个发掘地点后，勒南带回法国——那时是受许可的掠夺——大约 150 块每块重 1 至 2 吨的石头和圣克里斯托弗的镶嵌画，这使他成为腓尼基考古的创始人之一（如果不是唯一的话）。但是他的主要目的显然是游览巴勒斯坦：在 1861 年春，他穿越整个国度，在耶路撒冷逗留了许久，将自己有关《圣经》的知识与遇到的风景、石块和人相对比，记满了整个笔记本，并在福音之地开始了《耶稣传》的写作。加利利、撒马利亚、太巴列湖和各各他，所有这些地名都不再是抽象的了，《耶稣传》也在他所经历的风光中成形。7 月 1 日，再次怀孕的科尔内莉离开贝鲁特回法国，勒南则与亨丽埃特一起继续游历黎巴嫩和叙利亚。但是这一相当快乐的游历以悲剧告终。当他们在贝鲁特着手将勒南获得的大量掠获物装船时，欧内斯特与姐姐一起前往阿姆斯希特度过此次旅行的最后几天。但在那里他和姐姐同时染上热病，虽然他幸免于死，但他姐姐却于 1861 年 9 月 24 日去世。勒南永远承受着这些悲惨日子的回忆所带来的痛苦。

> 我留在身后的正是自己生活的另一半。我将把这一令人心碎的死亡当作命运的一部分来忍受。我与可怜的姐姐在同一天

几乎同一时刻染上相同的疾病（致命的恶性疟疾）。我完全丧失了意识，我们曾有16个小时是孤独无助的，在笨拙的黎巴嫩农民手中昏倒。当医疗救护人员赶到时，我可怜的姐姐已经过于虚弱。在我完全恢复意识之前，人们将我送回贝鲁特，而我勇敢的伙伴则像在梦中一般离开了我。我向您承认，从此以后我的生活观发生了重大改变。我的姐姐曾经是我幸福体系的一个基本部分。我只是确切感到对责任的忠诚和对个人与全人类命运的信仰，这一命运是我们无法以任何格式加以确定的。[10]

517 勒南将亨丽埃特手抄的《耶稣传》提纲带回法国。此后，他觉得已完全有资格申请法兰西公学院的教职，在那里，原由卡特勒梅尔占据的席位在1861年12月宣布空缺。政府建议勒南直接获得任命，但他希望首先获得学院各教授的赞同。同时位列铭文与美文学院和法兰西公学院名单之首的他，最终于1862年1月11日被任命担任法兰西公学院希伯来语、迦勒底语和叙利亚语讲席——以前是希伯来语讲席——教授。

天主教大学生马上表示抗议，罗马教廷公使也试图阻挠这一任命，但是拿破仑坚决支持，尽管皇后欧仁妮始终忠于天主教派。1862年2月22日，勒南教授了第一讲“论闪族在文明史中的地位”。个子不高但肩膀宽阔、粗壮的脖颈上顶着硕大脑袋的他开讲时声音极为洪亮，但不带明显的感情色彩。在开场白中，他未说出耶稣的名字，而是宣称：“一个无与伦比的人——尽管一切都应该从实证科学的角度加以判断，但是他如此伟大，以至于我不想反驳这些因受其独特业绩感动而称之为上帝的人——引发了犹太教改革，这是一场非常深刻和个体化的改革，确切地说，是一种彻底的创造。”虽然此话并非立场偏颇，而且尊重每个人的信仰，但是它却立即在阶梯教室中激起一阵喧哗，自由派大学生为之喝彩，天主教徒则大声抗议和发出嘘声。自由派原打算像对待圣勃夫那样在勒南课上起哄以抗议他接受了帝国保护。但是，在看到天主教党羽出现后，他们就联合起来支持了勒南，并且在课后拥向妇人街，以便在他家中向其表示祝贺。勒南不在家，但是他母亲在家，代他接受了学生们的祝贺。够了。2月26日，公共教育大臣的一纸命令将勒南的课予以中止，因为它传播侮辱基督教信仰的思想。尽管仍抱有希望——为人温和的勒南对突如其来的打击确实很震惊，但这一课程要直至第三共和国时期才恢复，那时，教士和皇后已不再合力禁止他开课。勒南的话——照戈比诺的说法“令人恐怖的话”——是亵渎宗教的，因为 518
它否定耶稣是神，而这正是基督教的基础。

在圣勃夫——正如他的信中所表现的，他善于安慰人——的支持下，勒南走出了作为学者所面临的孤独。他作为一个令天主教徒生畏的反对者被引入宫廷的自由派小团体中，首先是拿破仑亲王家（确切地说是他的情妇让娜·德·图尔贝[11]的家），然后是玛蒂尔德公主家，即位于圣格拉蒂安的所谓“艺术圣母院”，在那里，她从容高贵地接待着作家和艺术家。由于法兰西公学院的课一直处于中止状态，勒南考虑投身政治。1863年3月底，他加入了马尼饭店晚餐会，这是一家巴黎饭店，在圣勃夫的主持下，泰奥菲勒·戈蒂耶、龚古尔兄弟、居斯塔夫·福楼拜（当他在巴黎时）以及其他人定期在那里聚会，甚至包括朴素的伊波利特·泰纳，他是勒南之前的“新成员”。在那里，人们自由畅谈，每个人都各抒己见，或多或少有些嘈杂。在《日记》中记录了这些晚餐情景的龚古尔兄弟告诉我们，勒南起初有些害怕，但不久也放松了。

勒南的回击就是他的《耶稣传》：人们想禁止他在300名听众前发言，但成千上万名读者想看他的书！该书于1863年6月底出版。再版的速度之快，使得作者和出版商米歇尔·列维双双喜出望外[12]，而天主教报刊也发起了反对“犹大”“背教者”“毒害民众者”和“哗众取宠者”的斗争。最严重的侮辱是散布谣言说他曾接受了罗斯柴尔德[1]的100万法郎。

不可知论或是无神论的自由派读者也不完全满意。例如，在读到“通过一种独特的命运，纯粹的基督教在18世纪末还表现出一种普世和永恒的宗教的特点。事实上，从某些方面看，正是耶稣的宗教成为
519 最后的宗教……”[13]时，福楼拜就宣称厌倦《耶稣传》。戈蒂耶也指责勒南“笔下的这位上帝的令人费解之处，他不是神，但又远甚于神”。乔治·桑认为勒南的文笔“在竭力对应该给予耶稣的神性程度和形式遮遮掩掩时，显得过于漂亮而不够简洁”。圣勃夫则说：“我不明白作者这样的人怎么会把耶稣描绘成一个虽不是神但却如此神圣的人，至少在书中很大一部分是这样。”[14]至于其同事、法兰西公学院教授阿韦，其虽在《两个世界评论》祝贺勒南已“阐明历史神话”，但同样指责他“对宗教传说过于迁就，而且在耶稣名义下过于轻易地接受了一个想象的耶稣……”[15]，这个唯科学主义者被怀疑是位幻想者。

然而，勒南柔美的文笔——照他自己的说法是“无法平息的柔和”——在传播怀疑思想的过程中是有作用的。弗约可以证明这一点，他在强烈抨击“唯科学的勒南”时，提到它所引起的“厌恶”，并撰写《耶稣基督传》加以反驳。自由派天主教徒蒙塔朗贝尔在写给勒南的朋友贝尔索的信中更好地指出了这一点：“您应该很容易想到在读《耶稣传》时基督教徒会感到痛苦。试想，若是有人公开称您父亲是富有诱惑力的骗子时，您本人会有何感受？而且您也明白，对于我们来说耶稣基督远不只是一位父亲，他是我们的上帝……”[16]

欧内斯特·勒南当然不想激起公愤。对于其他人的信仰，他一向很尊重，从对待他母亲的信仰开始就是如此，他并未对基督教宣
520 战。对宗教的社会用途深信不疑的他没有削弱宗教的计划。矛盾显而易见。一方面，他表示：“只有那些不了解情况的人才会相信我想摧毁社会大厦，这座大厦在我看来已摇摇欲坠。”另一方面，由于勒

[1] 欧洲著名的犹太金融家族。

南努力成为历史学家、在序言中考评福音书的原始材料，并将耶稣描述为“首先作为一个诱惑者”，这样就给那些主教提供了借口，以将他的尝试和针对基督教的“卑劣侮辱”混为一谈。此外，对于作者和出版商来说，也有意外收获——“由于我们主教和总主教充满愤怒的训谕，”米歇尔·列维在8月21日写给他的信中说，“《耶稣传》第5版以我始料未及的速度售完，下星期一，我将开始卖第6版，它有望销售得同样快。”[17]

面对天主教派的疯狂攻击，勒南泰然处之。在1863年8月23日写给贝尔索的信中，他如是写道：“人们找到了散布如此低劣的诽谤的方式，而加以反驳会玷污我自己。从自己的个性出发，我对此完全漠不关心，我不相信这会损害健康思想的发展。至于该书，它却已经因此销售得更好，我几乎要怀疑自己的出版商业已参与其中。每版5000册都在8至10天内一销而光，我收到的一封来自列维的信也说，最近的销售非但没有减少，反而在加速。我这么说并不是出于虚荣，因为这并不证明书的好坏。但是，这证明那些试图扼杀它的措施并非卓有成效。”[18]

1864年6月11日，拿破仑三世签署命令最终免除了勒南在法兰西公学院的职位，在那里，勒南两年前被中止的课程一直没有恢复。

承认“神圣情感”的价值的勒南主义并不是无神论——对此勒南表示厌恶——的一种表现，而是有关神性的一种哲学观念。泰纳认为，勒南更确切地说是“一个怀疑论者，他将自己用怀疑主义凿破的地方又用神秘主义填补好”。这并不妨碍《耶稣传》成为一个参照，虽然含糊不清，但此后确实是自由思想的一个参照：1903年，法国 521
自由思想者全国协会在特雷吉耶隆重举行纪念勒南的活动。欧内斯特·勒南并不是“否定上帝的人”（如弗约所言），但他将动摇《圣经》里过于幼稚的信仰，严重损害已沦落到思想自卫境地的天主教，就像在《耶稣传》一年后出版的《现代错误汇编》所证明的一样。

第二十九章

蒲鲁东的离别

1858 年，蒲鲁东因《论公正》遭司法诉讼。

1858 至 1862 年，被判徒刑的蒲鲁东流亡比利时。

1863 年，《论联邦制原则》出版。

1865 年 1 月 19 日，蒲鲁东去世。

522 “他的书可以证明，勒南先生根本不理解耶稣的使命，也不具备理解耶稣思想所必需的东西。他既没有宗教感，也没有必不可少的道德感。如果说他相信宗教，那也是像儿童相信口头上的承诺般，而不是像那些理性和真正虔诚的人一样，是发自内心和理性的信仰。”[1] 这一严厉评价并非出自一位主教之口，而是来自 1865 年 1 月 19 日去世的蒲鲁东所留下的大量未刊手稿。

对于这些指责出自一位以反有神论思想著称（“上帝就是恶”）的社会改革家之口，人们可能会感到震惊。当蒲鲁东于 1847 年 1 月 8 日被贝藏松的共济会支部接纳入会时，他不是曾宣布“公正对待所有人，与上帝，也就是说与绝对做斗争”吗？是的，但他在 1848 年也断言，“只有基督是上帝”。蒲鲁东是个充满矛盾的人，他自己甚至有些以此为荣：“二律背反的术语不会变化，就像电池的正反两极不会互相抵消一样。它们不仅不可摧毁，还是运动、生活和进步的产生原因。进步始终在寻找的不是它们的混合——这将导致死亡——而是它们的平衡，不断变动的平衡，它依据社会的发展而变化。”[2]

蒲鲁东的思想如同他的生活一样复杂。他认为，有价值的东西
并不被那些期待从哲学家那里获得明确教诲的人理解。可能有一些 523
深奥的格言，如“财产就是盗窃”等等，但这些是充满修辞色彩和争论色彩的语句。他既反对剥削人的财产，也支持使自由、自治成为可能的财产。同样，他是无神论者，因为上帝（依据他的表述）是权威和异化的起源，但是他也反对无神论，认为它是不道德的源泉。

蒲鲁东阅读《圣经》，也读过拉丁文的《圣经》，学过希伯来语。耶稣本人对他来说，不可能无关紧要。在 1848 年，法国社会主义中一直存在耶稣。当时基督是“拿撒勒的伟大无产者”“社会主义的伟大传播者”或“社会主义之父”。流亡加埃特并且本人也是革命运动受害者的教皇庇护九世，面对那些为了蛊惑民众而肆无忌惮滥用《圣经》话语的“共产主义和社会主义的领导人”，不是也不得不加以提防吗？

但是，蒲鲁东并没有参与这种或多或少具有基督教特点的社会主义，他也不是人们所公认的彻底无神论者：他始终关心宗教问题。他的日记曾这样写道：“基督教已经死亡。”但这是为了加上以下更带怀旧色彩的话：“今天，已经没有人理解它所代表的内容，不再有信仰，不再有虔诚，不再有热情。”（1857 年 4 月 13 日）与其他社会改革者一样，他也对这种必然性确信无疑：大革命注定“彻底”地重建
社会，它不仅涉及经济、政治，也包括诗学、美学、道德……未来 524
社会应该有新的信条。面对教会的信条，革命的信条应该得到确认。他将这一信念应用于主要著作《论革命和教会中的公正》中，该书于 1858 年 4 月开始销售。虽然此书销售情况不错，但 6 天后，帝国司法部做出处罚，它遭到查封。

这本“可恶的小册子”（依据《宗教之友》的说法）以两种对立的方式，即教会的方式和革命的方式来理解公正。两者共同提供了

社会的精神方向以及社会赖以生存的那些原则。第一个体系，即教会的体系是超验的体系，“在时间上最为古老，还聚集了全世界大量民众，尽管在文明国家里它日益失去影响”，构成人的外部从属关系。第二个体系则完全相反，是内在的体系，以个体和社会中的天赋公正为基础，它的中介是大革命。在前一种情况下，支配人类团体的范畴是神圣、专制者、等级和永恒（根本不相信人的进步）：顺从是它的规则。天主教徒珍视的原罪神学禁止社会进步。相反，大革命将人与社会的解救置于“相互服务或物权的互惠这一简单的转变上”。换句话说，以权利和进步为基础的平等与相互交换将确保公正。

尽管已在1858年4月28日被查封，但印刷的6500册中有6000册可能已经销售出去了。人们在大街和黑市上争抢这些未被查封的书，蒲鲁东成了一位重要作家。5月6日，被起诉的他接受预审法官2个小时的讯问。6月2日，他被判处3年徒刑、4000法郎罚金并销毁自己的著作，与此同时，出版商加尼耶和印刷商也被处以不同程度的徒刑和罚金。决心为自己辩护，但在法国不可能反驳的蒲鲁东选择流亡，并在1858年7月17日逃到布鲁塞尔。

5年以后重新回到法国的蒲鲁东在看到勒南的《耶稣传》时，还远没有摆脱天国的思想。起初，他感到气恼，因为他本人多年以来也积累了有关基督教起源的很多笔记和思考。他可能对勒南进一步
525 发展作为“纯粹的人，现实的、人性的和历史人物”的耶稣的观念而感到高兴：这是他们共有的成果。但是蒲鲁东并不接受勒南出于个人特点而刻画的耶稣形象——一个“理想主义者”、“神秘主义者”和“艺术爱好者”。相反，他应该被描绘成“一位道德家”、“社会改革者”、文明的拯救者和“整个革命的真正领袖和典范”，简言之，一位“真正的伸张正义者”。[3]蒲鲁东将揭示真正的耶稣，并毫不犹豫地指出基督教是“人类历史最重要的事实”。他的研究并未完成，其死后遗留的《耶稣和基督教的起源》直至1896年才出版。在这部反勒南的著作中，人们找不到任何赞同超自然的地方，有的只是对

一位“无与伦比的个人”的敬意。在他看来，勒南回避的“上帝问题”依然存在，理性就是以这种“对神性的普遍信仰”为支撑的。

他的所有信徒并不喜欢使他遭受处罚的《论公正》一书。书中的一部分内容尤其使他们不快，即有关妇女问题的部分。这是蒲鲁东著作中写得较为笨拙的章节，而且始终影响到了他的声望。即使长久以来蒲鲁东已对这一问题有明确看法，书中关于“爱情和婚姻”的第 10 和第 11 项考察，却有着颇具逸事色彩的起源。作为一位忠诚的丈夫和热爱家庭的父亲，蒲鲁东长期以来在性的问题上一直公开主张严守道德规范，但是，他有必要对自己在这一问题上的立场加以重新解释和理论化吗？它的起因是一位陌生女子写给他的一封信。此人名叫德尔菲娜 · 圣艾尼昂，曾是马戏团的女演员。时年 28 岁的她在厌倦放荡生活之后，隐居在舒瓦西－勒鲁瓦的一处寓所内，正谋求成为一位世俗的神师，在读了蒲鲁东的《一个革命者的忏悔》后，她于 1856 年 7 月写信向他寻求建议。他起初有些怀疑，但是在说教本性的驱使下，他给她写了封道德说教形式的讨人喜欢的信，其中两个核心词语是“贞洁”和“禁欲”。心怀感激的马戏女演员再次提笔，两者的通信由此开始。几周以后，蒲鲁东惊讶地发现，自己的第一封回信已被《巴黎报》公开发表。由于其出自一位被看作 526
要从财产开始搞乱一切的革命者之手，蒲鲁东的信引起了轰动。《世纪报》和《信使报》均转载了它。更有甚者，它被翻译后在多家外国报纸上刊登，包括南美国家！在长时间沉默之后，马戏女演员做了解释：不，她并没有出卖蒲鲁东，她也是一位不诚实邻居的受害者，她曾将第一封信拿给这位邻居看过。1857 年 2 月，德尔菲娜 · 圣艾尼昂邀请蒲鲁东夫妇及其孩子来自己家里吃晚饭以请求原谅。蒲鲁东对此未做答复。这位妇人最后说：“您是我最喜爱的作家，但是您不应该生活得过于与世隔绝，您已经有点过于孤僻[1]。请原谅我用这

[1]　ours，法文中原义为熊。

个词，但是我觉得自己颇有理由对您如此严厉地说话，因为您昨天让我吃了一顿热腾腾的晚饭。”[4]

事情并未就此结束，因为被冒昧发表的写给马戏女演员的信唤起了蒲鲁东对考察妇女问题方式的兴趣，当时法国女权思想并未因1848年革命的失败而被埋葬，而是得到进一步发展。确切地说，是女性主义者让尼·埃里库尔，一位50多岁的弗朗什－孔泰地区人，对自己同乡的著述、偏见以及他对“妇女解放幻想”的敌视产生警觉，于1856年10月8日催促他明确自己的立场。蒲鲁东向她大致解释了自己对提供给妇女的“特别公正”持有异议，“好像妇女的首要敌人和暴君是男人”，另外他也怀疑“最严格的公正就能使妇女与男人平等”。让尼·埃里库尔于是在自己撰稿的《哲学与宗教评论》上展开与蒲鲁东的争论，并提到“蒲鲁东先生的伊斯兰教倾向”。正是这一争论，使蒲鲁东在《论公正》中的两项考察中对妇女问题加以彻底阐述。总之，他在书中陈述了对女人的鄙视态度，以一种比他在书信或日记中（在那里，他称乔治·桑是“一个恶毒的畜生、阴险狠毒的女人，比萨德侯爵可恨一百倍”[5]）更为隐讳却非常肯定的方
527 式。说真的，对他而言，女人与成对的男女不可分离，人已成为男人和女人的结合，“真正的人类主体”是雌雄同体的。但是，他又写道：“如果两性完全平等、没有因为各自的特性——其错综复杂结构构成了人体——而相互区分的话，雌雄同体将不复存在。”男子始终是占支配地位的，而且不要谈什么夫妇之外的女人，作为男子的补充部分，放任自己的妇女是微不足道的，由此产生了这一依旧著名的格言：“要么是妓女，要么是家庭主妇（我说是家庭主妇，而不是女仆），在此，我看不到可以折中的地方。”[6]婚姻的奇迹是，妻子和母亲实现了与男子的某种平等：“从神圣和幸福的角度观之，私下在新房里，以及在他们内心深处，确实如此，他们是平等的。”如果人们没有搞错，女子的职责明显是家务、教育孩子和从事公共慈善事业。贞洁是她最重要的美德，她对任何人都不应该有“爱情”，甚至对丈夫也是如

此。一切都是以最神圣原则的名义："所有违背婚姻和家庭的行为都是对公正的亵渎、对人民和自由的背叛以及对大革命的侮辱。"为了他自己的幸福及其观念的有效，蒲鲁东娶了欧弗拉西埃·皮埃热拉尔，后者是位温柔、顺从的女工，给他生了两个心爱的女儿卡特琳和斯特凡妮："我的大女儿是个瘦小的孩子，神经质和淋巴体质，爱做鬼脸，调皮……二女儿则是小胖子，脸色红润，四肢粗壮。"[7]

人们可以想象，在《论公正》中不断出现的这些他身体力行的思想和赞扬，只会激起蒲鲁东那些最热情支持者的愤怒，如赫尔岑，他在不久前还把蒲鲁东看作"法国仅有的自由之士"，就连后者被判3年徒刑时，他也对他毫不掩饰其"落后道德"感到惊愕。尽管他深深地忠于父系模式，忠于他在社会主义和女权主义之间实行的决裂，但是，如同他最后的一些著述将要展现的那样，事实上，这位顽强的贝藏松人依然是资本主义社会的敌人。

1865年，也就是蒲鲁东去世的那一年，他对政治领域问题的思 528
考要多于形而上学领域（耶稣和宗教）以及人类学领域（妇女问题）。一开始，有人指责他和拿破仑三世的关系。我们首先得回忆在第二共和国时，蒲鲁东就已经因为攻击亲王－总统而被逮捕和判处3年监禁。从1849年6月至1852年6月，正是在圣佩拉吉监狱的高墙内，他完成了《从大革命到19世纪的总体观念》，在此书中，他倡导无产者和中产阶级的联合，并继续宣传反对共产主义或政府中心主义的"无政府"理想。在这本书里，蒲鲁东复述和解释了1849年11月至1850年1月间他在与皮埃尔·勒鲁、路易·勃朗争论时提出的无政府主义思想："国家是社会力量的外部结构。通过自己的力量和主权的这种外部结构，民族就不再是自治的了：时而是某一个人，时而是几个人，以选举或继承的名义负责统治，管理事务，以它的名义对待和服从。总之，是从事一家之父、监护人、代理人或受委托人的所有活动，获得全权、绝对和无法废除的代理。"与这种永恒的监护不同："相反，我们确信民族、社会和大众能够而且也应该自治，像一个人一样思考、行动、起身和停止，在没有这些代言人——从前是专制者，现在是贵族，他们有时是所谓的代表、喜欢献殷勤者和大众的仆人，我们则简单干脆地叫他们人民的煽动者、蛊惑人心的政客——的帮助下，最终表现出自己的身体、思想和道德个性。简言之：我们否定政府和国家，因为我们对大众的品格和自治能力深信不疑，而国家的创立者对此从来不以为然。”[8]

如何取代治理的观念？蒲鲁东的回答是，应该“在人类契约观念的基础上重建大厦”。由此，我们触及了蒲鲁东思想的核心，那就
529 是要求“自下而上的”大众的社会主义，反对国家社会主义。他在1848年《一个革命者的忏悔》中已经提出这一原则：“自上而下的革命不可避免地是出于亲王意志的革命，是大臣的专横行为、议会的一种试探和某个俱乐部的暴力行为，这是独裁和专制的革命……由此，保皇党、共和派和革命派都想要革命，所有人在这一问题上达成一致。出于民众意愿的革命是公民一致的行动，是劳动者的尝试，进步和知识传播的产物，是自由的革命……自下而上的革命，是真正的民主……”在这个没有权力的社会，个人与所有人之间以及所有人与个人之间的联系是通过自愿同意的契约形成的：这将是“互助主义”。

对这些“积极的无政府思想”的基础性原则，蒲鲁东一直到死都在不断加以深化，它们与归顺当局的设想完全不符。12月2日，他获得定期从监狱外出的权利（这一权利使他得以在1849年12月结婚）。见过他的那些证人发现，他对路易·波拿巴没有丝毫宽容（“骗子”“强盗”和“篡权者”），而对于人民拒绝参加的反抗暴力斗争也没有任何幻想。[9]他在日记本中写满诅咒：“作为一个可耻的冒险家、由于民众的幻想而被选为主宰共和国命运的人，他利用了我们内部的分歧。他竟敢威胁我们接受暴政。此时的巴黎有如一个被强盗捆绑、堵上嘴强奸的妇女。”（12月4日）但是蒲鲁东已经屈服于事实：“当资产阶级自由放任时，工人们鼓掌欢迎，拆除街垒，为部

队侦察。我们看到农民以高涨的热情参与投票……”(12月6日)人民、郊区工人和群众始终漠不关心这个保守的共和国，反动的议会和六月起义的回忆……身为现实主义者的蒲鲁东努力去理解。在1852年2月19日写给米什莱的信中，他业已显示屈服：“经过深思熟虑，所发生的一切都应该是合乎逻辑的，我们的国家需要这一打击和教训。否则，人民不会得到教育。” 530

对于政变，米什莱并没有反应。当时，他对乔治·桑的态度很惊讶，甚至可以说是愤怒，他在《日记》中这样写道：“桑夫人并不掩饰她觉得在当代征服者和被征服者之间没有什么区别，即目的证明手段。那么公正呢，夫人？在两个阵营中这根本不存在吗？”[10]但是，在蒲鲁东从监狱中出来后，米什莱收到他1852年7月出版的《12月2日政变证明的社会革命》，读完之后，他震怒了。“值此埋葬被杀害者之际，蒲鲁东的嬉笑腔调使我几至落泪，如果我能落泪的话，”他在写给欧仁·诺埃尔的信中如是说道，“请您相信，通过这些要求妥协的暧昧的虚情假意，人们什么也建立不了，什么都无法巩固，什么都无法开始。”

蒲鲁东采取了不择手段的策略，或者如果人们愿意的话，亦可说是浑水摸鱼的策略。除了统治失败，他对路易·波拿巴不抱任何期望。“我们被交给拉皮条的人、小偷、鸨母和妓女……路易·波拿巴当众污辱我们，他撒谎，违背自己的所有誓言，没有一个暴君比他更卑鄙、更虚伪、更可耻和下流。”(2月27至28日)他不为政变辩护，但是他想从社会革命的角度从这一已完成的政变中推导出教训和结果。从12月2日的经历中应该“得出革命成功的手段和保证”。对于人民、大众，他有一些不抱幻想的言论（“我不断与人民的专制倾向做斗争”)，并重申对教会的敌对态度（“我禁止教士打我的孩子，否则，我将杀了教士……”[11])，但是他始终相信“事物的必要性”，反对“人的政治”：革命将会发生，此乃命中注定！谎言、恐怖和腐败，“这是波拿巴派的三件套”。确实如此，但是在不自觉中，路易·

波拿巴“促进了革命”，这一无政府事件是他所渴望的。在政变使他产生的恐怖消除之后，蒲鲁东的乐观主义辩证法又得到恢复。他对
531 其他社会主义者、“民主－社会主义者”和山岳派相当程度的敌视态度，使我们断定：他们的失败并没有使他感到不高兴。

就其内心和道德而言，蒲鲁东是一个老式法国人——这使得传统主义思潮在其死后为其恢复了一些名望。[12] 然而，激励他的正是革命的观念。既不扰乱社会，也不像布朗基一样以暴力夺取权力，而是主张渐进地创立一个新社会，这一理论在他壮年时期的著作中明确起来，如在 1858 年的《论革命和教会中的公正》、1863 年的《论联邦制原则和重建革命党的必要性》和 1865 年在他去世以后出版的《论工人阶级的政治能力》——该书由于他的遗嘱执行人古斯塔夫·肖代的努力得以出版，后者依据蒲鲁东的笔记撰写了该书的结论。

拿破仑三世的意大利政策给了蒲鲁东阐述国际政治思想的机会。他表示反对民族自治原则：“随着经济组织、国家的权力分散、种族的交融和各大陆间的相互渗透，民族应该日渐消失。”[13] 他的立场引起比利时舆论的误解，尤其是他于 1862 年 9 月 7 日在布鲁塞尔发表了题为“加里波第和意大利统一”的文章之后，该文被误解的讽刺引起广泛谴责，他被怀疑是支持法国吞并比利时的人。9 月 16 日夜，他位于伊克塞勒的家被示威者包围，他们手持比利时国旗，高唱比利时国歌，在窗下叫喊“比利时万岁！打倒兼并！”继续长期待在布鲁塞尔已经不可能，得益于减刑的蒲鲁东和家人于 1862 年 9 月 18 日回到巴黎。

在 1863 年出版于巴黎的《论联邦制原则》中，蒲鲁东提出自己
532 的政治解决办法：联盟，即“互助主义”的补充。他写道：“我 25 年来提出的所有经济观念可以归纳为一个词：农业－工业联邦。我所有的政治观点可简化为类似的公式：政治联邦或是权力分散。”蒲鲁东的社会主义在那时已然明确。他提倡一种国家之外的革命，“自下而上的社会主义”，在随后一个世纪里，人们将以此称呼工人自治、共

同拥有生产工具的工人自治团体，这一自治是通过联邦体系实现的：

“联邦，拉丁文是 foedus……即条约、契约、协定、公约、同盟等等，它是一项公约，通过它，一个或几个家族首领、一个或几个市镇、几个市镇或国家集团对于一个或几个特定实体相互承担同等的义务，而其任务则完全归于联邦的代表们。在这一体系中，契约签订人、家族首领、市镇、区、省和国家不仅相互承担同等的义务，通过达成条约，他们不再保有自由……他们抛弃了它。”[14] 农业－工业联邦、政治联邦，是蒲鲁东式社会的样式，他否定了权力当局与人的关系，以及政府与公民的关系、国家与省的关系等等。自治、互助、团结一致的原则是它的表现，其中契约是它们的法律基础。

通过他的理论，蒲鲁东在某种意义上表现得像一个反马克思主义的社会主义理论家。然而，应该明确蒲鲁东和马克思两人的共同之处：两人都提出剩余价值理论（蒲鲁东称之为“资本主义的盗窃”），都对作为阶级工具的国家进行了批判，提倡国家的终结，预言资产阶级的消亡（“不管资产阶级是否明白，它的使命已经结束。它不知道如何更进一步，也不可能认识到。”蒲鲁东如此写道）。但是两人的方法和策略有所不同。马克思发展了无产阶级专政理论，也就是首先是政治革命的途径，蒲鲁东则抨击中央集权、经济的统一管理，拒绝以获取权力为先决条件。从那时起该做什么呢？正是在《论工 533
人阶级的政治能力》中，他提出了革命思想。无产者应该首先意识到组成一个阶级，因为他们所期待的解放要通过他们自己，而不是通过政党、集团或是国家。面对所有者－资本家－企业主，他们应该分离、分裂和脱离。在蔑视资本主义社会所有机构的同时，无产者应该创立自己的相应机构：“我所建议的分离甚至是生存条件。区别，界定，这就是生存；混同，被吸收，则意味着消逝。分裂，合法的分裂是我们确认自己权力并使我们作为政党被承认的唯一方式。”[15] 由此，蒲鲁东拒绝罢工——它依然是在资本主义生产框架内——和参与选举，这会使整个阶级解体。

在生命的最后几年，蒲鲁东的思想开始赢得大量工人积极分子的支持。他的理论得到19世纪60年代初法国工人开始的阶级组织运动的支持。1863年立法选举时，一些积极分子——夏尔·贝莱的朋友，他本人与蒲鲁东过从甚密——提出工人候选人的原则，而直至当时，反对派候选人都产生于自由派资产阶级和共和派。一些工人候选人开始引人注意，其中有雕刻工亨利·托兰，他以后将参与创立国际工人协会。与此同时，由忠于蒲鲁东思想的肖代为代表的另一团体宣布支持弃权。虽然工人候选人没有获得任何成功，但是在1864年补充选举时，他们在2月17日的《国民舆论报》发表了《致塞纳省工人的六十人宣言》，次日的《时代报》予以转载。其中有“除
534 非否认事实，否则，人们必须承认，确实存在一个需要直接代表的独特公民阶级，因为立法团是工人可以有尊严地自由表达意见、要求享有和其他公民一样权利的唯一场所”。虽然这是一份语气温和的宣言，但是它提出了无产者的阶级组织计划。签名者同意自由共和反对派的要求：新闻自由，政教分离和市镇独立，同时也想要结社或是联合的权利，并希望成立纯粹工人的联合会。

尽管反对工人参与选举，但是蒲鲁东对这一宣言表示支持，并由此撰写《论工人阶级的政治能力》一书。他对这一宣言加以修改，使之立场坚定。他谈到“现代社会分裂为两个阶级”，当宣言表达行会自治的愿望时，他提到阶级意愿。《六十人宣言》曾是“直接出自人民的第一份强有力的集体宣言”。但是，由于人们并不想要工人候选人，因此类似要求不应该被重新提出。“相反，采取相应的理性的和不可避免的分裂行为的时刻已经来临。”[16]

从1863年底起，蒲鲁东就一直饱受重伤风和哮喘的折磨。他艰难地工作。1864年，他又不得不忍受持续一个月的丹毒。回弗朗什－孔泰地区的旅游和故乡的空气重新给了他力量。9月15日回到巴黎的他又投身于《论工人阶级的政治能力》的写作，该书他并未写完。但是，就在这一年，发生了一件极为重要的事件：国际工人协会（AIT）成立。

此事缘起于 1862 年世界博览会时一个法国工人代表团的伦敦之行。当时，正试图赢得普选的帝国当局承担了旅费，由此，伦敦工会会员接待了 300 多名法国工人。在这些会面中，参加者还包括一些政治流亡者，当时他们在伦敦人数众多。正是在这一环境下，成立国际工人协会的想法得以产生。1863 年在伦敦召开第二次大会，这次 535
是为了体现法英两国工人在波兰民族起义问题上的团结一致。这是促使成立国际的想法进一步发展的新动因。英国人准备了一份宣言，上面写道："对于工人的利益来说，各民族间的友爱非常必要。因为每当我们试图通过缩短劳动时间或增加薪水来改善自己的处境时，资本家就威胁我们说，要雇用法国、比利时、德国工人，他们将以更低的工资完成我们的工作。"一年以后，法国工人撰写了自己的宣言，其中号召全世界工人在面对权力的上升和资本的集中时，通过"团结一致"来寻求"拯救自己"。

1864 年 9 月 28 日在圣马丁会议厅举行的会议上被庄严朗读的正是这两篇宣言。除英国和法国代表——由亨利 · 托兰率领——外，相当一部分受到邀请的政治流亡者也出席了，其中有卡尔 · 马克思，后者以他自己的话说只是"台上沉默的旁观者"。大会同意了法国代表团提出的成立国际协会的建议，它由设在各国首都的各个分会组成，在分会之上则是设于伦敦的中央委员会。马克思也被选入这个委员会负责草拟章程和纲领，而且没有错过表明自己观点的大好时机，这就是国际工人协会的《成立宣言》——尽管马克思用比 1848 年《共产党宣言》更温和的口吻谨慎撰写，但是他依然表示："获得政治权力……是工人阶级的首要目标。"

由此，在 1865 年蒲鲁东去世时，马克思取得了无可争议的胜利。尽管法国人更受蒲鲁东思想影响，英国人则对理论毫无兴趣，但他还是成功给予第一国际一份与自己观点一致的宣言。然而，蒲鲁东的思想并未死去。当自称是蒲鲁东信徒的巴枯宁加入国际协会，并将自己打扮成与马克思（他试图通过设在伦敦的中央委员会让自己的观点取得胜利）相对的“另一种社会主义”——自下而上的社会主义，工人社会主义——的捍卫者时，国际协会中间形成了一种“反专制”的趋势，它有着极端自由主义和无政府主义的倾向，明确地
536 说，是无政府主义的倾向。巴枯宁写道：“制定规章是1848年前所有社会主义者的共同激情，而不是某一个人的激情。卡贝、路易·勃朗、傅立叶主义者和圣西门主义者都曾喜好灌输思想和筹划未来，所有这些人都或多或少是专制的。此时蒲鲁东出现了。一个农民之子，无论从行动还是内心而言，都比所有这些教条的和资产阶级的社会主义者革命百倍，他为摧毁所有这些体系进行了深刻、锐利、毫不留情的批评。与这些国家社会主义者不同，他以自由反对专制，大胆宣布自己是无政府主义者，而且当他们都是自然神论或泛神论者时，他勇敢地表示自己是无神论者。”[17]

由于两种社会主义之间的这一矛盾，第一国际在长期奄奄一息之后于1878年解体。此后，蒲鲁东的思想在法国工人运动中依然长期存在。在劳工联合会和1914年之前的法国总工会中，尽管没有明确要求，但是未来的革命工团主义是这一思想的持久体现。[18]

1865年1月19日，蒲鲁东死在妻子的怀抱中，当时在场的还有他的妻妹及朋友朗格洛瓦，在拒绝帕西的神甫来访后，他对妻子说“我将向你请求宽恕”。同日，米什莱参加了阿尔方斯·佩拉为资助蒲鲁东的妻子和孩子而组织的募捐活动。蒲鲁东的朋友和崇拜者古斯塔夫·库尔贝在得知他去世后陷入“沮丧”，写信给肖代说：“19世纪丧失了自己的领路人。我们将始终没有方向，而人类及由此产生的革命，在没有他的权威之后，将重新被士兵和野蛮所控制。”[19]21日，举行了世俗葬礼。当送葬行列集合时，一团士兵以乐队为先导，打着鼓在帕西街蒲鲁东的家门前经过。人行道上发出一阵喊声：“击鼓！击鼓！”鼓声大振，以向这位遗体由众多大学生和共济会总会代表团护送的人即兴表示敬意。送葬队伍中，有热拉尔丹、阿拉戈（艾
537 蒂安）、达里蒙、内夫采尔、勒克吕（埃利）、纳达尔、弗洛盖、甘

必大和年轻的瓦莱斯。朗格洛瓦代表曾与死者合作的人，马索尔代表共济会，肖代则代表蒲鲁东的朋友和同乡致悼词。

在下葬的那一天，《论战报》称他是一位“足智多谋的人”“著名的论战者”“杰出而又古怪的人”和“著名的诡辩家”“财产的死敌（但又是）家庭的积极捍卫者”。雨果则在日记本中写下简洁悼词：“蒲鲁东死了。确实有才能，但思想有误。他向来只是伤害共和制与革命。他的死是一个损失，但并不是一种不幸。”在雨果和圣勃夫之间发生了奇怪的易位：对他表示最后敬意的并不是毫不妥协的共和派、根西岛愤世的流亡者雨果，而是帝国的元老院议员和他那个时代的文学荣誉的评判员。事实上，圣勃夫是在他们共同的出版商加尼耶兄弟那里认识蒲鲁东的，并被这位与他的信仰差距如此之大的人所吸引，一下就在他身上看到“坚定的智者和道德公正”。对被禁止出席葬礼感到遗憾的圣勃夫接受了阿尔方斯·德·卡洛纳（《当代评论》的主编）的建议，对死者加以研究。由此，圣勃夫在该刊发表了4篇文章，但没有时间将这一研究进行到底。他出版了一部有关1848年前的蒲鲁东的传记。[20] 在其序言中，人们可以读到：“我希望深入这位今天已躺在墓中的伟大革命者的内心，通过写作展现一个真实的人，显现他的道德品质、他的真诚、才干，最后是使他受到周围人尊敬和爱戴的高尚品格。有必要消除精神与智力之间的障碍，尽可能摧毁存在于有才能的人之间的偏见，他们应该相互了解，相互重视，即使互为对手时亦应如此……”

第三十章

皮埃尔·拉鲁斯出版《大词典》

1864年，《19世纪万有大词典》第一分册出版。

538 在去世前几个月，蒲鲁东高兴地收到一部“巨大的词典”的前7分册，其中他的思想从字母A开始，即在有关“弃权”（abstention）和“无政府主义”（anarchie）的条目中得到体现。1864年8月20日，他写信给作者皮埃尔·拉鲁斯表示感谢，该信的结尾写道：“当您撰写‘上帝’和‘财产’的词条时，请您告诉我。我将向您解释，以使您明白在‘上帝就是恶’‘财产就是盗窃’这些命题中并非只有反论，对于这些命题，我是在字面意义上坚持，并不意味着我想指责对上帝的信仰，更不是想废除财产。”[1] 虽然在《19世纪万有大词典》出到字母“D”之前蒲鲁东就已去世，但是皮埃尔·拉鲁斯仍注意不背叛曾是自己导师之一的蒲鲁东的思想。

尚在根西岛的维克多·雨果，不久之前还给旧词典戴上“红高帽”，也对此加以鼓励：“您越来越深入于新的精神，远离这种过去的旧残余——尽管在这类工作中它尤其难以完全摆脱，但是毫无疑问，先生，您将有这种幸运和荣誉。因为，我们时代的一切人名词典和百科辞典都是在敌对本世纪的思想中形成的。它们没有获得多少成功，未

来也将对它们表示不屑。而您则不然，您是想为进步服务、希望取
得成功，您将会取得成功。您与本世纪结合得越紧密，您所取得的 539
成功就会越大。加油！”[2]

对于皮埃尔·拉鲁斯来说，要将事业顺利进行直至完成，勇气必不可少。《19世纪万有大词典》将有15卷对开本和2卷补篇，共计20700页，而不是原来预计的4000页。起初出版的是40页的分册，最终将达到524分册，其中最后一些将于1876年9月30日问世，这是在1875年1月拉鲁斯突然去世之后的事了。该书总共有300000个注释，其中拉鲁斯本人撰写了很大一部分，这体现了他对无数撰稿者的影响。然而《大词典》并不只是文化史上的事件，就像雨果从其最初几本分册中感觉到的那样，它还是一件政治武器，是在处于衰落中的帝国内部出现的共和思想的有如灯塔一般的书籍。

在1864年时，皮埃尔·拉鲁斯已是一位著作深受出版商欢迎的作者。他与奥古斯丁·布瓦耶合作的《新法语词典》，仅在1856年一年就销售了44000部；在一直与布瓦耶合著的很多其他课本中，《一年级语法》达到240000册的销量。在初次登上讲台后，拉鲁斯成为教育家、大众的小学教师。

皮埃尔·拉鲁斯1817年出生于荣纳省的图西，是一位大车修理工兼铁匠的儿子，与皮埃尔-约瑟夫·蒲鲁东一样，他也是农村孩子。很早就喜爱阅读的他在16岁之前就贪婪地看完小贩们带到村庄的所有书籍，其中有孟德斯鸠、伏尔泰、卢梭，等等。与他那一代很多年轻人一样，他也迷恋拿破仑传说，喜读有关各个战役的描述，对着四处传播的厄比纳尔出的画片浮想联翩。尽管他具有共和思想、反对拿破仑三世，但波拿巴主义这一麻烦事始终纠缠着他的《大词典》。

在七月王朝时期，一个有学习天分的农村孩子的发展道路业已
确定。自1833年基佐法颁布后，他进入培养小学教师的师范学校，
这种学校基本上在每个省都已开设。当年轻的拉鲁斯在1834年准备 540
进师范学校时，荣纳省还没有这种学校。因此，他考入凡尔赛师范

学校，并在21岁时从该校毕业，手持师范证书的他准备申请去一所小学任教。他在故乡图西获得一份教职，在那里，他很快成为主动教学法的先驱之一。但是，对神甫的控制和市政当局的监督感到厌恶的他越来越渴望能去巴黎。在《大词典》中，人们读到："表面上看，这是一个奢华的城市，充满无聊艺术和欲望的城市，但在本质上，这是一个永恒与进步和自由的战士——所有对社会统治中民主制获得胜利感兴趣的人都热情支持——斗争的舞台。"

在这个魅力无法抗拒的巴黎，皮埃尔·拉鲁斯的求知欲得到满足。他去索邦大学、巴黎天文台、自然科学博物馆、工艺博物馆听课，也不可避免地去法兰西公学院听课，在那里，米什莱、基内、密茨凯维奇引发听众的激情。他成为那些在阶梯教室中一边唱《工人之歌》或《农民共和国》，一边期待这三位老师中的一位到来的大学生中的一员。

为了生活，这位永远的学生成为若弗莱学校的学监，该校是从查理大帝中学的预备部中分出来的，他在那里负责学习拉丁语和法语的低年级。在这段艰难岁月里，这位勃艮第人一度想从事贝西的葡萄酒生意，1847年，他写信给妹妹和妹夫，建议他们联手做生意："今天，只有在商业中才可能成功。以前，只有法官、文人、军人在发财，而现在是商人在发财。今天，无论是众议院议员还是贵族院议员，已没有人轻视商业。"[3] 然而1848年革命以及之前的经济危机又使皮埃尔·拉鲁斯回归写作。在此时遇到他的埃德蒙·阿布，如是描述了他的形象："此人身材矮胖，留着浅黄褐色的胡须，两眼放光，他沉默寡言，是一个神秘的埋头苦干者，被怀疑具有颠覆性的想法。他至少是有某种想法的人——无论它是否具有颠覆性——并且将一直使这一想法得到实现，而这靠的完全是其钢铁般的意志。这位学监梦想出版一部前所未有的词典，一部大众性的百科全书，对此，他从不否认。
541 他不仅留下了一笔财富，而且是一项事业……一座丰碑。"[4]《大词典》出生于一种双重的爱：对词语的爱和对共和国的爱。

在苏珊娜·科贝尔——他出生于马尔沃约尔的爱人，直至1872

年他才娶她，此前两人一直同居，这不仅表明他有些不循习俗，也体现了他对妇女不信任的态度——的支持下，他于 1849 年开始从事记者职业，同时根据自己的经验撰写小学词汇书《基础词汇》。拉鲁斯依然是小学教师和教育家，写了 40 多本课本和教科书。教育民众是他的使命（蒲鲁东称之为民主教育）。他清楚地看到当拥有主权的民众尚无知的时候进步思想所遭受的损失，1848 年的选举使他坚定了推进大众教育的民主意愿。

1851 年，他遇到了奥古斯丁·布瓦耶，后者和他一样也是师范毕业生，并且赞同他的很多思想和计划，两人开始合作。拉鲁斯申请获得书籍出版销售商特许证。在拥有临时许可证后，他成立了一家出版社，开始是在自己家里，然后是在皮埃尔－萨拉赞街，1856 年则移至圣安德烈－德－扎尔街（Saint-André-des-Arts），在那里，两位朋友开始出版教育书籍：1858 至 1865 年间的《师范学校》《公共教育杂志》，1862 至 1864 年的《竞赛》。一直畅销（每年 4 万部）的《新法语词典》从 1856 年起确保了出版社的安稳，并且可能对拉鲁斯支持（部分的）免费义务的小学活动产生影响。在 1861 年写给公共教育大臣鲁朗的信中，他对法国尚有 60 万儿童无法受教育感到遗憾，他将努力不懈地支持这一事业。

在积累众多畅销书（《词汇课本》《分析论》《青年小百科》《阅读方法》以及他与布瓦耶合作为上流社会男女撰写的《拉丁语植物志》等等）的同时，皮埃尔·拉鲁斯试着从事戏剧和新闻报刊（他获得了《大报》，是《小报》的翻版），尤其是致力于他的词典，根据他自己的说法，他大约在 1843 年时就已有这一想法。诚然，当拉鲁斯开始征订时，实证主义者埃米尔·利特雷已经出版其词典的最初几分册。但是，他的词典是一部语言词典，拉鲁斯的计划则更加雄心勃勃：一部百科辞典，有历史、人物、书目……整个这一切都受到进步思想的鼓舞。 542

在 1866 年出版的合订本第一卷序言中，拉鲁斯明确表示："我们并不是也不想成为一个学派、小集团、党派和权威。我们既不传授教义，也不会将人开除教籍。我们拒绝这种狭隘的排他性，它封闭、局限在某一体系中，宣称对此感到满足，对外面所有意见都充耳不闻。我们拒绝这些断然否定……我们反对偏见（praejudicatum）、先入之见、盲目信仰和清规戒律。”事实上，对真理的关注并没有禁止“激情”，即使拉鲁斯宣称自己的书远离激情，共和思想体现在整部书中，一些词语甚至使下一个世纪使用拉鲁斯词典的人感到惊讶。拉鲁斯是一位参与政治的词汇学家。在考察这部独一无二的词典的具体内容前，我们要说的是，为了完成它，拉鲁斯与布瓦耶友好分工：布瓦耶将负责两人共同创立的书店，而手持印刷特许证的前者将完全承担《19 世纪万有大词典》的出版，但布瓦耶对这一项目有些悲观。

从政治角度来看，其选择是明确的。首先是对 1789 年革命的颂扬，拉鲁斯为革命思想辩护道：“1789 年萌发的幼芽是不灭的，如果它能被拔除的话，它将已经被拔除。但是与这些挤压一端而另一端会弹起的灵巧弹簧类似，在一种神秘、有力和不可抗拒的生长发育的影响下，它有时显得被抑制是为了在几天之内重获失去的几年。太阳有日食，自由可能也有，直至有一天彻底摆脱所有障碍的伟大流亡者只是通过将充足的光线洒向阴暗的亵渎者加以报复。”有一些语句大胆、
543 夸张，有时带有预言性。词条“革命”则像一篇热情的辩护书，描述了革命事件，同时也指出尽管有失败，但是革命精神具有再生的活力：“因此，法国革命事业一直延续到现在。它充满活力，并将一直存在至摧毁一切恶习，建立公正和现代精神所要求的所有机构。”

共和派是要求恢复革命遗产的人，这意味着他将完全接受革命吗？当然不是！在当时共和派阵营里有关这一点的大争论中，皮埃尔·拉鲁斯毫不犹豫地坚决支持埃德加·基内：恐怖是大革命误入歧途的结果，仅仅是专制主义的有害重复。由此，在该词典有关前法兰西公学院教授的注释中有这样的话：“这一时期最伟大的著作，同时也是基内最重要的著作之一，就是这部《大革命》（1865），这是一部最具独创性的作品，作者在书中使用了国民公会议员的回忆录，

依照那些已引起激烈政治和历史争论的非常新颖的观点对革命中的人和活动做了评价。”在有关基内这本书的注释以及涉及丹东和罗伯斯庇尔的词条中，拉鲁斯并没有要花招，他的立场是明确的。他因丹东的爱国主义而歌颂之，但谴责罗伯斯庇尔。在涉及1794年5月使恐怖加剧的牧月二十二日法令时，人们可以读到：“这是可怕的欺骗，在最高主宰庆典后2天，库东就提出恐怖的牧月二十二日法令，这是他个人所为，并且是在救国委员会不知道，至少救国委员会绝大多数人不知道的情况下以其名义提出来的。这一法令，以改进革命法庭为借口，取消了辩护人、预审、书面证言和证人。此外，它在‘人民敌人’中包含了那些‘说爱国者坏话’的人和‘败坏道德’的人等等。这纯粹是宗教裁判。”

革命，亦即共和，拉鲁斯是这样定义的：“我们父辈所希望的共和，是思想家和哲学家的理想：法律，公正，人人平等，取消特权，人民 544
统一，民族的绝对主权，不断进步，弱者和贫困者的改善，精神和肉体的独立以及废除一切专制。”神圣的、为人所梦想的共和将是联邦主义的、市镇的和反集产主义的（这些词语都烙有蒲鲁东的印记），它将以教育人民为使命。

旧制度、贵族以及与其相关的一切都受到毫不留情的谴责。圣女贞德（Jeanne d'Arc）变成让娜·达尔克（Jeanne Darc），路易十四则象征着专制主义，“他为此提供了最全面，有时也是最过分的例证”。可是，拉鲁斯对待波拿巴和拿破仑的态度则模糊不清。拿破仑传说曾是与复辟的波旁王朝做斗争的一种方式，拿破仑在1815年时是被旧制度的同盟打败的。皮埃尔·拉鲁斯熟知那些包含这一神话的歌曲，尤其是贝朗瑞的歌曲，有一项长词条写的就是此人。“在如此多的不幸之后，旧制度这一复兴的结果就是使帝国时期已……压制的革命精神重新出现。百日王朝时期，自由思想从两次复辟之间的昏睡中苏醒过来。那时无力压制它的拿破仑试图使它成为自己的助手，将这一伟大事业的战士招募至自己旗下，依靠未来和他的天才重新获得全部权力。”由此，“伟大的自由传统就遗憾地和曾经否定一切自由的政权混为一体、相互合并”。

《大词典》明确区分了共和派将军和皇帝。在这方面，词条“波拿巴”的开头依然颇为著名：“波拿巴，历史上最伟大、最辉煌、最显赫的名字——包括拿破仑这一名字，法兰西共和国的将军，1769年8月15日出生于阿雅克肖（科西嘉岛），统一而不可分割的法兰西共和国共和八年雾月十八日（1799年11月9日），去世于巴黎近郊的圣克卢城堡……”判决可谓毫不留情。然而，可能因为皮埃尔·拉鲁斯年轻时相信拿破仑传说，因此，这个拿破仑，即独裁者和自由的掘墓人的拿破仑，对于欧洲各国君主为代表的反动力量来说，是
545 继续革命的化身、马背上的罗伯斯庇尔，手持利剑和民法典：“他是加冕过的革命代表，人们感觉到了这一点，在欧洲，人们对此亦不会搞错。当贵族在他面前屈服时，他处在幸运带给自己的显赫地位上，成为贵族无法平息的仇恨的目标，而且从各种事件带给他们希望开始，这些人就密谋除掉他。人民喜爱他，尽管由于他相信为了与君王平起平坐，自己周围应该布满皇家壮丽的景象，从而违背他追求平等的自然本性。人民喜爱他，因为他始终认为，伟大的国家代表、共和国战功显赫的将军是而且始终是革命之子，他体现了革命的不朽原则和仁慈愿望。”

拉鲁斯在对待第二帝国时则态度明确：在1870年色当惨败后，埋藏在《大词典》深处的对现政权的反对就已溢于外表。由此，在词条“巴黎”中，他写道：“拿破仑三世的有害统治从犯罪开始，继之取消一切公共自由，最后在法国引发一场可怕战争后以可耻的投降告终，使得被剥夺了使人民刚强有力的各种自由的巴黎变成一个只注重享乐和生意的城市。宫廷中的道德败坏像麻风病一样传播，并伴以对纵欲的渴望、追求奢华和宗教表象掩饰下的堕落……”《大词典》的作者与第二帝国的所有共和派都像志愿流亡者埃德加·基内和维克多·雨果所展示的一样，毫不妥协。

革命、共和，还有反教权主义。共和派的敌人并不只是国王、贵族或是“小拿破仑”，还有天主教会，他们的同盟者以及自由思想、进步和现代世界的反对者。在这一激情中，人们又看到米什莱和基内的影响，两人曾在法兰西公学院一起开设有关耶稣会士的课程。因此，人们可在词条“耶稣会士”中读到：“耶稣会并不满足于挑起神圣同 546
盟内部的纷争，迫害伽利略、笛卡尔、冉森派和新教徒，唆使废除南特敕令和煽动塞文山脉的屠杀（暗指卡米扎尔之战）。它或是直接通过自己的成员，或是间接通过自己的影响和教义，参与种种罪行和著名的谋杀行动，在那些知名诉讼中，它也卷入甚深。”随后满是反对耶稣会士的引证、逸事以及对埃德加·基内的赞美之词，他指出这些耶稣会士“篡改《圣经》以使自己为人接受，力图使各民族和政府接受他们的神权政治理想，到处控制年轻人以作为最可靠的力量……”

除耶稣会以外，天主教和教会也在书中受到批评。这位自由思想者将新教与可恨的天主教对比，用一方的炫耀奢华比照另一方的简朴，尤其是与精神自由相对的专制精神，他写道：“16 世纪产生的宗教改革实质是完全否定教皇的无谬性和被看作思想顺从的信仰，强调个体意识的最高权力、精神自治。”对自由验证的这种赞美与某一共和思潮一脉相承，这种思潮在第三共和国初期将拥有大量新教徒，作为一个优秀的实证主义者，拉鲁斯断言，天主教会尽管还强大，但注定要消亡，并注意到“拉丁教会在意识和道德中逐渐和持续的衰落”。遵循基内思想的他阐述了“天主教与现代观念互不相容的”思想。庇护九世本人也刚刚在《现代错误汇编》中证实这一点。政治结论是共和派的：“教会和国家间的完全分离”紧迫且必不可少。

总体上蔑视天主教和宗教的皮埃尔·拉鲁斯并非没有宗教感情。这就是对于这一时代的共和精神的宗教感情，这种精神与有如新教义的进步紧密相连：“对进步法则的信仰是我们时代的真正信仰。这是一种很少有人怀疑的信仰。”这种信仰也是对于民众教育的信仰，应该消除迷信和文盲。与基督教试图使以前的异教仪式基督教化一样，共和的进步主义采用了一些基督教英雄。在米什莱之后，让娜·达尔克在拉鲁斯那里变成祖国的女英雄，尤其是宗教审判的受害者，该词典并没有提到超自然的现象。

《19世纪万有大词典》喜爱的第4个主题是爱国主义，人们也可以称之为共和民族主义，尽管这样会犯年代颠倒的错误。如果说
547 法国大革命向全世界宣告了自然权利，也就是普遍权利，那它同样是这样一种爱国主义的起源，即在宣布抽象和平的同时，激励人们时刻准备战争。事实上，法国是一个与众不同的国家。作为普遍原则的倡导者和受托人，法国对其他民族起着监护作用。“法国被称作各民族之神。”米什莱的《人民》中这样写道。米什莱还说，作为选民和人类的拯救者，法国人是“利益和命运与整个人类的利益和命运最为一致的民族……法国的民族传说是一道巨大、不间断的光线，它是整个世界始终密切注视的真正银河”。

在整部词典中，皮埃尔·拉鲁斯标出了这种法国使命的时代和形式。词条“高卢人”：“今天它是一个与其他所有民族不同的民族，由于它所具有的天才和最广泛的能力。”词典进而言之：“人们可以确信，从没有比高卢人更聪明的种族居住在比这更好的国家中。”这在词条“中世纪”中又得到确认，在那里人们读到：“一个民族诞生了。通过罗马人的中央集权、高卢人的大胆精神、法兰克人无法抑制的独立情感，以及最终靠它自己的天才，法国单独成为一个文明。”人们确信，这使巴黎成了“整个世界的中心”。拉鲁斯的神话学甚至宣称，法国历史中的有害特性始终是外来的：玛丽－安托瓦内特是奥地利人，欧仁妮是西班牙人，拿破仑三世的生父是荷兰人，路易十六本人“从种族和母亲”而言是个纯正的德国人。至于拿破仑，“从他的种族和思想而言”是外国人，等等。这种爱国主义只会随1870至1871年的法德战争而加剧，《大词典》在战败后成为鼓吹复仇的一个重要代表。在关于埃克曼－沙特里扬的《战争》的书评中，人们看到：“在我们写这些话时，法国充满仇恨，满身是血，由于战斗热情而颤

抖，我们只能服从，因为虽然我们厌恶战争，但是我们爱自己的祖国。因为它手中高举的旗帜是复仇的旗帜，不只是民族复仇，而且是整 548
个人类的复仇，这一旗帜应该保护各民族的联合以及共和国的普遍胜利。”

皮埃尔·拉鲁斯的《19世纪万有大词典》是在第二帝国末年和第三共和国初期出版的，它以自己的形式促进了共和文化的形成。四大主题（革命、反专制主义、反教权主义和爱国主义），加上赞美自由与公正思想、信仰进步与民众教育，都以各种英雄和普通人物来说明。这些是由一部参考书提供的共和思想的组成要素，这部参考书内容极其丰富，以最个性化的形式撰写而成，时而冷静，时而充满激情，或是嘲弄，甚至轻佻，作者从未隐瞒自己的观点。对于很少讨好有产者、富人和资本的拉鲁斯而言，他所信奉的是共和派的社会哲学而不是社会主义者的社会哲学。与其喜欢的社会改革者蒲鲁东一样，他也反对罢工，支持结社和雇用劳动者参与企业的资本与利润。《19世纪万有大词典》宣告了第三共和国的来临，它是法国式的自由民主制。[5]

当然，从1865年起拉鲁斯的各分册就受到攻击，一度参与词典编写的路易·弗约在《巴黎的气味》中训斥拉鲁斯。通过使用各种论据，甚至包括最低级的论据，这位天主教批评家给出了他自己对“思想者”的定义：“本质上是一个摆脱了天主教信仰的人，不管是以何种办法，而且他努力不回归天主教信仰，不管是以何种努力。”皮埃尔·拉鲁斯以单页的传单回应弗约，并在词典中评论他的《巴黎的气味》一书，他痛斥其中的“错误信仰、粗野谩骂和市井脏话……在这部议论纷纷的书中确实有激情；但不幸的是，其中更多的是垃圾”[6]。

1868年，皮埃尔·拉鲁斯首次犯脑中风，这一次他得以痊愈； 549
1871年，第二次脑中风使其脑瘫；1874年12月的第三次发作对他来说则是致命的。在其身后，他留下一座学识渊博的丰碑，它既是观念的汇编，又是将在19世纪70年代获胜的共和思想的基本参考书。

第三十一章

埃德加·基内：共和国与恐怖统治

1865年，埃德加·基内的《大革命》出版。

550 1865年底，另一部书变得畅销，同时也激起广泛争论，此书就是《大革命》。他的作者埃德加·基内流亡于瑞士，与维克多·雨果一样毫不妥协，并以使自己的共和派读者生气的能力而弥补了名气上的不足。

在第二共和国时，基内被选为安省的制宪议会及随后的立法议会议员，不停为支持民主共和国而斗争。尽管反对六月起义者，在他看来，这些人使共和制度处于危险境地，但他还是以自己的选票与小册子同时反击保皇党人的反动行为和波拿巴派可能政变的危险。同时，他还是相当多的原则的维护者，其中一些原则在第三共和国时将重新恢复。他还属于那些认为愚昧无知会使共和国难以生存的人之列，他的大众教育计划已经预示了世俗、免费和义务的初等教育。

当时，很少有政治人物像他那样明确指出，罗马天主教和作为共和国基础的革命遗产互不相容。在《人民教育》中，他指出，法国社会“承受了一种永恒的动荡：要么革命不能归结为天主教原则，要么天主教原则不能归结为革命原则，两者间的斗争是自然而然的”。[1] 因

此，他眼中的解决办法是教会和国家的分离，这也是未来共和主义 551
计划的基本点："我希望教士在教堂中有自己的权力，但是这种权力在任何情况下都不能延伸到教堂之外。因为，问题的关键在于，天主教士的自由不能成为所有人的束缚。"

基内并不信奉无神论。他曾写道："一个丧失了神的观念的民族也就失去了一切理想。我不明白它能继续去往何方。"他的母亲是位新教徒，他自己不赞同任何宗教信仰，但他还是引用了基督教，在他看来，没有教会的新教，摆脱了政治工具化的信仰，革新之后的基督教，与1789年的遗产完全一致。在法兰西公学院的课程"基督教和大革命"中，他已经试图指出，与天主教相对的革命精神，同样是"与基督教原则一致的"。这一信念与友人米什莱相悖，对后者来说，建立在恩赐基础上的基督教信仰和建立在权利与公正之上的新信仰间的断裂昭然若揭，但是两人之间并未爆发思想冲突，因为他们面临太多共同敌人。

一如米什莱，基内也反对12月2日政变，他很早就觉察到了它的危险。像其他左派议员一样，他试图进行现实但又毫不妥协的反抗。当1851年12月3日，他的同事、安省议员博丹在街垒上被杀害时，当圣阿尔诺将军的军队镇压反抗者而巴黎工人没有拿起武器时，基内明白，斗争已完全失败，他也顺从地流亡。诗人乔治·阿萨基——罗马尼亚族的一位抒情诗人——的女儿埃尔米奥娜·阿萨基为其打通了流亡之路。埃尔米奥娜是当时住在法国的一位寡妇，带着一个小男孩的母亲，曾在法兰西公学院听过米什莱和基内的课，她事实上已成为基内家尤其是其妻米娜的常客，后者在1851年3月去世。稍后，她先为基内提供了一个临时避难处，然后将他托付给罗马尼亚公主玛丽·康塔屈泽纳，后者手持署名格莱斯科的罗马尼亚瓦拉几亚护照，让他扮成自己的仆人，一起越过比利时边界。与众多反对政变者一样，1852年1月8日法令使其暂时远离法国领土。由此，如同其曾在布鲁塞尔遇到过的雨果，基内在18年里一直待在法国境

552 外。其间，他拒绝了1859年大赦，“人们没有赦免权利和公正”，他写道：“当我今天重回祖国时，我注定拒绝为它服务，因为我在那里束手无策。”他并没有放弃。

他的生活也整个地改变了。“当我跨入边界的另一端，并对祖国说可能将永别的时候，我回过头去，两腿站立不稳。从这时起，我觉得被连根拔起，就像被风从树上吹下的落叶一样……我不再是自己的主人。当我刚在某地找到住所时，威胁就来临，必须考虑离开。”[2]他的流亡地比利时对革命者并不信任，有人监视他，规定他每周必须亲自到保安局去。他孤身一人，手头拮据，仅有一小笔积蓄还是父亲的遗产剩下来的。在一年时间里，他过着艰难的生活。已使他免遭镇压的埃尔米奥娜·阿萨基自愿去他家找到他最珍惜的文章，并将它们带到布鲁塞尔。1852年元旦前夜，她带着儿子抵达布鲁塞尔。

埃尔米奥娜比他小20岁，她崇拜他并服侍他。1852年7月，基内与她结为伉俪。在他整个流亡期间，直至这位杰出人物在1875年去世，她都是他最深情和最忠诚的伴侣。当时，她给予了他真挚的爱情，也为他免去经济上的后顾之忧，因为她父母给她的嫁妆可以成为微薄生活费的来源。由于她的节俭、精打细算和理家能力，全家生活还算舒适。这对于埃德加·基内来说实在是个福分，因为他缺乏理财能力，以至于得让米什莱与自己的出版商商谈。米什莱是个靠得住的人，在12月2日以后便成功收回还欠基内的各种版税，由此，流亡者在布鲁塞尔惊讶地收到十分及时的几百法郎。

埃尔米奥娜不仅是管家，还是基内的秘书，为他誊写许多书稿，是他弥足珍贵的合作者。例如，在1855年的《罗马尼亚人》的写作
553 中就是如此。这对夫妇的成功在于两人彼此非常尊重，并且有共同的理想。或许，埃尔米奥娜的无尽奉献也并不是没有占为己有的情感。在其日记、《回忆录》的某些片段中，她本人对此也予以承认。她在1860年3月21日的日记中写道：

> 埃德加的流亡生活，属于我！……这一光荣和感人的命运，它只属于我本人。为权利和自由而斗争、战斗的艰苦岁月，属于我！这个流亡者、活动家、具有古代美德的人，属于我！他的患难朋友和伙伴、流亡的法国、贫穷、遇险者日复一日生活其中、不知何处安身的动荡处境，属于我！流亡，是我的专长……从一国边界到另一国边界，我们是共同的，我的生活是为他服务，我的才能，如果说我有的话，对他不无用处……流亡使我们的婚姻成为神圣的岛屿。[3]

埃德加·基内和埃尔米奥娜·阿萨基的婚礼在布鲁塞尔市政厅和新教教堂举行，随后两人和埃尔米奥娜的儿子一起住在民族广场的一套小房子里。他们在比利时的居住本来可能是短暂的，因为日内瓦市的国务委员会向前法兰西公学院教授提供了一个当时空着的道德、哲学教席。这不只是给一位学者的邀请，也是在向自由的捍卫者、“军事专制主义和教皇绝对权力主义者的蒙昧主义专制的受害者”表示敬意。基内谢绝了邀请，因为他确信，若是接受这一建议，将使自己的言论自由服从于东道主和雇主的要求。

在确保最低生活必不可少的条件之后，他投身于研究和写作之中，进入前所未有的多产时期。1853 年，他完成了《斯巴达克斯或奴隶们》，这是一部戏剧，由埃策尔在布鲁塞尔出版，没有几部流入法国。然而，比洛勇敢地在《两个世界评论》上发表了该戏剧的序言，基内的思想可能还是播撒在了贫瘠的土地上。随后的几部书籍得到了更好的传播，这还要归功于比洛，他于 1854 年在自己杂志上发表文章《马尼克斯·德·圣阿尔德贡德》，这是有关联省共和国奠基人 554
之一、一位被遗忘的作家和政治家的历史研究，基内曾通过他分析民族革命的深层原因。“太放肆了。”公共教育大臣福托尔对比洛如是说道。第二年，比洛又重犯错误，于 1855 年 2 月 15 日出版流亡者前一年口授给妻子的《法国历史哲学》。

然而，英法两国与俄国在克里米亚爆发的战争也激起了基内的爱国主义。他毫不犹豫，像其他流亡者一样，他也为法国的胜利而欢呼，这首先是从巴尔贝斯开始的。1854 年 10 月，他这样向朋友历史学家亨利 · 马丹解释："两个同样可恨的专制政权打起来了。其中一个是一个家族的专制，它根深蒂固，对所有人来说都是可怕的，我希望它失败。另一个是一个家庭的专制，它只浮在表面上，终将消失。"[4]

当 1856 年 3 月，埃尔米奥娜年仅 16 岁的儿子乔治 · 穆鲁兹因肺病去世时，布鲁塞尔的流亡者非常悲伤。在年轻人的墓前，基内说："请原谅我，请原谅我连累你经受我的这些苦难！请原谅我将你葬在外国！如果我的祖国恢复了我的名誉，我将把你的骸骨带回国！"

天空阴暗且此后与痛苦记忆紧密相连的比利时，使得这对夫妇越来越难以忍受。相应地，该国势力强大的教会报刊猛烈抨击"令人讨厌的基内"，抨击他写了一封《关于欧洲宗教和道德状况的信》。[5]它涉及对欧仁 · 苏的一封信所做的回应，后者在那封信中肯定罗马天主教和自由的进步互不相容。在 1857 年为马尼克斯的法文著作再版而写的序言《19 世纪的宗教革命》中，他又涉及这一问题。在文中他提出自己的信念，并且指出技术和工业进步的道德缺陷："请你们和妻子孩子离开陈旧的教会。请离开，当现在还正是时候……请从一切敞开的道路离开，以便不死于道德与物质贫困……不要像期待弥赛亚的犹太人所做的那样，当弥赛亚在他们中出现时，他已在
555 十字架上！你们在寻找现代教义，但对它熟视无睹。因为这一教义已经存在，并且在继续发展。当它出现在你们中时，整个世界都已知道它，而你们却浑然不知。今天它已被放至十字架上，而你们还没有看到，它就是自由。"[6]在基内看来，应该与天主教决裂，但是保持对革新后的基督教的信仰。这是一种使所有人都不高兴的方式，无论是天主教徒还是自由思想者。

不久以后，基内决定对 1857 年在法国举行的选举中的操纵行为

发表自己的意见。在民主外表下，操纵行为进行得很顺利，官方候选人、省长们的压力、威胁与许诺，一切都是为了赢得选举。事实上，政府的候选人获得了90%的选票。然而，主张共和的反对派力量也有所恢复，获得巴黎选区10个席位中的5席。但是，要占有席位，当选者必须宣誓。共和派应该怎么办？基内在写给曾任第二共和国公共教育部长的伊波里特·卡诺的信中说："您，卡诺，宣誓！不，这不可能！……您知道这一誓言意味着什么吗？这是在群众面前否认和洗刷12月的罪行，它使这一政府改头换面。它去除了政府身上的谋杀和血的印记，它使其变得清白。"[7] 他说服了自己的通信者吗？卡诺始终拒绝宣誓。确切地说，基内表现得与这些曾分享1848年的共和希望的、曾是政变的直接反对者和受害者的人一样毫不妥协！相反，他也承认新一代——并没有将他们混在一起——在寻找自己的机会，他们在立法团中代表了一种希望。但是在奥尔西尼刺杀事件[8]后，当局在1858年变得强硬起来，颁布了针对流亡者和他们"与国外串通的阴谋"的治安法。基内与帝制法国间的和解并不是一蹴而就的。不过，在1858年的局部选举中，5位共和派（因此没有卡诺）当选为新的立法团成员，他们分别是奥利维耶、达里蒙、法夫尔、 556
皮卡尔和埃农。

1857年，基内夫妇去瑞士观光旅游，第二年又去了一次，两人最终决定离开比利时。1858年11月，他们在莱蒙湖租了一个带家具但并不舒适的房子，它位于蒙特勒上方一个名叫维多的小村子，当地景致素雅，周围是白雪皑皑的山峰，从那里下来的穿堂风猛烈吹入铁皮做的烟囱里。"整个冬天，"基内夫人写道，"风声听起来有如孤独和痛苦的哀号。"[9] 虽然这里的气候比布鲁塞尔更有益于健康，但十分孤独。埃德加·基内是个干活利索的人，他不像妻子那么痛苦，但不久之后也开始怀念布鲁塞尔的朋友。两人以阅读、演奏音乐以及听自己养的欧椋鸟博贝尔雷的欢叫作为娱乐来度过漫长的夜晚。天好的时候，他们去日内瓦找其他流亡者，出入一些沙龙，并如斯塔尔夫人的回忆所记录的那样，在科佩逗留，在那里他们受到奥松维尔伯爵的接待，并且与其他一些自由派，如阿尔贝·德·布罗伊建立了友谊。即使基内并不具有他们的怀旧心理和奥尔良派思想，但至少在他们那里找到了对自由的信仰，而这在法国是被禁止的。作为回报，基内夫妇在维多接待了奥松维尔伯爵、米什莱夫妇，后者于 1861 年、1865 年和 1867 年 3 次来此地呼吸新鲜空气。虽然招待简单，但伊沃纳的白葡萄酒妙不可言。

基内坚持不懈地写作。在 1860 年由出版商米歇尔·阿莱维出版《屠牛斧》（*Merlin*）——该书只受到行家的赏识——之后，比洛发表了《1815 年战争史》的最初几页，引起波拿巴派的强烈批评。墨西哥战争，注定要失败的“君主统治的伟大想法”并没有使基内与“想于 12 月 2 日在新大陆扎根”的政权和解。然而，他在巴黎的以米什莱为首的朋友则感到越来越迫切，他们认为，为了进行正义的斗争，他应该加入他们，待在法国。一封具有如此要求的请愿书被寄给他，上面的签名者有伊波里特·卡诺、亨利·马丹、路易·加尼耶－帕热斯、卡米耶·佩尔唐、儒勒·西蒙、塔克西勒·德洛尔和艾蒂安·
557 瓦舍罗，等等。“如果您决定回到巴黎，”米什莱又补充道，“这将是我们最高兴的一天。”但是基内坚持己见，毫不妥协或动摇。尽管深为这些著名的自由派和共和派人士的请求所感动，但是他确信继续和那些拒绝大赦的流亡者在一起可以更好地为自由事业服务。

不过，他还是以一部新书发起强有力的反击，在 1865 年此书与法国公众见面之前，他已在布鲁塞尔和瑞士构思和钻研多年。第一版在 6 天内就销售一空的《大革命》一书，是一部新见迭出的历史著作。他并不赞同将革命的支持者和反对者对立起来的有关大革命的善恶二元论解释，而是对实际情况加以思索，并不是一切都值得肯定。随后产生的争论成为共和派思想史上的一个重大事件，也是共和文化形成的一个关键阶段，其影响一直延伸至 20 世纪末。[10]

埃德加·基内提出的有关大革命的中心问题是恐怖的问题，他就此给出的回答与他之前的历史学家和共和派人士截然不同。“我对恐怖的分析，我相信，”他写信给朋友维克多·肖福尔说，“是本书最新颖和最深刻的部分。”[11] 事实上，在复辟王朝时，梯也尔和米涅这样的自由派并不赞美恐怖，而是从当时的环境来解释它，将其解释为无法抑制的连锁反应，是必然的——对外战争和内战是1793至1794年那些非常措施的原因。七月王朝时，超越了必然性解释的新一代历史学家开始将恐怖时期解释为大革命的伟大时刻，认为它预示了平等统治的民主时代，卡雷尔、马拉斯特、拉斯帕伊、比歇和拉波内雷耶都颂扬罗伯斯庇尔思想。埃斯基罗斯已使他的《山岳党人史》和他们的回忆成为“指引流浪和犹豫不决的人们寻找新的乐土的火柱”。路易·勃朗又在其中加入自己的社会主义目标。至于基内的好朋友米什莱，既没有陷入对罗伯斯庇尔的崇拜，也没有赞扬雅各宾主义。在《法国革命史》中，他采用史诗般的描述、浪漫主 558
义和民众主义，而这并不是一种批判分析的模式。

实际上，两种解释倾向一直相互对立：大革命的支持者大体上为大革命辩护，大革命的反对者则谴责革命的一切行动。相反，基内认为是共和派走出神话、崇拜和自欺欺人的时候了。他的观点是大革命在政治领域已经失败，否则法国怎么会经历雾月政变和12月2日政变，至今还生活在混有普选的帝国专制之下呢？基内在给一位通信者的信中坚持道：“直至现在，历史学家们认为大革命是一场胜利，并认为这一胜利是有理的。而我，我则考察失败时的大革命。我探寻存在于牺牲和所获结果之间不成比例的原因。这一不同观点极大改变了历史的面目，以大革命的名义批评大革命。”[12]

左翼、共和派、帝国的反对派应该明白，是什么导致1789年民主理想的法国、人权的法国经历牧月的黑暗法令、屈服于波拿巴的刺刀、君主制复辟、1848年艰难复兴的共和国与12月2日政变。在谴责波拿巴专制的同时接受甚至赞扬恐怖时期的专制，对他来说是难以容忍的。自由批评革命事业将推动自由和民主进一步发展。

人们必须说“大革命是一个整体吗”？不然。“这要么没有任何意义，要么是想说大革命的每一瞬间、人物和事件都应当被禁止考察。”人们不可能完全一样地接受1789年的太阳升起和1793年的公共墓穴。他的书旨在“传播新精神”和为“新的自由民主制”做准备。
559 首先理解为什么在半个世纪里政治革命失败了两次，应该制止使民主成为“雅各宾干尸”的行为。恐怖并不是革命的解决办法，它与大革命的特性相矛盾：正是旧法国为它提供了典范。恐怖是大革命中专制主义的强烈反弹，正是革命变成了与自己相反的东西。

与反革命史学家不同，基内并不以大革命来解释恐怖，而是在天主教会灌输给法国人民的权力和顺从文化中把握它的遥远根源。他并不是突然提出这种解释的。从他在法兰西公学院有关“基督教和大革命”的课程起，他已经思考了大革命的宗教层面。埃尔米奥娜·基内在《流亡回忆》中讲述了这一重要思考在维多的那些夜晚里在和她的争论中逐渐深化。“我们的历史，”在记录丈夫的分析后，她写道，“事实上只是世俗与宗教自由受迫害的历史，如伊克锡翁之轮，万劫不复：16世纪，圣巴托洛缪大屠杀；17世纪，废除《南特敕令》；18世纪，给大革命加冕的雾月十八日政变；19世纪，12月2日政变。通往奴役的道路上有着怎样的连续性啊！”[13]漫长的历史，“权利的不断失败”“专制的不断建立”“奴役的始终不断增强”。她有这样一句令人震惊的话：“12月2日政变从1572年起就已开始。”也就是说从圣巴托洛缪开始。对断头台的指责是徒劳的，如果它们不能得到合理解释的支持。“我将提供这种解释！”他写道，“我已证明，一个民族在12个世纪中所受的天主教和专制教育必然导致对权力的可怕反抗，导致一种普遍的不信任，从而使整个国家分裂为两部分：审讯者和嫌疑犯。12个世纪的奴役使法国遭受这种人们称之为恐怖的可怕惩罚。是的，恐怖是天主教宗教裁判和君主专制的产物。”[14]而且，在《大革命》中，基内文笔生动：“人们使用过去的武器保护现
560 实。路易十一的铁笼和特里斯唐·莱尔米特、黎世留的断头台、路

易十四的大规模流放，这些都是大革命的武器库。通过恐怖，新人就在不知情的状况下突然重新成为旧人。”[15]

基内预料自己会遭到“那些不允许对自己的过去加以反省的小雅各宾教派”的攻击，他是正确的。他的书受到自由派的热烈欢迎，如1865年11月29日内夫采尔发表于《时代报》的一篇文章、1865年12月《两个世界评论》上福尔卡德的文章、奥松维尔伯爵的称赞等等，其友米什莱最初也热烈祝贺他，稍后则提出一些不同意见。但是民主派报刊，尤其是《民族未来报》，对基内的论证提出质疑。反对派、共和派的这一新日报的主编阿尔方斯·佩拉从1865年11月17日开始发表一系列反对此书的文章。[16]在使用一半篇幅抛出“奇怪的比较”“令人惊讶的平庸”“幼稚的思想”“极端的不公正”等言辞后，佩拉又重复了有关革命专制的雅各宾派信条。身陷重围、面对外敌入侵和被分裂的法兰西共和国，必须在各条战线上作战，养育民众，武装战士和消灭叛乱。尽管有艰难险阻，它还是成功摆脱了。“完成这些奇迹的人们有他们自己的愤怒、激动和过火之处。虽然暴力造成重大痛苦，但是专制确保了成功。革命首先必须战胜国内外的一切敌人。如果在遭受各种卑鄙手段的攻击时，救国委员会还只是以普通法制温和迟钝的措施加以反击，它还会成功吗？”

这一触及根本的争论深深地分裂了共和阵营。1866年1月6日，儒勒·费里，一位时年33岁的年轻律师和记者上场，在《时代报》上回应佩拉的反驳，一上来就抨击其唯一信条就是“对恐怖中的人的盲目、有害的崇拜”的人。也许他承认雅各宾主义是反对复辟时 561
期极端保皇党的一种武器，但是今天，雅各宾主义已成为一种危险，因为它维持了“专制的偏见”。正是应该在“新雅各宾极端主义”中寻找1848年失败的原因，它是必须抛弃的倾向，如果帝国崩溃时人们想避免新的失败：“随着时光流逝，救国委员会的教义成为专制主义的最后堡垒。”

费里以坚决、好斗、清晰的方式指出，恐怖不可能以战争的必要性加以证实，因为一旦胜利，恐怖非但没有停止，反而在加剧，成为一种体制。他引用圣茹斯特和罗伯斯庇尔的话。1794 年 2 月 26 日，圣茹斯特曾说：“共和国就是完全摧毁一切反对它的东西。你们不仅要惩罚叛乱，还要惩罚漠不关心。”此前的 2 月 5 日，罗伯斯庇尔已经赞扬“革命政府”是“自由对暴政的专制”。渐渐地，为了打败反对者，政府将民众和无政府的恐怖、群众的狂热与街头暴行集中起来，随后这又变成摧毁一切反对派的体制，怀疑每个人，在无视辩护权的情况下判处死刑，不仅追捕已失败的反革命，还将“游手好闲”“不道德”“漠不关心”等列为罪状。“在这条无法返回的斜坡上不断下滑，”儒勒 · 费里写道，“专制就陷入了通过断头台来实现社会再生的可怕与幼稚的梦想之中，令人难以置信地将残酷和天真、纯朴和无法抑制的严格、文学和暴行、教育乌托邦、凶残和血腥混合在一起，圣茹斯特和罗伯斯庇尔的名字将永远与专制紧密联系在一起。”[17]

路易 · 勃朗则支持阿尔方斯 · 佩拉，他的《大革命史》于 1862 年完成，由乔治 · 桑作序，依然（与米什莱不同）坚持恐怖是必不可少的痛苦。在 1866 年 2 月 22 日写给《时代报》的信中，他对埃德加 · 基内以其书为反革命“服务”感到遗憾，将恐怖描述为“首先是一个令人赞赏的分娩的悲剧”。路易·勃朗并没有赞美恐怖，他说：
562 “不，不，无论基内先生怎么说，恐怖不是一种体制，它是源于巨大危险的极大不幸，这有很大的不同。”擅长隐喻的路易 · 勃朗称大革命像分娩一样痛苦：“大革命撕开孕育自由的母胎，就像婴儿撕开母腹诞生一样不可避免。”勃朗还为有关罗伯斯庇尔的记忆辩护，认为他是腐败堕落的受害者。他大致说道，革命专制只是一种临时的统治状态，虽未付诸实施但却是真实的 1793 年宪法证明了恐怖的特殊性，因而，它并不是一种体制。

基内并没有立即对攻击自己的人做出回应。在私底下，他对素不相识的儒勒·费里等为自己辩护的人表示感谢。1866 年 2 月 11 日，他写信给费里道："在您刚刚所做的强有力和无可辩驳的论战中，您唯一的目的就是真理。而它事实上也将是您获得的报酬。在制服反对者方面不可能有谁做得比您更出色了。您代表的是新一代的意见，现在是与罗伯斯庇尔那狂热信徒般的浮夸言辞一刀两断的时候了。您已结束这一阻碍通往未来道路的血腥的陈词滥调。我为此向您表示深深的谢意。"他还在 2 月 27 日给同一人的信中写道："因此，路易·勃朗依旧表明他从我们过去的 15 年中没有学到任何东西？"

基内以权利、自由和公正这些价值观反对恐怖时期的人的宗派态度，他想通过这些来形成共和派的纲领。罗伯斯庇尔派、山岳派和其他雅各宾派并不明白，自由只可能是自由的女儿，而不是专制的女儿。起初，基内任由那些反对自己的人说，但到 1867 年他出版了《大革命的批评》，在书中他未提及革命中的人物，而是从民主制的建立或重新建立的视角，再次提出对大革命的批评。他自信对他书的那些批评，不过是在重复雅各宾派的陈旧信条，使人生厌，对他没有任何影响。他本人想将科学精神引入历史，重新赋予法国民主制新的基础。"它还剩下什么呢？权利观念。因此它应该坚定地与 563
权利紧密结合以消除岁月置于其上的血腥锈迹。他要在历史、道德、过去和现在中发现、挖掘、辨伪存真并使之闪耀的正是权利。它应该提供给世界的是最纯洁、最人性的权利形象，是迄今为止人们所见过的最耀眼、最完美的理想。这就是它的希望和存在的意义，否则，它的所有失败都是合理的。"[18]

米什莱曾是最早对基内的书表示祝贺和赞扬的人之一："整部书都颇为重要、具有说服力和显得崇高……"然而，两人间也存在意见不合，开始是隐约体现在米什莱写于 1866 年 5 月 8 日的一封信中，表现为意见有所保留。米什莱反对基内的宗教观："我并不接受……天主教只能被另一种基督教形式战胜……"1868 年 9 月，两人间的意见分歧明显表现出来。在 9 日写给基内的信里，米什莱宣布两人的关系已经改变，并回忆《大革命》一书出版时的情景：两人间的争论还没有出现。两人确实很高兴再次相见，但是什么也没有说。这次，米什莱想坦白承认：“我所遵循的宗教路线与您的有所不同。而在政治上，我们也有一些观点上的不同，像勒南这样的我们的敌人就是利用您的书而说‘大革命是个失败的事件’的。您已经强烈感觉到并指出这些不同，通过在您的《历史》中有意遗忘您之前每一步都将遇到的历史，这使所有人感到惊讶。”受压抑的人的释放：人们可以在有些解释上存有分歧，这也行！但是，基内怎么能表现得好像米什莱的《大革命史》不是先于他的书出版？“梯也尔、拉马丁都没有做任何研究。路易·勃朗尽管在伦敦做了些资料收集工作，但也只能通过抄袭我的书来反对我。我独自一人在7年工作中将大革命从档案堆里挖掘出来。我这么说并不是出于愚蠢的自负，而是为了指出对这位独辟蹊径者的令人惊讶的遗忘。”[19]

由此，米什莱以使人惊讶的坦率承认自己的自尊受到了伤害。基内以一本出版于他的书之后的著作赢得所有人的注意，而且这本书可能是因为他那本书——唯一一部根据档案资料写成的严肃历史著
564 作——才得以存在。9月18日，基内回信道：“的确，我只在一个注释中引了您那部巨著，但是，您的书是我所引用的唯一著作，是我唯一承认有价值和权威的著作。我认为这一例外便很能说明问题……”至于其他，基内淡化了意见上的分歧，尤其是宗教问题上的分歧。但是，第二年，米什莱又提出这一问题：“我们对大革命存在意见分歧。分歧何在？分歧尤其存在于我在1865年时出于真挚的友谊已经向您指出的地方。您一定还留有这封信，它谈到了非基督教的大革命的崇拜。此乃关键所在，政治上的差异暂且不提。您主张保留基督教，我则要求取消基督教。我们的分歧恰恰就关于基督教的影响程度，除此以外，我们是一致的。”

两位朋友之间的意见分歧并没有延续下去。[20] 在基内流亡的最后几年中，他充满了一种新的希望。在共和派于各个大城市中取得胜利的1869年选举之后，基内出版了《一个伟大民族的觉醒》，米什

莱充满激情地赞同他的观点。

基内的《大革命》是民主共和派思索的核心对象，它为这一派别提供了一种视角。但对于那些最激进的共和派积极分子则并非如此，他们认为基内已成为可疑分子，尽管他长期流亡，面对帝国一直毫不妥协和决不让步。它使他们认识到自己是1789年的继承者，而不是1793年的继承者，由此在左派和极左派之间确立了一道意识形态分界线。米什莱确实是位更好的历史学家，并没有将1789和1793年予以明确的对立。他批评雅各宾主义、恐怖和罗伯斯庇尔，指出尽管有1793年的“暴政”，但是大革命依然继续，这只是因为当时正进行的反对君主制的欧洲战争。但是，通过将1789年的曙光与1793至1794年的黄昏相对立，基内就在政治层面创造了一个持续长久的神话，这一神话使得温和共和派——费里这样的未来第三共和国的奠基人——能够在依赖大革命光辉的同时，又没有对它的黑暗让步。

第三十二章

普雷沃－帕拉多尔归顺自由帝国

1868 年，普雷沃－帕拉多尔的《新法国》出版。

565 当《辩论报》的著名社论作者阿纳托尔·普雷沃－帕拉多尔于 1868 年出版《新法国》时，帝制与一开始相比已发生很大变化，逐渐自由化的它在 1869 年立法团选举后成为议会制，这体现了反对派的活力。

历史学家习惯将第二帝国的政治史分为两个主要阶段：在初期的“专制”阶段后，是“自由的”10 年，在此期间，1852 年宪法逐渐开启通往梯也尔在 1864 年以反对派身份所说的“必需的种种自由”的道路，包括个人自由、出版自由、选举自由和议会自由。既是出于个人意愿，也是受迫于国内形势——由于意大利政策，皇帝遭到天主教徒的反对（上文提到过的弗约的攻击和查禁《宇宙报》），同时由于与英国的自由贸易协定，他又和工业家产生矛盾——拿破仑三世试图恢复已经衰退的支持，由此，从 1860 年起做出一系列自由主义的让步，并在 1867 年及其后进一步扩大至质询权、关于出版的新法律、集会法，等等。1869 年 9 月 8 日和 1870 年 4 月 20 日的元老院法令最终完成制度转型。1870 年的法令由埃米尔·奥利维耶制定，他曾是共和派众议员，后归顺自由帝国，并从 1870 年 1 月 2 日起成为政府首脑。面对这一议会制的诱惑，相当多帝国反对派的不妥协立场有所减弱。制度的自由化和反对派的选举成功，使共和派力量倍增、充满活力。工人积极分子也在第一国际旗下组织起来， 566
他们并没有采取蒲鲁东所主张的弃权方式，而是构成了共和反对派越来越广泛的基础。同时，对被给予的自由而不是制度本质（君主制，帝国，共和国）更为关注的那些人，也受到这个逐渐摆脱专制起源的政体演进的诱惑。普雷沃－帕拉多尔就是例证，他是自由反对派在当时一家最为重要的报纸上的代言人。

阿纳托尔·普雷沃－帕拉多尔并没有用生父列昂·阿莱维的姓，而是用了母亲吕桑德·帕拉多尔——法兰西喜剧院的一位女演员——及其丈夫樊尚－弗朗索瓦·普雷沃——一位退休军官——的姓。因此他是阿莱维家族的后代，该家族起源于德国，大革命之前定居法国，是被同化的犹太人的典范。阿纳托尔和同父异母兄弟吕多维克·阿莱维是好朋友，1843 年吕桑德的去世拉近了他们之间的关系，阿纳托尔的教育也是由列昂·阿莱维的夫人提供的。从吕多维克的《日记》中，我们了解了帕拉多尔的很多情况，吕多维克是剧作家、奥芬巴赫歌剧的剧本作者，以后更是成为法兰西学院成员。

帕拉多尔曾就读于波旁中学，在那里与儒勒·瓦莱斯（比他小一些）和伊波里特·泰纳（年长一些）是同窗。在成为记者之后，瓦莱斯曾这样描述他们："将两人加以比较对于他们来说并无坏处。普雷沃－帕拉多尔先生当时就鼻子很长，面带温柔的微笑，他纤柔的举止透出狡猾的嘲笑者和有些矫揉造作的讽刺者的味道。但我还记得泰纳先生蓝眼镜下宽容和深邃的目光，我马上认为他们一个是怀疑论者，另一个是具有坚定信念的人。当然，普雷沃－帕拉多尔先生是前者，而泰纳先生是后者。"[1] "怀疑论者"一词可能并不恰当，但是帕拉多尔——以他亲英派的雅致、"获得摇摆帝国的恩宠"（龚古尔兄弟的话）、对于庸俗戏剧和女演员的喜爱、热衷上流社会生活 567

的爱好——确实有可能成为一个喜欢过舒适生活而不考虑重大问题的人，但其实不是这么一回事，帕拉多尔是有信念之人，而且瓦莱斯在 1864 年如此描述他时，应该还记得四年前，他这位老同学因为一部名为“古代党派”的小册子而被判服刑一个月，在这部书里他拟订了一个反对派的纲领。

瓦莱应该还记得帕拉多尔在更年轻时就不满足于做一个好学生。他多次在中学优等生会考中获奖，并于 1849 年考入高等师范学校，但他也是共和派、反天主教分子，甚至可以说是社会主义者。政变时，他曾责成高师校长站在议会一边。不久，高师即被军队包围，他曾徒劳地劝工人游行示威。这一失败、路易 · 波拿巴的胜利以及随后全民公决的海啸，使他对于人民主权和普选的热情永远地冷却下来。1852 年 1 月 3 日，他在写给一位朋友的信中说：“至于我，我已消除对普选的热情，并在空闲时消除其他人在这方面的热情。当人们试图剥夺我最简单、最必要的权利，当贪图安逸的群众想剥夺我的精神财产，并以 700 万人或是 700 万匹马来使这一压迫合法化时，我将向他们宣战，尽一生之力剥夺他们重新开始的能力，并揭示其旁边的暴力。如果你和我的想法一样，我们就可以为将斯巴达从希洛人手中解救出来而一起斗争。”[2]

自由主义和民主制当时关系还不好。前者依然只是精英的理想，首先考虑的是思想、行动和传播的自由，不顺从于监视和滥用权力的政府的自由决定权。有关“希洛人”的讽喻暗示了这种自由主义的阶级根源：群众，即农民和工人只考虑自己的“安逸”，始终准备屈服。在 19 世纪中叶，民主制不是自由的，自由主义也不是民主的。

由于无法参加教师资格考试——哲学或历史考试都已取消，普
568 雷沃 – 帕拉多尔离开了高等师范学校。为了维持生计，他给学生补课，一度成为玛丽 · 达古尔的秘书，后在阿歇特出版社找到一个编辑职位，他在那里编《通史评论》，该刊直至 1890 年又重版。在日常工作——他于 1852 年结婚，很快有了 3 个孩子——的同时，他又在

《公共教育评论》兼职，在上面撰文否定教育大臣福托尔的措施，稿费是每行1苏。这些不稳定的工作难以满足他，于是他决定到高等院校发展。他先是撰写了博士论文《伊丽莎白和亨利四世（1595—1598)》，并通过答辩，加上他依当时规定以拉丁文撰写有关斯威夫特的补充论文，他在埃克斯－普罗旺斯文学院获得一个文学教职。这段最终可能是他生命中比较快乐的一段外省生活，确实并没使他十分满意。他在1856年2月19日写给友人泰纳的信中这样说道："由于我自己的缺点，我像其他人在外省成功的情形一样成功。你问我有什么新闻，我可以告诉你的是，听众有80至120人，没有大学生，他们只是为了注册才被迫来的，而我接替的那位前任也没有学生，但是法官和律师很多，贵妇人则坐在第一排。我来到教室，和人打招呼，看一眼这些听众，然后开始讲课，好像忘记了面对谁和为什么，结束时则略带激情地发些无关痛痒的议论。下个星期四，又重新开始。"他讲的是有关法国醒世作家的课，校长也始终在听他的课，埃克斯市长里戈在听了他的课后十分陶醉。这确实是一个成功，福托尔在去世前不久给他增加了工资。但是普雷沃－帕拉多尔因不在巴黎感到惆怅，因此，当《论战报》的里戈将一个编辑辞职后留下的位置提供给他，当他梦想的索邦没有教职空缺时，他抓住了这一机会。里戈写信给他说："与《论战报》一样，您在政治和宗教上也是自由派的。与它一样，您也是秩序的朋友。总之，我们喜欢的您也喜欢，我们不喜欢的您也不喜欢……"报纸负责人贝尔坦开出的薪水是每年6000法郎，按稿件行数计酬。这并不是好得出奇的职位[3]，但是，这是在巴黎！是政治！在离职请求获得教育部的同意后，帕拉多尔就急忙回到首都，在那里，他从1857年1月1日起为《论战报》撰稿。 569

他在该报负责的是"巴黎最前沿"，也就是头版的评论部分，他与阿卢里每月轮流供稿。这一职位对写作技巧有极为苛刻的要求，因为这家有着奥尔良派传统的报纸持反对派立场，受到监视，每天都有受审查的威胁。他学会了"拐弯抹角"地写作、以影射取代明确的观点、运用审慎的讽刺，当然还有运用简洁的语言“间接”开火。帕拉多尔对此是如此擅长，以至于用吕多维克·阿莱维的话来说，他从第一个月起就出名了：“他是那个时代最好的政治记者和一流作家。”[4]受比洛的诚恳邀请，他也为《两个世界评论》撰稿，并且满足《日内瓦报》和《泰晤士报》的要求，由此，他很快在国外出名，其中包括美国，那里的《晚邮报》曾邀请他写专栏，但他没有同意。

他选择有天赋的对手作为靶子，由此，路易·弗约和《宇宙报》中选。他放手以自己的辩才批评教会的不宽容、教皇绝对权力主义者和卢尔德的显圣，与支持新教的这份《论战报》调子一致。但是，在与像蒙塔朗贝尔这样的很多自由主义天主教徒的友谊的影响下，他的反天主教思想发生了变化。由此，他在1860年写了一篇关于圣徒樊尚·德·保罗的文章，这使他遭到身边人的嘲笑：在阿莱维家，他套餐巾用的小环被刻上“神甫先生”几个字。但帕拉多尔并不支持拿破仑三世的意大利政策，这是与雇用他的报纸不同的地方。民族自治原则使他感到担心，他认为这对于法国很危险。为了表达观点，他必须找另一个论坛，由此，他找到了《星期天邮报》。在两家报纸上，他以同样的热情撰写关于内政的文章，号召各个老党派联合起来反对专制，以自己的笔致力于促进保皇派与共和派之间为了1863年选举而成立自由联盟。

普雷沃－帕拉多尔积极投身政治，参加佩里格和巴黎各区的选举。在他没有什么知名度的多尔多涅，他表现得并不像一个严肃的候选人。在首都的第6区，他的对手不仅有政府候选人，还有民主派人
570 士盖鲁，另外对其很不利的是还有一位自由派人士，此人就是天主教徒奥古斯丁·科善。他在这两个地方都遭受惨败，在佩里格，他只获得10%的选票，在巴黎还不到1%。他没有理由对普选有好感！

然而，帕拉多尔的选举挫折获得了很好的补偿，这就是他在1865年被选入天主教徒和奥尔良派占主导地位的法兰西学院，他击败了同事儒勒·雅南，后者也是《论战报》的记者。当时，法兰西

学院的40名院士持反对立场——这并不常见，影响了领头的杜庞卢主教。36岁的帕拉多尔的当选似乎是一种挑衅。他懂得铺平道路，散布赞美言辞，做些适当的拜访，经常出入一些专门的沙龙，参加一些会议，写些谄媚的文章，谨慎对待那些不支持他的院士。这些院士并不是对选举这位由维克多·德·布罗伊和奥古斯特·米涅介绍的人接替安培——也是自由派，一位有才能的反对现政权者——去世空出来的席位感到不满。在其他人中，帕拉多尔可以指望梯也尔、基佐、蒙塔朗贝尔、雷米扎、巴朗特、杜庞卢、布罗伊公爵和亲王、贝里耶等等，圣勃夫则将选票投给了雅南，后者直到第3轮才被击败。

正如预料的那样，1866年3月5日举行的接受新院士帕拉多尔入院典礼在法兰西学院引起广泛的好奇。在颂扬安培的演讲词中，这位新的不朽者大着胆子做了一些谨慎的政治影射（第二天就招致波拿巴派报刊的批评）。身披荣誉勋位勋章绶带、表情严肃的弗朗索瓦·基佐做了欢迎新院士入院演说，它体现了与听众一样的赞同态度，受到听众的热烈欢迎。3月18日星期天，新院士在杜伊勒里宫由基佐引荐给拿破仑三世，帕拉多尔对吕多维克·阿莱维讲述了这一奇特的会面："气氛亲切、微笑和温柔的目光，但很尴尬。对话如下。皇帝：'我很遗憾一位如此杰出的作家不是我们的朋友。'这位反叛的臣民：'对此，我也表示遗憾。'皇帝：'在您的演说中您不支持我对恺撒的观点（拿破仑三世写过一部《恺撒传》），但是在您的《通史》中我们的观点很接近。'没有时间做任何补充的反叛臣民很惊讶，皇 571
帝则不做任何停留地转而询问基佐先生的病情。再见，离开。"[5]

那时的普雷沃－帕拉多尔处于成功的巅峰。由梯也尔引入政界、被吕多维克·阿莱维引入沙龙和剧院的他被人央求、赞美和嫉妒，并且不断为那些忠于现政权的人所担心或仇恨。他始终关注漂亮女子，在追求女戏剧演员和舞蹈演员上多次成功。1867年，他在柏林追求一位芭蕾舞女演员；1869年成为鳏夫后，他又勾引《沙沙声》

的女演员艾梅－奥兰普·德斯克雷。但是，成为他同时代人的消遣的这种轻浮，并没有阻碍他成为一个关注政治生活的认真和不安的观察者。他尤其对帝制法国受民族自治原则引导的对外政策感到不安，他明显感觉到这一政策对自己国家的危险。

1866年，在普鲁士于萨多瓦战役中取得对奥地利的令人震惊的胜利的第二天，巴黎全城兴高采烈，帕拉多尔则很快就镇定了下来。德国和意大利的统一对于法国来说是一个新威胁，他想就此警告自己的国家："这些年轻的国家，为自己的新力量而感到骄傲，生性傲慢，已经由于他们的大胆所取得的前所未有的成功而变坏，(它们)蔑视地看着这个旧法国，在他们看来，也许，将老奥地利和已消失的西班牙与历史的记忆统一起来的时机将足够成熟。"他是在1866年7月15日的《星期天邮报》中如此预言的。帕拉多尔更进一步指出法国无能，并以寓言形式嘲笑《立宪主义者报》："在《格列佛游记》中有一段是漫游勒普泰岛，即飞行浮岛，作者在里面讲述了一个很美丽的宫廷贵妇人，为众多最高尚文雅的人所爱慕，但她却为和一个马夫生活而出逃。她几乎每天都被盘剥和殴打，变得愚钝，但是一切都完了的她却喜欢这一切，无法与那个配不上自己的情郎分开。当我看到法国正仔细听取《立宪主义者报》的意见，并在这一权威论断中解读自己的命运时，我不由得想起这一故事。"所有阅读这篇文章的人都明白，上述马夫指的就是拿破仑三世，内政大臣拉瓦莱
572 特也如此解释。此外，因为煽动对政府的仇恨和蔑视，《邮报》已经受到八次警告、两次暂停和一次刑罚：它没指望了。这一无能和屈辱的法国形象是不能接受的："放肆侮辱真理，诽谤国家，败坏名誉，无耻地煽动叛乱、暴动与推翻制度和政府……"当时在维希的皇帝读了这份报告后，即下令取缔《邮报》，这是自1862年取缔《宇宙报》以来仅有的一次。虽然帕拉多尔收到一些慰问，但是对于普遍的沉默感到极为激动："在有教养阶层之外，这一措施并没有引起什么反应，这使我们再一次想起民主的进步和自由的进步没有任何关

系，甚至在不知道什么是自由的人时，一个社会也可能变得越来越民主。”[6]

普雷沃－帕拉多尔依然关心普鲁士的威胁。[7]当他1867年为了爱情跑到德国时，他写信给吕多维克·阿莱维说，在德国首都的大街上看到许多“可怕的”身穿军装的人，他猜测这是一个“散发着野心和战争气息”的民族。民族的激情也使他对中东欧犹太人的命运产生担忧。自从法国大革命以来，犹太人的解放在欧洲逐渐扩展，首先是在拿破仑帝国军队到达的地方。在法国，他们的社会地位不断改善，第二帝国也毫不犹豫地提供给他们地位和职业。在1857年莫尔塔拉事件中，人们已看到除《宇宙报》以外，所有法国报刊，包括《立宪主义者报》，都强烈支持莫尔塔拉一家，猛烈抨击教廷圣职部。但是，那些年轻的国家可能并没有这种宽容，他们为了证实自己的认同，有对犹太人采取排外措施的倾向，这一点在罗马尼亚尤其突出。在那里，1867年4月的一项政府通报提醒摩尔多瓦的省长们，犹太人不能购买地产或经营旅馆和小酒馆。6月1日，替犹太人说话的帕拉多尔对如此危险的民族自治原则提出质疑。“对于很多 573
思想错误的人来说，”他写道，“民族自治原则是一项确定的权利（他们更愿意说是一项确定的责任），因此不同起源的种族不能一起生活。由此，一些德国报刊声称对阿尔萨斯留在法国的决定感到羞愧。这种形式的民族自治原则只会把我们重新引向世界的古老状态，在那时，外族人乃是敌人的同义词。”

民族问题是直至今天一直困扰欧洲的主要问题。帕拉多尔先于1882年的勒南[8]，再次确定了法国概念：民族不能通过种族、语言、宗教来界定，它的存在是因为成员有共同生活和组成一个政治共同体的愿望。帕拉多尔要求恢复大革命的这一遗产，即种族间的战争对于欧洲来说将是致命的。

通过再回到普鲁士威胁上来，他在1867年尼埃尔将军的军事改革方案的问题上又展现出自己的思想自由：与所有人不同，他支持改革方案。意大利战争已经暴露出法国军事组织的诸多弱点，由此，尼埃尔将军被授权制定军事改革方案。这一方案在削减兵役年限（由7年改为5年）的同时，为那些未被编入军队的人成立了机动保安队，每年进行15天的操练。雇人代替应征的制度将被取消，兵员将增加。“一个国家的影响，”皇帝在1867年2月立法团会议开幕式上说，“取决于能征集入伍的人数。请不要忘了邻国正做出巨大牺牲来完善自己军队的组织，他们正盯着你们，通过你们的决定来判断法国在世界上的影响是将加强还是减弱。”

然而，这一改革方案遭到左派和右派的一致反对。政治上的左派不信任军事力量：不正是依赖它，政变才得以完成，帝国才得以
574 建立吗？人道主义思潮则与旧的雅各宾派民族主义不同。当然在极左派那里，像布朗基和巴尔贝斯这样的人始终忠于全民武装的信仰。但是，除了当全民武装处于帝制统治时将变样这一点，正如托克维尔曾预言的那样，民主精神排斥战争思想。曾经长期具有沙文主义思想的城市平民阶层自身也不想听到谈论军事的迫切需要。墨西哥军事冒险的失败进一步加剧了这一倾向。绝大多数议员担心，这种改革在选举时会不得人心。正是在面对这些否定意见时，只依照自己的爱国主义行事的普雷沃－帕拉多尔站出来争辩，写信给法卢道：

“我不想对您隐瞒我今天还对政府错误所造成的公众道德状态感到十分忧虑和不安。我对军事改革方案所引起的普遍厌恶情绪感到耻辱和害怕。并不是因为人们发现这一方案不好，整个法国拒绝这一方案并不是因为它不好，而是由于为祖国的强盛和安全做些牺牲的思想已无法进入人们的头脑，或者更确切地说，无法再高于一切想法。法国的躯体病了，但是我更害怕它的灵魂已死，那样的话，我们的努力有什么用呢？”[9]

尼埃尔改革最终被立法团修正、削减和歪曲。1868年2月5日的法令只规定每年10万人的征兵数额，同时保留征兵时的抽签以及雇人代替应征的可能。尼埃尔让他的保卫领土的机动安全队计划获

得通过，其中涉及那些因为抽签数字好、雇人和免除而躲过服现役的人。但是，直至尼埃尔于1869年去世时，这一机动安全队也没有建立起来。法国将在明显处于军事劣势的状态下和普鲁士开战，这正是普雷沃－帕拉多尔尤为担心的地方。

帕拉多尔在1868年出版的《新法国》一书中反复阐述这一来自面目一新、领导德意志诸邦的普鲁士的威胁，该书已成为自由思想的经典参考书之一。“法国正在接近它曾经历过的最可怕的考验。”[10]法 575
国犯的第一个错误是没有征求波兹南公国和石勒苏益格所涉人民的意见就任由俾斯麦肢解丹麦，然后又听任俾斯麦行事，好像德意志联邦的所有成员都希望服从普鲁士的霸权似的。在假想与普鲁士的战争时，他指出，法国完全没有把握获得军事胜利：“不久以前当人们谈论欧洲大陆各国的军事实力时，唯一值得争论的问题是法国是否能抗击结成同盟的欧洲。今天，问题变成法国是否对普鲁士占优势，而且没有人不认为这一斗争是我们国家面临的最严重考验。”如果失败，法国将坠入深渊。“事态的发展正在走向战争”，因为“普鲁士尽管谨慎，但让它不进一步地兼并德国几乎是不可能的，而法国政府尽管有忍耐力，但也不可能目睹这一新变动而不宣战”。

边界冲突是不可避免的，目的是争夺欧洲大陆的霸权。“是的，无论如何，法国将付出自己孩子的生命，如果胜利，将获得国家的威严，如果失败，甚至将丧失自己的存在，自从丹麦被肢解以来，自从我们妄想从中获利而支持这一大混乱以来，我们已经看到法国犯了一系列错误。”此外，法国不采取任何行动，不加反对就任由德国统一，这些都是枉然，无论如何都将是“法国声誉不可避免的衰落”。只要想象一下当它突然独立，5100万德国人在针对法国的同一旗帜下集中起来的情景。诚然，人们可以设想，这个统一的德国将爱好和平，专注于和平与商业，鼓吹普世博爱。但这正是帕拉多尔批驳的梦想：“为什么人们认为有史以来首个势力不断增长的强国会仅仅出于正义感而停止脚步，尊重几乎被自己摧毁的弱国，不让自己获得更大的收获，在没有被强迫的情况下就放弃支配欲望，而且在已展现似乎超越其军队之上的野心之后，突然减少军队，担心过分顺从这一野心呢？”作为现实主义者，帕拉多尔根本不相信这一奇迹。
576 但是，有人反驳他说，既然法国并没有被侵犯，那么为什么不允许一个统一的德国，一个日耳曼超级强国呢？《新法国》的作者首先指出，讲德语的法国省份——未来的“阿尔萨斯－洛林”——不可能逃脱德国的控制欲望。而且即使和平一直得到维持，法国也将屈从于邻国的意志：“对一个曾经享有伟大和辉煌的国家来说，在保持原有威望和完全无能之间没有中间道路。”

既是法国衰落的预言者，又宣布德国力量上升的普雷沃－帕拉多尔还指出，未来在盎格鲁－撒克逊民族那里。自 1865 年以来已结束南北战争的美国一片欣欣向荣，英国的舰队往来于各个海域，正在把自己的规范和语言强加给整个地球，而法国不知道抓住自己的历史机遇。依赖加拿大和路易斯安那，它原本可以统治北美并将它法国化：“如果没有政治自由本可使我们父辈避免的那些错误，在我们今天的地球上，法国的语言和子孙可能将占有英国的语言和子孙现今所获得的地位，因为命运已然决定，至少世界的两部分——美洲和太平洋已无法挽回地属于盎格鲁－撒克逊种族。”帕拉多尔的惊人预见在 19 世纪中期就看到了美国的世界优势地位，人口统计学是他做出这一预测的另一原因。

我们的作者在法国的衰落中看到了另一个几乎所有人都不知道的深层和隐蔽的原因：人口减少。他的诊断是令人惊讶的早熟：“如果我们顽强待在故土上的人口继续或是以极慢的速度增长，或是甚至（就像过去 6 年中所发生的那样）始终停滞、负增长，那我们对盎格鲁－撒克逊世界的影响就将和以前雅典对罗马世界的影响一样。我们将始终是欧洲社会中最有魅力和最受欢迎的国家，而且还将是这一古老国家集合中光芒最绚丽的一个，就像以前雅典在衰落的希
577 腊各城邦中的情况一样……”普雷沃－帕拉多尔提出了这一法则：“法

国人的数量应该迅速增长，以便在我们和地球上其他大国的力量之间保持一种平衡。”

帕拉多尔有解决办法吗？他考虑的唯一办法是殖民化，尤其是开发阿尔及利亚，使它成为移民地：“这是一块应该尽可能快地被法国人居住、占有和耕种的法国土地，如果我们希望有一天它能对人类事务的安排有所影响的话。”在我们看来，这当然不是他书中最清晰的部分，但是帕拉多尔看到那些英国移民的殖民地——美洲、澳大利亚、新西兰——如何确保了盎格鲁－撒克逊的影响。在他看来，法国的生存取决于 8 千万到 1 亿法国人的安置情况，“稳固地定居在地中海的两岸”。

在这部对预见的——如果不是规划的——衰落加以考察的不明确的著作中，帕拉多尔还展现了自己的自由信仰。书中很少有经济方面的观点，也没有社会领域的纲领，他表示反对社会主义，认为它必然与暴政联系在一起。无论建立什么样的制度，重要的是保证自由的统治。他既不支持君主制，也不支持帝国与共和国，只要这些政府形式中有任何一个尊重自由的原则，他就顺从它。“我们从不反对自由帝国、自由君主制和自由共和国，这一点还要重复多少遍？而且，我们尽力反对专制帝国、绝对君主制和独裁共和国。不管是谁提供和裹着何种旗帜，都只爱自由本身，将法国的再生置于一党胜利之上……甚至不考虑它的首席法官应该是以国王、总统还是皇帝的名义，这难道是根本不可能的吗？”他已经做出这一断言，他之所以再次提出，是为了构想一个与温和共和国和自由君主制（或是帝国）都能相适应的政体。

如同孟德斯鸠所指出的那样，这一政体应该以分权为基础，尤其是世俗权力与教会权力的分离，即教会和国家的分离。作为新一 578
代的自由派，他没有再次质疑普选，尽管他曾说，它的胜利是不可逆转的，它应该以出版和集会自由为前提条件。可是，应该保证对少数派的尊重，而且他提倡一种“累积选票”的制度（回收失败候选人失去的选票）以确保他们有代表。在此前就获得确认的立法权与行政权的分离，应该有利于前者，因为它占优势地位将确保个人政体的废除。普选也针对上议院中的一部分议员——这忠于英国的两院制模式——该院的另一部分因其功能而由国家显贵组成。评论者指出他给法兰西研究院留了 10 个席位，对于他来说，这是走运的一种方式。在这一结构中，国家元首具有仲裁地位，尤其是他被赋予解散通常任期为 5 年的议会的权力。

普雷沃 - 帕拉多尔有关这一宪法理论的思考是以行政上的非中央集权化和司法权为基础的。非中央集权化在当时是所有反对派的愿望，帕拉多尔重复了 1865 年签署的南锡纲领的观点，而该纲领由贝里耶、法卢这样的正统派和费里、加尼耶 - 帕热斯这样的共和派共同签署。普雷沃 - 帕拉多尔本人也是这一旨在将地方行政单位从巴黎监督中解放出来的宣言的签署者之一。

他有关司法权的思想更加深刻。他拒绝让法官服从其职业依赖的政权，并且构思了一套复杂体系来取消行政权对法官的过分权力。在刑事诉讼的细节问题上，他反对迷信供词。当时的很多案件业已表明，供词并不就是证据：“二者必居其一，要么收集的事实和掌握的证词已足以使罪行真相大白，那么还需要通过计谋和强制手段从他嘴里获得罪行的多余供词吗？要么事实和证词不能确定他有罪，而人们追求的供词目的是弥补证据的不足，但是人们又立刻走上引
579 导我们的旧司法采用拷问和酷刑的相同道路。”

将对第三共和国的创立者们——这些人投票通过了 1875 年宪法——有启发作用的《新法国》一书很受公众欢迎，对此，其出版商米歇尔 · 列维甚为满意。作者受到各界人士的祝贺，罗什福尔、圣勃夫、基佐，甚至弗约，每个人都对它表示赞扬，当然，他们也并不是对书中所有内容都表示同意。但是，对它的攻击也不少，它们或是来自忠于现政权的人，或是来自民主派。巴尔贝 · 道尔维利向其发射了毒箭：“《新法国》想成为一部小册子。为此它具有一个懦

夫的最好意愿……但是，何谓采取形而上学形式的小册子？当一部小册子缺乏勇敢的特点，完全虚伪的时候，它是什么？这就是一部抽象的小册子，并非小册子的小册子。”民主派报刊《觉醒》和《世纪报》则称这部书试图恢复奥尔良主义，只不过重复了“那些陈旧的教义和城堡贵族的思想”。除了其中阐述的自由原则，帕拉多尔的悲观主义也不招人喜欢，人们从来就不喜欢卡桑德拉。

对所受攻击感到不安的普雷沃－帕拉多尔仍想在1869年立法选举中碰碰运气，这一次的选区在南特，其自由同盟选定的议员朗瑞奈刚刚去世。他面对的候选人都派别明确：一位现政权的官方辩护人、一位正统派和一位共和派。作为一个没有派别的自由者和只有资产阶级支持的巴黎人，帕拉多尔以自由主题——宗教自由、地方自由、教育自由、出版自由——开展选举活动，在1869年5月10日和15日分别在交易所和文艺复兴剧场举行的两场大集会上表现出一个优秀公开演讲者的样子。此后，他对自己获胜的可能充满信心。唉！在第一轮中，他最终只名列第4，在31000名选民中得票勉强超过2000张。一次惨败。他并不是唯一被打败的人：在整个法国，自由同盟得票都明显下降，因为此后舆论已经更加明确。除了舆论因素，帕拉多尔还因为自己的巴黎人做派使人猜测他蔑视外省，这反映出他在选举活动中缺乏能力，在这些活动中原本应该拍拍人们的肩膀、高兴地喝酒，表现得快活和亲近，而他在竞选旅行中，毫不 580
犹豫地骑着马走遍各个村庄，嘴上叼着雪茄，扣眼上插着花朵。“有人曾说，”一位证人记录道，“一位大贵族在巡视自己的领地。”[11]这怎么可能不遭受使人气馁的不幸呢？

作为帝制自始至终的反对者，他对选举之后的变化颇为关注。1870年1月2日，以埃米尔·奥立维耶为首的政府成立表明又向政权的自由化迈了一大步。这一次，议会控制权得到保证，官方候选人资格被取消。不以政体形式为追求目标，而是以“必要的自由”为追求目标的帕拉多尔是始终一贯的、与其在代表作中所写的相一致的，对这一新形式的帝国表示归顺。在各种攻击的困扰以及各种小报的嘲笑和丑画下，他为政府效劳，由于他能流利地说、写英文，所以他赴华盛顿担任法国大使，这一外交活动从1870年6月12日开始。

由此，在女儿露西和儿子亚尔马的陪伴下，他登上拉法耶特号，而将女儿泰雷兹留在巴黎。同一艘船将于8月3日将其遗体运回布列斯特：7月20日星期二晚上，普雷沃－帕拉多尔站在房间的镜子前用手枪自杀身亡。媒体纷纷猜测这一悲剧的原因：新职位的艰难，纽约难以忍受的炎热，为爱而忧愁[12]等等。也有人将其自杀归因于他在得知法国与普鲁士之间宣战的消息后所感到的沮丧，这似乎更有可能。他曾经想避免战争，对无论何种战争结局都感到担心，他怎么能因为归顺在这场冲突中责任明显的拿破仑三世而被牵累呢？以上所有这些原因都是次要的：普雷沃－帕拉多尔之所以自杀，是因为在南特选举惨败之后，他已不再相信自己，再加上他在归顺帝国后遭受大量批评。厌倦、孤独、疲劳、失败感、前途叵测、与自己
581 熟悉的环境分离，凡此种种，对于自杀来说也可能积因已久，它是说告别的最好方式……总之，对于一个战败的胜利者来说，这是一个很相称的结局。因为最后，源于一场他曾描述了其巨大危险的战争的第三共和国将在很大程度上以阿纳托尔·普雷沃－帕拉多尔提出的各项原则为基础。

第三十三章

《路灯》对拿破仑三世的致命抨击[1]

1868年，亨利·罗什福尔出版《路灯》。

1869年，罗什福尔在巴黎被选为议员。

在普雷沃－帕拉多尔惊慌不安的时候，一名男子在不知情的情况下已然变得重要，他就是亨利·罗什福尔。巴黎的这位最新宠儿并不是帕拉多尔的敌人。当《新法国》出版时，罗什福尔曾真诚地向帕拉多尔表示祝贺，后者对这位自己着手创办《路灯》的《费加罗报》专栏编辑也没有任何反感。但是，这一定期出版的出版物所取得的令人震惊的成功，又引起这位懂得在“字里行间”批评帝国制度的自由派读者的讨论。由煽动和过火组成的别样笔调和文风，因新闻方面的立法而出现，罗什福尔尤其从这一法律中获益匪浅，那些温和的“弓箭手”则受到损害。如同阿蒂尔·阿尔努在1867年初所记录的那样：“风气将发生变化，在修辞的植物志中正酝酿着一 582

[1] 原文为“Badinguet à La Lantern!”，其中“Badinguet”为拿破仑三世的绰号，*La Lantern* 是当时的重要报纸之一，而“à La Lantern”亦含有“吊在路灯杆上”之意，在1789年法国大革命时期，时有革命群众把贵族吊在路灯杆上以示惩罚。

场革命。再见，明显的影射，还有您，精巧的讽刺，这些温室中的植物，在露天中将一命呜呼！新的季节要求更强壮的植物。”[1]

帕拉多尔和罗什福尔之间的比较，在很大程度上有利于前者。甚至像佩拉这样的共和派都承认：“罗什福尔先生从来没有写出任何比那篇有关马夫的著名文章更生动、更直接和更具侮辱性的文章，即使在《路灯》第11期中也是如此。”[2]但是，公众并未表现得像个优雅的仲裁者，普雷沃－帕拉多尔依然忠于自己的文风，可人们更喜欢的不是他，而是现代的罗什福尔。

维克多－亨利出身贵族，是吕凯的克洛德－路易·德·罗什福
583 尔的后代，是一位因大革命和指券而破产的侯爵的孙子。他出生于1831年，母亲是平民，是一位共和二年士兵的女儿，他的父亲则通过写滑稽歌舞剧勉强度日。作为巴黎拉阿尔普街圣路易中学的学生，维克多－亨利在1848年革命时有了共和信仰，并在学校中引发一场反抗，随后，在1851年12月2日又参与修筑街垒。在拒绝按照父亲意愿学医之后（他晕血），他开始了放荡不羁的生活：在21岁时获得市政厅发明专利证局的一个机关职员工作之前，做过辅导教师，经常吃白食，给人做情夫面首[3]，当通俗喜剧的作曲家。虽然薪水微薄，但是，灵活的工作时间使他得以在几页纸上写散文，撰写轻佻的小说《库尔塞勒的侯爵夫人》……作为一个女儿——1856年由其女伴玛丽·雷诺所生的诺埃米——的父亲，他什么都写。他过的生活与小他一岁的儒勒·瓦莱斯很像，两人还一起创办了独立小报《巴黎纪事》，该报具有社会花边新闻、巴黎式轻佻的风格，但并未取得成功。儿子亨利在1859年的出生，使罗什福尔的家庭负担更为沉重，他此后在《喧闹报》领取薪水，同事有漫画家卡姆和杜米埃，随后，又在《黄衣小矮人》中工作。与此同时，他继续写一些通俗的滑稽歌舞剧。当巴黎出版界的名人、《费加罗报》——1866年成为日报之前是半周刊——主编维尔梅桑建议他主持该报的一个专栏时，他就是这番处境，当时，该报还与埃德蒙·阿布、大仲马签了约。

罗什福尔的专栏吸引了读者，也招致书报检查官的严惩，还给他带来几场由于名誉受损而引发的决斗。他的一个大胆行动就是在1865年完成对莫尔尼公爵的最后一击，后者是维尔梅桑在帝国法院中的保护者，这个身体虚弱的人在去世前刚刚出版一部短剧。这个胆大包天的人为此付出了代价。在《太阳报》主编米约的诱惑—— 584
给他提供更好的报酬——下，罗什福尔改换了门庭。对自己的专栏非常自豪的他于1866年出版了一个选集，名为"堕落的法国人"。通常文笔辛辣尖刻的巴尔贝·道尔维利也就罗什福尔写了篇对他来说实属罕见的不甚严厉的文章。他写道："我很清楚，《堕落的法国人史》[1]是一个比敢于使用这一标题的书还大的标题，但是，就总体而言，书中还是有任何人都无法歪曲或贬低的眼光敏锐和笔力遒劲之处。这位年轻的专栏编辑在书中对周围的一切虚荣和贪婪进行无情和冷酷的鞭笞，他不满足于陈述，而是进行批判，这是一位日后将成为醒世作家的人做出的行为。"[4]

无论是在文章中还是在决斗场上，罗什福尔四处出击。1867年初，对圣女贞德记忆的不恭之辞，招致民族辉煌的捍卫者卡萨尼亚克的反驳，文章发表在后者主编的《国家报》上，此报是当权的波拿巴派的喉舌。在认为受到伤害后，罗什福尔要求同行以手枪进行决斗。在得知这一消息后，普雷沃－帕拉多尔对吕多维克·阿莱维说："啊！我亲爱的，如果这位卓越的罗什福尔能够杀了这个我们的埃及朋友称之为狗崽子的家伙，而且如果盖鲁能在后边，那该多好啊！"（1867年1月1日）他不应抱此幻想，在雪中受了轻伤的乃是罗什福尔。

在《太阳报》未能成功后于1867年又回到《费加罗报》的罗什福尔，经由维尔梅桑的同意直接负责政治部分。但是，在当局的斥责下，《费加罗报》主编被迫将行为放纵又好斗的下属解职。罗什福尔已经37岁，又是3个孩子的父亲，重新陷入绝境。在昔日的《喧闹报》一位供

[1] 原文如此。

稿者皮埃尔·韦龙的建议下，他开始了一项很冒险但却能保证他生活的独立事业：创办一份他是唯一编辑的报纸。令人高兴的是，他设计了一份 64 页的刊物，开本和小册子一样，封面为橘红色，刊名为
585 “路灯”，这一名字取了双重含义：照亮道路和惩罚。起初，内政大臣拒绝给他出版许可，但是，由于 1868 年的出版法，罗什福尔不久即得以出版。然而，他需要资金充当周刊的保证金和出版发行的费用。《费加罗报》的维尔梅桑及其合伙人迪蒙提供了资金，成为《路灯》的隐名合伙人。预定在 1868 年 5 月 30 日出版的第一期通过布告加以宣传，第一次开印时 15000 份的印刷数是由印刷商迪比松确定的。在重读自己文章后对自己没有什么把握的罗什福尔处于惊慌失措之中：不会刚一起航就沉没吧？

瓦莱斯在《费加罗报》上描绘了他的形象：

> 怎么！我亲爱的罗什福尔，您将创立《路灯》。在长期戴其他人的帽子之后，您将有您自己的帽子，这是一顶为您和您的脑袋专门制作的新帽子。然而，这是个古怪的脑袋，额头巨大，与方额、太阳穴扁平的脑积水患者类似。这些是喝倒彩者、阴险的人和小册子作者的特征。鹰钩鼻，高颧颊，被小刀割破的嘴，有些长而尖的翘下巴，在其上，山羊胡须尖如铁锥，皮肤像石块一样苍白，并像剥落的石膏那样有斑点，还有一些天花留下的窟窿。在这个脑袋上，有着笔直而又浓密的黑发，就像遭受电击而竖起的毛皮高帽。啊！您有一副注定要倒霉的滑稽长相！[5]

新的出版法使巴黎在一年内诞生了 140 份新报纸，其中绝大多数为反对派所有。这些报纸中有很多由于缺乏读者而消失，《路灯》的命运则完全不同。1868 年 5 月 30 日星期六出版的第 1 期，堪称出版史和政治史上的一个重要事件。是日，罗什福尔的印刷商为满足

12 万份的要求而感到困难。阿兰 – 塔尔热写道："这样一种成功若是可能，政府就应当倒台。"[6] 在今天读《路灯》时，人们还会为它所激起的迷恋而惊讶。确实，罗什福尔的头一句话依然有如一句响亮的开场白："《帝国年鉴》说法国有 3600 万臣民，不算那些心怀不满的 586
臣民。"其他的则更多是些粗俗的笑话，如"作为波拿巴派，我更倾向拿破仑二世，这是我的权利。我还要补充的是，对于我来说，他代表了一种理想的统治。没有人会否认他曾在位，因为他的继承者叫拿破仑三世。这是怎样的统治啊，我的朋友们！怎样的统治啊！没有捐税，没有徒劳无益的战争……没有这些遥远的冒险，在这些活动中，为了获得 15 法郎，反而花费了 6 亿法郎，没有贪婪的国家元首年俸等等。啊！是的，拿破仑二世，我爱你，我无限崇拜你……鉴于此，现在谁敢称我不是波拿巴派？"

《路灯》令人人快乐，因为它在监视和审查的岁月过后自由地发光。它令人快乐，还因为它的写作符合当时的口味，好似反映了作者特点的通俗喜剧。与民主派报刊令人厌烦的工作相比，冲动冒失、不讲情面、通俗易懂的罗什福尔的周刊做得更好，它使阅读者不再限于政治报刊通常有的订户。发生在罗什福尔身上的事，与曾发生在贝朗瑞身上的事有些相像。当时的人倾向于高估他的才能，因为他在专制或半专制政权中成了渴望言论自由观点的代言人。玩笑比论述更为有效。意识到危险的政府禁止在大街上出售《路灯》，但不幸的是，《路灯》已经更受人欢迎，第 2 期的印刷数达到 15 万份。读者极其高兴地读到：

> 只要我们的一些达官贵人仍然每年拿 25 万至 30 万法郎，只要鲁埃尔先生仍然坚持说墨西哥冒险是统治（当然不是马克西米利安[7]的统治）的最伟大思想，只要事物最终让我觉得始终进展不顺，那我就将一直重复说，它们进展得不好。

587 维尔梅桑和迪蒙的投资有很好的收益，《路灯》进展顺利，光芒四射，收益丰厚。政府感到恼火，并准备了一个陷阱。内政大臣发布了一个公告，要求将它紧急插入已在印刷中的周刊里。在他不恰当地要求“拒绝服从”之前，政府就已扣押该期刊物，并提起诉讼。罗什福尔在下一期中反驳道：“在他们放肆地以其秘密的方式公开地禁止我之后，在以人们能在卑鄙的警察局中发现的最肮脏手段对待我的名字、名誉和家庭之后，今天，这位大臣又试图以他那些厚尿布似的公告扼杀我。”

在政治警察和罗什福尔之间展开了一场激烈斗争。有人在散播有关他账户的谣言。一篇恶毒的诽谤性文字《罗什福尔先生事件》，将他描述成一个可耻的儿子和父亲。由于掴打小册子的印刷商，他被判处了 4 个月的监禁。在上诉的同时，罗什福尔在第 11 期《路灯》上反击。一个警察分局刚刚传达了对位于科克－埃龙街印刷商迪比松的工厂内刊物编辑部的查封令。对此已有预料的迪比松成功隐藏了绝大多数存货，不久，它们即被秘密销售。在新的诉讼中，在当事人缺席的情况下，第六庭判处罗什福尔 1 年监禁和 1 万法郎罚金。在维尔梅桑的鼓励下，他当时急忙赶到比利时，以便在那里继续出版《路灯》。

很快在布鲁塞尔的佛兰德尔饭店安顿下来的罗什福尔受到维克多 · 雨果的邀请，后者当时也住在这座城市。雨果在《见闻录》中记录道：“罗什福尔在布鲁塞尔，我邀请他来做客。他来了，与我们共进晚餐……我向他展示了他的房间。虽然他有些不安，但他将住在那里。他将每天和我共进晚餐，还有他的两个孩子，他们将在后天到布鲁塞尔。”[8] 这段话写于 8 月 11 日。27 日，诗人的妻子阿黛尔 · 雨果由于中风去世。出席第二天葬礼的罗什福尔挽着雨果的胳膊。

在流亡期间，他继续编辑出版《路灯》。在比利时印刷的这几期
588 通过走私进入法国。其中最别致的一种方式是让人用模子制造拿破仑三世的半身像，半身像内严严实实地塞满了《路灯》，直至有一天一座半身像在边界警察局中摔破在地上，露出了里面的宝贝玩意。9

月，亨利·罗什福尔又一次被要求决斗，这一次的对手是掌玺大臣的儿子埃内斯特·巴罗什，原因是罗什福尔在《路灯》中谴责他“可耻的作弊行为”。维克多·雨果的儿子夏尔与弗朗索瓦－维克多是他这一方的证人。为预防万一，罗什福尔指定雨果为自己的遗赠财产接受人。最后，与惯常情况一样，一方出血就停止决斗，“一个小伤口”，维克多·雨果在谈到自己朋友的伤势时曾如是说。

《路灯》在比利时缓慢地消失，但是，罗什福尔又受到一位前流亡者阿尔贝·巴尔比厄的约稿请求，后者在大赦后回到法国，办了一家民主派报纸《集合号》。雨果答应在该报连载自己未来的著作，罗什福尔则允诺每周寄 3 篇稿子。该报第一期在 1869 年 5 月 1 日出版，这一时间正好是立法选举前的 2 个星期。仍然在布鲁塞尔的罗什福尔被指定为塞纳省第 7 选区（巴黎第 5 区、第 14 区以及第 8 区的一部分）的反对派候选人。但是，反对派乃处于分裂状态，因为已有其他 2 位候选人与波拿巴派候选人唱对台戏，他们分别是代表自由主义反对派的温和共和派律师、任期已满的议员儒勒·法夫尔，以及比其更左的傅立叶主义者费利克斯·康塔格雷尔，后者是激进共和派的候选人。由欧内斯特·皮卡尔、儒勒·西蒙和儒勒·法夫尔领导的温和派在 1868 年创立的《自由选民》上表达观点。他们支持议会制，为自由辩护，但对革命者极不信任，他们当中相当一部分人希望现政权摆脱专制特征，由此一来，他们就可如埃米尔·奥立维耶所做的那样参与其间。以儒勒·费里、儒勒·格雷维和莱昂·甘必大为首的激进派则表现出“不能和解”的态度：无论帝国如何演变，他们绝不归顺。如同贝尔维尔和马赛的候选人甘必大那双重含义的演说所体现的那样，他们的立场并不十分明确。在弗凯亚人的古城（即马赛）由资产阶级组织的会议上，他向选民宣布：“我将坚持证明激进政策和商业间的亲密同盟。”在巴黎，他提出成为共和派宪章的《贝尔维尔纲领》。该纲领主张取消常备军，政教分离，组织世俗、免费和义务的初等教育，通过选举任命公务员，通过实施公 589

正和社会平等原则来结束社会对立等措施。

比他们更左的是分成多个集团的主张革命的反对派，包括前 1848 年革命者、新蒲鲁东主义者和国际主义者、布朗基派。布朗基派追随的是杰出的“囚徒”奥古斯特 · 布朗基，有几百人，他们都很热情、坚定，准备斗争，其中有一个军事组织，决心以武力推翻现政权。布朗基用自己有如亚硫酸的著述来激励他们，其中有一篇是起义教程《如何夺取武器》，它的各种抄本在秘密流传：“数以千计受过教育的年轻工人和资产阶级在令人痛恨的枷锁下瑟瑟发抖。为了打碎它，他们想过拿起剑吗？没有！笔，始终是笔，只是笔而已。因而，为何不如同共和派分子的责任所要求的那样，两者皆用呢？在暴政时代，写作是好，但在受奴役的笔始终无能为力时，战斗则更好。怎么？根本没有！人们创办报刊，并为此锒铛入狱，但是，竟然没有人考虑写一本教人使用武器的书，让人们在 24 小时里就学会那些压迫者所使用的技艺，使我们掌握武器并惩罚他们。”

此后将更靠近布朗基派的罗什福尔可能在这一描述中认识到，应反对一味采用写作方式。至少，他决定在激进派的支持下参加选战。不在巴黎的他由律师德拉特代表，他在国外得到巴尔贝斯（在 1854 年从贝勒岛获释后在海牙流亡）和雨果、加里波第以及很多流亡者的支持。最后，在 1869 年 5 月 23 日塞纳省第 7 选区的第一轮投票以无一人过半数而告终：得票最多的是法夫尔（12000 票），其次是罗什福尔（10000 票），再次是社会主义者康塔格雷尔（7300 票），第四是波拿巴派的萨瓦尔（只有 4500 票）。在 6 月 7 日的第 2 轮投票中，法夫尔获得 18000 多张票，而被击败的罗什福尔则有接近 15000 张，尽管他为了支持康塔格雷尔退出了选举。但是，事情并未到此结束，因为在贝尔维尔和马赛均当选的甘必大选择了南方选区，
590 从而使巴黎选区（第 1 选区，从埃皮奈到拉雪兹神甫公墓地，是巴黎最大众化的选区）空了出来。

罗什福尔在布鲁塞尔收到了第一选区选民的一封请愿书：“公民，

今天，唯有您的名字不在要求收回的名单上。我们将弥补所犯的错误，曾任命决不和解的甘必大的我们，将以自己的选票使法国人想起决不和解的罗什福尔。”罗什福尔马上投入新的战斗，决定为了选举活动而回到法国。一度在边界被扣留的他获得内政大臣的安全通行证，后者认为让他出现在巴黎比逮捕他更安全。但太迟了，有关他被捕的传言已经在巴黎迅速蔓延，所有极左派候选人都为了支持他而退出选举。他抵达巴黎。11 月 8 日星期一，他在杜多维尔街举行了有 4000 位热情选民参加的集会。如果他被选上，他将出席议会，尽管让他宣誓有如在精神上扼杀他。他接受强制委托权原则，这是选民同意的预定纲领。这一次，除了必然会有的波拿巴派候选人——他在巴黎东部没有任何影响——他的对手是伊波里特·卡诺本人。罗什福尔以领先卡诺 4500 张票的优势获胜。由此，他当上议员。

1869 年选举对于帝国来说是个严重的警告。诚然，选举形式使共和派无法大量进入立法团，他们在立法团中只有 30 多人，但是，选票的增长已使杜伊勒里宫感到担心。1863 年，反对派获得 200 万张选票，政府候选人则得到 528 万张。1869 年时，差距明显缩小：330 万对 460 万。龚古尔兄弟火气十足地观察这一民主高潮：“选举？怎么？这是完全原始的普选。在如此漫长的岁月之后，野蛮人类的教育进展得如此之慢，以至于又回到野蛮世界，回到盲目大众的愚蠢的胜利！”[9] 对于埃米尔·奥立维耶来说，“今天，有些事物已不可挽回地死去，这不是帝国……而是专制帝国”。

并非龚古尔的所有朋友均态度相同。由此，欧内斯特·勒南为了给立法团提供知识，竟敢放慢自己的学术研究。勒南支持自由，
但不是共和派，他在这一正在形成的第三派中认识了自己，支持现 591
政权朝着自由和议会制的方向发展，同时反对“专制的”波拿巴派和“决不和解的”共和派。他在《自由帝国》的支持下在莫城选区的拉涅参加竞选。他的竞选演说围绕着两个主题：罗马问题和政教分离。他在第 1 轮只列第 3，排在激进派候选人保罗·德·茹弗内尔（8600

票）以及官方候选人之后，但与后者差距甚微（6621 票对 6010 票）。他最终在第 2 轮被茹弗内尔击败。正在修改最新小说《情感教育》的福楼拜是勒南的仰慕者，他对“选举的骚动”有着和龚古尔兄弟一样的蔑视。“我的朋友勒南，”他在 6 月 24 日写信给乔治 · 桑道，“令人可笑地结束了自己的竞选。咎由自取。当一个讲究文笔的人堕落到行动时，他会名誉扫地，注定会受到惩罚。而且，他现在竟然参与了政治！在我看来，为支持或反对帝国或共和国而激动的公民们，乃与那些讨论有效的或是高效的恩惠的人如出一辙。感谢上帝，如同神学一样，政治已经死亡！它已存在了 300 年，这已足够！”[10]

虽然福楼拜的弃权主义已成为一种信条，但正如我们将看到的那样，他也并未始终坚守这一信条。当时，在勒南和其他著名人物不在时，罗什福尔指出，政治僵尸还在动弹。投入新的战斗，创办新的报刊！他创办了《马赛曲》，第 1 期于 1869 年 12 月 19 日出版，儒勒 · 瓦莱斯、伊波里特 · 利萨加雷、古斯塔夫 · 弗卢朗斯、伯努瓦 · 马隆、帕沙尔 · 格鲁塞、拉乌尔 · 里戈等人都加入了进来，激进派和革命者汇集在一起。他进入了由于选举而发生深刻变革的立法团，同样进入的除了 30 多位共和派议员，还有 40 多位君主主义者。所有大城市都选择了反对帝国的候选人。除了梯也尔，巴黎选出的
592 都是共和派议员。反对意见不仅表现在投票箱上，也体现在大街上和矿场中。在圣艾蒂安附近的拉里卡马里发生的罢工导致罢工者与军队对抗，有 13 人死亡。一段时间之后，类似情景在奥班的矿场中发生，有 14 人被杀。整个国家燃烧起来，革命即将来临。感觉到必须改变事态进程的当局，为赢得相当数量的自由派的支持，加速了向议会制的转变，将新政府的领导权交给埃米尔 · 奥立维耶。相对于其他措施，拿破仑三世宁可如此行事，因为这位变节者孤独一人，没有组织，因而更容易控制。

但这是一项徒劳无益的策略。自 1870 年 1 月始，巴黎就由于所谓的维克多 · 努瓦尔事件陷入兴奋之中。这是一件起初因皮埃尔 ·

波拿巴而起的相当复杂的事件。皮埃尔是吕西安·波拿巴第二次婚姻所生的儿子，拿破仑三世的堂兄弟，曾是1848年制宪议会中的左派议员，后归顺当局，被开除出军队，皇帝与他保持距离，但发给他年金。他先是与一家科西嘉报刊《报复》发生争执，继而与该报驻巴黎的记者帕沙尔·格鲁塞——罗什福尔办《马赛曲》时的合作者——发生争执。随后，皮埃尔·波拿巴写了封辱骂信，发表在《科西嘉的未来》上，由此，他和格鲁塞决定进行决斗。在此期间，《马赛曲》上的一篇文章——署名为欧内斯特·拉维涅，但皮埃尔·波拿巴相信其出自亨利·罗什福尔之手——则表态道："招惹一个叫波拿巴的人，您将发现他会是一头猛兽。"于是，波拿巴的堂兄弟在1月9日向《马赛曲》的老板要求进行决斗："鉴于此，我要问问你，你的墨水瓶是否通过你的胸膛而得以确保……"1月10日，罗什福尔的证人让－巴蒂斯特·米利埃和阿蒂尔·阿努尔前往波拿巴亲王位于讷伊的家，但是格鲁塞的证人维克多·努瓦尔和于尔里克·德·丰维耶勒——两人都是《马赛曲》的合作者——先于他们到达。根据规则，他们应该见这位主角的证人，而不是他本人，而且也不应该带武器。究竟发生了什么事情？对此，说法各不相同。他们爆发了争论，皮埃尔·波拿巴遭到殴打——一位医生和警察队长证实他面颊上有伤痕，而维克多·努瓦尔则被亲王开枪击毙。随即被瞄准的丰维耶勒逃之夭夭。努瓦尔的尸体被运送至其兄弟在讷伊的家中。

消息传了开来。从前来告知的米利埃和阿努尔那里得知这一消息的罗什福尔当时在立法团中。回到《马赛曲》的办公室后，这位论战者写了一篇文章，该文次日将使整个巴黎为之激动："我曾懦弱地相信，一个叫波拿巴的人不可能是杀人犯！我竟敢以为，在这个 593
有着谋杀和诡计传统的家族中，合法的决斗亦有可能。我们的合作者帕沙尔·格鲁塞犯了和我一样的错误，今天，我们哀悼自己可怜的朋友维克多·努瓦尔，他被恶棍皮埃尔－拿破仑·波拿巴所杀害。法国被这些强盗控制已有18年之久，这些强盗不满足于在大街上对共和派进行扫射，还以卑鄙的陷阱引诱他们，从而在家中杀害他们。法国人，难道你不认为这已经足够了吗？”

奥特耶街发生的谋杀使普雷沃－帕拉多尔情绪激动，在写给《泰晤士报》的一篇文章中，他充分展示了自己的才华，他在文章中这样写道：“一个叫波拿巴的人用口袋中的手枪杀死一位共和派人士——显然原本是想针对罗什福尔的——的场景，在公众思想中产生的影响比 18 年来反帝制的讲话和文章更有效果。”[11]

波拿巴亲王被逮捕，《马赛曲》被查封，罗什福尔在议会质问埃米尔·奥立维耶，要求进行有人民陪审团的普通诉讼，并考虑“我们是否与波拿巴家族或博尔吉亚家族对峙”。议长欧仁·施奈德面对尖叫和欢呼，则不得不要求保持秩序。但是，大街上和咖啡馆里的愤怒情绪不断高涨，躲过查封的各期《马赛曲》被四处散发。代表团前往停放着维克多·努瓦尔遗体的讷伊。葬礼有可能成为共和派与革命者广泛动员的时刻。但警察严防送葬队伍改变路线进入首都，队伍只能在埋葬地讷伊集中。这也是努瓦尔家的意愿，而向他们提出这一建议的是罗什福尔。在巴黎已宣布紧急状态，拉雪兹神甫公墓被关闭。以古斯塔夫·弗卢朗斯和拉乌尔·里戈为首的革命派领导人希望抓住这个机会向巴黎进军，推翻政权。罗什福尔则头脑冷静，拒绝不可避免的血流成河。奇怪的罗什福尔，他其实是为全力以赴地去扑灭它，但却有意地引燃了一场火灾。

儒勒·瓦莱斯在《起义者》中为我们生动描述了维克多·努瓦
594 尔葬礼的情况，送葬队伍估计有 8 万至 20 万人，并描写了罗什福尔的态度：

> 这时，有人到队伍中来找我。
>
> “罗什福尔快晕倒了。请你去看看他怎么了……从他那里获得最新命令。”
>
> 我找到了他，他脸色像死者一样苍白，坐在一家食品杂货

店的里屋内。

“不去巴黎。”他颤抖地说道。

在外面，人们正期待他的回答。我站在一张凳子上将这一答复告诉了他们。[12]

不管是出于胆怯还是责任感，罗什福尔避免了最坏的情况，但他与很多革命者的关系则变得微妙，他们无法宽恕他在讷伊的急刹车行为。为此，古斯塔夫·弗卢朗斯退出《马赛曲》编辑部。对于罗什福尔及其在极左派中已岌岌可危的名声来说，值得高兴的是政府从1870年1月13日起就开始了反击。埃米尔·奥利维耶对罗什福尔进行司法审判的要求得到批准：要凑齐起诉他所需的30多票并不难。奥利维耶表现得要坚决反对任何新的“具有历史意义的日子”，惩罚那些煽动骚乱者。罗什福尔的议员豁免权被取消，他本人也被要求于1月22日到第六轻罪法庭候审。在缺席的情况下，他因为煽动叛乱和对国家元首不恭而被判处6个月监禁和3000法郎罚金。被议会左派揭露、被革命左派抛弃的罗什福尔，在审判他的法庭上恢复了名望，而他的对手皮埃尔－拿破仑·波拿巴亲王，则被特别最高法庭宣告无罪（民事诉讼仅仅判处他赔偿受害者家属25000法郎）。

囚禁在圣佩拉吉监狱的罗什福尔继续引导着《马赛曲》，他以笔名亨利·当杰尔维尔在上面发文章，这些文章由他的儿子奥克塔夫（8岁）来监狱取，然后交给编辑部。由维克多·雨果发起的一份要求释放他的请愿书开始流传，还在根西岛的雨果从2月10日起就表明 595
了对他的支持：

我亲爱的亨利，我给你写了好几封信，我怀疑这些信你没有收到。为了你能收到，我又写了此信。以帝国之名，我希望信能到你手中。

你现在身陷囹圄。我对你由此引发的震动表示祝贺。你的

> 名望是巨大的，就像你的才能和勇气一样。我曾向你预言的一切都已实现。此后，你是代表未来的力量。至于我，如同以往那样，是你的挚友，与你握手，亲爱的流亡者，亲爱的胜利者。
>
> 维克多·雨果

然而，罗什福尔的胜利，与共和派的胜利一样还未得到证实。因为在 1869 年选举之后发生的事情，乃是一种静静的革命的形式，专制帝国确已结束，而议会制帝国的自由演变可能使共和国的复兴被无限期地延迟。依赖中间派支持的埃米尔·奥利维耶既反对以鲁埃尔为首的支持专制者，也反对共和派，其拥有的席位只有 30 多个。他提议进行新的改革，内容包括使议会权力神圣化，在权力平衡体系中组织政治生活，这与自由、议会制的共和国很相似，只不过国家元首是皇帝而不是共和国总统。元老院仔细审查这些改革措施，为此，埃米尔·奥利维耶和拿破仑三世决定由普选来批准它。在这一全民投票中，他们的目的各不相同。奥利维耶希望将自己推行的改革与人民主权结合起来，皇帝本人则希望确保自己的王朝延续下去。1870 年 4 月 20 日在元老院投票通过元老院法令后，拿破仑三世召集选民在 5 月 8 日星期天为批准这一法令进行投票。提案并不复杂："人民同意皇帝在国家全体高级官员的协助下对 1860 年宪法进行自由改革，并批准 1870 年 4 月 20 日的元老院法令。"敕令中有这么一句声明："通过投赞成票，你们就将消除革命的威胁，为秩序和自由建立牢固的基础，而且未来你们将使皇位传给我儿子的过程变得
596 更容易。18 年前，你们几乎一致同意授予我最广泛的权力，希望你们在今天还是多数。"

对于共和派来说，全民投票中要回答的问题是个陷阱。报纸《马赛曲》提出"积极弃权"，也就是说通过收回选举证来获取注意。但是共和派内缺乏一致意见，他们既不能同意帝国，也不能反对自由和议会意义上的改革。由此，他们是分裂的，无法提出一个共同宣

言。自由派也是如此。和雷米扎一样的这些人希望赞成方获胜，同时受到相当数量反对票的限制，从而达成赞成改革，反对帝制。最初的计票结果已吓坏宫廷，巴黎的结果是反对观点获胜，里昂、马赛、波尔多、图卢兹也是如此。然而，当最终结果揭晓后，拿破仑三世和欧仁妮的嘴边又露出笑容：735 万票赞成，154 万票反对，大约有 190 万弃权票。只有 2 个省的投票结果为反对，它们是塞纳省和罗讷河口省。在 1869 年选举的沮丧之后，这次选举对于帝国来说是明显的胜利。即使是在敌对的巴黎，人们也发现，与 1869 年立法选举相比，左派选票少了 6 万多张。5 月 21 日，拿破仑三世在罗浮宫国家大厅的盛大庆典中宣布了选举结果，共和主义左派的事业又陷入困境。

第三部分

从普法战争到雨果逝世

第三十四章

凶年：1870 至 1871

1870 年 9 月 4 日，第三共和国宣告成立。

1870 年 9 月 19 日至 1871 年 1 月 28 日，巴黎被围困。

1871 年 2 月 8 日，国民议会选举。

1871 年 3 月 18 日，巴黎公社起义。

1871 年 5 月 21 日至 28 日，五月流血周。

归功于全民公决的巨大胜利将在西班牙王位继承问题上受挫。 599
自 1868 年 9 月革命爆发以来，西班牙王位就一直处于空悬状态。西班牙临时政府提出由霍亨索伦家族的利奥波德亲王继承王位，对此，普鲁士国王表示认可。法国面临腹背受敌的危险当时在公众舆论和政界引起强烈反响。1870 年 7 月 12 日，利奥波德在对俾斯麦颇为不利的情况下同意放弃王位，但是，法国要求德方做出保证。7 月 13 日，法国大使贝内代蒂在埃姆斯觐见威廉一世。若不是好战的俾斯麦宰相存心挑起事端，此事也就到此为止。通过威廉一世从埃姆斯发给他的急电得知这次会见情况的俾斯麦，删改了电报的内容，仿佛法国提出了傲慢无礼的要求，而威廉一世的回答好像完全是愤怒的拒绝。7 月 14 日，巴黎获悉埃姆斯急电的内容。7 月 15 日，奥利维耶让立法团通过军事拨款，不久，皇帝向普鲁士宣战。

从 1870 年 7 月到 1871 年 5 月底，在不到 10 个月的时间里，陷入黩武激情带来的狂热之中的法国，突然改变了面貌。貌似稳定的帝国体制在一场针对普鲁士的自杀性战争中一下子轰然倒塌。诚然，法国原可在与英国完全相像的帝国框架之中，以及在立宪君主制的框架之中朝着自由民主的方向发展。但不容忽视的是，许多因素促使皇帝和朝廷在霍亨索伦家族的候选人将继承西班牙王位的时刻走向战争，铤而走险。首先是因为波拿巴主义从根本上说要从军事胜
600 利当中获得其合法性，由于它的失败，其合法性亦随之丧失，色当成了第二帝国的滑铁卢。一些居心不良的人把第二帝国推向战争，拥护帝制的右派，尤其是以欧仁妮皇后为首的一派意欲以此抑制改革，恢复权威。因为可用国防的名义迫使人们承担义务，故没有任何事物会比一场胜利的战争更有利于加强纪律，恢复国家的权威，摧垮反对派。唉！外交政策愈来愈带来灾难性后果的第二帝国，无法配备实现其军事方面的野心所需要的装备。一旦尼埃尔计划受到阻碍，法国军队就会在俾斯麦的军队面前处于劣势，并最终遭到惨败，但除了某些像普雷沃－帕拉多尔这样头脑清醒的人，没人能够预见到这些。不过，这还不是故事的全部。法国在投降之后还不得不经受内战之苦，起来反抗 1871 年 2 月 8 日大选产生的政府的巴黎公社持续了 72 天，它在被血洗之前把整个国家搞得动荡不安。什么样的法国才能摆脱这种混乱局面？是共和国吗？它甚至还不能确定，因为先后设在波尔多和凡尔赛的国民议会的大多数成员都是君主主义者。混乱的年代并没有终结。在这一系列戏剧性事件中，作家和哲学家得做出决断。国土被敌军入侵让主张为艺术而艺术的人们走出象牙塔。居斯塔夫·福楼拜就是他们当中最为典型的例子。

强烈感受到爱国主义的福楼拜

面对法国在 1869 和 1870 年经历的政治动荡，福楼拜起初表现出来的是对公共事务的漠不关心。实际上，这段时间是他最好的朋友路易 · 布耶撒手人寰的时候，后者既是他的知己，又是为他出谋划策的人。1869 年 7 月 23 日，他写信给圣勃夫道："我要崩溃了……"一种有如痛失手足的强烈情感。接着，刚刚写完《情感教育》的他得修改校样，准备让出版商米歇尔 · 列维出版此书。他对那些只注重政治时事、牺牲文学的报纸有点恼火。10 月 13 日，他痛悼圣勃夫的辞世："他的去世对于法国所有文人来说都是一种无法弥补的损失。"福楼拜曾考虑让圣勃夫为他新写的小说写评论，但后者根本无法读他的这部小说，也就不可能给他写书评。[1]1869 年 11 月 17 日， 601
两卷本的《情感教育》在米歇尔 · 列维出版社出版。但从总体上看，对小说的评论以批评居多。

其中最为激烈的批评来自巴尔贝 · 道尔维利。从 11 月 29 日开始，他就在《立宪主义者报》定下这样的基调："我要说的是，这只是一本平庸之作，首先是缺少才华，营造的氛围令人生厌，描述使人厌倦，创作手法粗俗单调，细节描写卑鄙下流，结尾形式过于老套。我要说的是，它归根结底只是本追求物质享受的小说，无论是在形式和枯燥程度上都是如此。既然它至少否定了人类的一半成员，就不可能成为其他类型的书。我要说的是，这里只有创作《包法利夫人》的福楼拜，而曾创作《萨朗波》的福楼拜已成为过去。这显然只是个被打上烙印、残缺不全、年老体弱、筋疲力尽的福楼拜。我要说的是，居斯塔夫·福楼拜先生甚至不会在展露才华的道路上走得很远。因为没有灵魂的天才没有能力创新。他们蔑视无限性，而扼杀他们的恰恰是有限性。"[2]

福楼拜再次因为作品枯燥乏味、缺乏深度、否认精神性以及粗俗的描写受到辱骂。作为朋友和通信者的乔治 · 桑被福楼拜称为"好老师”，他在12月3日给她写信道：“请您读一读上周一的《立宪主义者报》和今天早上的《高卢人报》——弗朗西斯科·萨尔塞的文章在结尾处写道：‘这是多么悲惨的滥用才华啊！’显然，他们把我看作白痴和流氓。以此来看，巴尔贝·道尔维利的文章可以作为典型，而好心的萨尔塞的文章虽然没有那么猛烈，但也不见得逊色。这些先生以道德和理想的名义提出异议，舍塞纳和杜朗蒂也在《费加罗报》和《巴黎人报》上对我进行恶意的批评。”然而，福楼拜也应当承认他的作品也受到其他一些报纸的好评，其中某位署名为埃米尔·左拉的人在11月28日的《论坛报》上写道：“这部作品是我所知道的唯一一部真正的历史小说，唯一一部真实、完整而准确地再现那些逝去时光的作品，它没有任何匠气……是一座无人能够企及的富
602 丽堂皇的大理石庙宇。”[3]除了个别的例外，《情感教育》受到的都是恶意攻击。乔治·桑写信给他道：“看来你对那些恶语中伤感到很意外（他以“您”称呼乔治·桑，而她以“你”称呼福楼拜），你过于天真了。你不知道你的作品是多么富于独创性，而它所包含的力量注定会伤及许多人。”

当全民公决在1870年5月8日到来之际，福楼拜对政治只予以嘲讽：烦恼和身边的琐事驱使他离开巴黎。他在科瓦塞，待在母亲身边，却远离珍爱的侄女卡洛琳，为布耶的去世心如刀绞，在令人痛苦的孤独之中，他一度厌倦了写作。儒勒·龚古尔在7月去世更增添了他的痛苦。乔治·桑告知的巴尔贝斯的噩耗间接让他悲伤，因为他知道此人与那位诺昂的夫人之间的友谊有多么深厚。

福楼拜的政治弃权主义在1870年7月的宣战中找到了新的理由。许多年以来，他对朋友们的政治激情一直感到很恼火。马克西姆·迪康证实道：“福楼拜说过，普鲁士，奥地利，这一切能使我们怎么样呢？那些家伙意欲充当哲学家，他们急于知道的是共和派是否能战胜保皇派。只有资产阶级才会这样，看到某些人把时间浪费在讨论领土兼并、边界变动、国家的解体和重建等问题上，好像他们没

有什么更好的事情可做，好像没有其他更好的东西可以书写和吟诵，真让我觉得他们可怜！”[4]对他来说，艺术家是没有祖国的，或者更确切地说只有一个祖国——艺术。

他在公众那里感觉到的对战争的狂热，即沙文主义和“与人道主义相违背的无药可救的野蛮行为”让他感到厌恶。对于那些被炸毁的桥梁、塌陷的隧道，他感到痛惜，“泪如泉涌”，这是“可怕的屠杀”文明的倒退，是对进步的否定。7 月 26 日，乔治·桑对此做出响应：“我觉得这场战争是可耻的，这种获得批准的《马赛曲》是一种亵渎之举[5]，这些人是些凶残和爱虚荣的粗野之人。”法国的参战使福楼拜对自己的政治贵族主义（aristocratisme politique）深信不疑，他在 8 月 3 日写道：“人们对普选权的尊重和盲目崇拜，比教皇无谬论更让我厌恶……简言之，难道你相信，法国如果不是通过民众而是由那些有识之士来治理，我们会处于目前的状态吗？如果我们不是想着开导下层民众，而是去教导上层人士，我们就不会看到德·凯拉特里先生在立法团提议劫掠夺巴登公爵领地，而公众认为这种做法天经地义。”[6] 603

然而，由于战场上的运气转而对德国有利，福楼拜在 8 月中旬也首次表现出不安情绪。麦克马洪已经被迫撤离阿尔萨斯，在那里，被围困的斯特拉斯堡一直坚持到了 9 月 28 日。德军已挺进洛林，弗罗沙尔的军队因未能得到巴赞的及时援助，在福尔巴赫遭到重创，奥利维耶政府因此下台。摄政皇后决定由八里桥伯爵库辛·蒙托邦取而代之。在前线，接受病困交加、声名扫地的皇帝交予的军队指挥大权的巴赞元帅，则显得优柔寡断，缺乏主动性，老朽不堪。在几次错误的决策之后，他别无选择，只好和 13 万大军坚守梅斯。福楼拜满怀激动地等待消息，并且开始积极行动起来：“8 月 17 日，他在给乔治·桑的信中写道，我不知道自己在忙些什么，我自愿应征去当鲁昂主宫医院（l’Hôtel-Dieu）的卫生员，在那里，我的参与也许不会毫无用处。”更可贵的是，他又写道：“如果敌军攻陷巴黎，那我将向他们开火——我已经准备好了步枪。”凭着某种值得注意的预感，他明白战争包含着革命与反革命：“我们只能站在最前面，因为我们将进入社会之中，随之产生的是强烈而漫长的反应。”3 天前，布朗基和他的人曾突袭巴黎拉维耶特大道的一个消防队，企图夺取那里的武器。行动惨遭失败，布朗基得以逃脱，但 6 位布朗基主义者被判处死刑。外敌入侵的背后就是一场内战，福楼拜看得很清楚。

604 8 月 24 日，他告诉马克西姆 · 迪康，悲伤已经转化成“一种战斗的欲望”。昨天是谁说艺术家没有祖国？“是的，我曾愚蠢地希望自相残杀，现在我以自己的名誉起誓，我不想让母亲很快死去，我将加入好心的奥斯姆瓦，他现在是夏隆附近的狙击连连长。”入侵者已快接近巴黎，福楼拜对于求和的主张愤怒不已。9 月 1 日，毛奇在色当包围了麦克马洪的部队，疲惫不堪的拿破仑三世没有采取进一步的军事行动，为了避免屠杀，他下令军队挂起白旗投降，皇帝被俘。最初的结果是 10 万大军成为俘虏，消息传开之后，巴黎和其他一些大城市纷纷暴动。第二帝国像第一帝国一样，兴于军事政变，亡于军事溃败。9 月 4 日，巴黎人聚集在市政厅门口，甘必大宣布废除帝制，成立第三共和国。欧仁妮皇后带着儿子仓皇出逃，没有任何力量能够压制首都的暴动。在儒勒 · 法夫尔、莱昂 · 甘必大和欧内斯特 · 皮卡尔——当然还有刚出狱的亨利 · 罗什福尔的领导下，一个被称为国防政府的临时政府建立起来，军队交由特罗胥将军统领。

福楼拜始终也是一个煽动者，他在 9 月 7 日给马蒂尔德公主的信中提到，宁愿看到法兰西消亡，也不愿看到她屈服。他又补充说，“我们将征服他们，敲着战鼓再次把他们赶过莱茵河。那些同我一样爱好和平的资产阶级，完全有决心去杀敌而不是屈服。”乔治 · 桑[1]显得热爱共和国吗？福楼拜接受捍卫共和国的主张，但不相信共和国。在巴黎被围时，他被选为克鲁瓦塞的国民自卫军首领，并负责

[1] 原文如此，但似乎应为福楼拜。

训练这支部队。9 月 27 日，他写信给侄女卡洛琳道："今天我开始进行夜间的巡逻活动——我与'我的人'刚刚进行了两次父亲般的谈话，并向他们宣布：如果谁敢临阵脱逃，我就用剑杀死他。我还对他们许诺：如果看到我逃走，你们可以随意处置我。你老朽而狂妄的叔叔已经到达事业的顶峰！"战争还没有结束，共和国重新承担起战争的职责。9 月 19 日，在斯特拉斯堡沦陷之前，巴黎遭到围困，但甘必 605
大还是在 10 月 7 日乘热气球飞离巴黎，到达图尔。在那里，同时接受了内政部长和陆军部长职务的他，激励外省抗战，并动员所有 40 岁以下的未婚青年和鳏夫入伍，组建了以解除对巴黎的包围为目标的新军队——卢瓦河和北部的军队。福楼拜在给予通信者的信中表达了他的希望。他在 9 月 29 日写信给马克西姆 · 迪康道："我向你们保证，从今天起，再过 15 天，整个法国都将起来反抗。"他不再考虑一场不可避免的内战，这是神圣联盟的时刻。

在巴黎

在 9 月 4 日被群众从监狱中解救出来之前，罗什福尔就已被列入临时政府成员名单。这是因为他在巴黎享有盛誉，还是议员——而布朗基和德勒克吕兹以及其他一些极左派的人都不具备这些优势。儒勒 · 法夫尔、欧内斯特 · 皮卡尔、弗朗索瓦 · 阿拉戈和儒勒 · 西蒙等温和共和派占据了政府。最激进的莱昂 · 甘必大在巴黎被围之初就已离开。罗什福尔的入阁在一段时间内起到了这样的作用：让人们相信共和派是最坚定的抵抗力量，并接受让非共和派的特罗胥将军担任政府首脑和军事统帅。充当着左派的担保角色的罗什福尔越来越不自在。事实上，以特罗胥为首的国防政府根本不希望进行一场爱国者、革命者和"三十苏"——即国民自卫军成员，因为政府从 8 月 11 日开始每天向所有公民、失业者、贫民和赤贫者发放 30 苏的津贴——所要求的战争。国民自卫军不再像以前那样是资产阶

级的保卫者，而是人民的义勇军，巴黎人民前所未有地武装了起来。政府害怕的是福楼拜也不曾宣告的东西，即超越了自己的界限的人
606 民像在共和二年那样，建立一个救国政府。而如果签订和约，一切责任都可推到共和国身上。儒勒·法夫尔和支持他的人都觉得应当脱离临时的状态，遏制革命力量，当失败已被证明难以避免时停止战争，转入能将合法性赋予新建立的政治制度的选举。然而，处于兴奋状态之中的巴黎只要战争，要"大规模的突围"：从9月4日以来，俱乐部每天晚上都挤满了人，人们质问那些部长，要求武装。人们希望大胆，再大胆……当政府试图秘密地去了解与俾斯麦签订停战和约的条件时，一些平民区的国民自卫军的连队却为要求得到夏斯勃步枪（当时最好的步枪），在古斯塔夫·弗鲁昂的同意下举行示威游行，后者已在这种状况中发现发泄其作为部队负责人的热情的出路。有一种喊声开始在传播——"公社万岁！"——大革命这些模糊的回忆、建立一个关心国防的革命公社的想法，最终往往会让那些抗拒者、无能者、软弱者和变节者屈服于专制统治。

在巴黎开始被围困之前，一些作家和流亡者已经得以重返巴黎。埃德加·基内和维克多·雨果就是典型例子。

9月3日，基内一家在日内瓦收到另外一位流亡者——专门研究康德哲学的哲学家儒勒·巴尔尼拍来的电报，告诉他拿破仑三世已经成了阶下囚。两天后，巴黎来的电报使他们获悉共和国成立的消息，至于米什莱，他感到自己在巴黎发挥不了什么作用，于是立即去了蒙特厄，以便在格利翁安顿下来。他们还让一位共同的朋友去劝说基内一家不要回到那即将像火山一样爆发的巴黎，但是没有成功。9月8日，经过18年的流放，埃德加和埃尔米奥娜·基内回到巴黎，此时越来越多的家庭尚有办法逃离可以预见的沦陷让他们感到恐惧的巴黎。雨果和家人没有拖延归期。9月5日，一家人乘坐开往巴黎的火车。尽管人们已经很久没有看到他，但他还是在火车站被人认了出来，并受到热烈欢迎。他透过车窗看到一营的法国士兵，

禁不住热泪盈眶，于是他高喊：“军队万岁。”晚上 9 点半左右，人们赶到巴黎北站迎接他，因为人很多，雨果不得不登上一家咖啡馆的阳台，向欢呼声表示回应：“你们的 1 个小时就使我们 20 年的流放得到弥补。”人们唱着《马赛曲》和《告别之歌》，一直把雨果一家 607
送到他们居住的拉伐尔街，在他们经过时，士兵们皆举枪致敬。第二天，雨果家访客如潮，巴黎中央菜市场的女商人送来鲜花，各种书信开始数以百计地到达。9 月 16 日，巴黎被围前夕，雨果记录道：“我在洛桑召开和平大会至今已有一年之久。今天上午，我给《向法国人呼吁》写了份信，号召一场反对入侵的殊死之战。”[7]9 月 19 日，整个巴黎被包围。在接下来的日子里，雨果接见了大量的访客，并在报纸上发表许多呼吁书，通过被人称为“巴尔贝斯”的系留气球同朱丽叶·德鲁埃保持书信来往。此外，他还购买了平顶军帽，并开始缩减日常开销。糖的储备急剧减少，肉实行了定量供给，黄油和干酪也所剩无几。维克多·雨果已经成了一个圣人。人们要求把他的名字印在送信用的气球上，讨论把豪斯曼大街改名为雨果大街，恳求他不要轻易露面。加印 3000 册《惩罚集》在两天内就销售一空，接着他的作品又重印了好几次。10 月 22 日，雨果以“巴黎需要这些炮弹”为由，以在《世纪报》获得的 500 法郎稿费认捐了一些炮弹，其中一枚炮弹叫作“惩罚”，另一枚叫作“维克多·雨果”。为了获得炮弹，医治伤员，生产救护车，救助孤儿、战争的受害者和穷人，雨果允许他们在不支付任何版税的情况下朗诵或表演他的作品。雨果还会见了另外一个不妥协的流放者基内，他和赖德律-洛兰一起，想要建立一个俱乐部。在这段时期，他以普世主义的理念建立了神圣联盟，并且充分信任国防政府。但在 10 月 31 日，他在巴黎组织了一次反对政府的声势浩大的示威运动。

巴黎处于冲突之中。10 月 30 日，人们刚刚获悉“光荣的巴赞在梅斯和他的军队一起被俘，他不愿承认共和国，已经和敌人议和，
向德军投降，接着又传来夺取法国北部村庄布尔日的法军失利的消 608

息。极左派指责特罗胥一味空谈所谓“计划”，年轻的贝勒马尔将军故意放松警惕，让普鲁士夺取布尔日。随即又传来消息说，担任国防政府特使的梯也尔已经回到巴黎，他在周游欧洲各国首都之后，确保各国对国防政府外交自主权的支持。他主张向普鲁士提出停战，以便通过选举产生一个议会。10 月 31 日上午，人们得知梯也尔已经奔赴凡尔赛，接受俾斯麦的停战条件。“三十苏”愤怒了！革命者愤怒了！公社重新被摆上议事日程。人们和国民自卫军工人营的士兵一起，高喊着“公社万岁”冲进市政厅。围坐在桌边的政府成员面对潮水般的人群无可奈何。在隔壁房间，布朗基、弗路朗斯、德勒克吕兹、瓦扬和其他的革命者想要建立一个救国委员会。但由于起义者之间存在分歧，人们在一种无法形容的混乱之中进行讨论，相互否决彼此的提议和计划。尽管雨果对发生的一切感到激动不已，但还是多次谢绝了人们向他发出的参加革命的邀请。“午夜，国民自卫军的人来到我家，他们请求我到市政厅主持新政府。我告诉他们，我对这种做法表示谴责，并拒绝前往。早上 3 点，弗路朗斯和布朗基离开市政厅，而特罗胥重返市政厅。”[8] 事实上，特罗胥成功让起义者放松了警惕。他再次成为西部各省由国民自卫军组成的常备军的统帅，并把造反者赶出市政厅。

在这一整天里，左右为难的罗什福尔没有起到任何作用。人们曾看到他试图发表声明，但很快就没了踪影。对特罗胥的信任使他丧失了原本在革命者眼中的声誉。至于在今后要成为国民自卫军首领的瓦莱斯和他手下的那帮人夺取了拉维耶特的市政府，在那里被人们一致推选为市长。不久，原市长里夏尔重新回到巴黎市政厅，他急于夺取环绕在瓦尔兰身上的绶带：“把从我那里拿走的绶带还给我！明天我就会枪毙你！”人们迫使他放弃了这个想法，瓦尔兰把
609 他关在了壁橱里。有意思的是，瓦莱斯还把这起事件写入了《起义者》。但人们很快就通知他们，国防政府重新夺取了巴黎市政厅。一营“好的”国民自卫军准备发动突袭，拉维耶特的顽固者也紧急行动起来。

但一切已为时过晚，一封急电确认秩序已经恢复。“该是逃跑的时刻了。我又饿又渴，筋疲力尽，困顿不堪。中午，我和同事走进餐馆吃点心，发现那天晚上露面的人都没有来，不知道是因为害怕见我还是等待着最后的结果。或许是在等我很快被捕吧。说不定在上洋葱之前，我就被逮捕了。”[9] 瓦莱斯只好去一个朋友家躲起来。一周后，他从藏匿处走出来，没有发现当局对他的直接追捕。

10 月 31 日，建立巴黎公社的首次尝试就这样可怜地结束了，但什么问题也没有解决。凡尔赛的梯也尔没有从俾斯麦那里取得任何让步，而后者则坚持他于 9 月在菲里埃尔古堡举行的会谈中向法夫尔提出的要求。战争还在继续。罗什福尔在 11 月 1 日的会议之后就已辞职，然而，政府已经坐立不安，并开始预防一切可能发生的暴乱。与此同时，它准备通过市镇选举和让巴黎人进行公民公决来巩固其地位。11 月 3 日举行了全民公决，反对选举的革命派只得到 6000 张选票，而赞成票有 55000 张，其中包括军人的选票。然而，两天后，巴黎西部的几个区——第 11 区、18 区、19 区和 24 区——举行市镇选举时，选民把选票大多投给了激进的左派或革命者。埃德加 · 基内和维克多 · 雨果一样，对 10 月 31 日的事件持否定态度，他们用“良知和爱国主义的胜利”之类的字眼庆贺革命失败，在全民公决中投赞成票。儒勒 · 费里属于在危机期间保持着相当冷静的头脑的人，埃蒂安 · 阿拉戈辞去巴黎市长后，他随即取而代之。

对巴黎的封锁在继续。巴黎人民的生活状况不断恶化。实行配给制造成物价昂贵，有钱人尚可经常光顾餐馆，黑市猖獗。穷人则 610
不得不满足于市政当局分配的物品。人们都知道，当冬季来临时，马肉，接着是狗肉和猫肉，最后连老鼠肉都将出现在屠夫的肉铺里——雨果在 11 月 23 日记录道：“一只老鼠值九个苏。”还在 11 月 12 日的时候，埃德蒙 · 龚古尔就在《日记》里向其“后代”宣布道，巴黎人的整个英雄主义都是由“吃豆油和烤马肉而不是牛肉长大的人”组成的。他在两个月后，即 1 月 13 日记录道：“应该正确评判巴黎人民，并向他们致敬。在那些使人难以忍受的食品货架前面，总是让我想起饿死的人，而那些有钱人总是能在餐桌上吃到家禽、野味和其他鲜美的食物，他们的食柜里总是不缺食物，无须到商人那里抢购商品。这一切令人诧异地在发生。”龚古尔抨击了政府的无能和“里通外国”，特罗胥进行了“历史上最可耻的防御”。政府多次邀请维克多·雨果，尽管他自始至终忠于政府，但未曾偏离神圣同盟政治路线的他予以拒绝。

物资匮乏往往让那些并不缺乏葡萄酒和白酒的酒鬼很是冲动，平民区处在狂热之中，新办的报纸与经常处于混乱状态的俱乐部则对这种狂热起着推波助澜的作用。在狂热者当中，有些人被人们称为“视死如归者”（因为他们想要发动殊死之战，针对封锁进行大规模的突围活动），与之相对的是人们所称的“卖身投靠者”（他们迫不及待和平恢复），鸿沟由此形成。12月，天气酷寒，又缺乏煤炭。通过信鸽，人们一度收到甘必大军队的好消息：攻克库尔米埃，攻克奥尔良……如同人们将以此称呼它那样，甘必大的“专政”虽然办事缺乏条理，但富于创造力。他不仅考虑了军事行动，还想通过新闻媒介对大众舆论产生的影响，为再生的共和国提供道德和思想基础。图尔的代表团团长由此让儒勒·巴尔尼发表了一系列有关共和国的文章，这些文章首先刊登在《共和国公报》，后在1872年被收入《共和国手册》。巴尔尼是位时年53岁的哲学家。他在1851年在鲁昂任
611 教时，曾拒绝宣誓效忠。于是，他像雨果和基内一样成了不愿妥协的流亡者，并在日内瓦学院任教。9月4日之后，他重返法国，为甘必大效力。这位康德哲学的信奉者——他翻译了许多康德的哲学著作——写的手册成了第三共和国缔造者的参照之一。他不主张建立变革的“社会”，而是主张建立一个自由、民主、世俗、博爱的共和国。[10]

在巴黎，从11月30日到12月2日，在迪克罗将军的指挥下，第一次名副其实的突围在进行——不过，国民自卫军始终没有参与

其中。但是，迪克罗将军指挥的部队在尚皮尼遭到失败后又返回巴黎。几天后，人们获悉在卢瓦河一带，法军被得到从梅斯赶来的部队增援的普军击败。撤退难以避免。代表团在 12 月初离开图尔，直奔波尔多。翌年 1 月，德军占领了一直到阿朗松的法国西部。在北部，曾攻克巴波姆的弗德尔布的军队在圣康坦遭到阻击。在西部，布尔巴基将军接受了解救由丹菲尔－罗歇洛上校防守的贝尔福的任务。虽然贝尔福进行了抵抗，东部的法军却以在瑞士的溃退告终，在此事发生之后，布尔巴基曾试图自杀。

1871 年 1 月 5 日，普军的炮弹造成巴黎城内的首次伤亡。当时，巴黎城墙贴满了由瓦莱斯、勒维戴、瓦扬和特里东起草的，有 140 人签名的“红色布告”，要求临时政府辞职，继续战争。

> 如果这些待在市政厅里的人还有爱国心，他们的责任就是退出临时政府，让巴黎人民自己拯救自己。
>
> 人们称之为“公社”的市镇机构是人民唯一的拯救者，人民只有指望它来避免死亡。
>
> 对现政权进行的一切补充或干预只是一种使同样的恶习、同样的灾难持久存在的粉饰。
>
> 不过，这个政府的罪恶在于投降，其在梅斯和鲁昂的投降不仅给我们带来饥饿，还带来所有人的破产、贫困与耻辱。 612
>
> 正规军和国民自卫军作为俘虏被运往德国，并在外国人的侮辱下在城里列队行进。商业已被摧毁，工业已经完蛋，为战争分摊的费用已压垮巴黎。这就是无能与背叛为我们准备的东西。

布告的结尾处写道：“让位给人民！让位给公社！”

然而，由尚齐率领的卢瓦河军团与弗德尔布率领的北方军团失利、布尔巴基率领的东部军团被迫后退，却使政府更是一心求和。而且，它还应当压制革命爱国者的抵抗。特罗胥让国民自卫军进行了一次毫无希望的突围，为的是冷却战士们的战斗热情。这就是1871年1月19日进行的比赞瓦尔战役。此次行动的准备不足显而易见。愤怒之情在巴黎继续加剧，出现再次要求成立公社的新呼吁书和新布告。曾宣称决不投降的特罗胥把巴黎的军事管理大权交给了维努瓦将军。3天后，政府同将军商量对策，最后一个发言的勒孔特将军直截了当地下结论：“缺乏给养迫使我们得立即投降。大规模的突围不可能进行，小规模的突围只会削弱我们自己的力量，鼓动民众延长抵抗的时间。相反，巴黎应该逐渐习惯于顺从。”[11] 但是，1月22日，巴黎东部的国民自卫军营队在向市政厅进发。由于事先得到通知，政府为了避免重蹈10月31日的覆辙，调动布列塔尼和旺代的军队。虽然两军对射只持续了15分钟，但已经造成流血事件。接下来就是镇压：取缔报纸，关闭俱乐部，逮捕反对派领导人，极左派遭到重创，投降的道路打通了。1月28日，儒勒·法夫尔来到凡尔赛，这一次缔结了停战协定。一个国民议会将在2月8日选举产生，并由它来决定法国的命运，是继续战争还是接受和平。

1871年2月1日，福楼拜在给侄女卡洛琳的信中流露出这样的哀
613 叹：“尽管人们预料到巴黎会投降，但巴黎还是陷入了某种难以形容的状态之中。这是愤怒爆发的开始。我对巴黎未能烧光最后一幢房子感到恼怒，那样的话，敌人得到的只是一片烧得黑黑的空地。法国如此卑劣，如此可耻，如此堕落，我真希望她从此以后彻底消失。但是，我希望内战杀死我们中的许多人，而我也能包括在这些死者之中！”当福楼拜和母亲逃到鲁昂避难时，其家族在克鲁塞曾被普鲁士军官占用的房子已由穿长靴的房客腾出来。他在同一封信中又继续写道：“在房子打扫干净之后，我要重新回到这幢我讨厌的可怜房子，我害怕走进这房子，因为我无法把那些先生用过的东西都扔到水里！如果这房子属于我，我肯定会把它给拆掉，多么让人厌恶啊！这幢房子让我感到窒息！曾经如此温柔的我，现在唯有满腔的怨气。”[12]

雨果在波尔多

俾斯麦希望这次选举能选出其可与之谈判的一个合法政体的代表。国防政府的大多数代表也希望能借此结束不稳定的局势，尤其是消除革命力量的威胁。曾在巴黎被围时期充当不光彩角色的罗什福尔重新拿起笔。他在 1871 年 2 月 3 日创办了一份不知讲过多少次要创办的报纸，在路易·勃朗的启发下，该报被取名为“口号报”。在竞选期间创刊的这份报纸向公众发出了有利于共和制的呼吁：“无论我们吵吵嚷嚷，还是痛哭流涕，抑或表明各种态度均徒劳无益。极为残酷的事实是，我们将在德军的炮口下进行审议……但是，既然我们应当服从选举，共和制理应成为我们政策永恒不变的基石，因为过多的法国人已经饱尝君主制的毒酒。”他们的候选人有哪些？维克多·雨果、路易·布朗、援助遭受侵略的法国人的朱塞佩·加 614
里波第、埃德加·基内、莱昂·甘必大和罗什福尔本人……2 月 8 号的选举涉及两方面重要问题。首先是所有代表都明白的：决定是否将停战协定变为法德之间的和约；其次是较不明显的政体问题：究竟是实行共和制还是重新复辟君主制？不过，一般来说，像甘必大之类的共和派从战争一开始就已经察觉到这个问题。为了对和约进行投票表决而由国民预定在波尔多开会的议会选出的绝大多数议员都是君主派，巴黎是唯一的例外，在那里，除了梯也尔和海军副司令赛塞，当选为议员的都是共和派。最早当选的是勃朗、雨果和甘必大、加里波第、基内和罗什福尔。国民议会一共有 150 名左右的共和派议员，80 名属于中左派（包括梯也尔）、400 名是完全拥护君主制的君主派，其中包括 20 多名波拿巴主义者。由此，1870 年 9 月 4 日宣布成立的共和国却配备了一个反对共和制者占多数的国民议会。1815 年曾经产生“无双议会”，这一次却产生了“乡下人的议会”，右派因为拥护和平，从农村获得大量选票。但是，这个没有人知道其任期与权力（不知道它是不是制宪议会）究竟是什么的议会，其主要目标是决定战争的命运。

2月12日，国民议会在波尔多继续召开，第二天上午发生的一起突发事件，改变了巴黎公众对国民议会的看法。64岁的加里波第因为在反对普鲁士的过程中为法国效力而被选为议员，但却因他的意大利国籍而受到非议。于是，他在13日提出辞职，但这不能阻止大多数议员对红衫军前成员发出嘘声。一位30岁的年轻记者、《钟声报》派驻国民议会的特派记者埃米尔·左拉就加里波第事件写下他的第一篇报道："先生们，你们听着，以出卖来答谢一个捍卫自由的战士，对法国来说是一种耻辱。只是请你们礼貌一些，人们对你们的要求并不多。"[13]

作为"法兰西共和国行政权力的首脑"，梯也尔组建了政府，尔后又前往巴黎同德国就和约的草案进行谈判。俾斯麦的条件相当苛
615 刻：50亿金法郎的赔款，割让阿尔萨斯和摩泽尔，即阿尔萨斯－洛林。梯也尔毕竟亦为法国保留了贝尔福，但其交换条件是德国人可以用音乐开道，大摇大摆地进入巴黎。2月26日，和约在凡尔赛签署。两天后，在沉寂了好长一段时间之后，波尔多议会重新开始讨论。被割让省份的代表慷慨陈词。根据左拉的记述，阿尔萨斯和洛林的议员通过四五岁孩子的嘴喊道："我们是法国人，我们依然是法国人，不管你们是否愿意都是如此。我们期待你们把我们从德国人手中夺过来。"右派在会上保持沉默，对最后的投票充满谨慎和自信。只有左派在发言，埃德加·基内以法律名义反对德国的封建主义要求。路易·勃朗的讲话绘声绘色。维克多·雨果以巴黎名义追忆巴黎被围时期的困难，他的爱国热情与自制坚忍让众人明白，首都不会接受耻辱，不能接受祖国被肢解。他预言道："如果这样一件暴力的作品以背叛的名义得以完成，如果缔结这样一项苛刻的和约，欧洲就会昏昏入睡。全世界也将开始冬眠。今后的欧洲将会有两个令人害怕的民族，一个是征服者，另外一个则是被征服者。"[14]雨果式的对比可谓说到了点子上。对此，敌对的多数派保持沉默，梯也尔

表示赞同。接着，雨果比较了两种人，一种是将在共和制下获得自由的人，另一种是“亲吻被奴役的乌合之众沉重头盔下的前额的人”。在雨果那些充满爱国主义和共和主义的崇高传世佳作中，他已经预感到复仇的情绪：“我们会听到复仇钟声的到来。从现在开始，我们将听到胜利在历史中迈大步前进。是的，从明天起，这一切将开始。从明天开始，法国不只是思考，她将积聚力量，从绝望的噩梦中醒过来，积聚力量，抚养孩子，向他们灌输神圣的复仇情感。铸造大 616
炮，培养公民，创建人民的军队；借助科学助战；学习普鲁士人的方法，就像罗马人向布匿人学习那样，团结一致，不断壮大，获得重生，重新成为伟大的法国。重新成为1792年的法国，理想的法国，带剑的法国。”法国将重新夺取洛林，夺取阿尔萨斯，一直打到科布伦茨，夺取莱茵河的左岸。为何要如此呢？难道这次法国会成为帝国主义者吗？不，我们将归还一切，但有一个条件，即我们要属于同一个民族、同一个家庭、同一个共和国。”这样，边界将不复存在，莱茵河将属于所有人：“让我们成为同一个共和国，成为欧洲合众国，成为欧洲大陆联盟，成为欧洲的自由，成为普遍的和平。”

雨果看得很远。当时议会跟在梯也尔的后面，并以546票对107票接受和约的预备条款，巴黎人感到已被出卖。无论是梯也尔还是其部长们，对经受4个月围困的巴黎均没有任何感激之辞。古斯塔夫·弗路朗斯的小册子《被交出去的巴黎》指控原先的国防政府成员：“9月4日的革命是如此不完整，因此是如此危险，其间，共和国只是几个骗子的产物，它虽在表面上得到赞同，却根本没有真正建立。”[15] 2月22日，儒勒·瓦莱斯在《人民之声》创刊号上以“被出卖的巴黎”作为社论的标题。人们可以在文中读道：“你们听着，社会主义正在大踏步走来，她带来的不是死亡，而是拯救。她跨过废墟，高声宣布：‘让叛徒们遭殃！让征服者遭殃！’”[16] 人们已经看到，梯也尔给予了胜利者象征性的恩典，即让普军雄赳赳地进入巴黎，这样，他们就不用破门而入了。普军预计在3月1日进入巴黎。届时，全副武装、配备大炮的国民自卫军该怎么办？不会发生可怕的流血冲突，德军士兵列队穿过寂静、被抛弃、封闭、敌对和悲伤的巴黎。协和广场的雕像蒙上了一层黑纱，窗上挂满丧旗，国民自卫军在屈服于枪骑兵的示威。3月4日，瓦莱斯又写道：“但是，国民自卫军
617 顺从中也还具有威胁性，尽管他们在历史的宿命前沉默不语，但是他们一边用枪托敲击石头，一边却数着子弹。”瓦莱斯已经感觉到这种处于酝酿之中的强烈仇恨：“他们决定不发出这样的挑衅：打倒普鲁士！但是在所有人心里都充满了‘共和国万岁’的呼声。”瓦莱斯预言，被征服者将会宣战，这将是一场社会主义的战争，一场被欺骗者、受屈辱者、被抛弃者、被出卖者反对那些“拯救巴黎者”的起义。

波尔多议会已经开始害怕巴黎，正如一位右派演说家所说的那样，巴黎是“有组织的叛乱的首府”。它不愿再让一个红色城市作为首都，那么该以哪座城市取而代之呢？是布尔日、枫丹白露，抑或是凡尔赛？人们分成各个委员会讨论，其中，维克多·雨果主张保卫巴黎。他回忆了巴黎被围，回忆了巴黎人为祖国做出的牺牲，回忆了这个“牺牲到极点的城市”的勇气。不要封锁和孤立巴黎！“回到巴黎，马上回到巴黎去吧！巴黎将会按照你们的意愿平息下来。而当巴黎平息下来时，一切都将得到平息。”巴黎是法国永恒的代表。剥夺其首都地位，不仅是不公正的惩罚，还是严重的政治错误。然而，3月10日，议会决定迁往凡尔赛，行政部门则依然留在巴黎；雨果没有为给巴黎进行辩护而出席那次议会的全体会议，因为他在3月8日，即在因议会讨论撤销加里波第的议员资格而再次发生加里波第事件后宣布辞职。雨果叫骂着为意大利人辩护。左拉见证了这一场面，并在《钟声报》上做了报道：“诗人忍无可忍，脸色有些苍白。”在一阵愤怒之后，他控制了混乱场面，向议会宣称：“你们拒绝听取加里波第发言，我看到你们也拒绝听取我表达意见，为此我决定辞职。”

巴黎同其他大城市以及波尔多议会之间的关系越来越紧张。没有

任何经验的波尔多议会忍无可忍，报复性地把一系列苛刻要求强加给巴黎人民。从 2 月 15 日开始，议会决定要巴黎的国民自卫军出具贫困证明以确定其军饷；重新恢复当铺体系，进一步损害穷人的利益；规定从 3 月 13 日起重新支付各类商业票据，从而结束了各类商业债务延期支付的做法。这些措施在几天内导致了一系列破产事件，议会 618
还讨论取消房租的延期缴纳……凡此种种在巴黎被围期间实行的决定都是为了减轻封锁对巴黎人经济生活和日常生活的影响，但“乡下人的议会”中的大多数议员决定取消这些规定，他们越来越被那些不得不忍受普鲁士人进入自己城市的巴黎人所厌恶。因为一切都很仓促，政体的问题仍悬而未决：这个占据多数的君主派究竟将会做些什么呢？显然，他们并不急着复辟，而是想先让共和国签署这个耻辱的条约。但在条约签订后又会出现怎样的局势呢？作为行政首脑的梯也尔已经允诺不再提出政体问题。首先应当重组这个国家，然后再讨论宪法方面的问题。这就是人们常说的《波尔多协定》，让君主派接受这个协定，要比让他们本身因为由谁来占据王位的问题而分裂要好。但是，这项《波尔多协定》对大城市和巴黎的共和派来说是不好的迹象，它让共和国的命运处于悬而未决的状态。

儒勒 · 瓦莱斯在公社

3 月 13 日，雨果正准备离开波尔多，突然得知儿子夏尔因中风猝死。陪伴他的有极度悲伤的儿媳艾丽丝和她的两个孩子。3 月 17 日，雨果一家带着安放夏尔遗体的铅棺乘火车离开波多尔。3 月 18 日上午，雨果和家人在众人的簇拥之下[17]，护送着灵车，从奥尔良车站一直到拉雪兹神甫公墓。当其到达巴士底广场时，国民自卫军的士兵自动列队夹道欢迎。雨果写道：“在通往墓地的整个过程中，国民自卫军营队的战士手持武器，排成战斗的队形，举旗致意。战鼓隆隆，军号齐鸣。人们静静等着我经过，随即高声喊道：‘共和国万岁。’到了墓地，一个高个子男人兴冲冲跑过来向诗人伸出大手说："我是库尔贝。"

此时，维克多·雨果对所发生的事件尚不完全了解。历史从不
619 吝于提供机会。就在雨果安葬儿子的那一天，从黎明时分开始，同议会对抗的巴黎处于起义状态，并准备解散国民议会。在把国民议会设在凡尔赛之前，梯也尔已经决定重新夺回巴黎，因为他知道革命力量让巴黎处于一种很危险的境地，巴黎被围带来的失望和在波尔多做出的决定使巴黎人群情激愤。为了达到这个目的，行政首脑认为有必要夺回国民自卫军控制的大炮，这些大炮中有很大一部分是在巴黎被围期间通过认捐制造的。大部分大炮都被放置在蒙马特尔高地。此次行动于3月17日晚至3月18日之间交由维努瓦将军执行。在几次失误之后，任务被推迟，因此未能在引起巴黎人民警惕之前完成。巴黎民众的快速动员使梯也尔的企图落空，而愤怒的群众在几小时之后处死了国民自卫军的前将领克莱芒·托马以及一位正规军的将军勒孔特。瓦莱斯说道，"蔷薇街的悲剧发生之前，我们刚刚埋葬了可怜的夏尔·雨果，悲伤的消息已经在阴郁的空气中回响。与此同时，早上刚建立的军队仪容威武，装备了大炮和机关枪，步枪上插满刺刀。行人在窃窃私语，说些相互提醒的话后便匆匆离去。商店纷纷打烊，许多咖啡店半掩门户。空气中弥漫着火药味和血腥味。"[18]黄昏时分，儒勒·费里不得不把市政厅让给国民自卫军联合会中央委员会，阿道夫·梯也尔则把行政部门搬迁到凡尔赛。两个城市、两支军队、两种人在相互对抗，直到5月底最后的悲剧发生。

内战可以避免吗？对此，有些人相信可以避免，希望避免，并为此竭尽努力。与之相反，梯也尔和"凡尔赛分子"却希望尽快用
620 武力结束巴黎人的革命。两位将军的鲜血为他们的强硬路线找到合理的借口。革命者打算通过选举成立公社，而且正如他们在巴黎被围期间所要求的那样，他们还建议法国其他省份效仿自己。何谓公社？它是一个自治的城市，一个自由的城市。但是，当公社同巴黎联系在一起时，它就不是一个简单的市政当局了。它的权力能够扩

展到多大的程度呢？人们是否将会看到一个大革命时期的无套裤汉的公社？一个多少受到蒲鲁东启发的联邦主义的公社？3 月 18 日的起义者远远没有在内部达成一致，尽管他们对于合法的政府怀有同样的敌意。

外省的共和派、如 18 区区长乔治 · 克列孟梭这样的议员，希望调和这两种极端对立的力量。在巴黎和议会所在地凡尔赛之间进行数日斡旋之后，他们不得不承认自己的努力纯属徒劳，克列孟梭还辞去了议员的职务。然而，在凡尔赛的梯也尔却在俾斯麦的同意下，通过向外省求助加强了他的军队。而在里昂、马赛、图卢兹、纳博讷、圣艾蒂安、勒克鲁佐，建立公社的企图都遭到失败。在中央委员会的领导下，巴黎人选出了公社的委员会。28 日，瓦莱斯在《人民之声》中记录，公社在“革命与爱国主义的节日、和平欢乐的节日、狂热庄严的节日、宏伟喜悦的节日中成立”。[19]

布朗基主义者在公社委员会中占少数，他们对布朗基的缺席感到遗憾，因为他在 3 月 17 日已被逮捕。他们遵循 1848 年二月革命党人的路线，公开宣扬雅各宾式的激进共和主义，他们的领导人是夏尔 · 德勒克吕兹。一些国际主义者，以及如欧仁 · 瓦尔兰那样信仰社会主义的工人组成了另外一个少数派。公社不是一个普通的市政议会，因此有 20 多名资产阶级代表马上就提出辞职。4 月 16 日，公社又组织了补缺选举。这次，儒勒·瓦莱斯成为公社委员会的成员。瓦莱斯，一个曾经受到母亲虐待的孩子，从中学毕业就失业了，过着波希米亚人式的流浪生活。曾在第二帝国时期谋到一份记者差事的他从此以后成了一位起义者。[20] 长期以来，他一直宣扬社会的共和国——“社会的”。1851 年，他已经准备反抗拿破仑三世发动的军事 621
政变，但身为教师的父亲因为担心他的前途因此受损，便把他关在南特的一所修道院里。在几年的沉寂之后，他终于找到自己的道路，并使自己的名字和共和主义论调一起出现在共和派和其他人办的一些报纸上。3 月 18 日上午和 10 天后公社的成立，对他来说首先是一个“节日”，但是，作为“荣誉的汇聚地、拯救的城市、革命的大本营”的巴黎，也应该成为外省效仿的榜样，3月25日，《人民之声》通过皮埃尔·德尼的文章赞扬了“城市的、市镇的和吕戴斯式的革命纲领”。他明确指出：“作为自由之城的巴黎，并不是要和法国分离，而是不屈服于外省那些乐于欢呼、选举和忍受的国务活动家。”

与公社的多数派，亦即想要重新“建立”救国委员会的雅各宾派或布朗基派相比，儒勒·瓦莱斯基本上还是个自由派。因此，他的报纸《自由之声报》在4月初抗议救国委员会禁止许多报纸发行的行为。对此，《费加罗报》和《高卢人报》也进行了批评：“对于那些乞灵于我们所处的特殊状态，以及使巴黎成为一个战争城市的人，我们将回应道，我们仍然反对那些造谣惑众者和凭借公众权利进行挑衅的人。而且，我们再次呼吁绝对的新闻自由。”

瓦莱斯和朋友、画家库尔贝感到自己正在向反对专制的社会主义方向靠拢，他们呼吁一场“自下而上”的革命，呼吁一种反对中央集权而属于市镇和平民的社会主义。在他们看来，没有什么事情比模仿1793年的先人更为有害。他在《起义者》——自从他于4月19日当选之后就不再在自己的报纸中写东西——中写道：“我痛恨作为自然神论者的罗伯斯庇尔，也讨厌马拉，后者是位充满猜疑心的苦役犯，对恐怖充满歇斯底里，是血腥时代的精神病人。”[21]

622 跟着国民议会从波尔多到凡尔赛的埃米尔·左拉，继续为《钟声报》报道辩论的情况。他起初完全信任“梯也尔先生”。由于梯也尔没有而且也不愿避免“大炮的轰鸣声和枪响的声音”，这位记者注意到“机灵的梯也尔先生……正滑向罪恶的深渊”，并为右派的复仇精神感到惊恐不安：“先生，您之所以受到指控，是因为您用叫喊和不宽容把祖国推向了屠杀？我很想知道，您的忏悔神甫因为您没有像善良和有理性的人那样行事给了您什么样的惩戒。您回答他道：‘我的神甫，纳耶的炮声一直在我的内心回响，对于这样一种自相残杀的斗争，我深感后悔。’神甫又说道：‘我的孩子，还有时间，如果您能平息战争，您的罪过将得到宽恕。'"（4 月 10 日）左拉依然处于中立，对巴黎那种脱离合法性的斗争和凡尔赛那种盲目的不宽容态度都感到失望。自从公社于 4 月 19 日取缔《钟声报》，他就无法继续为他的报社撰稿。同时被取缔的还有《晚报》《公益报》和《国民舆论报》。瓦莱斯对取缔《费加罗报》和《高卢人报》进行了谴责。4 月 14 日，救国委员会又相继取缔《巴黎日报》《论战报》《立宪主义者报》和《自由报》。5 月 15 日，《小新闻报》《小日报》和《时代报》成为最后一批被取缔的报纸。战争使得法国一分为二，内战的激烈程度已经加剧。埃米尔·左拉还是记者，《马赛信号台》是他的论坛。在其上，他每天用匿名的形式，以完全反公社的口气写了一封《致巴黎的信》。4 月 19 日，他如是写道："恐怖统治了一切，个人自由和对财产的尊重遭到侵犯，教士受到恶意的追捕，政府把搜查和没收当作惯例，这些都是悲惨而可耻的事实。" 5 月 10 日，他和夫人亚历山德里娜离开巴黎，来到塞纳河和瓦兹河附近的贝纳库尔，在凡尔赛分子发起最后攻击之前，他们一直躲在那里。五月流血周之后，他将重新回到巴黎为《马赛信号台》撰写遭受灭顶之灾的巴黎："刚刚对巴黎人进行的血腥镇压，对于某种狂热来说可谓是一种可怕的必需品，你们 623
现在将看到它以审慎和壮丽的方式在扩大。"[22] 几周后，他在对公社近乎冷漠的态度之中，出版了《卢贡－马卡尔家族》的第一卷《卢贡家族的命运》。

瓦莱斯一直战斗到了巴黎公社的最后一天。在 5 月 21 日凡尔赛的军队成功攻入巴黎之后，公社内部的多数派和少数派之间的意识形态斗争已经平息："宁愿和 1793 年的年老体弱者一起在战斗的旗帜下毁灭，宁愿重新接受大规模的专政，即使在这样的专政中遭受屈辱，宁愿其他的一切，也不愿放弃战斗！"《起义者》表达了这样的情感，人们看到的不仅是战斗，也看到了公社成员徒劳去援救那些在阿克索大街被枪毙的人质。5 月 28 日，瓦莱斯临死前在贝勒维尔的一处街垒给母亲写信道："我亲爱的母亲，我可能就要死了。我最后想到的就是你。吻你。我的一生尽管很苦，但我想是值得尊重的……我经受了许多的悲伤、羞辱和诽谤，但在死之前，我感到很平静……”但是，与德勒克吕兹、瓦尔兰以及其他人不同，大约有 2 万人成了镇压的受害者，但瓦莱斯成功地逃脱。他先装作是负责收集尸体的救护人员溜走，然后成功地逃到比利时，最后又到达英国。

作家和公社

5 月 27 日晚，五月流血周结束的前一天，雨果在布鲁塞尔的家中遭到突袭，雨果和他的亲友从 3 月 22 日起就住在那里，示威的人高喊道：“绞死雨果！绞死冉 · 阿让！”“把他吊在路灯杆子上！绞死他！绞死这个强盗！杀死维克多 · 雨果！”女仆马里耶特刚把门给拴上，袭击者就高喊着不停敲门。“多亏门还足够结实，顶得住。这
624 些人想要爬上窗子，所幸底楼的百叶窗没有被攻破。一阵石头雨袭向房子……艾丽丝和马里耶特沿着暖房的窗框往上爬，疯狂呼喊求救。我一声不吭，一扇窗也没有打开，但也没有人来救援。似乎警察都到其他地方执行任务去了。这是一次反革命和波拿巴主义者的伏击，比利时的教会对此保持缄默。”一切结束之后，警察才赶来。“五六十个拿着石头和棍子的人在晚上对一幢住着 1 个 69 岁的老人、4 个妇女和 2 个孩子的楼房进行了 2 个小时的围攻。我手无寸铁，连根棍子都没有。我快要看到这个丑陋的死人、这个杀人犯了。”[23] 为什么会发生这种针对他的暴力事件呢？

5 月 26 日的前一天，《比利时独立报》刊登了雨果的一篇文章，抗议比利时政府借外交大臣之口拒绝为巴黎公社的逃亡者提供避难所。雨果在文中写道：“无论他们做过什么，说过什么，这些失败者都还算是政治人物。我虽不曾和他们在一起，但我接受公社的原则，尽管我不接受他们破坏旺多姆纪念柱、攻击法律和攻击人民的做法。”但正如雨果回忆，国民议会对于内战的爆发负有巨大的责任，

他不应该只对一方面表示愤慨。避难权是神圣的，比利时不应该为此受到指责。5 月 30 日，《比利时独立报》刊登了弗朗索瓦－维克多·雨果的信，评述 27 日晚到 28 日早晨遭到的麻烦以及无人救助的情况。同一天，一张签署着比利时国王利奥波德二世的判决书命令维克多·雨果立即离开比利时王国。当自由派议员为此在议会提出质询时，司法大臣科尔内含沙射影地提及公社，并大声说："巴黎公社比欧洲最恐怖的罪行更具有危险的煽动性，谁鼓励、容忍或庆祝这个事实，谁就是犯了最大的罪行。那些在精神上传播有害理论以及鼓动劳资斗争的人是精神上的犯罪分子。这些有害的理论同整个比利时的公众情感相违背。"[24]

人们已经在《比利时独立报》上看到雨果的信。他并不赞同公社，
对于导致起义的大炮事件，只是谴责了梯也尔这种"有预谋的轻率行 625
为"，后者欲与公社比个高下。当公社成员在 5 月决定拆毁梯也尔在巴黎的住宅时，雨果认为这是"令人憎恶和愚蠢"的行径。在武装冲突的过程中，他为双方的伤亡都表示哀悼。4 月 10 日，他记录道："这个公社同凶残的国民议会一样愚蠢。"几天后，他给巴黎报纸寄去一首名为"一声喊叫"的诗，4 月 22 日又寄去另一首《不要复仇》。这一诗作在凡尔赛也得到刊登，并被看作他对公社的谴责。5 月初，公社颁布法令拆毁旺多姆纪念柱时，雨果寄去《两场胜利的纪念品》表示抗议。但是，他的抗议只是拖延了一点拆毁的时间，5 月 16 日，古斯塔夫·库尔贝组织人员把这一波拿巴主义的象征物推倒在地。[25]在此之后，雨果再次对首都的自行纵火事件提出抗议。没人怀疑是雨果引发了这场战争、这种混乱以及屠杀。正如比利时的司法大臣所暗示的那样，他身上丝毫没有阶级斗争学说信奉者的气息。在 1848 年精神的影响下，他宣扬国民与共和国之中的阶级调和，但是，前流放者依旧是《悲惨世界》的作者。布鲁塞尔的示威者很清楚这一点，因此，他们会毫不犹豫朝着窗子高喊道："处死冉·阿让！"

对雨果来说，回到"白色恐怖笼罩之下"的巴黎是难以想象的

事情。他决定带着他的“团体”前往卢森堡，并直到9月25日才回到巴黎。他急于前往凡尔赛同梯也尔会面，替罗什福尔说情，后者因为写了一些反对流放的文章而被关押在法国的国家监狱中受苦。虽然行政首脑至少曾对他有过承诺，但实际上，罗什福尔和许多其他人一样被流放到新喀里多尼亚。但雨果眼中又有了新的获释理由：
626 大赦。雨果一直在为此努力，起先是作为一位普通公民，继而是作为共和国参议员，后者是他在1876年当上的。在此期间，他在1872年出版了《凶年集》，其中一些片段曾在内战期间发表在巴黎和凡尔赛的出版物上。

巴尔贝·道尔维利再次在一篇题为“一名普鲁士诗人”的文章中抨击雨果：“因而，在您的《凶年集》里，您只是一个普鲁士的志愿兵，如果那些看过您作品的人不能理解您或否定您，那是因为他们与您一样，心中对祖国的情感已被世界主义所侵蚀。你可以抛弃法语，它不会为此而抱怨，因为长期以来，你已经在尖刻地攻击它。用德语写你的下一本书吧！”[26]

另外一位在2月8日当选为议员的前流亡者埃德加·基内的政治态度和雨果相近，只是他没有遭遇“比利时事件”。基内之所以不接受巴黎公社原因有二：其一是克莱芒·托马的被杀，其二是律师肖代被处死。两人均与基内有私交。与此同时，还因为巴黎公社是一场反对普选制的暴动，没有民主的合法性。基内丝毫不信任这些“疯狂的、令人憎恶的”首领，他们完全反对国民议会的法令。实际上，共和国不应该建立在阶级斗争的基础之上——他在1872年出版的《共和国》中重新探讨了这一主题。作为国民议会的成员，他将提出一项旨在解散国民议会的动议，因为他不承认该国民议会的制宪作用。在其去世前的几个星期，他还反对1875年提出的几个宪法性法律文件，因为这些法律文件结束了共和派与奥尔良派之间的妥协。

第三位在2月8日当选为议员的前流放者是路易·勃朗。他对巴黎公社表示了谴责，但并不宣誓效忠于梯也尔的国民议会。作为一名社会主义的历史学家、1848 年革命的倡导者，他在 1871 年 2 月 8 日的第一次选举中获选，并同公社成员划清界限。但他同雨果和基内不同，他是一个社会主义的理论家。这可能就是五月流血周的幸存者不能原谅他的原因所在。但是，他并不是唯一遭到公社社员痛恨的人。卢西安 · 德卡夫的《菲勒蒙——年老的妇人》[27] 中的主人公是位名叫柯洛梅 · 菲勒蒙的公社前社员，他曾在家中烟囱旁的墙上，钉了一个犯人示众柱，也就是一份黑名单，上面列举了那 627
些严厉谴责公社及其拥护者的作家。人们可以在其中找到这些名字：马克西姆 · 迪康[28]、路易 · 勃朗、泰奥菲勒 · 戈蒂埃[29]、勒孔特 · 德 · 利斯勒、儒勒 · 西蒙[30]、勒南、龚古尔、路易 · 弗约、弗朗西斯科 · 萨尔塞[31]、小仲马[32]、保罗 · 德 · 圣维克多[33]、卡蒂勒 · 孟戴斯[34]、乔治 · 桑、儒勒 · 卡拉勒蒂[35]、巴尔贝 · 道尔维利、泰纳、利特雷[36]、布尔热[37]、德 · 沃居埃[38]……

菲勒蒙本来还可加上福楼拜的名字，如果他读过福楼拜和乔治 · 628
桑的通信，福楼拜没有忘记乔治 · 桑。起初，福楼拜只是代表一些相当简单的东西，一边是国际主义，另外一边是对教权主义和君主制的反应："我们在圣樊尚 · 德 · 保罗的社会和国际主义之间摇摆，但后者为了保命干了许多蠢事。我承认公社打败了凡尔赛的军队并推翻了政府，普鲁士人进入了巴黎，'华沙重新恢复了秩序'。如果它反过来被打败，反应将会很强烈，一切自由都将被扼杀。"[39] 对他来说，对公社的镇压性措施要归咎于那些"社会主义者"，这一点是最没有争议的。但是，那些布朗基主义者，尤其是受到警方指控的里戈确实是社会主义家庭的组成部分。他还指责他们把"仇恨"从普鲁士人转移到了凡尔赛人身上。同样，对于凡尔赛人来说，则是把仇恨从普鲁士人转移到公社成员身上。福楼拜不断在信中反复表达沮丧之情，并拒绝追随别人。他在 4 月 30 日写道："我和大多数人并不一样，我听说他们为巴黎的战争感到懊恼。我觉得自己对入侵更能忍受，因为在入侵之后会产生很多绝望。这就再次证明了我们的堕落。'啊！感谢上帝，普鲁士人在此！'这是资产阶级的普遍呼声。我把工人先生置于同一个袋子之中，而且人们会把一切都扔到河里去！”

新出现的两个阵营让福楼拜很恼火，他又重新回到他喜欢的话题，“政治应该是科学的产物，应该脱离那些荒唐的神话”。在他看来，这不像资产阶级。他对乔治·桑说，没有比普鲁士入侵更不幸的事情了。当他知道巴黎发生的事情时，他把这一事件解释成向中世纪的严重倒退（见《公社的野蛮思想》），他很害怕“在这种事情发生之后我们会有的小小反应！因为那些教士将重新出现”。对于我们这些知道后果的人来说，教权主义的再度狂热和道德秩序的建立不难预见。但是，福楼拜不只做了预测，他认为公社本身、社会主义和民主，是福音派
629 伦理的产物，它赞扬那种“会有损正义的”宽恕。在此，他认为“知识界名流的政府”（gouvernement de mandarins）和“合理的贵族政治”有其道理，并为此引用勒南和利特雷的话。他完全陷入全面批判第二帝国的情绪之中，在这一点上他从不宽容。他做出了诊断：法国在拿破仑三世的统治下已经变得腐朽不堪、病入膏肓、道德沦丧，玩笑话取得了巨大成功，《路灯报》即是这种巨大成功一个很好的征兆。“一切都是虚假的。虚假的现实、徒有虚名的军队、虚假的信用，甚至连妓女都是假的。正如那些贵妇被亲密地称为‘小猪’一样，人们称这些妓女为‘故作贵妇姿态的女人’。法国已经处于腐烂之中，她将很快以泰纳和勒南那种‘科学的严肃性’重新开始。法兰西已经完了，最好还是拉上帘子，埋头修改《圣安东尼的诱惑》吧。”

乔治·桑对公社的评价相当苛刻，她认为公社是“卑鄙的”“无耻的”，7 月 14 日，她向福楼拜表明自己转变思想的结果：“我和朋友耐心而乐观地等待了那么久，但只看到了黑暗。我独立地判断他人。我从自己的性格中获益匪浅，我曾经扼杀了许多无用而危险的激情，并在长满鲜花和青草的火山上播种，它们长得很茂盛，我相信，随着岁月的流逝，我和同辈人将不再丧失理智，全世界的人会受到启发，

改正自己的观点，并对此表示满意。现在我从梦境中醒来，发现自己生活在愚蠢疯狂的一代人之中。”[40]

人们会认为公社是一场以流血悲剧告终的没有意义的革命。在《法兰西内战》中为了创造一个伟大神话而超越了这一范畴的马克思本人，也认为公社成员本应该寻找一种更为有利的妥协。[41]令人惊奇的是，在以前倾听“人民”声音的乔治·桑那里，“人民”已经成为过去时，她不时地试图理解、分析，把公社的“错误”放回到历 630
史背景当中，谴责公社对国民议会的挑衅，由此人们亦已经看到，她也多次像左拉一样对公社进行猛烈的批判。此外，尽管她身上充满人道主义精神，但她也不可能认同雨果在比利时的《比利时独立报》上的态度，“这是一种疯狂而幼稚的感情”，难道“这样一个伟大的天才也应该遭受懦弱和女人般情感的折磨吗？”[42]然而，雨果却同意不讽刺乔治·桑的态度，后者在岁月的重压下已经变得反动。关于她这种对起义者的不理解、这种大肆谩骂，人们或许会感到惊诧，但是不能否认她具有对时局的政治辨别力。身为一个共和主义者，她热切希望看到共和国的胜利和持久发展，这位诺昂的夫人了解外省同巴黎之间存在的“鸿沟”，她在3月27日写信给朋友埃德蒙·普洛许时如是写道：“在巴黎街垒之外的是反动势力。”她忘记了是里昂、马赛等法国的大城市让法国成了共和国。但总的来说，她是对的：她对法国的农村和乡镇了解得很清楚。她的以下推理显然不再是一个社会主义者，而是一个忠诚的共和主义者所具备的：为了建立法兰西共和国并给她奠定坚实基础，应该让那些原本拒绝接受共和国的乡村势力占主导地位的省份接受她。所以，要赞成“资产阶级的共和国”，拥护梯也尔先生。剩下的则是第三共和国缔造者们的计划：对德国表示妥协而不是强硬。这等于是放弃甘必大激进计划的一部分，他是小步前进的共和国代言人，他成功把共和国政体强加给法国农民，后者曾是帝国忠实的支持者。既然革命只是关注占人口少数的市民阶层的利益，又反对普选权，那它还有什么有利条件

呢？它唯一的机会就是通过专政和恐怖来维持统治，而要做到这一
631 点，首先得假定它拥有足够的武装部队，但事实并非如此；其次得假定一直占领着巴黎北部和西部的普鲁士军队愿意承认这种不确定的胜利，并且对和平条约的草案重新讨论。但不管怎么说，人们发现，这种反动精神比乔治·桑所说的要更为糟糕。

因为埃德蒙·龚古尔的《日记》，我们得以了解他日复一日的情感变化。他一直满腹牢骚，对公社充满仇恨，期待着作为解放者的凡尔赛分子的反攻。此外，持唯美主义观念的龚古尔很喜欢五月流血周期间火灾产生的色彩效果："废墟既壮观又华丽，它呈现出玫瑰色、孔雀石般的绿色和铁锈般的浅红色，有如玛瑙般的绚烂，仿佛被汽油焚烧过的石头……"他咒骂国民自卫军，将其称为"武装起来的贱民""醉鬼""得意洋洋的流氓和无赖"，他还抨击那些看热闹的闲人的怯懦，因为他们放任恶棍为所欲为……他以与福楼拜不同的语言，像福楼拜那样对人们转移仇恨的对象感到愤愤不平：这些国民自卫军官兵，如果他们已经把枪炮指向兵临巴黎城下的普军，那么为公社而牺牲将会是多么荣耀啊！值得注意的是，龚古尔和克洛塞的主人福楼拜一样怀有已经"厌倦做一个法国人这样的情感"，他把公社和凡尔赛之间的关系看作一种阶级斗争，是"工人阶级"反对"社会上层"的斗争。这种阶级斗争在被押上法庭审讯的公社战士的表现中比在公社口号中的表达要更为明确。[43] 他在 3 月 28 日又写道："现在我们面临的是工人阶级对法国的完全征服和专制主义，对贵族、资产阶级和农民的奴役。"[44] 由此，我们可以猜想，像埃德蒙·龚古尔这种现行秩序的卫道士，这样的资产阶级会比工人们更强烈地体会到阶级意
632 识：通过把这种复杂的冲突理念归结为传统马克思主义奠基人所倡导的那种社会对抗理论，他们身上的这种恐惧感证明了马克思和恩格斯的理论。"C. 塔莱斯写道，一个特权等级以 2 万人的生命换取未来的安宁。这一滔天大罪确实给公社赋予了一种社会意义。资产阶级的'阶级意识'与公社领导人理论上的不确定、公社战士牢固但混乱的信仰

形成鲜明对比，而正是这种阶级意识使公社成为‘阶级斗争’史上一个悲剧性篇章。”[45] 同时，我们已经说过，这种意识同社会或历史的正义感相距不远。有人评价道，巴黎公社的失败使巴黎元气大伤，因为在战斗中丧生、被流放和自愿流亡，巴黎损失了 10 万名左右的劳动力。[46] 尖刻的评论家龚古尔在 5 月 31 日，亦即他的噩梦行将结束时写道：“这样很好，既不存在和解，也不存在妥协，解决的方法很严厉。它具有一种纯粹的力量。这种解决方法已经从那些主张妥协的懦夫那里获得灵魂。这种解决方法已经把信心重新赋予军队，后者从公社社员的流血中得知自己依然具备战斗力。”[47] 最后，公社社员的血纯属白流了。这样的流血夺走了法国一部分人的生命，推迟了新革命力量的重新聚积。如果政府敢于做它此时敢做的一切，那么，这个旧社会还有 20 年的时间可高枕无忧。[48]

路易 · 弗约依旧在《宇宙报》任职，他从公社身上看到的首先是一种“狂热的反宗教暴行”。现在我们已经可以证实，1871 年的革命是 19 世纪历史上最厉害的一次反对神职人员和宗教的革命。逮捕，没收财产，把教士作为人质，他们中间有 20 多人在五月流血周期间被枪杀。它同样使由德 · 迈斯特尔开创的反革命传统重新复活，公社有如一个德行败坏、蔑视宗教、不再有复活节的民族的赎罪祭礼。作为《议会关于 1871 年 3 月 18 日起义的调查》的报告人，马夏尔 · 德尔皮特以官方的形式证实了路易 · 弗约的解释：“没有一个社会可 633
以不受道德权威的约束，我们只有在神圣权威的认可下才能感受并维持道德权威。”在弗约的眼中，这样的政治结论不可或缺，即恢复君主制，吁请尚博尔伯爵以亨利五世的名号登基。从 1871 年 5 月 8 日起，所有这些宣言都刊登在《宇宙报》上。[49]

巴黎公社给了作家们各种解决方法的灵感，福楼拜的“知识界名流的政府”，弗约的“天主教和保皇派政府”，更不用说接下来梯也尔的“保守的共和国”了，后者还得到了乔治 · 桑的支持。

巴黎公社也很快给小说创作带来灵感。就此而言，最有意思，而且因其出自一位最终以社会主义者自居的作者之手而最为令人震惊的小说，也许就是埃米尔·左拉，也就是后来《我控诉》的作者所创作的《崩溃》。兄弟两人，即莫里斯和让处于对立状态，一个站在巴黎公社一边，另一个站在凡尔赛一边，结果，其中一个人被另外一个人所杀。临死前，莫里斯在枕边向让宣告道：

> 你还说过，当有人身上的某个部位已经腐烂，或者说肢体已经腐烂时，与其让他像霍乱病人一样死去，还不如一斧子将已经腐烂的肢体砍倒在地。自从我觉得自己孤身陷于这个疯狂悲惨的巴黎城以来，我经常想起这句话……唉！我就是被你砍倒在地的那副已经腐烂的肢体。
>
> 法国公民当中健康、理智和冷静的部分仍是农民，他们依旧离土地最近，他们通过因梦想和享受而有点不正常的帝国，摆脱了愚昧、过激和变质的成分。因此，应当在让所有人都觉得悲痛，但不要过多知道在做些什么的情况下，在他们的肉体上进行切割。让法国人大量流血是必不可少的。恐怖的大屠杀、活生生的牺牲，将在烈火中得到升华。从此以后，精神痛苦将上升到最可怕的极度苦闷。被钉在十字架上的民族在弥补过错（此言与弗约何其相似）并将获得重生。
>
> 我亲爱的让，你纯朴又实在……去吧！去吧！拿起锄头，
> 634 拿起泥刀，回到田间，重新盖起房子……至于我，你把我杀死算是做对了，因为我是你骨头上的溃疡。[50]

公社在作家那里只有一些毁谤者。很少有作家或在实际行动中或在宣言里为公社成员辩护（一些公社前成员不在此例，如儒勒·瓦莱斯、马克西姆·维伊奥姆[51]、利萨加雷[52]和埃里·雷克吕斯[53]），或者忍受他们（不过，如维克多·雨果这样的人前后不一致地既为失败者辩解，又为他们的大赦辩解）。对于这种态度具有多种解释，

而对于这些解释，人们可能会格外注意以下两种解释。一种是政治维度的解释，如果 3 月 18 日的起义是自发产生的，3 月 28 日宣布成立的公社就违背了普遍选举原则，因而，这是一种同合法性和联合的正当性的决裂，一种与为了民主而进行的斗争的正式分离和冲突。另一种是社会维度的解释，而且在我们看来这种解释似乎更为深刻。无论它明确的意识形态究竟是什么，亦即无论是共和主义的、无套裤汉[1]的，还是反教权主义的，巴黎公社都曾经是一场阶级斗争。同时代的人，如福楼拜、龚古尔等等，早已清楚感觉到这一点。显然，大多数作家属于“高高在上的阶级”——这是埃德蒙·龚古尔的表达方式——他们有充分理由拒斥取得胜利的贱民，感到恐惧和担忧。从这一角度来看的话，他们在 1871 年的表现与在 1848 年形成了强烈反差。在 1848 年，至少在六月起义以前，革命在阶级冲突方面并没有像 1871 年时那样无情。我们并不寻求一种可以表现出两者相似性的分析，我们只满足于想到福楼拜珍视的一句格言，因为这句格言最终说明了问题，它说道：“像资产阶级一般生活，像半人半神那样思考。”像资产阶级那样生活，意味着能够确保将来的生活，拥有利息收入，拥有不动产。而像半人半神那样思考，则意味着写一本 635
不朽之作。这导致许多的文人宁愿选择开明专制。渴望像半人半神那样思考，导致他们想要专制政体没有慷慨提供的自由。由此出发，在许多作家那里，这场要求秩序和要求自由之间的钟摆运动是他们力图摆脱的矛盾。在这一景象当中，越来越像专断家长的雨果，似乎是少有的超越了这种秩序和自由的二元论的人之一。对于他来说，应当建立秩序的是自由，因此，他拒斥必然是少数人发起的、必然会破坏自由的社会革命，完全赞同一个既是自由又是社会的共和国构想。

[1]　无套裤汉，原指城市中从事体力劳动的市民，这一群体在大革命中成为革命主力军，该词由此也成了革命者的代名词。——编者注

第三十五章

泰纳与勒南反思法兰西

1871 年 11 月，勒南发表《法兰西知识与道德改革》。

1872 年 1 月 10 日，泰纳在私立政治科学院发表就职演说。

1875 年，泰纳出版《现代法国的起源》第一卷。

636 在“凶年”之后不久，法国人就面临双重问题：在 1871 年 5 月 21 日签订付出巨大代价的《法兰克福条约》之后复兴法国以及确立新政体。对于那些思想充实的人、哲学家和智者来说，这是一个前所未有的机会，让他们去解释所发生的一切，并打开新的视域。

国家恢复得很快，由于梯也尔成功发行了一种债券，法国在 1873 年 3 月提前偿清德国人所要求的 50 亿金法郎赔款。德军提前结束了对法国领土的占领，这也使得梯也尔这个行政首脑获得“法国领土解放者”的称号，但实际上，这是以巨大内债为代价的。

较之于国家的复兴，政体问题更难解决。昔日的奥尔良派成员梯也尔意欲通过把波尔多的临时性政治体制稳定为凡尔赛的“保守共和国”来保住自己的权柄。1872 年，他在议会复会时宣布：“共和国是存在的，她是国家合法的政体，要求别的东西将引起一场新革命，并且是最可怕的革命……”最后他以这句话作为补充，并表明立场：

“要么是保守的共和国，要么什么都不是。”大多数右派对此深感不安，对他们来说，危险尤其来自将相继举行的补充选举，因为这些选举会使共和派阵营得到加强。1873 年 4 月，尚未包扎好伤口的巴黎选举了参加共济会的共和派分子德西雷 · 巴罗德，此人曾因其反教权主义的措施而被撤销里昂市长一职，而在选举中败在他手下的 637
竟然是梯也尔亲自支持的候选人——外交部部长夏尔 · 德 · 雷米扎！对于不少右派来说，这是一个摆脱“解放者”的绝佳良机，5 月 24 日，他们对梯也尔投了不信任票。优柔寡断、信奉正统主义的秩序党人麦克马洪元帅取代梯也尔，成了共和国的行政首脑，负责组阁的是斯塔尔夫人的外孙阿尔贝 · 德 · 布罗伊公爵。由于君主派在议会中占据多数，且一位拥护君主制度的军人入主爱丽舍宫，复辟君主制的道路似乎已经打开。不久之后，王位觊觎者尚博尔伯爵为表明其不愿妥协而发表声明：“我只能在坚持我的原则和旗帜的情况下返回法国。”此话昭示了他缺乏务实态度，并显示出君主派内部存在一种无法克服的分裂。

在等待解决方法的过程中，议会通过了将麦克马洪的任期延长至 7 年的法案，其头衔则是共和国总统。道德秩序确立，“公爵共和国”开始。该共和国在 1874 年 1 月 20 日投票通过一项新法律，规定法国各个市镇的市长由政府重新任命。被解职的市长名单相继出现在《政府公报》上，并引起巨大的愤怒。共和派的公务员从行政部门中被清理出去。对付民主派报刊的措施在不断增加，其中一些报刊被彻底取缔。一些省长发布政令，规定禁止在一天中的某些时刻举行世俗葬礼，玛丽安娜的胸像在市政府被撤了下来，7 月 14 日的纪念活动遭到禁止。

与此同时，在教会的鼓励和右派议员的支持下，法国成了天主教和教权主义者的表演舞台。这一现象并不仅限于法国，而且与教皇对世俗国家的权力在衰退有关。在奥地利、德国、比利时等等，所有的天主教国家都建立了对庇护九世的个人崇拜。在法国，当时的政局和议会中君主派占多数的局面增加了他们对天主教的影响力。“以圣心的名义拯救罗马和法国”成了流行的圣歌。这是一个奇迹和朝圣的时代。拉沙特尔、帕赖－勒－莫尼亚勒、拉萨莱特、卢尔德等等，皆成了圣地。这也是数不胜数的圣职在感召的时代，是各种各样的宗教艺术品在销售的时代，是圣母像流行的时代……（潜在的）王权与（受到威胁的）祭坛的联盟得到了拥护君主制的精英和受欢迎的天主教人士的肯定。弗约喊道：“国王已经被谋杀，只要君
638 权不恢复其合法地位，法国就不可能稳定。”而庇护大人，一位极端主张教皇绝对权力的主教则非常愤怒地说道：“世界上的一切罪恶，皆来自那些在上个世纪末引进一种新权利和邪恶使用军事力量而带来恐怖的人。”教会最权威的声音表明，教会同共和国之间没有协调的可能性。对巴黎的共和派、革命者和共产主义者来说，最大的挑衅就是在 3 月 18 日发动巴黎公社起义的蒙马特尔高地建造圣心大教堂。埃米尔·利特雷通过区分天主教徒与天主教党，把天主教党看成“共和国的顽固敌人，任何时候都想在任何地方对共和国发起攻击。它公开宣称是白旗和正统性的朋友，这样做确切地说并不是为了王权本身，而是为了利用王权对在西班牙的卡洛斯派的政治主张和信仰施加影响力，利用王权把维克多·埃玛纽埃尔赶出罗马，并惩罚瑞士独立于罗马教廷的行径”[1]。

利特雷还补充了下述评论：“有人为之努力的新复辟同第一次复辟一样，是正统主义和教权主义的，它以一种更令人不满、更令人无法忍受的方式进行。因为它服从于主张教皇绝对权力的学说，服从于在第一次复辟时尚不存在的庇护九世于 1864 年发布的《现代谬误学汇编》，而它面对的是一个 1815 年的人士所不曾面对的显然更世俗化、更现代的社会。”[2]

在当时的思想舞台上出现了与主张教皇绝对权力学说大为不同的新的传统主义，这种传统主义根植的并不是天主教的文化遗产，
639 而是科学的方法论。及至现在，科学一直与运动、进步甚至共和主

义思想联系在一起。这一次，科学分析被用来建立一种保守秩序。有两个人很好地体现了这种趋势，他们是欧内斯特·勒南和伊波利特·泰纳。阿尔贝·蒂博代写道：“在19世纪最后30年当中，与塔恩（河）(Tarn) – 加龙（河）(Garonne) 一样，泰纳 – 勒南这个四音节的词给文人的语言增加了一个不可分割的音节，这是一代人中互为补充、紧密联系的两位大师的名字，是教育界审判官的名字。”

正如人们可能会同时追溯1798年出生的米什莱和1803年出生的基内一样，追溯1823年出生的勒南和1828年出生的泰纳也并不让人感到意外。前面两人让人感受到浪漫主义的时代，他们在一段时期内——米什莱死于1874年，基内死于1875年——不断（用艺术的手法）描绘人民、爱国主义和蔑视天主教的时代的到来。后面两人则属于19世纪50年代的一代，他们在实证主义和唯科学论的环境下成长。在第二帝国，勒南和泰纳作为科学的捍卫者，对天主教的理论提出质疑，成了教会最危险的敌人。我们知道勒南的《耶稣传》曾引起多大轰动，以及他如何刚刚在法兰西公学院开讲就被挡在法兰西公学院门外。而伊波利特·泰纳同样以与高级教士和正统派为敌而闻名。

泰纳于1848年就读于巴黎高等师范学校，从一开始他就被同学视为一个奇才。但是，他没有通过1851年的哲学大学和中学教师资格考试，审查委员会指责他持有唯物主义的立场。尽管遭受这样的挫折，他还是提交了有关拉封丹《寓言》的学位论文。他在论文中初步形成了一种方法论，在接下来几年中，这种方法论在《两个世界评论》和《论战报》等报刊上所发表的文章中显现出来。如同他已在自然史进行的研究那样，他打算在哲学、心理学和文学史等领域进行名副其实的科学研究。他所写的《19世纪的法国哲学》一书，使他成了准官方哲学家维克多·库辛[3]所倡导的折中主义和唯灵论的对头。同勒南一样受到德国哲学滋养的泰纳，创立了一种应用于每部著作的普遍方法论，而这种方法论以在1864年出版的《英国文学史》中的成功得到肯定。他用三要素阐明理论，这些要素专门用来解释作家及其作品，它们分别是种族，代代相传的遗传方面的总特征；环境，传统、信仰和地域文化；时代，维持或长或短的时代的主
640 要力量。换句话说，艺术作品的产生并不是偶然的，而是受到环境的支配。

当泰纳因其代表作而成为法兰西学院授予的波尔丹奖的候选人时，他的理论前提，即文学也可以像物理科学那样被研究，深深触犯了庄严的学院全体会议。维克多·库辛在大会上宣布："如果学院把大奖颁给一部宣扬唯物主义、宿命论以及违背公众道德的作品，它就不可能不存在巨大危机。"杜庞卢大人对于表现出唯物主义的作品大发雷霆："这是最卑劣、最具煽动性的作品。"对此，泰纳以一篇赞扬埃米尔·利特雷刚刚以雄心勃勃的科学名义再版的《实证哲学》的文章予以回击。甚至连曾经是泰纳的保护人的基佐也不愿接受这种方法论。能让被剥夺了学院大奖的泰纳聊以自慰的是，他收到在讨论颁奖事宜时没有在场的法兰西学院院士圣勃夫亲自表示的崇高敬意，后者在 1864 年 5 月 30 日和 7 月 1 日，在勒南被暂停法兰西公学院的授课之际，在《月曜日丛谈》中对泰纳的研究给予了高度评价。

1864 年，泰纳被任命为巴黎美术学校的美学教授，他在第一堂课就受到内行听众的热烈欢迎，那些追随者对这位现代思想大师推崇备至，并同既存的意识形态和占统治地位的唯灵论决裂。在第一堂课结束之后，这位新教授甚至在倾盆大雨之中被热情洋溢的学生一直护送到马车上。他关于艺术本质的课程重新恢复了思想的力量：一部作品总是人们可以列举出来的一系列因素起作用的结果——种族、环境和时代——这些观点在《论智力》中得到系统运用。

就政治方面而言，泰纳当时信仰共和主义的程度并未超过勒南。人们看到，从 1876 年开始，他就已对法国不抱有任何幻想。他写道，"依我之见，我们的作用已经终结，至少是暂时地终结。未来属于普鲁士、美国和英国。勒南和泰纳实际上在思想上属于左派，在政治

上却不然。正朝自由主义方向演变的帝制并不让他们感到可怕[4]，同福楼拜、梅里美和龚古尔兄弟一样，他们频繁光顾玛蒂尔德公主的 641
沙龙。尤其是勒南，他还经常陪伴在拿破仑亲王身边。相反，在知识领域里，欧内斯特·勒南和伊波利特·泰纳均显示了他们的叛离。他们属于这样一群法国作家和学者，这些人一方面进入像法兰西研究院或法兰西公学院这样的官方机构，一方面又公开颠覆天主教的各种教义。这些唯科学论的代表同教会的代言人相互斗争。巴尔贝·道尔维利就泰纳写道："当人们读他的书时，他们急于有一种更为健康、更为纯洁的氛围。"[5]

法国和普鲁士之间爆发战争——这并非假想的战争——这一事实让勒南既无法忍受又出乎意料，因为他一直旗帜鲜明地崇尚德国的文化和科学。赫尔德、康德、歌德和黑格尔都是他作品中主要引用的著作的作者。在他看来，从这场武装冲突中不会产生任何有价值的东西，它带来的只可能是文明的长久衰退。埃德蒙·德·龚古尔在《日记》中记录下勒南于8月23日在玛尼餐馆[6]聚餐会时的态度：今天晚上，在布雷班餐馆里，因为被人群在奔赴前线的部队路过时发出的呼喊声所吸引，大家都靠在窗边观看。勒南很快就带着不屑的神情离开，临走时抛下这样一句话："在这里的所有人当中，没有一个人具备美德。"龚古尔最后以一种不得上诉的判决结束了这场交锋："啊！请别跟我谈这些理想主义者、这些以人道主义者自居的诡辩家，我觉得他们对普鲁士人有一种几乎掩饰不住的与爱国相悖的钦佩之情，而这些普鲁士人纯粹是野蛮人和自然科学教师的混合体。"[7]勒南拒绝参加爱国示威运动，拒绝支持大众沙文主义，甚至从心底里崇尚普鲁士和德国的思想家，但这并不能阻止他对法国的热爱。但是，他不愿意任由自己在这种爱国心的驱使下盲目行事，应当全面考察。在登载于1870年9月15日的《两个世界评论》中 642
的文章《法国和德国之间的战争》中，勒南认为大战的责任应该归于交战双方。普鲁士方面的问题在于一种巨大的狂妄自大症，法国的问题则是个人权力的过度膨胀。唯有一种力量能够使一种公正的和平居于支配地位，这就是欧洲。在战争结束之后我们将看到，在民族性原则之外，还应当加上一种正确的原则，这就是欧洲联盟的原则。[8]同样是在 9 月 15 日，《论战报》刊登了大卫·施特劳斯一封信的译文，大卫·施特劳斯是比勒南《耶稣传》出版要早的一部德国人写的《耶稣传》的作者，此信最早刊登在《奥格斯堡报》上。16 日，《论战报》刊登了勒南的回复，回复者重述了自己在《两个世界评论》中发表文章的观点。他强调普鲁士所觊觎的阿尔萨斯问题："如果人们把这一问题交由阿尔萨斯人自行决定，绝大多数人仍会希望与法国统一在一起。德国值得用武力去兼并一个会反抗的、愤怒的，尤其是在斯特拉斯堡受到摧毁之后变得不愿妥协的省份吗？"他第一次在内心初步形成这样一种想法，即民族性并非人种或语言发展的结果。他再次坚定了自己的信念，认为和平来自"欧洲联盟"的形成。[9]一年后，《法兰克福条约》签订之际，他在《再致施特劳斯先生的信》中强有力地谴责在无视当地居民愿望的情况下瓜分阿尔萨斯-洛林的行为，称它是"一种错误，甚至是一种犯罪"。在长期思考民族性原则之后，他于 1882 年在索邦大学所做的那次题为"何谓一个民族？"[10]的著名讲座中，已经极为清晰地勾勒了他在这个问题上的主要观点：

> 我们的政治是建立在民族权利基础上的政治，你们的政治则是建立在种族基础上的政治。我们以为，我们的政治要好于你们的政治。这种分歧突出表现在是否以种族来划分人类，但这种划分建立在一种科学方面的错误的基础之上的，因为很少有国家真正拥有完全纯正的种族。它只会带来种族灭绝的战争、
> 643 "动物式"的战争。请允许我说，这类似于各种啮齿类动物和食肉动物为了生存而拼死相搏的举动。这将终结人类——这种由多种因素以及必不可少的一切构成的繁殖力强的混合体。你们

已经在世界上举起取代自由主义政治的人种学和考古学式的政治大旗，这种政治必然会给你们带来灾难。你们已经创造，并且已经错误地将其移用到政治领域的比较语言学，将给你们带来厄运……你们怎么可以认为斯拉夫人不会做出你们对别人所做的那些事情呢？这些人在所有问题上都是亦步亦趋地跟随你们呀。凡对日耳曼主义的肯定就是对斯拉夫主义的肯定……民族并不是种族的同义词。[11]

这是一篇具有预见性的出色文章，它预告了20世纪是战争的世纪，衷心呼唤建立一种欧洲联盟，以此终结“动物式”的憎恨，但并不希望因此让民族解体。

在巴黎被围期间，勒南在11月10日、13日和28日的《论战报》上发表了三篇文章，表达对政治制度的看法。在《关于在巴黎被围期间召开议会》一文中，他强调法国有必要尽快建立代议制。他明智地主张，应当在休战期间负责确定和约的议会选举与必然会在新政体形式问题上产生分歧的负责制宪的议会选举之间加以区分。我们知道在这一点上，正如在其他方面一样，勒南并不被人们所理解。

在看了勒南所写的那些热爱和平、艺术和科学的审慎而又务实的文章之后，我们更惊讶地发现，他还是一部会引起激烈争论的著作的作者，他在这一著作中显得比保守派还要反动，比自由派具有更多种族主义色彩，但此书的不断再版表明了它的成功。这本书就是他在1871年11月6日在米歇尔·列维出版社出版的《法兰西知识与道德改革》——不过，他自1872年2月以来，即普法战争停战后不久就对第一版进行了修订。在内战爆发后的第二天，他又进行修订，谴责法国人的弊端，并提出补救措施。

弊端？不应该把战争失败的偶然因素——帝国政权在外交和军事方面的无能——与其内深层原因混淆起来。这种深层原因就是实 644
利主义和民主制。实利主义就是人们后来所说的“享乐主义”，它与军国主义精神完全相悖。的确，资产阶级有实利主义倾向，但是，工人与农民也具有“物质方面的欲望”。此话出自充当和平主义者的勒南可谓令人惊奇，但是，他从此之后确信：共同生存和相互保证的准则存在于“一种强大的武力”之中。然而，这种要求和民主之间存在一种不可调和性。

如果说法国曾是一个尚武的国家，那是因为它有“值得钦佩的充满勇气和荣耀的贵族”。勒南的亲日耳曼主义显然可以由此得到解释，因为贵族来自日耳曼的特性：“法兰西的尚武精神来自日耳曼的好战精神。”[12]这种观点首先被用于政治方面：推翻王权和普选权的最后胜利使贵族阶级消失，而“被一种肤浅的唯利是图的观点支配的”大众则从中得到好处。勒南也承认地理环境同人种文化之间的因果关系：我们民族的轻率来自法国南部，如果法国不曾把朗格多克和普罗旺斯带进它的活动圈子，我们就会更为严肃，勤劳，尊奉新教，尊重议会。法国在南部的影响下变得堕落，作为社会主义根源的利己主义和作为民主根源的猜疑，只会造就一个软弱的社会，不可能抵御住强大的邻国。

通过比较两个国家，勒南列举各种在普鲁士存在而法国所不具备的优点。首先，存在“道德方面的优点，尤其是始终给一个种族带来它战胜其他更缺乏这种优点的一些民族所需要的优点——纯洁”。勒南的亲日耳曼主义是极端的，正如在戈比诺身上看到的那样，人们也注意到他怀有一种雅利安人、高级人种和军事贵族禁欲主义的理念。但是，最重要的还是因为普鲁士仍是能抵御工业、经济、社会主义
645 以及革命的实利主义的旧制度国家。在法国则不然，其民主制度已经摧毁了建立在纪律基础之上的军事精神。“民主是对纪律的否定。”战争已经显示出一切“我们过去只是在怀疑的、性格方面的缺陷”，而且，这些缺陷已在“巴黎公社的可怕插曲中”被推向极致。

面对法国的衰落，勒南希望它能够做出有效反应。他以普鲁士在1807年的例子提醒人们——普鲁士把失败当作一个“革新时代”

的开始。在有朝一日重新获得这些被割让省份、恢复力量之前，法国应该像耶拿战役后的普鲁士那样，进行反省，革除那些弊端。法国应该放弃普世主义的角色，埋葬民主制度："民主造成了我们在军事和政治上的虚弱，造成了我们无知，让我们陷入愚蠢的自大之中。民主还和落后的天主教主义一起，使我们的国民教育不能满足需要。"解决的办法就是恢复王权，并"在某种程度上"恢复贵族制。对于在1871年，亦即政体问题依旧悬而未决时的勒南来说，共和国并不合乎他的愿望。

在这种受到日耳曼精神启发的新型君主制政体框架中，重要的是设置一种"稳固的初级和高等国民教育"，建立一种面向所有人的义务兵役制度。他所期待的政体是一种贵族政体，因为文明本身就是"一种贵族的作品"。他还对雅典的民主制度提出反对意见："如果把创造了雅典的一小部分自由贵族交给他们的20万奴隶，让他们淹没其中，雅典又会变成什么样子？"勒南首先希望国家具有朝代的延续性——法国国王人头落地的那一天也就是法国自杀的日子——并且永久以贵族政治为中心，保存艺术、科学和高品位，反对民主和外省的粗俗。如何才能形成这种必不可少的贵族、"一种单独的类别"呢？其答案是，除军队之外，通过选举产生一个由智者组成的议会、一个上议院，"由其代表各种各样的能力、专业和利益"。对于下院来说，恢复普选制或许不大可能，但是，可以通过审查、引导和分级制度组成有声望的选民，这些选民大约为8万人，他们将组成各省选举团，在负责监督国库收入的同时捍卫社会道德。忠于 646
其自由主义纲领的勒南始终主张行政管理应非中央集权化。

他最担心的一个方面是教育。1870年的胜利同样也是普鲁士教育者的胜利。长期以来，法国教育一直由教士掌管，因此天主教信仰不能给大众提供知识和道德方面的精神食粮。他写道，这对于智力发展产生了极其不利的后果。且不说控制人们思想的天主教教义，精英也没有获得本应得到保障的思想自由。"我们应当任由天主教关照民众，但不能任由它关照那些其思想自由应得到保证的精英。”为此，勒南提倡首先要改革高等教育，用五六所德国式的大型综合大学取代专科学校，如综合理工学校、高等师范学校等等。这些大学是真正的“培养贵族的地方”，它们可以确保思想讨论的自由，通过科学而不是沙龙和社交界的人去培养理性主义社会的头脑。

在最后一章中，原先的和平主义者勒南开始为战争大唱赞歌——“战争是一种刺激，它会使一个国家不至于沉睡。”[13] 他大致上写道，当今存在着两种类型的社会，其一为强大而粗俗的美国式社会，其二为实行贵族政治的普鲁士式社会。后者逐渐遭到“个人利己主义要求”的削弱，问题在于我们是否能够在个人利益自 1840 年以来成了法国人的动力之后，重新受到普鲁士模式的激励。实际上，勒南在思考的是，法国是否能够摆脱托克维尔所描绘的民主社会。

伊波利特·泰纳也同样体会到欧内斯特·勒南在凶年中感受到的情感。泰纳对战况了解甚少，但他充分估计到了法军在指挥方面的劣势。1870 年 8 月底，害怕巴黎被围困的他为了把妻子安置在图尔避难而来到图尔。但令人失望的是，因为没有火车，他无法回到巴黎。在色当的失败之后，他对帝国政客予以严厉抨击：“我们政府
647 的愚蠢简直是无法形容。他们一无所知，既不了解普鲁士军队的数量，也不了解这支大军的状况和准备情况，更不了解德意志民族的战斗热情。”对于他来说，这显得非常可怕。说实话，普鲁士人比 1807 年的法国人更为自负，他们自认为是上帝的选民，是优等的特权种族。40 多年以来，他们的教授和学者竭力鼓吹这种顽固而不人道的自负。在这种极可怕的混淆造成的错误观念影响之下，他们确信自己是上帝的选民，可以任意支配欧洲，也就是说，他们具有所谓的“德国的历史使命”。根据他们的说法，他们之所以被赋予这样一种使命，乃是因为他们是“最符合道德的”。你们无法想象他们如何贬低、中伤法国人的道德。[14] 在图尔逗留期间，泰纳开始为政府在外省的代表团服务，修改那些将在英国报刊上发表的文章，表达自

已对战争结果的疑虑，想要恢复信心，对卢瓦河军团的命运表示担忧。接着，面对普鲁士军队的威胁，他和妻子撤退到波城，并在那里一直待到停战。12月28日，他写信给母亲道："消息越来越让人悲伤。这些日子我的心一直在流血，我现在才知道祖国的珍贵。"巴黎的投降使他相信，他不能再保持沉默。他在2月7日写信给朋友说，"在我回来之后，尽管有些勉强和能力有限，我还是很可能在巴黎写些有深度的政治性文章。现在该是所有人开始积极行动的时候了，但是，言论在国家的制度和国民性面前竟然如此微不足道！不过我会尽我所能……"容易激动的人尤其在革命时期更是如此，他们变得疯狂、崇高或者凶残，由此产生恐慌或法兰西式的狂热，甚至产生了对娱乐的需求和对愁闷的憎恨。

在3月初始终待在波城的泰纳，以具有洞察力的悲观主义向其朋友、建筑专科学校的教授埃米尔·布特米说了以下知心话："你知道，我对法国总有些悲观的想法，现在，悲观已经变成绝望，我在这一年来看到的是六月事件和内战……我以为，很少有国家会在政治上显得如此无能，那些自称是进步人士的共和派大多数是一些狂热的 648
疯子。"他对一篇赞成两级选举的文章进行了思考，说它想给那些乌合之众提供士官岗位。他在这方面与勒南有惊人的相似之处，他甚至贬低民主制和普选制，甚至想去拯救一种贵族制度。但是，他同样对他的朋友进行了毫不留情的批评。他在刚刚返回巴黎时给妻子写信道："勒南向我提供了有关时局的4篇重要的政治性文章，他大概不会发表这些文章，它们就是《法兰西的知识与精神改革》的草稿。这些文章潦草而抽象，写得不是很好。此人做事马虎。他总是有那么多的想法，但是他的理论让人生厌。显然，为了更好地效仿普鲁士，他赞成恢复君主立宪制和贵族政治。"

上述句子写于3月17日，即巴黎起义的前夜。即便他预见到这场新的内战，但泰纳在接受这一事实时还是不无痛苦。当时住在姐姐在奥赛的家中的他，定期前往巴黎授课，因为他刚刚在巴黎美术学院恢复讲课。他弄错了巴黎公社社员的身份，以为他们都属于“国际”，但他依旧看清楚了这场叛乱的最初原因和内在原因，即巴黎人对特罗胥和国防政府的怨恨。他们把后者看成叛徒，并反对这个“走得比特罗胥之流还要远，而且其大多数人把资金转移到别处”的议会。没起任何作用！普遍缺乏理智！泰纳教授产生了生活在精神错乱者之中的印象。他所写的信件被打上愁闷、悲痛、“冷冰冰的绝望和无声的愤怒”的印记。

在4月初法军开展了一些小规模军事行动之后，巴黎同其周围地区之间的交通变得越来越困难。从4月3日起，泰纳停止授课。在炮火声中，他有时间对法国人在心智方面的不足进行反思——这一著名的民族性使他们在智力上受到限制，动不动就说空话，自认为无所不能，忽视了事物的复杂性。由于缺乏智慧，法国人甚至缺少能与英国人和德国人所具有的那种“本能”相抵抗的东西。4月中旬，泰纳回到图尔，并为所有家庭成员都离开了巴黎这个是非之地感到庆幸。因为牛津大学请他前去讲学（用法语讲授），泰纳于1871年5月20日来到伦敦。他在通信中继续反思法国的局势。他指出，同胞
649 无法理解民主的双重法则，这一法则规定：第一，一个由普选制选出来的合法政府不得通过暴力活动来推翻（这里指的是巴黎公社）；第二，多数派应当承认少数派的权利（这里指的是国民议会）。他在5月21日的信中写道，无论是从法国人的个性、教育还是阶级之间的情感来看，被延长的共和国暂时而言都是最不可取，法国只能是其他政体，不可能是共和制。在牛津大学时，他还继续追踪“流血周”的一些报道，对于那些已经发生的恐怖事件、残酷的战斗和火灾表示痛心。

在6月底回到法国后，泰纳开始投入一项新的工作，那就是整理自己在巴黎公社期间产生的一些想法。他认为，为了理解法国的政治混乱，就应当追根溯源，可以一直追溯到旧制度和大革命时代。在结束该学年在美术学院的最后课程之后，他住进岳父在夏特米－

马拉布里的家中，潜心创作《现代法国的起源》，此书是一部需要付出长期努力的著作——他经常为此去国家档案馆和国家图书馆查阅资料。等着他去做的还有一些其他工作，但对他来说，如果人们想要补救灾难，当务之急是要在阐释国家的灾难方面有所努力。为了进一步增加其历史深度，他亦采用了与勒南一样的研究方法。

1871 年夏，埃米尔 · 布特米让泰纳了解到他在巴黎被围期间考虑成熟的一项计划，即组建“一个私立的高等教育机构”，创建一所培养干部的学校，培养同任何党派没有关系的精英。就他看来，这正是法国所缺少的。“在法国有许多培养医生、律师、工程师和军人的学校，但没有专门培养政治家的学校。”[15] 泰纳被这样一种创建自由[1] 政治科学院的想法所吸引，开始为朋友效力，与其一起为之效力的有雅克 · 西格弗里德[16]、维克多 · 德 · 尚普路易、爱德华 · 安德烈、阿道夫 · 德 · 埃希塔尔以及其他几个人。鉴于在 1848 年设想的行政管理学校失败的先例，布特米决定建立一所没有政府资助的学 650
校。10 月 17 日，在夏天举行的几次会议之后，泰纳在《论战报》上发表了一篇很长的文章阐述建立该校的计划。资金将通过认捐和个人资助得到保证，同时对新教的资产阶级、共和派和奥尔良派的资助做了区分，并允许具有自由主义倾向的犹太人和天主教徒参加捐资。学校设立 15 个左右的教席，首先开设 6 门课程和其他一些讲座。在授课的教授中，有讲授外交史的阿尔贝 · 索黑尔和讲授金融史的保尔 · 勒胡瓦 – 波里厄。1872 年 1 月 10 日，伊波利特 · 泰纳在修道院街一个简陋大厅里就新学校的开办发表演说。第一学年有 89 名学生注册。泰纳在 1 月 24 日说道：“除了那些极端激进或保守的报纸，我们差不多受到所有报纸的赞许。”7 月，自由政治科学院股份有限公司成立，它的资金完全来自捐助。作为第三共和国的重要基础之一，它也开创了由一些具有自由主义倾向的知名人士以私人名义创办相

[1] libre，这里的“自由”亦有私立之意。

关机构的先河。伊波利特·泰纳以他的声望为学校带来名气，至其逝世，他一直是学校管理委员会的成员。

泰纳同时也忙于自己的巨著《现代法国的起源》。他确信，现代法国的起源也是一种会重复出现的灾难的起源。通过攻击旧制度，他分析了“古典精神”的毁坏，而法国的特性即依赖于人这种完全抽象和合乎理性的理解方式。只要天主教教义和君主权威在那里把这种倾向引向一个方向，就可以避免最糟糕的情况出现。在这之后，“卢梭不可避免地产生抽象的自然人理论和社会契约论”。凡尔赛花园中的几何秩序预示着从零开始的革命建构。英国人伯克已经论证了这种推理力和抽象逻辑的胜利。[17] 泰纳相信自己已经厘清这种马布里和卢梭所建立的古典精神的起源。《现代法国的起源》第一卷致力于描写旧制度，在1875年出版时让君主立宪派大为不快，但在自由派当中赢得巨大成功。[18] 在接下来描写大革命的一卷中，他同右派妥协，因为泰纳把大革命描写成无政府主义的君主统治，先是持续的“自发的无政府主义”，继而是1789年制宪会议产生的“有组织的无
651 政府主义”。他采用的是一种积累的方法，收集事实、照片、逸事、引文——到处都是引用材料的出处，从而产生一种极其真实的效果。他采用生动的比喻、经过锤炼的格言以及各种夸夸其谈的表达方式，给人留下深刻印象。诸如“如果说存在一个坏政府，那么更糟糕的是废除这个政府”“这不是一场革命，而是一种解体”“8月4日的法令和随后制定的制度只是横在激流中间的蜘蛛网而已”。巴尔贝·道尔维利对泰纳赞叹不已，“显然没有人会预料到泰纳先生，一个巴黎高师的学生，会成为《论战报》的编辑、一个自由主义的思想家、一个唯物主义者、一个无神论者，即成为他想成为的一切。在这一高兴的时刻，让我们对他表示崇高的敬意和最高的评价。当人们为革命欢呼时，这部震古烁今、无与伦比的了不起著作一下子就与革命的洪流融合在了一起。”[19]

在1881年出版的第二卷《雅各宾派的征服》中，泰纳再次大肆

攻击卢梭的作用以及“人民主权的信条”，他认为这是“最具有无政府主义和专制主义的教义”。至于泰纳所倚重的罗伯斯庇尔，他清楚地明白后者是“古典精神”的产物。在这一卷之后要出版的一卷名为“现代制度”，至今没有完成。

在《现代法国的起源》这部“法国反动势力的杰作”（阿尔贝·蒂博代语）当中，泰纳既表现出传统主义，又表现出自由主义，但这种传统主义避免了约瑟夫·德·迈斯特尔所开创的传统主义——他的书中没有神的威力。对于泰纳来说，道德世界和政治世界正如物质世界一样，受到法律的支配，因为科学使人类能够了解自我表现。通过权力下放来表达自由主义是绝对必要的：自由首先是各种自由的总和，并非只是中央政权颁布的一条法令。泰纳并没有提供任何总体的解决办法，他的悲观主义并没有找到出路。某种内在宿命使得 652
法国陷入今天的困境之中。在流血的爱国主义激励下，泰纳的作品表现出法兰西人、“大学主宰者”和古典主义的特征，清楚解释了他的失落感。于是再次出现这样的情况：拉丁民族的特性受到抨击，日耳曼的理想却被当作楷模。这是一种恶性循环，传统主义者把所有灾难归咎于法国的传统。

通过与“塔恩（河）”和“加龙（河）”的组合比较，人们清楚地看到泰纳－勒南的组合构成了一种重要信念的正方形：一边是贵族政治的必要性，一边是必须要形成适合领导国家的精英，一边是其本能产生的对大众的蔑视，最后一边还有这些具有才干的贵族的开放特质——这些贵族须有为国服务的意愿和能力。当共和制建立时，精英主义思想家提出的解决方案是，设立一个上议院，以接纳这些贵族，另外还应通过一套二级选举制度来修正那种不容置疑的普选制。

英国对于泰纳来说，就好像普鲁士对勒南一样，是一个典范。这些国家设法摆脱了罗马天主教的控制，泰纳写道：“我对政治和宗教方面的理想就是新教……再加上像英国和荷兰那样的地方自由

（权）。”在这一点上，他们的民族主义弟子巴雷斯和莫拉斯并没有遵循他们的教诲。在巴雷斯和莫拉斯看来，新教罪责难逃地让法国引进了自由考试制度、个人主义，还有民主。但是，在这样一个道德秩序和教皇绝对权力说盛行的年代，泰纳和勒南毫不犹豫地以新教教义对抗倡导蒙昧主义和反自由主义的天主教教义。

在普法战争和内战之后不久，他们所出版的作品标志着法兰西思想的关键时刻。勒南的立场将发生演变，他将站在第三共和国一边。[20]因为受到左派朋友的排挤，泰纳在第一次入选法兰西学院的尝试中没有成功，后来，他在右派的支持下才如愿以偿。眼下，这两位作者又重新为法国衰落大唱哀歌，而法国的这种衰落将为1890年
653 左右的那一代作家提供材料，这一代的作家包括保尔·布尔日、莫里斯·巴雷斯和夏尔·莫拉斯。[21]他们为反共和主义的潮流提供了一种科学的合理性。虽然他们也反对天主教，但却重新承认教会的社会和政治作用，允许他们的学生接受得到改良的不可知论或无神论的传统主义。[22]

在19世纪70年代，自由主义思想正处于一个转折点。起初，它曾是一场进步的运动，但在基佐的下台中，我们看到了它最初的一些局限性。面对大众和民主的力量的高涨，它再一次紧紧抓住了机会。自由和平等原则之间的矛盾已经表现出来，尤其是在第二共和国时期更是如此。普法战争和巴黎公社起义把这种矛盾推向极致。
654 为了平衡这两种从大革命中继承下来的绝对必要的遗产，第三共和国的缔造者，即甘必大他们和费里他们注定得斗智斗勇，在精英的要求（否定平等）和民主派的要求（他们有可能危害自由）之间摇摆。在这么一场他们得谨慎对待白色敌人和红色敌人的追逐和躲避的游戏中，他们将被冠以“机会主义者”的称号。

第三十六章

路易丝·米歇尔成为传奇中人

1873 年，路易丝·米歇尔被流放到新喀里多尼亚。

1880 年 7 月 11 日，颁布对巴黎公社社员实行大赦的法律。

1880 年 11 月 9 日，路易丝·米歇尔回到巴黎。

不管怎么说，共和国最终得到确立，在法国扎根，成为法国人持久的政体。1873 年君主政体复辟失败之后，由于支持君主制者的内部分裂，加之觊觎王位者尚博尔伯爵被一些不切实际的想法冲昏头脑，舆论逐渐确信，就总体而言，共和政体的危险要更小一些。议会多数派的部分成员，即一些奥尔良派分子和自由派分子，为使 1875 年宪法通过投票，与最愿意妥协的共和派成员走到一起。鉴此，那些坚决的共和派分子，尤其是莱昂·甘必大也做了重大让步，同意选出的共和国总统的任期为 7 年，同意设置一个参议院，其中的部分成员可终身任职（激进派对这两点均予以否定）。面对这些顽固分子，那些（仍被称为）“机会主义者”确信有必要谨慎行事，保持温和、妥协，让农村的广大舆论安心，同意转而赞成使人放心的制度。 655

这些机会主义者抵制对被判刑的巴黎公社成员实行大赦的要求。负责对被控告者的命运做出判决的军事法庭在 1871 年 4 月 4 日至

1872 年 7 月 31 日开庭。对于那些起义者来说，其付出的代价已经极为沉重：至少 2 万人在战斗和五月流血周的屠杀中丧生；法庭又对 10137 人判处了各种各样的处罚，95 人被判死刑，其中有 23 人被处死，72 人被减刑，3417 人被判流放，1169 人被关押在筑有防御工
656 事的监狱，剩下的2153人大多在普通监狱里遭受监禁。值得注意的是，有 3313 人受到缺席审判（其中有 175 人被判极刑），这些人有的躲了起来，有的已经流亡。为完整起见，还需明确的是，军事法庭宣告 2445 人无罪释放，23727 人被免于起诉。[1]

1872 年 3 月 23 日的法律确定以新喀里多尼亚作为流放的中心，在那里，3859 名被判流放的公社成员最终被分为三类。首先是被判罚服苦役者（240 人），服役地点为努岛；其次是普通的被流放者 2808 人，流放地点为班岛；再次是被关押在有防御工事的监狱者 811 人，该监狱的地点在距努美亚 15 公里的杜科岛。

从 1871 年 9 月开始，那些激进派，即共和派的左翼，通过由亨利 · 布里松提交、并有维克多 · 舍尔歇、埃德加 · 基内、路易 · 勃朗、莱昂 · 甘必大等 49 名议员签名的法案，要求政府实行大赦。但是，共和派阵营在这个问题上的分歧很大，共和派左派中的温和派（格雷维、费里、西蒙、法弗尔）拒绝使共和政体被人当作一个软弱的政体。[2] 在议会之外，有一个人把赦免提高到整个共和主义的正义高度——1873 年 3 月，当雨果被要求担任补缺选举的候选人时，他回答说："如果我的名字在我们所处的这些生死攸关的岁月里意味着某种事物，那就是大赦。我只能为了要求完全的大赦重新出现在议会中，因为正如残缺不全的普遍选举不是普遍选举一样，有限的大赦绝非大赦。目前的国民议会会同意这样的大赦吗？显然不会。将死之人无法重获新生。一种带有敌意的投票已对这一问题做出预判，令人不快的先例已经开创，而反动势力以后会将它作为理由。大赦将具有妥协性。为了让大赦得到实现，这个问题应该再一次放到新议会面前。"[3]

657 确切地说，1876 年的大选使得共和派议员占据议会多数。路易 ·

勃朗和乔治·克列孟梭在支持大赦的斗争中表现出色，雨果在参加竞选参议院议员的选举运动中如愿以偿时也同样如此。应众议院的弗朗索瓦·拉斯帕伊和参议院的维克多·雨果的要求，议会对此继续讨论。尽管乔治·克列孟梭和雨果分别在众议院和参议院进行雄辩，但在众议院对拉斯帕耶的提案进行投票时，392 名议员中只有 50 来位议员投赞成票。政府同意颁布赦免令，但拒绝实行全面大赦。巴黎公社成员始终让他们感到害怕，何况当时共和国总统麦克马洪总统远非共和派，参议院的大部分成员是保守派，共和国尚未得到巩固。甘必大主义者本身也对此保持距离，因为他们担心其选举利益会因此受到损害。渴望使农村里的人皈依共和国的甘必大力求让人放心，此后亦对大赦持保留态度的他在自己那些著名演说当中根本没有提到大赦的必要性，即使在后来对此也还是有所保留的他只为部分大赦辩解。时间可以使尖锐的问题变得缓和。由政府首脑儒勒·西蒙根据麦克马洪在 1877 年 5 月 16 日的决定被迫辞职开始的政体危机，引发共和派与保守派的正面决斗，在这一过程中，每一方都希望获得最大多数人的支持。可以这么说，让人回想起巴黎公社的大赦是不合时宜的，它只是极左派和社会主义者所要求的事物。

作为 5 月 16 日危机中的胜利者，共和派一个接着一个地确立共和国的制度。1879 年，新的参议院选举使共和派在参议院占多数，儒勒·格雷维取代辞职的麦克马洪，入主爱丽舍宫。大赦由此变得可能。由沃丁顿主持的新政府在 2 月 11 日提出一项实行部分大赦的方案。人们可以从这项动议的说明中读到，共和国已经强大到足以对那些即便是在共和国之初危及自身存在的人宽大为怀。对她来说，她并不畏惧放弃那些针对 1871 年 3 月 18 日起义者的法令。而在外 658
国人眼中，这场起义的名字、行为方式、取得的结果，甚至是目标，都被看作试图颠覆国家主权的最严重罪行。政府方案轻而易举得到通过，但大赦是不完全的。极左派不断举行抗议。在伦敦和日内瓦的被放逐者要求彻底的大赦。1880 年 1 月 23 日，在新喀里多尼亚的努美亚岛，“用汽油纵火者”[4]中最出名的路易丝·米歇尔得到减刑的通知。她对此予以拒绝，并写信给克列孟梭和雨果道：“要么所有人都减刑，要么永远都不要减刑。”[5]

她和雨果的通信始于1850年，在信中她称雨果为“亲爱的大师”。20岁的路易丝充满了浪漫的幻想，在信中向雨果表露了自己的内心世界。她是一个私生女，是洛林一个城堡主德马伊和弗隆库尔城堡的女仆玛利亚娜·米歇尔的女儿，在祖父母于19世纪中叶去世之后，受尽了作为一个私生女的各种痛苦。已经破损不堪的老城堡已被卖掉。当时，正是为了寻求帮助，年轻的姑娘写信给雨果，把她的诗歌寄给他，向他遥寄心声。她拒绝身边的众多求婚者，他们虽然是理想的婚姻对象，但在精神上匮乏至极。她既没有美丽的容貌又没有殷实的家产，但梦想着一种不可能实现的伟大爱情。在刚开始同雨果通信时，未来的女革命家还只是一个虔诚而敏感的年轻女子。她向诗人诉说：“晚上，我的祖父会给我讲强盗和骑士的故事，或旺代、大革命以及路易十六的故事。”她甚至向他透露了一个她从未告诉别人的秘密，即她真正的父亲是她名义上的祖父：“我的父亲认为我是他的姐妹，而不是他的女儿。我不这么认为，不过，这是一种我无法告诉别人而且很想摆脱的可怕想法，因为在我看来，这似乎是对我那位如此善良直率的母亲的犯罪。”[6]围绕着路易丝·米歇尔出生形成的秘密对于她性格的形成产生了何种作用，全世界都在谈论她，写她，指责她，说她是一个极端主义者、一个过分敏感的人，
659 其他一些更为严厉的人甚至说她是复仇女神。这些年以来，她以《悲惨世界》主人公的名字安灼拉为笔名，力求同《悲惨世界》的作者保持通信联系。她还以这一笔名给根西岛的流放者写了一首诗，雨果在1862年9月读到这样的诗句：

哦！你们已经饱经风霜！那就请你们向他长期受苦受难致敬！
唉！唉！他的位子在我们中间空着，

那就请你们上升到他的高度，为他哭泣，为他祈祷吧！
放逐者，在雨果面前下跪吧！下跪吧！

为了生存，路易丝·米歇尔成了一名小学教师。通过在肖蒙的学业，她在1852年获得文凭，这使得她得以在上马恩河地区的奥德隆库尔开办一所学校，她的母亲即住在那里。教学活动并不能阻止她给《上马恩河回声报》寄去那些带有天主教色彩以及循规蹈矩的诗句。在《回忆录》中，为了让人更多想到她在介入社会方面的早熟，她早已把自己在此期间的思想正统一面忘得一干二净。当然，路易丝·米歇尔所想到的不仅仅是那些韵脚的美妙之处，她已经深受各种社会不幸的影响。然而，她当时既不赞成革命也不赞成共和制，她所要求的是完全的正义——不管怎么说，她还是成功让本省省长为穷人设立了一个慈善机构。

全靠上马恩河大学区区长的帮助，路易丝·米歇尔得以从奥德隆库尔“上”巴黎，她在巴黎一所学院里获得一个女学监的职位。但是，她很快又回到老家，并在女友朱丽·隆尚的陪伴下在米利埃尔教了3年书。不知是出于厌倦还是疲倦，她感到自己在虚度光阴。于是，她又重新回到巴黎，依旧在水宫街一所寄宿学校担任女学监。在《回忆录》中，她设法使人们相信，这份新工作使她得以帮助母亲。事实上，情况正好相反，玛丽亚娜得继续向路易丝提供帮助。[7]1865年，在变卖在德马伊最后的地产之后，玛丽亚娜为女儿在克洛瓦街购买了一所走读学校，后来，她的女儿在1868年在欧多街开办了一所学校。 660

路易丝·米歇尔是慷慨的，她继续同情并帮助那些穷人、老人以及病人，这一点不容否认。即使抛弃了所有宗教，她依旧从事慈善事业。她同样深受学生爱戴，这得益于她这个时代之前就已经发展起来的教学法，这些教学法采用了许多积极手段，她尤其把这些教学法运用到那些心理和生理存在疾病的人身上。1861年，她出版了一本深受公众欢迎的小册子《阴影里的微光：不要有白痴，不要有疯子》。不过，她仍坚持写诗的志向，继续给雨果寄送诗歌。但是，她的诗歌与《惩罚集》没有任何相像之处：皇室始终得到她的爱戴。

那么这个虔诚的教师、君主主义者和不结婚的女基督徒是如何转而革命的呢？在巴黎，她听了由儒勒·法夫尔这样的共和派分子主讲的受欢迎的课程。达尔文的《物种起源》和克洛德·贝尔纳的《实验医学研究导论》，使她重新对教理书提出疑问。她还经常光顾特维诺街的职业学校，在那她发现了旨在捍卫男女教育平等的妇女权利团体，这个团体由儒勒·西蒙夫人、安德烈·里奥夫人（其曾以笔名撰写了《妇女与社会道德》）以及作家和自由思想的信徒玛里阿·德雷梅建立。路易丝·米歇尔于是加入女权主义者的战斗，反击那些讥笑“女才子”的报纸，此外，她还猛烈抨击甘愿永远处于从属地位的妇女。

在帝国的最后几年，人们发现了她身上的变化。她不再相信基督教，并奋起反抗，向布朗基主义者和国际主义者靠拢。在维克多·努瓦事件期间，她加入了她的新朋友之中，穿着男人的服装，随身携带一把从拉涅叔叔那里偷来的匕首。同相当数量的女公民一样，她在被暗杀的记者墓前起誓，她将一直为之服丧，直到获得正义的那一天。战争爆发之后，同瓦莱斯一样，她成了国际主义者中的一员，为和平示威游行，向沙文主义和侵略性的观点挑战。同以往一样，她积极作诗，但这一次是为了团结劳动者。在布朗基主义者于1870年8月14日针对消防队发动可笑的冒险行动之后，在阿黛尔·埃索
661 基罗斯和安德烈·里奥的陪同下，她为那些受到指控的布朗基分子收集签名，并向特罗胥将军请愿。帝国的冒险以色当惨败和共和国的成立而告终。一听到维克多·雨果回国的消息，路易丝·米歇尔就不顾旅途的劳顿，赶紧前去拜访。雨果有一些记载其艳遇的秘不示人的小本子，里面记录着同她们发生性关系的事项。在路易丝·米歇尔的名字边上，他标了一个“n”，这引起后人的好奇。最近出版的路易丝·米歇尔传记认为这个字母表示“没有”，而不是像人们

原先想象的那样表示“裸体的”。[8] 她给雨果的一封信似乎证实了并没有这方面的事情发生……“大师，难道您生我的气了吗？”不管怎么说，革命的处女和令人吃惊的好色中年男子之间的这一插曲并没有影响他们友好的通信关系。

在巴黎被围的整个期间，路易丝·米歇尔忙于各种工作。她继续在欧多街的学校授课。因为蒙马特尔区区长克列孟梭的帮助，她得以为那些住宿生提供食宿。她同样对区长宣布政教分离表示感激，此举使她免于成为教理课的教师。她竭力照料那些伤员、病人和穷人，收集大量物品和衣服，以实现儒勒·西蒙所主持的救助委员会的慈善活动。但这还不能阻止她加入民兵和革命者，尤其是第17区警戒委员会的行列之中。在那个时候，她在生命中感受到对一个年轻的国民自卫军战士、小她13岁的布朗基主义者泰奥菲勒·费雷的强烈爱情。此人个头矮小，长着一头黑发，声音尖锐，脖子细长，自嘲为“小丑似的人物”。但是路易丝被这个具有坚强灵魂的新时代的圣茹斯特所深深吸引，但是他只把她看作同志。她参加了那场没有结果的10月31日事件，但一个月后，她因为和妇女参加游行而被逮捕，从此被冠以“煽动者”的称号。在维克多·雨果为了援救她而进行干涉之后，她获得释放。路易丝在那些支持进行殊死之战的人、弗路朗斯的革命营以及所有巴黎拥有的“红色”东西那里，看到了巴黎被围困的结果。她还参加了1月22日在市政厅广场举行的巴黎 662
被围时期的最后一场示威，在那里，她躲过了从法国西部招募来的国民别动队的子弹。在《回忆录》中，她描述了相关事件：“是的，是你们，阿尔默的野蛮人、满头金发的野蛮人干了这些勾当。但是，你们只是一些宗教狂而不是卖国贼。你们认为枪杀我们是对的，但我们终有一天会解放你们。你们带来的是一些同样凶残的信念，而我们能够动摇旧的世界。”[9]

当梯也尔企图在1871年3月17日至3月18日晚上夺取国民自卫军的大炮时，路易丝·米歇尔正别着卡宾枪，迈着大步走下蒙马特尔高地进行巡逻。不久，人们又发现她出现在蒙马特尔高地，和赶往高地的其他妇女一起站在大炮和士兵之间保护大炮。在勒孔特将军下达要求士兵开枪的命令时，一个军官回应道："对着空中开枪！"此时，梯也尔已经输掉第一局，在几小时之内，巴黎已经掌握在起义者手中。几天后，路易丝·米歇尔站在了急于进行争辩的泰奥菲勒一边，她写道："同以往一样，过多考虑合法性和普选权以及诸如此类的细节问题会使革命失败。"[10]一如那些最激进的公社成员，对她来说，在丧失时机之前，应该立即向凡尔赛人开战。3月28日选举之后，公社在市政厅宣告成立，她表达了特别的喜悦之情。当费雷在第18区选举获胜，在众人之中身披绶带，在炮声中回应他人的呼唤时，她满怀深情地注视着这一切。

路易丝·米歇尔时刻都带着强烈情感去体验这种经历。她支持公社的教育改革，还拟定了一种借助于图片的教学法和一项公民教育计划，为的是充分培养一种思想意识，有了这种意识，人们就会
663 认识到履行义务或行为不端的感觉将是对人的唯一奖赏或惩处。她同样希望通过开办职业学校和世俗孤儿院来取代那些剥削妇女的宗教性的慈善缝纫工厂。她以晦涩的笔调描述了宏伟的蓝图："田野不再靠鲜血灌溉，沾满污泥的街道不再挤满妓女，由此，自由的人们才可以永远为普遍的共和国欢呼。"

关注世俗领域中有待完成的改革的她，同样是一名战士。她很早就把学校交给她的女学监和母亲玛丽亚娜照管，以便以一个男人的身份投入对抗凡尔赛人的斗争当中。狂暴的性格让她能够勇敢行动，但这些行动都有点不合时宜，去凡尔赛刺杀梯也尔的念头就是如此。不仅是费雷，连派到巴黎警察局的代表里戈也坚决劝阻她这么做。外省对凡尔赛政府的归顺为他们阻止她这一刺杀行动提供了新的理由。此外，他们甚至怀疑她是否能在不被人发现的情况下到达凡尔赛。受到这类质疑的路易丝装扮成一个有钱人来到凡尔赛。第二天，她从那里返回，带回能证实她此行的报纸，和她一起回来

的还有她从敌人阵营中招募来的新战士。

在内战达到高潮之际，人们看见她不停在士兵和救护人员之间转换角色。挎着雷明顿枪，穿着国民自卫军的宽大制服，头戴军帽，她和驻守在蒙马特尔的第 61 营一起行军前进，到达伊西－勒－默里诺、克拉马尔、伊西以及战争爆发的任何地方。她在战火中品味波德莱尔的诗歌，在炮火声中，她在讷伊一个被废弃的新教教堂里弹奏管风琴。她回忆了这一切，并在《回忆录》中记录道：“在晨曦中，我们登上通往上布吕耶尔的克拉马尔的山坡，看着地平线上机关枪喷出的火舌，在黑夜中突围，这难道不是英勇的举动吗？这一切都颇为不错。我所看到的一切让内心得到满足，炮声让耳朵感到愉悦，是的，我是多么野蛮残忍啊！我喜欢火药的味道、枪炮的连发，我尤其热衷于革命。”

内战多么让人愉快啊！但它也同样残酷无情。这个疯狂的女人知道这一点，因此，她充当救护员和护士，全身心投入救护伤员的 664
活动之中——对此，凡尔赛分子非常清楚。在最后的日子里，她投入一场绝望的战争之中，她一边从一个街垒跑到另一个街垒，一边看着他人在身边倒下。同许多同伴一样，为了逃避镇压，她设法到处藏匿，乔装打扮。但是一个消息让她不能继续这么下去：母亲玛丽亚娜在家里遭到逮捕。为了让母亲获得自由，她只能向当局自首。

她被关押在萨托里监狱，在第一次审讯之后，她被转移到凡尔赛的尚蒂埃监狱。在那里，她在 7 月 10 日给儒勒 · 西蒙夫人写了封信，尽管儒勒·西蒙支持当局的行动，但她还是同他的夫人保持友谊。信中写道：“既然我全身心献身革命，我就要接受一切，我既不害怕流放，也不畏惧死亡……”因为违法监狱的规定，路易丝 · 米歇尔被转到凡尔赛的轻罪犯监狱。在那里，她得知罗什福尔、费雷和罗塞尔均被逮捕的消息，后者是一个上尉军官，巴赞在梅斯束手就擒的消息让他感到很气馁，于是加入公社。7 月 28 日，路易丝受到第四军事法庭的代理检察长布里奥上尉的审讯。路易丝竭力为母亲和女学监玛尔维娜·普兰开脱罪责。他们质问她教授给学生的课程内容、歌曲以及她在巴黎公社期间所参加的活动。正如她在《回忆录》中所记录的那样，尽管她是劳动委员会、战争受害者援助委员会、自由思想家协会、女权委员会和加里波第团的成员，她却无视审讯官的审问，只承认自己是一个救护人员和护士，因为她坚信这些原则："就宗教而言……我要求完全废除宗教信仰，以最严格的道德准则取而代之，并通过良心来护卫，这就是我所有行动的准则。道德对于我来说可以归结为，根据信念采取行动，根据正义对待他人和自己。说到政治形式，我要求普遍的共和国，为了达到这个目标，我们应该发展各类高等学校，通过良好的教育消除邪恶的本能，让人感受到个人的尊严，教育无论对于男人还是女人均一样重要。一言以蔽之，由巴黎公社所代表的这一为了所有人的全民政府仍期待着一次更大规模的简化。"在布里奥上尉问她有没有同男人发生性关系时，她回
665 答道："没有，我只有一种激情，那就是革命。"证人把她描述成一个"狂热分子"，但所有认识她的人都认为她是一个"非常不错的人"。

在监狱中，她同布道神甫福莱教士建立了友谊，由于他的帮助，她得以写信给费雷，信中写道："我们亲爱的代表，既然今天我们能够通信，那么，我信中的第一句话就是祝你幸运。你知道，在这耻辱的时刻，大家很高兴看到共和国的孩子们对得起这份事业……在谈到妇女时，我希望你不要那么反动，并能够承认处于危难之中以及死去的妇女的权利。"[11] 出于谨慎，她并没有向他示爱。费雷完全值得她爱慕，他向法官宣布道："作为巴黎公社的成员，我已经落在征服者手中。他们想要我的命，可以拿走。我不想用懦弱挽救我的生命。我曾经自由地生活过，现在我打算死。我没有什么可以说的了。命运是无常的。我把我的未来交给我的记忆和仇恨。"9 月 2 日，费雷被判处死刑，他拒绝上诉。[12] 9 月 20 日，路易丝写信给特赦委员会，急切地想让他们相信是她提出了焦土政策，并在五月流血周期间处决人质，而费雷反对这么做，他认为"这些都是违背人性的罪

行”，并拒绝接受。她动用一切手段竭力拯救她所爱的人，尤其是借助于福莱教士写信给西蒙夫人，甚至是梯也尔本人，不断向当局请求，但一切都未能奏效。在随后出现的对她本人的审讯中，她承认了自己所做的一切。她在 12 月 10 日再次出现在军事法庭时说道：“是的，我参加了战斗。我任凭你们处置，处死我吧。我一刻也不想同你们争辩了。”新闻媒体追踪了全过程，路易丝 · 米歇尔成了传奇中人。维克多 · 雨果在一首名为“Viro Major”的诗中把她描述成“比男人更伟大”。她在 12 月 16 日被关押到一座筑有防御工事的监狱，12 天之后，她收到费雷在被处决之前一个小时写的最后一封信：“我亲爱的女公民，我很快就要离开所有爱我、关心我的人了……如果在这 666 个时候，我不能表现出对你的品质以及好心的一切崇敬之情，那我就是一个忘恩负义之徒。你会比我更幸福，你将会看到最光明的日子，我为之牺牲的理想一定会实现。再见了，我亲爱的女公民。紧握你的手，忠诚于你的泰奥菲勒 · 费雷，即日。”7 点钟，费雷、罗塞尔和布尔热瓦被绑在刑柱上。对这三个人的判决是无法更改的，根据利萨加雷的描述，费雷非常勇敢，“他身穿一身黑色的衣服，戴着一副夹鼻眼镜，嘴上叼着雪茄”。他拒绝在行刑时被蒙上双眼。[13] 路易丝被转移到奥布里夫监狱，直至 1873 年被流放到新喀里多尼亚。

在泰奥菲勒 · 费雷死后，路易丝 · 米歇尔经历了生命中最为艰难的岁月。经受了如此打击的她曾打算自杀，但福莱教士劝阻她，他使她相信费雷希望她继续活下去。1873 年 8 月 29 日，她在罗歇福尔港口登上开往太平洋上的加佑岛的船只，该岛是她的服刑之地。在那里，她再次表现得很突出，她希望自己能够成为对一般看不起那些流放者的当地岛民有用的人。1878 年 7 月 25 日，在被掠夺、剥削以及受到蔑视的当地土族发动持续三个月之久的大起义时，一贯英勇无畏的路易丝也参加起义，而原先那些参加巴黎公社斗争的弟兄则大多支持法国殖民当局的镇压。

路易丝 · 米歇尔在努美亚等待“完全而充分的大赦”。5 年后，法律允许她生活在这个岛国的首都，她重新开始从事小学教师的职业，为那些流放者的孩子教授音乐课和美术课。在 1879 年的第一次大赦中，她没有得到赦免，因为这次大赦是不完全的。她写信给乔治·克列孟梭，表达了她对法国的厌恶之情："你们想要竭力激发这具僵尸的激情，但是我相信，她业已完全腐烂。"然而，1880 年 7 月 11 日发布的大赦让她回到本土。

第二天，也就是 7 月 12 日的傍晚，巨大人流涌向里昂火车站。罗什福尔回来了，巴黎所有算得上是革命者的人都想向被流放者致敬，罗什福尔和他们一样，也刚刚受益于大赦。从外省赶到巴黎欢
667 庆 7 月 14 日国庆节（把这一天定为国庆节的法律刚刚通过）的看热闹的人增加了人群的数量。罗什福尔一得到大赦的消息，就收拾好箱子，离开日内瓦奔赴里昂，在那里过了一晚之后，重新回到他热爱的首都，尽管在他看来，这座城市充斥着缺陷和荒唐。这位"红色侯爵"还不能完全摆脱他那种搞笑的风格。根据警察的报告，他的巴黎之行是在情妇和贴身女佣的陪伴下完成的——她们把罗什福尔夫人锁在她的房间里。一下火车，罗什福尔就被人群包围，到处都是庆祝巴黎公社的叫喊声和歌声。为了从巴黎人的热情中摆脱出来，他把自己藏在《可怜的雅克》杂志社，直到晚上 11 点。两天后，罗什福尔通过创办《不妥协者报》日报重新恢复了在新闻界的影响力，该报最初发出的一些"炮弹"就是冲着当权的机会主义者而去的。

大约在 4 个月后，新喀里多尼亚的流放者，至少是其中的幸存者回到了法国。他们中的许多人已经死去，还有一些人已经发疯。另外一些人逃脱了惩罚，尤其是罗什福尔，他在几个同伴的陪伴下，首先乘坐小船设法到达澳大利亚，然后通过给一位双桅帆船船长一大笔钱，让他接受这些流亡者。

1880 年 11 月 9 日，在来自迪普的火车到站之前，成千上万的巴黎人就已经站在大街上。这一次，他们等待的是路易丝·米歇尔，警长安迪尔已经为阻止人群设起警戒线，只允许 200 人左右的队伍进

入车站，人们可以在队伍的第一排中认出乔治·克列孟梭、路易·勃朗、克洛维·于格和亨利·罗什福尔，革命的圣女已经和这些“咖啡馆聚会”的革命者建立深厚友谊，这种友谊后来甚至经受住了罗什福尔的反德雷福斯主义和反犹主义的考验。火车进站后，所有人都想一睹路易丝·米歇尔的容貌，这几乎是一个激动人心的场面。警察殴打并拘捕了一些示威者，火车靠站，路易丝·米歇尔终于出现。她看上去像一个“因为农耕劳作而衰老的农妇”。她从头到脚几 668
乎都是黑的，除了帽子上别了一朵红色的石竹花。“路易丝·米歇尔万岁！”“公社万岁！”人们高声呼喊，欢声歌唱。很快，人们就跟随着装载女英雄的出租马车一起前进。因为拥挤，在肖塞－当坦几乎发生了交通事故。对此，《大日报》的评论是：“多么拥挤的人群！多么巨大的欢呼！多么激烈的厮打！多么狂热的气氛！多么声嘶力竭！……路易丝·米歇尔得到的‘纵火者’头衔仿佛是一种荣誉称号。”

路易丝当时只有一个心愿，那就是尽快见到母亲，因为有人说她生病了。只有当她回到拉涅看到母亲之后，她才放下心来。11 月 21 日星期天，在爱丽舍－蒙马特尔悬挂红黑相间的旗帜的聚会中，她重新恢复了政治活动，在那里，无政府主义报纸《既不要上帝也不要主人》的销售商受到人们的欢迎。她的热情空前高涨，并号召进行革命，她在《法兰西人》上说：“这一回，革命事业将得以完成。1871 年的巴黎公社将得到重建并将再度恢复它昨天在蒙马特尔高地的风采……巴黎公社的成员将前所未有具有威慑力，决不后退。”持无政府主义观点的黑色处女路易丝·米歇尔成了不知疲倦的革命宣传家，她受到警察局耳目的严密监视，不管参加何种会议都会被跟踪。在反对机会主义者和甘必大主义者的斗争中，所有左派和极左派都竭力争取她——甘必大已在 1882 年，亦即在同年年底去世之前成了政府首脑。红旗与黑旗在反对三色旗，社会的与普遍的共和国在反对保守的共和国！在 1881 年 1 月 4 日布朗基去世时，她在他墓前发誓要继续战斗。

路易丝·米歇尔接受了为《社会革命报》撰稿的工作。这是1880年9月由无政府主义者创办的报纸。她反对普选制，认为这是一个圈套。对于资产阶级政体，她认为工人应该投弃权票。她崇拜俄国的虚无主义者，提出反对军国主义口号，猛烈抨击警察局长安德里厄。不过，后者已经躲在幕后让人出版了一份周刊，并让其手下一个密探假扮成靠开杂货店发财的比利时人，充当这份周刊的出资人。不太有戒心的路易丝·米歇尔陷入安德里厄各种以挑衅行为的方式设下的圈套。就这样，米歇尔在1881年6月15至16日的晚上发动一起破坏设立在圣日耳曼的梯也尔雕像的事件（实际上是由
669 警方秘密组织的）之后，大张旗鼓地在《社会革命报》上为这一"功绩"感到欢欣鼓舞："这只是其他更有效的行动的序曲，警察的一切措施都无法阻止。"

因为天真无法识破警方的阴谋诡计，但在其革命征程中依旧不可动摇的路易丝·米歇尔，拒绝加入在各种各样的倾向——昔日的公社战士以及社会主义、共产主义、无政府主义流派——之间已经开始而且将不再停止的斗争。作为一个持诸说混合的观点者，她认为，尽管它们之间存在差异，但各个政治团体都致力于推翻旧社会，形成一个人性的社会。她也没有忘却女权主义的斗争，创建《妇女联盟》："我们让妇女了解什么是权利，什么是义务。我们希望男人把女人看作他平等的伴侣，而不是奴隶。"她从一个群众集会飞奔至另一个群众集会，在集会上欢呼、高喊、鼓掌、吼叫。她甚至义无反顾地在凡尔赛举行有关社会革命的会议，结果在会议结束之际被人喝倒彩。对此，罗什福尔在《不妥协者报》中撰文对她表示支持。她到处游说，在比利时、荷兰各地奔忙，那里的资产阶级都想看看这位已经变成母老虎的学校教师。

19世纪80年代期间，法国经济从波动变成了萧条，它首先导致了大规模的、令人痛苦的失业。1882年大商业银行通用联合会（l'Union générale）的倒闭，可以视为此次经济大萧条的信号。所有经济活动

很快受到影响。为此，在1883年3月8日，细木工匠雇主联合会在巴黎发动了一场大规模示威活动。成千上万聚集在荣军院广场的示威者遭到警察的驱赶。路易丝·米歇尔跳上一张凳子，向人们发出号召:“我们将和你们一起穿过整个巴黎要求工作和面包。社会主义万岁！”但是，示威运动变得有些走样：面包店遭到袭击和打劫，圣苏勒比斯一带的销售圣器的商店遭到抢劫。新上任的警察局长卡梅卡斯遂找到一个逮捕路易丝·米歇尔的好借口。警方对她发出逮捕证称她犯有聚众哄抢食品以及破坏栅栏的罪行。案件在6月被判决，她被判处6年徒刑，另一个无政府主义者以及未来小说《悠闲的人》 670
的作者埃米尔·布杰被判处8年徒刑。

路易丝·米歇尔并没有完全“服满她的刑期”，和布杰一样，她在1886年1月8日被共和国总统儒勒·格雷维赦免。但是，年届56岁的她远没有完成自己的使命。在她离开监狱后，以及出版《回忆录》之前，她如同从新喀里多尼亚流放地回来后一直所做的那样，继续创作通俗小说，这些小说写的均是些大有教益的故事，谴责资产阶级社会，赞扬在一个充满血与火的世界中进行的革命斗争，如《胖子伊冯》《勒克拉克－当特》《时代的罪恶》《人类的病菌》等等。她这些极具“介入”色彩的文学作品并没有占用她所有时间。直到其生命终结，她依旧是大革命以及各种学说混合体不懈的代言人，从一个城市到另一个城市，一个沙龙到另一个沙龙，她的名字到处受到欢呼。正是在出席这些接连不断的会议过程中，她在1905年1月10日在马赛与世长辞。她的遗体被运到巴黎，从里昂火车站一直到勒瓦洛瓦公墓，路易丝·米歇尔成了一场盛大葬礼的悼念对象。

作为一个其貌不扬的作家、最狂热的理想主义者，她虽然缺乏政治意识，但却为一种永不枯竭的热情所鼓舞，关心大众疾苦，怀着无政府主义和女权主义的理想。她在战斗的无神论基础上重新摆出弗洛拉·特里斯坦的姿态，并高举革命乌托邦的火炬在外省结束了自己的一生。

第三十七章

新闻宣告自由!

1881 年 7 月 29 日,《新闻自由法》通过。

1883 年 10 月,瓦莱斯重新发行《人民之声》。

1884 年 5 月,莱昂·布洛瓦出版《一个旧建筑材料商人的话》。

671 共和派在 19 世纪 70 年代末期的最终胜利带来了许多成果,尤其是通过了有史以来在新闻出版方面最为自由的立法。19 世纪 70 年代的君主主义者与共和主义者之间的激烈冲突发生时——尤其是在 1877 年 5 月 16 日爆发的政体危机中——占据多数的右派还是采用各种手段来钳制那些反对派的报纸,或至少让它们有所收敛。在 1877 年 6 月 25 日解散议会与 10 月 14 日举行选举之间的时间里,共和国总统麦克马洪元帅与维护道德秩序的布罗伊政府竭尽全力抵制共和派的宣传:随意取消原有的报刊零售许可证,对记者提出轻罪起诉(此举首先拿莱昂·甘必大开刀),查封报纸。但是这一切均毫无意义,保守派最终被击败。自由主义政治的回归随即导致 1881 年 7 月 29 日那部伟大法律的诞生。

从根本上来说,这部法律通过取消预防措施,减少行政手续,允许自由发布广告、自由印刷、在书店自由销售以及通过公共渠道自由发行等措施，终于在法国确立新闻自由。而由轻罪法庭取代重罪法庭来审理新闻出版方面的犯罪和不法行为，则使这一事业臻于完善。实际上，审查委员会的权限越来越小，尤其在19世纪90年代初出现无政府主义的危机时，这场危机导致了极左派所称的“卑 672
鄙的”法律被投票通过。不过，从此以后，法国新闻的地位很好地确立在自由创办、出版和发行报刊的原则的基础之上。共和国的法律承认各种派别的文人——其中包括邦雅曼·贡斯当、夏多布里昂、埃德加·基内、维克多·雨果——在一个世纪中进行的这一争取表达自由的斗争取得胜利。表达自由是这些文人“介入”活动的最高目标，为了进行这方面的斗争，他们有时还付出长年受苦受难或被流放的代价。

并非只有这项法律促进了新闻的发展。在排版、印刷和发行方面的技术进步使得报纸的成本降低，同时还改进了它的外观，由此导致报纸销售价格的明显降低，继而使报纸发行量得到扩大。就这样，巴黎每份日报的订阅价格从1851年的超过40法郎降低为1889年的24法郎，而且，这个价格水平一直维持到第一次世界大战爆发。日报的零售价格也同样在下降，许多日报的零售价格从1871年的15生丁降低到1880年的5至10生丁。此外，还有一些其他因素促成新闻业的发展:教育的发展降低了20岁以下年轻人的文盲率——1832年七月王朝时为53%，而到1892年时仅为8.5%，从而使报纸的潜在读者群明显扩大，从那时开始一直到1914年，是这一读者群明显扩大的黄金时期。正是通过他们，政治斗争，包括作家的斗争，从此以后转而没有限制。[1]

这一切都促进了报纸种类的增加和发行量的扩大。就右翼而言，其最有名、发行量最大的报纸是伊波利特·德·维勒梅桑的《费加罗报》，右翼的其他报纸还有埃米尔·德·吉拉丹的《自由报》、亚瑟·梅耶的《高卢人》和儒勒·巴尔贝·道尔维利的《立宪主义者报》，儒勒·巴尔贝·道尔维利通过该报射出了最为反动的毒箭。就天主教派来说,《宇宙报》在已经年老的路易·弗约（他于1883年去世）的领导下继续发展，与此同时，圣母升天修道会的修士所创办的《十字架报》也开始了漫长的发展历程。共和派阵营中的保守派通过《论战报》表达观点，该报在思想性方面的优点始终得到保持，属于该派的报纸还有奥古斯特·内夫采尔的《时报》以及埃德蒙·阿布和弗朗西斯科·萨尔塞在其中引人注目的《19世纪报》。就左派来说，除
673 了有些年头、正在走下坡路的《世纪报》，还应该提及1876年发行的《小巴黎人》和莱昂·甘必大创办的《法兰西共和国》，以及附属于该报的面向农村读者的《小共和国》。就极左派而言，有极具雨果思想色彩及反教会倾向的《集合号报》、奥古斯特·杜蒙的《事件报》、刊载了路易丝·米歇尔呼吁书的普罗斯珀－奥利维耶·利萨加雷的《战斗报》、连载了埃米尔·左拉的小说《小酒店》的《公益报》，以及亨利·罗什福尔的《不妥协者报》。然而，这些日报中没有一家报纸的发行量能够与温和共和派的吉拉丹创办的《小日报》相提并论，后者主要由儒勒·凡尔纳的连载小说而不是政论性文章组成，其发行量在1872年为22万份，1881年为63.4万份，1884年达到82.5万份。

新闻自由也有利于投机，政治、金融和新闻构成了将大大危害共和派美德的三重奏。除了那些不断增加的散布小道消息、敲诈勒索和投机舞弊的印刷品，以及从严格意义上来说是经济类的刊物（它们往往是周报而不是日报），大报纸都落入证券交易商和银行家手中。在七月王朝时期发起的这场运动在第三共和国时期得以完成。大多数重要报纸都把广告版面卖给金融机构，后者则把它当作投机的工具，发布一些或多或少有虚假成分的信息，玩弄一些旨在抬高或降低交易所行市的手段，以及刊载一些证券发行伪装得并不高明的广告。腐败的猖獗以及新闻界的唯利是图出现得如此之快，仿佛走向了“言论自由的反面”。[2] 与此同时，报纸的多样化又是一种最好的保障，因为一种报纸可以纠正另一种报纸的错误。各种新闻工具之间的战争——各种各样的利益、各种各样的人、各种各样的野心之

间的战争——不再悄悄进行，它成了一种由派别之争和普遍选举的威胁所维持的舆论战。

凭借《羊脂球》[3]一举成名的居伊·德·莫泊桑与《高卢人报》和《费加罗报》的编辑颇为熟悉。19世纪80年代初期，他为之撰稿的是《吉尔·布拉斯报》，该报是一份不带任何政治色彩、专门报道巴黎各种消息以及多少带点色情成分的报纸，它的发行量大约达到3万份，在巴黎60家日报中排名第14位。它的文学专栏由卡蒂勒·蒙戴斯负责， 674
泰奥多尔·德·邦威尔和居伊·德·莫泊桑本人亦参与其间。

正是这份报纸与亚瑟·梅耶的《高卢人报》为小说家提供了小说背景的各种要素。《法兰西生活》编辑室的气氛，造就了莫泊桑于1885年出版的《漂亮朋友》(一译《俊友》)主人公乔治·杜洛瓦的成功。绰号为“漂亮朋友”的杜洛瓦老是散布名人的各种流言蜚语，这种做法很有效，他很快取得成功，当上报纸主编。在这种半社交、半艺术的环境中——此种环境在现实生活之中是存在的，如尼娜·德·维拉尔的沙龙就是例证——妇女将他塑造成一个颇有影响力的人物。女人实际上在那些重要男人的背后扮演了重要角色。莱奥妮·莱翁是甘必大的女参谋，朱丽叶·亚当是《新评论》的创办者。1881年11月10日，莫泊桑为悼念她在《吉尔·布拉斯报》上发表了一篇题为“躲在幕后的女参谋”的文章，内称：“我相信，人们可以用现有历史来证明，很少有政治家能够摆脱女人的影响。尤其是在我的祖国，即在《萨利克法典》的诞生地，妇女对国家领导人产生的影响力之大，其他任何国家均无法相比。”[4]在《漂亮朋友》中，这样一个具有敏锐洞察力的女谋士角色属于玛德莱娜·弗雷斯蒂埃，她是部长们的红颜知己，也是第一任丈夫以及第二任丈夫即杜洛瓦本人写文章时的灵感来源。

莫泊桑选择以新闻界为背景来写一部描写个人野心的小说，并不让人觉得奇怪。他很了解这个“舞台”的背景、里面的演员以及各种阴谋诡计。他知道，凭借一些机遇、不择手段和某种才能，可以很快在新闻界获得成功。小说家在《漂亮朋友》中给我们描写了《法兰西生活》的经理人瓦尔特、外交部部长和其他几位配角合伙干的勾当。通过把一件实际上发生在突尼斯的事情移植到摩洛哥，他给我们解释了建立在微妙的行情突变基础之上的证券交易：先压低有待征服的国家的有价证券价格，以便低价买进，接着为抬高这些有价证券的价格发动军事远征。事件的操纵者，即《法兰西生活》的经
675 理人和外交部部长于是通过出售或让他人抛出他们的股份发财。

这里面所蕴含的讽刺意味一目了然。实际上，这一事件导致1881年5月12日《巴尔杜条约》的签订，使突尼斯成了法国的保护国。然而，这一条约并没有减缓阿尔及利亚和突尼斯的边界冲突，并迫使儒勒·费里政府增加军队数量。突尼斯事件成了丑闻。人们发现在这一事件中，费里受到了英国，尤其是德国的怂恿，前者担心法国会腾出手来干涉埃及，后者则希望法国把注意力从“孚日山脉的蓝色边界”转移开去。克列孟梭在议会上为此大发雷霆。而对罗什福尔来说，这是一个向当权的机会主义者发泄仇恨的大好机会。

《不妥协者报》谴责了这桩金融阴谋。武装干涉的借口是回击来自突尼斯的克鲁米尔人对阿尔及利亚的所谓入侵，而该报竭力想证明，这些所谓匪徒只是臆想的产物。罗什福尔先后在《寻找克鲁米尔人》和《突尼斯事件的奥秘》等文章中，把甘必大、鲁斯坦领事、夏勒芒－拉库尔大使亦即未来的外交部部长说成是这起旨在操纵证券交易的阴谋的成员。1881年12月，鲁斯坦与夏勒芒－拉库尔以诽谤罪起诉罗什福尔，对于在一个月前成为政府首脑的甘必大来说，这样的判决不啻为一记真正的耳光：《不妥协者报》的经理人被宣告无罪。在夏勒芒－拉库尔再次上诉之后，罗什福尔和他的编辑因未能拿出有利于驳回对他们指控的证据而于1882年7月29日被判支付赔偿金。不过，赔偿金额只有区区1000法郎，这一判决结果大大鼓励了那些大胆行为。

就这样，共和国通过经受痛苦的教训进入新闻自由的实习期。

如果说突尼斯事件并不能让公众对甘必大或费里的诚实产生怀疑，它至少使在此期间明显打上唯利是图烙印的政治生活处在新闻舆论的刺激和监督之下。对于历史学家来说，这一第三共和国的建立时期首先是有利于学校、军队和国家民主发展的伟大变革时期。尽管这样，这些伟大且积极的举措在许多人眼中，尤其是在极左派看来还很不够。于是，他们通过社会主义者的报纸或团体提出社会批评。 676
罗什福尔既没有施政纲领，也没有真正的政治文化，但成了民众的领袖，他强烈谴责保守且腐败的共和国，说它对拥有权势者过于厚待，对穷人却冷漠无情。他的方法具有一定危险性。他首先是这样的一个人，即并不是凭借理论，而是以个人仇恨、反复无常的恐惧症和极端主义的气质鼓动民众，这就会逐渐把民众引向一种民粹主义的方向，这种民粹主义后来在人们所称的布朗热主义、反犹太主义和反德雷福斯主义中得到表现。在这样一个过渡时期，罗什福尔从 19 世纪 80 年代开始就深信，甘必大和费里所体现的温和的共和国乃是主要敌人，在这个共和国身上保留了一些最邪恶的特征。虽然激进派和社会主义者在疏远或将疏远他，但由于在帝国垮台时期和巴黎公社时期形成的原有联系，有些人仍保持对他的好感，路易丝·米歇尔就是如此——并不谋求私利的她始终可以指望得到罗什福尔的经济援助，后者靠《不妥协者报》的畅销发了财（1880 年的发行量是 71000 份），并过上阔绰的生活。不过，这种舒适状态因为他本人的鲁莽、对名誉的追求和对丑闻的偏好而受到威胁。尽管如此，他最明确的政治路线，即仇视机会主义者，使他得以在不同情况下要么受到部分左派舆论（具有社会主义色彩的）的欢迎，要么受到部分右派舆论（反对共和国的）的欢迎，甚至有时还同时受到这两种阵营的欢迎。从这一观点来看，殖民地问题为他提供了食粮：在突尼斯事件之后，则是“东京[1]事件”（他的相关报道最终断送了儒勒·

[1] 旧时越南北部地区的别称。——编者注

费里的政治生涯）为他提供了痛斥政府数不胜数的机会。即将接踵而来的民族主义的兴盛，则为他提供了一种新的生涯，即充当民众、反教权主义、社会主义以及极右派活动的后援。

虽然儒勒·瓦莱斯和亨利·罗什福尔一样在1880年7月从流放地点返回，亦与罗什福尔一样是位手段高明的记者，但由于他并非通过揭露丑闻，而是通过大作家的写作风格来体现这一点，结果，他的命运与罗什福尔截然不同。

在被第六军事法庭缺席判处死刑之后，瓦莱斯于1872年7月14日成功逃亡到伦敦。因为替五月流血周期间死去的一个朋友保管遗
677 产，加之他的律师在巴黎具有相当知名度，他很快得以通过军事法庭的裁决得到其中的部分财产，并由此过上舒适的日子。作为半为互济会、半为政治组织的社会研究俱乐部成员，他保持着与巴黎报刊的联系，并使用化名来发表文章。正是在伦敦，他开始撰写自传三部曲，其第一卷《孩子》于1878年夏在《世纪报》上连载，这部小说描写了遭受虐待的儿子同父母之间的斗争以及由此引发的丑闻。他不得不在存在时间短暂的宣扬社会主义的日报《法国大革命》专栏中发表《孩子》一书的第二部分，这份报纸创建于1879年1月，发行量非常小，但是，他至少可以在报上署上真名。尚在流放期间，他就开始了三部曲中第二部《高中毕业生》的创作。他并没有放弃政治活动，并继续向巴黎寄送稿件。在《法国大革命》于1879年6月遭禁之后，他在布鲁塞尔创办了周刊《街头》，从1879年1月29日到12月28日，该刊只出了5期。

回到巴黎之后，儒勒·瓦莱斯开始为《巴黎公民报》《觉醒报》和《吉尔·布拉斯报》撰稿……同路易丝·米歇尔一样，他拒绝接受派别精神，这种精神很快就腐蚀了正在复兴的社会主义运动。他在给伯努瓦·马隆的《新政党》一书撰写的序言中写道：我们既不要集体主义，也不要无政府主义，我们只有一个目标，那就是社会革命；只有一句座右铭，那就是劳动的主权；只有一个现实，那就是人

民；只有一种态度，那就是独立。瓦莱斯在流放期间读了蒲鲁东、马克思和其他社会主义理论家的著作，但都是徒劳，他对各种宗派主义和派系都感到厌恶。无论怎么说，他的社会主义哲学基础极为模糊，它更多地具有情感色彩，而不是思想色彩。有人建议他参加竞选，他却宣称自己更愿做一个公社的历史学家，而不是“枪杀者的议员”。他当时撰写了三部曲的第三部《起义者》。

作家必须成为政治斗争方面的积极分子吗？我们要指出的是，在 19 世纪 80 年代之初涌现出来的小说家埃米尔 · 左拉通过在《费加罗报》上发表的一系列文章，对文人介入政治斗争的倾向表明反对态度。作为福楼拜的弟子，此时的左拉正在复兴“为艺术而艺术”的主张。他在文章中写道：“这些政客是多么令人厌恶，多么乏味啊！他们是多么可怕的食人者！”他还直接责怪瓦莱斯道：“去当一名政 678
治家？算了吧！他因为有着过多的才能、过多的独创性而无法成为这种愚蠢、虚伪的玩意，成为政治家这样的玩意，就得随大流，无法自由自在地笑。”[5] 左拉对《孩子》和《高中毕业生》的作者予以同情，对他的才华表示赞赏，但对他在文学作品中一些糟糕至极的做法深为痛心，因为他认为，应该尊重“文人的主权”，左拉继续写道：“尽管他希望自己成为一位本能的革命者，成为同苦难的重负做斗争的热情诗人，但他成不了一名政客，这是由他的才能所决定的！”

忙于撰写《起义者》的瓦莱斯于 1882 年 7 月 24 日在《觉醒报》中，通过反思法国文学的政治特征对左拉做出回应。在他看来，自从浪漫主义结束之后，法国文学一直在孕育革命：“尽管态度威严，笃信天主教，但巴尔扎克还是将沾满污泥和血迹的财富展现在读者面前——它们就像承载着现代人宿命的车轮，他将大革命的场景投射到阅览室和舞台上，用戏剧和小说来再现这场暴乱。”[6] 现实主义和自然主义的小说家加速了这一运动的进程：“《茶花女》、《包法利夫人》、龚古尔兄弟的《热曼妮 · 拉瑟顿》、《小酒店》等源自共和国深处的作品，难道不是也无视这些作家自己的意愿，表现充满痛苦和罪恶的共和国吗？社会主义者左派所撰写的反对家庭、美德和金钱的文章，难道比小仲马、福楼拜、龚古尔和左拉所写的东西更为严厉吗？然而，后一类人却不失时机地说，他们憎恨政治，憎恨这些起义的儒勒丹先生……"

这一次，轮到瓦莱斯受益于新闻自由的法律，他在1883年10月实现了自己的心愿：重新经营一家报纸，这就是以政治、文学方面的内容为主，但不代表任何派别，拒斥主张革命的社会主义者标签的《人民呼声报》。因而，它接受所有不满社会现状者写的文章，甚至包括具有马克思主义倾向的儒勒·盖德的文章，因为他认为，盖德这个"雄辩而自信的宗派分子"应该有"言论的自由……"。[7] 为了让日报得
679 以发行，瓦莱斯向朋友们发出筹集资金的号召，其中最为慷慨的是阿德里安·盖布哈特，此人当时与卡罗琳·蒙特罗贝尔，即未来的塞维里娜生活在一起。

17岁就被父母嫁出门的卡罗琳，被大家称为莉纳，她的父母属于小资产阶级，他们让她在小学教师的职业和婚姻之间做出选择。[8] 她更喜欢婚姻，同生活在她那个时代以前的女性一样，她认为婚姻是通往自由的大门，这种看法最早由乔治·桑倡导。1872年，她嫁给了一个叫亨利·蒙特罗贝尔的煤气公司职员。在新婚之夜，她感觉自己遭到玷污，因为她对此还没有做好准备。她很快就怀孕了，在生下儿子之后，她就离开丈夫，躲到父母家中。1873年12月，她和丈夫彻底分居，孩子交由丈夫抚养。感到有必要工作的她在接下来的5年中曾以教授钢琴为业，并曾为攒钱去从事服装业和刺绣。终于有一天她在瑞士的一个富孀盖布哈特夫人那里获得家庭教师的职位。盖布哈特夫人的儿子阿德里安非常迷恋卡罗琳，并成了她的情人。在再度怀孕之后，她和阿德里安偷偷跑到布鲁塞尔分娩。1880年，法国领事馆在其子罗兰的出生证上注明道："其生母姓名不详。"孩子被交给祖母抚养。正是在布鲁塞尔，卡罗琳的生活发生了关键性转变。她和儒勒·瓦莱斯在共同的朋友塞纳里医生家相

遇。回到巴黎之后，瓦莱斯就建议莉纳担任他的秘书，帮助他整理书稿和文章，因为他的字迹难以辨认。他告诉她自己将重返新闻界，对此，她欣喜若狂，但是，她的母亲和盖布哈特夫人得知她同瓦莱斯的可疑关系之后大为吃惊，因为后者是昔日的公社成员和流放者。在遭到家人拒绝之后，她朝自己胸口开了一枪。这一自杀举动让家人大为震惊，从此以后，卡罗琳就可以随心所欲地行动了。她满怀热情地投入位于泰勒街的瓦莱斯家的工作之中，晚上则陪伴瓦莱斯 680
出入于咖啡馆、剧院、餐馆等场所，他在那里同人们没完没了地讨论。瓦莱斯为能同身边这个女孩走在一起感到颇为自得，她尚不到30岁，且总能够吸引别人的目光，人们误以为他们是一对情人，但存在于他们之间的是一种有时颇为生硬的工作关系。瓦莱斯老是低声抱怨，她则进行反驳。两人最终闹翻，继而又重新和解，但已无法相互容忍。于是，瓦莱斯派她去照看位于沙尔庞捷的名为“伦敦街”的画廊，那里摆放着奥古斯特·朗松的22幅蚀刻画和172幅其他画，她把这些作品照看得很好：“你出身优越，生长在根特大街（意大利人大街最典雅的一个街区），你是艺术播下的种子，盛开在枪战中的花朵——但你勇敢地抛弃了那优越的环境，来到穷人的阵营，投入我的怀抱，丝毫不顾及穷人的褴褛衣衫会弄脏你的花边，不顾及‘别人会把你看成资产阶级’……”

日报的编辑部先是设立在它的印刷商库塞设在克瓦桑街16号陈旧的科尔贝饭店里的住处，《不妥协者报》的编辑部也设在这里。因为这里地方狭小，他们后来搬到位于黎塞留街的一幢更宽敞的房子里。年轻的姑娘对新工作和新环境都充满激情：“谁在这样一种环境下从事新闻工作实际上都要付出特别的努力，她把印刷机的噪音当作最美妙的音乐，把印刷用的油墨看作最神奇的香水。”

卡罗琳于1883年11月22日以塞维兰[1]为笔名发表了第一篇文章，

[1]　Séverin，即塞维里娜这一名字的阳性形式。

而之所以使用塞维兰这一名字，是为了避免一般女性作者会受到的歧视。此文指责了诗人弗朗索瓦·科佩。她的第二篇文章依旧以塞维兰为笔名，以一个居住在巴黎郊区的老木匠口吻抨击费里在东京的远征，但这篇文章并不成功。她的第三篇文章以塞维里娜为笔名，从此以后，她开始负责文学和戏剧专栏"一位巴黎女子的短信"。一位女性职业记者由此诞生。

在两年的时间里，瓦莱斯在报纸上继续保持巴黎公社的风格。他的才华、热情以及普世主义的精神使他由反对转为赞成选举制，尽管他的举动也让包括利萨加雷在内的人感到不安。他的文章以不屈不挠的精神为社会主义运动提供了养分，包括赞美巴黎公社的文章（"人们以为已经埋葬巴黎公社，已经将其缝合在巴黎公社战士的上装之中，但巴黎公社却在桂冠和鲜花中得到复苏。"）、庆祝巴黎公
681 社周年的文章、一些讽刺性的文章、为烈士子女辩护的文章（"孩子们任凭那些愚蠢或凶恶的父母摆布，任凭那些生育或抚养他们的人摆布，国家应当设立新法典来改变这一切现状"）、倡导废除死刑的文章、反对军国主义的文章（他对巴黎公社时出现的尊重士兵却蔑视老百姓的做法感到遗憾）、反对建立常备军的文章（到 1914 年为止，这一直是社会主义极左派舆论的中心议题，他们主张在遭受入侵时，通过全民动员取而代之）、反对殖民主义的文章（尽管在这一点上他和克列孟梭一样反对所有机会主义者，尤其是儒勒·费里），还有反对议会制的文章——尽管克列孟梭对此持宽容态度——他想通过这种方式让那些"政客"出丑。与之相反，瓦莱斯很少抨击教权主义。并不关心宗教事务的他在反教权主义主题中觉察到一种适宜于被归类到左派的保守共和派的方式，免除了他们对社会政治的担忧："针对教士进行的运动不再是一场圣战，如同基内通过断言如果人们在断头台上处决教权主义，大革命就会得到拯救所做的那样，米什莱通过摇动圣方济会的木偶来反对过去让听众感到不安的事物，则会引人发笑。"[9]

某些人指责瓦莱斯沉浸在过去的历史中，在记忆里寻找避难所。然而，到他去世为止——他于 1885 年 2 月 15 日在圣米歇尔大街 77 号塞维里娜的公寓死于糖尿病引起的并发症，这种疾病长期以来一直折磨着他——他还一直赞颂社会主义的未来，呼唤一个“社会的和普遍的”共和国：“如果那些受苦的劳动者可以组成一个军团，全副武装组织起来的话，那么，他们就不应该成为炮灰，而应该成为武器制造方面的专家，成为现代化工业生产的缔造者。然而，他们时下却成了令人憎恨的人，成了以他们主子的名义去谋杀一切他们周围的人的可怕仆从。但是，当这种从某些人那里夺取来的由钢铁组成的世界属于大家时，这一切就会彻底改变。”[10] 他的葬礼在拉雪兹神甫公墓举行，它不仅引起大学生和社会主义积极分子之间的打斗[11]，亦成了成千上万巴黎人表明对大革命的向往、对公社的缅怀，对创作出维护遭受屈辱的孩子、小人物、穷人和受压迫者利益的作品的作家表示爱戴提供了一个机会。 682

儒勒 · 瓦莱斯从来就不是社会主义学说的理论家，他的那些号召往往充斥着民粹主义的口吻：“在经济学领域当中，学者比工人更无知，高师毕业生比木匠更愚蠢。”[12] 他首先应被看作反对不宽容的代言人。[13] 他的自传三部曲的献辞让我们更好地了解了他这种主张：《孩子》献给“那些厌恶大学以及有不幸家庭遭遇的人，他们在童年受到老师或父母的虐待”；《高中毕业生》献给“那些接受过希腊文和拉丁文教育，却最终死于饥饿的人”；最后，《起义者》献给了“那些死于 1871 年的人，以及所有遭受社会不公的牺牲者，你们要拿起武器反抗这个邪恶的世界，在巴黎公社的大旗下形成被压迫者的伟大同盟”。他的作品或许更接近于“反抗”而不是“革命”，但在其中也还能看到人与人之间存在友情的美好前景：“民主和社会的共和国万岁！所有遭受父母不公正对待的孩子，所有因老师的暴虐而遭受屈辱的学生，所有遭受校长侮辱的教师，以及所有遭受不公正待遇的人们万岁！”

一个被认为具有很高文学天赋的年轻人在举行儒勒·瓦莱斯葬礼时出现在巴黎，他是未来民族主义运动的领导人莫里斯·巴雷斯，他是刚刚去世的瓦莱斯的忠实读者。像对待法兰西那些伟大诗人一样，他多次赞颂瓦莱斯。不久之后，当塞维里娜在卡尔卢斯在为瓦莱斯所塑的半身像前举行追悼活动的开幕式之际，巴雷斯已经在右派中奠定其地位，并对瓦莱斯表示了最后的赞颂："谁会不钦佩瓦莱斯的伟大才能呢？我 20 岁时就逐日在他最后办的那些报纸中读他的
683 文章。我为了寻找他那种源于拉丁文法家的感人力量而仔细研读他的作品。"[14]

尽管儒勒·瓦莱斯是真诚的，但依旧不可能让所有人都满意。政治舞台的另一边出现了另一个作家莱昂·布洛瓦，他由原先的公社成员转变为天主教主义的支持者，并于 1884 年 1 月施展辩才去攻击雅克·樊格拉[15]：

> "既然要好好地谈谈儒勒·瓦莱斯先生，那么我们可以说他是一个疯狂的家伙。当然这一点已经为历史所证实。他在沙尔庞捷出版了自传三部曲给我们看，他还要我们看他的第四部，此外他还有一份日报，每个月 30 次地大放厥词。尽管如此，当我说他是疯子时，我还是没说实话：他是疯子中的疯子，而且是最狂暴的一个。如果谁对此有疑问，那就请看一下这一事实，即他在喝水吃饭的时候都要加芥末。这家伙就是这么一个人。他像泡沫一样难以控制，任何传统的马笼头皆无法驯服他，他既不宽恕上帝也不宽恕他人。他在年轻的时候只是一个被人利用的可怜虫。"

莱昂·布洛瓦于 1874 年在弗约的《宇宙报》开始其记者生涯，在写了 5 篇文章之后，弗约就让他改变那种充满强烈火药味的风格。布洛瓦在给母亲的信中表露了失望之情："在巴黎有 20 个人和我从事

同样的工作，这些人中的大部分都很出名，但我对这份工作兴趣不大，因为他们中的大多数人行事很不谨慎，诸如会在收受贿赂后去赞扬一本很烂的书，或者为了获得一些好处或某个职位而称赞一个糟糕的作者。简而言之，我选择了一条走不长的道路。”[16] 在遭到几家内部发行的天主教报刊的拒绝之后，布洛瓦开始了不尽如人意的作家生涯。然而，在 19 世纪 80 年代初，因为鲁道夫·萨利经营的“黑猫”酒吧以及同名报纸《黑猫报》，摆脱无名作者命运的机遇开始向布洛瓦招手。他的表弟埃米尔·古多在 1882 年把他介绍到这家报纸。布洛瓦在此并没有获得任何足以使他摆脱财政拮据状况的方法，因为《黑猫报》的老板不会付足该给撰稿人的报酬，有时甚至以几杯免费 684
啤酒和几顿免费午餐作为支付给撰稿人的工资。不管怎样，他至少是出了名，“一个旧建筑材料商人的话”专栏的每篇文章都猛烈抨击当时的知名人物。也正是在《黑猫报》上，莱昂·布洛瓦对瓦莱斯进行了毫不留情的攻击。他的尖刻批评引起人们的关注，《费加罗报》遂为他提供了一个专栏编辑的职位。这份体面的新工作使他没有时间再去推销由儒勒·巴尔贝·道尔维利作序的克里斯托弗·哥伦布的新作《解开地球奥秘的人》。不过，它却让他至少可以暂时无须为穿衣吃饭之类的问题发愁。他的第一篇文章就引起轰动。他想诋毁当时正在走红的圣多明我会教士迪东神甫出版的一本书，因为此人有着德国人式的自负，故被称为“一块纽伦堡的肥皂”。布洛瓦在文章结尾处如是写道：“如果是这样的话，所有这一切均纯属荒唐，但是，这是一个法国教士令人作呕的表演……他无耻地要求再为他的名声增加一些什么，他或许可以得到想要的结果，但是，恐怕他的道袍、他的神圣品质、他的祖国、他的宗教律令以至于他自己的生活都只是为了有朝一日能够在可怜的一分钟喝彩声中陶醉吧——天知道这种虚情假意的亵渎会让他付出什么样的代价！”[17]

文章引起公众强烈的反应，布洛瓦在《费加罗报》上的这一举动并没有奏效。类似事件发生几次之后，他就被报社炒了鱿鱼。然而，对反叛精神有兴趣的出版商皮埃尔－维克多·斯托克出版了布洛瓦的文章汇编《一个旧建筑材料商人的话》，其中大部分文章来自《黑猫报》。他在1884年5月23日宣布这一出版消息时说道："人们知道莱昂·布洛瓦曾发誓要永远粉碎并消灭当代文学阴沟里的头面人物。他的新书是一位用最犀利最无情的笔武装起来的天主教的阿尔塞斯特（Alceste）的作品，此外它已极大程度从以前弗约所代表的天主教派别中摆脱出来，他以一种难以置信、绝对无与伦比的热情做出了自己的判决。"[18]

布洛瓦只会让人讨厌。评论界把他看成吹牛者、"现代的耶利米"、一个爱开玩笑的家伙。天主教徒讨厌他那种教权主义的天主教教义，穷人把他看作可怜虫，左派也拒绝承认他，把他视为一位特拉普派
685 的逃遁者，各家报纸的主编把他看作会导致订数大幅度下降的危险人物。莱昂·布洛瓦只能依靠为数不多的支持者，如鼓励他创作小说并在后来成为其《绝望》的出版商的斯托克，当然还有他的老师、军事法庭成员道尔维利，受其1883年出版的小说《残酷的故事》启发的维利埃·德·利斯尔－亚当，以及受到他于1884年出版的令人惊愕的小说《反面》启发从而永远告别自然主义的于斯曼。

面对受到对巴黎公社的回忆和社会革命以及改革计划鼓舞的社会主义流派，19世纪80年代的新闻界同样涌现出一个天主教流派，后者更多地与巴尔贝而不是弗约一脉相承——从莱昂·布洛瓦到乔治·贝纳诺斯——在教会被那些懦弱者和庸才把持时，教会的光环正在逐渐减弱，他们则继续猛烈抨击现代世界。

为了增加读者，这一在19世纪末获得自由的新闻界成了一个巨大的战场，右派作家和左派作家、社会主义者同自由主义者、共和派和天主教派在这里对抗，他们均感觉到自己属于某一阵营，语句的杀伤力和语言的表达力量使得"战壕"变得更加迷人。但是，大众传播有其规则所在。在第二帝国末期，普雷沃－帕拉多尔等人那种充满影射、细腻描写以及有所保留的写作，已经因为新闻立法首

次变得灵活而显得过时，小册子的作者和木偶戏院则从中受益匪浅。新闻的永久自由推动着作家成为报纸的顶梁柱，但是，越来越多的公众却有这样一种倾向，即更喜欢听震耳欲聋的鼓声，而不是柔和的音乐。富有煽动性的政治家和全副武装的思想家都同样喜欢这个战斗工具，新闻已经成了第四种权力，但是，这种权力经常被买卖，甚至腐化变质。波德莱尔在第二帝国时期就已写道："我无法理解一只纯洁的手会不带任何厌恶的痉挛去触摸一份报纸。"[19] 不过，我们还是可以通过新闻自由、竞争以及扩大发行量的办法拓宽政治生活的范围，使之超越职业政治寡头的范畴，从而使民主有机会存活下来。686
新闻自由并没有赋予报纸以质量，但是它使对各种权力进行监督与质疑成为可能。它是个人自由的保障，抵制独裁的依靠。夏多布里昂在法国王政复辟时期倡导过新闻自由，儒勒·瓦莱斯在巴黎公社的革命政府时期也倡导过新闻自由。在这种征服史中并非无足轻重的邦雅曼·贡斯当，于 1821 年 7 月 7 日在众议院用下面这句话相当好地对这一问题做了概括："当报纸自由时，自由的好处会抵消自由的弊病。"[20]

第三十八章

左拉：不情愿的社会主义者

1877 年，《小酒店》出版。

1880 年，《梅塘之夜》《娜娜》出版。

1885 年，《萌芽》出版。

687 在瓦莱斯本人以及“参与起义的热尔丹先生们”看来，无论左拉及其他现实主义和自然主义作家怎样，都难以逃脱文学批评。1871 年，当埃米尔·左拉在《钟声报》上连载《欲的追逐》时，该报经理路易·乌尔巴赫在保守派的攻击下被迫中断连载，后者声称：“从文学角度来看，左拉先生属于瓦莱斯之流，他自以为是现实主义者，却只是个卑鄙小人。我们知道，是巴黎公社在政治上导致了这一流派的产生。”[1]

在致该报经理的一封信中，左拉向他透露了自己雄心勃勃的计划：“《欲的追逐》并不是一部孤立的著作，它从属于一个宏大整体，只是我所梦想的巨大交响乐中的一个悦耳乐章。我要写的是‘第二帝国时代一个家族的自然史和社会史’，第一个片段《卢贡家族的命运》将以多卷本的形式出现。它讲述了法国的政变和残酷的斗争。其他片段将是对各社会阶层习俗的生动描写，讲述统治阶级的政策、金融、司法、军队、宗教以及各种腐败的公共机构……在3年中，我已经收集了各种素材，经常展现在我面前的这些材料大多是一些肮脏的事实，令人难以置信的疯狂且可耻的冒险，以及金钱和美色的交易。这一由金钱和肉欲组成的音符，这一充满饮酒狂欢的音符 688
时常响亮地回荡在我的耳际，促使我决定写下《欲的追逐》。”[2]

如果说左拉在政治上根本算不上革命者的话，那么，作为由现实主义培育出来的小说家，他希望不加掩饰地说出真相。他在《卢贡－马卡尔家族》第二卷中所要表现的这段历史是一段通过证券交易牟取暴利的巧取豪夺和触目惊心的历史：它讲述了主人公阿里斯蒂德·卢贡，也就是在市政厅任职的欧仁·卢贡部长的兄弟萨加尔，在获悉塞纳省省长奥斯曼的相关计划，即通过在街道两旁大规模拆旧建新来改造首都之后，如何通过既不需要资金又不需要冒险的投机积聚数百万法郎的财产。尽管《欲的追逐》的连载被中断（这只会刺激公众的阅读欲望），但在几个月后，小说分卷出版。不过，只有《卢贡家族的命运》取得成功。左拉的宏大计划出师不利。

事实上，左拉向《钟声报》经理所描述的宏大计划和宏伟画卷的原则，可以和巴尔扎克的作品相媲美，但他作品的社会意义更为深远，因为巴尔扎克从未描述过城市的工人。左拉并不想被局限在“社会的”历史的范畴之内，他还想写一部“自然的”历史，也就是一部自然主义的历史、一部科学的历史。他想如同克洛德·贝尔纳创造实验科学那样，创作实验小说。

左拉于1840年出生在巴黎，他的父母则来自普罗旺斯的艾克斯。他的父亲是名工程师，曾在当地修建了使那座城市获得水源的运河。在父亲去世后，一个卑鄙的合伙人掠夺了他的财产，于是，年轻的埃米尔和母亲来到巴黎。一贫如洗的埃米尔在圣路易中学获得了奖学金，但却两度在高中会考中落榜。埃米尔·左拉，这位曾经历贫困的资产阶级的孩子，成了一位在海关工作的普通职员，后来他又去了阿歇特书店，负责那里的广告事务。但是，他的志向是成为小说家，而且他确信自己能成为小说家。事实上，他于1864年发表了《给妮侬的故事》。因为有了按稿件行数计酬的工作，尤其是因为《事件报》的维勒梅桑让他负责该报的文学栏目，他在1866年离开阿歇特书店。他同样热爱艺术评论，曾撰文为马奈等人辩护，这些文章后收录于其文章汇编《我的憎恨》和《我的沙龙》之中。与此同时，他又开始写小说，但并未成功，尽管其中一部小说，即在1867年出
689 版的《戴蕾斯·拉甘》预示了他的远大前程。

在第二帝国行将结束时，他扩大了自己的交际圈。他和福楼拜通信，和后来在1870年嫁给他的伴侣亚历山德里娜·默莱一起接待未来的印象派画家莫奈以及龚古尔兄弟……正是在此时，他的设想趋于成熟，他将持续大篇幅地在各种社会环境中对卢贡－马卡尔家族进行外科手术式的解剖。不过，这部宏大"报告书"的诞生并非偶然，它将通过科学加以阐述。作为泰纳学说的狂热追随者，左拉是帝国图书馆的常客，在那里，克洛德·贝尔纳的《实验医学研究导论》，尤其是此期贝纳蒂克特－奥古斯特·莫雷尔、勒图尔诺、莫罗·德·图尔等人所写的关于遗传、道德堕落和疯癫的著作给他提供了养分。其中最值得一提的是普罗斯珀－卢卡斯的《论自然遗传》，因为左拉本人曾承认，此书成了他用以"建立卢贡－马卡尔家族谱系的指南"。[3]他坚持在这项宏大工程中采用科学的方法，而这种方法又与《人间喜剧》所采用的方法有别："我并不想对当代社会进行描述，我只想通过环境对种族的影响力来描绘一个家族的变迁。"因而，在开始的时候，它更多是一部科学的小说而非社会的小说："我的重要事务是成为纯粹的标本制作者和纯粹的生理学家。"他并不想求助于宗教和政治原则，而是希望借助于科学的规律。这就是这些小说为何会没有结论，只有一些描述性语句的原因。

人们都知道他的小说中所发生的事情：在《卢贡－马卡尔家族》中，该家族的子孙后代都看到一种政治和社会历史根源，但都将遗忘建立在临时条约和不真实的自然法则基础之上的科学的要求。不

管怎样，左拉的这种信念表明了他的态度，并巩固了他作为自然主义文学先驱的地位。与瓦莱斯截然相反，左拉并不想成为一个积极参与活动的人，而是希望成为一个学者。帝国的垮台在同一时刻将他从波拿巴统治严厉的审查制度中解放出来，为他提供了一个年代的框架，一个 20 来年时间的历史单位。左拉将笔下的人物均投入这一时间框架之中，这一时间框架的起点是“政变”（《卢贡家族的命运》），终点是 1870 年的普法战争与 1871 年的巴黎公社（《崩溃》）。690
但是，左拉也需要谋生，对他来说，最好的方式就是同莫泊桑一样，成为一名记者。我们已先后在波尔多和凡尔赛等地“遇到过”他，那时，他是《钟声报》和《马赛信号报》派往这些地方的特派记者。但与此同时，他把闲暇时间均用于《卢贡－马卡尔家族》最初几卷的创作。

人们在 1871 年已经看到，左拉有其政治观点，尽管他不愿在小说中表露政见。作为坚定的共和派分子，左拉一边毫不宽容地反对巴黎公社，一边指责凡尔赛的多数派指责。他不仅指责后者那些君主主义者的观点，还指责其想重新建立王位与祭坛联盟的意愿。他的反教权主义观点在文章中表露无遗，在这些文章中，他与《宇宙报》论战，嘲笑朝圣时代对奇迹的偏爱，攻击耶稣会士……他在一篇专栏文章中攻击杜福尔，引起《钟声报》经理乌尔巴赫的指责，后者认为他的文章“充斥着淫秽和危险的玩意”。从《钟声报》（该报在 1872 年 9 月停刊）转到《海盗报》的左拉这回开始非难社会不公，把那些属于多数派的先生视作该遭到“神圣惩罚”的人。他的文章招来保守派报纸的强烈抨击，根据当局规定，《海盗报》因为“煽动仇恨以及鼓动一部分公民蔑视其他公民”而被查封。

但是，福祸相倚。一位年轻的出版商，即曾出版过缪塞、戈蒂耶、奈瓦尔、基内、邦威尔和许多其他作家作品的出版商热尔维·沙尔庞捷的儿子，于 1871 年继承了父亲的出版社的乔治·沙尔庞捷对左拉推崇备至。与和他一样充满热情的合伙人莫里斯·德雷福商议之后，他向左拉建议签订一项来得正是时候的协议：出版社每月支付给左拉500法郎，左拉每年为出版社提供2部小说，出版社可以完全决定出版事宜，并在10年内对作品保留版权。双方成交，并签订协议。考虑到此前已有2部《卢贡－马卡尔家族》系列的小说遭到失败，对于年轻的出版商来说，此举可谓是一次冒险的赌博。但事实证明，双方都完全成功了。

就这样，沙尔庞捷出版社编辑出版了《卢贡－马卡尔家族》系列的第三卷《巴黎的肚子》。这本小说讲述的是一个长得漂亮却又凶巴巴的女屠夫莉莎的故事，莉莎曾掌控着成堆的香肠和成袋的黄金，后来因为被人卑鄙地告发而遭殃。告发者，即缺乏食欲的共和派分子弗洛朗是因为莉莎的生意兴隆而受害的人，他从一个典型的瘦子
691 成了一位标准的胖子。莉莎如是形容“诚实者的政治”：“在我事业顺利时，我很感激政府，我可以尽情享用我的浓汤，我睡得很安稳，枪声也无法把我吵醒……而现在，我已经完了，所有东西都已被变卖。”这样一个有关屠宰场的阶级斗争故事无疑使左拉被列入龌龊小说家的行列。一直对政治保持警觉的巴尔贝·道尔维利相信自己从中看到曾被雨果、瓦莱斯和库尔贝之流发挥的主题“物质主义”和“民主”的实质：“有比肚子更为粗俗的玩意，有人们在肚子中填进或排出的东西。今天，有人向我们提供猪肉食品。明天，它将是排泄物。这也许就是左拉以那支什么也不会遗漏的笔给我们描述的新事物。”[4]

不过，左拉付出的努力也不乏支持。他最先得到的是居斯塔夫·福楼拜、伊凡·屠格涅夫、阿尔方斯·都德和埃德蒙·德·龚古尔的支持。1874年6月3日周日下午，克瓦塞的主人福楼拜在逗留巴黎期间在位于缪里罗街的住处写信给左拉道：“我一口气读完了你的《普拉桑的征服》，好像我吞下一口美酒，在嘴里回味，我的朋友，现在我有点语无伦次，我曾担心您在《巴黎的肚子》之后躲藏在这种体系之中，不再指名道姓地去指责别人。事实绝非如此！您是个男子汉！您的新作是一本大胆的书！”在一番精确分析之后，福楼拜又在结束之前说了一番俏皮话：“你们竖起耳朵听好吧，这可是一

部杰作。”[5]来自《包法利夫人》作者对作品做出的同样的恭维之辞为左拉挡住了出于嫉妒而恶意贬低作品的批评家，后者始终在攻击左拉的“下流、错误思想和伤风败俗”。左拉还得到伊波利特·泰纳的赞扬，他佩服左拉丰富的想象力、用词以及虽然轻率却总是巧妙的表达方式。在新一代小说家中，他得到居伊·德·莫泊桑、若利斯－卡尔·于斯曼的崇拜，他的书卖得更火了，他继续为好几家报 692
纸撰稿，收入也随之增加，住得起圣乔治街上的一幢三层小楼，他在1874年春和母亲以及亚历山德里娜一起搬到那里居住。

始自1873年2月，他开始负责《民族未来报》的戏剧评论专栏，而且他自己也成了剧作家。他从抽屉里拿出改编自《戴蕾斯·拉甘》的五幕剧的剧本，伊波利特·霍斯坦同意在复兴剧院上演该剧。但是，结果却又是一次惨败，并招致舆论的抨击！左拉没有气馁，他认为写一部原创喜剧会更好一些，在多次遭到塞纳河右岸的剧院经理拒绝之后，他提出来要演出的喜剧《继承人拉布丹》为拉丁区克吕尼剧院的经理蒙蒂尼所接受，那里马上将上演福楼拜的戏剧《女性》。左拉的戏剧于11月3日公演，尽管福楼拜拄着拐杖来为朋友助阵，但《拉布丹》还是遭到惨败，弗朗西斯科·萨尔塞在《时报》上加以批评，他认为，这部戏剧乏味至极。因为担心他的戏剧也会“遭到惨败”，福楼拜亦取消了他戏剧的演出。

左拉刚刚完成了《卢贡－马卡尔家族》系列的第五卷《穆雷教士的过失》，此卷的题材有点淫秽下流，因为它说的是一个教士的爱情故事。男主角塞尔日·穆雷是出自一所受奢华之风影响的修道院的纯洁之人，女主角，即那个新夏娃，名叫阿尔比。当时，穆雷因病在巴杜来修养，阿尔比负责照料他。于是，巴拉杜成了新的伊甸园。教士最后离开修道院，怀孕的年轻女子自杀了。对于小说家来说，教士最后的过失并不是他屈从于自然的召唤，而恰恰是在响应自然的召唤之后，又再次逃避。

《穆雷教士的过失》分两次刊登在俄国圣彼得堡的杂志《欧洲使

者》上，这完全是伊凡·屠格涅夫的功劳。作为左拉的朋友和崇拜者，他为《欲的追求》和《普拉桑的征服》的出版穿针引线。此外，杂志经理斯塔苏莱奇建议左拉就文化新闻经常为杂志撰稿。1875年3月，左拉的新作在巴黎遇到批评。斐迪南·布吕纳蒂埃尔在《两个世界评论》中承认左拉写了“一些不错的东西”，但对作品过多的色情描写深表遗憾。《法兰西杂志》谴责这部小说是“整个系列当中最不道德、最反宗教，同样也是最糟糕的一本……”《蓝色评论》也毫不客气地下结论道：“这本小说所描述的内容既不真实，也不是卢贡
693 家族的后代，更不是一名教士，只是森林中一头巨大的雄兽和母兽在一起的故事。”[6]10多年前出版的《结婚的教士》（这是一个讲述教士松布尔瓦耶的悲惨故事，他因为法国大革命而还俗并结婚，但是他一直坚守自己的信念，直至生命结束）的作者巴尔贝·道尔维利也感到不安。或许这是因为左拉的文学批评攻击过巴尔贝的这部小说，左拉曾写道：“围绕着本书的主题，即教士的婚姻展开的大论战，对巴尔贝·道尔维利来说是莫大的亵渎，因为这是一件很平常、本身很符合人性的事情，它在宗教中占有一席之地，而天国的利益并没有因此而受到损害。”[7]这两位作家无法相互理解，1875年4月20日，巴尔贝在《立宪主义者报》上仔细剖析《穆雷教士的过失》。他认为，“左拉成功的首要原因是让一个天主教士蒙羞，后者把他的法衣扔在了玫瑰上，像过去神话中半人半兽的森林之神玷污居住在山林水泽的仙女一样……这个针对神圣天主教会的无耻谎言对这个反宗教和堕落时代的自由主义思想家来说显得更为辛辣，而左拉先生只是靠写书赚钱。《穆雷教士的过失》一书的成功，除了他对宗教的攻击，还有一个更平常的原因……我想大声向大家宣告，那就是低级趣味。”[8]“这是天地万物中的普遍发情的神话”“对卑鄙下流者的神化”“对科学的亵渎”“追求低级趣味”，简而言之，左拉是一个“下流事物的鼓吹者”。

过多的批评反而促进了小说的销量，沙尔庞捷和德雷福正在从他

们的赌注中获利，《卢贡家族》毋庸置疑地引起了公众的关注。诚然，1876年出版的第六卷《卢贡大人》（它讲述的是拿破仑三世手下一位大臣的经历）相对受挫。因为这部小说的主题政治性太强，它讲了一个人如何在仕途中不断努力并最终大获成功的故事，但是，这部小说在此只是这一小说系列不断获得公众喜欢过程中的一次暂停而已。

《卢贡家族》的第七卷是《小酒店》，它打开了一条具有决定意 694
义的通道。这一回，左拉没有任何疑义地成了大受欢迎的大作家。虽然他的小说仍是评论家嘲弄的对象，但是，其销量从出版开始到19世纪结束之际已经大大超过14万册。小说再次变换了故事背景，从杜伊勒里宫的沙龙转到了工人们光顾的小酒店。同左拉的其他小说一样，《小酒店》同样先是于1876年在《公益报》上连载，但是该报没有能连载完他的这部小说：读者的愤怒抗议和呼喊让报纸不得不停止连载。直到月刊《文人的共和国》在7月成为周刊，卡蒂勒·蒙戴斯成为主编之后，左拉的小说才得以重新刊载，并一直到完结。在1877年1月出版之前，此书受到左派和右派的共同攻击。以激进派为主要读者的《公益报》发现处境尴尬，他们发现这一连载让工人很是愤怒。这是对人民大众的侮辱！阿蒂尔·朗克在《人民报》上指责左拉"暴虐无道地蔑视人民大众"，维克多·雨果和《集合令报》的主编也忍无可忍。根据阿尔弗雷德·巴尔布的说法，雨果曾声称："我们不应该描绘这些场景，虽然我不否认这些描述是真实的。我了解所发生的一切，我曾深入这一切苦难之中，但是我并不想把它们公之于众，你也没有这个权利，你没有权利向公众揭露不幸的真相。"[9]右派的《法兰西报》认为，左拉是"巴黎公社分子文学上的头目"。阿尔贝·米奥也在《费加罗报》攻击道："这不是现实主义，这是污秽；不是粗俗，而是色情。"对此，左拉予以回击。米奥在另一篇文章中再次严厉抨击左拉，称他这位"民主派以及有点社会主义色彩的作家"在用最污秽的色彩来描绘无产阶级："人们无法对这位普遍选举的最纯洁代表提出更好的指控。"

左拉再次对米约做出回应："首先我不接受您贴在我背上的标签。我只想成为一个没有任何倾向的纯粹作家，如果您一定要给我定性，那就说我是个自然主义的小说家吧。我的小说没有任何政治倾向，
695 不要把作为记者的我和作为小说家的我混为一谈，我只写我看到的东西，只进行简单的描述，让那些道德家去吸取其中的教训。"科学，只是科学吗？不管怎样，从内心深处来说，左拉承认小说的政治性："不过，如果你想知道人们可从《小酒店》当中吸取何种教益的话，我差不多可用以下话来表述：教导工人遵守道德规范，把他们从悲惨境况中拉出来，同郊区拥挤而混居的环境做斗争，那里空气混浊难闻，尤其是使工人脱离摧毁他们智力和肉体的酗酒状况。我的小说很简单，它讲述的是一个工人家庭的堕落，它因为环境的影响而沦落，其最终结果是耻辱和死亡。我并不是一个田园诗人，我认为自己是在用一块烙铁来抨击罪恶。"[10]

当那些思想正统的左派分子，尤其是《公益报》的伊夫·居约找他争论时，他并没有放松警惕。他的意图并不是要神化那些不真实的公众人物，以此来冒犯或吸引公众的注意，而是为了让立法者了解酗酒问题的严重性，谴责贫民窟的罪恶："大街上难闻的气味、肮脏的楼梯、父女或兄妹混居的狭小房屋"，这些是郊区工人堕落的根源。他严厉抨击"使人性变得凶残的繁重工作，这类工作让工人对生活失去信心，并为了消愁而把他们那微薄的工资花在酒吧或妓院当中"。[11]类似的揭露亦将在 20 世纪初出现在法国总工会联盟发起的运动以及社会主义国际的代表大会上。但在当时，左拉的写法还是被认为过于粗鄙，主管新闻事务的内政部长拒绝批准在车站出售左拉的小说："低俗的色情描写细节和词汇在整部书中不断出现，增强了小说的色情色彩。我们可以说，左拉在很大程度上加剧了这一状况的严重性。"[12]然而，这样的争论还是为《小酒店》提供了免费宣传，使之
696 取得巨大成功。这尤其是因为左拉并不缺少支持者。阿纳托尔·弗朗斯在《时代报》上称它是"一部强有力的作品"，保尔·布尔热称

他为“我们所见到的可以列入一流作家行列的年轻人……”左拉在那时尚不知道他所谓的朋友埃德蒙·龚古尔的恼怒，但下面这段话真实表明了龚古尔对他的忌妒之情：“如同所有人均对他的这种风格充满憎恨，左拉巨大的史无前例的成功是可以预见的。因为，在他显然要抛弃写作的今天，他出版的书竟被宣布为一部杰作，而这个词极少被评论家用于一位还活着的人而且是年轻人身上。”[13]

这一回，左拉名气大涨，给人们留下深刻印象。人们争相抢购他的小说，《卢贡－马卡尔家族》的前几卷也都找到了买主。由此，左拉成了一位富裕的资产者，他和亚历山德里娜一起搬到克利希广场的圣乔治大街，同时把母亲安置在附近的一套小公寓里。更让他高兴的是，不管怎样，他已经有了自己的信徒，成了学派的领袖。1877 年 4 月 16 日，法兰西小说的年轻卫士在特拉普（Trapp）餐馆聚餐，并在席间对年长的福楼拜、龚古尔和左拉表示敬意。人们后来发现这次聚会可视作为“自然主义流派”举行的洗礼。“今天晚上，于斯曼、赛阿、埃尼克、保尔·阿莱克西、奥克塔夫·米尔博、居伊·德·莫泊桑以及其他属于现实主义和自然主义流派的年轻文人，在为我们即福楼拜、左拉和我祝圣，在这样一个十分友好且愉快的聚餐中，我们三人被公认为当代的三位大师。这就是正在形成的文学新军。”[14] 保尔·阿莱克西在《巴黎钟声报》上以“梯尔西特”为笔名，以讽刺口吻讲述了此次聚餐，该报的其他版面则以漫画形式表现了在前一天尚不为人知的十个人，尤其有一幅画将他们排成印第安人的队形排在手拿一个杯子的左拉后面，另外还有一幅画表现他们拿着扫帚和便盆，正准备庆祝自然主义的胜利。

然而，文人的共和国一度受到共和国寿命甚短的危机的影响。1877 年 5 月 16 日，麦克马洪致儒勒·西蒙的信导致君主派布罗伊公爵上台，尽管共和派当时在众议院占多数。众所周知，直到共和派在 10 月赢得立法选举的胜利才结束这次长期政局不稳定的局面，导致作家内部分裂，连素以不关心政治闻名的福楼拜都对麦克马洪感

697 到恼火。梯也尔在选举过程中撒手人寰，福楼拜参加了葬礼，这也为共和派举行盛大的示威运动提供了机会。福楼拜给乔治·桑如是写道："嗯，我也观看了梯也尔老爹的葬礼，我向你们保证，那是一个壮观的葬礼！这一真正全民性的示威令人感动。我以前并不喜欢人们这位普吕多姆式的国王，但这没有关系！同他周围的人相比，他是一个巨人，他有一种罕见的美德：爱国主义。没有人能如他那样典型地体现法国，从他去世的巨大影响中就能看出这一点。"

并非福楼拜所有朋友都像他那样暴跳如雷。1877 年 5 月底，左拉离开巴黎，前往马赛郊区的一个小港口埃斯塔克，在那里，他陪伴着医生建议其需要领受南方阳光的亚历山德里娜。他将在那里待上四个月，并继续撰写《卢贡家族》的第八卷《爱的一页》。他当时在这些政治事件中只看到了与书店和文学进行的竞争：人们只购买报纸。龚古尔哀叹道："政治令人难以忍受。在这一时刻，它俘获了对政治最无动于衷的人……" 10 月，在共和派赢得选举之际，他写道："这种欢乐，这种愚蠢的满意，这种不开化的多数蛮横的胜利，这种状况对我国未来的影响——凡此种种，对我来说都是不幸的，而这种不幸只有我一个人感受到。"

《爱的一页》受到评论界的好评，后者把注意力从《小酒店》的酒吧转移到资产阶级私通者偷情的长沙发，但左拉始终想得到更多东西。1878 年 5 月 6 日，他在大皇宫剧院推出一部新戏剧《玫瑰花蕾》，结果再一次遭到失败。他想要一幢乡间别墅，于是买下梅塘别墅，福楼拜把那里描述成"兔子出没的小屋"。他还想获得荣誉勋位勋章，尽管那是靠不住的便宜货，但是对左拉来说却是值得的，因为可以弥补他被看作色情小说家的名誉损失。但他一时也没能得到，直到十几年之后，他才获得那条红绶带。因为，左拉尽管从那时起已经被人们所理解，出名甚至受人崇拜，但他依旧被看作一个挑衅者、卑鄙小人、疯子和下流作家。1879 年《卢贡家族》的新作《娜娜》所讲述的故事更是加强了这种趋势。

1878年初秋，对于《伏尔泰报》的经理人拉菲特来说，刊载这一最新作品已没有问题，且无须再做广告。10月，当《娜娜》的前几章发表时，左拉又发表了一篇有关“实验小说”的论文。对于所 698
有人来说，这是可以一举两得的事情：评论界既可以抨击他的小说，又可以攻击他的理论。评论家先后把他指控为“卑鄙小人”和“有窥阴癖的人”，把他的小说比作“污秽聚集地”和“化粪池”。他们嘲笑左拉并不了解他所描述的那些人物和习俗，指责他对生活的观察是错误的。同往常一样，左拉在《伏尔泰报》上回击，他希望还他的小说人物和事件以本来面目，他拒绝那些奉承者制造的神话，“我觉得，所有这些轰动效应，所有这些谩骂对社会来说都是危险的，对于我们可怜的孩子的想象力会造成毁灭性影响。本人把讨论置于道德范畴，其他人则将它置于别的范畴”。[15]

《娜娜》在1月初连载完毕，单行本在1880年2月15日开始发售，结果一下子就卖出55000本。激烈的批评更增加了出版商的广告效果（卖三明治的小摊贩在张贴各种各样规格的宣传广告）。《娜娜》在公众中取得巨大的成功，同样也招来掺杂着愤怒和嘲笑的报纸的猛烈攻击。然而，有两个人在1880年2月15日写信支持左拉。一个是于斯曼：“这是一本好书、一本新书，是迄今为止您的系列丛书中绝对与众不同的一本书……”另一个是福楼拜：“我昨天一天都在看《娜娜》，一直到晚上11点，我今天晚上‘依然感到惊讶’，以至于无法入睡。应当指出的是，这是一本难得的佳作，我将用较大篇幅去评论它！”此外，沙尔庞捷也说道：“多好的书啊！太厉害了，诚如人们所言，左拉就是天才！”

福楼拜再也没有机会同对手一比高低了：他于1880年5月8日星期六在克瓦塞辞世。莫泊桑在那里把消息告诉了左拉，“我们可怜的福楼拜昨天晚上死于突然中风。我们将于下周二中午举行葬礼。毋庸讳言，我们很希望你能参加他的葬礼……”尚未完成《布法与白居谢》的福楼拜在生命最后的岁月依旧在鼓励那些年轻的小说家，为

699 “年轻的居伊”的光荣诞生感到高兴，并不断激励他的继承者。莫泊桑也刚刚因为他那引起轰动的新作《羊脂球》而出名，这部小说收录于以左拉为首的自然主义小说家的文集《梅塘之夜》中。小说的主题是1870年的普法战争，但是，同那些宣扬爱国主义和沙文主义的作品相反，这一部集体著作冷静而不带任何偏见：在某种程度上，莫泊桑的《羊脂球》用一些残酷无情的事实抨击了资产阶级。[16]

不过，左拉又开始了独立创作。他所崇拜的母亲于1880年10月11日去世，在宗教仪式之后，左拉把母亲安葬在艾克斯，他用《小酒店》的稿费在那里给她修建了一座墓。当时的左拉正准备和拉菲特以及《伏尔泰报》断绝关系。甘必大的朋友、共和派分子拉菲特越来越反对左拉对政客的攻击。因为左拉总是指责当权共和派的理想主义。双方就《小酒店》进行的争论起了决定性作用：左派的批评让左拉明白那些共和派分子、人道主义者、浪漫主义者和1848年二月革命党人对于1871年法国战败的“巨大教训”是多么不能理解。拉菲特不得不在8月发表了小说家针对政治家而写的文章《文学的仇恨》，文中写道：“当人们在所有问题、所有地方都遭到失败，当他们只是平庸的律师、记者——总之是彻头彻尾的庸才时，你们就会被卷入政治之中，政治会使你们成为同别人一样出色的部长。”为了表示自己的不满，拉菲特做了回应。12月3日，左拉一封报复性的电报结束了他们之间的关系：“从今往后，对我来说，你已经死了！”一周后，左拉投奔了保守的《费加罗报》，并在给该报的经理弗朗西斯·马尼阿尔的信中证明自己此举的正当性：“在共和派报纸中已经不可能自由评判共和国的人和事了……进入《费加罗报》的是一个共和派，他向您要求更多的个人自由。”于是，《费加罗报》的发行量超过10
700 万份，几乎是《伏尔泰报》的10倍。左拉每周给报纸撰写几篇文章即可每月拿到1500法郎，这是他在拉菲特那里获取报酬的3倍。在那些资产阶级的专栏和头版头条的文章中，他将和那些尤其是自《小酒店》发表以来怀疑并抨击他的共和派清算。在选举运动中，他不但猛烈抨击甘必大，还攻击新教主义。在他看来，新教主义给严厉的理想主义和纪律至上留下了烙印：他在慎重考虑了一切后宁愿选择天主教教义，因为后者更能维护艺术。他写道："让追求形而上学和纪律至上的人滚蛋吧！我们是在法国，而不是在德国。"

在这些文章中，左拉重新回到被共和派忽视的科学的必要性："实验政治是那种依靠事实，从种族和环境出发（从中我们可以看到泰纳的影响），以确保国家正常发展和进步的政治。换言之，这种政治是一边观察，一边实验的。它并不借助于教条性原则，而是依靠经由经验证明的规律；它只是为了促进社会的自然演进，而不是要人们屈从于某种理想；它的目标是从财富、权力、自由以至一切构成民族生存发展的事物看来能够拥有的由社会关系决定的最好生活。"[17]

他同马尼阿尔的《费加罗报》的合作只维持了14个月，合同到期后，左拉马上告别新闻界，投身于伟大创作之中。为此，他投入了巨大的精力。作品的每一卷都需要调研、归档以及长期的准备工作，然后才能在白纸上创作。他的成果让人晕眩：1882年，出版《家常事》以及新文集《比尔勒上尉》；1883年出版《妇女乐园》以及新文集《娜伊斯·米库兰》，将《家常事》改编为戏剧《昂比居》；1884年出版《生之快乐》；1885年出版《萌芽》。

在《小酒店》描述工人的巨大不幸之后，左拉一直想创作另外一部以工人为题材的小说。这一次他把小说中心放在无产阶级的政治和社会作用上。创作题材源于一起骇人听闻的真实事件：1878年 701
在昂赞爆发的罢工在1884年再度爆发。随着共和派掌权、公社成员回国以及1879年工人党在马赛工人代表大会上宣告成立，法国工人运动应运而生。在俄国，民粹主义运动导致1881年沙皇亚历山大二世的被刺。为此，左拉在1881年3月20日在《费加罗报》上专门发表一篇文章，内称：社会主义、共产主义、无政府主义和民粹主义已经成了世纪末的幽灵。

1882年，左拉的朋友伊夫·居约发表了有关"煤矿工人"的《社会地狱场景》。那么，创作《萌芽》的契机是什么呢？书中讲到的事情发生在第二帝国晚期，当时，法国经常发生可怕的罢工，而且，如同在拉里卡马里、圣太田盆地发生的罢工所显示的那样，这些罢工事件有时以流血冲突告终。1884 年 2 月爆发的昂赞罢工为他的创作提供了背景，尽管对这一小说的创作他曾经产生过犹豫。在他认识的瓦朗西埃纳议员的帮助下，左拉得以到当地同矿工交谈，并亲自下矿井考察，同昂赞煤矿经理以及北部矿业集团秘书长埃米尔·巴斯利会面。他收集了大量文献资料（如著作、小册子、论文等等，左拉为创作《萌芽》而准备的相关材料在国家图书馆的手稿陈列室中占了两大卷册），这些材料涉及矿工生活的诸多方面，如矿工的劳动、卫生状况、疾病、相关要求等等。[18] 1884 年 11 月 26 日，《萌芽》开始在《吉尔·布拉斯报》连载。1885 年 3 月 21 日，沙尔庞捷出版社出版了《萌芽》的单行本。这一次，左拉以其影响力、作品的抒情性、细致入微的描写和刚劲有力的叙述，消除了评论界的敌意。不过，此种和解还不彻底。《法兰西共和国报》认为《萌芽》是对“法兰西社会的巨大毁谤”，还有许多文章则总是给左拉扣上“沉溺于感官刺激”“粗俗至极”的帽子，但就总体而言，对左拉的赞誉占了上风。对于那些对他的小说在描述方面的真实性或这样那样的问题提出责难的人，左拉总是做好了准备，随时可以为证明自己的正确进行反驳和解释。

儒勒·勒迈尔于 1885 年 3 月 14 日在《文学和政治评论》就《萌芽》
702 发表了一篇篇幅较大的赞美性评论，但是，该文亦提到这是一部描述“人类兽性的悲观主义史诗”。勒迈尔宣称：“您将人置于自然之中，我则把人放在他的所有器官之中。您将人同自然隔离，我则认为他处于大地之上，他从那里来，并要回到那里去。至于灵魂，您将它置于人体之中，我却觉得它无所不在，既在人体之中又在人体之外，而且也处在人类的兄弟即动物之中，存在于石子之中……”左拉对乔治·蒙托尔戈耶表示感谢，后者在《战役报》上开辟了一个以

“冉·阿让”署名的专栏，左拉写道：“我很高兴我对那些穷人的同情得到您很好的理解。或许这一回人们可以不再把我看作诬蔑人民的人。真正的社会主义者难道不是那些敢于揭露社会贫困与堕落现状、控诉他们充满饥饿与恐惧的生活的人吗？一味恭维人民的人是些应当被送回1848年梦魇中去的哀歌诗人。如果人类真的如此完美、如此神圣，那又何必改变他们的命运？不，他们还处在下层，处在无知和泥潭中，而人们必须努力将他们从那里拉出来。”

“社会主义者”这个词用在左拉身上并不是很恰当。实际上，左拉丝毫不赞成社会主义革命。他对《小鲁昂人报》的经理说道：“《萌芽》是一部同情的作品，而不是一部革命的作品。我的目的是对这个世界中的那些幸运儿、对那些能够掌握自己命运的人大声喝道：请你们当心，请你们关注地下，去看看那些正在劳作和受苦的悲惨之人吧，这样也许还可以逃避那最后的灾难。但是，你们必须加紧变得公正，否则就会面临这样的危险：大地会开裂，民族会陷入历史上最可怕的深渊之中。”[19] 左拉不希望“法国到处都是街垒”，他是坚定的改良主义者。尽管如此，那些（仍然还温和的）社会主义报纸都向《萌芽》致敬，并请求左拉同意转载他的小说。左拉说：“转载《萌芽》吧，我什么也不要，因为你们的报纸很穷，你们维护的是穷人的利益！”由《小酒店》引起的误会由此消除。在马赛一次演讲中，社会主义议员克洛维·于格宣称：“我从来没有为埃米尔·左拉先生的书辩护，但是，这一回，我将在其他地方、在一切地方为他的《萌芽》辩护。我之所以想热烈为它辩护，是因为左拉先生在这本书中通过第二次涉及社会问题，得出了与维克多·雨果在《悲惨世界》中不同的结论：雨果想以仁慈来解决问题，左拉则想通过公正来解决问题。”[20] 703

“愚蠢的19世纪”在产生巴尔扎克和福楼拜之后，又产生了左拉。第一位是保守派和正统主义者，却敬服马克思。第二位宣扬“为艺术而艺术”，却给我们留下了关于七月王朝和第二帝国时期的法国社会的小说，而这些小说堪与最出色的历史著作媲美。最后一位，即对共和派政治家百般挑剔的左拉，原本并不想在小说中掺杂政治因素，但实际上对政治大加描述，并成了擅长描绘19世纪末法国社会的高手。左拉抛弃了传统伪科学的幻觉，断言自己是新社会科学的伟大实践者——不顾偏见、传统和意识形态的阻挠，竭力维护真理。他让那些思想家出丑，他获得年轻文学家的尊重，他得到公众的青睐。他在成为文人新贵之后变得更加贪婪，并希望得到官方的承认（在获得荣誉勋位勋章之后，他还想进入法兰西学院，但是没有成功）。他并未在所有人那里获得好感，但是他对成功、荣誉和金钱的渴望使他精力充沛。他的事业并未就此终结，从1885年，也就是雨果逝世的那一年开始，他被看作"粗鄙者""色情分子"和"亵渎者"，毫不留情却又不失希望地为法国人提供了一面反映社会生活各个方面的镜子。作为道德家和社会学家的左拉也以他自己的方式，不带任何说教地充当不可替代的历史见证人。

第三十九章

衰颓的大环境

1883 年，保罗·布尔热发表《现代心理学论集》。

1884 年，若利斯－卡尔·于斯曼发表《逆流》。

在 1880 年左拉的《卢贡－马卡尔家族》取得成功之际，法国文化界正遭受悲观主义危机的折磨。法国在普法战争中败北和巴黎公社后不久所面临的状况，已经在文人中造成不安。面对民主力量的上升，勒南的《法兰西知识与道德改革》和泰纳的《现代法国的起源》明确表达了他们作为新传统主义者的幻灭和憎恨。尽管如此，19 世纪 70 年代还是留下了共和派乐观主义的烙印：俾斯麦的德国所强加的战争赔款比预定期限提前很多时间就已付清，被德军占领的地区很快得到光复，共和派进行的反对掌权的君主主义者的斗争本身——这一斗争接连取得胜利，直至麦克马洪在 1879 年辞职——创造了新的政治活力。与此同时，复仇的想法刺激了民族主义精神的抬头。但是，新政体刚一确立，沮丧、不满甚至是公开的失望就占据了人们的情感，因为共和制——人们已经证实了它苦涩的味道——这种在第二帝国时期曾被视为最好的制度，过去更多是存在于其拥护者的理想之中，而不是支持政府的联盟平淡无奇的现实之中。我们甚 704

至可以看到，就连左拉这个坚定的共和派分子都开始指责第三共和国的缔造者。在他看来，第三共和国同一种过时的理想主义联系在一起，它没有能力从现代科学中吸取教益。左拉至少在看待法国命运方面基本上持有乐观态度，但是，这种信任在19世纪80年代初
705 在许多人头脑里开始动摇。

悲观主义首先征服了历史中的失败者、专制制度的支持者、各种各样的君主主义者以及民主的反对者。1879年出版的F. 洛兰所写的《当代法国的问题》分析了新近获得胜利的共和派的各种罪行：被大革命破坏的法国只是一个“解体的社会”，唯有“独裁和世袭的强大权力才能改变法国”。[1]在王位继承人尚博尔伯爵在1883年行将去世之际，作家梅尔希奥尔·德·沃格用挽歌表达了那些被剥夺复辟波旁王朝的希望的人的沮丧：“几个小时之后，在弗洛什多夫，最后的史诗将要结束，人们将埋葬白旗，埋葬千年的传统、正统基督教的王位、圣路易和路易大王的王位。再也没有博絮埃和夏多布里昂之类的人在葬礼上致辞，再也没有诗人为墓碑题写墓志铭！”[2]

这些具有怀旧色彩的抱怨几乎没有让公众感到不安，值得注意的反而是来自共和派阵营内部的悲观主义和焦虑迹象。就这样，在1881年，一位坚定的共和派分子拉乌尔·弗拉里在其出版的题为“民族的危险”的书中直接提出这样一个问题：“我们是否在衰落？”

与勒南和泰纳不同，作者并未将衰落归咎于民主制的发展。该对衰落负责的既不是1848年民众的胜利，也不是普选制。他也许是想消除具有蛊惑人心的倾向、从长远看会有损普遍利益，以及要求牺牲和纪律的民主制当中存在的最根本罪恶。但归根结底，他的著作仍旧只是一曲对民主制的颂歌，这种民主制的“整个管理体制”为的是“让人们更好发挥人所特有的各种才能”。总而言之，这亦是
706 刚刚在法国确立的自由共和国的官方语言。但是，此种话语的特征并不在于此，即便是这位狂热的共和派分子也无法回避对衰落的担忧。在驳斥那些针对所谓的即刻衰落提出的错误范例和证据之后，

共和国又回过头来重新审视三种“令人不安的因素”，即人口、政治和道德方面的因素。

第一种症状是人口的繁殖力下降。我们还记得，早在第二帝国时期，普雷沃－帕拉多尔就已经就这个问题对同时代者发出警告。这一次，弗拉里察觉到这样一个现象：人口统计力求更晚地算出人数。在损失阿尔萨斯－洛林之后，法国人口较之于过去有所减少，仅为3600万人。而从1872至1877年，法国的人口增长保持在每年100万，这个曲线到第一次世界大战后才被不可避免地改变。从1846至1871年，由于各种危机、瘟疫和内外战争的影响，不断增长的死亡率超过低迷的出生率。唯独只有在复辟时期，法国人口的出生率才超过死亡率，每年增长大约20万人。在第三共和国建立之初，每年增长的人口还不到10万人。在1890年至19世纪末之间，法国人口好几次出现负增长。[3] 当时，弗拉里并不了解这些数据，但他凭借经验，已经察觉到人口的减少：“法国缺乏年轻人。”他还补充说：“只有大家庭才会产生冒险精神。孩子多的家庭会不断繁衍出大批的人，而这些人又会像在春天不断分群的蜂群一样，进一步使种族、民族和语言得到扩大或传播。”[4] 法国人口减少的原因是什么呢？当时一些人把它归咎于《民法典》废除了长子继承权以及遗嘱的自由订立权：通过要求平分遗产，该法典实际上鼓励一家之长减少后代的数量，以便降低财产被瓜分的程度。根据弗拉里的看法，人口的减少首先与各种习俗、婚姻的衰退以及单身现象的发展或延长有关。出生率下降的原因并不是贫穷，而是人们的深谋远虑和经济头脑。宗教观念的淡化也促进人口的下降，贫穷但信仰天主教的布列塔尼的人口依然在增加，与此同时，在更为富裕以及宗教观念更为淡薄的诺曼底， 707
人口却在不断减少。面对人口一直在增长的年轻而强大的德国，法国在如此多方面处于下风：拥有的孩子更少，在战争出现时可动员的男子更少，可充当劳动力的人更少。

引起不安的第二个因素是政治的不稳定。弗拉里还写道：“无论是在共和政体还是君主政体，都会因有人推翻政府而导致大量人的生活被打乱。这些灾难有时要付出血的代价，无论是在灾难之前还是之后，都会产生长期动荡。各种工作为之停顿，商业萧条，贸易停止……在这些巨大动荡之后，一切又重新恢复正常。发狂式的激情并未得到满足，陶醉的胜利者则自认为不太会受到报复，但又觉得缺乏安全感。曾为其效力的盟友要求得到补偿，失望者则对当权者充满愤怒。”这些令人费解的措辞指的是一些真实的历史：自从路易十六人头落地之后，法国在80年的时间里经历了9次政权更替。这些疯狂的更替最终以第三共和国的建立而告终（作者说道，我们希望如此）。当然，革命也有各自的优点以及合理性，但是这种交替频率也带来最具灾难性的结果，“不断遭受危险的政权考虑得更多的是维持政权，而不是操办国家大事。它在公众舆论面前战战兢兢，过于害怕自己会得罪公众舆论，以至于它所考虑的几乎只是如何得到公众的信任，而不是为他们提供服务”。多数派的回避和反对派的不负责任，构成法国政治生活的弊端。为了博取人心，他们竞相在选民面前比试谁更缺乏勇气。由此，在军事领域当中，和平主义的论点总是比扩军备战的论点更受欢迎。

在弗拉里看来，第三个令人不安的因素乃是宗教和道德方面怀疑主义的发展。一方面，教会不堪过多教条的重负；另一方面，批评性和自由的反省又让位于“绝对的否定”。他写道：“生活成了它自身的目的，死亡成了最大的罪恶，唯一合乎情理的牺牲是那些人们能够得到报酬的牺牲，而人性的普遍法则只是理所当然的自私自利。”

708 弗拉里徒劳地在这一章得出结论：他不相信衰落，他不应该凌辱未来，这个世纪是“一个无法阻止的正在转变的世纪”。他的书是共和派乐观主义光环开始消退的征兆。我们还可以通过同时代的其他出版物，例如朱丽叶·亚当《新评论》的演变来证实这一点，后者曾被1881年的《出版年鉴》确认为“纯粹主张共和主义和进步”的刊物。

名叫朱丽叶·朗贝尔的年轻姑娘，也就是未来的亚当夫人于

1836年出生于皮卡尔迪，父亲是一名持不可知论和社会主义思想的医生，母亲则是经常去做礼拜的虔诚天主教徒。为了让女儿皈依天主教，她的父亲不得不隐藏起个人的政治倾向，这为女儿的教育打下了很深的烙印。她在15岁时就嫁给一个信奉实证主义的律师勒梅西纳，并且很早就被引入一个敌视拿破仑三世的文人和艺术家圈子当中。1858年，在蒲鲁东有一次发表针对乔治·桑和达尼埃尔·斯特恩（玛丽·德·阿古尔）的演讲之后，为了表明自己的反感，她以发表《反蒲鲁东主义的思想》一书予以反驳，此举在出版界引起强烈反响。此后，她成了玛丽·德·阿古尔沙龙的座上客，并同许多反对帝国的共和派人士，如儒勒·格雷维和夏尔·弗洛盖建立友谊。她于1864年建立了自己的沙龙，在那里可以经常见到卡米耶·佩勒坦、伊波利特·卡诺、伊曼纽尔·阿拉戈、苏利·普吕多姆和埃德蒙·亚当。1868年，她举行了第二次婚礼，嫁给埃德蒙·亚当。同年，她的沙龙从里沃利街搬到马尔泽尔布大街并很快出名，她在那里接待莱昂·甘必大并成了他的女顾问[5]："亚当和我不指望其他人，甘必大是唯一的希望。对我们来说，他是法兰西的化身，是法兰西振兴的形象而生动的体现，是共和派和民族主义分子的信心所在。"在经历了凶年之后，她依然效忠于甘必大，并在沙龙吸纳各种反对道德秩序的人。1879年，在丈夫去世之后，她实现了创办一份期刊的宿愿，这一新生的刊物就是《新评论》。她的朋友福楼拜对此表示鼓励，并献上自己最后的未竟之作《布法和白居谢》。亚当夫人筹划起自己的生意，她在吉拉丹的建议下，请求订户及出版商卡尔曼·列维参股，
她自己也成了股东。她后来与甘必大闹翻，因为她认为后者得为法 709
国搁置对德"复仇"承担罪责。于是，她将杂志用以在思想上支持对德复仇的事业。仇恨俾斯麦、忠于阿尔萨斯和洛林、赞同法俄结盟的《新评论》一下子就把民族主义倾向公之于众。《新评论》吸收了爱国主义诗人保罗·德鲁莱德和一些著名的作家和艺术家，如弗朗西斯科·萨尔塞、卡米耶·圣桑、埃米尔·利特雷等等。朱丽叶·

亚当自己负责外交政策专栏，拉乌尔·弗拉里和其他人则负责国内政治专栏。上述所有作者都掺杂着共和派的乐观主义和担忧衰落的情绪。

从根本上说，《新评论》在对外政策方面是反日耳曼主义的，在国内政治方面则反对教权主义，它以其反对议会制度而有别于最初的甘必大主义派。共和派在开启改革的年代之前取得的胜利，首先满足了机会主义分子对权力的欲望。个人和政党的野心被置于国家利益之上。受到科学主义和达尔文主义影响的杂志遂更严重地越来越服膺于一种社会有机论的学说，而这种学说同启蒙时代和大革命的学说背道而驰。愈来愈该受到指责的种族观念通过该杂志得到传播。高等研究院的生理心理学教授儒勒·苏里在该杂志中鼓吹种族和遗传决定论。该杂志高度赞扬了古罗马的文化遗产，提倡拉丁民族面对英国人和日耳曼人时应当融为一体。早在1886年爱德华·德律蒙的《犹太人的法国》出现之前，亚当夫人的刊物就已经倾向于反犹主义，并把犹太人和德国人混为一谈。反教权主义的《新评论》并没有重新捡起原先由基督教提出的反犹词汇，但却赞同从经济和社会主义角度提出的反对犹太人的观点，把犹太人看作政治国家中的一个财政国家。因此，这一共和派的杂志最终谴责了犹太人对法国的影响，仿佛犹太人应对法国的衰落负责。这种发展趋势在后来使朱丽叶·亚当和她的刊物加入了反德雷福斯的民族主义阵营。同温和共和派做斗争的罗什福尔和其他公社老成员也同样如此。但是，
710 甚至在未来的失控出现之前，《新评论》从19世纪80年代开始就已证实了共和派阵营的潜在危机，这一阵营中的某些派别已经与右翼派别一起汇合在衰落的意识形态当中。[6]

朱丽叶·亚当极为自然地在杂志里面录用保罗·布尔热的文章，后者的文学研究富有才华地将这种衰落的概念理论化。布尔热当时年仅31岁。作为一家私立学校的文学教师，他最初写过诗歌，但并没有引起人们多大的关注，而他那些打上无法抗拒的决定论烙印的

小说，命运也同样如此。1883 年，他的《现代心理学论集》首先刊载在《新评论》上，这使他摆脱了平庸诗人名气不大的状态，并以泰纳的信徒和严厉的评论家身份为人们所接受。[7] 他研究波德莱尔、勒南、福楼拜、泰纳、司汤达、小仲马、勒孔特·德·李斯勒、龚古尔兄弟、屠格涅夫和阿米埃尔，并在对波德莱尔的研究中提出了衰落理论。他通过把社会比作一个有机体——各种细胞的聚合与序列——指出："如果各种细胞的能量趋于独立，那么构成有机整体的单个有机体的能量就不再从属于总能量，它们所产生的那种无序状态就构成了总体的衰落。"在这样一个社会有机体中，当"个人生活在已经取得的满足和继承权的影响下被夸大时"，就存在衰落。衰落的原因还可以用其他一些概念来表述：解体、分离、失范（后来由涂尔干提出的术语），但是，重要的是它的对立面，即有机社会的表现，它的所有要素就像人体一样存在于一个连贯且有层次的整体之中。这种理念在奥古斯特·孔德那里就已经变得很强烈，后者寻求以一种新的有机的阶段开启实证主义时代。它在后来成了巴雷斯、莫拉斯等人的民族主义倾向的试金石之一。保罗·布尔热从 19 世纪 80 年代起将这种观念重新变得符合时人的口味。与在勒南那里一样——他曾经比《论人类种族的不平等》的作者戈比诺出名得多，布尔热从另一角度认为，一个既定社会始终处在"各个种族为求得生存而 711
进行的斗争之中"。鉴于此，它不得不"产生出足够多的健康孩子"，这些"健康孩子"的天职就是成为"勇敢的士兵"。正如对父性的拒绝和对严厉军事制度的仇恨挫败了罗马帝国一样，公民责任感从此以后也被怀疑主义、享乐精神和凭兴趣出发所取代。他借助一种小说家的贪欲指出，这种变化并非毫无魅力：当偏见在各种形式的宽容、相对主义，以及对野蛮人的残暴所抱的少有爱好面前消失时，在衰落中始终会存在某种美妙的事物。雅典的衰落比马其顿人的武力更为考究。然而，法国正遭受这种具有破坏性的魅力的折磨。

在为 1885 年再版的《现代心理学论集》所写的序言当中，小说家分析了早于1871年普法战争失败的衰颓的根源。该由谁来承担责任呢？所有这些滋养着一代代新人的伟大文学作品均散发出时兴的悲观主义，散发出这种“否定和绝望的精神”。幻灭的小说、苦涩的诗歌、福楼拜和波德莱尔以及其他人的作品，均已为这种衰颓铺平道路。布尔热写道：“这项长期而小心翼翼的调查的结果令人悲伤。我似乎觉得，在被这10篇论文所考察的所有作品当中，都显示出相同的令人悲痛的影响力，这种影响力若用一句话来概括，那就是深刻而持续不断的悲观主义。在这些有害作品的熏陶下，整整一代人都受到‘极度厌世的思想’‘一切努力都是徒劳的悲观主义’的影响——‘又有什么用呢？’成了人们的口头禅。”

依布尔热之见，衰颓的前兆可以追溯到第二帝国建立之初。那时，人们就已经可以感受到追求时髦、世界主义、异国情调的诱惑，“在分析精神以及有关想象和各种情感的科学产物的影响下”现代爱情的异常和软弱，以及民主和修养之间冲突的影响力。自那以后，弊端还在不断加剧：“如同出国旅行越来越方便一样，评论性的理解的滥用前所未有地在我们身边增加了凭兴趣行事的人。巴黎的生活让
712 年轻人的情感生活变得复杂，民主和科学成了现代生活的主宰，时至今日仍难以找到一种可重新为业已枯竭的道德生活提供新源泉的方法，这一切可谓是前所未有的现象。此外，新的一代在前辈未曾经历的社会悲剧中成长起来。我们经历了可怕的普法战争和巴黎公社，这一凶年并非仅仅破坏了我们祖国的版图，焚毁了我们首都的纪念碑，它给我们所有人留下了某些事物，让我们有如中毒般头脑迟钝，使得我们无法在成长过程中抵抗思想上的疾病。”

布尔热又写道，在战争和巴黎的革命爆发之前，这一“凶年”所产生的影响并没有引起注意，文学大师以自己的方式让一代人在文学方面中毒。根据布尔热的分析，当一代人面临传统社会解体的时刻，历史学家通过表现信仰的统一、政治的稳定、社会等级和根深蒂固的传统抑制人们的痛苦和失望。但是，在这个崩溃的社会，

科学重新评估各种教条，城市化和世界主义的影响改变了国家状况，民主推翻了旧秩序，抛弃了那些孤独的心灵与怀疑的精神。奥古斯特·孔德在 19 世纪中叶就预言了实证主义时代的新综合体，保罗·布尔热 30 年后在重新建立在一个可见轴线上的社会视域中什么也没看到。启蒙时代的光芒消退了。我们在科学主义的推动下重新回到原罪的旧教条中。但什么也无法对此进行弥补，因为用仍被法国人所忽视的尼采的话来说，“上帝已经死了”。

在这篇 1885 年的序言中，布尔热提到了一个在他看来最好表达了这种世纪病的年轻作家的名字，他就是若利斯－卡尔·于斯曼。此人是《逆流》的作者，该书在 1884 年出版时曾引起轰动。于斯曼出生于 1848 年，父亲是荷兰人，母亲是法国人，他故作潇洒地将乔治·夏尔这样一个荷兰名字作为自己的教名，此举或许是为了纪念 713
他那过早去世的父亲，并对他的继父表示仇恨。在悲惨的童年之后，于斯曼获得了高中文凭，并进入内政部当职员，与此同时，他还在法学院进一步学习法律。他过着波希米亚式的生活，穿着会让人同情的皱巴巴的衣服，擅长同女仆人发生关系。1870 年普法战争时期，他被召入机动保安部队之中。但是，他发现自己远离战场，没有机会参加战斗。他起初患了痢疾，在身体逐渐康复之后，他又被派到陆军部工作。他在复员后重新回到内政部，此时的他只有一个念头：写作。他先是自费在丹图出版社出版诗集《小市民式的息怒者》，虽在一个月中只卖出 4 本，但却使他获得了朋友和保护者，一些诗也被报纸所采用。他当时的文学楷模是龚古尔，前者在 1876 年发表的第一部小说《玛特：一个妓女的故事》充分说明了这一点：小说讲述了一个怯懦的记者同一个失去性功能的干粗活的女佣之间的爱情故事。这是一个悲惨的爱情故事，但被赋予了一种著名的“艺术风格”，正是这种罕见的巴洛克风格使他获得名声。这部在比利时印刷的作品在道德秩序统治下的法国遭到禁止。年轻的小说家在听了左拉的演说之后，甚至把他的书题献给了左拉，左拉则预言于斯曼“必将成为我们未来小说家中的一员”。由此，于斯曼进入了自然主义小说家的团体。他写了一系列研究《小酒店》的小册子，并以“埃米尔·左拉”和“小酒店”为标题，这些文章成了自然主义小说运动的宣言之一。1879年2月，他再次把出版的新作《华达尔姊妹》题献给埃米尔·左拉，这又是一部讲述两个年轻女子的爱情悲剧。尽管左拉在《伏尔泰报》上对斯曼予以全力声援，但他还是被评论界搞得心力交瘁，他们尤其指控他毁谤工人阶级：这是《小酒店》式丑闻的重现。

和左拉过从甚密的于斯曼在左拉介绍下进了《伏尔泰报》，并负责艺术评论，但他因为恶意攻击官方艺术的陈词滥调而引起公愤。当左拉重新把他的新朋友聚集在《梅塘之夜》时，于斯曼向左拉提供了自己那些备受争议的文章中的一篇《背上背包》，他对战争毫不留情的回忆被人认为是不爱国且具有色情成分。接着，他在《改革报》中对1880年度的美术展做了总结：始终猛烈抨击学院派艺术的他，
714 为印象派和独立派艺术家辩护，并单独为神奇的巴洛克艺术家古斯塔夫·莫罗保留了一个位置，那些“吸食鸦片者大脑里产生的壮观景象”将不断缠绕着他。

他所追求的带有自然主义色彩的小说，以及左拉对他的保护和友谊正好可以用来加强保罗·布尔热的观点：悲观主义主宰了他，使他进而转向虚无主义。在他接下来的两部小说《同居生活》（1881）和《沉浮》（1882）中，他描述了小人物的日常生活。为填饱可怜的肚子而寻找有怜悯心的餐馆的单身汉，绝望的恋人，受到嘲弄的丈夫，没有英雄的令人沮丧的生活，恶毒的妇女和下流的女儿（于斯曼一向厌恶女人），令人心碎的灰色生活，各种卑鄙的行为，陋室中散发出来的腐败气息，失意者的怨恨，没有目标、没有快乐、虚无生活的悲惨，以至于《沉浮》的主人公佛朗丹说过这样一句至理名言：“一切只会更糟糕。”这是那些可怜角色面对各种痛苦用叔本华名言自我安慰的一句话。事实上，在19世纪80年代德国哲学著作正在被翻

译成法语。和其他人一样，于斯曼喜欢这样一种辛辣的味道，喜欢这样一个幻想破灭的世界。他写信给左拉道："我知道你并不相信悲观主义，在布尔多为叔本华的《思想与断片》所写的前言中，他宣称这个奇才也害怕过死亡——但是其理论更为高深，超越了那些未将该理论应用于自身的人。但是，那些有智慧的人在不可能之中发现了天主教教义，无疑，这些观念是最值得安慰，最符合逻辑，也是最显而易见的。事实上，如果没有悲观主义者，那么只会存在基督教徒和无政府主义者。对三者中的任何一个，我们都思考得太少。"[8]事实上，对于这个时代的许多作家来说，虚无主义做出的回答就是皈依或回归基督教的律令，布洛瓦、克洛岱尔、布尔热，甚至于斯曼本人概莫能外……但高潮尚未到来。

然而，于斯曼将突然从左拉的保护和自然主义中摆脱出来。在1884年出版《逆流》的他的确还没有为未来的衰落运动提供权威著作的抱负——但他在后来有了这种想法——他只想摆脱自然主义的
束缚，这一流派把描写局限于普通人、平淡的生活和平庸。应当进 715
行改革，从阴冷凄惨的世界和墨守成规当中走出来，把它交给梦想、陌生人和奇妙，归根结底，幻灭应当留在背景当中，应当生动描绘一种新形象，远离饱受痛苦者，远离机关职员的安逸生活，远离不幸的女孩。因此，他在有些反常的贵族阶层中选择主人公，其中的罗贝尔·德·孟德斯鸠是一个真实生活中的典型。

小说《逆流》的中心人物德塞森特体现了那种想从充满剥削、屈辱、粗俗的当代逃脱出来的意愿。于斯曼于1882年10月27日在一封信中对此解释道："我亲爱的同事，我正在酝酿一部奇特的中篇小说，内容大致如下：一个伟大家族中的最后一个后代因为厌恶美国式的生活，蔑视渗透在我们生活充斥着铜臭味的贵族政治，决定到一个绝对僻静的地方隐居。他是一个非常讲究和挑剔的文人。在他那舒适而荒僻的隐居地，他寻求以人为的自然取代单调的无聊，他沉浸在那些描写罗马帝国衰落的杰出而精辟的作品之中——为了便

于理解，我采用了‘衰落’一词——他沉浸在用拉丁文写成的具有宗教色彩的作品、东方野蛮而精美的诗歌，以及维拉尼乌斯·迪热沃当和博多尼瓦等人的作品之中。就用法语写的作品而言，他酷爱的是爱伦·坡和波德莱尔的诗歌以及埃德蒙·龚古尔《福斯坦》的第二部分。您以后会看到这一切。”[9]

因此，于斯曼叙述的是贵族德塞森特的故事。此人是某个名门望族患有疾病的后代，他先是沉湎于城市的各种粗俗而淫荡的快乐之中，继而又逃离了这一切，把自己关在巴黎近郊的丰特奈－欧罗斯豪华别墅，他在那里试图在最简陋的环境中创造一个能满足其绝对要求的世界。他为在装饰时究竟该选择让客厅布置得富丽堂皇还是让房间空空如也感到苦恼，寻求各种办法使自己远离平庸，公开追求那些用拉丁文写成的描写衰落的作品，对那些异国情调的花香型香水感到恼怒，但其孤独的内心却依然追求时髦。凡此种种，把他推向疯狂的边缘——他的病十分严重，以至于医生建议他重返巴
716 黎。于是在结尾部分，德塞森特粗粗描绘了服从于多数与平庸法则的现代社会中最无情的场景。

贵族？它已经解体和死亡。“愚蠢”“下流”和“痴呆”，是用来形容那个被“金钱的欲望”所征服，并在金钱污泥中打滚的阶级的词语。教士？他们同样因为金钱变得低俗：“修道院已经成为生产药剂师和酿造甜烧酒者的工厂……修道院中充满阴谋诡计，大宗交易已经在对经唱谱的伪装下侵入隐修院的围墙之中。在那里，经商大全被放在斜面经桌上。像麻风病一样，本世纪的贪欲在教会蔓延肆虐，使僧侣屈从于财产清单和发票，使修道院院长沦为糖果批发商和江湖郎中，使得杂务修士成了低俗的打包工和蹩脚的药剂师。”资产阶级？他们利用各种灾难发财致富。“继门第贵族之后，现在出现了金钱贵族。这是银行哈里发统治的地盘，是桑迪埃街的独裁，是带有狭隘、虚荣和狡猾本能的唯利是图的思想所主导的商业专制统治。”他们缺乏修养，胆小怕事，剥削大众。其结果便是“压倒各种智慧，

否定所有诚信，并消灭一切艺术”。简而言之，就如同在美国一样！美国被搬移到欧洲，暴发户取得胜利，金融家粗俗而卑鄙的光芒“在一个拜物的城市闪闪发光，人们唱着不纯洁的感恩歌匍匐在银行的圣体柜前”！自那以后，我们得以理解德塞森特为何呼喊：“崩溃吧，这个社会！灭亡吧，旧世界！”必须与这种两难处境拼搏，只有对未来生活的信念才让人欣慰，但是，智者不愿相信这种信念。于是，悲剧不可避免。

这本书不仅立即引来各种愤怒的评论，它也像冰水一样落在左拉的颈背上。左拉一下子就意识到爱徒已同他所深爱的自然主义运动决裂。对此书的赞美来自左拉的敌人，首先是莱昂·布洛瓦，后者于7月14日在《黑猫报》上为于斯曼同“下流的左拉”决裂感到高兴，他也察觉到这一作品的宗教意义：“在这样一部内容丰富的小说当中，在某种程度上，让人感兴趣的是它所蕴涵的现代思想，这种思想没有愤世嫉俗的绝望、讥笑、贬低和诅咒。它看到了人的真正目的，即求助于某个上帝。除了帕斯卡尔，尚没有人发出如此精 717
辟的哀叹。”

这一被隐蔽以及虽没有被人认出来但却被提示的上帝，让人想到巴尔贝·道尔维利，此人是基督的军队永不疲惫的统帅。他指出：“这本书的‘出现’就像一把锋利的剃刀……除去当代文学界的亵渎宗教者和愚蠢的平庸之辈。”对他来说，这位年轻作家同左拉决裂是何等高兴的一桩事情，因为在他眼里，左拉是“文学界的好色之徒”，只用“没有灵魂和思想”的照相术来描写“低俗的生活”。小说的主人公是一位遭受疾病折磨的人，并且该疾病将要恶化为夏尔科病（肌肉萎缩性脊髓侧索硬化），“没完没了的病痛让他不再相信过去的事物”。为了逃避现实，德塞森特投入荒诞的经历之中，试图绝望地抓住这个没有上帝的虚无世界。巴尔贝如是评论：这本书是“我们在这样一个衰落世纪当中那些描写衰落的作品里最为颓废的一部”。在结尾部分，巴尔贝向于斯曼提出同他以前曾向波德莱尔提出过的相同建议：“要么选择手枪，要么跪在十字架的脚下。”[10]

同样在1884年，巴尔贝为若塞凡·佩拉丹的《最大的罪恶》作序，该书从头到尾充斥着对信仰荒诞而夸张的怀旧之情。在这篇文章中，“衰落”一词被当作赞美的圣母歌，继布尔热之后，巴尔贝痛斥了分析的精神，认为这是“本世纪最缺乏连贯和统一的蹩脚的智慧”，却把佩拉丹比作巴尔扎克，说他具备一个“综合的头脑”。如果说巴尔扎克曾希望对其所处时代的社会进行综合，那么，佩拉丹则着手（《最大的罪恶》只是第一部分）对拉丁民族的衰颓进行综合——拉丁民族将因为不再信仰天主教而消失。

由此，在19世纪80年代，衰颓的概念已被人们所接受。确实，人们引用各种各样事实证实它。右派文人、保守主义者、天主教徒用这个词来指称旧法国的解体，说法国自大革命以来已经丧失信仰，从而找不到自己的坐标。从最具有政治意义的角度来看，衰落是民主制通过普遍选举和共和国取得胜利的结果。但是，人们不能够忘记，
718 衰落的意识形态亦通过各种痛苦和挫折，以及左翼共和派对未来胜利的前景所感到的绝望得到丰富。一些人对共和国放弃复仇感到悲痛，另一些人则揭露议会制的共和国对社会弊病、穷人苦难以及支持共和国事业却没有得到任何报偿的工农无产者的悲惨境况视而不见。但是，从根本来看，任何一派都在抱怨出生率下降，认为这是一个民族丧失活力和老龄化的结果。

在这样一个死气沉沉的环境中，文学在发挥作用，它既是这个社会的反映，又是精神状态的缔造者。继现实主义之后，自然主义希望以科学的名义，通过描写人们往往不愿意看到，然而却是真实的生活来消除理想主义的产物，即多愁善感、进步主义者所歌颂的乐观主义。为此，它决心在隐藏着各种卑鄙、粗俗和罪恶的各个社会阶层中，描绘社会的一切。这类图景会引起人们的愤慨，原因或许是它过于真实。与此同时，主流文学，尤其是小说，已经让读者习惯病态、懦弱和堕落，因此，已经无法通过过时的抗议，甚至对虚伪进行传统主义或常规的

批评来摆脱这种状态。在大革命爆发已有一个世纪之际，作为启蒙思想的携带者的文学，却成了失败的笔录：人类的复兴没有发生。在保守主义者看来，更为糟糕的是，被打上“原罪”烙印的人类原先至少可通过权威或宗教使灵魂步入正轨，而在今天，他们已处于缺乏权威与宗教的状态，并注定与镜子中的自己单独相处。他们要么在艺术(为了艺术而艺术)、人为的天堂，要么在各种神秘主义、各种玄学以及各种怀旧的文化当中获得避难的场所。

然而，这只是那个时代精神的一个方面。或许，那些文人自己在他们对衰颓的审美中夸大了衰颓。儒勒·勒迈特尔在谈及“生活的悲惨中那些哗众取宠者”时，看到一个普遍现象：年轻人首先受到这种不幸的影响，他们被老年人剥夺了思想的权利，还遭受议会制共和国和政客政治的欺骗。勒迈特尔对此茫然不知所措：“也许，种族确实也像个人一样会衰老。”[11] 说到底，难道这些思想家没有受到托克维尔所预言的那种情况的后果，即民主社会的后果的影响吗？ 719
浪漫派作家曾经尖刻批评普吕多姆先生，认为他是一个没有教养的资产阶级，但是在这个世纪，所有人最终都变成了普吕多姆先生，即成了服膺拜金主义和实用主义、蔑视有教养者的人。这些昔日为王公贵族和有见识的社交界所尊重的艺术家们，从此以后得任凭人民大众及其选出来的代表们的摆布。这是一个令人震惊的事实：于斯曼和其他许多人指责美国模式，说美国竟然已经消除了所有贵族主义。人们还没有说到大众社会，但是，大众社会的观念正在形成。

那么，法国果真如此衰颓吗？一位名叫迪奥尼·奥尔迪奈尔的共和派政论家在《蓝色评论》中强烈表达了对这种观点的异议。他大致这样写道：把“这个神经质、过度兴奋、有吗啡瘾者的”小圈子看作整个民族是不对的。因为这些堕落的文人只是社会的表层而已，他们游手好闲，过分讲究，并为了感受历史的气息而腐化堕落。在谈及布尔热时，他又写道：他进入了这个绝望的行业，其表现出来的更多的是唱反调的哗众取宠，而不是真诚。迪奥尼·奥尔迪奈尔丝毫看不到能证明“这种悲伤的倾向”有道理的理由。[12]

不过，文学和社会之间存在的这种已被识别的分离，完全通过公众因一位作家的去世，即维克多·雨果的去世所产生的前所未有的反应而被否定。

第四十章

维克多·雨果：至高荣誉

1885年5月22日，维克多·雨果去世。

1885年6月1日，法国为维克多·雨果举行国葬。

维克多·雨果病了，1885年5月22日，各报将这一消息通告 720
给他们的读者。塞、阿利克斯和维尔皮安三位医生发布了一份公报，里面宣布了他们的诊断结果：肺部充血。5月20日，尽管病情“相对稳定”，但“病情发展趋势不容乐观”。次日，形势变得“令人不安”，“心跳越来越微弱”。5月23日，星期六，各家日报在头版头条以大字标题宣布：1885年5月22日，星期五，13时27分，维克多·雨果去世。他一共活了83年2个月零26天。

在雨果曾经担任议员的参议院，议长勒鲁瓦耶宣布了雨果逝世的消息，并认为“他是60年来让全世界敬佩，理应值得法国骄傲的人”。为表示哀悼，参议院取消了当天的会议。是日，众议院亦没有举行例会。巴黎的市政委员会也效仿了参议院的做法。在铭文与美文学院，人们也取消了会议。在罗马，议会会议也因为克里斯皮而被中断，此人通过电报提醒大家：“维克多·雨果的去世不仅仅是法国的巨大不幸，也是文明世界的巨大不幸。”在法国的所有市镇，市镇议会都降半旗以表示哀悼；在国外，许多报纸特意为此开辟专版。

人们很快就知道了诗人的最后愿望，相关遗嘱是在 2 年前立下的：

> 我要把 5 万法郎捐给穷人。
>
> 我希望自己能躺在穷人的灵车上前往墓地。
>
> 721 我拒绝所有教堂为我祷告，我要求一种为所有灵魂进行的祷告。
>
> 我相信上帝。
>
> 维克多·雨果

左派的报纸对于诗人的家人能遵照他的遗愿去做而感到高兴，5 月 25 日的《小法兰西共和国报》写道："显然，从今以后，法国的教士不再拥有对心智的最高统治权。我们引述了那些还与他思想相通的少见的才子的话。至于那些比他活得更长或者先他而去的人，因为人数众多，我们在这里不做引述。"5 月 23 日的《费加罗报》以另外一种笔调把雨果抬得更高："就文学方面的统治地位而言，没有人能够与他相匹敌。伏尔泰是以其他的名义进行统治的。曾有人说伏尔泰在所有领域皆位居第二，与之相反，维克多·雨果却在多种领域里独占鳌头……对我们来说，但丁、彼特拉克、塔索与阿里奥斯托合在一起代表了意大利。雨果就好比一棵巨大的橡树，60 年来，这棵大树繁茂的枝叶所产生的巨大树荫永不停息地为法兰西的思想和复兴提供庇护。"

在等待举行雨果葬礼的一周内，治安警察把前来吊唁的巴黎人分成两列，人们一个接一个地从存放雨果遗体的地方走过。与此同时，致敬和吊唁的电报和信函从世界各地纷至沓来。欧内斯特·勒南用以下话表达了人们的心声："几天来，在不分阶级、政党、宗派和文学流派的情况下，法国人认真倾听着他病危的令人心痛的报道。而今，每个人心中都感到了巨大的空虚。"最坚决反对雨果、反对他的浪漫主义以及对现代科学的拒斥的埃米尔·左拉亦写信给雨果的小儿子乔治·雨果道：“维克多·雨果曾经是我的青年时期。我记得我欠了他许多。今天我已不可能再同他讨论，所有人都应该团结起来，所有法国作家都应该共同纪念这位大师，肯定他作为天才的绝对胜利。”看破一切的埃德蒙·龚古尔在《日记》中吐露道：“法兰西民族 722
真是个奇怪的民族！它不再要上帝，不再信仰宗教，刚刚还亵渎了基督，却一下子又崇拜起雨果，把他奉为神明。”[1]

没有人不折服于作家的才能，其创作的巨著汇聚了各种精神领域的产品：诗歌、歌曲、戏剧、小说、演讲、小册子、历史著作、散文，这里还不包括他的画作。此后，相关传记则在另一个方面强调了雨果的生命力：正如他那秘而不宣的日记所证实的那样，他那频繁的性生活实际上一直延续到他生命结束为止。但这似乎并没有伤害他对朱丽叶·德鲁埃的挚爱。作为他生命中的女人，她早他 2 年死去。朱丽叶并没有因她那伟大的男人所做的荒唐行为而受骗上当，她对他那些荒唐行为从未妥协。从 1873 年 4 月开始，23 岁的年轻女子布朗什·朗万闯入雨果的生活。尽管雨果屡施计谋，但朱丽叶还是很快就明白了这种男女关系的重要性。在阿黛尔死后自认为是雨果“合法”妻子的她，已经不再仅仅满足于默默地崇拜雨果——“崇拜”这一动词似乎不足以表达其对雨果的情感，因为她曾写道：“在即将到来的新时代，人们将会像现在追溯耶稣那样去追溯维克多·雨果……”[2] 与此同时，她亦表达了对“因我可怜的老爱人被自愿向他投怀送抱的年轻姑娘诱惑而不断与他发生冲突”的厌倦。迷恋布朗什的雨果并没有错过在他面前出现的诸多偶然的机会。人们毫不犹豫地用“好色之徒”“色鬼”“淫荡的天才”等词来形容他在性方面的狂热。然而，他对朱丽叶的爱从未改变。见无法让雨果从那些寻花问柳的勾当中摆脱出来，朱丽叶遂于 1873 年 9 月离家出走。雨果因孤身一人而陷入惊慌失措、垂头丧气和绝望之中，而且为高烧和失眠所折磨，无奈的他只好求助于媒体，她的回归让雨果欣喜不已。

朱丽叶于1883年5月11日先他而去。他在记事本中记道："我的爱人，我很快就要来见你了。"

在他生命的最后10年，雨果身边的亲友越来越少，他感到越来越孤独。1873年，在夏尔去世2年后，他的二儿子弗朗索瓦·雨果告别人世。5年后则是他的妻子撒手人寰。他不断参加同辈人的葬礼：
723 1875年3月，埃德加·基内；1876年6月，乔治·桑（其他的都是杰出的男子，只有她是杰出的女子）；1882年12月，先是路易·勃朗，然后是莱昂·甘必大；1883年3月则是他的对头路易·弗约……他为死亡所包围，尽管他不畏惧死亡，但他已经感到死亡的征兆，他以为听见了那些"看不见的人"和"已经消失的亲人"，他们无时无刻不在窥视着他，尤其在夜间，他们敲打着墙壁，发出声音的影子则不断让他对不朽的信念抱有希望。只有他那发疯的女儿还活着，但她只是以另一种死亡的方式被关在圣芒德疯人院。不过，孙辈的出现让垂老的雨果感到高兴：乔治出生于1868年，让娜于1869年降生。在夏尔去世后的第六年，他们的母亲艾丽丝在雨果的同意下改嫁给爱德华·洛克鲁瓦（路易·勃朗和乔治·克列孟梭是这场共和主义婚姻的4位见证人中的2位）。直到生命结束，雨果一直陶醉在"做祖父的艺术"（1877年他的诗集之中的一首诗）的快乐之中。

雨果因为著作的版税变得富有，也变得越来越高尚。他定期记下自己通过罗斯柴尔德银行的经纪人进行的投资，同样也记录下定期或意外获得的财富、援助那些被流放家庭的成员、给里昂工人的援助资金、给被囚禁的政治犯的费用、给那些小巴士售票员的新年礼物以及给普通人的资助……他晚年的作品取得了巨大成功，包括《凶年集》（1872）、《九三年》（1874）、《一桩谋杀案》（1877）、《历代传说》（1877和1883）、《精神的四种风向》（1881）、《多尔格玛达》（1882）……他新上演或重演的剧本也取得成功：根据小说《悲惨世界》改编的剧本于1878年在圣马丹门剧院上演，同年，莎拉·贝纳尔再次主演《埃尔纳尼》《吕伊·布拉斯》以及1879年改编的《巴黎圣母院》，1882年《国王取乐》再度上演……

雨果这种独特的创造力同他的政治斗争密不可分。自从1876年1月在参议院当选之后，他就一直赞成对巴黎公社成员进行大赦。5月22日，在所有参议院议员默不作声之际，他以振聋发聩的激情打破了会场的沉寂，再次为“经过长期围攻依然泰然自若”、却被取消首都称号的巴黎辩护。他要求给予公社成员完全大赦的主张，只获得佩拉、舍尔歇和施厄雷－凯斯特内等9位同僚的支持。但是，图 724
卢兹的共济会向他表示了共和派的感谢：“对于共济会成员来说……对于具有知识和道德的法国来说，你永远是伟大的诗人、充满勇气的公民、雄辩的思想家、那些最伟大的人道且神圣法则的代言人，你同时也是当代堪与伏尔泰和莫里哀媲美的最杰出的天才。”雨果坚持不懈要求大赦，直至1880年7月大赦最后获得通过。

他同样也为那些被奴役民族的独立而斗争，为受到土耳其压迫的塞尔维亚人辩护，他在1876年8月发问道：“这个英勇的小国家的殉道行为何时才能结束？”他还说道：“在塞尔维亚发生的一切（塞尔维亚受到奥斯曼帝国的压迫）表明成立欧洲联盟的必要性。但愿在各个政府的四分五裂之后出现各民族的团结一致。让那些杀人的帝国灭亡吧！控制那些狂热和独裁的言论吧！打碎那些具有威胁性的迷信和教条的枷锁。不要再有战争，不要再有屠杀，不要再有蹂躏，而是要思想自由、贸易自由，要博爱。和平难道如此困难吗？除了建立欧洲共和国、大陆联邦，没有别的政治选择。”1876年9月，他再次向民主派的代表大会提出，要有共和国的纪念日。以下就是可以打碎枷锁和链条的法律：“思想自由，信仰自由、意识自由；生活方面的自由，面对死亡的解脱；自由的人，自由的灵魂。”

1877年5月16日，当共和国受到麦克马洪“准政变”的威胁时，他又加入维护共和国的斗争之中。在保守的参议院中，在喝彩声和嘘声中，他发表长篇演说，劝说同僚抵制共和国总统提出的强制解散议会的决议。解散议会的决议最终在参议院以349票对130票获得通过，但是，舆论已经听到雨果的呼声，他受到各方面的支持。9月8日，他参加了极富共和主义色彩的梯也尔的葬礼，他先跟着人们从他家附近的圣乔治广场沿着大道来到洛莱特圣母院，又从洛莱特圣母院来到拉雪兹神甫公墓。他参加了选举会议，支持共和派分子儒勒·格雷维在巴黎第十九区充当候选人：“公民们，你们要相信祖国，永远不要绝望。法兰西注定会得救。她负有人们的重托，她
725 是一个有用的民族，她既不可能衰落也不可能灭亡，她会用自己的光芒使伤口愈合。此时此刻，尽管伤痕累累，支离破碎，被人勒索赎金，听任想让历史倒退的派别摆布，受人非议，遭到质疑，但她依然在骄傲地微笑，而且，全世界都在敬服她。”10月1日，他出版了《一桩谋杀案》：“有关12月2日政变的这本书极具现实意义。因情况紧急，我出版了此书。”路易·弗约又开始了他的诅咒。政府正在考虑是否要查封这本具有现实意义的书。仅仅在几小时之内，此书就卖出了22000册，第二天，它又卖出10000册。10月14日，共和派在立法选举中赢得成功。甘必大和雨果均取得胜利。

第二年，也就是1878年，伏尔泰逝世100周年的纪念活动不可避免地会引发共和派和君主派、自由思想家和教权主义者之间的新冲突。为伏尔泰和福音之间的和解而操心的雨果参加了纪念仪式。在其于5月30日发表的一次演说中，他大声疾呼：“福音的作品要以哲学的作品作为补充，宽大精神已经开始出现，宽容精神已经在继续发展。让我们怀着深深的敬意说，耶稣哭了，伏尔泰笑了。正是在神的眼泪和人的笑容中，当代文明的魅力得以形成。”在伏尔泰身边，还有其他一些哲学家：“这些影响颇大的作家已经逝去，但是，他们为我们留下了他们的灵魂，那就是大革命。”对进步的信仰，从来没有在像他这样的雄辩中得到过肯定。雨果的言论引起了奥尔良主教杜庞卢大人的反驳，他不赞同雨果对伏尔泰的赞颂，并为此给诗人写了一封公开信。雨果则反驳道：当人们知道教会曾不断在那位篡位者、发动12月2日政变的人的耳边吟唱不同的颂歌，一会儿是《感

恩歌》，一会儿是《圣母颂》，一会儿又是《荣耀颂》时，一个主教有什么权利来教训我？“法律、荣誉和祖国均被此人践踏，他还践踏了誓言、平等、清廉、军旗的光荣、人的尊严、公民的自由，此人的飞黄腾达不符合人类的良知。这一切持续了19年之久。在这段时间里，您待在皇宫，我却在流亡。我可怜您，先生。”

看来没有任何东西能够阻止这个声名显赫的老人成为共和主义良知的代言人、自由的先驱、人性的先知、被压迫者的辩护者和欧 726
洲合众国的倡导者。诚然，他依旧在天主教、君主主义者以及新一代作家中有许多敌人，他们发誓要永远埋葬浪漫主义、多愁善感和充满激情的情感抒发——正如左拉在1880年11月2日，即在《驴子》出版后的次日在《费加罗报》上所写的那样：“维克多·雨果是本世纪的伟人！维克多·雨果是本世纪的思想家、哲学家和博学之人！而集这一切于一身的他，在他刚刚出版《驴子》这部令人无法相信的乱七八糟的玩意之际，竟然成了一种注定与我们法国特性相对立的难以置信的怪物……该怎么办？我们得斗争，我们得努力，我们已经获取方法，并在各种认识方面取得巨大进展！该怎么办？在不到百年的时间里，多种科学得到创立和发展，美好的演变已经在推动人类对真实的征服！这正是此人为放出驴子以及让它去侮辱科学而选定的时间。但是，此人不属于我们！”简而言之，对左拉来说，雨果属于中世纪。但这无关紧要！诗人并没有回击这些攻击：难道他就不是教育的歌颂者、进步的仆人、和平的卫士、人类的良知吗？在他经过时，人们总是向他致敬并高喊：“雨果万岁！”从来没有一个人像他这样受到人们的尊敬，被看作天才和慈善家。而这也是他让年轻的同行恼怒的地方。

1882年2月25日，总理儒勒·费里在雨果生日前夕拜访了他，并以政府名义送给他一个由弗拉戈纳尔画的“塞夫勒花瓶”。有关方面已决定，在2月27日为庆贺诗人的八十大寿举行盛大典礼。人们一整天都站在埃劳林荫大道他那被装饰过的房子前面呼唤他的名字。

墙上挂满花环，上面写着："致诗人、哲学家、人民事业的伟大裁判者。"来自各个城市以及各省的代表在欢呼声中接踵而至。雨果在巴黎的市级议会发表演说，这一演说不断被欢呼声打断："我向巴黎致敬，我向这座巨大的城市致敬……"游行、音乐、合唱、堆积的鲜花，这一切一直持续到深夜。尽管外面下着雪，戴着各种式样帽子的各种各样的人，包括中学生和士兵等，都从维克多·雨果的窗前走过。他收到各种礼物，有纪念章、书籍、首饰、金笔等等。据报道，当天的人潮构成了一幅让人吃惊的壮丽场景："在我国历史上，这样的
727 日子前所未有。"《集合令报》补充道："它看上去像是一个由智慧统治和精神至高无上的新时代的曙光。"3 月 4 日，雨果重新回到参议院（他于 1 月再次当选），全体参议院议员起立并向他报以长时间的热烈掌声。他对此表示感谢："直到我生命中的最后日子，我都永远不会忘记你们给我的荣誉，我对此深表感动。"人们开始赞美生前的雨果。

1884 年 11 月 29 日，新闻界报道了雨果赴设在夏泽勒街的巴托尔蒂工作室参观正在那里制作的自由女神像——这一参观富有象征意义。在艾丽丝·洛克鲁瓦和孙女让娜·雨果的陪伴下，他在雕刻家的指引下参观了预定要摆放在纽约港锚地的巨大雕像，雕像主体已经伸出屋顶。在雨果看来，自由女神像和纽约城共同构成了一幅"自由照耀世界"的透景画。雨果随后登上雕像内部至少有 46 米高的第一与第二层（古斯塔夫·埃菲尔用铁制材料搭建了整个内部结构）。在其离开之前，雨果对着这个巨大的艺术杰作留下了这么一句话："波涛汹涌的大海，你见证了这两片伟大土地的结合，请平息吧！"巴托尔蒂把诗人"放回"这座雕像的某个碎片上，他让人在该碎片上匆忙刻下如下字句："献给维克多·雨果，为法美联合而工作的人们敬赠。谨将这一巨大的自由女神雕像的这块碎片献给捍卫和平、自由和进步的杰出人士维克多·雨果。赠送人赠予承蒙雨果先生参观这件反映法美联合的艺术品的 1884 年 11 月 29 日。"这将是他最后一次公

开的参观。

雨果死了。对当局来说，问题在于如何在满足雨果遗愿（用穷人的马车来运送灵柩）的同时让他的葬礼变得更为庄重。总理亨利·布里松向议会提交了一个议案，要求为雨果举行国葬，在418名议员中，有415人投了赞成票。议长夏尔·弗洛坎建议为此拨款20000法郎，“65年来，对我们法国人而言，他的声音和我们民族最令人悲痛而又最为光荣的经历联系在一起，几代人为他的热情所陶醉，受到安慰和鼓舞。我们中有谁会不从内心深处去感激他？我们的民主制为他 728
而哭泣。他曾经讴歌了民主制的种种伟大之处，同情过各种各样的处境悲惨者。弱小和卑微的人总是对他的名字产生敬仰之情，深知这位伟人关怀着他们……”弗洛坎的演说多次被掌声打断。

葬礼由内政部长任命的包括欧内斯特·勒南在内的治丧委员会负责安排。该委员会决定把维克多·雨果的灵柩放置在由设计师加尔尼埃装饰过的凯旋门下，从那里送往先贤祠。这可是事件中的事件，因为在大革命中被定为安放伟人骨灰的先贤祠，曾被两位拿破仑正式恢复为举行天主教仪式的地方——即便教会并没有重新修复圣热内维埃夫山的这块圣地。于是，根据共和国总统颁布的敕令，重新恢复先贤祠“最初与合法的用途”，维克多·雨果的遗骸将被安放在此处。《小法兰西共和国报》的一篇社论为此举感到高兴：“由此，这一由革命专门供伟人使用的历史建筑物被归还给共和国、祖国和人类，对于这个地方，教会在反动独裁的时期曾试图予以控制！”[3]

“至高荣誉”这个词挂在每个人嘴边，出现在每个人的笔下。葬礼的日期被定为6月1日。5月30日星期六，人们把雨果的尸体放到灵柩当中，直到星期天的凌晨才把它运送到凯旋门下的灵柩台。等了一夜的人们对着灵车高喊诗人曾经熟悉的口号：“维克多·雨果万岁！”凯旋门被巨大黑纱包裹起来，并饰以刻有雨果作品名称的盾形纹章。侧面悬挂着维克多·雨果的相片，相片的下方是两位吹奏着充满激情的军号的名望女神。

遗体被放置在巨大穹顶下已加高12阶的灵柩台上。人流连续不断，成千上万的崇拜者、狂热分子、心怀感激的男男女女，从通往凯旋门的各条大街赶来。整个半天和大半个晚上，香榭丽舍大街上
729 挤满了人，两排胸甲骑兵手持火把照亮了凯旋门。从6月1日上午5点开始，人群又重新汇聚，军号齐鸣，信使不断带来花环，摆放在灵柩台周围。11点的时候，瓦勒里昂山方向传来21响炮声，宣告葬礼的开始。在共和国卫队演奏了肖邦的《葬礼进行曲》之后，官员们开始在已经搭好的讲台上发表正式的讲话。参议院的议长主席勒鲁瓦耶、教育部长弗洛坎、法兰西学院的代表戈布雷与奥吉埃、市议会主席米什兰、塞纳省议会主席勒费弗尔纷纷在此慷慨陈词。他们当中的一员说道："我们出席的不是葬礼，而是加冕礼。"

当军乐队吹响《马赛曲》和《出征之歌》时，殡葬队的人按照雨果的遗愿把灵柩抬上穷人的马车——一辆非常简易的黑色马车，只是在后面装饰了由乔治·雨果和让娜·雨果带来的很小的白玫瑰花环，马车边上是6位指定的朋友：右边是卡蒂勒·蒙戴斯、古斯塔夫·里韦、古斯塔夫·奥伦多夫，左边是阿默里·德·拉克雷泰勒、乔治·佩耶勒和皮埃尔·勒费弗尔。灵柩后面是乔治·雨果，再后面是亲戚和朋友。之后是12辆由6匹马拉的四轮马车，上面装满了鲜花，边上围满了中小学生。随行的还有各方代表：政府机关代表、城市代表、各省代表、殖民地代表、同盟会代表、协会代表、大学校与学院代表、外国的代表……一些报纸进行了统计：今天，法国共用去了价值100万法郎的鲜花和花冠。

当随行人员从香榭丽舍大街一直走到协和广场时，巴黎显得拥挤不堪，商店的橱窗都挂出了告示："因国葬暂停营业。"从街头到街尾，所有旗帜都降半旗。人们在协和桥放起了鸽子。在圣日耳曼大街的入口处，人潮涌动。人们爬上树梢，站在屋顶和烟囱边。数不胜数的陌生人、沉思者、未戴帽子的人，真是一幅壮观的景象。莫
730 里斯·巴雷斯写道："我们法国的人流，从早上6点钟开始流动，流

向巨大的河边大道，一直涌到人行道、桌子边、梯子上、脚手架上，直至屋顶。这是怎样一种热情的积聚啊，它如同大自然当中最壮观的景象那样强大有力。注定要以此感激诗人兼先知的雨果，感谢用他自己的理想来鼓舞人心的老人，感谢激起法国朋友们最热忱希望的人。"

下午2点，随行人员到达位于苏弗洛街的先贤祠的栅栏外面。在那里，人们从凌晨就开始等待。灵柩被放置在门廊下面的灵柩台上，接着又是一系列的讲话。勒孔特·德·李斯勒向"伟大诗人致敬，他高尚的声音将永远留在人们心中"。先贤祠前的人流一直持续到傍晚6点半。当时，维克多·雨果的遗体被安放到地下墓穴之中。

阿尔贝·沃尔夫在《集合令报》中写道："巴黎人的这个日子对于后人来说像一个令人难以置信的传奇。追溯遥远的历史，看不到这样的先例，而在将来，谁知道是否真能找到堪与它媲美的事件呢？今天，我们可以说，整个法兰西民族在一起为维克多·雨果送葬。这一盛典如此宏大，以至于我们的自豪感驱散了悲伤，哀悼亦与无上光荣成正比。他是本世纪唯一一位在刚刚去世时就能让高达200万敬重其才能的人汇聚在他的灵柩周围，并通过其思想和作品凝聚一个民族特性的人。"

维克多·雨果并非只在文学方面不朽，同样不朽的是他赋予作品的政治意义和为争取自由的不懈斗争。自从他在1848年二月革命后转而赞成共和制之后，他就为他的信条——自由、平等、博爱——而不断斗争。他自愿被放逐达19年之久，且直到生命最后一刻仍拒绝接受专制主义。他用诗歌和散文的形式，在《惩罚集》《小拿破仑》和《一桩谋杀案》等作品中谴责专制、政变和篡位。这是一场
旷日持久的少数人的前卫战，因为底层民众支持拿破仑三世。这场 731
战斗又逐渐被几代新人接替，他们在大学寝室里把维克多·雨果的作品当作秘密的圣经。当法国在色当战败后，他回到法国，并受到先知般的欢迎。在法国同普鲁士签订令人沮丧的停战协定之后，他

在国民议会中当选，抗议并反对把阿尔萨斯和洛林割让给德国。作为共和派和爱国者，他从这个君主派占多数和屈辱割让东部省份的议会辞职，因为多数派嘲笑由于从事有利于法国的活动而当选的加里波第的方式激怒了他。捍卫自由、祖国和共和国的战斗并没有结束，他于 1876 年被选为参议员，作品也受到作家的赞誉。他成了一位有如人们所说的教会教父那样的共和国之父。在道德秩序统治时期，他站在极左派的行列。他在 5 月 16 日事件发生后拒绝投解散议会的赞成票，尽管他未能阻止议会的解散，但却被看作使共和派的多数派在议会选举中获胜的前哨。他参与了直到取得最终胜利为止的各个阶段的斗争：1879 年 1 月 30 日麦克马洪被迫在有利于共和派儒勒·格雷维的情况下辞职，共和国通过参议院在 1879 年的改选以及众议院在 1881 年的选举得到确认。

直至那时为止，他一直致力于所有自由的事业，首先是巴黎公社成员的大赦。他同样维护妇女的权利。他在 1877 年 8 月 5 日给《自由的女人》的作者莱昂·里歇尔的信中写道：“男人有他的法律，这种法律是专门为男人制定的，而女人没有自己的法律，她们只能遵循男人的法律。女人在民事上处于未成年人的地位，在道德上则处于奴隶的地位。她的教育受到这一双重的不利地位特征的严重影响……改革必不可少，它将有利于文明、真理和启蒙。”在他去世前不到一年，他有幸在维克多·舍尔歇主持的宴会上，庆祝奴隶制在巴西的某个省份被废除：“在本世纪结束之前，奴隶制将在地球上消亡。”他一直
732 到死为止都在反对死刑，认为死刑既没有效果又野蛮。1880 年，当俄国要求法国引渡虚无主义者哈特曼时，雨果请求法国政府拒绝引渡，并使政府做出有利于哈特曼的裁决。2 年后，的里雅斯特举行世界博览会，当警方逮捕了投放炸弹的学生奥贝丹克，雨果写信给奥地利皇帝说：“所有文明的人均赞成废除死刑。死刑及其所有附属条款将在 20 世纪的法典中被去除。从现在开始就实行未来的法律乃大有裨益。”

反对各种帝国的他毕生捍卫民族主义事业，尤其是希腊、意大利、波兰和塞尔维亚的民族主义事业。维克多·雨果最好地说明了对进步的信仰。也许，神话、幻想、空想等等，在我们眼里已由于充满黑暗与迷雾的20世纪而破灭。但是，这一神话已经促使大革命以来的好几代人起来行动。催生了最终得以稳定的政体——法兰西第三共和国。不管怎么说，这一共和国把自由写入法律，使巴黎重新恢复法国政治首都的地位。大赦、新闻自由、集会自由、市长选举的逐步恢复，建立行业协会的自由、确立世俗和免费的义务教育、离婚的恢复……在雨果去世时，在欧洲有哪个国家可在自由方面与法国媲美？在几年的时间里，曾蒙受耻辱、令人失望、受人中伤的第三共和国被置于受到《人权与公民权利宣言》以及一个世纪动荡历史激励的自由民族的基础之上。

在这一过程中，作家、文人和新闻记者的声音得到前所未有的重视。这些声音并非全然一致，它们也受到不同意识形态和社会学方面的分歧的影响。但是，从夏多布里昂到雨果，他们中最出名的人成了自由的捍卫者。而另一些人，即从约瑟夫·德·迈斯特尔到儒勒·巴尔贝·道尔维利之流，则表达了对旧社会，甚至是旧制度的怀念：反革命从不缺少灵感。此外，正是这些积极参加政治斗争的人，为这个世纪的文学提供了它的伟大之处：自由的倡导者必须同想回到过去的诗人和哲学家做斗争。还有另外一些人，即从福楼拜到于斯曼之类的人物，则蔑视他们所处的世纪，觉得这个世纪过于屈从于商业、工业、平庸、民主制和实利主义的摆布：他们诋毁自己的同代人，倾注衰颓的气息。但是，他们有时也会从令人蔑视的保守中走出来，1870年、1877年5月16日时的福楼拜就是如此。

我们已经说过，自由的发展并非只把以宗教、道德或政治等形式拥有权威的人作为唯一障碍。另一项革命的原则亦可能对自由提 733
出异议，那就是平等。社会改革家在争取平等方面所做的工作比严格意义上的作家要多，不过，弗洛拉、特里斯当、乔治·桑和儒勒·

瓦莱斯等人也投身于争取平等的事业……对贫困和剥削予以回击的社会主义，会不会轮到它来取消过于有利于强者、不利于弱者的自由原则呢？它以未来而不是过去的名义重新恢复了政府的权威，为的是在它的孩子中间重新分配国家的财富，消灭贫穷，在一片幸福的土地上给所有人提供机会。在1880年左右，即当共和国确立时，这个矛盾尚未消除。那时，它首先还是个自由的共和国，而不是社会的共和国。然而，自由认可了运动、各种要求和工会的组织。社会主义者和工团主义者都了解这一点，他们也是共和派，他们在1914年表明了这一点。

维克多·雨果并非社会主义者。他作为那些被判有罪和被流放的公社社员永不疲惫的维护者，也并非巴黎公社成员。但是，他永不停息地促进人与人之间相互平等的原则。我们还记得夏多布里昂在《墓畔回忆录》写过这样的话："法国人本能地受到权力的影响，他们根本不喜欢自由，平等只是他们的崇拜对象而已。然而，平等和专制之间存在神秘的联系。"相反，对于雨果来说，自由和平等并不是不相容，其条件是人们不能忘记共和国三原则中的第三个原则：博爱。他始终要求的博爱具有一定宗教色彩，而且并非没有夸夸其谈的成分，但是，它的确被当作了超越自由和平等之间对立的唯一手段。

共和国在雨果行将去世时取得胜利，但这并非是一个终结，而是一个开端。它的许多原则，若要具有生命力和产生作用，就必须得到习俗的支持，指望公民的觉悟和公民的自愿认同。但这是幻想！那些诽谤共和国的人如是说道，并声称，若要如此，除非人生来就具有善良的本性，除非那些糟糕的制度得到改变。但是，相反地，
734 由于不断想起始终受到谴责的人类本性的有限性，悲观主义的哲学家们扼杀了一种社会的可完善性的希望。对不平等的承认，挖出了一条将人与人分开的社会鸿沟。与之相反，承认在本质上高于他人的人并不存在，则会缩小这种距离。贵族社会便建立在这种观念的

基础上，即认为某一群人、某种等级或某种种姓天生具有统治的特权。民主社会永久消除了这种特权，但并没有因此使社会身份方面的极不公正现象被废除。共和国的优点在于已经相信，要首先通过为孩子们提供普遍教育来缓解这种极不公正的现象。事实上，19 世纪末的法国社会毫无疑问是欧洲最平等的社会——至少在心态上如此。如同来自维也纳、莫斯科或柏林的旅行者都可以证实的那样，主仆之间古老的等级关系已被打破。维克多 · 雨果通过他的作品，努力沿着这种民主共和国的方向前进，尽管这个共和国在其制度和政治生活方面是如此脆弱，但它在理想方面却如此稳定可靠。

我们如今更喜欢嘲笑崇高，将自由视为理所当然，有时甚至喜欢挖苦 19 世纪的文学和政治，认为那些浮夸的言辞同当今的审美观和相对主义理论格格不入。浪漫主义、乌托邦主义和进步主义之类的词汇，只是为了嘲笑它们的天真，有时是为了嘲笑它们的宗教感情而被汇集在一起。然而，我们这些忘恩负义的继承者尤其要感激它们留下的遗产——我们还需要自由原则来奠定未来，某种自由的激情也将继续引领我们。

译后记

《自由的声音》是一部在法国既叫好又叫座的史学著作，能够在把这一佳作介绍给中国读者的过程中略尽绵薄之力，笔者深感荣幸。本书中文版原由中国人民大学出版社相继收入该社的“西方文明进程译丛”“当代世界学术名著”丛书出版，在此，本人谨对担任“西方文明进程译丛”主编的高毅先生、陈丰女士当年的热情约稿再次表示感谢。同时也要再次感谢中国人民大学出版社潘宇女士及其同事出色、高效的编辑工作。

本书中文版首次推出后，得到不少学友、同行以及读者的肯定与抬爱。但由于当初交稿时间紧迫，加之译者学力不逮，译文尚存在一些不足，鉴于此，本人一直希望能有机会对译文中的不足之处予以修订、完善。正因为如此，本人特别要感谢新经典文化股份公司在新从法国瑟伊出版社获得此书中文版版权之后，邀请我承担相关译事，使我得偿所愿，终于有机会再对译文好好推敲、修订。

鉴于篇幅较大，本人当初在接受翻译这本大部头的任务后即转邀两位既懂法语，又熟悉法国历史文化的学友沈衡、顾杭先生参与。我们三人的分工如下：吕一民翻译书中的导言和第一部分的所有章节，沈衡翻译第二部分中的第 22 章、23 章、24 章和第三部分的所有章节,顾杭翻译第二部分中的第 25 到 33 章。本书的人名译名对照，由本人在浙江大学历史系世界史专业的几位研究生协助下完成。作为本书的主译，本人负责全书统校，并分别修改、审定另两位译者的译稿。因此，本书的译责当主要由我承担。由于我们几位译者学识有限，加之本书篇幅甚大，涉及内容颇广，译文中定有若干有待进一步推敲和改进的地方，在此，敬祈专家与读者不吝赐教。

此次修订工作，得到本人主持的国家社科基金项目“近现代法国公民权利及其实践的历史考察”(13BSS030)、浙江大学文科教师教学科研发展专项项目“法国大革命以来的政治思想史研究”，以及浙江大学“双一流引导专项（世界史学科）”的经费支持，并且也是这些项目的阶段性成果。特此申明。

吕一民

2018 年初春于浙江大学

人名译名对照表

（页码均为原书页码，即本书边码）

D

M

S

注释

导言

1 此属从纪德在特定时机发出的呼喊中得出的老调，然而，它与纪德在其《日记》中表现出来的对雨果的敬佩并不矛盾。

第一章 三位历史的追寻者：夏多布里昂、贡斯当与基佐

1 司汤达:《拿破仑》，斯托克出版社，1998年版，第186页。
凡未标明出版社所在地点的，其地点皆为巴黎。
2 贡斯当:《贡斯当著作集》，伽利玛出版社，七星文库，1957年版，第743页。
3 同上书，第149—150页。
4 转引自S.巴莱耶:《斯塔尔夫人》，科兰克西艾克出版社，1979年版，第62页。
5 贡斯当:《政治著作与演说》，让-雅克·波维尔选编，1964年版，第1卷，第85页。
6 皮埃尔·克洛德·弗朗索瓦·多努（1761—1840），前奥拉托利会会员、国民公会成员、共和三年宪法的主要作者，在1804年成为第一帝国的档案保管员，直至1815年被解职。
7 皮埃尔·让·乔治·卡巴尼斯（1757—1808），米拉波与孔多塞的老友、医学院教授、法兰西研究院院士，他与友人西耶斯一起支持雾月十八日的政变。他还是“观念学派”的杰出代表之一，是反对唯心主义哲学的《论人的身体与道德》一书的作者。
8 让-巴蒂斯特·萨伊（1767—1832），经济学家，其发表于1803年的《论政治经济学》将成为与第一执政的税收政策唱反调的法国自由主义经济学的圣经。
9 转引自P.巴斯蒂:《邦雅曼·贡斯当和他的学说》，阿尔芒·科兰出版社，1966年版，第1卷，第259页。
10 《斯塔尔夫人致邦雅曼·贡斯当》，转引自S.巴莱耶:《斯塔尔夫人》，第216—217页。
11 贡斯当:《贡斯当著作集》，伽利玛出版社，七星文库，1957年版，第1265页。
12 同上书，第1232页。
13 同上书，第1238页。

14《布瓦涅伯爵夫人回忆录》，普隆出版社，1908 年版，第 1 卷（1781—1814），第 294 页。婚前姓名为夏洛特 · 德 · 奥斯蒙的布瓦涅伯爵夫人在流亡回来后主持了一个政治沙龙。她长期未得到出版的回忆录是关于以路易十六的统治和 1848 年革命为起讫的时期充满着激情且时常颇为尖刻的史籍。

15 夏多布里昂:《论波拿巴与波旁家族》，载《文学与政治杂论集》，1886 年版，第 162—206 页。

16《布瓦涅伯爵夫人回忆录》，普隆出版社，1908 年版，第 1 卷（1781—1814），第 348 页。

17 同上书，第 349 页。

18 夏多布里昂:《文学与政治杂论集》，1886 年版，第 217 页。

19 夏多布里昂:《墓畔回忆录》，伽利玛出版社，七星文库，第 1 卷，第 984 页。

20 夏尔 · 德 · 雷米扎:《我一生的回忆（1797—1820）》，普隆出版社，1958 年版，第 1 卷，第 348 页。

21 弗朗索瓦 · 基佐:《为我的时代的历史提供的回忆录》，米歇尔 · 列维兄弟出版社，1870 年版，第 1 卷，第 17 页。

22 安托万 · 德斯蒂 · 德 · 特拉西（1754—1836），原三级会议中的贵族代表，法兰西学院院士与元老院成员，他公开主张以他为最突出代表的“观念学派”的世俗与功利主义立场。

23 玛丽－约瑟夫 · 谢尼埃（1764—1811），未能幸免于断头台的诗人安德烈 · 谢尼埃的弟弟，曾是国民公会、五百人院以及后来保民院的成员。他还写过一些悲剧，曾为《出发之歌》作词。

24 弗朗索瓦 · 基佐:《为我的时代的历史提供的回忆录》，第 1 卷，第 27—28 页。

25 同上书，第 59 页。

26 同上书，第 61 页。

27 弗朗索瓦 · 路易 · 贝盖（1760—1849），未来的内政部副国务秘书（1816—1817）。

28 卡米耶 · 若尔当（1771—1821），曾是流亡者与五百人院成员，在果月政变（1797）后被放逐。

29 普罗斯珀 · 德 · 巴朗特（1782—1866），自由派历史学家，《18 世纪法国文学景象》（1805）的作者，先后成为斯塔尔夫人与雷卡米埃夫人的挚友，后于 1819 年成为法兰西贵族院成员。

30 图尔农伯爵（1778—1833），拿破仑的行政官员，在“百日”期间没去就任受建议担任的菲尼斯太尔省长一职，后在 1815 年被路易十八任命为吉伦特省省长。

31 约瑟夫 · 玛丽 · 波塔利（1778—1858），在第一帝国时期先后担任负责祭祀的秘书长（1805）、印刷厂与书店总管，在复辟时期被任命为贵族院成员。

32 转引自德 · 维特夫人（娘家姓为基佐）:《在家中以及与朋友在一起的基佐先生》，阿歇特出版社，1881 年版，第 51 页。

33 弗朗索瓦 · 基佐:《为我的时代的历史提供的回忆录》，第 1 卷，第 95 页。

第二章　一位不屈服的保皇分子

1 约瑟夫 · 德 · 迈斯特尔:《关于法兰西的思考》，加尼埃出版社，1980 年版。

2 路易 · 德 · 博纳尔:《政治与宗教权力之理论》，UGE 出版社，“10/18”丛书，1966 年版，第 61 页。

3 夏多布里昂:《墓畔回忆录》，七星文库，第 1 卷，第 477—478 页。

4 埃利 · 德卡兹（1780—1860），曾是帝国官员，在 1815 年 7 月被任命为警察局长，深得路易十八的信任，并成了没有子嗣的路易十八的宠臣，先后担任路易十八的警务大臣（1815—1818）、内务大臣（1818—1819），并最终担任首相兼内务大臣（1819 年 11 月 19 日—

1820年2月20日）。

5 夏多布里昂：《论依据宪章治理的君主制》，载《文学与政治杂论集》，1886年版，第219—258页。

6 第14条："国王为国家最高首领，统率陆军与海军，宣战，签订和约以及结盟和贸易条约，任命所有公共管理的职位，并为法律的实施与国家的安全而制定必要的法令与规章。"

7 此人当时还叫拉·默内（La Mennais），后来出于"大众化"的考虑改为拉默内（Lamennais）。本书将统称为拉默内。

8 A. 巴尔杜：《迪拉斯公爵夫人》，第393页，转引自吉斯兰·德迪耶巴赫：《夏多布里昂》，佩兰出版社，1998年版，第360页。

9 夏多布里昂：《书信全编》（由L. 托马撰写编著说明），尚皮翁出版社，1913年版，第5卷，第48页。

10 皮埃尔·西蒙·巴朗什（1776—1847），基督教作家，"进步主义的保守派"（P. 贝尼舒语），尤其通过他的《论社会制度》（1818）、关于大革命及其后果的思考，对浪漫主义运动产生了影响。难以归类的他被一些人视为一位主张神权政治的反革命的空论者，同时又因其捍卫宪章和新闻自由，被另一些人视为接近贡斯当自由主义思想的人。

11 转引自吉斯兰·德·迪斯巴赫：《夏多布里昂》，第400页。

12 夏多布里昂：《维罗纳会议、西班牙战争》，德洛瓦耶出版社，1838年版，第2卷，第397页。

13 夏多布里昂：《文学与政治杂论集》，第259—320页。

14 《布瓦涅夫人回忆录》，普隆出版社，1909年版，第3卷（1820—1830），第225页。

15 参见J. 卡巴尼斯：《夏多布里昂，您是什么样的人？》，伽利玛出版社，1998年版。

16 夏多布里昂：《致雷卡米埃夫人的信》，弗拉马里翁出版社，1998年版，第232页。"F.-A."，表示他正式出生证上所写的"弗朗索瓦－奥古斯特"。

第三章 邦雅曼·贡斯当与自由主义反对派

1 参见本书第五章。

2 司汤达：《利己主义的回忆》，载《不想公开的作品集》，伽利玛出版社，七星文库，1955年版，第1417—1418页。

3 参见R. 迪布勒伊：《19世纪法国的葬礼与政治》，巴黎第八大学历史学硕士论文打印稿，1972年版。

4 转引自Ch. 波马雷：《梯也尔先生和他的世纪》，伽利玛出版社，1948年版，第161页。

5 《两个世界评论》，1922年第12期，第520页。

6 邦雅曼·贡斯当：《古代人的自由与现代人的自由——1819年在巴黎皇家学术协会发表的演说》，载《政治著作》，伽利玛出版社，1997年版，第589—619页。

7 邦雅曼·贡斯当：《适用于所有代议制政府的政治原则》，载《贡斯当著作集》，第1071页。

8 同上书，第1075页。

9 埃米尔·法盖：《19世纪的政治家与醒世作家》，勒塞内·欧丹及其合伙人出版，1891年版，第189页。

10 国民公会已在1794年废除奴隶制，波拿巴在1802年重新颁布法令。贩卖黑人于1807年在英国被废止，在"百日"期间被法国废止。

11 邦雅曼·贡斯当：《在议院的演说》，载《贡斯当著作集》，第1294页。

12 邦雅曼·贡斯当：《适用于所有代议制政府的政治原则》，载《贡斯当著作集》，第17章，《论宗教自由》。

13 同上书，第 1201 页。

第四章 人民的自由派：库里埃与贝朗瑞

1 C. 伯朗热等主编：《法国新闻通史》，第 2 卷（1815—1871），法国大学出版社，1969 年版。
2 F. 帕朗 – 拉德尔：《在巴黎的阅读，巴尔扎克时代在巴黎的阅览室（1815—1830）》，社会科学高等研究院出版，1981 年首次出版，1999 年再版，第 241 页。
3 此为发表下述新的抨击性短论的时机：《致铭文与美文学院的先生们》（1819）。
4 保尔 – 路易 · 库里埃：《保尔 – 路易 · 库里埃全集》，伽利玛出版社，七星文库，1951 年版。
5 圣母玛利亚圣会，创建于 1801 年，在第一帝国时期遭禁，在 1814 年重新获得许可，在保皇派精英当中招募成员。人们有时将它与信仰骑士团的骑士混为一谈，它的一些成员、某些王位与祭坛联盟的积极分子参与到信仰骑士团的骑士当中。
6 确切的标题是"夏冯尼埃尔的酿造葡萄酒者保尔 – 路易在内政大臣阁下为获得尚博尔而提出捐助之际对安德尔 – 卢瓦尔省维尔茨市镇议会成员发表的简单演说"（1821）。
7 《保尔 – 路易 · 库里埃全集》，第 79—80 页。
8 位于隐士者之井街，这座拘留所原是为娼妓设立的轻罪犯监狱，在大革命时期成为关押政治犯的监狱。当时，它被用于关押因债务问题入狱的人以及政治犯，尤其是因违反新闻法令罪被判刑的作家与记者，后来在 1895 年被拆除。
9 L. 德斯戴尔纳：《保尔 – 路易 · 库里埃与波旁家族》，波旁手册出版社，1962 年版。
10 J. 杜沙尔：《贝朗瑞的光荣》，阿尔芒 · 科兰出版社，1968 年版，第 25 页。
11 转引自 C.-H. 布达斯：《复辟王朝时期的基佐》，普隆出版社，1923 年版，第 41 页。
12 转引自 J. 杜沙尔：《贝朗瑞的光荣》，第 204 页。其他未注明出处的相关引文均引自这部专门研究贝朗瑞的论著。
13 B. 巴比埃、F. 维尔尼阿：《以歌曲来反映的法国历史》，第 6 卷，复辟王朝，伽利玛出版社，1958 年版。
14 同上书，第 114 页。
15 热拉尔 · 德 · 奈瓦尔：《奈瓦尔文集》，米歇尔 · 列维出版社，1877 年版，第 6 卷，第 41—44 页。
16 保尔 – 路易 · 库里埃：《葡萄酒酿造者保尔 – 路易 · 库里埃在 1823 年 3 月逗留巴黎期间的小册子》，载《保尔 – 路易 · 库里埃全集》，第 173 页。
17 大仲马：《我的回忆录》，第 2 卷（1830—1833），罗贝尔 · 拉封出版社，旧书丛书，1989 年版，第 311 页。
18 马克西姆 · 迪康：《文学方面的回忆》，阿歇特出版社，1906 年版，第 1 卷，第 22，25 页。
19 G. 福楼拜：《通信集》，第 2 卷（1851—1858），伽利玛出版社，七星文库，1980 年版，第 316 页。
20 朱利安 · 格拉克："他的那些诗歌，当它们从巴黎街头巨大的共鸣箱的底部到达行家的耳朵时，变样为被涉及一种其无法再与之分开的声音洪亮但含混不清的光荣。要相信，同时代的人，甚至是具有最灵敏的鉴赏力的人，亦没有从文学的角度理解它们。"见《装腔作势的文学》，载朱利安 · 格拉克《朱利安 · 格拉克全集》，伽利玛出版社，七星文库，1989 年版，第 1 卷，第 545 页。

第五章 基佐与"空论派的长靠背椅"

1 C.-H. 布达斯：《复辟王朝时期的基佐》，第 108 页。

2 J.-J. 莫尼埃：《论人们认为的哲学家、共济会成员和想入非非者在大革命中的影响》；蒙洛西耶：《论第二次复辟以来的法国君主制……》；斯塔尔夫人：《对法国大革命主要事件的思考》（遗作）。

3 夏尔·德·雷米扎：《我一生的回忆（1797—1820）》，第 1 卷，第 334 页。

4 同上书，第 384—385 页。

5 维克多·德·布罗伊公爵：《回忆》，卡尔曼－列维出版社，1886 年版，第 2 卷，第 99 页。

6 这一课程为《欧洲代议制政府的起源的历史》提供了机会，该书的最终定稿是 1851 年版。

7 老实说，基佐拒绝成为刻板的人，并没有像奥古斯丁·梯叶里所做的那样，严格地采用两个民族的概念，即法兰克人和高卢人，因为法兰克人和高卢人延续于社会的不同阶级之中。夏多布里昂在《墓畔回忆录》中显出要相信此说的样子："对于这位有创造性的作家，我无法推翻这一真正的不朽之之作，即把所有法兰克人当作贵族和自由人，以及把所有罗马－高卢人当作法兰克人的奴隶。"

8 参见皮埃尔·罗桑瓦隆：《基佐的时代》，伽利玛出版社，1985 年版。

9 基佐：《论统治的手段和法国目前状态中的反对派》，克洛德·勒福尔撰写导言，柏林，1988 年版；还可参看克洛德·勒福尔《作为权力的理论家的基佐》，载基佐－瓦尔·里舍基金会举办的研讨会的论文集《弗朗索瓦·基佐和他所处时代的政治文化》，社会科学高等研究院－伽利玛－瑟伊联合出版，1991 年版。

10 C.-H. 布达斯：《复辟王朝时期的基佐》，第 323 页。

11 参见圣勃夫：《基佐夫人》，载《女人们的形象》，伽利玛出版社，1998 年版，第 272—310 页。

12 "在 1829 年时，基佐先生需要我支持他的选举，我给里斯厄的选民写了封信；他当选了……在 7 月那些具有历史意义的日子出现时，基佐先生已是众议员，由此可知，我部分地成了他在政治上获得提升的原因……"（夏多布里昂：《墓畔回忆录》，七星文库，第 2 卷，第 385 页）

第六章　维克多·雨果：向左转的浪漫主义

1 泰奥菲尔·戈蒂埃：《浪漫主义史》，沙尔庞捷出版社，1901 年版，第 90 页下方。

2 值得注意的是，巴尔扎克对《埃尔纳尼》毫不留情，"此剧的一切手段均已过时，主题又让人难以接受，人物性格失真，角色的行为有悖良知"。见《政治日报》专栏，1830 年 4 月 7 日。

3 同上书，第 113 页。

4 转引自 A. 马尔丹－菲吉埃：《浪漫主义作家》，阿歇特出版社，1998 年版，第 128 页。

5 转引自 Ch. 博杜安：《维克多·雨果的心理分析》，阿尔芒·科兰出版社，1972 年版，第 44 页。

6 维克多·雨果：《诗歌全集》，让－雅克·波维尔出版社，1961 年版，第 3 页。

7 H. 朱安：《维克多·雨果》，弗拉马里翁出版社，1980 年版，第 1 卷（1802—1843），第 388 页。

8 维克多·雨果：《1822 年 11 月 26 日致〈总汇通报〉编辑的信》，转引自 P. 贝尼舒：《作家的加冕礼（1750—1830）》，何塞·科尔蒂出版社，1985 年版，第 382 页。

9 转引自 J. 马尔桑：《浪漫主义之战》，阿歇特出版社，1931 年版，第 1 卷，第 101—102 页。

10 司汤达：《亨利·布吕拉尔传》，载《不愿公开出版的著作集》，伽利玛出版社，七星文库，1955 年版，第 7 页。

11 同上书，第 593 页。

12 司汤达:《日记》，载《不愿公开出版的著作集》，第 1212 页。
13 J-J. 戈博洛:《自由主义的青年法国:〈环球报〉及其文学团体（1824—1830）》，普隆出版社，1995 年版。
14 同上书，第 378 页。
15 H. 纪耶曼:《维克多 · 雨果与性生活》，伽利玛出版社，1954 年版。
16 P. 贝尼舒也在这种高雅和离奇的美学中看出了对人民、对“一种一切等级均得到考虑、理想的人物和低贱的人以平等的权利相互为邻的社会……”的确认。（同上书，第 403 页）
17 维克多 · 雨果:《雨果全集（评论卷）》，罗贝尔 · 拉丰出版社，旧书丛书，1985 年版，第 23 页。
18 转引自安德烈 · 莫洛瓦:《奥林匹亚或雨果的一生》，阿歇特出版社，1954 年版，第 169—170 页。
19 转引自 H. 朱安:《维克多 · 雨果》，第 1 卷，第 574 页。
20 雨果写于 1830 年的信，转引自 P. 贝尼舒:《作家的加冕礼（1750—1830）》，何塞 · 科尔蒂出版社，1985 年版，第 393 页。
21 关于这一主题，请参看《作家的加冕礼（1750—1830）》。

第七章 1830 年革命

1 《一位大臣的日记》，是盖农－郎维尔伯爵的遗作，由朱利安－特拉维尔发表，冈城，1873 年版，第 124 页。
2 L. 吉拉尔:《国民自卫军（1814—1871）》，普隆出版社，1964 年版，第 148 页。
3 Ch. 波马雷:《梯也尔先生和他的世纪》，伽利玛出版社，1948 年版，第 161—172 页。
4 《时报》在 1829 年由雅克 · 科斯特和让－雅克 · 博德创办，该报宣称决意“捍卫《宪章》所保证的自由以及一切在近 40 年来的法国所产生的利益”。
5 Ch. 德 · 雷米扎:《我一生的回忆》，第 2 卷，第 322 页。
6 《德 · 奥塞男爵回忆录》，转引自 G. 德 · 贝蒂埃 · 德 · 索维尼:《1830 年革命》，阿尔芒 · 科兰出版社，1970 年版，第 66 页。
7 F. 基佐:《回忆录》，第 2 卷，第 4—6 页。
8 参见 B. 儒贝尔:《德拉克洛瓦》，伽利玛出版社，1997 年版，第 131 页。
9 参见 E. 马克:《我在 1830 年 7 月的日子》，转引自 G. 德 · 贝蒂埃 · 德 · 索维尼:《1830 年革命》，第 103—106 页。
10 阿尔芒 · 卡雷尔是抨击文章的作者，且与梯也尔、米涅一起创办《国民报》。此人还在军事上享有盛誉，在法国干涉西班牙革命时曾在西班牙与费迪南七世以及路易十八的部队战斗。
11 Ch. 德 · 雷米扎:《我一生的回忆》，第 2 卷，第 336—337 页。
12 关于起义者进入罗浮宫的生动描述，可参看路易 · 勃朗:《十年的历史（1830—1840）》，帕涅尔，1848 年版，第 259 页书页下方。若要更引人入胜的描写，还可参看大仲马《我的回忆录》。
13 F. 基佐:《回忆录》，第 2 卷，第 7 页。
14 这一富有前途的方案显然配有大量的父子关系的因素。对于贝朗瑞在“光荣三日”期间的作用，当时见证人的看法远非一致。拉马丁在《文学通俗教程》（第 4 卷，第 311 页）、路易 · 勃朗在其《十年的历史（1830—1840）》（第 1 卷，第 300 页）中，认为他作为出主意者的活动对有利于奥尔良公爵至关重要；对于拉菲特本人来说，贝朗瑞仅仅是赞同吁请奥尔良公爵。可以肯定的是，尽管他有共和派的个性，但他在 7 月举行的会议和磋商期间，完全支持其倾向于奥尔良公爵的友人拉菲特和梯也尔。参见J. 杜沙尔:《贝朗瑞的光荣》，第1卷，第441—452页。

15 Ch. 德 · 雷米扎:《我一生的回忆》，第346页。

16 夏多布里昂:《墓畔回忆录》，第2卷，第395页。

17 转引自G. 德 · 迪埃巴赫:《夏多布里昂》，第453页。

18 P. 巴斯蒂:《邦雅曼 · 贡斯当和他的学说》，第1卷，第456页。

19 见E. 德 · 瓦雷基尔:《查理十世没有归途的旅程》，载《历史》杂志，第184期，1995年1月。

20 夏多布里昂在回到巴黎后曾给国王写过信。

21《布瓦涅伯爵夫人回忆录》，第3卷，第428—431页。

22 夏多布里昂:《墓畔回忆录》，第2卷，第461页。

23 夏多布里昂:《墓畔回忆录》，第2卷，第471—472页。

24 邦雅曼 · 贡斯当:《政治著作与演说》，第2卷，第159页。

25 基佐:《回忆录》，第2卷，第145—146页。

26 维克多 · 雨果:《见闻录（1830—1848）》，伽利玛出版社，1972年版，第110页。

第八章　上帝与自由

1 路易 · 勃朗:《十年的历史（1830—1840）》，第2卷，第271—272页。

2 只是在《未来报》停刊后，拉 · 默内（La Mennais）才放弃他的贵族姓氏，自称拉默内（Lamennais）。

3 尤其参看F. R. 拉默内:《书信全编》，阿尔芒 · 科兰出版社，1971年版；以及由R. L. 怀特编制的书目提要，载《拉默内的〈未来报〉》，克兰克西克出版社，1974年版。

4 转引自F. 迪伊纳:《拉 · 默内》，加尔尼埃，1922年版，第88页。

5 R. L. 怀特:《拉默内的〈未来报〉》，第26页。

6 丹尼尔 · 奥康诺（1775—1847），爱尔兰天主教协会的民众领袖，他的行动是1829年天主教徒解放法案的起源。

7 雨果、阿黛尔 · 富歇 · 雨果:《雨果夫人回忆录（1802—1841）》，A. 拉克洛瓦出版社，1863年版，第2卷。

8 路易 · 勃朗:《十年的历史（1830—1840）》，第257—258页。

9 实际上，是官方报纸《通报》写道：“秩序与安宁在首都完全得到恢复。”《讽刺画》当时发表了一幅格朗维尔和福雷斯特的石版画，这幅画描绘了一位被尸体所围绕的俄国士兵，并附有这样的说明文字：“秩序在华沙占据支配地位。”

10 转引自M. 福瓦塞:《拉科代尔传》，小勒科福尔及其合伙人出版，1873年版，第1卷，第171页。

11 转引自R. L. 怀特:《拉默内的〈未来报〉》，第155页。

12 指波兰。

13 指爱尔兰。

14 指由皮埃蒙特王国、伦巴第－威尼托王国、两西西里王国、托斯卡纳大公国、莫登纳公国、帕尔马公国等组成的意大利。

15 指圣彼得大教堂。

16《一个教徒的话》，根据伊夫 · 勒希尔复制的手稿发表的文本，阿尔芒 · 科兰出版社，1949年版。

17 贝朗瑞于1834年5月28日写信给拉默内说：“您知道，与您一样，我相信当今社会在逐渐彻底地变革。合乎福音的道德创造了这样一个世界，这个世界尚未具有它的原则渴望得到的形式，而我们的革命仅仅是这样一种漫长而激烈的斗争的后果，即这种平等原则反对一切或多或少陈旧、或多或少对立的形式的1800多年来被迫忍受的漫长、激烈斗争的后果。”（转引自P. 贝尼舒：《先知的时代》，伽利玛出版社，1977年版，第390页。）

18 参见F. 德·拉默内《罗马纪事》，里昂：拉马尼法克迪尔出版社，1986年版。

19 弗朗索瓦·基佐：《回忆录》，第82—83页。

20 夏多布里昂：《墓畔回忆录》，第2卷，第930页。

第九章　圣西门的时代

1 夏尔·德·雷米扎：《我一生的回忆》，第2卷，第365—366页。

2 人们尤其要归功于他的是，他为了纪念1830年革命10周年，请埃克托尔·柏辽兹创作《葬礼和凯旋交响曲》。

3 J.-J. 戈博洛：《自由主义的青年法国：〈环球报〉及其文学团体（1824—1830）》，第12章。

4 同上书，第367页。

5 维克多·雨果：《见闻录（1830—1840）》，第119页。

6 转引自H. J. 亨特：《法国的社会主义与浪漫主义》，牛津：克拉伦敦出版社，1935年版，第44页。

7 圣勃夫：《月曜日丛谈》，M. 列维兄弟出版社，第3卷，第344页。

8 G. 米肖：《发表〈月曜日丛谈〉前的圣勃夫》，日内瓦：斯拉特金那出版社重印，1968年版，第239页。

9 F. 恩格斯：《乌托邦社会主义和科学社会主义》，社会出版社，1973年版。

10 同上书，第69页。

11 S. 夏莱蒂：《圣西门主义史》，保尔·阿特芒出版社，1931年版，贡蒂埃出版社媒介丛书再版，1965年版，第45页。

12 M. 格拉埃茨：《19世纪法国的犹太人》，瑟伊出版社，1989年版，第4章，第152页下方。

13 E. 涂尔干：《社会主义》，巴黎大学出版社，1971年版，雷兹出版社，1978年再版，第197页。

14 路易·勃朗：《十年的历史（1830—1840）》，第3卷，第89页。

15 S. 夏莱蒂：《圣西门主义史》，第74页。

16 H. J. 亨特：《法国的社会主义与浪漫主义》，第53页。

17 S. 夏莱蒂：《圣西门主义史》，第111—112页。

18 圣勃夫：《国民报》，1832年7月21日，后收入《月曜日丛谈》，第2卷，第94页。

19 P. 贝尼舒：《先知的时代》，第331页。

第十章　亨利·贝尔：法国领事

1 在再版司汤达的抨击性短文《论反对工业家们的新阴谋》（弗拉玛里翁出版社，1972年版）时，G. 姆约说明这是一篇不成功的文章或是“不可能的抨击性短文”，因为司汤达没有能够实现其自由主义和对金钱统治的“主要愤慨”之间在意识形态上的综合。

2 R. 科隆：《我的堂兄司汤达》，日内瓦：斯拉金纳出版社重印，1997年版，第132页。

3 P. 布尔热：《司汤达》，载《现代心理学论丛》，伽利玛出版社，1993年再版，第206页。

4 司汤达：《关于〈红与黑〉的计划》，载《长篇小说与短篇小说》，伽利玛出版社，七星文库，1952年版，第1卷，第704页。

5　司汤达：《红与黑》，第 690 页。
6　司汤达：《书信集》，伽利玛出版社，七星文库，1967 年版，第 2 卷，第 188 页。
7　同上书，第 193—194 页。
8　同上书，第 857 页。
9　P. 阿扎尔：《司汤达》，NRF，1930 年版，第 186 页。
10　司汤达：《罗马、那不勒斯与佛罗伦萨》，朱利亚尔出版社，1964 年版，第 103 页。
11　参见（由 V. 德尔里托提供文字说明的）《司汤达画册》中缪塞画的素描的复制品，伽利玛出版社，七星文库，1966 年版，第 261 页。
12　保尔·瓦莱里后来就此写道："在此之前，我还没有读过任何让我极度厌烦、显得可笑或无用的爱情作品……但是，在《吕西安·娄凡》中，夏斯特莱夫人这一人物形象的优雅、主人公身上那种高贵和深层的情感、静静地产生巨大威力的爱慕的发展，这一切吸引着我，使我不忍释卷。"《司汤达》，载《杂文集》，伽利玛出版社，1930 年版，第 2 卷，第 77—78 页。
13　司汤达：《不想公开的作品集》，第 6 页。
14　载司汤达：《法国之旅》，伽利玛出版社，七星文库，1992 年版；在《一位旅行者的回忆》后出版的有《法国之旅》和《法国南方之旅》，这些作品分别写于 1837 和 1838 年。
15　R. 科隆：《我的堂兄司汤达》，第 98 页。
16　《关于贝尔先生的研究》，载巴尔扎克主编《巴黎评论》，1840 年 9 月 25 日。
17　司汤达在给巴尔扎克回复的初稿中就自己的文笔做了解释："我只遵守一条规则：文笔不能过于清晰，过于简单……夏多布里昂先生漂亮的文笔自 1802 年以来让我觉得可笑。我似乎觉得，这种文笔说了大量小小的假话。我对文笔的全部信念均在这句话中。"《书信集》，第 3 卷，第 394 页。

第十一章　法伦斯泰尔的乌托邦

1　夏尔·傅立叶的《论家务农业协作社，或工业的吸引力》后以"宇宙统一论"为题被收入由"推广和实现傅立叶理论协会"编辑的《傅立叶全集》，巴黎，1842 年版。它后来又由昂特罗普出版社在 1966 年再版。
2　路易·勃朗：《十年的历史（1830—1840）》，第 3 卷，第 78 页。
3　F. 恩格斯：《乌托邦社会主义和科学社会主义》，第 70 页。
4　《法郎吉》，1848 年 1 月，第 9—10 页。转引自 E. 勒胡克：《夏尔·傅立叶传》，德诺耶/贡迪埃出版社，媒介丛书，1978 年版，第 23 页。
5　E. 勒胡克：《夏尔·傅立叶传》，第 82 页。
6　傅立叶：《四种运动论和总体命运》，载《傅立叶全集》，第 1846 页。
7　H. 戴罗什：《有节日气氛的社会：从书本中的傅立叶主义到实践中的傅立叶主义》，瑟伊出版社，1975 年版。
8　《戴绿帽子之纲目》收录了一本比《傅立叶全集》（昂特罗波出版社再版）更容易获得的著作，这就是由 D. 盖兰编选和加注的下述著作，即傅立叶：《面向爱情自由》，伽利玛出版社，观念丛书，1975 年版，第 147—164 页。
9　M. 多曼热：《维克多·孔西得朗》，国际社会出版社，1929 年版，第 12 页。
10　一直要等到 1967 年，《新爱情世界》的全文才由昂特罗波出版社编辑出版。只有某些很短的片段曾由《法郎吉》发表。
11　与文明人相对的幻想场所，在这一场所中，没有人会拒绝任何人，因为问题的关键不是增加性伙伴（这不是一个数量问题），而是消除各种否认会造成的创伤……（罗兰·巴特：

《萨德、傅立叶、罗耀拉》，瑟伊出版社，1971年版，第119页。）
12 转引自亚历山德里昂：《浪漫派的社会主义》，瑟伊出版社，1979年版，第107页。
13 罗兰·巴特：《萨德、傅立叶、罗耀拉》，第87页，其中写道："傅立叶主义者的好色尤其表现在口头上。的确，爱情与食物是平等地、不断被等量齐观的两大快乐之源。虽然傅立叶要求赞成男女关系自由，但他却并没有单独描述这种自由。食物（如糖煮水果、甜瓜、梨、柠檬饮料……）也被格外细心、仔细地置于他的幻想之中。"
14 此信获自国家档案馆孔西得朗卷宗，转引自亚历山德里昂：《浪漫派的社会主义》，第189页。
15 M. 梯贝尔：《1830至1850年法国社会主义中的女性主义》，吉阿尔出版社，1926年版，第124—125页。
16 维克多·孔西得朗：《社会命运》，法伦斯泰尔书店，1838年版，第2卷。
17 参见（佩居伊的友人）P. 米利埃《一个傅立叶主义共和派的家族：米利埃家族》，吉阿尔和布里埃尔出版社，1915年版。
18 夏尔·傅立叶：《新的工业和社团成员的世界》，载《傅立叶全集》，社团成员书店，1845年版，第6卷，第421页。
19 在《夏尔·傅立叶颂》中，安德烈·布列东于1947年写道："人们在嘲笑傅立叶，但有朝一日，不管其是否愿意，人们均应当尝试他的纠正办法……"《安德烈·布列东全集》，伽利玛出版社，1999年版，第3卷，第351—363页。
20 维克多·孔西得朗：《社会命运》，第1卷，第499页。
21 P. 贝尼舒：《先知的时代》，第372页。

第十二章 托克维尔在美洲

1 巴尔扎克：《古玩陈列室——人间喜剧系列之一》，伽利玛出版社，七星文库，1976年版，第4卷，第1096页。
2 勒内·雷蒙：《法国的右派》，奥比耶出版社，1982年版，第72—83页。
3 A. 雅尔丹：《阿列克西·德·托克维尔》，阿歇特出版社，1984年版，第85页。
4 阿列克西·德·托克维尔：《回忆录》，伽利玛出版社，1964年版，第86页。
5 阿列克西·德·托克维尔：《与家人的书信集》，伽利玛出版社，1998年版，第82页。
6 同上书，第129—130页。
7 同上书，第146页。
8 关于《论美国的民主》的产生，参看埃迪阿尔多·诺拉为该书的第一个有历史评论摘编的增订版撰写的导言，J. 维兰哲学出版社，1990年版，两卷本。
9 阿列克西·德·托克维尔：《论美国的民主》，第1卷，第146页。
10 同上书，第223—224页。
11 雷蒙·阿隆：《阿列克西·德·托克维尔》，载《社会学思想的各个阶段》，伽利玛出版社，1967年版，第223—272页。
12 阿列克西·德·托克维尔：《论美国的民主》，第1卷，第227页。
13 同上书，第233页。
14 同上书，第251页。
15 同上书，第262—278页。
16 阿列克西·德·托克维尔：《论美国的民主》，第2卷，第63页。
17 同上书，第207页。
18 同上书，第244页。

19 同上书，第 280 页。
20 F. 梅罗尼奥：《托克维尔与美国民主的不幸（1838—1859）》，载《评论》，第 38 期，第 382 页。

第十三章　巴尔扎克创办《巴黎评论》

1 转引自 N. 萨斯亚：《巴尔扎克或对写作的狂热》，阿歇特出版社，1999 年版，第 342 页。
2 巴尔扎克：《巴尔扎克杂集》，伽利玛出版社，七星文库，1996 年版，第 2 卷，第 983—1016 页。
3《两个世界评论》，创办于 1829 年的双月刊。担任首任主编的正是原为印刷厂校对员的弗朗索瓦 · 比洛兹。更确切地说属于中左派的比洛兹也善于抓住获得当局支持的种种机会。
4 巴尔扎克：《人间喜剧》，伽利玛出版社，七星文库，1977 年版，第 8 卷，第 847—848 页。
5 关于《波尔－罗亚尔修道院史》，参见《论圣勃夫先生》，《巴黎评论》，1840 年 8 月 25 日。
6《都尔的本堂神甫》首先从 1838 年起在《新闻报》上连载，后经过修改在 1841 年以单卷本的形式出版。此处引述的片段引自《人间喜剧》，第 9 卷，第 807 页。
7 同上书，第 824 页。
8 指出下述事实颇有意思：共和派分子埃德加 · 基内这一为新教辩护者在专制统治和恐怖统治之间做了同样的比较。在他看来，1793 年标志着一个反革命的时代、在所谓的共和制度中间恢复专制主义的时代。（见《大革命》，柏林，1987 年再版。）
9 路易 · 雷博：《关于当代改革者，或现代社会主义者的研究》，巴黎，1842 年版。
10 卡尔 · 马克思：《共产党宣言》，载《马克思著作集》，伽利玛出版社，七星文库，1965 年版，第 1 卷，第 183—184 页。
11 巴尔扎克：《书信集》，加尔尼埃出版社，1966 年版，第 4 卷，第 178—179 页。巴尔扎克当时向维克多 · 孔西得朗提出为《法郎吉》写一篇连载小说，但该报没有版面。
12 巴尔扎克：《人间喜剧》，第 8 卷，第 736—737 页。
13 卡尔 · 马克思：《马克思著作集》，第 1689 页。当有人问马克思他喜欢的散文作家是哪些人时，他回答道："狄德罗、莱辛、黑格尔和巴尔扎克。"参见 M. 卢贝尔：《马克思的篇章》，帕约出版社，帕约小丛书，1970 年版，第 1 卷，第 95 页。
14 S. 里阿尔：《权利或意志的恐怖》，载《争鸣》杂志，1985 年版，第 33 号。
15 参见 R.-A. 库尔戴克斯：《巴尔扎克与法国大革命》，法国大学出版社，1997 年版，尤其值得参看的是第 65—89 页。

第十四章　欧仁 · 苏揭开《巴黎的秘密》

1 由德 · 热拉尔丹夫人写给洛内子爵的《巴黎信札》，法兰西信使出版社，1986 年版，第 2 卷，第 51 页。
2 欧仁 · 苏：《巴黎的秘密》，罗贝尔 · 拉丰出版社，旧书丛书，1989 年版，第 31—32 页。
3 同上书，第 420 页。
4 参见 A.-M. 蒂埃斯：《作家 / 公众：文学交流的秘密》，载《欧洲》，1982 年 11 月和 12 月号。
5 L. 舍瓦利耶：《劳工阶级——危险的阶级》，阿歇特出版社，复数丛书，1984 年版。
6 A. 帕朗－杜夏特莱：《19 世纪巴黎的卖淫》，由阿兰 · 科尔班撰写说明的该书的删节本在 1981 年由瑟伊出版社出版。
7 欧仁 · 苏：《巴黎的秘密》，第 341—342 页。
8 转引自 L. 舍瓦利耶：《劳工阶级——危险的阶级》，第 656 页。

9 就此可参见德西雷·拉维尔当1843年2月至7月发表在《法郎吉》的文章。

10《神圣家族》发表于1845年。它由马克思和恩格斯一起发表（实际上，恩格斯参与撰写的篇幅为12页左右），载《马克思著作集》，伽利玛出版社，七星诗社丛书，1982年版，第3卷，哲学卷，第419—661页。

11 欧仁·比雷是《法兰西信使报》的记者，道德与政治科学院征文大赛的获奖者，曾发表《论英法劳动阶级的贫困》，保兰出版社，1840年版，两卷本。高等社会科学研究院出版社1979年再版。

12 奥诺雷·安托万·弗雷吉埃，巴黎要塞未来的指挥，1840年曾在出版商J.-B. 贝伊埃尔那里出版《论大城市人口中的危险阶级以及使之改善的手段》，两卷本。日内瓦的斯拉基纳出版社1977年重印。

13 阿列克西·德·托克维尔：《著作集》，第1卷，第1187—1188页。

第十五章 "创造"了工人阶级的女子：弗洛拉·特里斯坦

1 J.-L. 皮埃赫：《弗洛拉·特里斯坦的生平与著作》，马塞尔·里维埃尔出版社，1925年版，第135页；以及J. 巴埃朗：《弗洛拉·特里斯坦传：19世纪的社会主义与女性主义》，瑟伊出版社，1972年版，第173页。

2 J.-L. 皮埃赫：《弗洛拉·特里斯坦的生平与著作》，第348—349页。

3《为废除死刑给众议院的请愿书》（1838年12月10日），于扎尔夫人印刷厂印制。该文本附有弗洛拉·特里斯坦的《致众议院议员先生们的信》（1838年12月19日），见国家档案馆的馆藏档案。

4 弗洛拉·特里斯坦：《漫步伦敦》（由F. 贝达里达校定与评论的版本），弗朗索瓦·马斯佩罗出版社，1978年版。

5 同上书，第115页。

6 同上书，第130页。

7 儒勒·雅南：《弗洛拉·特里斯坦夫人》，载《窈窕淑女》，1845年1月5日号；转引自J.-L. 皮埃赫：《弗洛拉·特里斯坦的生平与著作》，第118—119页。

8 J.-L. 皮埃赫：《弗洛拉·特里斯坦的生平与著作》，第120页。

9 弗洛拉·特里斯坦：《工人联盟》，第2版，沃姆斯及其合伙人印刷厂印刷，1844年版，第18页。

10《工人联盟》第2版序言，上引书。

11 弗洛拉·特里斯坦：《书信集》，由S. 米肖汇集、介绍与注释，瑟伊出版社，1980年版，第166页。

12 转引自J.-L. 皮埃赫：《弗洛拉·特里斯坦的生平与著作》，第174页。

13 M. 卢贝尔：《弗洛拉·特里斯坦与马克思》，《殿堂》，1946年1月号。

14 这份报告的全文被收入S. 米肖：《发表〈月曜日丛谈〉前的圣勃夫》，第197—199页。

第十六章 "全身心投入政治的"乔治·桑

1 乔治·桑：《我的一生的故事》，载《自传性作品集》，伽利玛出版社，七星文库，1971年版，第1卷，第11页。

2 阿尔弗雷德·德·维尼：《一个诗人的日记》，卡尔芒－勒维出版社，1882年版，该日记记于1832年1月21日。

3《巴黎评论》，1896年11月15日。

4　F. 勒斯特朗冈：《缪塞》，弗拉马里翁出版社，1999 年版。

5　乔治 · 桑：《致阿尔弗雷德 · 德 · 缪塞和圣勃夫的信》，卡尔芒－勒维出版社，1897 年版，第 125—128 页。

6《乔治 · 桑与缪塞书信集》，布鲁塞尔，E. 德曼出版社，1904 年版，第 76—77 页。

7　值得注意的是，在思想交锋当中，缪塞与乔治 · 桑的意大利插曲激起夏尔 · 莫拉斯在其《威尼斯的情人》中的一种反浪漫主义的指控；E. 德 · 勃加尔出版社，1917 年修订版。

8　除了缪塞的《一个世纪儿的忏悔》（1836）和乔治 · 桑的《她与他》（1859），他们之间的男女私情，对于乔治，尤其是保尔 · 德 · 缪塞（他的兄弟）的《他与她》（1859）以及曾为缪塞情妇的路易丝 · 科莱的《他》（1860）来说，成了缺乏好感的叙述对象。

9　乔治 · 桑：《我的一生的故事》，见《自传性作品集》，第 2 卷，第 316—317 页。

10　同上书，第 349—350 页。

11　波利娜 · 罗兰（1805—1852）是位小学女教师、女性主义者和圣西门主义者，曾拒绝结婚并单独抚养孩子，写过多部面向青年的历史著作，后在第二共和国时期成为女性主义运动和共和主义运动的先锋，后者使她受到监禁，并在 1851 年被流放到阿尔及利亚。

12　乔治 · 桑：《法兰西木工互助会会员》，蒙台涅出版社，第 84—85 页。

13　转引自 W. 卡雷尼纳：《乔治 · 桑：她的一生及其作品》，普隆出版社，1912 年版，第 3 卷，第 257 页。

14　乔治 · 桑致泰奥多尔 · 德 · 塞内的信，1841 年 12 月 23 日，《书信集》，加尔尼埃出版社，1969 年版，第 5 卷，第 551 页。

15　乔治 · 桑：《政治与论战》，M. 佩罗撰写说明，国立印刷厂，1997 年，第 65—105 页。

16　同上书，第 107—218 页。

第十七章　海因里希 · 海涅、卡尔 · 马克思：在巴黎的德国人

1　巴尔扎克：《古玩陈列室》第一版序言，《人间喜剧》，第 4 卷，第 959 页。

2　海因里希 · 海涅：《鼓手勒格朗》，1826 年版，图卢兹：翁勃雷出版社，1996 年版。

3　此指法国元帅达乌，他在 1813 年被拿破仑任命为汉堡总督。直至 1814 年 5 月 31 日，他都在这里抗击俄军。

4　F. 费耶托：《海因里希 · 海涅》，奥利维耶 · 奥尔邦出版社再版，1981 年版，第 160 页。

5　海因里希 · 海涅：《论德意志》，1835 年版，阿歇特出版社，复数丛书，1981 年版，第 437 页。

6　海因里希 · 海涅：《论法兰西》，伽利玛出版社，“Tel”丛书，1994 年版。

7　圣勃夫：《海因里希 · 海涅：〈论法兰西〉》，《国民报》，1833 年 8 月 8 日，后收入海因里希 · 海涅《论法兰西》，第 403—408 页。

8　海因里希 · 海涅：《论德意志》，第 427—428 页。

9《哈雷科学与艺术年鉴》于 1841 年在德雷斯顿成为《哈雷年鉴》。

10　尤其是海涅关于社会主义和共产主义的文章，这些文章后来汇编成《吕戴斯：关于法国政治、艺术和社会生活的信札》，1855 年版，列维兄弟出版社，1979 年由日内瓦的斯拉特金纳出版社重印。

11　F. 梅林：《马克思传》，社会出版社，1983 年版，第 73 页。

12　M. 卢贝尔：《卡尔 · 马克思传》，马塞尔 · 里维埃尔及其合伙人出版，1971 年版，第 80 页。

13　同上书，第 82 页。

14　研究法国社会主义史的洛伦兹 · 冯 · 斯坦因写道：“也许正是在她（指弗洛拉 · 特里斯坦）那里，以比在其他改革家那里更强的力量显示出这样一种意识，即如果工人阶级想

摆脱原有的处境，它得是个整体，使自己作为一个整体得到承认，团结一致地行动，并且具有共同的意志与力量，看到共同的目标。”（《社会运动史》[*Geschichte der sozialen Bewegung*]，转引自 M. 卢贝尔：《卡尔 · 马克思传》，第 86 页）。

第十八章　蒲鲁东致信“亲爱的马克思先生”

1 卡尔 · 马克思：《致〈社会－民主党报〉的信》，1865 年 1 月，此信由恩格斯译成法语。
2 卡尔 · 马克思：《神圣家族》，载《著作集》，第 3 卷，第 445 页下方。
3 转引自 E. 多雷昂：《蒲鲁东》，伽利玛出版社，1948 年版。
4 我们在此根据的是下述写得最好的蒲鲁东传，即 P. 哈特曼：《皮埃尔－约瑟夫 · 蒲鲁东：他的生平与思想》，博歇纳出版社，1982 年版。
5 同上书，第 55 页。
6 皮埃尔－约瑟夫 · 蒲鲁东：《什么是财产？》，加尔尼埃－弗拉马里翁出版社，1966 年版。
7 皮埃尔－约瑟夫 · 蒲鲁东：《书信集》，A. 拉克鲁瓦出版，1875 年版，第 1 卷，第 169 页。
8 参见 P. 哈特曼：《皮埃尔－约瑟夫 · 蒲鲁东：他的生平与思想》，第 450 页。并请参见同一位作者的《马克思与蒲鲁东：他们的个人关系》，工人出版社，1947 年版。
9 卡尔 · 格林：《在法国与比利时的社会运动》，达姆斯塔特，1845 年版。
10 此描述系以法兰西科学院的穹顶为出发点。同上书，第 401 页。
11 P. 哈特曼：《皮埃尔－约瑟夫 · 蒲鲁东：他的生平与思想》，第 623 页。此信由马克思向秘书菲利普 · 吉戈口授。
12 同上书，第 626—630 页。此信同样被收入皮埃尔－约瑟夫 · 蒲鲁东《书信选》，该《书信选》由 D. 哈列维与 L. 吉欧选编与注释，并有圣勃夫的序言（格拉塞出版社，1929 年版，第 71—76 页）。
13 皮埃尔－约瑟夫 · 蒲鲁东：《经济矛盾的体系，或贫困的哲学》，纪尧曼出版社，1846 年版，两卷本。
14 卡尔 · 马克思的《哲学的贫困》与皮埃尔－约瑟夫 · 蒲鲁东《贫困的哲学》（片段）在 UGE 出版社出的“10/18”丛书中被合编为一册出版，1964 年版。

第十九章　米什莱、基内与密茨凯维奇：在法兰西公学院喧哗

1 《总汇通报》，1845 年 4 月 15 日，第 105 期增刊。
2 儒勒 · 米什莱：《米什莱日记》，第 1 卷（1828—1848），伽利玛出版社，1959 年版；《在法兰西公学的讲义》，由 P. 维阿拉内克斯整理出版，伽利玛出版社，1995 年版，两卷本；P. 维阿拉内克斯：《米什莱：其成果与生平（1798—1874）》，伽利玛出版社，1998 年版。
3 儒勒 · 米什莱：《米什莱日记》，第 1 卷，第 884 页。另见 P. 维阿拉内克斯《米什莱：其成果与生平（1798—1874）》，第 292 页下方。
4 巴黎市历史图书馆米什莱的遗赠。
5 儒勒 · 米什莱：《在法兰西公学的讲义》，第 2 卷（1845—1851），伽利玛出版社，1995 年版，第 19 页。
6 儒勒 · 米什莱：《米什莱日记》，第 1 卷，第 902 页。
7 儒勒 · 米什莱：《人民》，由 P. 维阿拉内克斯介绍、注释和提供书目提要，弗拉马里翁出版社，“GF”丛书，1974 年版。
8 皮埃尔 · 诺拉主编：《自我史学的尝试》，伽利玛出版社，1987 年版。
9 转引自 E. 福盖：《米什莱，或历史学教授的荣耀》，塞尔夫出版社，1990 年版，第 304—

305 页。

10 参见莫里斯 · 巴雷斯在《备忘录》中自称如何“受惠于”米什莱，普隆出版社，1963 年版，第 189 页。

11 P. 贝尼舒：《先知们的时代》，第 547 页。

第二十章　通过历史回归革命：拉马丁

1 Ph. 比谢、P.-C. 鲁：《法国大革命议会史》，保兰出版社，1837 年版，第 14 卷，第 12 页。

2 A. 热拉尔：《法国大革命：神话与解释（1789—1970）》，弗拉马里翁出版社，1970 年版。

3 J. 米什莱：《法国大革命史》，罗贝尔 · 拉丰出版社，老书丛书，1979 年版，第 1 卷，第 34 页。

4 同上书，第 38 页。

5 埃德加 · 基内：《基督教与大革命》，科蒙出版社，1845 年版；法亚尔出版社，1984 年版，第 240 页。

6 J. 米什莱：《在法兰西公学的讲演》，第 2 卷，第 216 页。贝当元帅业已在 1940 年在格言中接受了这种“劳动、家庭、祖国”的提法。在此，人们看到，革命与反革命有时使用同样的格言。一切取决于人们在这些格言背后看到的事物。

7 《拉马丁、维里厄书信集》，巴黎大学出版社，第 1 卷，1987 年版，第 358—359 页。

8 G. 恩格尔在《拉马丁》中展现了相反的情况（弗拉马里翁出版社），1998 年版。

9 阿尔方斯 · 德 · 拉马丁：《关于合乎理性的政治》，巴黎 1831 年版，斯拉特基纳出版社 1977 年重印。

10 在一封于 1836 年 11 月 23 日写给圣勃夫的信中，他在提及拉默内时写道：“这是一位为了战斗不怕脱光衣服、赤裸裸出现在人民面前的伟大而神圣的竞技者。您知道，我们两个人的思想一个极端，一个折中，并非互相一致，但是，我们两个人的良心值得相互敬重。”（拉马丁：《书信全集》，第 2 卷［1834—1836］，日内瓦：德洛兹出版社，1848 年版，第 239—240 页）

11 阿尔方斯 · 德 · 拉马丁：《关于合乎理性的政治》，第 93—94 页。

12 阿尔方斯 · 德 · 拉马丁：《政治回忆录》，巴黎，作者自行刊印，1863 年版，第 1 卷，第 309 页。

13 德 · 吉拉尔丹夫人：《洛内子爵夫人的巴黎信札》，第 2 卷，第 14 页。

14 1841 年 4 月 3 日的法律将拨款 1.4 亿法郎修筑巴黎的防卫工事，其中包括一面连续不断的围墙和数个分开的堡垒。

15 《巴黎信札》，第 2 卷，第 457 页。

16 转引自 G. 恩格尔：《拉马丁》，第 314 页。

第二十一章　基佐的失败

1 《总汇通报》，1847 年 3 月 27 日。

2 同上书。

3 P. 罗桑瓦隆：《基佐的时代》。

4 J.-M. 毕尔：《基佐的文化意志主义》，历史学深入研究文凭（DEA）论文，社会科学高等研究院，1995 年版。

5 F. 基佐：《回忆录》，第 3 卷，第 69 页。

6 同上书，第 159 页。

7 L. 戴斯:《基佐与记忆的机构》，载皮埃尔 · 诺拉主编《记忆之场》，伽利玛出版社，1986 年版，第 2 卷，第 569—592 页。

8 J. 米什莱:《米什莱日记》，第 2 卷，第 674 页。

9 阿列克西 · 德 · 托克维尔:《政治著作与演说》，第 2 卷，第 746 页。

10 同上书。

11 A. 雅尔丹:《七月王朝的垮台》，见“基佐－瓦尔 · 里歇基金会”组织的讨论会的论文集。

第二十二章 1848 年: 人人出场

1 圣勃夫:《书信集全编》，迪第埃出版社，1957 年版，第 7 卷，第 228 页。

2 I. 缪拉引自《第二共和国》，法亚尔出版社，1987 年版，第 75 页。

3 维克多 · 雨果:《见闻录（1830—1848）》，第 632 页。

4 亚历山大 · 马里（1795—1870），从 1848 年 2 月 24 日至 5 月 11 日任公共工程部部长，设想建立国家工场，为失业者提供工作。1848 年 7 月 17 日至 12 月 20 日担任司法部长。

5 路易 · 加尼耶－帕热斯（1803—1878），温和的共和派，共济会成员。1848 年 3 月 5 日至 5 月 11 日任财政部长，1870 年成为国防政府成员。

6 亚历山大 · 赖德律－洛兰（1807—1874），律师，《改革报》的创办者，1848 年 2 月 24 日至 5 月 11 日任内政部长。托克维尔说道:“这一民族当时在赖德律－洛兰身上看到了恐怖统治那种嗜血的场景；并如同法兰西民族在拉马丁身上发现了善的天才那样在他身上看到了恶的精灵，不过，法兰西民族在两方面都搞错了。”

7 弗朗索瓦 · 阿拉戈（1786—1853），物理学家和天文学家，《国民报》的创办者，1848 年 2 月 24 日至 5 月 11 日担任海军和殖民事务部长，与此同时，1848 年 4 月 5 日至 5 月 11 日任陆军部长。切勿把他和他的儿子伊曼纽尔 · 阿拉戈混淆起来，后者是后来 1870 年国防政府的成员。

8 阿道夫 · 克雷米厄，即伊萨克 · 克雷米厄（1796—1880），律师，共济会成员，1848 年 2 月 24 日至 7 月 7 日任司法部长。1870 年成为国防政府的成员。他的名字同 1870 年 10 月 24 日赋予阿尔及利亚犹太人法国国籍的法令联系在一起。

9 费迪南 · 弗洛孔（1800—1866），《改革报》的共同管理者，1848 年 5 月 11 日至 6 月 28 日任农业和商业部长。

10 亚历山大 · 阿尔贝，国家工场的共同发起人，他的名字在最后一刻被加在路易 · 勃朗之后，被认为是“工人”代表，阿尔贝在临时政府中更多被看作工人阶级的化身，其担任临时政府成员的时间是 1848 年 2 月 14 日至 5 月 9 日。

11 参见 1848 年 3 月 8 日的《总汇通报》。

12 参见在福楼拜的《情感教育》中对“知识阶层俱乐部”的讽刺性描述，见《福楼拜文集》，伽利玛出版社，七星文库，1952 年版，第 2 卷，第 332—340 页。

13 J. 米什莱:《日记》，第 1 卷，第 922—923 页。

14《总汇通报》，1848 年 3 月 10 日。

15 A. 托克维尔:《回忆录》

16 同上书，第 182—183 页。

17 J. 米什莱:《日记》，同上书，第 1 卷，第 925 页。

18《通报》，1848 年 5 月 9 日。

19 E. 康坦－博夏尔:《政治家拉马丁》，普隆出版社，1903 年，第 331 页。

20 A. 德 · 托克维尔:《回忆录》，第 135 页。

21 即对被控犯有阴谋罪的人民之友社的领导人进行的诉讼案，在这次诉讼当中，布朗基以其雄辩指责政府“压迫了 2500 万农民和 500 万工人”。

22 根据《塔歇尔罗文件》——塔歇尔罗为七月王朝时期的一个新闻记者的姓名——在 1848 年 3 月 31 日披露，某位四季社的领导人（被认为是布朗基）透露了秘密团体在组织方面的详情。这一文件被布朗基的追随者认为是伪造的，但巴尔贝斯始终不信任布朗基。

23 A. 托克维尔：《回忆录》，第 136 页。

24 亨利·纪耶曼和一些其他人支持这种不无论据的观点，参见他的《共和国的第一次起义》，伽利玛出版社，1967 年版。

25 1848 年 7 月 1 日和 16 日信。

26 转引自 J. 卡巴尼斯：《拉科代尔与某些其他人》，伽利玛出版社，1982 年版，第 321 页。

27 路易·勃朗对这一法令表达了这样的看法：“法兰西共和国临时政府保证确保工人通过劳动生存，它保证确保每位公民的工作。”

28 福楼拜描述了这个年轻人在战斗之后产生的“意识上的困惑”：“或许我应该加入另一方和工人们在一起；因为人们曾经给过他们许多承诺，但最终都未履行。他们的征服者憎恨共和国，而且，人们接着对他们表现得很残忍！他们或许有错，但并不完全有错；这个诚实的男孩被这种他可能已同公正进行斗争的想法折磨。”参见 G. 福楼拜《情感教育》，第 367—368 页。

29 圣勃夫：《书信全编》，第 7 卷，第 304—306 页。

30 阿尔方斯·德·拉马丁：《政治回忆录》，第 4 卷，第 117 页。

31 转引自 P. 哈特曼：《皮埃尔－约瑟夫·蒲鲁东》，第 843 页，这本关于蒲鲁东的基本著作依旧是我们的指南。

32 维克多·雨果：《见闻录（1830—1848）》，第 692 页。

33《总汇通报》，1848 年 8 月 1 日。

34 P. J. 蒲鲁东：《一个革命者的忏悔录》，马塞尔·里维埃尔出版社，1929 年版，第 200 页。

35 波德莱尔，1848 年 8 月 21 日和 22 日信，《书信集》，伽利玛出版社，七星文库，1973 年版，第 1 卷，第 150—151 页。

36 弗里德利克·巴师夏（1801—1850），在 1844 年的《经济学家》上发表一系列文章之后，在经济学界获得声望。他反对拉马丁的经济政策，赞成经济自由主义的观点。他有多种著作，其中有一本关于科布登（R. Cobden，1804—1865，英国政治家，下院议员，极力主张废除谷物法，倡导国际自由贸易、和平及国际合作，反对对中国等的侵略战争，美国内战时坚定地支持北方。——译者注），他是自由交换的捍卫者，致力建立法－比关税同盟和创立贸易自由委员会。在七月王朝时期几次选举的失败之后，他被朗德省的人（他出生于贝荣纳）选入制宪议会，后来又进入立法议会。他同蒲鲁东为期 13 周的论战依旧是第二共和国时期最著名的论战之一。

37 P. 哈特曼：《蒲鲁东（1849—1955）》，德克雷·德布卢维出版社，1988 年版，第 1 卷，第 47 页。

38 乔治·桑：《书信集》，加尼埃出版社，1971 年版，第 8 卷，1847 年 6 月至 1848 年 12 月，第 191 页。

39 乔治·桑：《政治和论战文集》，第 225 页。

40 同上书，第 244—245 页。

41 同上书，第 402 页。

42 乔治·桑：《书信集》，第 8 卷，第 411 页。

43 同上书，第 464—465 页。

44 参见 M. 佩罗：《1848，女人的革命》，《历史》，第 218 期，1998 年 2 月。

45 欧仁妮·尼布瓦耶同德斯雷·盖、让娜·德洛安和阿黛尔·埃斯基罗斯一起创办“解放妇女俱乐部”。俱乐部报纸《妇女之声》存在的时间是从1848年3月20日到6月18日。

46 乔治·桑:《书信集》，第8卷，第391—392页。

47 乔治·桑:《回忆录和思想》,《关于政治生活中的妇女》，卡尔芒-列维出版社，1904年版，第19—38页。

48 乔治·桑:《政治和论战集》，第562页。

第二十三章 维克多·雨果成为共和派

1 维克多·雨果:《行动与言论——流放之前》，内尔森出版社，1936年版，第123页。

2 同上书。

3 维克多·雨果:《见闻录（1830—1848）》，第454页。

4 同上书。

5 维克多·雨果:《行动与言论——流放之前》，第156页。

6 同上书，第218—219页。

7 维克多·雨果,《见闻录（1830—1848）》，第728页。

8 同上书，第2卷，第190页。

9 维克多·雨果,《行动与言论——流放之前》，第257—273页。

10 同上书，第366页。

第二十四章 奥古斯特·孔德的遗嘱

1 转引自A. 塞尔南:《奥古斯特·孔德：19世纪的先知》，阿尔巴特罗斯出版社，1993年版，第340页。

2 转引自H. 古伊埃:《奥古斯特·孔德传》，弗兰出版社，1997年版，第50页。

3 即将被称为实证主义者的埃米尔·利特雷在著名的《法语词典》当中对此定义道:“它取决于事实、经验以及后天的概念，同那些依靠先天的感知相反。”此外:“它还与那些来自想象和理想的概念相悖。”

4 A. S. 塞尔南:《奥古斯特·孔德：19世纪的先知》，第45页。

5 同上书，第60页。

6 转引自H. 古伊埃:《奥古斯特·孔德传》，第240页。

7 这9种圣礼是：把新生儿交给牧师洗礼，传授教理，允许自由侍奉上帝，进入某个行业，婚姻（即使在配偶死后亦不能分离），成熟（最高级别的能力），退休，转化（它取代了天主教的涂油礼），与上帝融合。参见H. 古伊埃《奥古斯特·孔德传》，第247—248页。

8 A. 孔德:《实证主义要义问答》，加尔尼埃出版社，1918年版。

9 参见阿兰:《随笔》，伽利玛出版社，七星文库，1956年版，第2卷，第277页:“就这位哲学家看来，真正的精神力量只来源于精神。它涉及阐明观点，也就是说只能够通过语言和文字的方式。它可能是教皇、主教、神甫或道德秩序的仲裁者，而不会是武器、监狱或火刑柱。但是，天主教的力量在为武力祝圣，并崇拜征服者。在德雷福斯事件中，精神的力量重新占据上风。即便在其政治力量最为薄弱的时候，饶勒斯也让人们看到道德秩序的要求所始终支配的一种高尚文化的特权。”

第二十五章 官司缠身的福楼拜和波德莱尔

1 卡尔·马克思:《路易·波拿巴的雾月十八日》,《政治文集》，伽利马尔出版社，1994年版，第 1 卷，第 440 页。

2 转引自 G. 韦耶：《1814 至 1870 年法国共和派历史》，阿尔康出版社，1900 年版；日内瓦：斯拉特金纳出版社重印，1980 年版，第 295 页。

3 P. 梅里美：《通信集》，迪凡出版社，1947 年版，第 6 卷，第 266 页。

4 同上书，第 267 页。

5 转引自 A. 比利：《圣勃夫：生平及其所处的时代》，弗拉马里翁出版社，1952 年版，第 2 卷，第 54 页。

6 圣勃夫：《书信集》，第 9 卷，第 207 页。

7 H. 布谢：《一个巴黎人的回忆》，佩兰出版社，1909 年版，第 2 卷，第 155—156 页。

8 圣勃夫：《书信集》，第 9 卷，第 80 页。

9 维克多 · 雨果：《小拿破仑》，内尔松出版社，第 250 页。

10 E. 拉维斯：《回忆录》，卡尔芒－列维出版社，1912 年版，第 243 页。

11 R. 迪布勒伊：《19 世纪法国的葬礼与政治》，第 86—94 页。

12 详见龚古尔兄弟的描述：《日记》，第 1 卷（1851—1865），罗贝尔 · 拉丰出版社，旧书系列，第 61 页以下部分。

13 M. 热罗 · 汪扎克在《包法利夫人的故乡》（拉帕拉蒂纳出版社，1957 年版）引用的杜庞卢主教的话略有不同，他引了儒勒 · 克拉勒蒂的话（1880 年 5 月 18 日的《时代报》）：“一天，杜庞卢主教谈到她（爱玛）时说，他觉得很真实。而且可能也像生活中的一样真实，因为奥尔良主教为证明自己的最初断言，又补充道：‘这是因为我在外省生活了如此长时间，听了如此多妇女的忏悔！’”

14 G. 福楼拜：《包法利夫人》，载《全集》，第 1 卷，第 584 页。

15 G. 福楼拜：《通信集》，载《全集》，第 1 卷，第 613 页。

16 同上书，第 869 页。

17 同上书，第 653 页。

18 同上书，第 659—660 页。

19 J. 巴尔贝 · 道尔维利：《19 世纪：著作和人》，《法兰西信使》出版，1964 年版，第 205—213 页。关于《恶之花》巴尔贝也写过一篇出色文章（“《恶之花》的作者具有但丁的才能……”），原本是打算给《国家报》的，但被后者拒绝（J. 巴尔贝 · 道尔维利：《19 世纪：著作和人》，第 198—204 页）。

20 P. 梅里美：《书信集》，第 8 卷，第 329 页。

21 同上书，第 365 页。

22 圣勃夫写给波德莱尔的信的落款日期是“20 日”。圣勃夫《书信集》的编订者 J. 博内罗认为，这指的是 6 月 20 日，两位专家 J. 纪尧姆和 C. 皮舒瓦则努力证明（并非没有道理）这封信事实上是 7 月 20 日写的，他们认为这封信是为了圣勃夫自己的利益，并且没有顾及他在波德莱尔官司缠身之前的鼓励态度（《圣勃夫就〈恶之花〉写给波德莱尔的信：1857 年 7 月 20 日》，《古典研究》，39，No. 3，Namur，1971 年版）。无论是 6 月 20 日还是 7 月 20 日，可以肯定的是，圣勃夫要求波德莱尔的律师不要在诉讼过程中引用它。相反，巴尔贝的文章（更公开地提到，并且被《国家报》拒绝）两次被律师谢克斯 · 德斯坦杰引用。

23 J. 波米耶：《关于〈恶之花〉的初版》，日内瓦：斯拉特金纳出版社重印，1968 年版，第 71—72 页。

24 波德莱尔：《全集》，伽利玛出版社，七星文库，1976 年版，第 2 卷，第 76—77 页。

25《致夏尔 · 波德莱尔的信》，纳沙泰尔：拉巴孔尼埃尔出版社，1973 年版，第 186 页。

26 波德莱尔：《通信集》，伽利玛出版社，七星文库，第 1 卷，第 598 页。

27 Y. 勒克莱尔:《著作罪》，普隆出版社，1991，第 277 页。

第二十六章 路易 · 弗约:“基督的勇斗士”

1 转引自 P. 皮埃拉尔:《路易 · 弗约》，博歇斯讷出版社，1998 年版，第 7 页。
2 L. 弗约:《通信集》，天主教出版总公司，1885 年版，第 4 卷，第 232 页。
3 同上书，第 5 卷，第 104 页。
4 G. 德 · 迪埃巴赫:《塞居尔伯爵夫人》，佩兰出版社，1999 年版。
5 他于 1848 年写了一本很厚的关于自由思想者的书。
6 L. 弗约:《通信集》，第 2 卷，第 112 页。
7 转引自 P. 皮埃拉尔:《路易 · 弗约》，第 2 卷，第 90 页。
8 L. 弗约:《全集》，第 34 卷，第 3 系列。《文集》，第 8 卷，勒迪耶厄出版社，1936 年版。汇编于《犹太人》中的文章共计 137 页。以下未注明的引文出自此汇编。
9 引自 L. 弗约:《全集》，第 60 页。
10 路易 · 基亚里尼，意大利文献学家，生于 1789 年版，曾任华沙大学古代东方语言和文化讲席教授,《犹太教理论》的作者。该书是他未完成的巴比伦的犹太教法典两卷本译本的导论，1830 年由巴伯扎编辑出版。
11 转引自皮埃拉尔:《路易 · 弗约》第 117 页。
12 L. 弗约:《通信集》，第 1 卷，第 372 页。
13 R. 奥贝尔:《教皇庇护九世时期（1846—1878）》，博卢与盖出版社，1952 年版，第 251 页。
14 同上书，第 254—255 页。
15 L. 弗约:《全集》，第 10 卷，第 339 页。
16 E. 弗约:《路易 · 弗约》，Retaux/Lethielleux 出版社，1899—1914，第 3 卷，第 500—503 页。
17 R. 奥贝尔:《教皇庇护九世时期（1846—1878）》，第 260 页。

第二十七章 《悲惨世界》的冲击

1 H. 吉尔曼:《雨果与性生活》。
2 维克多 · 雨果:《见闻录（1849—1885）》，第 431 页。
3 J. 巴尔贝 · 道尔维利:《19 世纪》，第 1 卷，第 250 页。
4 H. 朱安:《维克多 · 雨果》，第 2 卷，1844—1870 年，第 430 页。
5 维克多 · 雨果:《见闻录（1849—1885）》:“人民啊，我深深地爱着你。你曾经受痛苦，并还在承受苦难，而你是好人。你曾动辄发怒，也曾有孩子的所有纯真，现在你还具有这一切。唉，你将始终是孩子，直至有一天免费和义务的教育赋予你知识。”（第 457 页）
6 G. 福楼拜《通信集》，第 3 卷，1859 年 1 月至 1868 年 12 月，第 235—237 页。
7 E. 龚古尔、J. 龚古尔:《日记》，第 1 卷，第 808—809 页。
8 C. 波德莱尔:《全集》，第 2 卷，第 220、224 页。
9 波德莱尔:《通信集》，第 2 卷，第 254 页。
10 1865 年 2 月 12 日，在给纳西斯 · 安塞勒的信中，他称《悲惨世界》是“雨果的耻辱”（同上书，第 460 页）。
11 1862 年 6 月 24 日，维克多 · 雨果写给拉马丁的信。
12 根据他的传记作者 G. 当热的说法，拉马丁的杂志订阅数超过 20000 户。(《拉马丁》，第 453 页)

13 P.-J. 亚罗:《巴尔贝 · 道尔维利的政治和宗教思想》，日内瓦、巴黎：德罗兹与米纳尔出版社，1961 年版，第 59 页。
14 巴尔贝 · 道尔维利:《过去的预言家》，1851 年版，帕尔梅出版社再版，1889 年版，第 65 页。
15 J. 卡尼:《巴尔贝 · 道尔维利》，罗贝尔 · 拉封出版社，1945 年版，第 238 页。
16 R.-L. 杜瓦永:《作为情人和受骗者的巴尔贝 · 道尔维利》，科雷阿出版社，1934 年版。
17 J. 巴尔贝 · 道尔维利:《19 世纪》，第 308 页下。
18 维克多 · 雨果:《见闻录（1849—1885）》，第 449 页。1869 年在给《惩罚》加一个结尾时，他写了这样一个祝词给巴尔贝 · 道尔维利："然而，请你自己小心，因为自愿地啊，学究，/ 我的一些恐怖诗句将使你厌烦，/ 而如果你愚蠢的轻率行为迫使我这样做，/ 我将使你的胸膛因狂怒而爆裂。"（《诗歌全集》，J.-J. 波韦尔出版社，1961 年版，第 371 页）

第二十八章　勒南引爆炸弹

1 J. 巴尔贝 · 道尔维利:《19 世纪》，第 2 卷，第 28—29 页。
2 E. 勒南:《基督教起源史》，第 1 卷《耶稣、使徒和圣保罗传》，第 2 卷《反基督者、福音书、基督教会、马尔库斯 · 奥雷利乌斯》，洛迪斯 · 雷塔编选本，罗贝尔 · 拉封出版社，旧书系列，1995 年版，两卷本。
3 F. 米勒皮埃尔:《欧内斯特 · 勒南传》，马塞尔 · 里维埃尔出版社，1961 年版，第 61 页。
4 E. 勒南:《童年和青年回忆录》，伽利马出版社，弗里奥丛书，1983 年版，第 170 页。
5 同上书，第 176 页。
6 E. 勒南:《科学的未来》，卡尔曼－列维出版社，1890 年版，第 36—37 页。
7 E. 勒南:《通信集（1846—1871）》，卡尔曼－列维出版社，1926 年版，第 1 卷，第 45—46 页。
8 同上书，第 121—122 页。
9 阿里 · 谢弗尔这间房子位于沙普塔尔街，现已成为浪漫派生活博物馆。
10 E. 勒南:《通信集》，第 1 卷，第 198 页。
11 让娜 · 德 · 图尔贝，真名是玛丽－安娜 · 德杜尔拜，一位半上流社会的女人，未来的洛因伯爵夫人和儒勒 · 勒玛特的灵感启示者，当时代替拿破仑亲王非常虔诚的妻子即萨瓦的克洛蒂尔德主持亲王的沙龙。
12 8 月底，第 7 版已使印数达到 4 万册。盗版（法文）也在意大利和德国出现。
13 E. 勒南:《耶稣传》，伽利玛出版社，弗里奥丛书，1974 年版，第 417—418 页。
14 然而圣勃夫在 9 月 7 日的《宪政报》上发表了一篇赞扬文章，为此勒南予以诚挚谢意，《全集》，第 10 卷，第 390 页。
15 在《耶稣传》的随书插页中可以读到："勒南先生的书并不是一本反基督教的书，我们相信它将受到并不顽固排斥研究和验证的有教养的宗教人士的最热烈欢迎。"（《欧内斯特 · 勒南写给出版商的未刊信件》，卡尔曼－列维出版社，1986 年版，第 50 页）
16 J. 波米耶:《未刊文献中的勒南》，佩林公司，1923 年版，第 164—165 页。
17 《恩斯特 · 勒南写给出版商的未刊信件》，第 54 页。
18 到 1864 年 4 月，已售出 65000 册。与此同时，在 1864 年 3 月，米歇尔 · 列维开始发行名为"耶稣"的删节普及本，3 个月内就销出 82000 册。参见 E. 帕里奈收于 R. 沙蒂耶和 H.-J. 马尔丹主编的《法国出版史》第 3 卷（Fayard/Cercle de la Librairie，1990）中的文章，第 443 页。

第二十九章 蒲鲁东的离别

1 P.-J. 蒲鲁东:《耶稣和基督教的起源》，小阿瓦尔出版社，1896 年版，第 235 页。
2 P.-J. 蒲鲁东:《论革命和教会中的公正》，1858—1860。在 1865 年 1 月 25 日《争论报》的一篇署名为亨利 · 博德里亚的悼文中，有这样一段话:“他认为在人身上有两种截然不同的趋向: 一种是本能、自发性，是我们本性中的消极面，它表现为轻信、迷信、宗教、传统、顺从神秘权力或是错误论证。在形而上学领域，所有这一切叫作上帝; 在经济领域，则是财产或是资本; 在政治领域，是权力或政府。我们本性的另一方面，也是唯一好的方面，是自由、检验、积极的人、与上帝——这一神圣的词语被赋予所有出于本能的轻信和盲目顺从——相反的人。在人性的这两方面之间，存在殊死斗争。在人性的后一方面战胜前一方面的斗争中进步始终存在，而且也只有在后一方面成功彻底消除前一方面后才会完成。”
3 P. 豪博特曼:《1855 至 1865 年的蒲鲁东》，第 2 卷，第 312 页。
4 同上书，第 55 页。
5 同上书，第 63 页。
6 同上书，第 65—66 页。
7 蒲鲁东夫妇在 1856 年失去了第三个女儿夏洛特。
8 P.-J. 蒲鲁东:《从大革命到 19 世纪革命的总体观念》，马塞尔 · 里维埃出版社，1924 年版，第 368—369 页。
9 E. 多雷昂:《蒲鲁东》，伽利玛出版社，1948 年版，第 232 页。
10 J. 米什莱:《日记》，第 2 卷，第 187 页。
11 P.-J. 蒲鲁东:《政变证明的社会革命》，加尼耶兄弟出版社，1852 年版，第 130 页。
12 L. 迪米耶:“尽管当时人觉得他是革命者，他本人也显出这副形象，但是人们在他思想深处发现了真正保守者的思想本质。”(《19 世纪反革命的主要人物》，1907 年版，第 280 页)
13 P.-J. 蒲鲁东:《战争与和平》，米歇尔 · 列维出版社，1861 年版。
14 P.-J. 蒲鲁东:《论联邦制原则》，当杜书店，1863 年版，第 1 卷，第 7 章。
15 P.-J. 蒲鲁东:《论工人阶级的政治能力》，马塞尔 · 里维埃出版社，1924 年版，第 237 页。
16 在 1864 年 3 月 11 日的一封信中，他宣称:“我推动平民采取分离行动——罗马平民曾采用的伟大行动，同时在这一分离主义中加入联邦主义和社会主义思想，我自信这就避免了使共和幻想破灭的专制危险”(P.-J. 蒲鲁东:《书信选注》，D. 阿莱维、L. 吉尤编，格拉塞出版社，1929 年版，第 348 页)。
17 转引自 D. 盖兰:《是非之间的蒲鲁东》，伽利玛出版社，1978 年版，第 159 页。
18 L. 费弗尔:《影响问题: 蒲鲁东和当代工团主义》，《综合评论》，第 56 期，1909 年 10 月。
19《蒲鲁东未刊书信选》，贝桑松，多迪维尔出版社，1911 年版，附录。
20 圣勃夫:《蒲鲁东: 其生平和通信(1838—1848)》，卡尔曼 - 列维出版社，1872 年版，阿尔弗雷德 · 科斯特出版社重印，1947 年版。

第三十章 皮埃尔 · 拉鲁斯出版《大词典》

1 《书信选注》，D. 阿莱维、L. 吉尤编，第 349—351 页。
2 引自 1864 年 7 月 2 日的《画报》。
3 引自 J.-Y. 莫利耶，载于 J.-Y. 莫利耶和 P. 奥里编《皮埃尔 · 拉鲁斯及其时代》，拉鲁斯出版社，1995 年版，第 15 页。
4 埃德蒙 · 阿布 1883 年 8 月 3 日在查理大帝中学颁奖礼上的讲话，转引自 A. 雷蒂夫:《皮埃尔 · 拉鲁斯及其业绩(1817—1875)》，拉鲁斯出版社，1975 年版，第 88—89 页。

5 M. 阿居隆:《共和国》，载 J.-Y. 莫利耶和 P. 奥里《皮埃尔 · 拉鲁斯及其时代》，第 189—196 页。

6 A. 雷蒂夫:《皮埃尔 · 拉鲁斯及其业绩（1817—1875）》，第 199 页。

第三十一章 埃德加 · 基内：共和国与恐怖统治

1 E. 基内:《人民教育》，沙梅洛出版社，1850 年版，第 13 页。

2 E. 基内:《流亡记》，当杜出版社，1875 年版，第 1 页。

3 转引自瓦莱斯:《埃德加 · 基内：他的生平和事业》，卡里埃尔－苏－布瓦西出版社，事业丛书，1936 年版，第 209 页。

4 E. 基内:《写给米什莱和其他朋友的流亡书简》，卡尔曼－列维出版社，1886 年版，第 1 卷，第 166—167 页。

5 《流亡书》附录，第 435 页。

6 同上书，第 559 页。

7 E. 基内:《流亡书简》，第 1 卷，第 224 页。

8 费利切 · 奥尔西尼（Felice Orsini），意大利民族主义者，是一场针对拿破仑三世的阴谋的组织者。刺杀发生于 1858 年 1 月 14 日，拿破仑三世幸免，但造成大量人员伤亡，奥尔西尼本人也被判死刑，并被处死。

9 H. 基内:《流亡回忆》，阿尔芒 · 勒舍瓦里埃出版社，1870 年版，第 225 页。

10 参见 F. 孚雷:《19 世纪中叶左派和大革命》，阿歇特出版社，1986 年版。

11 E. 基内:《流亡书简》，第 3 卷，第 38 页。

12 1865 年 11 月 19 日致 A. 雷伊的信,《流亡书简》，第 3 卷。

13 H. 基内:《流亡回忆》，第 389 页。

14 同上书，第 392 页。

15 E. 基内:《大革命》，贝兰出版社，1987 年版，第 505 页。

16 它们重刊于 F. 孚雷《19 世纪中叶的左派和大革命》一书中由玛丽娜· 瓦朗西斯整理的档案，第 121—314 页。佩拉本人则于 1866 年将这些文章汇集于《大革命和基内的书》中。

17 同上书，第 204—205 页。

18 F. 孚雷:《19 世纪中叶左派和大革命》，第 280 页。

19 基内夫人:《50 年友谊》，阿尔芒 · 科兰出版社，1899 年版，第 321 页。

20 有关米什莱和基内之间的争论，参见 F. 孚雷:《19 世纪中叶左派和大革命》，第 99—110 页。

第三十二章 普雷沃－帕拉多尔归顺自由帝国

1 J. 瓦莱:《里昂的进步》，1864 年 11 月 29 日,《著作集》，第 1 卷（1857—1870），伽利玛出版社，七星文库，第 442 页。

2 达尼埃尔 · 阿莱维档案，转引自皮埃尔 · 吉拉尔:《普雷沃－帕拉多尔（1829—1870）》，法国大学出版社，1955 年版，第 79 页。

3 是一个工人平均薪水的 4 倍多一点。

4 L. 阿莱维:《日记》，卡尔曼－列维出版社，1935 年版，第 1 卷，第 86 页。

5 L. 阿莱维:《日记》，第 1 卷，第 92 页。

6 A. 普雷沃－帕拉多尔:《当代史的几个片段》，列维兄弟出版社，1867 年版，第 4 卷，序，第 5，6 页。

7 值得注意的是，基佐也注意到了这一威胁，他在《对欧洲负责的法国和普鲁士》（米歇尔·列维出版社，1868年版）已指出这一点。
8 E. 勒南：《什么是民族？》，1882年3月11日在索邦召开的会议的文章，卡尔曼－列维出版社，1882年版。
9 转引自P. 吉拉尔：《普雷沃－帕拉多尔（1829—1870）》，第485页。
10 A. 普雷沃－帕拉多尔：《新法国》，米歇尔·列维出版社，1868年版；1981年加尼耶出版社再版，P. 吉拉尔介绍，第275页。
11 同上书，第639页。
12 埃米尔·法盖的论点，转引自P. 吉拉尔：《普雷沃－帕拉多尔（1829—1870）》，第717页。

第三十三章 《路灯》对拿破仑三世的致命抨击

1 A. 阿尔努：《暗示先生》，《费加罗报》，1867年2月18日。
2 A. 佩拉：《民族未来》，1870年6月16日。
3 在警察局档案中的罗什福尔文件盒中保留了一些有关他的道德令人难以忍受的报告（抛弃生女，乱伦，剥削一位情妇直至其最终破产等等）。依然自相矛盾的这些报告必须谨慎使用：Série B a/1245，1246，1247，1248，1249，1250，1251，1252。
4 J. 巴尔贝·道尔维利：《堕落的法国人》，《黄衣小矮人报》，1866年3月7日，载《19世纪》，第2卷，第77页。
5 J. 瓦莱斯：《致〈路灯〉主编亨利·罗什福尔先生》，《费加罗报》，1868年5月16日，载《文集（1857—1870）》，伽利玛出版社，七星文库，1975年版，第1卷，第1051—1052页。
6 H. 阿兰－塔尔热：《帝国之下的共和1864至1870年的通信》，格拉塞出版社，1939年版，第179页。
7 马克西米利安是奥地利皇帝弗朗索瓦－约瑟夫的弟弟，在拿破仑三世的要求下，他成了墨西哥皇帝，在巴赞率领的法军撤走后，他于1867年5月19日被胡亚雷斯领导的墨西哥人处死。
8 维克多·雨果：《见闻录（1849—1885）》，第512页。
9 E. et J. 龚古尔：《日记》，第2卷，第225页。
10 G. 福楼拜：《书信集》，第4卷，第60页。
11 转引自P. 吉拉尔：《普雷沃－帕拉多尔（1829—1870）》，第675页。
12 J. 瓦莱斯：《起义者》，《文集》，第2卷，第965页。

第三十四章 凶年：1870至1871

1 转引自福楼拜《书信集》，第4卷，第112页。
2 J. 巴尔贝·道尔维利：《19世纪》，第2卷，第163页。
3 后收入福楼拜的《书信集》，第4卷，第1125页。
4 马克西姆·迪康：《文学回忆录》，阿歇特出版社，1906年版，第2卷，第291—292页。
5 7月14日，在街道引发战争的埃姆斯电报之后，拿破仑三世批准女歌手玛丽·萨塞身披三色旗在歌剧院演唱《马赛曲》，它当时还未成为国歌，只是一首革命歌曲。
6 时年16岁的阿蒂尔·兰波于1870年8月25日表达了同样的厌恶之情：“可怕的是，退休的杂货店主都梦想着有一天披上军装……我的祖国站起来了……但我更喜欢她坐着的样子。不要为战争而狂热，这就是我的原则。”《兰波全集》，伽利玛出版社，七星文库，1954年版，第257页。
7 维克多·雨果：《见闻录（1849—1885）》，第557页。

8 同上书，第 574 页。
9 J. 瓦尔兰：《起义者》，第 2 卷，第 1010—1011 页。
10 尤其可参看 C. 尼科莱：《法国共和主义思潮》，伽利玛出版社，1982 年版。
11 转引自 G. 迪沃：《巴黎之围》，阿歇特出版社，1939 年版。
12 G. 福楼拜：《书信集》，第 275 页。
13 E. 左拉：《行进中的共和国》，法斯盖尔出版社，1956 年版，第 1 卷，第 15 页。
14 维克多 · 雨果：《行动与言论》，第 1 卷，第 108 页。
15 G. 弗路朗斯：《被交出去的巴黎》，A. 勒舍瓦利埃出版社，1871 年版，第 61 页。
16 儒勒 · 瓦莱斯：《瓦莱斯全集》。
17 参见保罗 · 魏尔兰的叙述，载《我对公社的回忆》，《魏尔兰全集》，伽利玛出版社，七星文库，1972 年版，第 279—280 页。
18 同上书，第 281 页。
19 瓦莱斯：《瓦莱斯全集》，第 2 卷，第 52 页。
20 儒勒 · 瓦莱斯曾在自传三部曲《孩提时代》《毕业生》《起义者》中将自己描绘成雅克 · 凡各特阿的样子，这 3 部作品的第 1 版分别于 1878、1881 和 1886 年在夏庞蒂出版社出版。
21 J. 瓦莱斯：《瓦莱斯全集》，第 2 卷，第 1043 页。至于库尔贝，他在 5 月 1 日召开的公社委员会会议的讨论中，建议删除所有“属于 1789 年和 1793 年革命的条款”，坚持认为“拯救共和国的山岳派、吉伦特派以及雅各宾派等头衔不能运用到这场共和派的社会主义运动中来”。（登载于《公社官方报纸》，第 459 页。）
22 转引自 P. 利斯基：《反对公社的作家》，弗朗索瓦 · 马斯佩罗出版社，1970 年版，第 52 页。
23 维克多 · 雨果：《见闻录（1849—1885）》，第 646—647 页。
24 维克多 · 雨果：《行动与言论》，第 198 页。
25 古斯塔夫 · 库尔贝在 9 月 4 日政府成立之后，担任美术协会会长，他早就酝酿推倒旺多姆纪念柱这一拿破仑军国主义的象征物，人们还以为这根纪念柱完全是铜铸的。1871 年 4 月 12 日，巴黎公社重新实行了这一计划。5 月 16 日，纪念柱在人们的欢呼声中被推倒。
26 J. 巴尔贝 · 道尔维利：《最后的论战》，阿尔贝 · 萨维纳出版社，1891 年版，第 43—48 页。
27 L. 德卡夫：《菲勒蒙——年老的妇人》，G. 克雷及其合伙人出版，1922 年版，第 85—86 页。
28 1878 年出版《巴黎的痉挛》的作者。
29 T. 戈蒂埃：《巴黎被围的景象（1870—1871）》，沙尔庞捷出版社，1872 年版。
30 作为国防政府的成员，儒勒 · 西蒙被梯也尔留下来担任国民教育部部长，他于 1878 年出版《梯也尔先生的政府》一书。
31 弗朗西斯科 · 萨尔塞，记者和戏剧评论家，在五月流血周期间特别愤怒：“这些疯子的数量如此巨大，他们相互勾结，组成了他们所属的那个社会阶层，带来了如此可怕的危险，除了从根本上消灭他们，别无他法。”转引自 G. 阿诺托：《当代法国史（1871—1900）》，孔贝出版社，1908 年版，第 1 卷，第 203 页。
32 尤其可参见米歇尔 · 列维出版社在 1871 年出版的《有关时事的一封信》。
33 保罗 · 德 · 圣维克多：《红色狂欢》，米歇尔 · 列维出版社，1871 年版。
34 C. 孟戴斯：《公社的 73 天》，E. 拉肖出版社，1871 年版。孟戴斯这个名字可以和维里埃 · 德 · 里斯尔－亚当联系在一起，从 1871 年 5 月 17 日至 24 日，他在公社的报纸《人民论坛》上以马里尤斯的笔名写了 5 篇相关文章，带着同情对公社的日常生活场景进行描述。这些文章后由雅克 · 亨利 · 波尔耐克刊登于 1953 年 8 月 1 日的《法兰西信使》当中。对于这些文章的倾向问题一直存在争议，人们发现其中的表达同 C. 孟戴斯引用的作品相近。在七星文库中出版了《维里埃 · 德 · 里斯尔－亚当全集》（伽利玛出版社，1986 年版）的编辑认为，这部《巴黎的景象》的第 816—826 页澄清了这种“可疑的倾向”。第 1673 页的一个作者说明重新引起了争议，导致了相反的结论，并对维利埃是否其作者表示了更多的怀疑。和孟戴斯相反，这些证据很好地表明了他一开始曾是公社的支持者，直到后来才走向对立面，但人们不知道他何时转变了态度。参见 A. 赖特:《维里埃 · 德 · 里斯尔－亚当，实在的事物的驱邪者》，何塞 · 科尔蒂出版社，1987 年版，第 127—132 页，脚注，第 404—405 页。

35 J. 卡拉勒蒂:《革命史（1870—1871）》，刊登于报纸《蚀》，1872 年版。

36 利特雷（1801—1881），1880 年写了《第三共和国的建立》。

37 保罗 · 布尔热（1852—1935），保守主义小说家。

38 欧仁 · 梅尔基奥尔 · 德 · 沃居埃（1848—1910），以 1886 年的散文《俄国日记》出名。

39 G. 福楼拜:《书信集》，第 4 卷，第 301 页。

40 同上书，第 335 页。

41 卡尔 · 马克思在 1881 年 2 月 22 日写信给荷兰社会主义者多姆拉 · 纽文尤斯道:“你或许对巴黎公社表示过赞许，但它只是一场在特定环境下产生的城市暴动。此外，公社的大部分成员根本不是也不可能是社会主义者。稍有常识的话，它就应该同凡尔赛达成妥协，这显然有利于广大人民群众，这也是当时唯一可行的事情。仅征用法兰西银行这一项措施就完全结束了凡尔赛人本来假充好汉的局面。所有教条主义的假象和对未来革命行动机会的必要独裁只是改变了当前的斗争。”卡尔 · 马克思致多姆拉 · 纽文尤斯的信，《社会评论》第 4 期，1931 年 12 月。另一版本由出版社重印，1983 年版，第 189—190 页。

42 乔治 · 桑致亨利 · 弗尔医生的信，1871 年 6 月 3 日，《书信集》，加尼埃出版社，1987 年版，第 22 卷，第 397 页。

43 J. 卢热里:《对巴黎公社社员的诉讼》，朱利亚尔出版社，档案丛书，1964 年版。

44 值得注意的是，恩格斯在为马克思的《法兰西内战》再版的序言中写道:“请你们看看巴黎公社，这就是无产阶级专政。”

45 C. 塔莱斯:《1871 年的公社》，L. 托洛茨基作序，劳动书店出版，1924 年版，第 206 页。

46 J. 卢热里:《对巴黎公社社员的诉讼》，第 21 页。

47 此类的观点经常在凡尔赛分子的报纸中得到表达，如《辩论报》:“多么光荣啊！我们的军队通过一次无法估量的胜利，为其大失败雪了耻。”

48 E. J. 龚古尔:《日记》，第 2 卷，第 453 页。

49 应当承认，路易 · 弗约这位对“凶恶和荒唐的强盗”予以猛烈攻击的人，亦在 5 月 29 日的《宇宙报》中公正地写道:“这些简单的处决方式同样使正义遭受挫折，后者是社会的需要，也是伟大的基督教人道主义的体现。”

50 埃米尔 · 左拉:《解冻：卢贡－马卡尔家族》，伽利玛出版社，七星文库，1967 年版，第 5 卷，第 907 页。

51 夏尔 · 佩居伊从 1908 年 2 月开始，以连载形式在《半月手册》上发表了《红色手册》，对作者进行介绍的是卢西安 · 德卡夫。

52 我们应该感谢此人写了最为生动的巴黎公社的历史:《1871 年公社史》，布鲁塞尔，1876 年版，该书在 1967 年由马斯佩罗小丛书再版，再版时为三卷本。

53 埃里 · 雷克吕斯:《公社的每一天》，施莱歇尔出版社，1908 年版。

第三十五章　泰纳与勒南反思法兰西

1 E. 利特雷:《第三共和国的建立》，第 210—211 页。

2 同上书，第 239 页。

3 1840 年的公共教育大臣，维克多 · 库辛（1792—1867），主持大学与中学教师资格评审委员会长达 25 年。

4 正是在 1869 年 11 月 1 日的《两个世界评论》中，勒南在其文章《法兰西的立宪君主制》里，通过把符合他愿望的自由主义社会与大革命所构想的唯物主义和平均主义的社会加以对立，阐述了他的自由主义纲领。

5 J. 巴尔贝 · 道尔维利:《19 世纪》，第 1 卷，第 192 页。

6 玛尼餐馆在 1842 年开张于孔德尔斯卡普－多菲内大街。以圣勃夫为中心的文人在该餐馆曾每月进行两次聚餐。从 1869 年开始，在玛尼餐厅聚餐的人把聚餐地点转移到了普瓦松尼埃尔大街的保尔 · 布雷班餐馆。

7 E. 德 · 龚古尔:《日记》，第 269 页。

8 见 E. 勒南:《勒南全集》，第 434 页。

9 同上书，第 445—446 页。

10 E. 勒南:《何谓一个民族？》，第 887—908 页。

11 同上书，第 449—462 页，勒南在 1871 年 2 月至 9 月期间在这一问题上的观点演变尤其值得注意，他在 5 月所写的《哲学对话》中，讨论了“人类无可救药的堕落：对于种族不平等没有一种正确看法会导致彻底的堕落”。同上书，第 591 页。

12 同上书，第 348 页。

13 值得注意的是，墨索里尼（由哲学家真蒂莱代笔）在《法西斯主义、学说和国家政体》一书中大段引用勒南的言论。德诺埃尔与斯蒂勒出版社，1934 年版，第 43—44 页。

14《致约翰 · 杜朗，1870 年 9 月 7 日》，载 H. 泰纳《他的生活和通信》，阿歇特出版社，1905 年;《历史学家》，1870—1875，第 3 卷，第 15 页。

15 转引自 G. V 樊尚:《政治科学院：一段辉煌的历史》，奥利维耶 · 奥尔邦，1987 年版，第 447 页。

16 安德烈 · 西格弗里德的叔叔，他将成为这个学校最知名的教授之一。

17 E. 伯克:《对法国革命的反思》，1790 年版。

18 H. 泰纳:《现代法国的起源》,《旧制度》，阿歇特出版社，1875 年版。

19《立宪主义者报》，1878 年 8 月 26 日；在《19 世纪》做了修改，第 289 页，这时共和派已经快要控制共和国。

20 在 1873 年 10 月 9 日写给阿马里的信中，他写道：“你知道我喜欢君主立宪制远甚于共和国。但是我更愿意接受共和国，而不是没有可靠保障的君主制——我该怎么说呢？——如果确定未来君主制度特性的仅是这位王位觊觎者的言行，这种制度我宁可不要。”他后来在 1877 年 10 月 22 日给朱丽叶公主的信中写道：“就目前而言，共和制是唯一可能的政府形式。”

21 有关泰纳和勒南的反动，还应该比较一下菲斯特尔 · 德 · 古朗治，尽管他的影响力不大，但是他的著作对反共和主义的影响范围起到了作用。作为斯特拉斯堡大学文学院和巴黎高师的教授与历史学家，他没有任何宗教信仰，菲斯特尔首先因为他在 1864 年出版的著作《古代城邦》（杜朗出版社）而为大家所知。在普法战争期间，他在 1870 年 10 月同德国历史学家蒙森就阿尔萨斯问题展开论战。此举的目的是无视莱茵河对岸学者提出的民族语言学论据，反对德国人提出的要求，维护法国人的利益。（阿尔萨斯是属于法国的吗？答蒙森先生……当杜出版社，1870 年版）战后，他对古代法国的政治制度进行了详细研究，当时居于支配地位的观念有利于日耳曼影响的渗入，他反对这些观念，他要成为法兰西民族历史的睿智辩护人，要避免受罗马——尤其是日耳曼——偏见的影响。在此期间，在《两个世界评论》发表的一篇报告中，他让人们了解到他的政治选择。同泰纳和勒南一样，他赞成贵族政体，他夸奖了诸如英国、普鲁士（总是在被赞赏之列）甚至是俄国等国的传统主义自由——“专制总是占上风，而自由总是受到遏制。”因为革命的理想主义，法国的不幸总是来自“困扰我们智力的诸多革命所导致的”同历史的割裂。

他在1875年阿歇特出版社出版的《制度史》中表现出的反日耳曼主义、反浪漫主义和反自由主义，召唤法兰西特有的传统的回归——不久，夏尔·莫拉斯的学派从中获益匪浅。（关于这一主题，尤其可参看C. 迪容：前引书，第235，252页。）

22 儒勒·苏里，巴雷斯的老师，他将以“持无神论的教士”自居。

第三十六章　路易丝·米歇尔成为传奇中人

1 阿佩尔将军就与1871年巴黎公社起义相关的军事法庭审判所做的《总报告》，国民议会，1875年版。

2 S. 加松:《大赦和共和国》(1871—1999)，向巴黎政治研究院提交的学位论文，2000年6月。

3 维克多·雨果:《行动与言论》，第298页。

4 人们对那些参加过巴黎公社战斗的妇女的称谓，她们被控在五月流血周时搬来汽油桶实行纵火。

5 L. 米歇尔:《我写信告诉你我的黑夜：书信总汇(1850—1904)》，由X. 戈蒂埃选编与介绍，巴黎，马克斯·夏莱耶出版社，1999年版，第249页。

6 L. 米歇尔:《书信集》，第49页。

7 E. 托马:《路易丝·米歇尔》，伽利玛出版社，1971年版，第46页。

8 同上书，第67页。

9 L. 米歇尔:《回忆录》，E. 罗瓦出版社，1886年版，第167页。

10 L. 米歇尔:《公社》，斯托克出版社，1898年版，第141页。

11 L. 米歇尔:《书信集》，第87页。

12 E. 托马:《路易丝·米歇尔》，第111页。

13 P. O. 利萨加雷:《1871年公社史》，布鲁塞尔：H. 基斯特梅尔克出版社，1876年版，第416—417页。

第三十七章　新闻宣告自由！

1 参见C. 贝朗瑞、J. 戈德肖、P. 基拉尔和F. 特鲁主编《从1871至1940年》，第3卷，第62页下方。

2 同上书，第144页。

3 见下一章。

4 转引自L. 弗雷斯蒂埃，见居伊·德·莫泊桑《莫泊桑小说集》，伽利玛出版社，七星文库，1987年版，第1335页。

5 转引自G. 吉尔:《儒勒·瓦莱斯》(1832—1885)，茹韦及其合伙人出版，1941年版，见第353页下方的脚注。

6 载《觉醒报》，1882年7月24日。

7 儒勒·瓦莱斯致埃米尔·马萨尔，转引自R. 贝莱:《作为记者的儒勒·瓦莱斯》，法兰西出版家出版社，1977年版，第462页。

8 参见E. 勒加雷克《女叛逆者塞维里娜(1855—1929)》，色伊出版社，1982年版。以及J. M. 加亚尔的相关叙述《塞维里娜》，佩兰出版社，1999年版。

9 转引自儒勒·瓦莱斯《全集》，第1345页。

10 同上书，第1359页。

11 事件的起因是一个花圈上面的题词：“巴黎的德国社会主义者敬献。”学生们高喊“打倒德国佬”，伸手去扯花圈，但是社会主义运动的积极分子上前阻止，并高喊“公社万岁”“国际万岁”，随即互扔东西，接下来就是多次发生双方之间的打斗，这种打斗一直持续到墓地才停下来。

12 转引自儒勒 · 瓦莱斯:《瓦莱斯全集》，第 1359 页。

13 参见 J. F. 泰迪:《儒勒 · 瓦莱斯身上的反抗思想面面观》，儒勒 · 瓦莱斯学术研讨会，里昂大学出版社，1975 年版，第 91—106 页。

14 莫里斯 · 巴雷斯致塞维里娜，1913 年 11 月 18 日，发表于 1914 年 1 月 31 日的《吉尔 · 布拉斯报》，第 576 页。

15 转引自莱昂 · 布洛瓦:《庸才的疯狂》，载《黑猫报》，1884 年 1 月 12 日。

16 转引自: J. 博勒里:《莱昂 · 布洛瓦》，阿尔班 · 米歇尔出版社，1947 年版，第 191 页。

17 莱昂 · 布洛瓦:《一个旧建筑材料商人的话》，法兰西信使出版社，1964 年版，第 115 页。

18 转引自 J. 博勒里:《莱昂 · 布洛瓦》，第 96 页。

19 波德莱尔:《敞开心扉》，载《波德莱尔全集》，第 1 卷，第 706。

20 邦雅曼 · 贡斯当:《贡斯当全集》，第 1296 页。

第三十八章　左拉：不情愿的社会主义者

1 左拉:《书信集》，蒙特利尔大学 / 国家科研中心出版社，1978 年版，第 2 卷，1868—1877，第 306 页。

2 同上书，第 304 页。

3 转引自 F. 布劳恩:《左拉传》，贝尔冯出版社，1996 年版，第 202 页。

4 J. 巴尔贝 · 道尔维利:《19 世纪》，第 2 卷，第 215 页。

5 G. 福楼拜:《书信集》，第 806 页。

6 《〈卢贡 – 马卡尔家族〉的评语与变种》，伽利玛出版社，七星文库，1960 年版，第 1 卷，第 1679 页。

7 埃米尔 · 左拉:《我的仇恨》，法斯盖尔出版社，1866 年版，第 41—55 页。

8 J. 巴尔贝 · 道尔维利:《19 世纪》，第 2 卷，第 256 页。

9 埃米尔 · 左拉:《书信集》，第 2 卷，第 490 页。

10 同上书，第 489—490 页。

11 转引自 J. 巴尔贝 · 道尔维利:《19 世纪》，第 2 卷，，第 537 页。

12 埃米尔 · 左拉:《卢贡 – 马卡尔家族》，第 2 卷，第 1560 页。

13 埃德蒙 · 德 · 龚古尔:《龚古尔日记》，第 2 卷，1877 年 2 月 19 日，第 730 页。

14 同上书，第 736 页。

15 埃米尔 · 左拉:《卢贡 – 马卡尔家族》，第 1686 页。

16 组成《梅塘之夜》的是以下 6 部短篇小说：左拉的《磨坊之役》、莫泊桑的《羊脂球》、于斯曼的《背上背包》、赛阿的《放血》、埃尼克的《大写的七事件》、阿莱克西的《战役之后》。莫泊桑在 1880 年 1 月 5 日的信中向福楼拜明确指出：“这并非是反对爱国主义，只是说出一些实情……”

17 转引自 M. 吉拉尔:《埃米尔 · 左拉在德雷福斯事件之前的政治激情》，《科学政治评论》，1955 年 9 月。

18 见亨利 · 密特朗对埃米尔 · 左拉的详细研究，《卢贡 – 马卡尔家族》，伽利玛出版社，七星文库，1964 年版，第 3 卷，第 1802—1880 页。

19 M. 吉拉尔:《埃米尔 · 左拉在德雷福斯事件之前的政治激情》。

20 同上书，第 1868 页。

第三十九章 衰颓的大环境

1 F. 洛兰:《当代法国的问题》，普隆出版社，1879 年版，第 324 页。

2 M. 德 · 沃格:《致阿尔芒和亨利 · 德 · 蓬马尔丹的信（1867—1909）》，普隆出版社，1922 年版，1883 年 7 月 3 日。

3《统计年鉴》，国民经济数据与信息统计局，1952 年版。

4 R. 弗拉里:《民族的危险》，迪蒂埃及其合伙人出版社出版，1881 年版，第 265—266 页。

5 L. 里埃斯:《从第二帝国到当代的巴黎文学沙龙史》，普里瓦出版社，1962 年版，第 83 页；另可参见 W. 斯特凡《亚当夫人：一位杰出的法国女性》，纽约：查普曼与霍尔出版社，1917 年版。

6 B. 布吕梅尔:《〈新评论〉中的民族主义：从共和主义思想到反德雷福斯主义（1879—1900）》，巴黎政治学院，DEA 论文，1986 年版。

7 保罗 · 布尔热曾经大量发行的作品，尤其是曾经作为畅销书的小说在今天已经为人们所遗忘，甚至罗贝尔出版社在 2000 年出版的《大作家词典》中也没有提及他的作品。相反，他的《现代心理学论集》却在 1993 年被收录到伽利玛出版社的“Tel”丛书中。

8 转引自 R. 巴尔迪克:《J. K 于斯曼的生活》，德诺埃尔出版社，1958 年版，第 90 页。

9 同上，第 111 页。

10 J. 巴尔贝 · 道尔维利:《逆流》，载《19 世纪》，第 2 卷，第 343 页。

11 J. 勒迈特尔:《第二共和国和第三共和国时期的年轻人》，载《蓝色评论》，1885 年 7 月 13 日。

12 参见 D. 奥尔迪奈尔《我们的衰落》和《年轻一代》，选自《蓝色评论》，1885 年 3 月 7 日和 6 月 5 日。

第四十章 维克多 · 雨果：至高荣誉

1 E. 德 · 龚古尔:《日记》，第 2 卷，第 1160 页。

2 转引自 H. 朱安:《维克多 · 雨果》，第 3 卷，第 161 页。

3 有关这场具有象征意义的争夺战，参见 M. 奥祖夫《先贤祠》，以及 A. 本 – 阿莫斯《维克多 · 雨果的葬礼》，载 P. 诺拉主编《记忆之场》第 1 卷《共和国》，伽利玛出版社，1984 年版。

图书在版编目(CIP)数据

自由的声音:大革命后的法国知识分子/(法)米歇尔·维诺克著;吕一民,沈衡,顾杭译.—上海:文汇出版社,2019.3
ISBN 978-7-5496-2810-0

Ⅰ.①自… Ⅱ.①米… ②吕… ③沈… ④顾… Ⅲ.①法国-历史-研究-19世纪 Ⅳ.①K565.4

中国版本图书馆CIP数据核字(2019)第037999号

Les voix de la liberté
Les écrivains engagés au XIXe siècle
Michel Winock

版权登记图字 09-2019-160

自由的声音:大革命后的法国知识分子

作　　者/〔法〕米歇尔·维诺克
译　　者/吕一民 沈衡 顾杭
策　　划/陈 丰
责任编辑/何 璟
装帧设计/董茹嘉
出　　版/文匯出版社
上海市威海路755号
(邮政编码200041)
发　　行/新经典发行有限公司
电　　话/010-68423599 邮　　箱/editor@readinglife.com
印刷装订/北京中科印刷有限公司
版　　次/2019年5月第1版
印　　次/2019年6月第2次印刷
开　　本/640×960 1/16
字　　数/640千
印　　张/48.5

ISBN 978-7-5496-2810-0
定　　价/108.00元